南博讲坛

2016

传统文化的当代形塑

南京博物院 编

江苏凤凰文艺出版社
JIANGSU PHOENIX LITERATURE AND ART PUBLISHING

图书在版编目（CIP）数据

南博讲坛. 2016：传统文化的当代形塑 / 南京博物院编. —南京：江苏凤凰文艺出版社，2021.4
ISBN 978-7-5594-4724-1

Ⅰ. ①南… Ⅱ. ①南… Ⅲ. ①博物馆学—文集 Ⅳ. ①G260-53

中国版本图书馆CIP数据核字（2021）第027710号

南博讲坛. 2016：传统文化的当代形塑

南京博物院 编

出 版 人	张在健
策划编辑	费明燕
责任编辑	胡雪琪
封面设计	郭　凡
版式设计	邱雪峰
校　　对	高竹君
责任印制	刘　巍
设计制作	南京博书堂文化有限公司
出版发行	江苏凤凰文艺出版社
	南京市中央路165号，邮编：210009
网　　址	http://www.jswenyi.com
印　　刷	苏州越洋印刷有限公司
开　　本	889毫米 × 1240 毫米　1/32
印　　张	7.625
字　　数	220千字
版　　次	2021 年 4 月第 1 版
印　　次	2021 年 4 月第 1 次印刷
书　　号	ISBN 978-7-5594-4724-1
定　　价	158.00 元（全四册）

《南博讲坛》（全四册）编委会

第一册 2016：传统文化的当代形塑

第二册 2017：多样化的博物馆

第三册 2018：博物馆塑造美好生活

第四册 2019：博物馆与地域文明

本书内容系根据2016—2019年做客“南博讲坛”的诸位嘉宾的讲座速记稿整理而成，编辑过程中有删节，特此说明。

目录

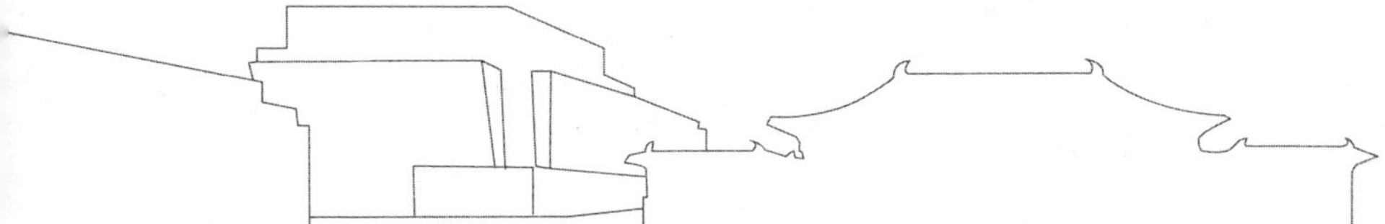

序

在全面建设小康社会的中国，公众对博物馆提出了新的更高的要求。公众喜爱的博物馆，必须有明晰而准确的定位，有富于特色且舒适的内外空间，有通过文物组合呈现的且背后具有故事的展览，有细致体贴而恰当温暖的服务，以及无所不在的精心营造的文化环境。

而博物馆对传统文化的尊重与对当代创造性劳动的认可，即探索传统文化的当代创造，以及对博物馆空间环境张弛有度的追求，是获得公众认可的重要内容。当我们走进博物馆的大门时，我们所能感受到的不仅是文物带来的传统文化，还有在传统文化基础上的当代创造，博物馆的展览、展示、展演，便是这样的文化产品。

于是，中国传统文化的当代化，成了南京博物院系列展览的主题之一。从“在此”到“呼吸”，从“温·婉”到“和·合”，展览分别反映了中国传统生活艺术、中国传统文化的当代形塑、中国古代的女性生活、中国传统文化中的和谐之道。从文物中讲传统，从传统中理解当代，从传统和当代中体现美，这样的展览和解读最易为广大观众所接受。

因此，当 2016 年南京博物院创办“南博讲坛”时，“传统文化的当代形塑”成为第一个年度有意义的演讲主题。我们邀请的专家来自社会科学和艺术学的各个领域，有博物馆学人，有文化学者，有艺术名家，也有几者跨界的策展人。他们既有丰富的实践经验，又有善于表达的理论素养。他们的演讲丰富多彩，涉猎广泛，演讲风格生动有趣，引人入胜，希望能带给公众更多传统与当代相结合的文化艺术熏陶，让公众了解原来传统文化可以这么高贵、时尚、艺术和具有中国韵味，让公众发现原来博物馆展览所反映的传统文化可以这么直观、丰富、美好和令人向往。开讲以来，南博小剧场听演讲的观众几乎场场爆满。感谢演讲者和观众的共同努力，让“南博讲坛”逐渐成为一个受公众喜爱的文化品牌，成为博物馆服务社会发展和社会公众的方式之一。

传统文化的当代形塑，体现的是中华优秀传统文化的传承发展。感谢所有的演讲嘉宾，因为有了你们，才有了受公众喜爱的南博讲坛。

南京博物院院长 龚良

2017 年 1 月

2016

第 1 讲

博物馆，当我走进你的大门

龚 良

龚良，1962年生，江苏太仓人。现任江苏省文化厅副厅长，南京博物院院长、学术委员会主任，《东南文化》杂志社主编，研究馆员、博士生导师。兼任中国博物馆协会副理事长、中国文物保护技术学会副理事长、南京艺术学院客座教授、南京大学兼职教授。江苏省第十一、十二届人大代表。现有个人著作5部，参著6部，发表专业论文120余篇。

一座博物馆就是一部地方的发展史，人们通过了解见证历史的文物，探索祖先们艰辛的生活与创造。浓缩的过去及其一脉相承的精神纽带，带给人怀念、追忆和自豪。本期讲座从公众角度，引领大家探寻博物馆独特的文化魅力，逐一为你解答：

什么是博物馆？

为什么要走进博物馆？

如何欣赏博物馆的展览？

如何参观南京博物院的一院六馆？

南京博物院老大殿

历史馆展厅

民国馆咖啡厅

非遗馆老茶馆

博物馆真正让公众向往并纷至沓来的动力，主要在于它的魅力。当你走进博物馆的大门，作为一名观众，怎样才能更好地欣赏博物馆、感受博物馆？

中国博物馆事业蓬勃发展。到2015年，经国家文物局审核备案的博物馆已经达到了4510座，其中江苏有288座。在博物馆数量急剧增加的同时，博物馆在创意展览、美化环境、服务公众以及文化空间的营造方面做了很多努力，让越来越多的公众愿意在闲暇的时间走进博物馆。

博物馆，当我走进你的大门的时候，你究竟能让我获得什么，能让我欣赏什么？是不是真的能够让我感受到你无穷的、深邃的、神秘的魅力？

博物馆向公众免费开放，是公益性文化设施服务社会发展和社会公众、实现文化公平和享受文化发展成果的一个重要举措。2008年春节伊始，南京博物院正式向社会承诺对公众免费开放，2013年11月，完成二期改扩建工程后的南京博物院，以“一院六馆”的新面貌出现在公众面前，一时间，博物院门口出现了如潮的人群，在社会上引起了强烈的反响。

博物馆是经济社会协调发展的产物

要让我走近你，必须首先要让我知道：博物馆是什么？凭什么吸引我前往的脚步？

博物馆现象最初萌发于人们的收藏意识。在4000多年前，埃及和美索不达米亚的统治者就注重寻找、保藏珍品奇物。而在中国的新石器时代晚期，人们也创造了很多形式美丽的用品，并且将其作为剩余财产收藏在自己家里，或随葬于自己的墓中。“博物馆”一词起源于希腊语Mellseion，是供奉缪斯（Muse，是掌管学问与艺术的第九位女神）及从事研究的处所。17世纪英国牛津阿什莫林博物馆建立，博物馆（Museum）才成为通用名称。2007年8月24日，在维也纳召开的国际博协大会修改通过的章程中明确规定：“博物馆是一个为社会及其发展服务的、向公众开放的非营利性常设机构，为教育、研究、欣赏的目的，征集、保护、研究、传播并展出人类及人类环境的物质及非物质遗产。”这一定义对社会事业而言，毫无疑义，言及博物馆的社会服务及科学研究功能；而对普通公众来说，博物馆同时又应该是令人向往的一个历史艺术的殿堂，一个了解传统文明的课堂，一个享受文化休闲的场所。

第一，博物馆发展的阶段性。

从20世纪80年代开始，江苏的发展经历了从解决温饱问题到进入小康生活，再到实现高标准小康社会的过程。于是，博物馆也要随着满足人们精神生活需求而同步发展。随着社会发展的不断进步，人们对精神生活的要求也越来越高，不断地新建和改扩建，成为博物馆发展的必然。在江苏，近十年来，市级以上的博物馆大多进行了新建或改扩建。镇江博物馆早期利用英国领事馆的建筑作展厅，把原来的陈设品换成博物馆的藏品，但是在21世纪初的时候，根据发展需要增加了新的展馆和现代化展厅。最近，再次扩建成了他们的重要工作，因为社会发展有了新的需求，公众又有了新的要求。苏州博物馆则在忠王府馆舍的基础上，扩建了一个以苏州庭院和园林为要素的、当代建筑风格的艺术博物馆，深受公众喜爱。

第二，博物馆发展的前瞻性。

展厅里陈列坛坛罐罐的博物馆往往不受公众喜爱，如今的博物馆从建筑的外部设计到内部展览，更多考虑的是地域文明特色和通过展览反映人类发展的过去和今天。博物馆建设的前瞻性，体现在外部建筑应是地域文明和博物馆特色的反映，内部空间应是博物馆展览所反映的文化空间。如法国的蓬皮杜艺术中心，当年建设的时候，采用类似没有完工的钢架结构设计，做成后现代建筑，这在当时的法国引起了巨大争议。但这样的建筑结合的是西方几何图案和代表工业革命成就的钢材，所以在蓬皮杜艺术中心设计建设的七八年里，人们从大声争论到仔细评价，1977年建成开馆时，人们不禁惊叹，展示现当代艺术的艺术中心最恰当的建筑外观就应该是这样。

第三，博物馆差异化的发展要求。

具有个性与特色，是博物馆社会影响力的灵魂，也能更好地吸引公众。卢浮宫作为法国人引以为傲的博物馆，是他们钟爱的艺术宝库，也是全球人综览欧洲艺术史的殿堂。它的个性特色体现在对收藏艺术品的痴迷和疯狂上，《米洛的维纳斯》、《蒙娜丽莎》和《胜利女神像》，成为参观者必看的“三宝”，影响力遍及全球。贝聿铭先生在卢浮宫广场中央玻璃金字塔的建设，以及金字塔入口下公共空间的营造，使得卢浮宫完成了从皇家收藏到公共博物馆的华丽转身，从此卢浮宫的艺术走向广阔天地，滋养了全世界的艺术天才和大众的艺术灵魂。同样具有这样特色的是北京的故宫博物院，它从百年前的皇家宫殿，演变成服务大众的专业博物馆，其深受公众喜爱的原因在于皇室生活的神秘和宫廷艺术的骄傲。它的特色体现在皇家的建筑艺术，蕴含了复杂的礼仪规制和等级制度；体现在皇家收藏的来自全国乃至全世界的艺术品和奇珍异宝；体现在故宫每个空间背后的国家大事和皇室故事。它们总是为人们所津津乐道。

南京博物院在二期改扩建中，也寻求与故宫博物院、中国国家博物馆、其他省级博物馆不同的错位发展目标。南京博物院根据自身藏品种类齐全的特色，设置"一院六馆六所"的构架，为公众提供"好玩"的立体化服务，展览展示内容丰富、形式多样，在全国独具特色。

走进博物馆，我们能够获得什么

让作为观众的我走进博物馆，首先，博物馆必须回答三个问题：能否获取知识？能否获得教育？能否享受文化？

从公众角度来看，参观博物馆至少应有这样三个理由：一是能了解一个地区或城市的历史和过去，欣赏祖先的发明创造及流传下来的精美艺术品；二是能得到教育，即用一种潜移默化的过程来影响人们，而不是用刻板的语言来说教；三是能得到文化休闲，在博物馆浓郁的文化环境里，让人精神放松，得到美的享受。南京博物院的民国馆，给了观众体会民国生活的空间，给自愿式的博物馆教育提供印象深刻的实物组合——一条"民国街道"。街道上展示了民国时期的很多时尚元素，如民国咖啡店、照相馆、胭脂铺，以及民国旗袍走秀活动等。在传统文化的获取方面，2002 年 12 月—2003 年 1 月，上海博物馆举办的"晋唐宋元书画国宝展"给了很好的证明。展览期间博物馆门口排队的观众达到千米，排队耗时数小时，观展成了当年上海重要的文化事件，这就是文化影响力的重要证明。

其次，博物馆要给观众带来动力：愿意去，开眼界，看得懂；有收获，能品味，想再去。

博物馆的服务与工作成果，主要体现在一是“有人来”，即博物馆有较好的社会美誉度，陈列展览经常更替，或有较多临时展览推出，人们对博物馆的展览和服务有较深刻的良好印象，有想再次参观博物馆的意愿；二是“愿意留”，即人们在参观博物馆的过程中，真正享受到了精神产品，享受到了文化服务，得到了愉悦的感受和舒适的心情；三是“高兴买”，即人们能将参观中最深刻、最直观的印象或感受，通过购买书籍、复制品和相关生活用品等方式带回家，收藏、使用、品味这些文创商品，以延长享受的时间；四是“满意走”，如果公众在博物馆内收获满满，流连忘返，他将成为再次光临博物馆的潜在观众。台湾有位叫李俊明的学者曾写过这样一本书，叫作《我不在家，就在去博物馆的路上》，就是说他在伦敦闲暇时特别想走进博物馆。

第三，博物馆要给观众带来趣味：我能看吗？我能问吗？我能动手吗？还有什么能给我的其他惊喜？

博物馆还应该努力给人以趣味，公众在博物馆有问题时能找到人去问，能动手体验令人惊喜的内容，现在中国博物馆界都在为此努力。趣味性强的博物馆能给观众带来惊喜，英国萨奇艺廊（Saatchi Gallery）坐落于伦敦泰晤士河畔的市政厅大楼，以前卫当代艺术的收藏、展示和推广为目标，它的藏品往往给人以浓郁的趣味和广泛的惊喜。动态的、参与性强的展览展示也能给观众意外的收获与惊喜。让过去的生活动起来，是博物馆吸引公众的重要手段，喜剧电影《博物馆奇妙夜》就带给人们这样一个理念。南京博物院非遗馆中老茶馆内的品茗与戏台上传统演出的结合，正是这种理念的实践，社会效益十分明显。

走进博物馆，我们能够获得什么？

从某种意义上说，了解一个地方的过去和现在是从博物馆开始的，人们通过了解见证历史发展的文物，探索祖先们艰辛的生活与创造。浓缩的过去及其一脉相承的精神纽带，带给人怀念、追忆和自豪。博物馆靠展览展示文物和良好的服务等方式，达到使历史与人对话的目的，“阅读”文物、展览及其背后的故事成为一种现代人生活与休闲的艺术。而享受博物馆温馨、静谧、幽雅的气氛和难得的趣味，将成为调节我们紧张工作、学习、生活的一剂良药。走进博物馆的大门，我们希望能真切地感受到历史、艺术、文化之美。

从广义上说，博物馆应该属于面向公众的现代服务性行业的范畴，它面对的服务对象是全社会的公众。让公众舒心的服务，一定依赖于满足公众对博物馆提出的要求。要考虑公众的参与性，特别是青少年，他们既好奇又好动，主动求知欲强，因而展览中要有较多的互动性项目；要考虑服务的简便性，关注需体贴照顾的银发族，他们喜欢安静、便捷，希望得到舒适安全的服务，希望购买便携的服务产品；要考虑多数观众的文化休闲目的，在需要的地方，设置较多的用于“看”和“坐”的休憩场所；要考虑残疾人等特殊群体，为他们建设无障碍通道，设置专馆，安排特殊的讲解服务，如手语、触摸式等。

公众喜欢的博物馆，一定有令人愉悦的空间，它是精心选择和营造的结果。上海博物馆建在市民广场的中心，良好的环境凸显了博物馆的庄重。日本的美秀（MIHO）美术馆是完全建在山里面的，通过隧道和斜拉索吊桥进入馆内。为了尽可能地融入自然环境，建筑的大部分都在地下，低调地隐蔽在万绿丛中，是一种向往自然的回归。而日本江户博物馆则将江户时期说书的舞台放到博物馆展厅中央现场表演，真切反映了江户时期的市民生活状态。

怎样欣赏博物馆的展览

好的博物馆要有好的文化产品，也就是公众喜爱的展览。具有吸引力的展览是博物馆的第一魅力。

欣赏博物馆的展览，首先要体味人们过去的生活。我们要看到的陈列展览是过去生活的抽象反映，是由展品组成的文化组合或故事，是历史场景的再现，而非简单的遗迹遗物的堆积。它体现了生产力的发展、文明出现和产生的历史，以及地方特有的地域精神。秦始皇陵兵马俑陪葬坑反映的是当时人们保卫国家的军阵布置和战争场景，马王堆汉墓陈列反映的是女尸“辛追”所代表的汉代生产发展和贵族的生活水平。其次，要享受传统的技术和艺术。技术是古代先民杰出的创造性的成果，艺术则是千百年来对生活和审美的有效提炼。博物馆里陈列的展品包含了很多的技术和艺术因素，在观赏展品的同时，要学会欣赏它所包含的传统技艺和文化内涵。第三，要注意物质遗产和非物质遗产的相映生辉。文物是历史的物质载体，而产生这一物质载体的过程、空间和人，则是非物质遗产的重点内涵，它们相辅相成，相映生辉，不可割裂。重庆的湖广会馆是一个专题性的博物馆，它保留了古戏台，并在古戏台上安排传统演出，同时还安排茶艺、书法等传统文化的展示，观众在这里看到的不仅是冰冷的建筑物，还有与该建筑连在一起的传统文化。

在博物馆中，理解、学习过去的美，需要我们通过精美的文物、创新的展览和贴心的服务来实现。

第一，享受博物馆的文物之美。通过文物来了解过去的美是欣赏文物的重要内容。一般来说，“知之愈深，爱之愈切”。所以，参观博物馆前应做些小功课，像听听讲座、上网查查资料等，对博物馆有一个大致了解。在博物馆中，我们首先要做的是了解祖先过去的生活，而不是将文物以当代人的目光孤立地看待；其次要享受传统艺术的形式美，古代人审美首先是从器物形状开始的；再次是要学会享受残缺的美，比如维纳斯的断臂，曾经有人做了几十个修复方案，但是没有一个是完美的，残缺也是一种美；最后是享受探索神秘的美，这种美是指发现的过程，而不是结果。

第二，享受博物馆的展览之美。如何将一堆文物变成一个展览，需要博物馆人的创造性劳动。博物馆可以做展示文物之美的艺术性展览，即展览展示的仅仅是文物本体所反映的技术和艺术。但博物馆更应该做展示文物之间相互关系、讲好文物背后故事的叙事性展览，这样的展览主题明确，文物组合关系一目了然，传统和文明的灵魂始终萦绕。创意展览的策展人员，不仅要全面地掌握传统知识，并且要通过自己的智慧创造，将无直接关联的各类文物，整理成一个有相互联系的、有主题的、有强烈观赏效果的专题展览。南京博物院以“南都繁会·苏韵流芳”为主题的一院六馆基本陈列，以及诸如“温·婉——中国古代女性文物大展”“和·合——中国传统文化中的和谐之道”“在此——中国传统生活艺术展”等，都是传统文化与文物之美的艺术结合。

第三，享受展览中的服务之美。博物馆应当发挥社会服务功能，传播有益于社会进步的思想道德、科学技术、文化知识和艺术之美，拉近民众与遥远祖先的距离。因此，补充博物馆展览传播能力不足的社会教育和社会服务，是博物馆的重要工作职责。日本的九州国立博物馆与南京博物院是友好博物馆，它的特色主要体现在服务公众的理念上。该馆的藏品资源非常有限，但它利用社会资源，用替人保管文物和借展的方式成为日本四大国立博物馆之一，观众量可与日本最大的东京国立博物馆相媲美。该馆前任馆长三轮嘉六认为，一个好的博物馆应该是一个好玩的博物馆。在他的博物馆里，观众是唯一的上帝，馆里所有的地方都为观众着想：博物馆的展厅内，放一些仿制品、复制品给公众动手参与，如吉他可以弹几下，贸易用的药材可以闻其味；博物馆的实验室公众也可以参与，包括近距离观看和尝试实验的操作；甚至连保管藏品的库房，公众也可以透过库房外墙的一个开窗的通道，看到库房的情形，以及里面的工作人员是怎样整理、收藏文物的。因此，九州国立博物馆深受观众喜爱。

南京博物院：一院六馆，全新出发

“一院六馆”指的是改扩建之后的南京博物院根据文物藏品类别多的特点，致力于将“综合性博物馆”的效能最大化，在原有历史馆、艺术馆基础上，增加特展馆、数字馆、民国馆和非遗馆。

历史馆常设“江苏古代文明”展，通过大量的文物和标本“直接说话”，彰显展示效果，在策展过程中，着重体现对江苏古代文明发展脉络的提炼。展览前置的“远古印象”厅中动物化石的展示，带给人们对远古的依稀印象；“天地造化、史前神韵”章节，展示了江苏史前文明中“鱼米之乡”的实物佐证，以及随着生产力的提高，社会财富积累越来越丰富，而社会等级分化也越来越严重的社会发展规律；展厅内“文物标本室”的设立，让观众置身于江苏古代文明不同发展阶段的标本海洋，一排排文物的密集展示带来强视觉冲击力的、超越传统的参观体验。

特展馆有十个展厅，用于举办中国清代宫廷文物的特展与文化交流的临展。清宫特展主要包括“陈设清宫”（展示清宫陈设文物）、

“盛世华彩”（展示清代官窑瓷器）、“走近佛前”（展示清宫佛像）、“精准与华美”（主要展示18、19世纪的宫廷钟表）等，以及其他反映清宫礼制、信仰、生活、赏玩、陈设、经书等层面的特别展览，展示了清代帝王对艺术品的偏爱和审美取向，呈现了清代宫廷生活多姿多彩的生动画面。文化交流展多以临展形式出现，主要临展厅用“模数化”方式遍布灯光、电源和展柜，便于机动便捷地变更展场空间和形式。已完成的临展有中国南京与英国爱丁堡的文化对比展——“双城记”，有用考古出土贵金属器物反映富贵阶层生活的“金色中国”展，有沟通博物馆和公众的“藏品架起沟通的桥梁”展，有体验美国西部发展历史的“铜塑美国西部”展，有展示拿破仑生平的“飞越欧洲的雄鹰”展，还有推动南北方戏曲文物对比的“南腔北调”展等，希望这些展览能加强不同文化间的交流和融合，给观众带来差异化的审美享受。

艺术馆位于历史馆西侧，建成于1999年，经此次改建，除外观上与其他建筑整体协调外，展厅格局也做了全面调整。九个展厅按照艺术品分类，设历代绘画、历代书法、历代雕塑等三个专题陈列，设国画大师傅抱石、工笔画大师陈之佛、油画大师苏天赐、雕塑大师吴为山等四个名人专馆，另外两个临展厅主要做传统的艺术展。

以上三个展馆是传统的历史与艺术的殿堂，为了让更多公众走进博物馆，在改扩建过程中我们还增设了三个小型的、时尚的、公众喜爱的展馆。

非遗馆除了江苏非遗项目的基本陈列和展示手工艺大家成果的“如意工坊”外，活态的展示内容主要分布在三个场所：一是播放江苏非遗3D影片《苏韵流芳》和进行传统戏曲演出的“小剧场”；二是将表演传统折子戏和活态茶艺服务结合的“老茶馆”；三是展示热闹民俗活动和时令节气的“民俗艺苑”。在具体展示手段上，以多功能舞台、老茶馆戏台为载体，展示传统表演艺术；以作坊式的动态生产，展示传统技艺和有技艺的人；以民俗、节庆等直观的、公众参与式的活动，生动再现中国特别是江苏的传统文化，让人们体味“从容的、娓娓道来的生活方式”。

民国馆以南京的地域文化为主题，通过再现民国普通市民生活状态的一条街，直观展示民国时期的市民生活。其陈设、匾额、器具等都是征集的民国文物，立足复原真实生活。街上有杂货店、银行、邮政局、书店、南北货店、照相馆、火车站等。邮政局可以寄信，杂货店可以买东西，照相馆可以照相，都是活态的实体。

数字馆体现了互动性，是对中华传统文化所做的虚拟展示。我们通过数字化方式，做了一个名为“生命因你而永恒”的展览，里面的传统文化不是鸿篇巨制，是一个景、一张画、一段视频讲述一个故事的累积，有项羽和虞姬的爱情故事，也有文物修复保护的接力游戏等。

在南京博物院的“一院六馆”中，你看到的不仅是文物与展览，你还会置身于一个由众多不同主题空间组成的文化休闲场所。这里有高雅的艺术殿堂，有人们过去的生活，有动态展示的非物质文化遗产，有数字技术下的历史文化视野，有对传统技术与艺术的研究探索，有专题图书馆的贴心服务，有青少年社团活动的场所，有专注于传统演出的闲暇时光，有休憩、购物、餐饮的轻松自在，有参与活动并让自己成为博物馆不可分割一部分的快乐，还有，应当是良好的文化环境和文化服务下的美好心情。

愿每一位走进博物馆、走进南京博物院的观众，都能在美好心情的天空下，享受祖先的馈赠与艺术的熏陶——请带上朋友，带上家人。

2016

第 2 讲

至美的昆剧
——昆剧的审美特色和当下表演的时尚性

李鸿良

李鸿良，著名昆剧丑角演员，江苏省演艺集团昆剧院国家一级演员，工丑、付。现为江苏省演艺集团党委委员、副总经理、昆剧院院长，中国昆剧古琴协会常务理事、江苏省戏剧家协会副主席、江苏省昆剧研究会副会长、江苏省省级非遗传承人。

李鸿良先生1985年毕业于江苏省戏剧学校昆剧科，研究生学历。师从周传沧、范继信、姚继荪、刘异龙、王世瑶、张寄蝶先生。他的表演细腻传神，诙谐幽默，行当基本功扎实，唱念过硬，可塑性强。已成功举办15场个人昆丑专场，挖掘恢复了昆丑绝技“一口开双花”“矮子提”。他主演过《孽海记·下山》《跃鲤记·芦林》《艳云亭·痴诉·点香》《渔家乐·相梁·刺梁》《义侠记·游街》《十五贯·访测》《红梨记·醉皂》等几十出昆丑戏，深受广大观众和专家的喜爱，也在《白罗衫》《桃花扇》《牡丹亭》《看钱奴》《小孙屠》中担任过重要角色。

他在中国昆曲优秀中青年演员评比展演中荣获联合国教科文组织和国家文化部颁发的“促进昆曲艺术奖”，曾获第二十五届中国戏剧“梅花奖”，第五届江苏省戏剧节“优秀表演奖”，2015年获得国家授予的“艺德楷模”称号。

博物馆的功能不断发展和完善，其在保护与传承非物质文化遗产方面发挥着越来越重要的作用。南京博物院秉持“活态非遗”的理念，积极致力于传统戏曲的保护与传承，以“非遗馆”为阵地，搭起“博物馆里的戏台”，每天上演昆剧及其他剧种的折子戏，希望“到南博看戏去”成为更多公众的选择。

昆剧有多美？在时尚当道的今天，我们又该如何去发现和欣赏昆剧的美？我们该如何保持昆剧的生命力？本期南博讲坛力邀著名昆剧丑角演员李鸿良先生做主题演讲。

丑行表演

今天我在这里，要给大家讲讲昆曲丑行的表演艺术。

维克多·雨果说："美只有一种典型，丑却千变万化。"在中国戏曲中，丑角恰恰是一个非常有特点的行当。梨园行里我们尊称的祖师爷——唐明皇李隆基，作为皇帝，他不喜欢才子佳人戏，偏偏喜欢唱丑角。丑角，在戏曲中有着崇高的地位。

我是在学校练功的时候被周传沧先生注意到的，于是被挑去学了丑角。其实我自己喜欢武生，刚刚分行当的时候我曾经非常自卑。但是学了第一个戏之后，我就喜欢上了这个行当。时至今日，我依然觉得这是冥冥之中的缘分。

中国的戏曲表演对于演员的要求很高，昆曲载歌载舞的特点，要求演员必须是个舞蹈家，是个歌唱家，是个哑剧家，甚至是个杂技家。"唱""念""做""表""手""眼""身""法""步"，就是我们俗称的"四功五法"，都是演员表演的工具。比如在一段唱中，

“春天”的一个“春”字，字头、字腹、字尾都要完整有序地表演出来。

说到表演，第一，表演究竟是什么？第二，什么才能称为一个好的表演？我们先来解决第一个问题。比如现在有一段话：“大家好，今天我心情很好，为什么呢？虽然天气不好，但是我的心情好，因为我要到南博，给大家讲一讲昆曲的表演，我特别开心。”这是生活当中的语言，把这件事很平实地告诉大家，没有感染力，同样是这几句话，把它舞台化、程式化，变成舞台的语言后，这就是表演。好的表演要有张力，要给大家留下深刻的印象。我不光可以演男子，也会扮演一些女性角色。戏曲行当里有一个行当叫“彩旦”，多是扮演滑稽风趣或奸诈刁滑的女性角色，是丑角，一般也是丑行应工的。同样的内容，通过不同形式的表演，达到完全不同的效果。

人物塑造

在表演之外，我还要强调另外两个字，即“塑造”。中国的戏曲演员，无论生旦净末丑哪一个行当，都离不开“塑造”二字。作为一个演员，最重要的就是塑造人物。现在有些观众会说我的表演有“可塑性”，这个“塑”，就是塑造。在舞台上，我所出演的人物形形色色，有好人也有坏人，那怎么去表现呢？这就要靠塑造。作为科班出身的戏曲演员，所接受的训练就是要从头发到脚下都带着戏，这是一种“精气神”。一个正面角色，要让观众看了肃然起敬，就要运用戏曲程式中的气、手、眼，以及站。在戏曲术语中，这种站叫“子午式”，下巴略微向下收，头向上顶、吸气，配合眼神，塑造出正面角色的凛然气势。

再比如，扮演老人，比较简单。脚要打开，身体往前凑，头向前伸。那么孩子呢？如果我一个 50 岁的人，来扮演一个十三四岁的孩子，一般电视导演肯定认为这不可能，但是中国戏曲的美妙就在于，可以把视觉的不可能变为一种可能，这就是中国戏曲艺术的魅力，是艺术家一代一代传下来的。正因为如此，戏曲表演艺术家是非常不容易的。

从表演的角度来讲，有一类戏是“戏演人”，通过跌宕起伏的情节来串联全局，往往要求人物为情节服务，这类戏中人物性格并不是很突出，演员的表演受到较多的限制；而另一类“人演戏”的，故事情节一般比较简单，但是要突出人物鲜明的性格，空间的变化不多，但是人物活动余地很大，《鲛绡记·写状》便是如此。这折戏的表演能反映出演员造诣的深浅，而演员造诣的深浅，决定了戏的浓淡。

《鲛绡记》整出戏在舞台上演出的机会不多，主要讲了南宋时期被罢的临安太守魏从道和姻亲沈必贵两家遭人诬陷，历经艰险，最终沉冤昭雪的故事。其中《写状》这一折非常精彩，描写了临安土豪刘君玉向沈家求亲不成，找来贾主文合谋，诬告沈、魏两家的事。我曾在戏中饰演贾主文这个角色。这个角色是个老者，他以写状子为生，但是他写的是恶状，人称“刀笔”，为了钱财，常诬陷他人，给事主出坏主意，甚至谋财害命。

这个戏我是 17 岁学的，在行业里对这个戏有一个规定，40 岁以下只许学，不许唱。因为在此之前，人的思想还不够成熟，会被戏里内容影响，容易变得唯利是图。

这折戏我平时演得不多，因为人物性格太恶毒了，年近古稀的老人还在做苟且勾当。但是在舞台上，作为一个演员，我依然要把这个角色诠释好，把他的恶毒表现出来。这个角色有两个特点，一是年老，二是因为新官和他“不甚投缘”，又“仇家太多”，所以表现出来有些胆怯。在扮相上，他穿道袍，挂素珠，以掩人耳目，背地里揽官司。在出场的时候，他背微驼，脚步踉跄，一副孤零零、冷冰冰的老迈落寞的神情，但实际上并非如此，所以我在表演的时候，把脸微侧上扬，嘴微张露齿，目光炯炯有神，打破造型上给他的限制，表明这个老人的“知天命”都是幌子，留给观众“狡猾而不浮”的厉害的眼神。戏还没正式开始，人物形象观众就已经一目了然。这就是塑造人物。

中国传统艺术的魅力和相通之处就在于，这里的表演就好像中国画的传统画法：写意时要洒脱得流畅传神，工笔处又精细得毫厘无差。贾主文的形象塑造也好比中国画，没骨与勾勒相结合，敷色和白描并用。

和《鲛绡记·写状》完全不同的是《水浒记·活捉》，讲的是阎惜娇被宋江杀死后，难舍旧情，一缕幽魂飘至张文远住处，最终勾取张文远魂魄入地府而去。《活捉》这出戏也是“往年剧场最称流行演唱之昆曲剧目”，如今仍是活跃于舞台上的丑角家门戏。这折戏的丑角以做工见长，动作繁重，并与以念白见长的《西厢记·游殿》和以唱功见长的《跃鲤记·芦林》合称为“冷二面，油葫芦（游活芦）”。“二面之难，气局亚于大面，温暾近于小面，忠义处如正生，卑小处如副末，至乎其极。”

这折戏的张文远以“副”应工。“副”是副丑的简称，又叫二面，是介于白面和小丑之间的家门，既带有本行当的特色，又带有丑行的表演特点和人物特色。副、丑都仅以白色涂面，色彩比较单一，二者在装扮上的主要区别在于大小，副要比丑的白面大，白色涂过眼梢，给人一种诡谲的感觉。

戏中张文远戴方巾、穿褶子，是副中更为具体的“方巾二面”，带有小生的气质，如同“副”这个行当的特色，应该是副于巾生。其实前面提到的贾主文也是“副”这个行当，介于丑和老生中间；

而张文远这个角色，则是介于丑和巾生之间。正因为如此，张文远在表演特点上，要注意巾生和丑角之间尺度的把握，这也是表演的难点所在，而这样的尺度拿捏也是副丑表演在塑造人物时最大的特点之一。

除了对人物的塑造和把握要准确，《水浒记·活捉》被当作丑行的看家戏之一，也因为它的确是一折非常吃功夫的典型的做工戏。丑行需要有过硬的腰腿功、矮子步、僵尸跌等做工，但在如此繁难的做工同时，脸部表情的控制却是这出戏表现精彩的关键。要将他内心最初害怕却强自安慰，到难改好色本性，通过回忆重新陷入和阎惜娇的感情，一步步被阎惜娇引入彀中的情绪表现出来。情绪的把握、控制与做工完美结合，才能把人物的尺度把握好，把整出戏每个角角落落、点点滴滴的小地方处理好，把这折戏精彩地展现在观众面前。

内在情绪外化

接下来，我要和大家分享中国戏曲表演的另一个功能，即内在情绪外化。什么叫内在情绪外化？比如说，习惯是一种内在感觉，而我怎么用自己的表演程式把这个感觉展现给观众，这就是内在情绪外化。

其实就像《水浒记·活捉》的张文远，他要表达对阎惜娇的喜爱，是不会直接说出来的，这里就要通过内在情绪的外化来表达。把这种喜爱，从模糊的状态，到逐渐清晰，再到最后清醒，有层次地呈现在观众面前。

再比如《孽海记·下山》，这个故事的情节很简单：一个十七八岁的小和尚，受不住佛门清规戒律束缚，青春涌动，不愿意他美好的时光在孤灯清盏之下被消磨，要逃下山去，追求自己的生活。那么戏文里的故事总是很巧的，这个小和尚逃下山的时候，正好也碰到一个逃下山来的小尼姑，两个人都是逃下山来的，也都是为了追求幸福的生活。他们俩碰在一起，眉目传情间又产生什么样的化学反应呢？我在这个戏里，饰演的就是这个小和尚。正如我前面说的，作为演员，要能够饰演不同特点、不同年龄的角色，有贾主文这样年近古稀、老谋深算的老人，也有十七八岁活泼可爱的小和尚，这样的人物之间有很强烈的反差和对比。

角色行当要想将戏中人物呈现给观众，还要靠舞台上身段动作的演绎。戏曲中的任何一个角色行当都有自己的身段动作，丑角也不例外。丑角演员要有扎实的基本功，表演动作虽夸张变形，但又恰到好处，使得人物形象生动滑稽。这个小和尚用袖子遮着脸，踢腿蹬步上场，到了舞台上一转身，背对观众，两只手握着佛珠，慢慢下蹲侧过身子，这时候才向观众露面一笑，又赶紧转过脸去，向反方向再做一次，之后两只手握着佛珠在舞台上走步。这是开场，这一连串的动作交代了人物的身份。昆曲讲究载歌载舞，这串佛珠在手里，就成了我扮演的小和尚表演的武器。这段开场之后，便有一段念白，讲的是一个女子，若由旦角来表现肯定是一种唯美的画面，但这里却是丑角用男身表现女身，这种反差的表演给人一种滑稽感。之后，佛珠这个道具就派上了用场，丑角用耍念珠、颠步和半蹬快步等动作来表现与小尼姑约会的高兴劲儿和迫不及待的情绪，耍佛珠越耍越快，半蹬快步也是越走越急，用这样急切的表演，把内心的喜悦外化出来。结尾处，小和尚赤脚过水，河水冰凉，脚一触及河水，本能地就又缩了回来，脸上也现出透心凉之色。这些表演通过艺术手法再现日常生活场景，使演出效果具有生活性。

丑行的社会现实反映

众所周知,在大多数的戏里,主角都是生、旦,丑行往往是配戏的。但是我们常常说昆曲重“三小”，即小生、小旦、小丑。为什么丑行被放到了这么重要的一个位置呢?

就像我之前讲过的，中国的传统艺术都是相通的，中国戏曲的内核就如同中国画。中国传统文化是一种写意的文化，中国戏曲承载了深厚的时代背景，正是社会背景的写意体现。

相较于生、旦等行当，丑角有着更为深厚的传统文化积淀。在以生、旦戏为主的昆曲中，丑角往往并不是整个戏剧的主角，展现的也是平民阶层的小人物，但正是生存在这一社会阶层的人物，能更深刻地反映角色所处的时代背景。

下面我将通过两折并不是丑行主戏的折子戏——《长生殿·酒楼》和《虎囊弹·山门》中的酒保这一角色表演的对比，来分析戏曲丑角小人物对社会时代背景的反映。

《长生殿》是清代大戏剧家洪昇的杰作，写唐明皇和杨贵妃的爱情故事，也反映了唐代宫闱生活以及天宝之乱的历史过程，共有五十折。《酒楼》原本题作《疑谶》，写的是唐代中兴名将郭子仪，早年未得官职，内心惆怅，独饮于长安市中。正值众官员去向外戚杨国忠等庆贺新第落成，宠臣安禄山封王下朝，俱从楼前经过，郭子仪目睹其煊赫之状，痛感朝政荒弛，借酒消愁，酒醉舞剑，愤慨悲歌，并誓以此身为国效力。

郭子仪以老生饰演，配角酒保以丑角应工，这是一折文武并重的老生主戏、丑角配角之戏。大家以往在看《酒楼》这折戏时，都是注重老生和丑行的武戏做工的对手戏,但事实上,看这折戏的时候,我们不能忽略的是戏的内核。虽然只是一个小小的酒保，但也有人物性格情绪，演员通过表演，表现出这个符合人物身份地位的特点，同时也要反映出这折戏所处的社会大环境。

《长生殿·酒楼》时处开元盛世，郭子仪所到的酒楼是一个地处京城闹市区的大酒楼，到这个酒楼喝酒的，多是文官武将，显贵之人。而这位酒保常年与他们打交道，更是见多识广，善于察言观色。在听到郭子仪一番感慨后，酒保就知道这是一个很有抱负的人，他佩服郭子仪，而此时安禄山的马队经过，便把自己所了解的安禄山讲给郭子仪。通过丑角酒保的言语，当时的时局状况和社会民情淋漓尽致地表现出来。《长生殿》全剧的走向，后来"安史之乱"的《惊变》，其实已经在这一折里，通过酒保的话语，原原本本地交代出来了。《酒楼》中的酒保，在《长生殿》全剧中，看起来完全不起眼，甚至连名字都没有，但他起到了一个非常重要的作用。

《虎囊弹》是传奇剧本，取材小说《水浒传》中鲁智深救金翠莲的故事而又有所发展。昆曲折子戏《醉打山门》（即《山门》）出于此。《山门》写鲁智深打死镇关西后，为躲避命案，出家当了和尚，在五台山削发披缁。但是，他受不了戒酒除荤之苦。一日，他在山里散步的时候，遇到了一个卖酒人，痛饮致醉，乘兴学了一套十八罗汉拳，推倒半山亭。其中鲁智深以净行应工，酒保以丑行应工。这折戏是净行的看家戏，丑行只是配角。而其中，最受观众追捧的莫过于鲁智深二十几分钟的一套十八罗汉拳。但是在《山门》这折戏的文场中，酒保依然是一个不容忽视的"小"人物。

这折戏发生于战乱时期，所以这里的酒保不同于《酒楼》中大酒楼里的酒保，他是生活境地更加悲苦的劳动人民。他卖的酒都是自家酿的。他没有酒楼，只能挑酒出去卖，每天挑出去的两桶酒就是他的命根子，只有卖掉这两桶酒，这一天才能有饭吃，才能养家糊口。所以，当他看到鲁智深喝酒不给钱时，他就要拼命，这样的反应是为了体现这两桶酒对他的重要性，这是他讨生活的根源。戏到这里反映了战乱时期劳动人民生活的心酸。在这折戏里，酒保并不像《酒楼》中的酒保，直接用语言去表达社会现实，但是他用自己的动作和表演，从侧面让观众一下子感受到当时底层劳动人民生活的艰难，带有讽刺色彩。但是这折戏并不苦，反而在戏里体现出诙谐幽默。酒保的山歌非常愉快，调子很好听，通过这些细节，也体现了底层人民对生活的抗争。

同样的身份，在不同的戏里，有着完全不同的表演诠释，而这样的诠释，反映了戏文所处时代的背景。戏曲具有中国传统艺术写意的特点，又淋漓尽致地体现了社会现实的真实性。这种真实，就是通过这些昆曲丑行“小人物”的写意程式表演展现出来。可以说，大多数戏文都少不了这些丑行小人物，这些人物像润滑剂一样，增加了戏剧的幽默诙谐效果，体现了戏剧的缓冲效果。更重要的是，戏剧所反映的社会特色和时代背景，又都原原本本地浓缩在这些丑行小人物身上了。

当今时代的昆曲艺术

现在我越来越明确自己的人生目标，就是做最简单的事，就是昆曲，再简单一点，就是昆曲的丑。

其实，我在年幼考戏校的时候，根本不知道什么是昆曲，哪知道，在这个行业一待就是 40 年。

这 40 年，社会在变，人的状态也在变。我们作为演员，也在随着信息的多元化体现出不同时代自身的特点。在我们进入戏校的时候，是从几万人中选拔出几十人，到了我们省昆第四代演员考戏校的时候，是在几千人中选拔几十人。而现在在戏校学习的，江苏省戏剧学校昆剧科第五代演员，已经是从几百人中挑几十人。这是时代的必然趋势，由于文化的多元化，人们可以选择的面也就越来越多。但是我同样感到十分兴奋，因为这些孩子每个人的素质都很高，这就是不同时代所造就的不同的艺术家。由于家庭要求不同，现在的孩子能文善武的特别多，也更加有灵性，这些自身的特质本身就是这个时代艺术人才的体现。戏曲作为角儿的艺术，人的状态在变，昆曲艺术也在发生着改变。

每个时代的昆曲都是对的，我们一定不能把这样的变化妖魔化。因为在演员自身特点改变的同时，观众的观剧理念也在改变。像京剧从“徽班进京”“汉班进京”到“皮黄”的产生，再到现在国剧诞生 200 年的历史，这本身就是一个创新的历史。昆曲也是一样，如今昆曲还能一如既往地往前走，那就是因为发展变化。我现在是演给当下的人看的，要是恢复 600 年前的昆曲，那欣赏昆曲的人还是不是 600 年前的观众呢？如果坚持复古主义，那不是艺术的倒退，而是文化的倒退。观剧理念不一样了，演员和受众也完全不一样了。比如最初表演昆曲的时候，舞台上点煤油灯，最初的旦角都是“包尖头”，这些东西现在观众是接受不了的。昆曲的舞台文学命脉已经是高屋建瓴，当代艺术家就要迎合当代社会进步，与时俱进。多元文化的渗入促使昆曲也要壮大，这种壮大是它延续强大生命力的一个推力。如果没有这种探索的勇气，昆曲真的会进入一个不起微澜、死气沉沉的境地，那昆曲离真正的消亡也就不远了。

作为传统戏曲艺术的传承者，我们不仅要随着时代发展，也要传承和坚守。究竟什么应该变，什么不能变呢？我想说的是，理念可以变，形式可以变，昆曲的品质、昆曲的魂不能变。对于我们江苏省昆剧院来说，“南昆风度”就是这样一种品质，这是我们几代艺术家始终坚守传承下来的品质。

风度，这个词的概念其实就是一种品质，不卑不亢，这是我们所坚持的一种方向。南昆风度最重要的是我们以中州韵为蓝本，我们不偏京，不偏海派，更不偏苏，就是做以正宗的中州韵为基础的，以中国昆曲的表演性为第一性的，原汁原味、规规矩矩、踏踏实实的昆曲。省昆的戏以声腔美为重要的组成部分，把音乐性、文学性、表演性相结合，综合体现我们自己的演艺风格，这就是南昆风度。它同时也是一种精神，是我们必须一直坚持走下去的。我们的舞台就是几个字：干净、简洁、凝练、抽象，我们有一个主题和核心，就是要把所有的篇幅都留给演员的表演，不容许那些声光电来减弱昆曲最重要的核心——表演，这也是我们所要坚守的品质。

在时代背景下，我也开始反思，反思我们的艺术，反思我们的文化推广。对于昆剧演员来说，我们从小接触的都是最传统的教育，在如今的表演中对创新也是满怀畏惧。现在越来越多的机会，让我们通过新鲜的外界血液的注入，通过文化和艺术的推广和交流，真正为昆曲拓展更宽广的未来。现在，我们的身份不仅仅是传统艺术的传承者，更是中国传统文化的推广者。

我们的艺术站在时代的交叉口上，兼容传统与当代特色，贯通本土与世界视角，兼具“传统超我” “当代自我”“外来他者”的意义。作为传统艺术、昆曲艺术的传承者和工作者，在这个时代背景下，我们被赋予的使命和所应该思考的内容是：如何在面向传统、面向本土、面向当代、面向世界的对话中，“不忘本来、吸收外来、面向未来”。

2016

第 3 讲

当代形塑
——品味传统文化的滋味

宋伟光

宋伟光，中国《雕塑》杂志执行主编，中国工艺美术学会雕塑专业委员会秘书长，《中国雕塑年鉴》副主编、编委会副主任，“中国雕塑论坛”策划组织者之一。北京市城市规划委员会专家、央视《奋斗》栏目观察员、美术史论家、研究员。曾担任AAC艺术中国年度艺术家雕塑类小组评委、中国公共艺术文献研究展策展专家、住房和城乡建设部中国建筑文化中心课题“国内城市公共艺术项目案例调查及规划建设路径初探”顾问专家等。曾在中国社会科学院历史研究所从事文物图像复原工作，得到沈从文先生的教导。著作有《迟读荫翳》《宋词无名氏作品研究》，美术史论《追问》等。

"中国传统文化的当代形塑"是中国当代艺术与中国传统语境的对话，是围绕着博物馆空间，阐释如何感受中国传统文化精神的一次文化传播和艺术普及。本次讲座以南京博物院举办的"呼吸——中国传统文化的当代形塑"展为切入点，用比较的方法，品味中西文化的差别，通过品味艺术，引申出有关生活审美的话题，从细节中感受中国传统文化的魅力。

今天演讲的主题是“当代形塑”，是一个由雕塑艺术延伸到叙说中国传统文化特性的讲座。这个演讲，起源于南京博物院一个关于当代形塑的雕塑展览。这个展览具有中国文化品质，同时还有当代视角。我大体说一下演讲的结构。第一部分，先从美术史上典型的雕塑谈起，这里面包括东西方两大体系。第二部分，就是针对南博举办的当代形塑展，来展开讨论。为什么以“呼吸”作为雕塑大展的命题呢？因为“呼吸”是一种生命的显现，艺术的生命是与产生它的土壤、人文、历史和生活息息相关的，这个展览的学术意义在于它是中国的、江南的、南京的、南博的，是一次以当代人的视角连接地缘人文的美学实践。最后一部分是运用中西比较的方法，来谈中西生活的细节，目的是通过了解和欣赏雕塑艺术，引申出对生活美学的品评，提高我们的生活品质。

西方古代雕塑

一般而言，讲西方雕塑往往要从古希腊开始，因为古希腊的文化在西方具有奠基作用。除了古希腊，还有在塑造方式上一脉相承的古罗马雕塑。当然，构成世界文明史的还有许多文明，如古埃及、古印度、中亚和西亚的两河流域文明，以及南美洲的安第斯文明等。古希腊的雕塑主要服务于宗教，制作神话人物雕像，装饰神庙建筑，其雕塑形态往往与建筑结合在一起。建筑和雕塑慢慢脱离，是在中世纪末，然后逐渐走向文艺复兴这一时期。古希腊雕塑向人们展示的是对力量的崇拜，对英雄的歌颂。一个非常重要的特点，就是它塑造的神具有人性，甚至具有人的缺点。可以说古希腊神话里，神的意志就是人的意志，神的欲望就是人的欲望，神就是人本身。在这种理念的支撑下，坦荡地表现裸体，就成为古希腊艺术的一种自然选择。它的人体雕塑跟建筑结合在一起，表现出的是一种力量感，顶天立地，敢于承担，是一种英雄主义的象征。所以，古希腊的雕塑是阳光的，能激发人们积极向上的精神。

我们来看古希腊古风时期的雕塑。这个时期塑造的人物形象基本是垂直站立的，很静穆的样子。这个静穆的状态，是受古埃及的影响。古埃及的雕塑具有灵魂观念，如《门考拉和王妃像》和《哈夫拉坐像》塑造的眼睛，张望着远方，凝视着地平线那边发生的事情，他们认为自己的灵魂存在于地平线遥远的彼方，那个世界才是属于他们的。所以，埃及的雕塑是向往来世的，静穆两个字是关键词。古希腊早期继承了静穆的特点，塑造的人物多做垂直站立之状。

刚才讲的是古希腊古风偏早期的，之后塑造的人物开始具有运动感了。东方雕塑延续千年的正面式对称结构开始被打破。人的形体开始“动”了起来。

接下来讲一下古典时期。希腊艺术家在经过一个多世纪的探索之后，能够熟练地运用人体结构来塑造形象了，完全打破了古风时期那种静穆的状态。如大家熟悉的米隆的《掷铁饼的人》就是典型。

古典时期的《命运三女神》和希腊化时期的《胜利女神》，其身体的曲线完全表现出了人的自然状态，说明神的形态已经慢慢向人过渡，所以它具有范本性的意义。《胜利女神》是世俗化、戏剧化的，如果从雕塑本体语言来讲，它已经与古风时期发生了割裂。

古希腊创造了美的法则，它的艺术着重表现对宇宙、自然与人生的理解与思考，其中蕴含着原始精神、心理、情感和文化。这种人神相交的命运观，也是形成古希腊悲剧精神的一种缘由，这在文学艺术上都有反映。我们知道悲剧影响了中国乃至世界文学，但悲剧精神不是让我们去悲哀，而是让我们对人类存在的意义和命运有深刻的体悟，因而悲剧的冲突成了人和命运的冲突。古希腊悲剧不在于描写悲情，而在于表现崇高的英雄主义理想。

到了中世纪，特别是中世纪末期，也就是哥特文化初期，当时如巴黎圣母院、夏尔特尔教堂的门像柱，浮雕渐渐走向立体，走向圆雕，几乎脱离了建筑而独立出来。从依附于建筑开始走向户外空间，我们可以在巴黎圣母院看到它承接了哥特式文化对独立空间渗透的样式。

文艺复兴迎来了欧洲历史的第一道曙光，这是一场在古典规范影响下，文学和艺术的复兴。米开朗琪罗是这一时期雕塑艺术的伟大典范。他的雕塑有着自然的构图、形态。他对细节的处理，不仅生动入微，同时还有一种悲剧精神，如米开朗琪罗成熟期的代表作《哀悼基督》就是这一精神的体现。《哀悼基督》为大理石雕，圣母双手托着受难的基督，悲伤的目光驻留在儿子身上。雕塑构图呈金字塔形，使人体会到一种永恒的悲悯之情。

《被缚的奴隶》是米开朗琪罗未完成的作品，现藏于罗马美术学院，也就是佛罗伦萨美术馆。你们会发现这件雕塑人体被石头所包裹，好像是一个人正从石头里挣扎而出。这件未完成的作品正合了米开朗琪罗所说的“把人体从石头里面解放出来”。这种解放不仅是形体的解放，也是思想意识的解放，因为它越来越靠近现实。虽然文艺复兴时期的文艺题材依然是以宗教题材为主，但它与中世纪不同，是一个活生生的人，从石头里面慢慢挣脱出来，完全是独立的人格。

文艺复兴之后出现了巴洛克艺术。巴洛克跟洛可可不一样，洛可可非常强调曲线，而巴洛克是带有古典的垂直和巴洛克式的曲线。所以，这个时期的雕塑强调动感、曲线，是与现实非常贴近但充满理想的形态。巴洛克艺术追求华丽和浪漫，追求对天国的无限想象，其雕塑形态强调空间的深度感，抛弃了稳定、和谐的构造，呈现出前所未有的动感形式。

当代雕塑

应当讲现代雕塑的源头是罗丹，他的雕塑强调材料的特性，注重触感和肌理，这些因素也正是现当代艺术所强调的。

第二次世界大战前有一些重要的雕塑家，如未来主义的波菊尼、超现实主义的阿尔普等。特别是罗马尼亚的雕塑家布朗库西，他对雕塑形态追求极简的方式，对当代艺术产生了深远的影响。

尔后，现代主义的各种流派得到更广泛的发展。瑞士贾科梅蒂的雕塑语言，一反过去追求体量、空间的基本要素，而用石膏直接在金属架上制作，创作出形如枯槁的人体，这是对既有雕塑形态的逆反。这种瘦长的人形表现的不仅是人的一种存在状态，而且意在反映当时背景下人与环境的关系。体现出战争之后人们那种特有的无助与孤寂。

英国亨利·摩尔的雕塑打破了传统雕塑的实体空间，把固有雕塑形态的三维实体结构变化为孔洞，构造成一种交互、穿透的空间形态。这种孔洞，有人说是来自他对骨骼的理解，也有人怀疑是受到中国太湖石的影响，这些都有待考证。摩尔的雕塑不能用古典主义的标准去看待，这是在雕塑本体语言的情境下进行的探索。这种对空间的处理方式对后世影响很大，它是一个关乎实空间与虚空间怎样理解和表现的问题，因为雕塑艺术是一门有关体量、空间、材料和造型的学问。

从雕塑专业上说，布朗库西突出了“形”的地位，贾科梅蒂改变了雕塑的体量关系，而摩尔对于形的理解则是“开放的形”。

还有一些将静止的雕塑注入“时间”的动态雕塑。比如公园里被风一吹就可以动的雕塑，或是通上电就可以转的雕塑。美国雕塑家考尔德的雕塑就是风动型雕塑，它标志着雕塑从三维静止状态走向四维运动空间的开始。

英国后现代主义雕塑家、当代艺术界领军人物托尼·克拉格，在他眼里一切废弃物、建材、金属等都是创作的媒介。克拉格对艺术问题和社会问题的思考具有很强的理性精神，他重视材料、介质、比例、生成以及计算等方面，并对这些方面敏感。如他的《挤压品》摆脱了现成品的创作观念。克拉格在这类创作中，回归了作为雕塑本源的泥塑传统，“在榆木基座上，以如同挤牙膏的方式，用石膏这种古老的材料，塑造出自由多变的雕塑形态”。他的雕塑，有一种凝固瞬间过程的视觉感受。他为什么要这样，为什么不表现一个漂亮的人体呢？为什么不表现一个很好看的东西？你完全可以这样发问，但是，当代艺术所关心的已不再是艺术的叙事性、文学性，而是艺术的观念以及社会学等问题。这一点西方是走在前面的，它能够从一个事物的本质上思考问题，对于中国当代抽象艺术还是很有影响的。

英国艺术家安东尼·葛姆雷来到中国，带领400多名当地居民和小学生，花了五天时间，用黄河的土捏塑出了12万个巴掌大小的小泥人，然后摆出一个矩阵展览，让人感受到大地、黄河与民众的血缘关系。这是一位外国艺术家对“天地玄黄，宇宙洪荒”的理解。这个展览影响非常大，影响了中国的“大地艺术”。什么是大地艺术?就是以大自然为创造媒介，艺术与大自然有机结合的整体性的视觉艺术。所以，大地艺术是跟生态结合的，而纯雕塑是与人文、历史等发生关系的，这是两个不同的系统，但却可以彼此融合。

在威尼斯双年展上有一个行为艺术：人们围坐在圆桌旁，争论不休。这时候，一个小女孩悄悄地钻到座椅底下，把他们的鞋带解开，再彼此系在一起。众人全然不知，还在高谈阔论，等到他们起身离开时，全都给绊倒了。这件作品说明了什么？说明了世界是一个共同体，不是哪一个人可以主宰的。这是来自意大利的一件作品，它从社会学的角度，用艺术的方式阐释了对社会问题的认识。

还有这样一组装置艺术：把展厅布置得好像是一个生产车间，里面布满管道和脚手架，传送带不停地将参观者的照片传送到另外一处空间，最后形成了固定的“一刹那”的瞬间。这组作品的目的在于让你知道艺术是可以参与的、互动的。

观念性艺术存在去物质化的倾向，强调在静态中表现时间。其实，中国的山水画构图里面就有时间因素。中国山水画的视角不是固定在某一处，而是所谓“散点透视”。它不是站在一个角度，而是处于一种“游走”的状态。这与西方绘画所运用的“焦点透视”大不一样。中国山水画为什么能够表现千里江山，就是因为它的构图方式可以跨越时空，这种对时空的运用，在现当代艺术中也有反映。

中国雕塑

古希腊的雕塑很阳光，这与他们的生活习惯有一定的联系。来到希腊你会发现这里的人确实喜欢阳光，一到假日就去爱琴海晒太阳，这一点与中国传统追求荫翳之美不一样。说起来，中国的雕塑，无论是石窟寺还是墓葬，都是为信仰或者说为来生服务的。譬如，秦始皇陵兵马俑虽然规模宏大，但它不是以追求雕塑形态为目的，而是要反映“事死如事生”的灵魂观和统治意志。

一个有趣的现象值得注意，兵马俑的形象虽然整体形态统一，但仔细分辨，却各有差异。由面部特征来判断，这些士兵绝大部分属于蒙古人种，是关中一带的人，与现代人的面部特征相差无几，非常写实，很有细节。还有一个细节值得重视，这些兵马俑全是单眼皮，没有一个双眼皮。我为什么要强调单眼皮和双眼皮？我曾做过一个小调查——凡是双眼皮都跟中亚、西亚人种有一定的关系，而单眼皮大都是咱们土生土长的中国人。双眼皮的人多有胡人的基因，这就是为什么唐代双眼皮开始多了的原因。来自粟特等地方的西域人，到中国经商，与汉人通婚，所生的小孩很漂亮，眼睛很大，一闪一闪的，跟洋娃娃一样。这些孩子的眼睛有很多出现了双眼皮，这也告诉我们看待问题，要从多个角度去审视。

西汉的霍去病墓系列石雕在中国美术史上被称为具有浪漫主义精神的艺术。如果仅从石雕的形态看，这一评价是符合事实的。但如果从石雕形成的原因以及背景等多方面考察，就会发现它的意象造型、浪漫风格，其实是受制于工具。我曾仔细观察过这些石雕，发现很多地方，特别是涉及物体结构的地方，打的钎眼很多，显然是深入打制下去时遇到困难。所以，我据此认为，西汉时期打石头的钢钎硬度不够，打花岗岩很费劲，这是有事实依据的。相反，霍去病墓系列石雕之《马踏匈奴》是一尊雕琢得最下力气、塑造得最为深刻、具有纪念碑意义的雕塑，而它的意象造型、浪漫风格并不显著。这就告诉我们不能仅从风格学来评价一种艺术现象，对一件事物的认识不要仅仅从表面上审视，要从背景中发现问题。比如，有位书法家，他的书法很奇特，笔画很特殊。究其原因，是他没有钱买毛笔，是用别人扔掉的秃头笔写的。在这里秃头毛笔造成了他的风格，这是受工具制约而形成的风格，也就是现象背后的故事。

中国的造像非常丰富，上至秦汉，下至魏晋、隋唐等时代，其风格各异，变化多端。在一定程度上中国的造像艺术也受到了外来文化或者说样式的影响。以北齐为例，它的线条非常干练，非常纯净，所谓"曹衣出水"，这是受印度笈多艺术影响的结果。

再如丹阳、句容以及南京郊区，那些伫立在田野里的南朝石雕，有一种昂扬的气势，颇具汉风。如果拿南朝的艺术与北朝相比，就会发现北朝的艺术带有鲜卑文化的特征（如云冈石窟），而南朝艺术虽然也受到印度的一定影响，但其雄健之风依然是魏晋遗绪。

之后，唐代的造像更加趋向写实，这在敦煌等石窟中都有呈现，人物的衣褶不再是模式化的塑造，而是具有客观性的表现。不单是莫高窟或者麦积山等著名石窟，凡是规模大、做工精良的石窟，一般都是供养人捐巨资修建的，特别是那些皇家工程。而规模小且做工一般的石窟，往往是资金所限而致。从这一点上看，古今艺术的面貌，在一定程度上也反映出当时的社会经济状况。

唐代的写实风格一直传延到宋代。但自宋代始，佛和菩萨的形象越来越走向世俗。这一时期的人物形象，很有几分世俗妇女的模样，这是根据现实中的人来塑造的。特别到了明清，小家碧玉的特征更加明显。这种家庭妇女的形象是时代的印记，也是宋以后市井文化的显现。在敦煌，有一些窟，把唐代的头给毁了，然后在脸上用白粉涂抹一下，这是清代干的活，做得非常差劲，据说是还愿重塑金身所致。这就是民间信仰，这个力量很大，圣母像被塑造成市井间的婆婆或大嫂形象，已经远离神性了。

但值得一提的是四川筇竹寺清代重修的塑像，非常活灵活现，是高度写实的，它是以线来转折形成立体空间。还有山西双林寺的造像，也是生动无比。

自民国时期至新中国建立，雕塑一反古代形态，开始出现表现现实事物的题材。如李金发、江小鹣、刘开渠、滑田友、曾竹韶等老一辈雕塑家就是现实主义雕塑的前辈。最典型的就是《人民英雄纪念碑》，它的塑造方法带有一定的法国式浮雕风格，因为那批老雕塑家大半是留法的。法国式浮雕在浮雕的起位和空间压缩上与苏联的不同，苏联是慢慢虚化，所谓平面压缩。而法国式浮雕，处理人物与背景之间的关系非常清晰，就像中国的白描一样干净利落，其中的代表作有《五四运动》《五卅运动》《虎门销烟》等。当然，《人民英雄纪念碑》也借鉴了中国传统艺术的表现方式——吸收了吴道子《八十七神仙卷》以及一些石窟寺的构造和叙事方式。在此之后，中国的雕塑艺术走过了纪念碑、形式美、本土意识、观念方式等历程。

中国古代的造像，无论是地上的还是地下的，都非常丰富。但它从来不为活着的人造像，而是为灵魂或者信仰服务的；或者说很大程度上是为死去的人服务的。古人有一种灵魂观，认为一旦活着的人被做了像，就意味着这个人的灵魂被抓走了，他就要失魂而死，这是中国乃至东方造像理念与西方完全不同的一个要点。对于中国古代的艺术，我们不能以像与不像这种客观反映论的观点去看待它，中国的艺术追求的是超越物象的意境。因此，我们要继承中国传统文化，不是简单地读一读《三字经》、讲一讲《千字文》之类就可以的，需要深入地领会中国古代文化深层的绝妙之处，方可知其滋味。

“呼吸——传统文化的当代形塑”雕塑展

从20世纪80年代开始到今天，中国的现当代雕塑已经呈现一种前所未有的多元化状态，优秀之作层出不穷，各种高水准的雕塑展也越来越多。但是，较少有为特定的命题而进行创作的雕塑展览，集中起来对一个问题进行思考的雕塑展也很少见。南京博物院把当代雕塑当成一个问题，一个关于中国古代文化形态如何用当代视角去看待、去阐释的问题。因此，南京博物院举办了一场“呼吸——传统文化的当代形塑”展览，这次雕塑展要体现出中国的、江南的、南京的、南博的这种文化语境。

在古琴家王鹏的弹奏声中，展览拉开了序幕，这种开幕式别具一格。策展人引导观众观展，首先就会看到大殿右首悬挂着的一尊山水雕塑。中国的山水多是画在纸上的，而当我们将中国的山川以三维的雕塑方式悬挂在空中时，会有什么样的意象呢？这将是以一种仰慕的心态来看待中国的山山水水，是一次有趣的文化暗示。

进入主展厅，一副伫立着的甲胄出现在眼前。其实，这副甲胄是用报纸制成，为什么选择报纸作为创作材料呢？这是一个有关信息的话题——作者选取一年内南京所发行的《现代快报》，并将之用中国纺织品独有的编织方法编结成甲胄。仔细看就会发现，在这副甲胄上，有每一天刊发的南京的各种信息，有每一天这里发生的各种故事和新闻。所以，虽然它的外形是古代的铠甲，但它传递的信息却发生在当下。这件作品是用当代的视角来解读中国古典文化的一个比较典型的案例，也是一个很有意义的案例。

还有一件状似雨伞的作品，它汲取了中国古代造像裙摆的样式。北朝的雕塑，它的裙褶在发展过程当中出现过好几种变化，早期对于衣褶的刻画多为阴刻线，之后开始垂直叠级，再之后，这个线条逐渐软化，开始出现半圆弧的状态，慢慢往写实的方向靠拢，这是以雕塑造型学来分析的。从这件作品中，我们可以品味到创作者对传统造像方式、对外来文化吸收等方面的细微解读。

展厅中还陈列着一件由自制的红砖创作的雕塑，如果不仔细看还以为是件北齐时期的文物呢！为什么要用砖呢？因为这种砖是现代工业产物，是现代建筑当中所使用的，但当它复合在古老的形体上，就会发现砖的存在被古代的精神升华了。

此外还有件展品，表现的是涟漪和水花，它延伸了对中国线条的运用，我为什么在讲中国造型艺术的时候常常提到“线”？线是传统造型艺术的命脉，中国的绘画以线为基础，中国的雕塑也是以线塑形的，是线性的体面围合。中国的绘画、雕塑充满了线形关系，而西方的绘画、雕塑则充满了体块或体面关系。西方的视觉艺术符合它的科学观，同样中国的造型艺术也符合我们的哲学观。此作巧妙地把线的意象运用到立体上，然后使线的律动呈现出不同的形体。

“呼吸”展中还有一些雕塑作品是用铁丝来编织的，把传统的山水用“线”塑造出来，使纸上平面的水墨，变成三维立体的“水墨”。这些艺术方式都是在思考如何将中国古代文化精神用现代视觉的方式传达出来，是深度体会中国文化精神的有益尝试。

户外雕塑与室内雕塑在视觉上的要求是不一样的，室内雕塑，我们一般称之为“架上雕塑”，你可以品味它的细节、它的手法。而户外雕塑虽然也必须具备这些因素，但它更强调视觉的整体效果，专业上将此称为“大效果”。户外雕塑强调的是体量、空间以及外轮廓的视觉印象。判断一个户外雕塑成功与否，首先要看它是不是具备了这些因素。如中国的大型佛造像，老远一看，外轮廓特别突出，很有一种空间场域气氛，正如西方的古典建筑与雕塑结合在一起所形成的宏伟气派一样，均具有一种伟大的感觉。

南京博物院户外还陈列了一尊雕塑叫《梦莲》，材料是不锈钢，体量很大。它被放置在博物院的中轴线上，非常醒目。白天，莲蓬上的莲子像一只只眼睛在熠熠闪光，你可以与它互动，这就是户外雕塑的公共性所产生的艺术效能；到了夜晚，夜景灯照在它身上，发出晶莹的梦幻之光，站在南博正大门一眼望去，就会感到如星星闪烁一般的美好。

莲蓬，可吃，可赏。它与我们的生活非常贴近。所以，当《梦莲》出现在南京博物院时，必然与中国、江南、南京、南博发生关系，这就是公共艺术的魅力。公共艺术的核心是交互，是共享，因为公共艺术是一种社会福利，凝聚着我们每一个人的审美理想。

中西对照，品味中国传统文化思维

刚才从古希腊讲到文艺复兴等，再讲到中国古代雕塑、中国现当代雕塑，谈到“呼吸”展，目的是通过欣赏雕塑艺术来品味不同文化背景下的艺术特点。怎样看待中西方艺术，是一种认识观的问题，现在我用中西对照的方法，来品味一下中西生活美学，以进一步感受中西文化或者说生活美学的差异与特质。

先说衣。我们现在都穿洋装，其实这都是改良过的西式服装。穿西服，会时刻提醒自己要挺拔，要显示出自己的个性，这是西方独立精神在衣着上的体现。譬如牛仔服，穿着它就会顿时感到自己很干练，很酷！西方人穿西服，时刻体现着自我，时刻表达着身体的存在。再看中国的长衫，完全不是西服的感觉。它追求一种风度，使你内敛。应当说，服装上也体现了东西方的文化差别。

再说食。吃西餐似乎很是讲究，但如果你跳出来看，手持刀叉切割肉类，是不是有点做手术的味道？上了餐桌好像是上了手术台。其实，应当讲这种餐具是西方原始野蛮的遗存，当然我绝无贬低西餐的意思，只是从文化的角度来审视生活的细节。而在中国，用餐就使唤着两根筷子，它可以运用自如，软硬兼施，变化无穷，就像是中国的文化，有一种空灵的美好。说起来，筷子是两根线条，它像中国的艺术，充满着线条的运用，中国的筷子应该说非常高级，讲究的上面刻着诗歌、绘画，简直就是一件艺术品。

生活用品方面，西洋花瓶绚烂夺目，反射出道道光线，非常美丽，但这是一种外向的炫目之美，是一眼就能看明白的美。而中国文化讲究含蓄，在于慢慢体会。譬如紫砂壶，绝不张扬炫目，反而是温润厚朴，它的气息与人非常亲近。中国传统文化的滋味就是这样品出来的。

我家祖传有一只茶叶桶，是用锡做的，真正好的锡罐放茶叶，几年都不会变味道。这只茶桶外面是铜，里面是锡。锡这种材料有一种特殊的光泽，暗暗的，柔柔的，具有吸纳之气，很有中国文化的神秘感。艺术追求神秘，也是西方现当代主义所崇尚的，其中有一定的原始艺术情结，这是受日本、中国文化所启发。

再比如寿山石，温润如肌肤，把玩它就仿佛与身体对话；又如玉，有五德，这是儒家以玉的特性借喻对人的评鉴标准。所以，中国的东西都跟气息、呼吸、味觉、触觉发生关系，并将其引向道德、审美等方面。

中国人喜欢怪石，品味太湖石中的“瘦”“透”“漏”“皱”等滋味。这种滋味是一种特殊的审美感知。西方人也收藏石头，但不是中国式的文化石，而是矿石或者化石。诸如铁矿石、铜矿石、方解石、透闪石、生物化石等。他们为什么喜欢收藏矿石呢？因为对矿石的分门别类符合西方的科学体系，西方科学体系笼罩下的人文和艺术也带有科学性。为什么中国人特别喜欢太湖石呢？因为太湖石的形态暗合了中国人的心理，中国人处理事情就是那种婉转曲达的状态。所以，玩石头也能看出中西文化之差别。中西是两个体系，一个是人文体系，一个是科学体系。

中国文化中有一种类似于“触景生情”的情绪。日本文学中的“物哀”与之类似。“断桥残雪”“枯枝败荷”都是古代文人钟爱的题材。当然也有“红了樱桃，绿了芭蕉”这种轻松的浪漫。中国的文艺是一种优雅的、恬淡的、在静静的情景中品味人生滋味的文艺。为什么我们喜爱荷花，不仅仅是因为其“出淤泥而不染”的品质，更重要的是，可以在从其盛开到凋谢的过程中，体会出诗般的惆怅。

说到中国的绘画，江南体系的绘画与北方体系大相径庭。北方风格多是大山大水，如北宋范宽笔下高山大川；而江南的山水如黄山派、浙派、娄东派等，多表现烟云浮游之境，这是因为这些画家本身就生活在烟雨迷蒙的江南水乡。中国的绘画里面有呼吸，有空气，有湿度，有萧寒，有伟岸……它之所以意境幽远，道理也在于此。相比之下，西方的绘画，特别是 19 世纪之前的绘画，绝大多数是对客观事物的再现。西方绘画在中世纪之前，山水只作为陪衬，未有独立成科，从来没有像中国文人这样表达对山川的情怀，把山川作为一个独立的东西加以表现。而我们的山水画，“可游”“可居”，这与中国道家的出世思想有关系，这就是它的特性。

接下来再看看乐器。西方的乐器多是金属质地，发出的声音都是人工金属之声；而中国的箫、笛、古琴，多是木竹所制，发出的都是自然之音。所谓丝竹之声，完全是自然质素，是跟自然、生命连接在一起的，而西方是跟金属、工业联系到一起的。

说到居，西方的教堂高大雄伟，这是通向天国的暗示。而中国的传统建筑是压着地面的，呈中轴线左右对称分布，向四周辐射。中国的宫殿稳坐在台基之上，由须弥座将主体建筑一点一点地抬起来，这是一种象征，象征着皇权的威严。中国的城门，走进去之后，庭院深深，使人心怀忐忑，欲行又止，有一种敬畏感。

你看西方的园林，工整的几何式，对植被的选择往往是按照植物群落和科属关系进行布置，这显然是符合科学体系的。而中国的园林曲折婉转，好似“欲言又止”，三步一景，四步一观，空间在不停地转换。我们对植物的选择也多从其美观和寓意上考虑，这显然是有美学意味的，这一点也正是中国园林的魅力，耐人寻味。西方的园林一眼望去通达明了，而中国的园林则是随着你的心情，在景物之中寻觅。贝聿铭设计的园林式建筑——苏州博物馆，巧妙地把中国的山石与南方建筑的白墙结合到一起，既富有当代性又不失传统意味。

我们现在惯用灯光来显示建筑艺术的质感，这是受西方灯光秀的影响所致。而当我们品味中国古典建筑时，它的那种特有的沉寂幽深，令人震撼。

古代没有电灯，各类器皿用具往往是在没有充足光线下使用的。中唐诗人李贺的《秦宫诗》有一句“内屋深屏生色画”，这里的“生色画”是什么意思呢？这里要谈到古人用金的学问。古人用泥金或者金箔画在或贴在屏风上，作为装饰。金的光泽反射着微弱的光线，在中国幽暗的宫殿里面，可以把户外的光线带到室内。光线反射在泥金上，会让人感到屋子里面漫散着一种幽微的光，神秘而美好。但将黄金做成项链、戒指等，就有点俗，因为这种使用太直接，几乎就是赤裸裸地炫耀财富。中国古代用金非常高雅，比如用金丝绣饰袈裟，僧人穿着它在幽暗的殿堂里面诵经，会有一种神圣庄严之感。

综合方方面面来看，中国人的生活美学，跟西方的基础不一样，它是耐人寻味的，因为这是独特的中国人的审美观，是中国人的世界观，值得我们珍惜！

2016

第4讲

茶酒争胜
——唐人的饮茶饮酒与三教融合

徐兴无

徐兴无，南京大学文学院院长，教授，文学博士，研究中国古代文学、中国古代思想文化。著有《谶纬文献与汉代文化构建》《刘向评传》《孟子》《经纬成文——汉代经学的思想与制度》等，主持国家哲学社会科学基金项目“‘五经总义’类文献与经学史研究”等。

中国人饮茶饮酒的传统中有着丰富的文化内涵与历史积淀。中国文化中最重要的儒、释、道“三教”都为茶酒赋予了深厚的文化内涵。本讲座通过分析中国古代茶酒争胜的文学作品，欣赏有关茶酒的文物，阐明茶、酒所代表的不同文化身份，揭示中国古代“三教融合”的思想传统。

今天这个题目叫《茶酒争胜——唐人的饮茶饮酒与三教融合》，“三教”就是儒、释、道：儒家、佛教和道教。我很荣幸今天能在南博举办这个讲座。你们看见的南京博物院正门口的“南京博物院”这五个字是我的太老师胡小石先生写的。我今天能在这里做一个讲座，也算是对我的老师、我的前辈的一个怀念。

茶和酒是中国人生活当中最传统、最普遍的两种饮料，马克思主义讲经济基础、上层建筑、意识形态，在文化学里面也有这三个对应，就是物质层次、制度层次和精神层次。物质层次最容易变，我们每天穿的衣服、用的手机都会换得很快；制度层次变得慢一点，虽然它也会变，但是时间很长；精神层次就比较难变，我们现在在座的所有人，你们可能自己不觉得，但是在涉及一些很重要的价值判断和一些风俗习惯的时候，你们绝对是按我们中国人的方法来做的。

近代以来，中国传统的衣食住行和器物都被西方变革代替，但是茶和酒的地位没有被撼动。为什么呢？就是因为它里面有我们的精神文化。当然我们现在的年轻人可能每天都要喝咖啡，那是另外一回事，但是茶和酒是撼不动的。如果茶和酒里面没有文化内涵，没有精神内涵，可能很早就被代替了。

茶，我们知道，在我们的文化里面，它的体性、它的性格是阴性的，因为它代表着自我。喝茶一般是自己饮茶比较多，代表着安静、深思、理智。酒是阳性的，它代表着群体，代表着热烈，代表着抒情，还有冲动，都在里面。《易经·系辞上》里面说，什么是道呢？就是我们生活中，隐藏在我们身边的一些形而上的东西。它说“一阴一阳谓之道”，这是自然之道。道生发出来的样子：第一个是“善”，善就是它生成万物的这种美德。第二个就是“成之者性也”，它赋予万物各自的本性。如果说君子，“仁者见之谓之仁，知者见之谓之知”，仁爱的君子就在这里面看到了仁，有智慧的君子就在这里面看到了智。但如不是君子，是老百姓呢？老百姓“日用而不知”，每天都跟道打交道，可是他不知道。所以“君子之道鲜矣”。君子在自然之道里面看到的文化精神，看到的伦理道德，就不被大家知道了。也就是说，对我们来说很重要的是在日常生活中发现君子之道。所以朱子在《周易本义》里解释这一段话的时候他说得很好，他说君子在上面是见仁见智了，但是老百姓不是。老百姓在下面是“日用而不知”，“莫不饮食，鲜能知味者，又其每下者也”。我们平常的人啊，每天都吃喝，但是我们不知道其中的味道。这个味道不是说食物本身的味道，而是指这里面文化的味道。这就是等而下之了，这就是一种没有文化的表现，因此我觉得我们还是有必要讲讲茶酒之道。我们和茶酒朝夕相处，只是有时我们可能不知道。

第一个问题，我要讲讲“茶酒争胜”。

这个问题怎么讲起呢？我们都知道茶酒里的历史文化很多，历朝历代的文人都写了很多这方面的作品。特别是唐代的陆羽编了《茶经》，宋代的朱翼中编了《北山酒经》。中国人什么都爱编个经，茶有经，酒也有经。如果大家有兴趣，想把茶酒历史文化方面的资料了解得清楚一点，那么我推荐两本书，就是胡山源先生的《古今茶事》和《古今酒事》，他收集了茶酒各方面的文献资料。我们今天谈这个题目，不可能面面俱到，只想找一个有趣的角度，就是茶跟酒争胜的笑话。

明代的小说家冯梦龙，大家都知道他编过“三言”，他还编过一个笑话集叫《广笑府》。这里面收了400多个笑话，其中有一个笑话，茶对酒说：“战退睡魔功不少，助成吟兴更堪夸。亡家败国皆因酒，待客如何只饮茶？”什么意思呢？就是说我（茶）跟酒不一样，喝了茶之后就可以不睡觉，而且还能帮助文人吟诗；而亡家败国都是因为喝了你们酒。那么酒也不同意了，酒说：“瑶台紫府荐琼浆，息讼和亲意味长。祭祀筵宾先用我，何曾说着淡黄汤？”瑶台紫府就是神仙住的地方，他们喝的酒叫琼浆，就是玉做的浆液。息讼就是大家打官司吵架，我们只要喝了酒，大家一高兴，就又成朋友了。和亲，民间婚姻，两家和亲要喝酒。祭祀祖先、招待客人，都离不开我。什么时候这些场合大家喝茶呢？茶就是淡黄汤嘛。它们“各夸己能，争论不已”。这个时候水出来了。水说你们吵什么呢？“汲井烹茶归石鼎，引泉酿酒注银瓶。两家且莫争闲气，无我调和总不成。”没有我怎么行呢？也就是说你们两个别再吵了，没有我水就没有你们。水起了一个调和的作用。

这个我们现在看可能是一个很一般的笑话，但是这么简单的笑话也有根源。我们在唐代人的文献里发现了一篇《茶酒论》。《茶酒论》文字很多，有1200多字，写的也是一个笑话。《茶酒论》的原著在五代战乱的时候被和尚藏在敦煌的石窟里面。20世纪初，我们都知道，道士王圆箓在敦煌发现了莫高窟的藏经洞，法国人伯希和与英国人斯坦因从他手上买走了其中的很多藏书，买走以后收藏在法国和英国的博物馆、图书馆。这里面《茶酒论》有六个抄本，大家看凡是带“P”的抄本就是伯希和的，凡是带“S”的抄本就是斯坦因的。这几个抄本里面，有一个伯希和的抄本是最全的，这个抄本后面还录了唐人王梵志的诗。我们知道王梵志相当于唐代的济公这样的人物，他写了很多诗用来劝世，劝大家行善、信佛，都是打油诗。民国时期，中国的文献学家王重民先生在法国查阅底本，刊在《敦煌变文集》里面，大家有空可以去看。

好，我们再话归正题。这个文字很长，我大概讲个意思。第一，它有一个序。序里面说，有一个人问，茶和酒哪一个更有功勋，就是对我们的生活更有帮助？谁称第一？你们“今日各须立理，强者先光饰一门”。你们想象，有一个人问茶和酒，说你们两个哪个最厉害，你们各自把自己的道理讲清楚。哪个认为自己是最强的，先出来讲。

第一个回合，茶先出来说了。茶说你们不要闹，我最好。它说我“贡五侯宅，奉帝王家”，我作为茶是被这些帝王所看重的，而且“时新献入，一世荣华”，每年新茶上市我都被大家作为送人的礼物。这是茶的理由。酒就不高兴了，酒说：“自古至今，茶贱酒贵。”从古到今都是你茶便宜我酒贵。当然我们现在茶跟酒就差不多了。酒还说“单醪投河，三军告醉”，这是《吕氏春秋》里的故事。就说有一个将军，有人送他一瓶酒，他不愿意一个人独享，但他的三军将士有万人，也不可能大家每个人分一口。为了鼓励他的士兵打仗，最后他就把这个酒倒在河里面，让大家饮这个河水，最后大家都为他打仗。之后酒又说：“君王饮之，叫呼万岁；群臣饮之，赐卿无畏”，等等。最后特别有意思的是“有酒有令，仁义礼智”，就是有了酒，就有行酒令，就有仁义礼智这些美德体现在里面。

第二回合，茶开始讲自己的产地和著名的茶的品种。产地和贸易的地方有“浮梁歙州”“舒城太湖”“越郡余杭”，另外这里面提到“蜀川流顶”“素紫天子”，都是唐朝两种特别著名的茶叶，就相当于我们的碧螺春、龙井一样。酒不服说，我也有很多有名的酒。那个时候没有茅台，没有五粮液，但是它说有“剂酒乾和”“蒲桃九酝”“玉酒琼浆”“菊花竹叶”。酒能“礼让乡闾，调和军府”，特别注意“礼让乡闾”，就是说在乡村、社区的生活中，酒可以用来做活动。“调和军府”就是说酒可以有助于军队管理，这个我们下面再讲，这是唐朝的生活。

第三个回合，茶开始说它的文化内涵。茶说，我是“名僧大德，幽隐禅林，饮之语话，能去昏沉”，这些高僧喝了茶之后可以不睡觉地参禅，而且“供养弥勒，奉献观音”，酒则是“破家散宅，广作邪淫”。酒不同意，酒说你太便宜了，“三文一缸，何年得富”，你对我们发展经济没有什么帮助，不能产生GDP；“不可把茶请歌，不可为茶（教）舞”，从来没有听说过喝了茶之后唱歌跳舞的，只有喝了酒可以。“一日打却十杯，肠胀又同衙鼓”，一天喝十杯茶，肠子里咕噜咕噜，饥肠辘辘听着像打这个衙门里的鼓一样。“若也服之三年，养虾蟆得水病报”，就是你如果三年天天喝茶的话就像蛤蟆一样，肚子会喝得很胀，最后得病。

第四回合，茶不满酒的“三文一缸”，“我三十成名，束带巾栉”，“人来买之，钱财盈溢”，买了我就能得富贵。为什么？茶说自己在唐代在商业上、在贸易上特别有价值。而酒又回“能养性命”“酒是消愁药”“酒能养贤”，酒能“礼让周旋”，等等，这个我们以后再讲。

第五回合，就开始骂架了。茶说你喝了以后就“丧其身”了，并举例说“阿阇世王为酒煞（杀）父害母”，这是佛教的《涅槃经》里讲的，古印度有一个王喜欢喝酒，很暴力，煞（杀）父害母，最后是佛把他降服了。我也举个例子，我们大家都知道刘伶是竹林七贤之一，在座的诸位如果到南博的展厅里面，可以看到在西善桥出土的竹林七贤砖画，里面就有刘伶。这个刘伶就是爱喝酒，每天坐在车上用一头鹿拉着，让他的仆人拿一把铁锹跟在后面，说我什么时候喝死了，你就在这个地方挖个坑把我埋掉。接着茶还说你们酒是不道德的。“两个政争人我，不知水在旁边。”水说你们两个吵什么呢？“人生四大，地水火风”，这是佛教用语，佛教里面讲的万物都有根源。水说“茶不得水，作何相貌；酒不得水，作甚形容”，万物都需要水，没有我水怎么办？并讲了很多自己的功绩。我可以让你们有灾害，就像这几天天天下雨；我也可以让你们万物得以成功。我都没有主动吹嘘自己有多大能耐，你俩争啥呢？从今以后，“切须和同”，你们两个要成为好朋友。“酒店发富，茶坊不穷。长为兄弟，须得始终”，“若人读之一本，永世不害酒癫茶疯”。

这样，《茶酒论》我们就讲完了。从《茶酒论》到《广笑府》，茶和酒争了几百年。我们审理一下，它们的诉讼事实上是一种文化冲突。

下面我们讲第二个问题，茶怎么从道教的仙药到佛教的智慧。

中国人饮茶的历史比饮酒晚得多。中国最早的字典是东汉许慎编的《说文解字》，这本书里面还没有“茶”这个字。茶采于南方，有消毒提神的效用，开始是被人当药吃，《神农本草经》中就有记载。《神农本草经》据说是战国时期编的，但是我们现在看到的《神农本草经》是东晋的时候南京一个很重要的道教领袖陶弘景修订的，也是所谓“山中宰相”，后隐居在句容茅山。这部《神农本草经》里面提到茶“味苦，生川谷，治五脏邪气”，就是有消毒作用。东汉名医华佗说“苦茶久食益意思”，茶喝多了以后有助于大脑清醒，提高思维能力，“意思”就是脑子、思想，“益意思”就是有助于思想。

魏人张揖在《广雅》里面说“其饮醒酒，令人不眠”，我们到现在喝茶都有这两种功效。那么在南方，我们也看到，可能是四川人或者南方其他地区的人，比如我们东吴这一带的人，喜爱喝茶。有两个史料，最早的是西汉的王褒，四川人，他在《僮约》里面讲到让家里的家奴买茶。另外就是三国时期吴国的大臣韦曜，他不能喝酒，每次孙权都让他以茶代酒。以茶代酒也是我们现在经常做的一件事。

由于一开始是作为药材，所以中国的道教就对茶产生了兴趣。因为道士要把很多药炼成丹。道教最重视的一条就是，我能不能“羽化登仙”。如果成为神仙必须“飞升”，从地上往上升。那如果很胖怎么飞呢？所以首先要把身体变得很轻才能飞，于是茶就成了仙药，主要是喝了以后身体能变轻，从而升仙。晋代王浮写的《神异记》，这是比较早的道教神仙传，讲道教故事的一个小说。这里面就说，武陵有“丹丘山大茗，服之生羽翼”，吃了以后人的膀子下面就会生出翅膀。陶弘景说“苦茶换骨轻身，丹岳（丘）、黄石君服之仙去”，把骨头换掉，身体变得轻，神仙喝了茶以后就仙去了。

一种东西被神秘化以后变成仙药了，就不容易普及。如果仅仅是道教这样对待茶的话，茶不可能在生活中这样普及，所以我们现在还能喝得上茶，要感谢佛教。

最早记载茶和佛教有关的文献是唐代封演的《封氏闻见记》，这里面说，开元中泰山灵岩寺有降魔师教大家坐禅，因为佛教有个规定，坐禅的时候一天吃两顿饭，“过午不食”，过了中午就不吃了，大家又饿又昏昏欲睡，这个时候他就让大家喝茶。唐代是一个佛教非常盛行的朝代，此后大家就跟着和尚喝茶，“从此转相仿效，遂成风俗”。当时中国各个地方的一些重要的城市，一直到首都，多有茶铺。茶从江淮而来，舟车相继，贸易非常兴旺。

这时候还有一个重要的人物出现，就是陆鸿渐，即陆羽。他写了《茶论》，也就是我们看到的《茶经》。《茶论》里面不仅有做茶的方法，而且有喝茶煎茶的方法，还设计了很多茶具，特别是“造茶具二十四事，以都统笼贮之”，他造了一种茶笼，可以把茶具都放在这个茶笼里面拎着走，带到任何地方去喝茶。我们知道唐朝的中国是一个国际性的帝国，它的贸易“一带一路”做得非常好，所以茶叶在中国流行之后也很快流行到周边的地域，比如流到塞外，流到吐蕃，流到西北。

我们都知道唐代平定安史之乱就是靠的回鹘兵。回鹘兵就是中亚一支游牧民族突击队，当时唐朝没有兵，就借他的兵平叛。唐肃宗说，你只要给我平了叛，长安城除了宫殿不许带走，其他的壮年男女、财宝随便你拿。后来回鹘就跟唐朝有一个不平等贸易，每年唐朝要用很多钱买他的马，后来成了唐朝的负担，最后唐朝终于找了一个机会把回鹘赶了出去。《封氏闻见记》里面讲“往年回鹘入朝，大驱名马市茶而归”，就是用良马来换唐朝的茶。

在江苏丹徒丁卯桥出土的唐代金银茶笼，就是陆羽做的“都统笼”。《封氏闻见记》里面记载的情况和《茶酒论》里面吻合的地方很多，比如说佛教“过午不食”，当时的寺院就喝茶代替晚饭，这个在《茶酒论》里讲得很清楚。茶是佛教的代表，有一个重要的原因就是佛教看重它“饮之语话，能去昏沉”，也就是冯梦龙说的“战退睡魔功不少”的提神作用，这是一个大的发现。《茶酒论》里又讲到“供养弥勒，奉献观音”，我们在唐代的笔记里面发现，唐代的和尚收了茶以后，把茶分成三等，第一等供佛，第二等待客，第三等自己喝。有一个关于苏东坡的笑话，也有说是郑板桥的轶事。有一天他到了一个庙里，和尚很势利，说“坐，请坐，请上座；茶，上茶，上好茶”，就说明在寺庙里面上茶是一个很重要的仪式。大文豪李白、杜甫、柳宗元、韩愈、刘禹锡这些人，他们的诗里有大量在庙里跟人喝茶的题材。比如温庭筠有一句诗说“茶炉天姥客，棋席剡溪僧”，说明唐代的诗人对这种寺院里的饮茶文化非常熟悉，他们和僧人之间的交往也多以茶作为媒介。

唐代画家阎立本的《萧翼赚兰亭图》是我们国家的一幅很重要的画。画中间的一个和尚，穿着袍子，手上拿着箸，最右边是一个官员，他们中间还有一个和尚。左下侧的两个人就在煮茶、煎茶。阎立本这幅画有一个北宋的摹本，藏于辽宁省博物馆。

我们都知道，唐太宗得知《兰亭序》在王羲之后人的弟子、一个叫辩才的和尚手上。唐太宗想看这个字帖，辩才却谎称不知去向。后来太宗是怎么拿到《兰亭序》的呢？就是让萧翼去和这个和尚交朋友。萧翼是个很有才华，对书法、对诗歌都很有造诣的人。他跟辩才相处了很长时间，辩才把《兰亭序》给萧翼看；最后萧翼趁他不备的时候把《兰亭序》偷走了，献给唐太宗。

唐人何延之在《兰亭始末记》中说，“翼乃驰往，以茶酒伴辩才”。萧翼接受了唐太宗的命令以后，到浙江和辩才交朋友。这个和尚不仅爱喝茶，而且爱喝酒。唐宣宗大中初年禁止私贩茶叶的条约中，有句“居舍僧保四犯至千斤者皆死”，就说明唐代的和尚大量参与茶叶的走私活动，以至于唐朝专门立法对和尚的茶叶走私进行禁止。

我们再看唐代的茶具。唐代的瓷茶碗，有的里面用莲花装饰，这就说明饮茶和佛教的关系。1987 年在陕西法门寺地宫中出土了大量的唐代茶具，其中一个茶盏也是莲花形的。

唐代的茶有点像我们现在的普洱，是一个一个的茶饼。普洱是压扁的，它也是压扁的，甚至用蜂蜜黏起来紧压，所以这种茶饼每次喝茶时要敲开来并且配很多种东西：配盐，配糖，配如枣子等其他的一些东西，然后放在一起煮，煮了以后需要过滤才能喝，不像我们现在泡茶那么简单。筛罗是筛茶的，茶敲开来以后还要筛，把杂质筛掉。还有盐台，盐台和我们现在西餐放调料的台子是一样的，里面放盐。

唐代的李肇在《国史补》里讲到，唐代的驿站，也就是官方的旅店，里面都有酒库和茶库。在酒库和茶库里面供奉着两个神，一个是酒神杜康，一个是茶神陆羽。陆羽为什么被奉为茶神呢？这也和佛教有关。因为陆羽本人和唐玄奘一样年幼就是孤儿，之后被复州竟陵的一个和尚发现，抱回庙中养大。所以他从小就跟和尚喝茶，越喝越精，最后成了中国的茶学专家。陆羽的《茶经》第一句就说，“茶者，南方之嘉木也”，说明当时茶叶只产于南方。由于佛教在唐代的兴盛，不仅佛教的人生智慧被百姓接受，佛教徒的生活习惯也流入民间，所以饮茶文化开始普及，茶叶的生产、贸易，包括茶馆也逐渐兴盛。

我们刚才说到《茶酒论》时提到一些唐代著名的茶叶品种和贸易集散地，现在来细讲。首先是茶在第二轮提到的“浮梁歙州，万国来求”，浮梁歙州就是今天的安徽、江西这一带，曾是唐代茶叶贸易的集散地。这一点我们可以从白居易最著名的诗《琵琶行》里面看到，歌女晚上对白居易说“门前冷落鞍马稀，老大嫁作商人妇”，原来是很红的明星，到老了没有身价了，嫁给商人。嫁给商人之后最大的痛苦就是商人不懂她的艺术，“商人重利轻别离”，也不重感情，对感情也不细腻；“前月浮梁买茶去”，上个月去浮梁买茶了，这就说明浮梁是当时的一个茶叶集散地，这和《茶酒论》非常吻合。“万国来求”在唐代的史料里面也有。《国史补》里面说，唐代的使节常鲁公到吐蕃去的时候，吐蕃的赞普向他展示中国的各种茶，并且能一一说出这些茶叶的产地、喝法，这就是“万国来求”。同段里还提到了唐代的两种名茶。“蜀川流顶”是当时四川产的一种茶，叫“蒙顶石花”，这也在《国史补》里面提过。什么叫“素紫天子”呢？素紫天子就是产于我们宜兴、湖州这一带的一种茶，叫“紫笋”。

白居易的诗里就讲到“茶香飘紫笋，脍缕落红鳞”。唐代的诗人卢仝说“天子未尝阳羡茶，百草不敢先开花”，就是每年阳羡采下来最早的茶要送到长安去，给唐朝的天子喝。唐朝的天子没有喝这个茶，春天所有的花都不敢开，这是一个夸张的写法，这说明“素紫天子”在当时也是很有名的茶。卢仝被誉为“茶仙”，我们下面细说。

茶道大行，国家就把它作为税源了。开始的时候茶叶是贡品，后来慢慢流入民间。但是到唐德宗的时候开始征收茶税，茶和盐、铁、酒都由国家专卖了。唐穆宗长庆元年，盐铁使王播要加征茶税，当时的右拾遗李珏就反对说：“茗为人饮，与盐粟同资，若重税之，售必高，其敝先及贫下。”大家每天都要喝茶，茶、盐和米对老百姓是一样重要的，如果你在这上面加税，就会给老百姓的生活带来影响。五代的时候南方纷乱割据，比如说南唐定都南京，吴越定都杭州。这些南方的诸侯国，很重要的一个经济来源就是茶叶。

宋徽宗画的宴饮图中可以看到，宋朝人在聚会的时候，主座旁边要有一个童子专门煮茶。《清明上河图》里面也画有卖茶的情景。辽代壁画里的饮茶图，从中我们可以看到有茶笼，还有一个用于煎茶的炉子。元代壁画里也有这样的烹茶图。说明直到元代都还是这样煎茶，像我们现在用开水泡茶的方法出现得很晚。

在古代，茶和酒既是日常消费品，也是奢侈品，所以《茶酒论》里说“贡五侯宅，奉帝王家。时新献入，一世荣华”。唐朝的茶是用蜂蜜、油等调好，压制成团状或饼状的，外面有封装，用来送人。饮用时要捣碎，加上葱、姜、枣、盐等煎煮，和我们现在做饭差不多。所以当时煎茶的人被称作“茶博士”，有如我们现在的大厨一样的地位。

唐代赵璘在《因话录》里面说，当时官府的官厅里面都有大茶叶库。帝王和贵族也喜欢茶，唐代的帝王用早春的新茶供奉、祭祀祖先。采茶和采桑一样，大家知道中国古代诗歌里面不乏对每年春天采桑的描写，那是从《诗经》开始就有的题材。唐代诗歌里面不仅有对采桑风俗的描写，也有对采茶风俗的描写。

北宋王谠编的《唐语林》里面收集了很多唐代的史料，这里面讲到唐文宗和学士去讲经的时候有赐茶的习惯。薛居正主持编撰的《旧五代史》里面讲到，当时赐给将士的礼品里面也有茶。

唐宋时期赠茶的风俗和我们现在一样。这里我想讲一首诗，就是唐代卢仝的《走笔谢孟谏议寄新茶》。卢仝号玉川子，是唐代初期诗人卢照邻的后裔。大家有兴趣去南京的茶叶店看看，在很多茶叶的盒子上面都印着这首诗。在这首诗里他是这样写的，“日高丈五睡正浓，军将打门惊周公”，我中午正在午睡的时候，送信的军人敲门打破了我的梦。“口云谏议送书信，白绢斜封三道印”，开门以后说孟简给您送信。孟简是他的朋友，曾做过谏议，故尊称谏议。这个信是什么样子的呢？用白色的绢布包着，上面有三道泥印封着。“开缄宛见谏议面，手阅月团三百片”，打开来以后这个茶饼足足有三百个，圆圆的，像月亮一样。“天子未尝阳羡茶，百草不敢先开花”，这个我们之前提过，说明阳羡的茶叶很好。“仁风暗结珠琲瓃，先春抽出黄金芽。摘鲜焙芳旋封裹，至精至好且不奢”，这些就是讲茶叶制作得是多么精致。最后一句 “至尊之余合王公，何事便到山人家？”告诉我们这个茶先要进贡给皇帝，剩下的才能轮到王公大臣们，没想到这么好的、献给皇帝喝的阳羡茶，怎么今天就送到我这了呢？这表示收到好茶的荣幸，也是对送茶友人的一种感谢。但不要以为他是阿谀奉承，他后面还有别的文字出来，“柴门反关无俗客，纱帽笼头自煎吃。碧云引风吹不断，白花浮光凝碗面”，我就是个隐士、是个平民，我把小破门关起来自己煎着吃，以免俗人打扰；“纱帽笼头”，天热戴个纱帽为了把头发盘起来。煎出来以后这个茶汤是什么样子的呢？很美啊，是“碧云引风吹不断”，茶汤颜色碧绿，茶烟像风吹不断的云一样的，在茶碗上面徘徊；“白花浮光凝碗面”，在茶汤的表面泛着白沫，像白光一样凝聚其上。

下面讲他喝茶的感受了：“一碗喉吻润”，喝了一碗之后喉咙滋润了。“二碗破孤闷”，两碗下去我就不觉得孤闷了，心情好了。“三碗搜枯肠，唯有文字五千卷”，三碗下去肠子里面就有感觉了，我看看我的肠子里都有什么呢？我又没有地位，又没有钱，想想我的肚子里只有文章五千卷，却是满腹的经纶。“四碗发轻汗，平生不平事，尽向毛孔散”，喝到四碗的时候汗出来了，我觉得意气风发了，一生中经历的不平的事随着汗水发散出去了。“五碗肌骨轻”，喝到第五碗全身舒爽，觉得自己的身体都变轻了。“六碗通仙灵”，喝到第六碗我感觉我的精神都升华了，可以沟通仙灵了。“七碗吃不得也，唯觉两腋习习清风生”，第七碗不能喝了，再喝我就要飞了。他真的飞了吗？按说这个时候，作为一个隐士，得到了这么好的茶，得到了自我享受，马上就能飞离这个我看不上的世道了，这个世俗的社会、不平的社会。“蓬莱山，在何处？玉川子，乘此清风欲归去。山上群仙司下土，地位清高隔风雨”，这句话不得了。蓬莱仙山在哪里？我想飞到仙山上看一看，山上的那些神仙虽然管着我们地面上的亿万苍生，但是他们的“地位清高隔风雨”，他们看不到我们的生活。我们的生活是什么呢？“安得知百万亿苍生命，堕在巅崖受辛苦”，你看看我们这些老百姓为了生活，在山间、悬崖采茶，饱受辛苦。“便为谏议问苍生，到头还得苏息否？”我喝到这么好的茶，本来可以一个人享受，我也达到了享受的境界，我也可以飞升了，但是当我飞升的时候，我突然看到了这个茶来得多不容易。它是那么多茶农辛苦采来的，所以我在此仙境要替孟谏议问问这些神仙们：“这些生活艰苦的茶农们、底层的百姓们，他们最终能否享受安宁的生活？”

玉川子的这首诗是抒发一种怀才不遇的情感，并且批判政府残酷征收茶税、导致茶农生活困苦的现象。但是他在写茶的时候，写他的精神超越的时候，他用了道家饮茶的意象，他写出了饮茶时我们精神上超脱的境界。他最后看到茶农在巅崖受辛苦，心中的那种无奈，这个很像屈原的《离骚》，他说我受了委屈，我走了，离开你们了，骑着马到昆仑山上去了，离开楚王。但是《离骚》最后说“陟升皇之赫戏兮，忽临睨夫旧乡。仆夫悲余马怀兮，蜷局顾而不行”。当我向天上飞升的时候，忽然我看到了我的故乡。我的仆人也为要离开家乡而感到悲伤，我的马也怀念故土，连马都不愿意走了。最后他还是没有离开楚国。像这种诗歌的思想和意象都被唐人用来写他们饮茶时候的心情和想法，我觉得这一点是儒家入世情怀在饮茶精神里面很重要的一个体现。

我们再讲讲儒家、道家与酒的关系。

佛教对酒一点兴趣也没有，禁酒，这个我们不多讲了。《茶酒论》里面说得很清楚：“酒能破家散宅，广作邪淫”，又说“阿阇世王为酒煞（杀）父害母”，这个前面也说过了。唐代僧人王梵志抄的劝世诗里面说：“饮酒是痴报，如人落粪坑”，又说“造酒罪甚重，酒肉俱不轻。若人不信语，检取《涅槃经》”，阿阇世王的故事就是出自《涅槃经》。有一些诗人，在喝完和尚招待他们的茶之后，会作诗表示感谢，诗中顺便把道教徒骂一通，以此讨好佛教。比如说柳宗元，有一个和尚叫巽上人，巽上人送给他自己采的新茶，柳宗元写了一首诗答谢他。怎么答谢的呢？他说“犹同甘露饭，佛事熏毗耶”，我喝了茶就像喝了你们佛教的甘露一样。甘露在佛教里是一种意象，比如观音菩萨向人间用杨柳枝洒甘露，我们读的《西游记》里面经常写这个场景。杨枝甘露因此得名，现在是一种知名的甜品。重点在诗的最后，他说，“咄此蓬瀛侣，无乃贵流霞”，我觉得你们佛教喝茶的这个习惯非常好，我就感叹那些个蓬瀛侣，就是道教徒，他们居然不喝茶，居然把“流霞”视为珍宝。流霞是道教《神仙传》里面一种神仙喝的酒。言下之意就是道教徒不能跟你们比，你们有像甘露一样的好茶，道教徒只知道喝酒。

中国人饮酒的历史当然比饮茶早得多。有的人类学家认为酒最开始可能都不是人类造的，而是猴子造的。猴子采集了太多果子之后吃不完，就放在一个山洞里面，过了一段时间回来就发现果子发酵了，发酵了以后就成了酒，喝了以后它们觉得很好，就流传开来。所以猴子也会造酒。

酒里面有很多文化内涵，比如之前讲《茶酒论》时提过一些。“有酒有令，仁义礼智”，这是儒家和酒的关系。“玉酒琼浆，仙人杯觞”，这是讲的道教和酒的关系。后面讲到“礼让乡闾，调和军府”，前者也是儒家的“礼”字，后者是国家政治和酒的关系。“礼让乡闾”，指的是儒家利用酒在祭祀典礼上表彰孝道，制作“乡饮酒礼”，这个在《仪礼》里面就有了，就是在2000多年前孔子那个时代，甚至可能比孔子还要早。每年在乡间把老人聚集起来，向老人们敬酒，是一个尊老的活动。唐朝从唐太宗开始，就下令让州县官吏每年在地方举行“乡饮酒礼”，唐玄宗还颁布了唐代“乡饮酒礼”的具体仪式，这就是“礼让乡闾”。

儒家是很喜欢酒的，据说尧、舜都能“一饮千钟”。孔子“一饮百觚”，也是好酒量。《诗经·大雅·既醉》中说君子们“既醉以酒，既饱以德”，用酒让自己陶醉，用美德让自己变得丰富。但是儒家不主张酗酒，因为认识到酒能亡家败国。比如《尚书·周书》里面就有一篇《酒诰》，告诫帝王不要像商纣王那样因好酒而亡国。

饮酒时要行酒令，唐代皇甫松《醉乡日月》中有《骰子令》，讲唐朝人是怎么在饭局开始前通过掷骰子的游戏劝酒的。宋朝《蔡宽夫诗话》里面说："唐人饮酒必为令，以佐欢乐。"

1982年在江苏丹徒出土了唐代的"论语玉烛"酒令，这个里面就是将《论语》的句子用来当行酒令，可能是酒令行了以后你要把这一句背出来，背不出来就要罚酒。唐人饮酒带有世俗享乐的抒情色彩。苏东坡在他的《仇池笔记》里面说，唐人的酒名中有很多是带"春"的。我们现在的名酒里面，只有一个酒号称是唐朝传下来的，就是四川的剑南春。苏东坡说，你们看韩退之(即韩愈)的诗里面说"百年未满不得死，且可勤买抛青春"，"青春"不是我们现在讲的时光或生命，而是指当时一种酒的名字。《国史补》里面说："酒则有郢州之富水，乌程之若下，荥阳之土窟春，富平之石冻春，剑南之烧春"，"剑南之烧春"就是我们现在喝的剑南春。杜甫杜子美云："闻道云安麴米春，才倾一盏即醺人"，这里"麴米春"也是一种酒。唐代文人裴铏写的小说《传奇》里面就有酒名叫"松醪春"。为什么唐朝人的酒名里面都有"春"呢？因为唐朝人到春天赏花的时候，在花下面铺上地毯，和家人朋友们在花下饮酒，这是当时他们的生活习俗。有说法认为带"春"字的酒是酿于冬季，用来春天饮用的酒，也有说是春天酿制的酒，说法不一。但春天郊游宴饮是唐人的一个重要风俗。王仁裕在《开元天宝遗事》里面也描写了唐朝都城长安的百姓春游赏花的情形："都人士女，每至正月半后，各乘车跨马，供帐于园圃或郊野中，为探春之宴。"《云仙杂记》里面说："洛阳梨花时，人多携酒其下，曰：'为梨花洗妆'，或至买树。"洛阳梨花开的时候，大家都带着酒在梨花下面喝，喝完以后用水洗梨花树，这叫"洗妆"。甚至买树，这棵树就归我了，明年我还到这棵树下来喝酒。除此之外，还有很多诗都讲饮酒赏花。

有没有文物证明呢？湖南长沙望城县的唐代铜官窑遗址出土了

一只酒壶，这个酒壶上面居然写着这样一首打油诗：“春水春池满，春时春草生。春人饮春酒，春鸟弄春声。”这是唐代的实物，因为今天在博物馆做讲座，所以我也顺带讲一些文物，包括之前讲的唐代的一些茶器文物。

要特别注意，唐朝人的桌子，包括我们之前看到的宋徽宗画的宋人宴饮图，这个桌子跟我们现在西式的餐桌是一样的，也就是说它是长方形，每个人有一份，在自己面前吃。我们现在这个八仙桌是四方的，大家能等距离地用筷子夹到菜，这其实是蒙古人的习俗。蒙古人统治过中国近 100 年，我们现代的餐桌样式就是他们留下的。当然我们现在很多家庭用西式的餐桌。用西式餐桌倒算是复古了，唐代的桌子就这样。

唐代文人很喜欢饮茶，对茶有研究。宋朝就更多了，宋朝的蔡襄、米芾、苏轼这些人在自己的笔记、专著里面写茶叶的学问那是相当多。写酒的也很多，这个我们不多讲了。

之前提过《茶酒论》里面，酒不满于茶的安静，讥讽说：“不可把茶请歌，不可为茶（教）舞”，喝了茶以后人很安静，不能兴奋，不能抒情。当然我们可以想到，唐代的文人也有大家在一起喝茶吟诗的热闹场景。比如陆士修在《五言月夜啜茶联句》里说：“素瓷传静夜，芳气满闲轩。”

《茶酒论》里面提到那么多的酒，其实都和道家有关。比如说，《十洲记》是道家的小说和文献，里面就提到“瀛洲有玉膏，如酒味，名曰玉酒”。《汉武帝内传》也是道家的小说，里面讲到西王母来的时候，汉武帝献上葡萄酒，西王母言帝曰：“仙下药有玉酒、瑶琼酒。”我作为神仙下来的时候，给你的酒有玉酒、琼瑶酒，这些在《茶酒论》里面也有提到。《茶酒论》还说：“国家音乐，本为酒泉。”

另一部道家小说《神异经》里面说道："西北荒中，有玉馈之酒，酒泉注焉……饮此酒，人不生死。"酒泉就是我们现在发射卫星的那个酒泉。传说这个地方有个泉，出来的不是水而是酒，喝了以后人能长生不死。

唐人的酒具上也有道教的装饰。《云仙杂记》里面说，李适之有"蓬莱盏，上有山象三岛"，蓬莱、瀛洲、方丈这三个岛是道家传说东海神仙居住的地方。道教是一个注重养生和感官享受的教派，茶和酒都是被当作长生不死、达到自由的精神境界的重要工具。

道教中的酒与中国古代文学的关系也很密切。比如说前面讲到的竹林七贤砖画，比如唐代的李白、杜甫笔下都有很多饮酒的诗。李白好酒："花间一壶酒，独酌无相亲。"杜甫也喜欢喝酒，杜甫还写了《饮中八仙歌》，这都是很有名的写酒的诗歌。

《茶酒论》其实是一个赋。我们知道中国传统的汉赋里面两个人吵架的时候，一定是"抑客伸主"，两个人一主一客，最后主人出来伸。但是《茶酒论》里面有第三者出来调和，这个调和的第三者是水。调和者可能有两种答案，第一个答案说你们当中哪一个好哪一个差，第二个答案说你们都一样好、都不差，你们要和谐。《茶酒论》里面的水从一出来就说，你们要和谐，要为兄弟，这是很奇怪的现象。你们想想看，我们电视节目里经常有竞赛，评委总得给出一个分。他一开始序里面有一个隐藏的人，说你们现在两个人自己讲哪个好，几个回合下来之后水出来说，你们俩都好，你们要长为兄弟。你们不会觉得这是一种竞赛的题目吗？这个调和者没有给出分数，没有打出等第，这是为什么？这就是一个最重要的问题，就是这一首《茶酒论》不是一个简单的文学作品。这个文学作品背后隐藏的是唐代一个重要的社会现象，就是三教融合。

最后，我们讲水与帝王：茶酒之争与三教论衡。

我们都知道，儒释道有过不少争吵，这是文化冲突。人类的文化冲突有时很野蛮，比如宗教迫害、宗教战争，我们现在世界上还有宗教战争。又比如说思想钳制，不许某人说话，只许我说不许你说。在中国历史上，有过秦始皇焚书坑儒，从北朝到唐朝也有过政府组织的灭佛运动，勒令寺院关门，和尚还俗回家。

后来中国的文化史上发展出一种新的、别具一格的文明对话的方式，就是通过辩论和政治来仲裁，这就很像我们现在电视里看到的辩论会。

比如说汉朝，经学吵架，大家都说自己的想法好，这时皇帝就会开会讨论。西汉的时候汉宣帝在石渠阁里开过会，后来东汉的时候汉章帝在白虎观也开过会，让你们来讨论，皇帝“临制称决”。皇帝说话都叫“制曰”，皇帝不到现场，在另外一个房间，讨论的结果也由使者传给皇帝。皇帝最后说哪一个对，下诏书，说甲方胜或者说乙方胜，用这个方法最后决定哪些经学是国家必须确立的，哪些经学必须淘汰。

在《茶酒论》里面，水居于调解者的地位，它之所以出来调解，事实上它是扮演了一个帝王的身份，这和唐代帝王调和“儒释道”三教有关。从北朝开始，儒释道三教就开始争论。皇帝经常请三教的名流，各家请一个名流，到皇帝面前辩论三教优劣。你们三家辩，皇帝来断哪一家好。如《册府元龟》里面记载，“周武帝建德二年十二月癸巳”，这是历史上第一次记载三教论衡。“辩释三教先后，以儒教为先，道教为次，佛教为后”，三家依次辩论。我们知道北朝是少数民族建立的政权，这个时候佛教、道教还有中国传统的儒家都很兴盛。用哪一个好呢？周武帝并没有打压哪一家，而是让你们三家都来辩。

唐代的帝王也是这样。唐代的帝王过生日，或者在元旦这样重要的节日，国家就会举行三教论衡的仪式。这是一个仪式。辩论到最后，皇帝出来了，做一个总结和调和，对三教均予以肯定。没有一个皇帝说“我今天听下来佛教最好，你们两个不行”，或者“我听下来儒教最好，佛教、道教你们不许讲话”，皇帝一般都是调和。《旧唐书·德宗本纪》有记载，贞元十二年（796）四月“庚辰，上降诞日，命沙门、道士加文儒官讨论三教，上大悦”。“降诞日”就是德宗过生日，让三教都来讨论，讨论完以后“上大悦”。他们讨论什么讨论得皇上大悦呢？三家争论到最后肯定都说要国泰民安、庄严国土，我们都要为大唐效力，所以“上大悦”。

《旧唐书·韦渠牟传》里面也讲到这次德宗过生日。德宗亲临麟德殿，召来给事中徐岱、兵部郎中赵需和礼部郎中许孟容与韦渠牟，道士万参成以及佛门谭延等十二人，进行三教辩论。《新唐书·白裴崔韦二李皇甫王》载：“渠牟有口辩，虽于三家未究解，然答问锋生，帝听之意动。”这个人虽然对三教的学问上理解得不是很深，但是口才好，所以德宗听了以后很高兴。

《册府元龟》里面讲到三教论衡时的场景，说：“数十人迭升讲座论三教”，那不是三个人讲，而是数十个人，每一个教派都是一个辩论团队，轮流上来讲。三教是什么样子呢？辩论的风格是什么呢？“初若矛戟森然相向”，开始是针锋相对的，就像兵器森然相向一样。讨论到最后他们三教是什么情形呢？“后类江河同归于海”，最后大家都握手言和、“同归于海”。“海”是谁呢？是皇帝，是政府、政治。

日本僧人圆仁有一部书叫《入唐求法巡礼行记》，记载他来唐朝求法的经历。在这里面他提到唐朝长安城里面有一些寺院和一些高僧，他在讲这些高僧的时候都会强调高僧的身份，“供奉三教讲论大德”，大德就是高僧。还有一个高僧是“供奉三教讲论赐紫引驾起居”，就是不仅有高僧这个身份，还有皇帝赐给他“起居”或“车马”这么一个身份。这些供奉三教讲论的高僧就是有资格参加三教论衡的，就有点像我们现在高校里“享受政府津贴”的教授，或者“享受国务院专家津贴”的教授，有个头衔。当时的和尚如果参加过三教论衡，他的头衔里就有个“供奉三教讲论大德”，这是不得了的事情。

白居易给我们留下了一篇《三教论衡》，这是一篇生动的记载。白居易本人曾经作为儒家的代表参加过三教论衡，这篇文章就是他写的参加三教论衡答辩的讲稿，这个讲稿收在他的文集里面。时间是唐文宗太和元年（829），也是皇帝过生日，也是在麟德殿，三教论衡。三教上来的代表是谁呢？白居易代表儒家，义休代表佛教，还有一个太清宫的道士杨弘元代表道家。白居易《三教论衡》的开头，和《茶酒论》很像，他也有一个序，说我们为什么要进行三教论衡。这个里面讲到我们现在的皇帝是“臣妾四夷”，就是统治中国和周围的地区，我们这些人民都是他的臣妾。“父母万姓”，是百姓的父母。所以在过生日的时候，要“开达四聪，阐扬三教”，他不仅是我们的父母，不仅统治周围的少数民族，不仅养我们，还要教我们，用儒释道三教来教育我们。论衡的流程很长，我就简单概括一下。先是“僧问”，就是义休法师先问，白居易出来“对”；对了以后义休就“难”，再出一个更难的问题，白居易再“对”。然后是白居易出来问，先问义休，也是“问”“对”“难”“对”，然后再问道士，对道士也是“问”“对”“难”“对”。最后是道士出来问义休。我们能看出来，每个人都有问话的权利，被问的一方对答，对答了之后你要出个难题，然后他要再回应一次，然后就是第二家提问。就像发球一样，第一个发球权归和尚，第二次发球权归白居易，第三次发球权归道士。这三个仪轨结束以后，有一个“退”，里面讲到我们都很无能，我们今天在这里讲了半天，“恐烦圣聪，不敢自叙谨退”，我们今天把皇帝劳累了，让您坐在这里耐心地听了我们三教的辩论，我们这些没有才华的人让您受累了，我们现在就退下去了。所以《茶酒论》的结构和这个论辩很像，就是开篇有个序，中间有四个回合，事实上就是“问”“对”“难”“对”，最后也是有个“退”，《茶酒论》里就是水出来进行评判，从今以后“切须和同”。

到了中晚唐时期，三教论衡已经沦为形式和笑话了。最后大家觉得这个东西就是一个仪式，不是真来辩论的，就是皇上过生日的时候大家来辩论一下，举行一个仪式而已。所以史学家陈寅恪在读白居易的《三教论辩》的时候说“其文乃预设问难对答之言，颇如戏词曲本之比”，就是这场论辩的问答都是事先说好的，像剧本一样，俨然是一个滑稽戏了。“然则此文不过当时一种应制之公式文字耳”，完全是一个按仪式写的公文，我们不能从这个文章里面了解白居易个人的思想。但不管怎么样，这篇文章记录了三教论衡时期儒家代表的答辩词和论辩的过程、结构，也是珍贵的史料了。这种行礼如仪的应制的戏词文字，才使得三教论衡成为三教圆融。先争论，最后的目标是圆融，大家都要互相融合、互相包容。争论是形式，圆融是目标，就像茶和酒，争胜是他们的形式，最后水出来让他们“切须和同、长为兄弟”，这是目标。这种论辩形式的出现使得有着儒佛道三教文化内涵的茶酒之间的争论也采取了融合的方式。

我们既然以笑话开始讲今天的讲座，今天结束的时候也讲个笑话给大家听。

唐人高彦休编的《阙史》，是一本笔记小说，这里面讲了一个故事。唐僖宗咸通年间（唐僖宗李儇沿用了唐懿宗李漼的年号），已经是唐朝快灭亡的时候了。这个时候皇帝过生日，那些大学者、高僧都不愿意来讲了。最后他要搞三教论衡，就叫两个说相声的上来讲。说相声的就是当时的“优人”“优伶”，就是戏子。“优人李可及，滑稽诸戏”，这个人会演戏、会说笑话。“独出辈流”，在当时是出名的演员，“当延庆节”，延庆节是皇帝过生日，“缁黄共论毕”，皇上先开始举行了一个正儿八经的三教论衡，论衡完了以后大家都觉得没趣，总要给大家带来点娱乐吧。皇帝也是一样的，他当时听完了以后不觉得有趣，就请相声演员表演一下让大家笑笑。“次及倡优为戏，可及乃儒衣险巾”，穿着儒家的衣服，“褒衣博带”，穿着宽衣大袖，“摄齐以升崇座”，爬到刚才辩论的学者用的讲台上面。“称三教论衡”，说我现在给大家表演一个三教论衡。怎么论衡的呢？“其隅坐者问曰”，我们知道了这个表演跟我们的相声类似，一个捧哏，一个逗哏。他旁边还有一个人坐在那儿。捧哏就问他了：“既言博通三教，释迦如来是何人？”问那个说相声的，既然你懂三教，那我现在问你了，释迦如来是什么人？对曰：“是妇人也”，是个女人。那个问的人就假装吃惊，说为什么？他就回答说，你没看《金刚经》里面讲嘛，“敷坐而坐”。敷坐而坐是《金刚经》里面讲的，佛在说法之前先要把自己的坐垫铺开来，这叫敷坐。他就用了这个谐音，说“若非妇人，何烦夫坐然后儿坐也？”只有女人才是，“夫(敷)坐而坐”，丈夫坐了她才敢坐下来，所以我说释迦牟尼是个女人。

又问“太上老君何人也？”这是道教了，他说“亦妇人也”，也是个女人。“闻者亦所不喻”，听的人不懂了，问为什么啊？他说：“《道德经》云：‘吾有大患，是吾有身，及吾无身，吾复何患！’”我有大的忧患，因为我有身体，这是我们理解的。什么叫有身啊？女人怀孕就叫有身（娠）了，这里也是谐音。他说：“倘非妇人，何患于有娠乎？”这说明如果老子不是个女人，他何苦整天担心自己会不会“有身”呢。讲到这儿的时候“上大悦”，皇上已经非常开心了。还有一个儒家呢，最后问：“文宣王何人也？”文宣王就是孔子，孔子被历代统治者封为文宣王。他说：“妇人也”，还是个女人。问曰：“何以知之？”为什么呢？《论语》说：“沽之哉！沽之哉！我待贾者也！”沽之哉就是卖东西，沽就是买卖。“向非妇人，待嫁奚为？”如果他不是个女人，每天在家里说“我要待嫁”干什么？“于是上意益欢”，皇帝听到这儿已经笑得不得了了。这个笑话里男人是谁？男人是中国的帝王。所以中国的三教论衡有一个重要的权力的制衡，就是政治权力。

好了，我就讲到这里，谢谢大家。

2016

第5讲

藏诸名山
——旧金山亚洲艺术博物馆

许 杰

许杰，旧金山亚洲艺术博物馆馆长、美国人文与科学院院士、美国著名的华人精英组织“百人会”成员。他在美国普林斯顿大学取得中国早期艺术考古硕士、博士学位。在中国艺术的研究与鉴定方面多有著述，尤以先秦考古和商周青铜器为主，并获得相关专业奖项。他是美国第一位担任大型博物馆馆长的华裔人士，有着30多年的国际博物馆从业经历，范围包括学术研究、展览策划、文物典藏、行政管理，曾在上海博物馆、纽约大都会艺术博物馆、西雅图艺术博物馆和芝加哥艺术博物馆任职。他一直致力于增进全球民众对亚洲艺术、文化的了解与欣赏，发挥艺术博物馆作为文化交流、文化外交平台的作用。

作为世界上面积最大的洲，亚洲多种多样的艺术及文化令人叹为观止。旧金山亚洲艺术博物馆的文物收藏丰富多彩，从具有3000年历史的中国商代青铜小臣艅犀尊至当代创意艺术，为探索和理解亚洲的历史文化与未来发展，提供最佳视窗。

那么，旧金山亚洲艺术博物馆是怎样在全球背景中展示独具特色的亚洲艺术与文化的呢？收藏在旧金山亚洲艺术博物馆的中国文物又有着怎样独特的艺术魅力？世界独一无二的中国商代小臣艅犀尊背后有着怎样不为人知的故事？

本讲座介绍了旧金山亚洲艺术博物馆50年来的建馆历史、精彩纷呈的收藏和独具特色的策展思路，重点阐述了中国文物艺术的独特魅力，以及旧金山亚洲艺术博物馆作为文化桥梁在中美文化交流中所起的积极作用。

1906年，旧金山发生了一次美国历史上最惨烈的地震，整个城市几乎被毁灭。但这场灾难也给了城市一个重生的契机。所以在20世纪20年代，旧金山建造了一批学院派新古典主义建筑，总共五栋，其中最突出的就是有拱顶的旧金山市政厅。亚洲艺术博物馆的现址也在其中，就是这栋楼。但这栋建筑在刚落成时并不是博物馆，而是旧金山市公共图书馆。美国从人文历史上来说，是比较年轻的，所以建于1920年左右的建筑已经算是古迹了。2003年，由原来的公共图书馆改建成的博物馆新馆重新开馆，就是今天的旧金山亚洲艺术博物馆。由其所处位置的重要性可见博物馆在整个旧金山市民文化中的重要地位。旧金山整个城市只有120多平方公里，这个面积同中国的城市相比就非常小了。但在全美国有这种风格的、带拱顶的、新古典主义之建筑，旧金山市政厅是第二大的，最大的是美国国会，这一点上旧金山人的自我感觉是非常好的。在旧金山做市长的派头，要比在加利福尼亚州做州长的派头大得多。市长在这里非常重要，当然这也是一种自信，也代表了旧金山是个重要的城市。

我们博物馆之所以可以全方位地引领全球民众来了解、认识亚洲艺术文化，主要在于藏品的覆盖面还是比较全面的，而且跨越了6000年的历史，覆盖的文化区域大致可分为中华文化、日本文化、韩国文化、南亚文化（如印度和巴基斯坦等）、东南亚文化（细分为大陆东南亚文化，如缅甸、泰国等；岛屿东南亚文化，如菲律宾、印度尼西亚、马来西亚等）、西亚文化（伊朗、中亚以及往西一直到中东）、伊斯兰文化。

博物馆的文物虽然是静态的，但博物馆的内容却是动态的。我们非常重视和观众的互动，所以我馆的展览大多有可供观众参与的项目。而且亚洲艺术博物馆也和国内的博物馆一样，特别重视学龄和学龄前儿童的教育，有许多相关的项目，希望能让美国儿童从小就对亚洲文化有认知，长大后能更亲近亚洲艺术。

美国各地博物馆的收藏大多数是以个人捐赠、回馈社会的形式来自民间，我们的博物馆也不例外。亚洲艺术博物馆的创始人是一个很有传奇色彩的人物，他的名字叫布伦戴奇。他的故事正是一个美国精神的典范——出身贫寒，没有背景，但通过自己的天分和努力同样可以取得成功。布伦戴奇五岁时父亲抛弃家庭，从小他就养成了自主独立和自我拼搏的精神。他特别注重体育竞技项目，特别是田径运动，这与他的个性有关，因为田径比赛大多不是团队项目，成功完全取决于个人的努力。1909年念大学时，他在当时以美国中西部为主的、由14所大学组成的大学体育联盟的比赛中拿到了掷铁饼的冠军，之后代表美国参加了1912年的斯德哥尔摩奥运会，在1914年、1916年和1918年分别获得全美田径比赛的全能冠军。1920年安特卫普奥运会100米和4×100米冠军、美国短跑运动员查尔斯·帕多克曾这样描述：“布伦戴奇其实并不是一个天才的运动员，但他是一个伟大的斗士，因为他能够持之以恒，决不放弃。”

布伦戴奇的产业主要是建筑承包，早在20世纪20年代他就是芝加哥很成功的大承包商了。美国的芝加哥在建筑史上是个非常有意义的城市，整个城市就像一个近现代建筑博物馆。20年代初期的许多建筑就是由他的公司承包建设的。美国经济大萧条以前，他就是个百万富翁了，但在大萧条的时候也几乎倾家荡产。然而，他通过顽强的努力，不但恢复了自己的生意，还投资了酒店和房地产。他敏锐的投资眼光为他带来了2500万美元的收益。

布伦戴奇到中年便退休了，专注于体育竞技事业和亚洲艺术品收藏，并成为美国重要的亚洲艺术品收藏家之一。其实布伦戴奇从财力上来讲，距离首富还是很有距离的，但他是历史上唯一一个担任过国际奥委会主席的美国人，这也是唯一一次国际奥委会主席的位置由欧洲以外国家的人坐。他自1952年担任国际奥委会主席到1972年退休，任职长达20年。

2008年，我正好有机会到北京出差，在北京机场看到一组蜡像，展示的是国际奥委会现任及三位前任主席，其中一位正是布伦戴奇。据说，这组蜡像已被收藏到奥运博物馆里。

布伦戴奇为什么会对亚洲艺术产生兴趣呢？这与体育有关，同时也带有偶然性。1936年是国际奥运史上一个很特殊的年份，在德国的加米施-帕滕基兴举办了冬季奥运会，夏天又在柏林举办了夏季奥运会，一年两个奥运会同在一个国家举办，这是历史上的唯一一次。1936年初，布伦戴奇因冬季奥运会路过伦敦，参观了在英国皇家艺术学院举办的一个了不起的中国艺术展览。那是有史以来中国艺术品在海外举办的规模最盛大的展览。当时的国民政府选了近1000件展品到伦敦去展览，宣扬中华文化，其中有735件来自故宫博物院，而且所有文物都不曾在海外展览过。除了国民政府借出的文物以外，海外的公立、私立博物馆和私人收藏家们又借展了将近2000件文物。

一个展览的展品达到近 3000 件，这是闻所未闻、空前绝后的事。

据布伦戴奇自己的回忆说，这个展览他参观了一周，每天都去，从此他对中国艺术的热爱一发而不可收，他也把这个爱好扩大到了亚洲的其他文化，尤其是日本和印度文化。在布伦戴奇收藏的中国文物中，他最喜欢与重视的就是中国商周青铜器，他认为中国青铜器特别带有古代雄健的风格，具有原始的能量和建筑般的美感，这与他搞建筑出身息息相关。比如青铜鼎，有三足的圆鼎，也有四足的方鼎，它们的结构都非常稳定，比例非常匀称，这也满足建筑上对于美学和结构的要求。虽然器物不大，但是有很漂亮的建筑美感。

1959 年，布伦戴奇将他的大部分收藏——将近 4500 件藏品——捐给了旧金山市政府。1969 年，他又捐赠了另外一批，总量达到 7700 件。他捐献这些藏品给旧金山市政府，条件就是要盖一栋楼，把整个收藏放在一起展出，供民众欣赏，由此成立了旧金山亚洲艺术博物馆。博物馆于 1966 年开放，今年正好是 50 周年馆庆，所以有这个机会给大家报告我们博物馆的情况，我觉得特别荣幸。

1966 年，布伦戴奇在博物馆开馆时曾说："希望我们这个博物馆成为文化沟通的，人与人之间彼此认同、彼此理解的桥梁。"他的这番话到今天仍然是我们孜孜以求的宗旨。1989 年，旧金山又一次发生了大地震，博物馆原先的建筑受到了很大破坏，结构上已经不安全了。所以我们决定搬迁到位于市政中心的原公共图书馆，将其改建成新馆，而市公共图书馆在年前已经另迁新馆。

鉴于旧金山位于地震带这一特殊情形，旧金山市政府总共花了 6000 万美元用于加固工程。博物馆建筑主体的柱子就有 100 多根，每根柱子下都加了一个很大的橡胶减震桶。所以我们这栋建筑是旧金山城区最安全的，它的抗震级别可以达到九级。但是政府给我们的 6000 万美元只是用来做一个减震加固，地面以上部分的改建政府就不管了，要自行向民间筹款。在美国，文艺相关的事业都会得到民间个人或董事会、社团的支持。所以我们另外筹措了 1.2 亿美元，将旧楼翻新，建成了今天的旧金山亚洲艺术博物馆。

经过半个世纪的发展，旧金山亚洲艺术博物馆的藏品量已经达到了 1.8 万多件，最多的就是中国文物，将近 8000 件。从数量上来讲并不算太多，但是质量非常高。除了常设陈列展出的 2000 多件文物外，我们也尽量发掘馆藏做特展，为观众提供更多的领略馆藏的机会。

接下来我来介绍博物馆几个常设陈列展厅的情况。

首先是喜马拉雅文化展厅，陈列着非常精美的文物，由志愿者为公众导览。博物馆当然也有教育部，但教育部的员工并不直接导览，所有的导览都由志愿者完成，我们对他们的培训时间可长达三年半，这可以说是美国最严谨的志愿者培训。因为美国一般民众对亚洲艺术不是太熟悉，要想给他们讲通、讲透、讲得有趣不太容易。一般志愿者到我们这里进行三年半的培训以后，再到本地的大学补几门课程，就可以拿到硕士学位了。但是很少有志愿者需要拿到硕士学位，因为他们往往都已经有其他专业的博士或硕士学位了，他们来这里就是和观众互动的，以此回馈社会，并获得精神享受。特别值得注意的是，我们的常设展厅有不用展柜的无障碍式裸展。

我们的南亚艺术展厅，也是一个几乎没有展柜的陈列。为什么呢？因为我们要保证最大程度地让观众与文物进行直接沟通，没有障碍地进行美感上的享受。当然，保护文物是第一位的，我们对整个展厅的温度和湿度进行监控。我们也有一流的安保设施，保证文物安全万无一失。同时观众的素质也非常高，新馆十多年来，从来没有发生过文物因为触摸而被损坏的现象。虽然我们也有安保人员巡逻，但主要还是依靠观众的自律，这一点观众做得非常好。

东南亚地区的艺术展厅，是以缅甸文物为主的，文物的来源非常有趣。我们知道美国南部有一个名校叫杜克大学，美国的大学同许多博物馆一样，往往靠个人捐赠运营。杜克是 20 世纪初期的烟草大王，当年号称全球首富。他的女儿非常喜欢艺术，尤其是伊斯兰艺术和东南亚艺术。她过世以后，基金会就按照她的遗嘱，把这一批东南亚特别是缅甸的艺术藏品捐献给了我们，这得益于我们博物馆一流的口碑和名誉，也进一步扩大了我们与民众交流的内容。

除了对整个展厅温度、湿度总体环境进行控制以外，个别展厅的展柜还有专门的设计。比如韩国展厅中陈列的一套当地女性结婚穿的礼服，就得有展柜了。哪些文物一定要有专门的展柜呢？纺织品、纸质品还有漆器这些对环境特别敏感的文物，一定要有特别的展柜来进行保护，体量较小、易碎和容易移动的文物也需要。

我们博物馆的玉器收藏非常丰富，所以采用了密集型的陈列方法，给观众一种非常绚丽的感觉。当然其实并不是什么事情都尽善尽美，在个别文物上，从研究者的角度来观赏，其实还是有局限，但这并不影响观众对这个展厅的喜爱。

虽然我们的书画艺术厅也有许多精彩的作品，放在其他许多非亚洲艺术专长的博物馆很有分量，但就中国书画而言，我们馆藏还是比较弱，以后还有很大的发展空间。

在众多的藏品中，有一件布伦戴奇从 20 世纪中期纽约知名古董商戴福保那里购买来的犀牛形青铜尊，应该是 1952 年购买的，是世界上绝无仅有的一件商代晚期犀牛造型的青铜容器。它体量并不大，但是非常特别，对自然造型做了逼真的刻画，如此栩栩如生，活灵活现。器物上有铭文，作器者名叫“小臣艅”。犀牛身躯矮胖结实，头部原始生动，上嵌两个犀牛角，挺立的双耳处于一种警觉的状态，腿短而粗，强健有力，脚趾有三个，尾巴粗短。这件犀尊显然是写实之作——牙齿和皮肤的皱褶都被精心地刻画。但是工匠忽略了一个非常重要、关键的部位。因为我的研究方向就是青铜器，所以对这件青铜器有过仔细研究，对它还是比较了解的，但我都不知道它是公的还是母的，对这个重要的细节工匠并没有予以表述。

犀牛共有五种。非洲两种——白犀牛和黑犀牛；亚洲三种——印度犀牛、苏门答腊犀牛和爪哇犀牛。经过观察和排除，这件犀牛尊表现的可能是东南亚的苏门答腊犀牛，如今仅存在于马来西亚的南部和印度尼西亚群岛，在东南亚大陆几乎已经绝迹了，在中国更是很久没有看到过了。这件青铜器说明了古代中国可能也有苏门答腊犀牛存在。大家肯定要问，当时中国会有犀牛吗？答案是肯定的。为什么这么说呢？证据来自考古发现。在浙江的河姆渡遗址发现了距今六七千年之久的新石器时代的犀牛骨，另外在安阳一带也发现了商代晚期的犀牛骨头。

在甲骨卜辞当中也提及捕猎犀牛的行为，比如有一件叫作“宰丰骨匕记事刻辞”的甲骨，骨就是指它的材质，匕类似今天的勺子，是一种取食用具，宰丰指的是一位官员，宰是他的官位，丰是他的名字。这是一片非常重要的甲骨，收藏在中国国家博物馆。它的一面是精美的花纹，并嵌有绿松石，这在甲骨当中非常少见，同青铜器的花纹有密切的联系，另外一面就是卜辞。众所周知，商代的甲骨卜辞是宗教礼仪中的重要组成部分，其中会记录一些重大事件。这件甲骨上的文字记载了商王将猎获的犀牛赏赐给宰丰。据专家考证，这件卜骨刻于商王帝乙或帝辛六年，帝辛就是最后一个商王——商纣王，帝乙就是他的父亲。在其他一些甲骨当中也可以看到类似的内容。大多数专家普遍认为“兕”这个字指的就是犀牛，但也有个别专家认为“兕”指的是另外一种野牛。

和同时代其他的青铜尊相比，这类动物造型的青铜容器是比较少见的。迄今为止，布伦戴奇的这件犀尊是唯一一件直接表现动物躯体、不带装饰纹样的动物造型青铜器。它的腹腔底部铸有 27 个字的铭文："丁巳，王省夒□。王赐小臣艅夒贝，唯王来征人方。唯王十祀又五，肜日。"从语言和书法的风格可以确定，这是一个商代晚期的器物，铭文的长度比一般商代铭文长。商代铭文多为一两个字，长铭是商代晚期出现的现象，到了西周才多见，甚至有长达几百字的铭文。我们这里看到的"小臣"是个官职，出现在很多青铜器铭文中。他的官阶可能并不是太高，但重要的是他在商王身边，直达中枢，地位非常重要。"贝"就是商王的赏赐，"艅"就是小臣这个官员的名字。"贝"当年的写法很象形，虽然不等同于今天意义上的货币，但是可以作为财富进行交换。"人方"是商王朝的长期敌对势力，一般认为在商王朝的东边，也就是今天的山东地区。学界一般认为这件犀尊属于公元前 11 世纪，是在最后一位商王帝辛或他的父亲帝乙时期制作的。帝辛就是"宰丰骨匕记事刻辞"中捕猎犀牛的商纣王。所以这两件器物从时间上来说是一致的。

我们现在来说一说小臣艅犀尊所体现的中国古代的三重纪年法。丁巳是天干地支纪年法。另外一种是大事纪年法，这一年"唯王来征人方"，商王从征伐人方的战役归来的路上，在夒这个地方停留了，在此赏赐给"艅"宝贝，"征人方"是一件非常重要的大事。第三重纪年，"唯王十祀又五"，就是王做了第十五年的周年祭祀。古人在一年当中不断地有祭祀，把一年的祭祀全都做完了，那一年就过了。所以这是商王在位的第十五年，纪年非常明确，是非常难得的。它既有丁巳，又有大事纪年，又有具体的祭祀方面的纪年，用三重纪年来确定这件器物的年代。当然这三种纪年法都同我们今天的纪年有区别，所以考证还是有余地，不能明确到哪一年哪一天，但至少可以认定，很有可能是在商纣王时期。当然也有较小可能是在他的父亲帝乙那个年代，但在商代晚期这是毫无疑问的。

因为我们的犀尊非常出名，观众十分喜爱，所以它变成了博物馆的吉祥物。我们在全球范围内展开了征集小臣艅犀尊的爱称这么一个活动，有来自 20 多个国家、地区的网民在我馆的网站上投票，采取一人一票的民主规则，最后给它起了一个爱称叫“Reina”。Reina 是个西班牙文的名字，意思是“王后”，是个非常美好、吉祥的名字。在希伯来文等语种里都有相似的发音，都有着美好、吉祥的寓意。我觉得这很有意义，一件中国的文物变成了宣扬中国文化的世界大事，大家都喜闻乐见。另外也解决了一个有趣的问题，我这个青铜器专家搞不清楚的小臣艅犀尊的“性别”，居然被大众给确定了，说是头母犀牛。但是考虑到这件犀尊来自中国，所以我们也就保留了它的第二个小名“宝贝”。我们知道，在中国文化中，“宝贝”的称呼用于珍爱的人或物品。有趣的是，这原来与追求财富是很有关系的。小臣艅犀尊的铭文里有“贝”，贝是财富的象征，也是货币的前身。中国人把最喜爱的东西称为“宝贝”，是一种珍视，所以把它叫作“宝贝”也恰如其分。

我们也制作了一些小臣艅犀尊的衍生品，还专门为儿童观众成立了一个 Reina 俱乐部，小观众可以成为会员，现在参加的人数也很多。小孩子加入会员就送一个玩具抱枕，还有背包、徽章等。另外还有护照夹，“小宝贝们”去过什么地方都可以记录下来，很有趣。

我们博物馆除了小臣艅犀尊这件非常独特的文物以外，还有不少其他珍贵文物。比如有一尊公元 338 年的鎏金铜佛像，它是十六国后赵建武四年的佛像。为什么说这件东西重要呢？因为中国历史上发生过几次灭佛事件，许多类似的铜佛像都被熔掉了，这一尊佛像在传世的鎏金铜佛像当中是体量较大的。当然最重要的一点是，在所有的有铭文纪年的佛教造像当中，这是最早的一尊。中国佛教艺术通史当中，也必然会用到这一件器物。所以这是一件教科书式的珍品。

下面我来着重讲一下我们博物馆特展的策划与方法。我们博物馆在中美外交历史上起了非常重要的作用。中美建交于 1979 年，在此之前，1971 年的“乒乓外交”及 1972 年尼克松访华的“破冰之旅”是非常重要的。1975 年在美国，中国政府组织了一个非常盛大的中华人民共和国出土文物展览，作为对“乒乓外交”和尼克松访华的回应。这个展览是由两国政府最高层面直接组织的，所以首展地当然是美国首都华盛顿的国家美术馆，另外还去了分别位于美国中部和西海岸的两家博物馆，我们博物馆就是位于西海岸的展地。可见旧金山亚洲艺术博物馆在美国博物馆界、在中美文化交流上的重要地位。

中美建交以后，我的故乡上海市和旧金山市结为友好城市。上海博物馆是全国第一个独立去美国办展的博物馆，作为旧金山和上海友好城市交流项目的一个活动。当时美方的主办机构就是旧金山亚洲艺术博物馆，中方的主办机构就是上海博物馆。这两家博物馆，我与它们都有着密不可分的关系。我 1983 年中文系毕业后，去上海博物馆担任馆长秘书，那时候，其实对博物馆很不了解。旧金山亚洲艺术博物馆则是我所了解的第一家美国的艺术博物馆。没想到 25 年以后的 2008 年，我会有缘担任亚博的馆长。

2008 年，我上任以后主办的第一个活动就是来自中国的明代宫廷艺术展。这个宫廷艺术展同南京关系密切，因为南京是三个借展方所在地之一。借展方一家是北京的故宫博物院，另外一家是上海博物馆，第三家是南京市博物馆。这个展览非常成功。我们对每个展览的配色都非常讲究，一定按照文物的特点、时代特征和文化特征进行颜色上的搭配，所以明代宫廷艺术展以红色和黄色为主。

我们博物馆往往做一些在美国很难看到的艺术文化方面的展览。如 2009 年举办的不丹艺术展，展览的配色也略有不同。又如 2009 年举办的日本艺术展，2010 年举办的古代泰国和缅甸艺术展，就泰国和缅甸来讲，绿色特别重要，祖母绿是他们的一种非常重要的宝石，所以我们用绿色作为展览背景。同时，我们精心布置的场景中有的文物放在展柜里，有的就直接裸露在外，使观众可以无障碍地欣赏，这当然也要征得借展方的同意。每一个项目我们都会做到精益求精，为了在文物安全保护上做到万无一失，我们增加了临展的安保力量，采取各方面措施来保证文物不会受到任何影响。此外在场的观众素质也必须非常高才行。

2013 年是我们新馆开馆十周年。我们请来了举世闻名的兵马俑进行主题展览，这也是我们博物馆有史以来最受欢迎的一次展览，参观人次达 28 万之多。其实整个旧金山的人口只有 70 万，加上周边的几个县只有 350 万人口，以人口比例来讲，这个展览的参观程度非常高，可见中国兵马俑在世界上的地位、重要意义和名气。中国政府对兵马俑的借展数量有限制。我们对观众的承诺就是，不管你在什么地方看到过兵马俑，你在我们这里看到的展览都会是最有魅力、灯光效果最好、能最近距离欣赏兵马俑的。这也得到了中国方面的很多支持，陕西省对我们非常信任，我们提前给出预案和报告，来保证文物的万无一失。这样的展陈就取得了强烈效果，给观众留下了难以忘怀的印象。这个陈列从各个角度看起来都有所不同，观众不管在哪个位置观察兵马俑，都会取得一种新的视觉效果。整个展览有将近 200 件文物，但我们要在 10 多件兵马俑中做出大文章。尽管个体的视觉效果非常好，但整体的气势当然达不到兵马俑坑那种情形。所以我们用数码的方法，用一个俯瞰式的视频，把兵马俑坑壮观的情形带入展厅，使观众一方面可以近距离地欣赏兵马俑，同时也可以以视频和虚拟的形式体会兵马俑坑的气势，这令许多观众至今还回味无穷。

为了推广这个展览，我们还做了市场推广的活动，得到了中国方面的支持，特别是得到陕西省文物局和中国领事馆的支持。我们发起了这样一个活动：兵马俑在来旧金山的路上，有一件掉队了，迷路了，找不到旧金山亚洲艺术博物馆在什么地方，所以要请大家发起“寻找兵马俑”这么一个活动。其实这个活动的目的有两个，一个是告诉民众这个展览即将开幕，一个是扩大和加深大家对我们博物馆的认知。旧金山市虽然不是很大，但湾区、硅谷很大，并不是每个民众都知道我们博物馆的地理位置。假如有人请你帮忙去找旧金山亚洲艺术博物馆，首先要知道它在什么地方，这就是双重的目的。这个掉队的兵马俑是我们请的一个演员，他在展览开始一个多月以前就在湾区各个地方漫游，一会儿出现在斯坦福大学，一会儿出现在苹果总部，一会儿出现在谷歌公司，一会儿出现在加州大学伯克利分校，一会儿出现在唐人街，一会儿出现在其他的小区。我们请民众在博物馆网站上一个互动的区域标注掉队的兵马俑在哪里被发现了。一会儿在东湾发现了，一会儿在南湾发现了，一会儿在北湾发现了。一个多月以来，地图被标注得密密麻麻，可以知道他在湾区许多地方漫游。最富戏剧性的是，开幕的那天他终于找到了旧金山亚洲艺术博物馆。通过这个活动，我们还得到了美国博协的展览市场推广策划奖。

另外我们用虚拟数码的形式给观众留下了美好的回忆。因为我们虽然允许观众在其他展厅里在不使用闪光灯的情况下拍照，但陈列兵马俑的展厅除外。展厅人太多了，一个人要是停留拍照的话会给其他观众的观赏造成影响，也不利于安全。所以我们通过电脑软件以虚拟的形式进行合影留念，在手机里下载一个程序，拍照的时候，旁边就会出现一个兵马俑，观众也很喜欢。

刚才讲到我们博物馆近年有一个日本艺术展览，这里增加一个细节。展览如何结合科技的手段进行呈现呢？这是一个非常重大的问题。我们现在处在高科技的时代，但在利用科技手段之前，首先要问的应该是要给观众提供什么观感，什么体验，要解决什么问题。这里讲到的是展览中一件16世纪的屏风画。16世纪时的光源一个是自然光，另外一个是烛光。所以我们如何让观众回到16世纪的场景，如何让观众穿越体会当时观赏的情形是我们想要解决的问题。为此，我们设计用三分钟的时间，通过高科技的光影手段模拟日出、日中和日落的情形。这三分钟内所模拟的太阳日照的变化，使你感受到在不同的光照条件下视觉效果的不同。一次三分钟可能感觉不是太强烈，一般肯定要多看几次；几次以后你会发现，其实在光线微弱的情况下，画作的视觉效果更加强烈，它的线条和色彩会变得更加浓烈。因为光线条件不同，在日出、日中和日落的时候画看上去都是不一样的，同今天我们在博物馆的灯光下看到的更不一样。这就起到了情景复原的作用。我们并没有对每件作品都做这样的处理，其他许多作品都是使用常规的灯光，但通过这一件的情景复原，观众能体会到古代视觉效果的大致情形。借此我们也能体会到为什么日本屏风画喜欢用金色，因为金色反光效果特别好，非常浓烈。这也让观众更加深刻地感知到灯光效果在美术史上的重要性。

另外，我们还做过一个喜马拉雅地区的唐卡曼陀罗展览。我们知道唐卡曼陀罗是用二维方式表现出佛所在世界的三维空间。要怎么体现出这个三维空间呢？我们用的并不是高科技手段，而是一个立体的布展。曼陀罗是有方向的，它的方向用不同的颜色来标示，以此陈列相关的唐卡，会给观众一种直接进入了曼陀罗世界的感觉。

虽然没有使用高科技，但是观众还是取得了前所未有的感官冲击。科技的手段非常重要，但是采用什么手段一定要以内容为先导，以给观众什么样的感受为先导。

此外，我们的策展一定要争取同今天的生活联系起来。亚洲艺术对今天的美国人来说来自遥远的地方，而且我们的收藏大多是古代的，同今天的民众又有什么关系呢？如何使古代的亚洲艺术与今天美国民众的生活产生关系，这是我们要思考的重大问题。所以我们往往把展览内容同今天的内容进行综合。

比如我们 2014 年举办的瑜伽展览。我们知道，瑜伽是一种在民众中非常流行的健身方式，而且瑜伽这一健身活动进入美国，入口就是旧金山。瑜伽来自古代的印度，背后有着深远的历史和宗教意义。虽然瑜伽健身已经家喻户晓，但并不是每个练习瑜伽的人对它的文化和历史背景都有所了解，所以我们请了湾区许多健身房的瑜伽教练来博物馆现场进行瑜伽表演和活动，以此为契机吸引观众参观展览，了解古印度的瑜伽文化。同时，我们也请观众从他们的个人生活出发，以留言的形式分享他们的瑜伽经历，分享这个健身运动对他们的影响、对社区文化的影响。这样，不光在展览过程中我们收到了许多经验反馈，了解了瑜伽在旧金山这座城市发展的历史，而且这部分的资料变成了城市文化史的重要部分，我们也把它保存起来。把遥远的古代艺术和今天的美国生活贯通起来，这样才会使观众产生兴趣。

我们的展览也往往同世界的大事联通起来。文化是一个平台，是一个民众之间彼此了解的重要平台，当然应该同世界发生的大事之间做有机的联通。我们知道，2001 年开始的阿富汗战争很惨烈，我们觉得美国民众更需要了解阿富汗的古代历史，所以我们举办了阿富汗古代艺术展，展品来自喀布尔的阿富汗国立博物馆。另外一个重大事件是 2010 年在上海举办的世界博览会，我们也配合上海市举办了上海城市文化展。我们每一个活动项目都要从几个方面来考虑：怎么把展览同今天民众感兴趣的方面联通起来，怎么把我们博物馆的内容同世界大事联通起来，怎么能更好地加深民众的认知并受到社会的欢迎。

2015 年我们办了一个沙特阿拉伯的展览。众所周知，沙特阿拉伯总是与三件事物联系在一起：沙漠、石油和伊斯兰教。但其实沙特阿拉伯自古以来就是一个世界文化的交汇点。公元 7 世纪伊斯兰教兴起以前，它的历史文化来自埃及、罗马等其他地区的交互融合。7 世纪以后，它一方面处于伊斯兰教的朝圣之路上，也处于香料之路上。虽然沙特阿拉伯大多是沙漠，但其实它的南部地区有很茂密的森林，那里的树木特别适合制作香料。我们知道《圣经》里耶稣诞生以后，东方的几个圣人去拜见他，带的一部分礼物就是来自沙特阿拉伯的香料。沙特阿拉伯是个文化非常丰富、历史非常悠久的地区，但美国民众一般对此都不了解，我们觉得应该做这方面的努力。

另外一个重要方面就是怎么把古代艺术和当代艺术贯通起来。我个人觉得世界上是没有古代艺术的，只有当代艺术。比如我们的小臣艅犀尊，3000 年前制作的时候它就是最前卫的当代艺术。每个艺术品在制作的时候都是当代艺术，我们一定要用当代的眼光去感受和认知艺术。“当代”在这个场景下是什么意义？一方面是制作时候的“当代”，另一方面就是今天的“当代”。用双重眼光来看一件器物，它就有持续不断的生命力，而我们要去探索怎么发掘这个潜力和生命力。

我们做过一个古代印度主题的展览，请了很有名的皮克斯动漫工作室来制作相关的当代艺术品，许多耳熟能详的动漫都是由这个工作室制作的。我们请来了一位年轻的印度裔动漫艺术家，希望他能把动漫同古代印度的故事配合起来。他本来是个默默无闻、刚刚出道的动漫艺术家，却因此得到了公司的重视，给他机会制作了一个七分钟的短片，最终获得了今年奥斯卡的最佳动画短片提名，我们也感到很光荣。我们博物馆给了这个年轻艺术家一个平台和机会，使他可以进一步成功，同时他的工作也为我们博物馆做了很多推广，使我们博物馆被更多的人了解，我们很感谢他。

古代艺术怎么同当代艺术贯通起来？比如说中国的书法，美国的普通观众往往觉得很深奥，很难理解，因为不认识中国文字。所以我们用当代装置艺术的形式来陈列书法，这样不光可以看文字，也可以看到装置的效果。同时，我们也把中国书法同西方抽象表现主义的作品同时陈列、进行对比，虽然它们有本质上的区别，但它们在笔墨、视觉效果上还是有共通之处的。以美国观众比较熟悉的形式来引领他们入门，引导他们欣赏他们不熟悉、有陌生感和距离感的艺术。同时我们也请来了中国著名艺术家徐冰先生，做了他生平第一件动画作品——《汉字的性格》，用动画的形式让世界观众了解中国文字作为中国文明最重要的表述所具备的源源不断的生命力。中国的文字如今也成了西方时装、前卫文化比如文身上的设计元素。

2014 年，我们同旧金山当代艺术博物馆合作做了一个大展，一半展品是我们博物馆的藏品，另外一半是他们收藏的全球但主要是西方的近代、当代艺术品。我们将亚洲艺术放在全球背景下考量，找出关联点和区别点，以此减少观众对亚洲艺术的陌生感，增加亲近感。比如说把中国宫廷的椅子和当代设计师合作的椅子并排陈列，以此贯通、对比。我们把展览图录也设计成很特别的样式。我们知道博物馆的展览都有图录，但这个图录是个特例。我们把它设计得像本时装杂志，女性观众特别认同这一点。因为我们要给观众一种感觉：艺术与日常生活密不可分。我们这个展览也得到了美国博协的几个奖，其中一个就是最佳展品说明奖。博物馆的展品说明往往是单向型的，专家写了给观众念，长知识，这也是我们一般的做法。但这个展览我们采用不同方法，采用对话式，策展人以个人观点提出一些看法，然后问你是不是这样认为。比如说我觉得这个形体是这样一个意义，你觉得是什么意义？或者为什么这个艺术家用这种颜色？或者为什么这两个雕像会放在一起展出？

我们的工作重点是唤醒过去，启迪未来。所有的艺术都有生命力。虽然文物和艺术品是静态的，但它的生命力是无穷尽的。如何展示？就要看我们怎么去提炼，怎么去开发，如何不断去产生新的认知，产生新的兴趣，提出新的问题，找到新的答案。这也可以刺激当代艺术家产生新的作品，刺激我们对全球的文化有更多的认知、更多的感受，增加文化和文化之间、人与人之间的交流，起到桥梁的作用。

谢谢大家！

2016

第6讲

西风东渐
——大视野下的早期东西文明交流

张学锋

张学锋，南京大学历史学院考古文物系教授，博士生导师。兼任江苏省六朝史学会副会长、常务理事。主要研究方向：汉唐考古及历史研究、东亚古代文化交流史。

“法老·王——古埃及文明和中国汉代文明的故事”展于2016年8月10日亮相南京博物院。展览从物质、文化、精神等方面，对比展示了古埃及与汉帝国的相似与差异，让公众在观展中感受两大文明的灿烂辉煌。

本期讲座邀请到了南京大学的张学锋老师，为大家解读文明之间的碰撞与交流。小麦、马车、青铜铸造技术、黄金饰品、印章……这些曾经或者依然在东西方世界中习以为常的事物，其实背后都有一段段复杂的传播故事。主讲人将结合“法老·王”展览相关展品，从世界古代文明发展史的大视角出发，告诉观众那些隐藏在文物背后的文化交流故事。

近几年来，我国各大博物馆的展览以及各种文化活动，起的标题都非常文雅，甚至包括很多学术会议，会议的名称也都非常优雅。我觉得这是一个才子辈出的时代，自己实在太没才气了，起不出令人眼前一亮的标题来。而南博的策展人给我出了这么一个题目，叫作“西风东渐”，看到这个题目后，我心里非常不安，担心会引起比较大的争论，因为与此相反，还有一种观点叫“东风西渐”。一旦用了这个标题，我就会被迫站到“西风东渐”这一派上来了。所以，今天通过我们的这个话题，大家一起来思考一下，“西风东渐”是否有依据，是否能够站得住脚。

首先谈谈“四大文明”。我在“四大文明”这四个字后面没有加上“古国”这个词，而是直接把它称为“四大文明”，这是有我自己的想法的。关于四大文明，小学课本里就有了，翻开世界地图，四大文明从东往西，分别是中国、印度、今天的中东各国以及最西边的埃及。但是如果把古国或国家这个概念取消，从西往东，第一块是尼罗河文明，第二块在幼发拉底河与底格里斯河流域，我们习惯把它叫作“两河文明”或“美索不达米亚文明”，也有称其为“古巴比伦文明”的，再往东一点是印度，但其实是在印度的西北部，这个地方今天主要在巴基斯坦境内，这里才是印度文明的中心区域，跟南亚地区广袤的印度大陆好像关系并不是很大，最东边的这个区域出现了“黄河文明”，但是因为今天我们中国学术界主张除黄河文明以外，长江文明也非常值得关注，所以我把它加上“长江”二字。以上就是所谓的“四大文明”。

从地理位置上不难看出，所谓“四大文明”，都集中在地球的北纬 30 度到北纬 40 度之间，如果取一个中间值，这就是北纬 35 度线。四大文明为什么都集中在北纬 35 度线上下呢？其他地区并不是没有“文化”，但却没有能够发展成为这么著名的“文明”，这又是为什么呢？

最早用中文表述“四大文明”的可能是梁启超。梁启超写过一首歌，叫《二十世纪太平洋歌》，里面提到了所谓的“四大文明古国”。但我坚信这说法不是梁启超自己的发明，因为从今天的研究结果来看，梁启超作为近代学术思想的开山鼻祖和启蒙家，他的很多近代学科知识都是他在日本时所获，所以，“四大文明”或者“四大文明古国”这个概念，同样也可能是梁启超在日本时接触到的一个概念，换句话说，这应该也是当时国际学术界的一个普遍认知。

当然，最著名的古代文明到底有几个，说法并不一致。现在有一本很有影响的书，是美国人麦克高希（William McGaaghey）写的《世界文明史》。

按照文明发生的早晚，麦克高希介绍了以下五大文明。第一，古巴比伦文明。文明的进程开始于约公元前 4000 年，就是距今约 6000 年。对中国史前的历史或者考古感兴趣的观众，马上就可以对应起来了。距今 6000 年，中国正处于新石器时代中期，在黄河流域最具代表性的史前文化就是仰韶文化。第二，古埃及文明。古埃及文明始于公元前3500年，距今约5500年，比古巴比伦文明晚了约500年。第三，古希腊文明，始于公元前3000年，距今约5000年，比古埃及文明又晚了500年。第四，古印度文明，始于公元前2000年，距今约4000年。第五，中国文明。麦克高希认为中国的古文明是从公元前1600年开始的，距今约3600年，相当于我们熟悉的商朝。这个年代，比最早的古巴比伦文明晚了约2500年。为什么我们的黄河文明才3600年，不是5000年文明史吗？可见，“文明”这个概念，在不同人心目中不一样，在美国人麦克高希眼中，中国的文明就是从公元前1600年的殷商时代开始的。

“四大文明”与“四大文明古国”，这两个说法之间是否有差异呢？我觉得应该是有的。“四大文明”的概念，采用的是地域文明的史观，换言之，这个地域或地区进入了人类历史发展的文明阶段。“四大文明古国”的概念，采用的是国家主义史观。在几大文明古国中，只有中国是世界上自古以来从未断绝过的文明，所以我们感到无比自豪。

在这里，麦克高希五大文明的排序其实也具有意义。他为什么要这么排？他的《世界文明史》是以“传媒技术”的发展为前提，以“文化变革”为线索，以“历史维度”为依据切入的。读这本书，促使我们去思考一个问题：晚起的文明是否受到了早起文明的影响？也就是说，文明是否在那么遥远的时期就是相互传播、相互影响的？提出这个问题后，我们马上就能联想到另外几个问题：正在南博展出的“法老·王”展览中，古埃及的法老以及他所处的那个时代，是否能够与中国的帝王或诸侯王进行对话？这个特展标题，是否能够成立？他们之间生活的时代相距遥远，生活的地区相距遥远，可以说，作为个体，他们之间是完全无法对话的。然而，如果我们使这场“对话”的主体超越“法老”和“王”两个个体，而将之提升到两个不同“文明”之间的对话，那情况又会怎样呢？

其实，中国文明与其他古代文明之间是否存在交往，中国文明的发展是否受到西方各文明的影响，换言之，是否存在“西风东渐”的问题，这些并不是今天才开始考虑的，很早以前就有人这么提出了。这里首先要把这个观念的历史整理一下。

这个历史最早可以追溯到什么时候呢？目前所知是 1654 年。那个时候，明朝灭亡、清朝建立刚刚十年。当时全球最活跃的应该是耶稣会的传教士。这些传教士跑的地点多了，对不同地区的文化自然就会有所比较，有所感悟。可以说，关于人类文明比较的历史实际上是从他们开始的。

最早出现的中国文明外来说是“埃及说”。1654 年，德国耶稣会一个叫基尔什尔（A. Kicher）的教士写了一本书，叫《埃及之谜》。在这本书里，基尔什尔提出中国文明是从埃及来的。十余年后的 1667 年，基尔什尔在其新著《中国图说》中提出，《圣经》里记载的“闪”这个人的子孙，率领一部分埃及人来到了中国，传授了古埃及文字，但中国人学得并不全，再加上自己的一些创造，从而创造了另一个象形文字系统，就是我们的汉字。因为古埃及和中国使用的都是非常典型的象形文字，从这一点上基尔什尔觉得中国文明是埃及人带过来的。

进入 18 世纪后不久，法国一个叫胡爱（Huet）的传教士，除了继承基尔什尔象形文字传播的观点以外，又依据他对古代商业的研究，和对风俗异同的考察，认为中国人来自埃及。

1758 年，德国一个叫德经（Joseph de Guignes）的汉学家做了一个演讲，题目非常直白，就叫《中国人为埃及殖民说》，他认为，埃及人曾经在中国这片土地上繁衍生息过，中国人是古埃及人的后代，中国的古典文明应该是由埃及人带过来的。他甚至还具体考证出古埃及人迁到中国的时间为公元前 1122 年。中国学者到现在还无法把夏、商时期的某些事件精确到某个年份，但德经在 1758 年的时候就把它断在了公元前 1122 年，相当于殷商晚期。

第二个是巴比伦说。19 世纪下半叶中国被迫对外开放以后，中国文明的起源问题受到了人们更多的关注，其中有一派竭力主张中国文明来自美索不达米亚文明。美索不达米亚文明最具代表性的就是古巴比伦。伦敦大学教授、法国人拉克佩里（T. de Lacouperie）在 1894 年出版的《中国上古文明西源论》这本书中，认为奈洪特（Nakhunte）在公元前 2282 年带领巴克族（Bak）东迁。那一年，也就是距今约 4300 年以前，相当于夏朝建立以前，当时中国还处于黄帝、尧舜禹的传说时代，用考古学文化来说，黄河流域尚处在龙山文化晚期，长江下游地区则处在良渚文化晚期。按拉克佩里的说法，这位东迁的酋长，就应该是中国古史传说中的黄帝，神农则是萨尔贡王（Sargon）。还有一个人叫但克（Dunhit），据说这个人能够创造鸟兽形文字，所以就把他认成我们传说中创造文字的仓颉。除文字外，拉克佩里还发现古巴比伦和中国，一年分 12 个月，分四季，为补充太阳、太阴历周转的不同而加闰月，以及金木水火土五曜积累等与天文历法相关的知识极为相似。在拉克佩里看来，中国文明无疑是源自巴比伦的。

此外，1899 年，日本人白河次郎与国府种德合著的一本有关中国文明史的书中，列举了巴比伦与古代中国在学术、文字、政治、宗教、神话等方面 70 多条相似的内容。1913 年，牛津大学教授鲍尔（C. J. Ball）出版《中国人与苏美尔人》，详细论证了古代中国文字与苏美尔会意字的相似之处。

以上这些人的研究是否具有合理性，我们无法判断。但让我感到佩服的是，在那么早的时代，在中国还是“天朝君臣”的时代，国际上就有那么多人在研究与关注所谓的“人类历史”，这已经超越了某一国的历史，它关注的是整个人类的历史。

民国时期的中国学者对这些论点并没有感到气愤。中国文明源于古巴比伦的这个说法反而引起很多中国学者的关注，激发他们突破中国历史的框架，考虑更为宽广的历史问题。丁谦《中国人种从来考》，蒋智由《中国人种考》，章太炎《种姓编》，刘师培《国土原始论》《华夏篇》《思故国篇》，黄节《立国篇》《种源篇》等相关著作出现了，这是思想解放运动在史学界或文化学界的一种表现。民国的学者很多都赞成拉克佩里的学说，也就是巴比伦说，其中甚至包括郭沫若先生。在研究甲骨文字以后，他在《甲骨文字研究》的初版（1952 年版）中就说：“似此，则商民族之来源实可成为问题，意者其商民族本自西北远来，来时即挟有由巴比伦所传授之星历知识，入中土后而沿用之耶？”当然，这些观点在今天看来恐怕都有人会提出反驳，因为经过这半个多世纪的对商文化的研究，人们对此已经有了更清晰的认识。

除此之外，还有一些其他的说法。比如法国人哥比诺（A. de Gobineau）于 1853 年提出，中国文明源自印度；又如德国人李希霍芬（F. Richthofen），他曾提出著名的“丝绸之路”概念，他认为中国文明源自中亚；还有维格尔（D. Wieger）提出中国文明源自以缅甸为主的东南亚一带。不管怎么说，这些观点所认为的中国文明起源地，都在今天中国的西方。

对于中国文明西来说，中国社会科学院考古研究所陈星灿先生有过这样一个评述：除了像哥比诺这样个别的种族主义者，倡导中国文化西来说是为西方列强侵略中国张目外，大部分学者主要还是出于学术的目的。其实无论是在中国还是国外，几乎每一种西来说都曾受到过猛烈的抨击。今天看来，我们虽不能否认有些人倡导中国文化西来说确有“包办世界之野心”，为帝国主义侵略制造舆论，但是在中国考古学尚未发达之前，得出上述的结论并非不可理解。实际上，中国文化西来说与本土说，基本都没有十分可靠的考古学上的证据。这是一个有着广阔视野的学者做出的非常公道的评述。

后来中国考古学慢慢地发展起来了，有了大量的出土资料可资利用。那么，在这样的情况下，中国文明西来说还能站得住脚吗？

科学的考古学，既不是玩古董，也不是搞收藏。科学的中国考古学创始人之一，是瑞典地质学家安特生。他在 1914 年受中国政府的邀请来帮助调查矿产。他虽然是地质学家，但在地质调查的过程中，发现了中国的原始文化，其中最著名的就是周口店北京猿人遗址。1921 年，安特生第二次来到今河南洛阳往西一点的渑池县，这里有个村庄叫仰韶村，这个村庄现在恐怕是中国最著名的村庄之一了，因为“仰韶文化”，只要学过历史的恐怕没有一个不知道。喜欢喝酒的人或许还知道，现在河南有一种酒叫仰韶酒，也许是叫仰韶彩陶酒，酒名的缘起就在这儿。安特生发现了仰韶村周边的灰土层中有彩色陶片，也就是我们今天熟知的彩陶。后来这个遗址被命名为仰韶遗址，以这个遗址为代表的一系列原始文化就叫“仰韶文化”。经过研究，安特生认为在新石器时代中晚期，以彩陶和尖底瓶为代表的西方文化进入了华北，并逐渐发展成为中国史前文化的重要组成部分。安特生认为，以彩陶为代表的新石器时代文化在由西向东传播的过程中，有一支以彩陶为代表的先进农业力量进入了中国黄河流域，汇入原有的文化，共同形成了中国的史前文化。这种观点长期为国际学术界所接受。

这是有了科学的考古出土文物以后提出来的中国文化西来说。1976 年，苏联学者瓦西里耶夫出版了《中国文明的起源问题》。1981 年我进入南京大学考古专业，进校的时候，我们课外阅读任务之一就是读这本书，当时要百分之百采取批判的态度，瓦西里耶夫这个名字，我们那个时代的大学生都能脱口而出。他在这本书里继承了安特生的说法，认为仰韶文化与近东（这是站在欧洲人立场上所说的近东，欧洲人认为过了土耳其伊斯坦布尔那个海峡往东就叫东方了，靠近那一带的地方就叫近东，实际上是今天的西亚和小亚细亚一带）为中心的欧亚大陆上一系列有亲缘关系的彩陶文化之间具有相似性，它们的共同特点有这么几点：第一，他们都属于谷物农业文化，同时家畜饲养业得到发展；第二，各地的彩陶文化都是最早发展起来的农业新石器文化；第三，施彩容器（彩陶）是这种文化的典型特征；第四，这种文化的各个类型拥有某些相似的仪式和宗教观念。

具体到中国内部，仰韶文化以后又发生了什么样的变化呢？比仰韶文化晚的叫“龙山文化”，大概距今5000—4000年，而仰韶文化距今7000—5000年。来自中亚、西亚的文化此后是否还有后续？关于这个问题，瓦西里耶夫提出了三点：第一，仰韶人只知道种植粟、黍，但龙山人已经知道了小麦、大麦、高粱等其他谷物，而这些谷物也是从西方传过来的。第二，仰韶时期只有猪和狗被驯化成家畜，但到了龙山时期就出现了牛、绵羊、山羊这些家畜，而这些牲畜都是在新石器时代在西亚被驯化的。那么，这些在西亚人工栽培的谷物和被驯化了的家畜，中国人在东方有没有同时也驯化成功，还是这中间存在着一个传播的过程？第三，仰韶时期制作陶器用的陶轮尚未出现，人们都是将练好的黏土做成泥条，然后把它一圈一圈盘起来制成器形，再将器物的内外打实磨平，有的还要装饰上纹样或彩绘，所以陶器一般都比较厚重。而到了龙山文化时期，人们能够在转轮上对黏土快速拉坯成形，并可以做得很薄。龙山文化时期陶轮很快就居于突出地位，陶轮的出现淘汰了彩陶，代之以黑陶和灰陶为主的器壁非常薄的磨光陶器。

以仰韶文化半坡遗址出土的两件人面鱼纹彩陶盆为例，它们距今 6500 年左右，证明了古代劳动人民的勤劳和智慧，而最令人难忘的纹饰是鱼纹，如果对半坡遗址出土的鱼纹进行收集整理，可以发现鱼纹的种类非常多，而且大多不具有写实性，装饰的意味很重。面对这么多的鱼纹，教科书认为，这是因为当时半坡周围多水，所以鱼也非常多，基于生活，半坡人把鱼作为纹饰绘制到彩陶上去了。

前面我们提到，安特生认为从西方传过来的两类代表性器物中，彩陶是其一，第二个就是尖底器。所有的器物，如果底是尖的，就称为尖底器，器物整体是细长形的，就把它命名为瓶，于是就有了尖底瓶这类器物。尖底瓶的底是尖的，无法平置，那它是用来干什么的呢？一些学者认为是用来打水的，即汲水器，两侧的耳上系上细绳，放入水中，因此这个推断是基本可信的。

这两样东西就是安特生认定的从西方传过来的代表西方文化因素的器物。需要再次强调的是，这里说的“西方”与我们今天语境中的西方不同，不是指以欧洲为中心的西方世界，而是只要在中国的西边，就都可以称为西方。

面对长期以来西方学者提倡的中国文明西来说，中国老一辈考古学家努力一生，一定要打破西来说。“彩陶西渐”就是我国学者提出的观点，也就是说，就彩陶而言，不是西方影响了我们，而是我们影响了西方。“彩陶西渐”是这场争论中的一个最主要的依据，它证明了彩陶由东往西传播之后，中国文化西来说当然就不成立了。在西安半坡发现大量彩陶以后，在陕西的西部甘肃、青海等地又发现了很多彩陶。这些彩陶一经发现，原来一些被认为是仰韶文化的彩陶，比如说甘肃永靖三坪采集的彩陶双耳壶，现在就归入了另外一个文化——马家窑文化。马家窑文化距今 5000—4000 年，比仰韶文化晚，而它又位于仰韶文化的西边，这就意味着彩陶是由东边向西边传播的。这样的推论非常朴素直观，因为甘肃的彩陶比陕西要晚，所以我们文化不是从西边传过来的，而是由东边往西边传的。

这样的争论一直到现在都没有停息。中国人民大学的韩建业先生不久前在北京大学做了一个讲座，叫“彩陶文化西来说的新审视”，这个讲座的主旨是对彩陶西来说展开重新认识，其中有这么一段话：大多数考古学家认为，彩陶文化西来说不成立，这是我们花了半个多世纪证明的事情。韩先生继承业师严文明先生的学术思想，再次强调了严先生早在 1978 年就曾经提出过的观点：从今天陕西临潼华清池一带的白家文化、西安附近的仰韶文化半坡类型，到马家窑文化石岭下类型、马厂类型，都是不断从东向西渐进发展，是明显的“东风西渐”。在此基础上，韩先生还进一步提出了彩陶文化从河西走廊到达新疆，再渗透到中亚费尔干纳盆地，以及彩陶文化的余绪沿青藏高原南缘达到克什米尔的路线，提出了存在史前中西交流的“彩陶之路”。由此可以想象，中国彩陶的传播沿南北两路向西辐射的范围更加遥远。

在西方学者眼中，彩陶的传播是由西往东的，而中国学者提出的彩陶之路是由东往西的。如果眼光仅局限于中国本土，从河南渑池到陕西白家、半坡，然后再到甘肃马家窑、马厂，这些地点出土的东西的年代如果都准确的话，那么确实存在着一个彩陶由东往西传播的过程。但是我认为今天的考古材料并不那么充分，不知道还有多少东西埋在地下，现在就下论断，可能为时尚早。

以一组印度和巴基斯坦出土的彩陶为例。它们没有按照严密的年代去排列，为什么？因为没办法做到。一方面，地下出土的早期文物，其年代基本上都是相对年代，很难确定具体的绝对年代；另一方面，今天我们能够在各种资料中看到的材料，大多是依据它的精美程度选出来的，并没有选出一片非常小的，告诉我们这是迄今为止发现最早的一片，就像博物馆展览一样，展出来的是漂亮的东西。

有些印度彩陶罐，年代在公元前 3300—前 2500 年，比我们的仰韶文化要晚。还有一些印度鱼纹彩陶盘，距今 4700—4600 年，也晚于我们。不管它们是不是从我们这儿传过去的，时代上确实比我们晚。然而，以美索不达米亚的彩陶罐为例，其年代在公元前 6500—前 3700 年，面对这样的出土文物，我们怎么来思考彩陶文化东渐还是西渐，这其实是一个非常难的问题。

所以，在这里可以提出这么几个问题来。第一，单从彩陶这类器物上是否能够得出整体的结论？彩陶有可能是从西边来的，也有可能是东边影响西边，但是否就能够认为，中国文化的其他方面并没有受到西方的影响呢？换言之，彩陶的这一特殊性，是否能够否定一个普遍的存在？第二，从史前到上古时期，基本上到秦、汉建立帝国为止，河西走廊以西到今新疆地区的人种，基本上均属印欧人种，像楼兰美人，是典型的印欧人种，甚至从今天的敦煌往西，发现的人类遗骸基本上都是印欧人种。这样看来，他们更容易接受欧亚大陆中西部的文化，还是更容易接受欧亚大陆的东方文化呢？第三，除了彩陶，其他物质文化方面的表现又如何呢？我们都知道，能够反映人类文明发展进入崭新阶段的是青铜冶铸技术，而中国商周青铜器冶铸技术非常先进，中国的青铜文化，今天看来也是各大文明中间最优秀的。但即使如此，就像陈星灿先生说的：最近百年考古发现和相关研究表明，青铜铸造技术的外来传播说与本土起源说都有确凿证据，只是不够充分。考古学、语言学、体质人类学和历史记述与传说，均表明上古存在大规模的人口迁徙和文化交流。这是研究了大量材料以后得出来的结论。

其实我们在历史学研究和考古学研究中，如果总觉得我们是最早的、最好的、最优秀的，就会排斥更进一步的思考。

日本奈良东大寺正仓院里藏有“鸟毛立女屏风”。这组屏风共由六扇屏风组成，屏风上的美人形象与我们唐代美人形象如出一辙。如果按照考古学断代来说，这样的文物，这样的人物，以及她们手上拿的物件，女子发髻的形状以及妆容，都是中国唐代天宝年间的。树下美人题材的屏风，中国并没有实物留存下来，但在唐代墓葬的壁画中却有很多。对深入了解过中国文化的国人来说，我们去参观的时候都会认为这个是来自中国的。但是站在对方的立场上，人家就会尽可能地提出一些跟我们不同的观点来，但只要主张不过分，仅停留在学术研究的层面，这个就不要紧。日本学者做了一个非常大胆的研究。这些人物的头发、衣服的边缘上，原来都粘有浓密的羽毛，这些羽毛过了 1000 多年，大部分都掉了，但还是有极个别的粘在屏风上。日本学者着眼于这一点，研究了这些羽毛是属于哪种鸟类的，而最终的研究结论令我们感到非常吃惊：这种鸟只有日本有，中国是没有的。这样就可以证明这组屏风不是大唐生产的，而是日本本土生产的。尽管如此，还是有人认为，除了羽毛以外，这组屏风的整体氛围，都是大唐的。即使这种鸟今天中国没有了，但 1000 多年前的中国是不是有呢?

日本人在研究这组屏风时还保持在学术研究的层面上，但到了韩国就很不一样了。比如朝鲜半岛三国时期百济国王武宁王及王妃的合葬陵墓。这个墓葬猛一看跟我们南京周边发掘的南朝墓葬几乎一样。武宁王陵墓室内部的青龙、白虎、朱雀、玄武壁画，桃形灯龛，直棱假窗，顺砖丁砖的交替砌法，随葬的青瓷罐、青瓷碗、钱币等，这些要素全是中国南朝大墓的要素。所以学者们都主张，武宁王陵的营建受到了中国南朝文化的深刻影响。包括武宁王陵在内的百济文化遗存现在已被列入世界文化遗产。多年前为了申遗，召开了各式各样的学术会议，我也去参加过一次，因为百济文化遗存中一个最主要的亮点就是武宁王陵。但是在谈论武宁王陵与中国南朝文化的关系时，旁听的韩国民众认为，如果这些都是从中国传来的，那百济还有什么呢？虽然大家耐心地跟他们做了解释，告诉他们百济能够接受中国的文化制度，并将之传到新罗，再传到日本，这就是百济文化最大的功劳，但他们似乎并未释然。这种心态是可以理解的，放在哪个国民心中都不愿意。

中国社会科学院考古研究所所长王巍先生今年初在《中国社会科学报》发表了一篇文章，篇名是《汉代以前的丝绸之路——考古所见欧亚大陆早期文化交流》，我觉得这是一篇非常大胆且极具启发性的文章。我们今天一提到“丝绸之路”，马上想到的是张骞通西域，但那已经是汉武帝时候的事了。在张骞通西域以前，难道我们真的跟西方就没有交往吗？所以王巍先生这篇文章专门谈论汉代以前，而且是基于考古资料看欧亚大陆早期文化交流，跟我们今天谈的话题非常相近。王巍先生的文章勾勒了西汉丝绸之路开通以前东西方物质文化交流的基本面貌，他讲到了距今七八千年仰韶文化时期，生活在黄河中下游地区的先民们就已与西域地区的居民发生了交流。这里，王先生用了“西域”一词。“西域”一词有广义的，还有狭义的，广义的可以一直涵盖到西亚。黄河中下游地区最早栽培的粟、黍，一个是小米，一个是大黄米，至今我们还在食用，现在都成杂粮了，产量低，但在传统的中国北方地区这些都曾是主要的粮食作物。王先生指出：早在新石器时代，粟、黍就从东方逐渐传向中亚、西亚；最晚到西周的时候，中国内地生产的丝绸，已经被运到了西域；到了春秋战国时期，中国的丝绸已经在西域乃至西亚受到了广泛的喜爱，并且有可能已经销往了地中海沿岸。

与之相对，反过来，我们也许感到非常惊讶，大约距今 5000

年时，源自西亚的青铜冶铸技术等手工业技术，以及小麦、绵羊、黄牛、家马等家畜，已经通过河西走廊传到了黄河中下游地区。距今3300年的殷商晚期，都城朝歌的贵族们使用的玉器中有部分是和田玉，表明此时存在着一条连接中原与甘肃、青海、新疆一带的玉石之路。距今约3000年，源自西亚地区的冶铁技术传入我国新疆，最晚在西周晚期传入中原。此外，西亚生产的玻璃器、玻璃珠饰和极具欧亚草原特征的动物纹青铜器以及马车等，也通过西域传入了中国内地。

很多认识，我们以前都很模糊，今天社科院考古所王巍所长把它厘清了，可以说我们现在就文化的起源及相互交流问题，正渐渐地走出尴尬境地。为什么我们这么多年来认识都是模糊不清的？第一，历史学研究以及历史教育中，我们把中国史跟世界史分得太清楚了，所以我们几乎看不到一本书能够把中外贯通的。中国史、世界史的学科划分，实际上是割裂了人类历史，在当今的历史学教育中，我们都缺乏整体性的视野。第二，历史学、考古学研究中，如果过分强调本国的最早、最古、最大、最优秀、独特、完整、唯一性，是缺乏人类历史视野的表现。所以，前面提到的陈星灿、韩建业、王巍等先生的观点具有非常重要的意义。南京博物院举办的“法老·王”特展，同样具有深远的学术意义和社会意义，它能帮助我们走出这样的尴尬境地。

接下来，我想以几个类型的文物为例，启发我们的思路。

第一类，印章。把一些想表达的内容，刻在一个坚硬的物体上，然后把它戳印到泥土上（在尚未使用纸张以前），这样一个过程，这样一类文物，就是广义上的印章。如古埃及新王国时期第十九王朝的丧葬锥，距今3000多年，底部刻有阿门摩斯的名字，他是图特摩斯一世的儿子。丧葬锥是作为随葬品带入墓葬的，目的在于表明埋葬者的身份。又如美索不达米亚地区出土的印章，距今约4400年，这是按在黏土上的印章，类似的文物在美索不达米亚地区非常常见。印度河流域也出土过一些印章，距今约 4600 年。在中国，也出土过不少印章类的文物，如“商隼玺”和“商奇文玺”等，那么，印章这类文物，从异域到中国，其中是否存在着一个传播、发展和演变的过程呢？

第二类，宝石。如古埃及中王朝时期第十二王朝的宝石饰件，距今约 4000 年。又如印度出土的宝石饰件，距今 4600—3800 年。再如美索不达米亚出土了距今约 4000 年的宝石饰件。而在中国二里头遗址墓葬出土的绿松石铜饰牌，据说是在夏代地层中出土的，如果这一推断不误，那么它的时代大约距今 3800—3500 年。还有河南平顶山西周应国墓出土的饰件，距今约 3000 年。由于宝石的产地都相当有限，就拿这绿松石铜饰牌来说，上面镶嵌了绿松石，绿松石又叫作土耳其石。早期这种宝石的开采与利用都在波斯以西的区域，也就是说早在夏代，这类宝石就从遥远的西亚传到了中国。也有些中国学者在国内寻找绿松石的矿脉，结果在湖北十堰市一带找到了，他们发现这一带是中国绿松石的主要产地。但是，在遥远的三四千年前，当时的人是否就在这一带发现了这个矿脉呢？这里是否就是绿松石开采和加工的中心呢？

第三类，牛耕。与古埃及有关的文物中，有一类被称作“死者之书”，有点类似于中国后来的墓志铭，如古埃及新王国时期第十九王朝的“死者之书”，距今约 3000 年。“死者之书”的旁边装饰着所谓的乐园图，在乐园里面有牛，仔细观察可以发现，是两头牛并列拉犁耕田，田里种的是小麦。而这种“二牛抬杠式”的牛耕方式、长直辕的框型犁，从春秋时期出现牛耕一直到唐代，在中国北方的旱地农业地区持续了很长时间。那么，牛耕技术是不是也是从西边传过来的？随着大麦、小麦等谷物品种的东传，与之相应的耕作技术和谷物加工技术也应该有所传播。

第四类，有翼神兽。带翅膀的神兽，叫有翼神兽，我们也可以把它叫作“格里芬”（Griffin），可以是兽面，也可以是人面，它最关键的是要有两个翅膀，要会飞，而且还要成一对，头对头。经研究，格里芬的形象最早出现在今天的乌克兰一带，是斯基泰人（Scythians）创造出来的。带着双翼的格里芬从里海周围不停地往四处飞翔，在距今四五千年的中亚、西亚、南欧、北非地区成为非常普遍的一种装饰图案。当然，格里芬也会朝着东方飞，陕西宝鸡石鼓山西周贵族墓出土了一件青铜牺尊，也就是牛形尊，牛的肩部带有羽翼。到了秦汉时期，有翼神兽的形象已经非常普及，几乎遍及大江南北。对南京人来说，最熟悉不过的就是南朝帝王陵墓前的神道石兽，帝后陵前的通常称麒麟，它的基本造型是老虎，体形窈窕，肩带双翼。王侯墓前的通常称辟邪，它的基本造型是狮子，体态魁梧，肩带双翼。这些石刻今天还成了南京市的标志，在高速公路、高铁车站、市民广场等多种窗口地区都能看到它们的身影，但恐怕很少有人会想到它是从西方飞过来的。

提出这样一种思路的背景，就是这次讲座的副标题所说的“大视野”。如果仅局限于国内的物与物之间的比较，也许就会失去这样的视野，这个视野，可以称之为“交通史观”。因为交通的发达，文明才得以传播。“交通史观”就是将沟通各大文明之间的交通路线作为探讨人类历史主线的一种思考方法。

交通线路与文明的发达，关系非常密切。居住在北极的因纽特人以及南非或澳洲的原居民，他们的文明都不繁荣，这并不是因为当地自然资源贫乏，而是因为他们都远离世界交通的“大动脉”，被人类的进步所遗忘。这就是迄今为止我看到的“交通史观”中最令人难忘的一句话，因为他们不在交通路线上。人类的文明，说到底是全体人类的合作产物，某个地方的发明，因为交通，成为全人类的共同财富。受到影响的其他地方，往往又有更新的发明。人类文明的发展，虽然有时也出现一些波折，但总体上是不停向前的。与世界交通疏远的地区，那里的人无法享受人类文明所带来的利益，反而因为文化差异日益加大，他们在意识上更加抗拒外来文明。所以，一个地区的文化发展水平，也就是文明程度，与交通流量成正比。文化的发达是需要舞台的。我们都知道这样一句话，条条大路通罗马，但同样条条大路也通长安啊！这里，罗马也好，长安也好，必定有一条交通主干道。讲座一开始提到的北纬 35 度线，就是这条空间上贯穿欧亚大陆，时间上横贯中国和世界古代、中世纪的“大路”。今天的交通情况已经完全不一样了，但是在近代以前，这条动脉对人类历史的发展，对文明的交流是极其重要的。因此，所谓世界四大文明，包括古希腊、古罗马等灿烂文明在内，基本上都集中在北纬 35 度线附近，因为这个地方交通畅通。

我们在这里需要特别申明的是，文明和文化并不是完全相同的概念，两者之间其实是不一样的。一些史前文化经过不断的发展最终迈进了文明，但太多太多的史前文化并没能跨入文明的门槛。幼发拉底河、底格里斯河流域的奥贝德文化发展成为美索不达米亚文明，先王朝时代文化发展成为初期王朝时代文明；俾路支地区的丘陵山麓文化发展成为印度河文明；仰韶文化、龙山文化发展成为黄河文明；一些晚起的文明，如朝鲜半岛、日本列岛上的文明，需要等到秦汉文明的影响才得以发扬光大。因此，文化是多元性的，而文明的源头往往不是这样。文化与文明犹如黄豆与豆腐的关系，有黄豆，能磨成豆浆，但如果没有盐卤，就做不成豆腐。而来自文明源头的影响，就像这盐卤一样。

今天我们所知的最早的文明源头在西亚，换句话说，“文明之车”

是从西亚出发的。最早从西亚开出来的是代表青铜冶铸技术的青铜马车。美索不达米亚周围出现了青铜文明，逐渐向四方传播，但要想证明它的具体传播路线，是极其困难的，几乎无法做到，只能从大视野上来观察。尽管无法画出具体的传播路线，但印度和中国的青铜文化作为这一传播的结果，则相对容易推测。这种传播需要很长时间，从美索不达米亚传到印度北部大概需要1000年，然后再传播到中国的黄河流域，这中间又需要1000年。而且这种传播并不是像铺铁轨那样，一步一步地往前迈进，而是先到各处建立一些“基地”，然后再由这些基地继续前进。但是，有些“小基地”规模很小，后来就没有得到发展，甚至消失了。一直等到到了印度和中国这样的大平原上，才有“大型基地”成长起来。青铜文化的发展，尤其在中国，它的辉煌程度竟然远远超出了作为其源头的美索不达米亚平原。

冶铁技术同样起源于美索不达米亚。铁器出现的意义，与其说是它的锐利，不如说是价格的低廉和产量的丰富。美索不达米亚的青铜时代前后持续了1000多年，生产经验不断积累，对金属的认识也越来越深入，铁器出现以后，就像当年的青铜器一样，传播到四方。有了之前青铜马车打下的基础，铁质“卡车”经过时就方便多了，所以铁器传播的速度要快得多。青铜冶炼技术从西亚传到中国前后花了约2000年的时间，但是铁器只花了800—1000年。

青铜文明的传播和铁器文明的传播引起的政权或者国家组织范围的变化也是非常大的。简单地说，当铁器文明传播到中国以后，中国的历史发展进入春秋战国时期，战争不断。铁器的杀伤力非常大，经过这场混乱以后，中国逐步走向统一，出现了秦汉帝国。这个历史过程在西亚也一样，青铜时代处于城邦国家阶段，一旦铁器出现并日趋成熟，西亚各城邦国家之间就进入了相互侵吞的阶段，最终出现了空前强大的波斯帝国。波斯帝国、秦汉帝国一旦成立，政权所能够控制的范围基本上也就确定了。

越往后，交通的速度就越来越快，流量也越来越大，西亚的最新产品很快传到四周，当然也很快传到中国。比如这次“法老·王”特展中的裂瓣纹银盒和裂瓣纹银盘，都是极具波斯风格的器物，它们均出土于盱眙大云山江都王陵，基本上是公元前2世纪的器物，但制作年代应该更早。比这些更早的还有山东临淄出土的裂瓣纹银豆，推断年代在战国晚期至西汉前期。可见，仅隔了一两个世纪，风格完全相同的西亚的产品，或者在这个基础上经过改造的产品，在中国的南北就都出现了。

其实我一直想读到这样的历史课本，例如这样写道：秦始皇14岁继位，继位后17年灭韩，19年灭赵，22年灭魏，24年灭楚，25年灭燕，26年灭齐，天下归于统一，这一年是公元前221年。这个时候，西亚正处于希腊化时期的末期，欧洲正值罗马统一意大利半岛，击破地中海对岸的迦太基，迦太基的英雄汉尼拔伺机复仇之际，这正是一个山雨欲来风满楼的时期。这样一来，我们就不用将中国历史和世界历史两门课分开来学习了。

所以，我有一个深刻的感受：必须关注人类史——人类的历史，而不是单一的中国史或者世界史。当然，一个人的能力非常有限，但应当要有这样一种视野！

2016

第7讲

故宫的世界　世界的故宫
——走进人们社会生活的故宫博物院

单霁翔

单霁翔，研究馆员、高级建筑师、注册城市规划师。毕业于清华大学建筑学院城市规划与设计专业，师从两院院士吴良镛教授，获工学博士学位。2012年1月，任故宫博物院院长。为全国政协第十届、第十一届、第十二届委员，中国文物学会会长，中国建筑学会副理事长。被聘为北京大学、清华大学等高等院校兼职教授、博士生导师。

2005年3月，获美国规划协会“规划事业杰出人物奖”。2014年9月，获国际文物修护学会“福布斯奖”。出版《文化遗产·思行文丛》等十余部专著，发表百余篇学术论文。

壮美的故宫——紫禁城，保留着世界上最大规模的宫殿建筑群，充满了历史的积淀。她浩如烟海的文物珍宝，展现着中华五千年灿烂文化的精粹。作为世界文化遗产，故宫让人感受到历史的脉搏，也引发人们无穷的探索。

故宫的文物藏品中都有哪些奇珍异宝？紫禁城9000余间古建筑房屋，如何在科学的修缮与维护中保持生机活力？面对每年上千万的观众，故宫如何确保文化遗产的安全和每个观众的参观感受？昔日的皇家禁地，又是怎样“接地气”地融入人们的社会生活？

单霁翔院长为您讲述故宫的珍贵馆藏、恢宏的古建筑以及在迈向世界一流博物馆进程中的努力和期盼，让您真正了解故宫，了解身边的文化遗产。

2013年4月，国务院在批准“平安故宫”工程的同时，要求故宫博物院在2020年建成世界一流博物馆。这次讲座的主题，一个是在迈向世界一流博物馆的进程中故宫博物院的努力和期盼；另一个是再续故宫博物院90年的辉煌与梦想。

2020年对故宫和故宫博物院来说极具象征意义和实质意义。1420年永乐皇帝建成紫禁城，到2020年紫禁城整整600岁。同时，进入21世纪以来，国务院批准故宫博物院实施的两项重大工程需在2020年完成。一是故宫古建筑总体修缮工程，从2002年到2020年，用18年的时间，完成故宫古建筑群修缮，使文物建筑“健康长寿”；二是“平安故宫”工程，从2013年到2020年，消除故宫博物院存在的各类安全隐患，使博物院保持健康稳定的状态。希望到2020年，能够实现“把壮美的紫禁城完整地交给下一个600年”的宏伟目标。

紫禁城是一个充满故事的地方。明清两代24位皇帝在这里居住，在此发生了无数影响中国经济、政治、文化、社会进程的重大历史事件。1925年10月10日，在3000多位社会名流的见证下，紫禁城的内廷，即皇帝居住的乾清门以内区域，正式对公众开放。自当日起，昔日的紫禁城有了一个崭新的名字——故宫博物院。当天究竟有多少市民进入新开放的故宫博物院，并没有准确的统计，但是据故宫博物院老员工回忆，当日下午在观众离去以后，他们从地上捡起的被踩掉的鞋有整整两大筐，说明故宫博物院从建院第一天起就格外引人注目。进入新世纪，故宫博物院的观众人数仍然在不断增长。2002 年故宫博物院的观众人数突破了 700 万，当时世界上观众数量最多的博物馆是法国卢浮宫博物馆。但是，仅仅过了 10 年，到 2012 年，故宫博物院的观众人数便突破了 1500 万，成为今天世界上唯一一座每年接待观众人数上千万的博物馆。2012 年 10 月 2 日，是故宫博物院历史上观众人数最多的一天，达到 18.2 万。这种发展趋势应当加以限制，才能保证古建筑安全、文物藏品安全和观众安全，才能保障观众获得良好的参观感受。所以近几年来，故宫博物院的一项重点工作就是观众的限流分流，让观众数量平稳下来，保持一个合理可控的规模。

人们为什么要到故宫博物院来呢？最主要有两个方面的原因，或者说有两个方面的文化需求。

一是来看故宫古建筑群。故宫是世界上最大规模的古代木结构建筑群，也是世界上最大规模的宫殿建筑群。古都北京有一条清晰的传统中轴线，从永定门到钟楼，共 7.8 公里，气势磅礴，虚实结合。在这条中轴线上最壮观的建筑，莫过于紫禁城的所谓“九千九百九十九间半”房屋所组成的庞大建筑群。经过详细统计，目前故宫博物院所管理的古代建筑数量共计 9371 间。其中紫禁城内 8728 间，紫禁城外端门、大高玄殿、御史衙门等处 643 间。故宫是世界文化遗产，在其周围设置了 14 平方公里的缓冲区，为了保证文化景观的完整与和谐，不能实施影响故宫历史环境的建设项目。紫禁城壮美的建筑、严谨的形制、壮丽的彩绘，都表明其是中国官式古建筑的最高典范。其中还有很多生动的空间、精美的装饰、独特的色彩、真实的信息、典雅的园林，都使紫禁城充满了历史积淀。同时，紫禁城与周围的景山、北海等一起构成丰富的天际轮廓线，整体形成和谐的景观环境。

二是来看故宫博物院的文物藏品。自 2004 年开始，故宫博物院同仁用了整整七年的时间，对故宫博物院的文物藏品进行了全面、细致的清理。文物清理是一项科学工作，需要投入大量人力、物力、精力，每一件文物藏品都要定名、编目，同时每一件文物藏品都要与以前的账、卡进行核对。经过全面系统的普查整理，故宫人得出了准确的文物藏品数量，于是故宫博物院的文物藏品数量从 100 万件左右，增加到了 1 807 558 件（套），真正做到实物和藏品档案一一对应。这是故宫博物院自建院以来，在文物藏品数量上第一个最全面、最准确的数字。完成这项艰苦卓绝的基础工作，是故宫人的责任和使命，意义重大。

我国的可移动文物分为珍贵文物和一般文物，珍贵文物又分为一级、二级、三级文物。全国 4150 座博物馆保管着 401 万件珍贵文物，其中有 168 万件收藏在故宫博物院，约占全国博物馆所收藏珍贵文物的 41.98%。如果说，世界各地的博物馆几乎都是“金字塔”形的藏品结构，即塔尖是镇馆之宝、珍贵文物，塔身是量大面广的一般文物，底层是待研究、待定级的资料的话，故宫博物院则是一个例外。故宫博物院的文物藏品结构是“倒金字塔”，即 93.2% 的文物藏品是珍贵文物，只有 6.4% 的文物藏品是一般文物，资料占 0.4%，可以说几乎件件都是珍贵文物。

目前，故宫博物院的文物藏品分为 25 大类。例如绘画，一共有 5.3 万件，包括《五牛图》《清明上河图》《千里江山图》等；法书有 7.5 万件，包括神龙本《兰亭序》和《中秋帖》《伯远帖》等，都是极其重要的文物藏品；碑帖有2.8万件，中国历代帝王都钟情书法，他们广泛搜集名山大川的田野石刻信息，但是千百年之后，那些处于自然状态下的碑刻或风化或损毁，清晰的历史信息则保留在博物馆中。上述这三类纸质文物加在一起是15.6万件，应该说这是在世界博物馆领域都无与伦比的收藏。

故宫博物院是收藏铜器最多的博物馆，一共有16万件，其中最具研究价值的是1670件带先秦铭文的青铜器。故宫博物院也是世界上收藏带先秦铭文青铜器最多的博物馆。此外还有1.1万件金银器、1.9万件漆器、6600件珐琅器，这些都是传世的艺术品。2.3万件玉石器是故宫博物院收藏的骄傲，中华五千年文明，甚至上溯八千年，通过故宫博物院的藏品都可以串联起来。例如出土于东北的红山文化玉器，出土于浙江的良渚文化玉器，还有时代更早一些的安徽凌家滩文化玉器等，故宫博物院都有广泛的收藏。故宫博物院也是收藏陶瓷最多的博物馆，共有36.7万件，绝大部分是生产于景德镇的官窑瓷器。

此外，故宫博物院收藏有18万件古代织绣，1.1万件雕刻工艺品，包括象牙制品、寿山石制品等，还有1.3万件其他工艺品。在其他工艺品中比较难保管的就是盆景，它们体量较大，又不像瓷器、玉器等器型比较规整，可以装入囊匣。这些盆景的枝干、花瓣一般是玉石制造，叶片则有一些是染牙材料，因此无论是保管、搬运，还是陈列，都要格外小心。故宫博物院有6.8万件文房四宝，笔墨纸砚数量很大。生活用具类藏品，主要是内廷里帝后生活中使用过的东西，可谓无奇不有。比如其中有很多孩子的玩具，还有很多当时的食品，以及普洱茶、中药等。故宫博物院一共收藏了6200件明清家具，包含很多紫檀、黄花梨等材质的家具，极为珍贵。

在我们国家，博物馆收藏的外国文物很少，但是故宫博物院是个例外。近500年的文化交流，特别是使臣纳贡，积累下上万件的外国文物。比如西洋钟表，世界上收藏18世纪西洋钟表数量最多、品质最好的博物馆是故宫博物院，共收藏有2200件大型西洋钟表。

故宫博物院收藏宗教文物4.2万件，80%都是藏传佛教文物，其中有2.3万件佛造像、7000件祭法器、1970件18世纪的唐卡。太和殿前盛典、庆典使用的武备仪仗、中和韶乐等数量很大，共3.3万件。帝后玺册，一共有5060件。

有文字的文物比没有文字的文物更加珍贵，因此故宫博物院所藏的3.3万件铭刻是非常重要的一类文物，其中10面石鼓可谓国宝中的国宝。查询故宫博物院网站可以知道故宫博物院收藏有4700片出土于安阳殷墟的甲骨，实际上故宫博物院收藏有2.3万片，但是需要六年的时间才能全部经研究后列入藏品序列。还藏有60万件古籍文献，其中有24万件书版非常重要，所以故宫博物院也是世界上收藏书版最多的博物馆。

故宫博物院的文物藏品每年都在增加。故宫博物院仍然在不断地征集、汇聚文物，但是也遵循一定的收藏原则。如果是因为种种原因从清宫流失出去的文物，尤为珍贵，故宫博物院希望能够接受捐赠，对一些重要的文物还可以出资购藏。例如十几年前故宫博物院就抓住机遇，购藏了《十咏图》《出师颂》《研山铭》等珍贵书画藏品。

2013年初，故宫博物院的文物藏品目录向社会公布。国际博物馆协会主席明确表示，故宫博物院是世界五大博物馆之一，这不仅取决于故宫博物院的藏品数量和观众规模，还在于其文化影响力。世界五大博物馆中，还有英国的大英博物馆、法国的卢浮宫博物馆、美国的大都会艺术博物馆、俄罗斯的艾尔米塔什博物馆。

面对巨大的观众流量，确保故宫文化遗产的安全、确保每个观众的参观感受和安全是故宫博物院的责任所在。故宫博物院观众参观的淡季与旺季差距非常明显，在每年的观众流量曲线图上呈现出“双针一峰”图形，即“五一”“十一”黄金周两根针，暑期一座峰。“十一”这根针头上出现了每年观众人数最多的一天，即10月2日。

过去，观众在旺季参观故宫博物院非常辛苦，在极端高峰时段甚至需要排一个多小时的队才能买到票，之后再经过安检、验票、存包，耗费了大量的时间和精力。对于观众来说，这样的博物馆之行不会感到亲切，不会有进入文化殿堂、文化绿洲的感觉。此外，过去的端门—午门区域过于商业化，摊贩售卖的都是来自全国各地的小商品，与故宫文化没有多少关系，环境秩序也很不好。所以故宫博物院对这个区域进行了全面整治和清理，使整个广场恢复典雅、清洁、庄重的氛围，同时为观众提供更优质的服务。

博物馆是为社会和社会发展服务、向公众开放的非营利性常设机构。降低门票价格等参观门槛，提高服务公众的能力，是博物馆应尽的义务。所以故宫博物院门票价格已经十余年没有增长，同时从2014年起，在淡季逐步设立针对医务人员、志愿者、现役军人和公安民警、教师、大专院校学生、公共交通司乘人员、环卫工人等群体的主题免费开放日，让这些为社会辛勤服务的群体也能成为博物馆文化的受益者。

故宫博物院不仅要让文物有“尊严”，还必须要让观众们同样有“尊严”，这样才能让观众们面带笑容、心平气和、体力充沛地参观。故宫博物院在这方面的努力不断呈现出可喜成效。第一是改善售票和安检环境，增加了14个售票窗口，30多个售票窗口一字排开，售票接待能力增加了87.5%，大大缩短了观众排队的时间，多数情况下观众用三到五分钟就可以完成购票；新的安检设施正式投入运行，检票、安检均前移到午门外广场，通道数量也大大增加，解决了空间狭小和疏散不力的问题；此外，我们还引入社会化安检机制，增加检票和安检通道，避免检票入口的拥堵。第二是设置与环境相配的座椅，让观众“有尊严地休息”：先在端门广场上设置了 200 把座椅，每把座椅可容纳三位观众休息，同时围绕端门广场上的 56 棵树木，每棵树木安装了一圈“树凳”，每组“树凳”可以供 12 位观众休息小憩。同时，在御花园及院内其他开放区域不断增加各类座椅。全院开放区内现有座椅 1330 把，可以同时满足 4000 位观众的休息需求。这些座椅的色调与故宫红墙黄瓦的环境相协调。第三是扩建洗手间，端门广场区域内公共洗手间严重不足，导致黄金周和暑期时，女性观众排长队等待，为此增加了女性洗手间的数量和面积，解决观众如厕难的问题。另外，故宫博物院还通过设置观众服务中心，为观众提供各种咨询和服务项目；院内故宫商店进行统一规划，重新布局，部分商店进行装修、改陈，提升文化产品的展示效果；改善陈列展览的质量，力争达到历史性与时代性、思想性与观赏性、科学性与艺术性、学术性与趣味性、知识性与通俗性的有效结合，调动观众的审美意识和审美情感，尽力缩小陈列展览与观众的空间距离和心理距离等。

午门是紫禁城的正门，应该更有博物馆的氛围，给人以亲切感。过去午门中间的门洞是贵宾通道，观众走两边门洞，所以经常有观众提意见。以前安检机设在门洞里面，占据半个门洞的空间，影响观众疏散。改造之后，安检前移，三个门洞全部打开，观众可以选择走任何一个门洞，安检也更加通畅。现在即使在暑期和黄金周的高峰日，观众也可以迅速进入，基本上观众从买票到过安检只需约 15 分钟。

2002—2012 年是故宫博物院发展最好，做事最实、最多的十年，很多重要工作得到推进。例如在 2002 年启动了故宫古建筑修缮保护工程，武英殿、太和殿、太和门等古建筑都陆续修缮完成，对公众开放。还有更难的一件事，就是当时紫禁城里有13个其他单位，通过不断地商谈、劝说，大多数都离开了紫禁城，很多古建筑得以回归故宫博物院进行管理和保护。

故宫古建筑整体修缮保护工程为期18年，目前已经进行了14年，每年都有新的区域修缮完成，并逐步对观众开放。比如慈宁宫、寿康宫、慈宁宫花园所在的西部区域修缮完成后，已在2015年正式对观众全面开放。

文物建筑修缮工程是一项科学的工作，要最大限度保留历史信息，不改变文物原状，还要进行传统工艺和技术的传承，所以要格外小心、格外细致。目前修缮工作进入了建筑非常密集的东、西路区域和宁寿宫花园（乾隆花园）。宁寿宫花园面积不大，160米长，48米宽，共分为四进院落，其中第三、四进院落从来没有开放过。这里有亭台楼阁，假山林立，文物景观比较密集。故宫博物院计划在三年以后完成整个宁寿宫花园的修缮。修缮过程中，每一道工序都要进行详细的记录，要公开出版修缮报告，每一项传统工艺都要用原材料、原技术进行修复，从墙上摘下的牌匾、楹联、贴落等都要准确定位，修缮之后一丝不差地回归原处。最后一进院落的倦勤斋，目前已经修缮竣工，但整个修缮过程却极具挑战性，例如其地面是苏州产的金砖铺成，梁架整体是紫檀木的，绣品也是苏州产的夹纱双面绣，176扇窗户上和梁架上镶嵌着2640块和田玉。屋内还有一幅通景画，画着开满花的紫藤架。在对它进行修复的时候发现，这幅通景画所用的背纸是用桑树皮制作的一种手工桑皮纸，为了找到相同工艺水平的纸，故宫专家多次到各地寻访，最后在安徽找到制作手工桑皮纸的技艺传承人，经过上百次的试验才研发成功，并用于这幅通景画的修复。虽然今天人们看不到通景画背面的工作成果，但是其修复技术、工艺都很好地保留了下来，让后人得以了解和传承，这就是今天修缮工作秉持的原则，即“为未来而保护今天”。

除了要对文物建筑进行大规模的修缮之外，还要进行日常的保养，并不断改善参观环境。以御花园为例，进入故宫博物院参观的观众 80% 都要经过御花园，但是御花园的整体环境存在很多问题。主要在八个方面：一是彩色石子路受损。御花园中遍布精美的彩色石子路，由于大量观众几十年的踩踏，这些石子路已经严重损伤。二是大面积的土地裸露。由于观众踩踏，御花园中一些地面长不出草，刮风时卷起尘土，对观众参观和文物保护都很不利。三是参观路径狭窄。以前为了保护古树名木，在御花园中设置了很多栏杆，道路很狭窄，观众密集的时候就难以快速疏散，存在安全隐患。四是缺少供观众休息的设施。御花园是大多数观众参观的“最后一站”，很多观众希望在这里获得短暂休息，但是御花园没有座椅，观众只能勉强坐在栏杆上，既不安全，也不雅观。五是古典园林景观被各类现代材料的管理设施严重干扰、影响，参观效果和文化感受大打折扣。六是古建筑存在安全隐患。例如高高的堆秀山由太湖石摞起来，需要不断修缮、加固，保证安全。七是御花园中的水池经常被误认为是“许愿池”。很多观众受误导向里面扔硬币许愿，原有的园林景观深受影响，我们采取了很多办法也没能彻底改变这个状况。八是御花园中的多家商铺售卖汉堡、爆米花、烤肠、咖啡等食品，但是店内座位有限，观众就只能坐在御花园的台阶、栏杆、古建筑平台上吃，既不舒适，也严重影响了古典园林的景观和参观的文化氛围。

针对这些问题，故宫博物院组织了细致的御花园环境整治和景观提升行动。拆除不规则的护栏，减少现代园林景观，恢复古典园林景观；对石雕、盆景、假山等室外文物，或采用绿植进行软隔离，或以石栏杆作围挡，提升文化景观效果，更好地保护文物；在石子路两旁裸露土地铺上防护透水板，既有效增加观众活动空间，又避免了尘土飞扬；在园内树坑里垫以防腐板，使树木得到更好的生长空间；观众活动空间的成倍增加，不但有效减少了彩色石子路面的磨损，而且使其修复工程得以有序进行；增加各类坐凳，让观众更加有尊严地休息；撤除御花园内所有售卖食品的商铺，将观众服务区移至御花园外，维护古典园林文化氛围；恢复堆秀山前水法（喷泉）景观，使御花园更具文化魅力；采用绿植进行有效隔离，保持澄瑞亭水池的清洁。总之，通过一系列"组合拳"，御花园回归古典园林之美，为观众提供赏心悦目的参观场所。

实现故宫博物院的防火安全提升，一个艰巨的任务就是拆除彩钢房临时建筑。此前，为了缓解办公用房、接待用房、科研用房、文物库房、食堂等房屋使用紧张的情况，故宫博物院先后修建了 59 栋彩钢房，共计 3600 余平方米。这些建筑分布在故宫古建筑群内，既存在严重安全隐患，又严重影响环境景观，需要及时将这些聚苯材质的彩钢房拆除。自 2012 年至今，故宫博物院已拆除其中的 49 栋，今年将全部拆除。故宫博物院希望用五年的努力，让紫禁城里只有古建筑，没有任何影响古建筑氛围的现代建筑。

对于故宫博物院这样一个观众数量极大、观众构成极其复杂的博物馆而言，要落实"禁烟""禁草"，要治理随地乱扔垃圾，会遇到很多困难。但是故宫博物院在上述工作中均取得了很好的效果，这与故宫人的全面参与支持，以及一丝不苟的工作态度有关。

以"禁草"和治理乱扔垃圾为例。过去每处古建筑的屋顶上都有些杂草，很难彻底清理，故宫博物院提高标准，要求古建筑上一根草都不能有，这些要求显然有些"极端"，偌大的故宫博物院不可能没有一片垃圾，也不可能没有一根杂草，但标准就是要求每个角落都干净整洁。而且整体环境干净整洁之后，观众反而更加自觉，不再随意丢弃垃圾等废弃物，环境质量大大提升。正是在这种看似严苛，甚至是不可能实现的标准要求下，故宫博物院才在较短的时间内解决了上述难题。

关于“禁烟”，在故宫博物院正式实行“全面禁烟”后，故宫博物院全体员工、在院合作单位和个人首先进行自我约束，无论室内和室外，不分开放区与工作区，一律禁止吸烟，对违反规定的人员将进行严厉处罚，并通报全院。对驻院单位也提前进行了告知和提醒，要求配合故宫博物院禁烟工作。此措施实行效果良好，全体故宫人自觉遵守，也为之后更加全面彻底的“禁火种”打下了良好的基础。2013 年 8 月 14 日起，故宫博物院将打火机等火种纳入安检范围，在之后的 20 天内收到打火机 20 万个。在院内开放路线检查时，工作人员发现地上的烟头确实少了很多，现在要想在故宫博物院里捡到烟头已经变成一件困难的事情。正是科学的规章制度、严格的执行力度和全体员工的通力支持，才使故宫博物院克服阻力，得以顺利推行各项措施，参观氛围和景观环境大大改善。

2012 年，我们深入调查文物建筑保护状况、文物库房藏品保存环境、文物安防技防设备、文物保护科技设施、开放路线观众接待条件、员工工作生活区域，以及端门广场、大高玄殿等周边环境，发现在文物建筑、文物藏品和观众接待等各个环节，均存在一些安全隐患，有的方面相当严重，需要及时加以解决。2012 年 5 月，故宫博物院凝聚全体员工的智慧，形成“平安故宫”工程方案。“平安故宫”工程提出后，很快就引起国务院的高度关注。2013 年 3 月 4 日，《“平安故宫”工程总体方案》正式上报国务院，并于同年 4 月获得批准。刘延东副总理强调，要把“平安故宫”工程作为重大文化建设工程，全面提升故宫博物院的文化遗产保护、展示传播和服务观众能力，实现故宫博物院的高水平保护利用和可持续发展，为传承弘扬中华优秀传统文化，满足广大民众精神文化需求，提升国家文化软实力做出新的贡献。

“平安故宫”工程的保护对象包括三个方面：一是 23 万平方米故宫古建筑群的安全，二是 180 余万件文物藏品的安全，三是每年 1500 万观众的安全。“平安故宫”工程主要解决故宫博物院面临的七大安全隐患：

一是火灾隐患。对于故宫古建筑群来说，这也是最需要排除的隐患，因为木结构的古代建筑最怕火，实际上故宫博物院建院以来最惨痛的一次教训也是由火灾带来的，即 1987 年雷击导致的景阳宫火灾，损失严重。故宫博物院高压消防系统覆盖不全面，一些古建筑周围未设消防栓，防雷避雷设施有所欠缺，古建筑因雷击引发火灾时有发生，因办公、藏品库房面积不足等临时建设的“彩钢房”也存在严重安全隐患。

二是盗窃隐患。与近年来全国各地新建的现代化博物馆相比，故宫博物院安防、技防系统老化，设施相对落后。故宫博物院安保设备建于 20 世纪 90 年代，十多年没有升级，无法适应当前的安保需求。

三是震灾隐患。北京地处燕山地震带与华北平原中部地震带的交汇处，历史上多次发生强震，因此必须不断增强防震意识。故宫博物院文物库房中的文物藏品和原状陈列的文物展品，虽然采取了一些简易的传统防震手段，但是很不系统，也不规范，缺少必要的减震、隔震措施。

四是藏品自然损坏隐患。由于地库空间的局限，故宫博物院 180 万件藏品中目前仍有约 50% 只能利用古建筑作为库房，由于古建筑内不能通电源，因此没有空调设施，夏季潮湿，冬季干燥，对文物藏品保管极为不利，再加上一些文物库房空间狭小，藏品大量堆积，保管条件恶劣。故宫博物院的展室均在古建筑内，除少数几处可以实现相对有限的温湿度控制外，基本处于自然状态。这些藏品面临寒、暑、光、尘等自然条件的威胁，无法达到文物保护的基本条件。

五是文物库房隐患。故宫博物院的文物藏品数量巨大、种类繁多、内涵丰富，其中相当数量的珍贵文物藏品对保管环境有特殊要求。但是，故宫博物院的文物库房使用年代久远，布局分散，与近年来一些新建大型博物馆的文物库房相比存在明显差距。很多原状库房由于年久失修，室内古代建筑装饰和陈设保护状况不佳，缺少通风、防尘、恒温条件。故宫博物院在20世纪八九十年代建设的第一、二期地下文物库房，经过这二三十年的运营也出现了一些问题：一是存在地下水渗漏问题，虽然并不严重，但是对于地下文物库房来说是必须加以解决的问题；二是由于当时的条件制约，二期地下文物库房采用的是水冷式空调系统，在地下文物库房上方储备了约50吨水作为冷却水源，冷却管、蒸发器已锈蚀，存在很大的安全隐患；三是空调系统缺乏调控功能，整个地下文物库房只能设定一个温度、一个湿度，不能根据每间库房所保管文物类别对温度、湿度进行单独调节。

六是基础设施隐患。故宫博物院基础设施大部分建于20世纪50—80年代，缺乏统一规划，老化、腐蚀严重，存在跑、冒、滴、漏等现象。随着工作环境和条件的变化，故宫博物院内地上、地下的基础设施管线类别不断增加，布局愈加复杂，犬牙交错。同时，数量不断增长的空调设备、数量不断增加的机动车，增添了很多安全隐患。

七是观众安全隐患。目前，故宫博物院每年接待观众约1500万人次，构成了全世界数量最庞大、结构最复杂的观众群，由此造成的人身伤害等突发事件威胁不断加剧。虽然故宫博物院没有发生过观众踩踏事件，但是隐患日益加剧。观众在紫禁城内参观过程中，要经过高低错落的复杂地形，万一发生一些不文明的推搡行为，老人、孩子等相对弱势群体将面临严重威胁。

“平安故宫”工程批准三年多来，我们创建了“平安故宫”工程领导协调小组联席会议制度，成立了专家咨询机构，并相继召开专家咨询会、媒体汇报会等推动项目进展。

在工程进展上，故宫博物院北院区建设项目建议书已经由文化部上报国家发改委，目前国办在进行审批。地下文物库房改造工程已完成概念方案设计和项目建议书的报批，一期、二期地库结构安全性检测和空调系统性能及安全性检测评估，以及改造需求汇总、设计招标及现场踏勘工作。基础设施维修改造一期（试点）工程可行性研究报告已上报文化部，经文化部上报国家发改委评审。世界文化遗产监测项目在已有项目基础上又开启了新的项目。东华门、箭亭、宁寿宫花园（符望阁区）、大高玄殿等六项防雷工程通过了北京市避雷装置安全检测中心检测并完成竣工验收。故宫安全防范新系统、安防和消防报警系统改造工程已基本完成，视频监控系统无缝隙加密工程已完成约 75%。院藏文物防震项目正在进行第二期文物防震评估工作。院藏文物抢救性科技修复保护项目，已引进多家公司不同种类的专业技术人员，合作进行文物修复，故宫博物院北院区修复工作室正式启动，西河沿文物保护综合业务用房工程加速推进。目前，故宫博物院正按照“统筹推进，确保质量，务求实效，在文物、古建筑保护与修复上取得突破，使之成为文物保护项目的典范，把‘平安故宫’这一千秋工程办好，为中国梦增光彩”的要求，为达成“平安故宫”工程近期目标而不懈努力。

紫禁城 9000 余间古建筑房屋，构成了故宫博物院独一无二的博物馆空间格局。从建院之始，故宫博物院就有自己的陈列展览特色，从皇宫建筑和文物藏品出发，确定了宫廷原状与历代艺术的陈列体系。通过不断改进与发展，故宫博物院形成了以原状陈列、常设专馆和专题展览为主体的展览格局。几十年来，这一展览体系已经为广大观众所接受和熟悉。近年来，故宫博物院内每年有各种展览 40 个左右，同时展出的文物藏品数量近一万件，以多种形式满足观众参观的需求。目前，故宫博物院还在不断开辟新的展厅，增加展示文物的数量和质量，提升展览效果。

随着故宫古建筑整体修缮工程的推进，越来越多的古建筑完成修缮，故宫博物院展览空间不断增加。近年来，故宫博物院不断扩大开放面积，合理优化参观路线，满足观众不同的参观需求。2015 年，故宫博物院迎来了九十华诞，举办了一系列文化活动，开放五个新的参观区域，开放区域由过去的 52% 达到 2015 年的 65%，并举办系列展览。同时，原有展览也逐步进行改陈和环境提升，增加重量级文物的展出，丰富故宫博物院的展览内容和观众的文化体验。2015 年，贯穿全年的 18 项展览一一亮相，以丰富的文物藏品、生动的展示方式、独特的展览空间，达到展出文物数量最多、内容最丰富、形式最精彩的多个院史之“最”，形成以原状陈列为核心特色、精品常设展览为亮点、专题展览精彩不断、传统展陈与数字效果相结合的展览格局，全面提升博物馆氛围与展陈效果，带给观众更加震撼、完整、丰富、精彩的参观体验，从“故宫”走向“故宫博物院”。

其一，慈宁宫、慈宁宫花园和寿康宫所在的西部区域首次整体开放。慈宁宫区域作为雕塑馆进行展览布置和陈设，展出 410 件雕塑文物，年代跨度从战国跨越到清朝，其中慈宁宫主殿展出 40 余件院藏雕塑精品，均为难得一见的珍贵文物；寿康宫区域设置为原状陈列展室，举办“庆隆尊养：崇庆皇太后专题展”，还原曾居住于此的乾隆生母的宫廷生活，更以约 300 件精美的文物藏品，展示乾隆皇帝与母亲的深厚感情。不久之后，隆宗门外新的观众服务中心将对外开放。让整个西部区域以崭新的面貌迎接更多观众的到来，让大家充分地领略到这片区域不同的建筑特色和文化氛围。

其二，故宫东华门保护修缮工程已经竣工，作为故宫博物院古建筑馆，专门展示壮美的古代建筑群和精美的古建筑文物藏品。观众还可以登上东华门城楼观赏故宫古建筑群，东南一段城墙的开放也使观众能够从午门—雁翅楼展厅出发，沿着城墙向东参观，经过东南角楼到达东华门城楼，获得难得的文化体验。特别是以往人们只能远眺紫禁城精美绝伦的角楼，如今可以近距离观赏这一经典文物建筑，还能进入内部仔细参观，并通过观看数字影视作品《角楼》，了解角楼的细部结构和建筑过程。

其三，整体改造完成后的东、西雁翅楼展厅与午门展厅组合成为故宫博物院面积最大、功能最全、规格最高的现代化展区，以 2800 平方米的大型展览空间满足多门类文物大规模展示的不同需求。这是世界上最为独特的博物馆展厅，居高临下，气宇轩昂。古代建筑外观完全保持原貌，内部则是既具有宫殿建筑氛围，又拥有现代展览设施魅力的空间。为迎接故宫博物院 90 周年院庆，午门—雁翅楼展厅气势恢宏地展出了“普天同庆——清代万寿盛典展”。

其四，端门作为观众参观故宫博物院的第一站，也是故宫博物院给观众递上的第一张名片。作为“数字故宫”建设成果的展示基地，故宫博物院用现代技术记录、保护、研究古建筑和文物藏品所取得的阶段性成果，在这里向社会公众进行展示和汇报。端门数字馆是在传统建筑中建设的全新数字形式展厅，与实体形式的展厅既有区别又密切联系，它以“数字建筑”“数字文物”的形式，充分突出信息时代的技术优势，把院藏珍贵文物中较为脆弱、难以展出的文物，或实物展览中难以表达的内容以数字形态呈现给观众，以新媒体互动手段满足传统文化的传播需求，同时保障了文物安全，更可以激发观众对实体文物的兴趣。为迎接故宫博物院建院 90 周年，第一期数字大展的主题为“故宫是座博物馆”，其中包含“从紫禁城到故宫博物院”“紫禁集萃·故宫藏珍”“紫禁城·天子的宫殿”三大区域，通过完整的参观流线，从故宫博物院历史、馆藏、建筑三个方面向观众简明扼要地介绍“故宫是什么”“故宫有什么”“来故宫看什么”。

最后，位于故宫西华门内、武英殿西侧的宝蕴楼也已修缮完成，并举办“故宫博物院早期院史展（1925—1949）”，一部分区域作为文化研究与学术交流活动使用。宝蕴楼为两层西洋式建筑，建成于 1915 年，是民国时期在原清朝咸安宫旧址之上建造的一座专门用于文物保管收藏的大型库房，其建造历史及建筑风格在整个故宫古建筑群中具有独特而鲜明的特征。观众也能通过展览感受故宫博物院建院以来的风雨历程，以及历代故宫人对“故宫精神”的坚守与传承。

开放区域不断扩大，观众服务水平也要随之提升，信息传递要更加及时、有效，让公众第一时间了解故宫博物院的各项服务信息和工作进展。过去，故宫博物院的标识牌不够规范，指示内容也不够全面，很多信息观众接收不到。现在故宫博物院对全院 460 多个标识牌进行全面的整治、提升，并统一设计为与古建筑环境相协调的样式。同时，故宫博物院拥有世界上语种最丰富的讲解器，共收录 40 多种各国、各民族的语言及主要的方言。此外，把更多的数字化成果应用到展厅，应用到一些观众可以动手参与的活动之中。

故宫博物院官方网站也在不断改进，几年来在三个方面获得提升：一是提升英文版网页的质量，让世界各国的人们都可以很方便地浏览故宫博物院网站；二是网站推出“青少年版”，针对孩子们的特点做得更加活泼有趣，为孩子们讲更多通俗有趣的故事，使他们喜欢故宫博物院；三是举办网上的专题展览，在虚拟场景中人们可以观看故宫的各类展览。三项提升之后，故宫博物院网站功能更加强大、内容更加丰富，每天点击量都超过 100 万人次。

不断推出的 APP 应用程序，也是“数字故宫”建设中的一个重要内容。目前，故宫博物院已自主研发并上线了七款 APP ——《胤禛美人图》《紫禁城祥瑞》《皇帝的一天》《每日故宫》《韩熙载夜宴图》《故宫陶瓷馆》《清代皇帝服饰》，每一个都成为大家喜爱的“精品”，获得了很高的下载量和好评度，树立了“故宫出品，必属精品”的良好形象。

故宫博物院还不断研发具有故宫文化元素和故宫特色的文创产品。故宫博物院过去的文化产品包括书画系列、瓷器系列、铜器系列、木器系列等，大多是仿制品、复制品，还有一些系列书籍。今天故宫文化创意产品既需要坚持具有历史性、知识性的特点，同时也需要具有趣味性、实用性；不但要有大型、厚重的文化创意产品，还要有小型、精巧的文化创意产品。因此，需要在学习和吸收其他博物馆经验的基础上不断创新。近两年来，关于朝珠耳机、《故宫日历》等故宫博物院文化产品的报道星火燎原，铺天盖地，故宫文创产品备受社会公众追捧。更有“萌萌哒”系列，如故宫娃娃、手机壳、拼装玩具、笔记本，以及祥云系列的电脑包、鼠标垫、U 盘等，深受观众喜爱。其中，朝珠耳机在“2014 博物馆及相关产品与技术博览会”上荣获“十佳文化创意产品奖”，是故宫博物院更新文化创意产品研发理念后所取得成绩的一个缩影。通过文化创意产品，故宫博物院希望能让更多的观众“把故宫文化带回家”。

故宫博物院是文化研究机构，一共有 350 名拥有高级职称的故宫学者。2013 年 10 月，故宫研究院成立，由张忠培先生担任故宫研究院名誉院长，郑欣淼先生担任院长。故宫研究院以创建“学术故宫”为宗旨，在故宫博物院已有的学术人才基础上，汇集国内外知名专家学者，共同搭建开放式的学术平台。通过对已有的研究机构进行重新整合和相继成立新研究机构，目前故宫研究院已经形成“一室十六所”的规模。多项科研课题也按计划进行，有的已经取得了丰硕的成果，例如“走马楼吴简整理项目”“故宫博物院藏甲骨整理与研究项目”等。

为了加强教育培训和人才培养工作，故宫博物院于2013年11月成立故宫学院。故宫学院以开放式的平台，规范化、多样化的培训机制，为文博界培养更多的专业人才。同时，它还承担着加强故宫博物院员工文物基础知识及业务培训的职责，新员工入职以后就要进行系统的培训，同时也对在职员工进行培训。国家文物局把故宫学院作为全国文物博物馆培训的基地，多个全国性培训班已经在此成功举办，为全国文物博物馆界培养了大量人才。

近年来，故宫博物院还把更多的精力投入中小学学生教育，深入中小学课堂，也把更多的孩子请到故宫博物院来，举办了大量的青少年宣教活动，让孩子们在故宫博物院里学到更多传统文化知识。例如每年举办的“故宫知识课堂”，期期爆满，孩子们在课堂上可以串朝珠、手绘龙袍、画盘子、做“皇帝的新衣”、做拓片、包粽子，还可以抄录乾隆皇帝的诗并盖上皇帝的大印（复制品），每次孩子们和家长都开心而来，满载而归。

故宫文化的传播仅靠一己之力远远不够，因此，故宫博物院注重强强联合，寻求多元合作伙伴，不断引入世界各国博物馆的优秀展览。故宫博物院丰富多彩的展览也经常走向世界各地的博物馆。同时与国内外知名博物馆、相关机构签署合作协议，合作内容涉及文物陈列展览、藏品科技保护、文化产品研发、文博人才培养、传统文化教育、数字技术应用等多个层面。其中，北京奥运塔故宫精品文物馆、数字影厅已经对公众开放，厦门鼓浪屿外国文物馆等院外展览设施颇令人期待。在国际方面，设于故宫博物院的国际博物馆协会国际博物馆培训中心每年举办两次国际性培训；故宫博物院还与印度喀拉拉邦历史研究委员会签署合作谅解备忘录，与白俄罗斯国家美术馆、俄罗斯克里姆林宫、美国博物馆联盟签署战略合作协议，广泛加强国际合作。

“平安故宫”工程的重点项目之一——故宫博物院北院区项目已经启动。北院区选址在海淀区西玉河地区，与现存的“三山五园”等皇家园林和明清历史文化发展一脉相承。2020 年，故宫博物院北院区建成之后，就能解决院藏大量大型珍贵文物，例如家具、地毯、巨幅绘画、卤簿仪仗等，因场地局限而长期无法得到及时、大规模的科学保护和有效展示的问题，同时把传统文物修复的技艺，即非物质文化遗产展示给公众。

故宫博物院计划经过努力，让故宫古建筑整体保护修缮工程和“平安故宫”工程在四年之后——紫禁城 600 岁生日之时双双竣工，实现“把壮美的紫禁城完整地交给下一个 600 年”的“故宫梦”。

2016

第8讲

一壶一具
——文人语境下的极端之美

周　学

周学，知名媒体人，长期专注于中国传统文化的研习与传播。全国青联第十届委员，政协江苏省委员会第十一届委员，江苏省“五个一批”人才，南京市有突出贡献的中青年专家，南京市十大杰出青年，江苏省第七届“德艺双馨”电视艺术家。曾获得中国播音主持“金话筒”奖、中国新闻奖、中国广播影视大奖。代表作品有《千年铁函大揭秘》《佛顶骨舍利盛世重光》《文学南京说》《文都百家言》等。编著出版多部艺术丛书、书籍，如《墨彩流香》《啖墨茹砂》《乐也陶陶——范曾寄意紫砂》《左宜右有——朱新建书画作品集》《石破天惊——傅小石先生八秩华诞志庆画集》等。其中，《学而不厌》一书获评“2016 世界最美的书”。现为南京市社会科学院专职研究员。

明式家具与紫砂壶，作为文人雅士寤寐思服、无尽追赏的江南雅物，无论材质之美，工艺之美，还是文学之美，都可谓“异质”而同趣。它们在文人的参与和影响下，凸显着“素简”“古朴”“精致”的内涵，彰显着文人特有的气质，浸润着文人典雅的生活情趣，同时也散发出文人潇洒清秀的书卷气息。

一壶一具，异质而同趣，如何鉴赏她们的美？文人的寄意与追赏，赋予了她们什么样的文化内涵？材质、工艺、文学，三个维度的比照，如何以端正的美学态度理解蕴含其间的中国文化之美？坐下，端起，吃茶去，从心来！

演讲者带您透过明式家具与紫砂壶，领略当时文人的思想、眼光与工艺诉求。

大家好！很荣幸有这样一个非常宝贵的机会可以与大家交流分享。再要向专程赶来参与“南博讲坛”的在座诸位致敬，感谢大家捧场，每一位都是文化的实践者、守望者、传播者。文化的自信，源于自觉，知行合一。十年前我由河北转至南京工作，工作之余几乎每个周末都会来南博学习观赏，徜徉其间，俯仰沉思，听这里每一件文物说话的声音，感受每一寸空间呼吸的节奏。南京博物院在我的心中位置非常之重要：开放的姿态，观众的视角，有趣的故事，将高冷神秘的博物馆文化变得温情脉脉、近在咫尺，让万千公众的心智在潜移默化之中得到浸润、滋养。

“式”之为题

题中“一壶”指的是宜兴紫砂壶，“一具”指的是明式家具，“一壶一具”的命题，源自我对紫砂壶十数年来的专爱。我也收藏了王世襄先生的《明式家具珍赏》与顾景舟先生的《宜兴紫砂珍赏》，这让明式家具与紫砂茶壶在我的书房里不期而遇。石瓢壶置于明式平头案几上是那样的美好，大红酸枝红黑相间的肌理所形成的面，映衬着“底槽清”温润如玉的朱砂紫；石瓢柔中蕴刚、曲中有直、圆中寓方的流线，与平头案俊朗挺拔的长直线、雄劲而流利的曲线相融相织，曲折互映。如高山与流水邂逅，阳春共白雪相投。这一瞬间的美好仿佛穿越600年的时空定格在那里，宛若二位莫逆于心的君子为了曾经的盟约携手再赴清谈。一壶一具，异质同趣，熔铸古今。

“式”指的是样式，对象的面貌。式，有特定的规程、格式、程式。明式，之于紫砂壶、家具，不是简单的“代际”概念。楚辞汉赋，唐诗宋词，是规矩，是文化，是典范。尊重规矩，尊重文化，就是对文化最好的传承。所以我在紫砂壶的名称前面加上两个字，称为“明式紫砂壶”。

2013年，那个时候“工匠精神”还鲜有人谈及。正值顾景舟先生100周年诞辰（1915—2015）之际，我撰写了一份“建议设立中国工艺美术顾景舟艺术大奖”的政协提案。顾景舟，百年来最具影响的一代紫砂工艺美术大师，终其一生致力于紫砂艺术的创作，借古开今，桃李天下，成为后人追寻紫砂壶制作工艺的标尺。先生的作品走出中国，影响深远，指导了无数紫砂艺术事业的后人，为世人所景仰。鲁迅文学奖（写作）、长江韬奋奖（新闻）、梅兰芳戏剧奖（戏曲）、林散之奖（书法），文学艺术界几乎各领域都有以杰出贡献成就的大家命名的奖项，因此，以顾先生之名命名“工艺美术大奖”实至名归。

设立顾景舟工艺美术大奖，为工艺美术行业建立一座精神标杆，是从推动行业健康发展的角度考虑，更为重要的是从业者（艺术家、工艺师）找枪手代工、以次充好、贪图虚荣、追逐名利的文化生态，亟须整饬，需要正面引导。

顾景舟先生是“一代宗师”“壶艺泰斗”，声誉可媲美明代的时大彬。他以几何型素器为创作方向，融入现代美学的概念，“集紫艺之大成，刷一代纤巧糜繁之风”，开创新技艺，极大地推动了紫砂工艺的发展，在梳理一生的紫砂壶工艺理论和实践的基础之上撰写《紫砂陶史概论》，成为研究紫砂壶历史及工艺的重要依据。

画家亚明评价顾景舟：“紫砂始于明正德，至今五百年，高手不过十余人。顾兄景舟当为近现代大师。顾壶可见华夏之哲学精神、文学气息、绘画神韵。”今天的陶都紫砂艺人几乎都直接或间接受到过“顾景舟思想”的影响，这是无法回避的事实。那么，顾景舟是开宗立派？是，也不是，顾景舟最大的贡献是给紫砂壶立规矩。他已经脱离了一般意义上的工匠的身份，他的成就，来自高超的壶艺境界，与深厚的文化修养。文化积累，是民间艺人从艺历程中最重要的门槛，也是大家与一般匠人的重要区别之一。

另一位前辈，是明式家具研究之父王世襄。王世襄先生以明式家具研究闻名于世，从竹刻、漆器等传统工艺，到蟋蟀、鸽子、老鹰等这些“玩意儿”，玩遍了天底下最好玩的，且无一不精。他使市井的“雕虫小技”登上了“大雅之堂”。他不但能玩，也能写，他玩物并研物，玩出了文化，玩出了一门“世纪绝学”。

2003 年 12 月 3 日，荷兰王子专程到北京给王世襄先生颁奖，颁奖词说：“创新的研究向世人证明了没有您，部分中国文化还未为人所识。”这个奖旨在鼓励全球艺术家和思想家进行交流，名为“荷兰克劳斯亲王奖最高荣誉奖”，王世襄是获此殊荣的第一位中国人。王世襄先生可以用流利的英文给外国访问学者讲解明式家具的“榫卯”结构。上海博物馆新建，王世襄的老友、香港实业家庄贵仑先生为感念先贤、回报社会，与王世襄商谈后，以市值十分之一的价格买下了王世襄所藏的 79 件珍贵家具，并全部捐给了上海博物馆，

“由我得之，由我遣之，研物立志，化私为公”。

明以为式

为什么是“明式”？说到明代你会想到什么？想到绘画、书法、文学、政治、戏剧；想到朱元璋、张居正、王阳明、唐伯虎、汤显祖、祝枝山、柳如是；想到四大奇书——《三国演义》《水浒传》《西游记》《金瓶梅》。我们不妨以解析明代书法、绘画、瓷器的审美构成为参照，探究明式紫砂壶与明式家具所处的社会生态、文化生态。是怎样的土壤孕育了她们，一壶一具究竟美在哪里？

一是明代书法。明代像宋代一样，帖学大盛，法帖传刻十分活跃。明朝自朱元璋推翻元朝统治、统一全国，至李自成攻克北京、朱由检自缢煤山，在这近三个世纪中，明代的皇帝们都很喜欢书法。如宣德皇帝喜摹《兰亭序》，万历皇帝自幼工书，不离王献之的《鸭头丸帖》、虞世南临写的《乐毅论》和米芾的《文赋》。所以，朝野士大夫重视帖学，喜欢姿态雅丽的楷书、行书，几乎完全继承了赵孟頫的格调。

明朝书法的发展大概经历了三个阶段，明初书法“一字万同”，“台阁体”盛行。明中期吴中四家崛起，祝允明、文徵明为首的“吴门书派”依赵孟頫而上通晋唐，取法弥高，笔调绝代，“尚意”的书法传统得以恢复。书法开始迈入倡导个性化的新领域，特别在小楷书、行书、大草书等方面取得了重要成就。吴门书派成为明代书法发展的主流，并对后世书坛产生了长远而积极的影响。到了明代晚期，书坛兴起一股批判思潮，书法上追求大尺幅、震荡的视觉效果，侧锋取势，横涂竖抹，满纸烟云，书法原先的秩序开始瓦解。代表书法家有张瑞图、黄道周、王铎等。

二是明代绘画。明初在相当一段时期里，追求雍容华丽和雄劲阳刚的“院体”与“浙派”占据了画坛的主导地位。直到明代中叶，直接承继元画“文人画”传统的绘画，随着经济因素的发展与文人个性意识的自觉，逐步取代了“院体”的主流地位。董其昌提出“山水画南北宗”和“文人画”的理论，其中，“南宗画”尚士气，尚质朴，重笔墨；“文人画”以禅论画的学术思想与绘画实践，对江南一带的文艺创作影响重大，出现了流派纷呈、名家辈出的局面。受其影响，“四王”对创作实践进行总结和提炼，使中国绘画走向程式化，而石涛、八大山人、“扬州八怪”等继续进行笔墨艺术实验与大胆革新，两条道路皆体现了变革与继承的辩证关系。可以想象的是，“董其昌思想”不仅仅是作为时尚引领了一个时代的艺术走向，也极大地推进了“以文化修养参与艺术实践”的手工艺行业，创新、发展、变革，在潜移默化的震荡中催生了手作艺术全新的创作理念。

三是明代瓷器。瓷器在宋代到了鼎盛时期，“官”“哥”“钧”“汝”“定”，大江南北成百上千的窑口，“乱花渐欲迷人眼”。经由元代过渡之后，到明代，景德镇窑一统天下，占据了全国的主要市场。其中尤以青花的成就最大，景德镇青花瓷就是釉下彩发展的最高阶段。青花瓷在永乐和宣德时期达到了顶峰，被称为青花的黄金时代。成化时期，釉下青花和釉上彩相结合的斗彩工艺享誉天下。除江西景德镇外，福建德化的“象牙白”，山西晋南的“法华三彩”，也都反映了明代制瓷技术的杰出成就。从明代瓷器的造型我们不难发现，这一时期瓷器的造型敦厚，饱满，质朴，庄重；纹饰豪放，率意，疏简，高古。而到了明代中晚期，瓷器的生产采用“官搭民烧”的方式，甚至在制瓷中心景德镇有“器成天下走”之说，这在一定程度上说明了民间匠人的审美、技艺，以及生产制作的活力得到了空前的释放，并获得了主流“市场”的认可。明朝是中国历史上由汉族统治的最后一个封建王朝，史称“治隆唐宋，远迈汉唐”。经济方面，随着政局的稳定，社会秩序重建，农业得到恢复，政府税收增多，手工业陆续发展，商业城市增多，商业流通畅快，贸易活跃。明代中后期商品经济的发展，使江南地区的苏州、杭州、扬州等城市不仅成为全国的经济重心，也成为文人荟萃的文化中心。

四是文学艺术。明代的知识分子承载了数千年的文化积淀，无疑具备了前所未有的学术修养。以儒学为主干的古代文化已经非常成熟，释、道两家，也在理学上大成于世。文学上的诗、词已呈衰势，代之而盛的是属于市民文艺的戏曲、小说。明代晚期，以袁宗道、袁宏道、袁中道三兄弟为领袖，一个反对拟古，“独抒灵性、不拘格套”的文学流派形成了，在明朝万历年间的文学革新运动中独树一帜。因袁氏兄弟系湖北公安人，人称“公安派”。

因此，“文人意识”得到觉醒和解放，士大夫的清玩风气和帖学盛行，观念开拓，强调个性。“艺术思想”的自觉创新与创造转化极大地推动了艺术创作理念的变革；文学改良、艺术改良也推动了以“手作”为代表的工艺改良。正是在这样的社会生态、政治生态和文化生态中，以明式紫砂壶与明式家具为代表的有着文人意识的“手作”工艺应运而生。文人们直接参与，在与工匠不断的磨合中（有的甚至亲自动手），让艺术与生活有机统一，审美和实用完美融合，创造出专属于那个时代的规范——“式”，中国明式家具和紫砂壶便是个中典范。

壶具同式

民间传说苏轼设计过“东坡壶”，是一把大型提梁壶，这样的器形至今在宜兴仍然有人制作。东坡居士是否设计过这样一款壶，观者可以理解为“东坡肘子”一样的传说，包括“紫泥新品泛春华”“喜共紫瓯吟且酌”一类的诗句，只简单地意会为“紫砂”难免牵强附会。宋人喜“斗茶”，对茶具的制法和色泽有特殊的要求，说者如此解释，无非是想把紫砂壶的创烧时间往前推移，我以为大可不必，考古发掘的实物最有说服力。

1965 年，在南京油坊桥司礼太监吴经墓中，出土了一把明代嘉靖十二年（1533）的紫砂提梁壶。根据墓志铭考证，此壶是目前唯一有明确年代可考的明嘉靖早期紫砂壶。

紫砂壶创制于明代正德年间是学界比较统一的观点，至万历年间，工艺盛极一时，良师名匠，毕智穷工。自此以后，烧制紫砂蔚成风气，名家辈出，花色品种不断翻新，五百年间不断有精品传世。紫砂壶的出现与当时的饮茶方式发生变化有着直接的关联，“自明一改烹点为冲泡”。明代初期，平民出身的明太祖朱元璋鉴于连年战乱、乱世初平，为体恤民情、减轻贡役，下诏废除团茶，改制叶茶（散茶）。朱元璋的这一措施不但减轻了广大茶农为造团茶所付出的繁重苦役，也带动了整个茶文化系统的改变。茶的品饮方式发生了根本变化，茶具也应运而变，紫砂茶具异军突起，发展达到高潮，奠定了以后数百年至今不变的茶饮文化程式。

初期的紫砂出自何人之手，已不可考。有明文记载的第一个制造紫砂茶壶者是宜兴金沙寺的一位僧人。这位僧人闲静有致，但其姓名已佚。有姓名流传下来的第一位制壶专家是龚春，又叫供春。据吴梅鼎《阳羡茗壶赋·序》载：“余从祖拳石公读书南山，携一童子名供春，见土人以泥为缶，即澄其泥以为壶，极古秀可爱，世所称供春壶是也。”供春壶温雅大方，质薄而坚，有“供春之壶，胜于美玉”的美誉。

嘉靖到隆庆年间，继供春而起的紫砂名艺人有董翰、赵梁、时朋和元畅四人，并称为茗壶“四大家”。其中董翰以制作菱花式壶最为著称，赵梁所制壶多为提梁壶，以造型的艺术感取胜。但紫砂器真正兴起是在明代中期，这不但有实物遗存，而且还有较可靠的文字记载。在中国古代茶书中，对紫砂器的记载始见于万历二十五年（1597）许次纾的《茶疏》：“往时龚春茶壶，近日时彬所制，大为时人宝惜。盖皆以粗砂制之，正取砂无土气耳。随手造作，颇极精工。”

再来说明式家具。中国家具工艺有着悠久的历史，发展到明代开始形成独特的格调样式，国际上赞誉明代为“中国家具的黄金年代”，其工艺制作和造型艺术的成就已达到当时世界上最高的水平。明式家具以做工精巧、造型优美、风格典雅著称于世。工匠们将优质的木材、完美的设计和精心的匠艺融于一体，制造出令西方人惊叹的“如谜一般完美”的家具。虽然明式硬木家具在全国很多地方都生产，但以苏州为中心的江南地区能工巧匠制作的家具最得大家认可。2006 年，“明式家具制作技艺”被列入第一批“国家级非物质文化遗产代表性项目名录”。

郑和七下西洋沟通了海上的贸易商道，丝绸之路亦如通衢。明朝隆庆年间开放海禁，打破了闭关锁国的状态。在这种中外交流的背景下，黄花梨木经商贸路径自老挝、越南进入中国，而本产于中国海南岛的最优质的黄花梨也得以跨海登陆，进入北京皇宫。工商业的蓬勃发展，以及文化的发达，使得许多文人寄情于艺术创造和物质享受，当时的文化中心和经济中心也随着知识精英们的足迹远离京畿，南移江南。这一点我们可以从明代《南都繁会图》和苏州的古典园林中得到印证。江南不仅水米富庶，海运、漕运也很便利，无论陶瓷、织绣、金石、书画还是家具制作，一时风起云涌。许多知识分子竞相投身，醉心于此。明代文化的许多伟大成就，就是在这一时期创造出来的；而江南精美的园林和高屋大宅又对良材美器的家具陈设提出了更高的要求。

文人士大夫阶层对家具从设计到制作全程参与，把自身的风尚志向和对乾坤万物的理解，把长幼尊卑的规则与天理人欲的融会，全都浓缩在家具的造型及选材之中。因此，从明式家具中，我们至今仍可清晰地揣摩中国天圆地方的哲学思想，体验明代社会的等级伦理，感叹明代匠人的聪明才智，领悟明代文人的心理寄托。

异质同趣

接下来，我们再来谈一谈“一壶一具”的欣赏，我试着将明式紫砂壶与明式家具进行三个维度的比较。比较的目的，是更好地理解文人语境下的极端之美，感受中国文化之美。此次演讲，也是首次面对公众探讨这一话题——异质同趣。

“十六品”与“八病”是王世襄先生对明式家具评价提出的精辟观点。“十六品”指的是简练、淳朴、厚拙、凝重、雄伟、圆浑、沉穆、浓华、文绮、妍秀、劲挺、柔婉、空灵、玲珑、典雅、清新；“八病”指的是烦琐、赘复、臃肿、滞郁、纤巧、悖谬、失位、俚俗。

我们惊奇地发现，这 “十六品”和 “八病”，除了可以指导今人品鉴明式家具的造型和艺术价值之外，在评价紫砂壶的造型和艺术价值时同样可以作为“金科玉律”。紫砂壶质地古朴淳厚，不媚不俗，温润如君子，豪迈如丈夫，“风流如词客，丽娴如佳人，葆光如隐士，潇洒如少年，短小如侏儒，朴讷如仁人，飘逸如仙子，廉洁如高士，脱俗如衲子”。顾景舟先生在评点紫砂壶时描述，“抽象地讲紫砂陶艺的审美，可以总结为形、神、气、态这四个要素”，即形式之美，神韵之美，气质之美，形态之美。王世襄先生在《明式家具珍赏》中把明式家具之美总结得更为精准：木材之美，造型之美，结构之美，雕刻之美，装饰之美。

功用性与审美性的高度统一，让“一壶一具”有了形与神充分结合的评价标准。“结构严谨、线条流畅、技艺精良、漆泽光亮”是用以评价明式家具的，倘若单独拿出来，你会发现这些同样适用于紫砂茶壶。“结构严谨”，榫卯技艺打造的家具，注重结构的整体性及力的平衡，全手工制作成型的紫砂壶通体光洁，底部平整，口、面配合严密，注重各部位匀称，接头自然光滑。“线条流畅”，以线条为主的明式家具，外观少有雕饰，紫砂壶由点、线至面，缓冲过渡，明暗转折，虚实对比，来龙去脉交代清楚。“技艺精良”，明式家具的选料、配料、木工、打磨、漆工等每道工序均做工讲究，无懈可击，紫砂壶的选矿、练泥、治具、粗成、出细等每个环节也同样讲究做工，无隙可乘，尽善尽美。“漆泽光亮”，明式家具上漆均采用生漆传统技艺，通过十几道工序的精工细作，达到似漆非漆的效果，而紫砂壶制作最后以牛角片在壶体生坯上研光收尾（明针），经 1200 摄氏度高温烧成，再精心养护，珠圆玉润，与传世明式家具的自然包浆焕发出来的宝光和谐同韵。这“一壶一具”竟如此相近相契，值得玩味。

同为中国传统文化的典型代表，由实用器物向独立艺术发展的轨迹同行，同为文人雅士寤寐思服、无尽追赏的江南雅物，紫砂壶与明式家具可谓“异质”而同趣。参照前人的论述，我将紫砂壶与明式家具再次进行了比较，并归纳为三美：

文学之美，文人竞相参与，极具意匠之美。“吴中绝技：陆子冈之治玉，鲍天成之治犀，周柱之治嵌镶，赵良璧之治梳，朱碧山之治金银，马勋、荷叶李之治扇，张寄修之治琴，范昆白之治三弦子，俱可上下百年保无敌手。但其良工苦心，亦技艺之能事。至其厚薄深浅，浓淡疏密，适与后世赏鉴家之心力、目力，针芥相投，是岂工匠之所能办乎？盖技也而进乎道矣。”明人张岱在《陶庵梦忆》中列举了当时手工艺制作之精良者，这当中虽未提及紫砂壶和家具，但明确指出，“盖技也而进乎道矣”，即规律性与目的性的统一。形而上者谓之“道”，形而下者谓之“器”，明式家具与紫砂壶都为“器”，但已近乎道，核心是人，讲究器与人共鸣。明式家具与紫砂壶之所以能登大雅之堂，能成为大家公认的古典器物审美典范，是因为它们的设计者多是文人雅士，他们设计出图样后，再交由出色的工匠制作而成。在设计之时，设计者往往会将自己的奇思妙想融于其中，使作品的造型优美、稳重、简朴，比例协调，讲求实用与审美的一致，装饰少而精，淡而雅。“一壶一具”，初看之时毫不起眼，然细品之后，却散发出独特的魅力，每一处细节都耐人寻味，值得反复欣赏与推敲。明式家具好比一壶好茶，入口味淡，再三品尝则回味无穷，这“味”的核心是中国古典文人的审美情趣。

材质之美，选材考究流露天然之美。传统考究的明式家具多以名贵硬木施制而成。其材或以纹理胜，如黄花梨木花纹行云流水。变幻万千，如榉木纹环围点簇、绚丽斑斓；或以质色胜，乌木黝如纯漆、浑然一色，紫檀古雅静穆、致密凝重。制作紫砂壶所用之“材”深藏于黄龙山岩层甲泥矿层间，经开采后研磨制成特殊的泥，因分布位置不同，呈现出的色彩也大不相同。朱砂色之石黄泥，黯肝色之天青泥，梨冻色之梨皮泥，松花色之淡红泥，豆碧色之浅黄泥，所谓“五色成文”。再者，为调和而成，海棠红、朱砂紫、定窑白、冷金黄、淡墨青等种种变异，异彩纷呈，艳而不俗。紫砂之“材”、明式家具之“材”皆追求天然之美，与现代人返璞归真的审美时尚完全契合。紫砂壶所用材质呈现出的沉着古雅、清新冷峻与明式家具所用材制呈现出的朴素自然、明秀柔和质感相近，无不给人以美玉琼瑶之感。一具一壶抚摸在手，犹如绸缎丝帛、婴儿肌肤，使人览之舒目，观之悦心。

工巧之美，结构简单，比例停匀，线条流畅，极具工巧美。《考工记》云："天有时，地有气，材有美，工有巧。合此四者，然后可以为良。"作者将工艺精美与顺应天时、适应地气、材质优美一道作为制造精良器物的必备条件。明式家具横者为梁，竖者为架，结构严谨，用材合理，绝无多余与浪费，各部件间以榫卯相接，胶粘辅助加固，再施以洗练的雕饰，显示出高超的制作工艺。一件好具，讲求物尽其用，干净简朴，委婉含蓄，线与面若有若无、若虚若实，给观赏者留下无尽的想象空间，体现虚无空灵的禅意。紫砂壶根据不同创意、规制塑造出不同形态，"圆无一式，方不一相"，一把好壶要严格遵循成型、装饰、烧成三种工艺，无论一次成型完成的雕塑、剔花、印花、泥绘、绞胎，还是二度创作的陶刻、釉彩、髹饰、锡包、镶嵌，其制作工艺均必精到。烧成工艺上，更需要熟练掌握温度与火候，切不可因火力不匀、温度不一而造成花色、气泡、过老或者过嫩的现象，否则前功尽弃。所谓工巧，之于紫砂壶和明式家具，不仅表现为一种精湛的技艺，更是上升为一种审美感受，变化与和谐、比例与尺度、节奏与韵律、力度与气韵、安静与生动，无一不呈现出工艺之美。

"技近乎道"，为什么今天我们的匠人在极力模仿前人的作品之后，总喟叹差一口气？这口气，在我看来即是对于文化的敬畏、对于匠心的崇拜。没有艺术的修养和人格的追求，"器"永远是"器"，而无法成为"艺"。古人讲，"画如其人，字如其人，艺如其人"，中国美学格外注重艺术在心灵层面的表达，一切艺术的形式和内容都是艺术家心灵世界的显现。在中国美学的视野中，艺术不仅仅是技能的展现，更是理想人格的修养和呈现。"式"即是艺术与心灵在技术和程式层面上的终极表达，简而言之，没有人的精神性追求和底蕴，“式”只是一种技术手段，一个样子。脱离了审美追求、精神意蕴，“式”就是一种没有意义的空架子。

文学之美，材质之美，工巧之美，通过一壶一具两者的比较，我们共同为“式”之为“式”追根溯源，寻找理论根据，感受中国文化之美。“极端之美”是余秋雨先生提出的，余先生将书法、昆曲、普洱茶推重为中国文化的“极端之美”。而茶离不开壶，书离不开具，“不知一壶一具之美，怎知春色几许？”

结语

通过今日的主题，我们在感受中国文化之美的同时，更应该正视当下社会生态的文化缺失、信仰缺位，探求其背后的根由。实现中华民族的伟大复兴，文化艺术的繁荣是重要的前提。我想，无论是文博人，还是媒体人，抑或是广大民众，我们关注、参与、论辩甚至消费的过程，都是对重塑“文化自信”大有裨益的。所以开篇我就说在座的每位都是文化的守望者、践行者、传播者。

100 多年前蔡元培先生提出“以美育代宗教”的设想和主旨，我以为在今天仍然有着非常现实的指导意义。“美育”能促成人的身心健康发展，在人的全面发展教育中，占有重要地位。美育的核心就是通过对包括艺术在内的不同领域人文知识的学习，培养公众批判性的思考和理解能力，陶冶精神和情趣，从而调动个人的创造性潜能，提高审美能力，逐步完善自我，求得身心健康发展。

2016

第9讲

欧洲风景里的中国

刘　锋

刘锋，凤凰出版传媒股份有限公司副总经理，编审，业余英美文学译者。曾任译林出版社总编辑、联合国教科文组织《国际博物馆》中文版创刊主编。1994 年获戈宝权文学翻译奖一等奖，2014 年获西部文学奖首届翻译奖。江苏省“五个一批”人才、江苏省六大高峰人才、江苏省新闻出版领军人才。

中国文化作为绵延不断的一种文明载体，近2000年间，一直参与世界各文明间的互动与对话，见证了多少文明的兴盛衰亡。西方著作中大量一手资料证明，中国文化不仅促进了西方资本主义的形成、文艺复兴运动的兴起，至启蒙时代更成了西方崇拜的偶像，“中国几乎成为西方文化向往的乌托邦”。

那么，在欧洲的风景里，都活跃着中华文明的哪些精彩元素？是什么样的“风”把中国文化吹进了欧洲的风景中？不同文明之间的互动与交流又碰撞出怎样有趣的故事？

主讲人带领大家探寻西方人文与自然风景里的中国元素，讲述中国文化西渐的故事。

今天的主题叫欧洲风景里的中国。这个风景，既指自然风景，也包括人文风景、文化风景。我想汇报四个方面的话题，一是欧洲风景里的中国元素，二是中国元素是如何进入欧洲风景的，三是中国元素何以能够进入并且存续于欧洲的风景里，四是今天的中国人与欧洲风景里的中国。这四个题目我可能讲第一个多一点。

哪些中国元素走进了欧洲风景

我们就从南京开始。大家都知道，在明朝我们南京有一个非常宏伟的建筑被称为中世纪世界七大奇迹之一，那就是大报恩寺琉璃塔。今年南京市在英国伦敦举办了一个南京周，整个活动里面有一个特别的活动，就是南京一家企业收购的英国一个高端的百货公司，由他们出面和皇家历史保护基金会在邱园签约，要修复邱园里的一个中国塔。这个塔是怎么来的呢？这个塔有点像我们琉璃塔，就是大报恩寺塔。当时邱园是英国的皇家园林，原来是国王乔治三世母亲的私人园林。乔治三世像那个时候几乎所有的西方贵族一样，很迷恋中国，他要做一个带有中国特色的东西。设计师威廉·钱伯斯来过中国两次，但是他没有亲眼看到过南京的大报恩寺琉璃塔。他从荷兰人纽霍夫的中国回忆录里面看到了其本人绘制的非常精细的插图，就学这个图，做了邱园的中国塔，当时叫大塔（The Great Pagoda）。当时他犯了一个小错误，就是我们中国塔的层数都是奇数，而他设计的塔是十层，是一个偶数。这个塔建造得非常宏伟。底座第一层直径 15 米，然后每一层递减一英尺，大概 30 厘米，直径递减，高度递增，一共大约是 50 米高，是一个八角形塔。塔建成开放的时候，英国人都不相信这个塔可以立得住，因为它太高了。当时塔檐每一个角上都有一条金龙，但是 20 年以后 80 条金龙全没了。英国人就开始说了，是因为乔治三世的儿子乔治四世太穷了，债台高筑，所以要把这个龙全部拿去还债。其实据学者考证，这个龙并不是金龙，而是用木头雕的，然后镀了金，到后来风吹雨淋就腐朽了，干脆就全都拿掉了。但是也有一件很奇怪的事：后来王室要修复塔的时候，80 条龙没有找到一条。大概前几年突然在一个仓库里找到了一条，上面刻着字母 WC，WC 就是威廉·钱伯斯名字的首字母缩写，大家非常振奋。但是后来发现那其实不是塔上的龙，而是卫生间（W. C.）的一个装饰，所以学者们都在研究这个金龙的原型到底是什么样的？中国在这个时候加入了，前面说的，我们的南京企业也参与了进来，一起完成这个修复的使命。本来是准备 2017 年对外开放，可能现在要到 2018 年才能对外开放，而且要将全部的 80 条金龙复原。邱园的塔，是欧洲当时的园林里面最大的中式建筑。

第二个跟我们有关的是大家都非常熟悉的凡尔赛宫。凡尔赛宫建于路易十四时代，当时路易十四本人看了纽霍夫的中国回忆录，对大报恩寺的琉璃塔感到非常震撼，于是 1670 年，他在凡尔赛宫建了一座“特列安农瓷宫”（Porcelain Trianon）。我们现在转向瑞典，

1753 年，当时的国王弗雷德里克决定要送王后普鲁士公主路易莎一个生日礼物，他让部下组织当时的能工巧匠在斯德哥尔摩做了一组中国风的木制庭院构件，并在很短的时间里就运到王后岛上组装起来。在 7 月 24 日王后生日那天，王后到岛上看了这个礼物以后，觉得非常震撼。在她的生日庆典上，国王的儿子，当时是太子，后来的古斯塔夫三世，身着中国学士服，把这座庭院的金钥匙交给了王后。王后拿了金钥匙非常激动，给她的妈妈，也就是当时的普鲁士王后写信说："我被领到一边，我非常惊喜地发现自己成了童话里的一部分。国王为我建了一个中国城堡，是我这一生看到的最美的城堡。"刚才我们说了这是木质结构的，而且制作时间仓促，加上北欧的冬天又很寒冷，所以这座庭院十年左右的时间就损坏了，不过后来参考之前的样子，以木石结构又建了一个更大的中国式庭院。然而弗雷德里克国王还是不满足，当时他对中国的兴趣，到了什么程度呢？他在这个王后岛上开辟了一个社区，社区的尽头是一栋房子，叫小中国。国王在这里建了些什么呢？有中国的工场，而且栽了桑树，要在这里仿制丝绸。所以我认为这很有可能是在国外最早的中国"工业园区"，只不过它是公益性质的。当然我们不能忘了，北欧很冷，桑树、蚕丝的梦都不可能实现。他的努力最终没有成功，但是这样的一段文化交往，我们应该铭记。 最有意义的是，当王后岛被评为世界文化遗产的时候，联合国教科文组织特别强调了这座中国庭院的贡献：它是王后岛入选的两个重要理由之一。

再来看俄国。圣彼得堡附近有一个叫皇村的地方，实际上是当时彼得大帝送给皇后，也就是后来的叶卡捷琳娜一世的礼物。到叶卡捷琳娜二世，也就是叶卡捷琳娜大帝的时候，有一天她突然看到她收藏的版画里有一幅是瑞典的中国风格的王宫，于是她要仿制一个一模一样的。叶卡捷琳娜大帝时期，整个欧洲的王公贵族阶级都十分追捧中国元素，尤其是在建筑的室内外设计风格上，史称“中国风”（Chinoiserie）。受到这种“中国风”的影响，叶卡捷琳娜二世决心在这里建一个由 18 栋中国建筑组成的中国村，而后来只建了 10 栋。她还想建一个中国塔，但找不到中国设计师建这个塔，因为建塔还是比较复杂的。叶卡捷琳娜二世就命令当时的俄国驻英国大使，找一个邱园中国塔的副本来给她做参照。遗憾的是，叶卡捷琳娜大帝在这个中国村建成之前就去世了。

这样的一些宫殿现在都是世界文化遗产了，其中有很多的中国元素。今天，我们可以在欧洲的很多宫殿、庄园里面发现某一间房子叫中国厅、中国室、中国屋、中国房间，也有的叫蓝色房间、琉璃房间、漆器房间等。

还有一件很叫我着迷的事。几年前机缘巧合，因为南博的“乔治王时代”这个展览项目，我与十个选拔出来的江苏中学生一起到英国去挑展品。学生们一人挑一件，其余都由南博组织的专家挑选。在去之前，我跟英国接待方说，一定要让我们这些孩子看一个典型的英国庄园。我们那天带孩子们去看的是位于埃塞克斯郡的奥德雷庄园，一个非常有名的园林，是英国著名设计师、绰号“潜质”的布朗设计的。布朗在水的运用方面是非常有水平的，他总是能把水融入自然，你看不到它的头，看不到它的尾。这是一个不算太大的庄园，一棵大树的背后，有一座白色的桥，桥上一个白色的茶亭。后来我们发现这可能也是受中国的影响。于是我就一直在研究，想搞清楚这位风景大师到底受没受到中国园林影响，受到多少影响。我至今找不出证据。但是为什么有这个茶亭桥？仅仅是主人的爱好吗？我想我还得继续去观察，去寻找答案。

我们中国的元素，在很多国际大都市里都扎了根。在巴黎圣日耳曼大街上有一间非常著名的咖啡馆，这间咖啡馆在 20 世纪八九十年代的中国知识界几乎没有人不知道，当时世界著名的文学家伴侣萨特和波伏娃也经常在这个地方约会。这间咖啡馆叫作“双叟咖啡馆”，我们觉得很奇怪，为什么起了这个名字？实际上是源自两个中国人，原来在当时，有一部轰动巴黎的戏，名字就叫《中国来的两个绅士》或叫《中国来的两个老头》，两个人就是在中国朝廷里做官的高级官员。当时很多人都喜欢去看这部戏，有精明的巴黎商人觉得这是个商机，所以就以这个名字注册开了店。这个店曾经做过百货店、茶叶店，之后一度衰落，被用来做仓库，最后到了1884年的时候，有人把这个店面盘下来改造成了咖啡馆。从此这里成了法国文艺界的一个聚集地，很多大师在里面用餐、喝茶、喝咖啡，比如前面提到的萨特和波伏娃、海明威、布莱希特、毕加索等。关于这个咖啡馆还有一件事值得一说，法国有一个文学大奖叫龚古尔文学奖，但是有些人觉得龚古尔文学奖太契合大众趣味了，不是纯文学的，所以他们于1933年创办了“双叟”文学奖，它的获奖名单，就是一个法国近现代纯文学发展史。这就是一个带有中国元素的咖啡馆的故事，它也表明中国元素对一个欧洲大都市文学艺术风景的形成有着怎样的意义。

下面我们来讲茶，茶被评为50种改变世界历史进程的植物之一。如果说我们前面所讲的所有的这一切还只是停留在欧洲的风景里，那么茶可能就是唯一一个改变他们的风景，甚至历史和传统的中国元素了。下面我们来听一段歌曲，这首歌曲是1937年英国一个大明星黑尔（Binnie Hale）唱的，歌的名字是《一杯好茶》（*A Nice Cup of Tea*）。歌里面唱：“有人完全依赖政治和科学，而我的英雄是这样的一个男人，他每天的第一壶开水要拿去泡茶。”歌词里还讲到美好的一天要从早晨的一杯茶开始，然后中午十一点半喝上一杯，最后晚餐还要喝一杯。这就可以看出茶在英国人的生活里是多么举足轻重，不可或缺。

一个著名的英国美食家和鉴茶师曾说过一句话，他说在英国，茶已经进入生活的每一个细节，茶存在于英国的 DNA 中。我刚才在前面说了，茶改变了世界的历史进程，为什么这样说呢？实际上茶最早是由葡萄牙的传教士带到欧洲的，但是真正商业性地进入欧洲是在 1606 年，由荷兰的东印度公司带去。今年 9 月 23 日谷歌搜索引擎在其主页设计了一个涂鸦画，上面出现一个茶杯和茶袋，是为了纪念第一则在英国出现的茶广告。据英国媒体报道，这份广告是 1658 年在伦敦的《政治信使报》上刊登的，广告内容是："一种中国人叫茶的、其他民族的人叫 tay 或 te 的中国饮料在伦敦一家咖啡馆有售。"这个事情就在今年的 9 月 23 日成了一个媒体事件。但是我看到的一份资料显示这则广告的发布时间要比上面所说的更早。威廉姆斯在《中国的象征符号及艺术母题纲要》这本书里面，也引用了这则广告，广告的内容一模一样，但是它的出处是 1606 年 1 月 31 日的《新闻周刊》。我不知道哪一个更准确，我还会进一步把这个问题搞清楚。当时英国的商家需要用广告的形式去推广茶，但是还有一些人抵制茶，说茶对健康不好，不能喝。改变从什么时候开始？是从 1662 年，查尔斯二世迎娶了葡萄牙公主做妻子那时开始。葡萄牙人跟中国接触得早，葡萄牙公主可以说从小就是在茶里面泡大的，所以她的嫁妆里面有一大木箱茶叶。自此以后，从宫廷到民间，英国人对茶的热情便一发不可收拾。到 18 世纪中期，你们知道从中国运出的茶，在英国进口税要收多少吗？ 119%。这样一来民众就受不了，很多人开始造假，把那些陈茶、烂茶拿来冒充好茶，走私行业也开始兴盛。1773 年的《茶叶法案》确定了东印度公司在北美的茶叶垄断地位，北美的英国殖民地居民就开始反对，于是发生了波士顿倾茶事件、波士顿大屠杀，以及之后 1775 年的美国革命，这直接导致英国失去了北美的殖民地，推动了美国的诞生。面对日渐猖狂的走私分子和民众的不满，最终国王通过 1784 年的税改法案把茶税降到了 12.5%。这就是茶改变历史的一次大事件。

茶不仅改变了历史，还改变了欧洲人和英国人的日常生活。那个时候的欧洲人早晨起来喜欢怎么吃早饭呢？喝啤酒，喝麦芽酒，喝井水。有了茶以后这些就不喝了，只喝茶。我们大家如果对英国红茶比较熟悉的话，可能知道过去大家经常翻译错的一种茶，叫作爵士灰茶（Earl Grey Tea），实际上应该是格雷伯爵茶。这个茶是怎么来的？格雷伯爵是当时的英国首相，这个人很了不得，直接把英国的政体朝现代民主制度上推进了一步的《1832 年改革法案》就是由他起草的。当然他对茶的贡献也是不遑多让。他是诺桑伯兰这个地方的人，当地水质不好，有涩味，不适合泡茶。一次一个中国人用佛手柑精油去中和水中的涩味，结果泡出来的茶味道非常好，于是格雷家就记住了这个配方，这是源自格雷家的一种说法。另外一个来自英国最大茶商川宁的说法是，一个中国官员的儿子在武夷山落水，正好，格雷伯爵的手下把这孩子救出来了。孩子的父亲在他们走时送了他们很多用佛手柑精油调制的茶，他们回到英国，把茶献给了英国当时的首相格雷伯爵。现在格雷伯爵的名字被很多顶级的茶行使用，格雷伯爵茶、格雷伯爵夫人茶。由于他们当时没有注册商标，现在所有的茶行都可以免费使用。

英国人每一天喝的茶数量最多的时候是 1.63 亿杯。当然这些年略有下降，因为年轻人开始远离饮茶文化，去喝美国的碳酸饮料了。而 2008 年的金融风暴开始后，很多人回归家庭，茶的销量这两年又在上升，每年光袋泡茶在英国的销售额就是六七十亿英镑。在经济利益这点上英国人非常敬佩中国人，说中国人居然没有对茶进行垄断。其实，这又是一个说来话长的故事。鸦片战争以后，英国商人用计谋毁掉了中国对茶的垄断。这个故事以后找机会细说，先且按下。英国虽说是一个饮茶大国，茶是英国的国饮，是英国的符号，但是英国人一直有一个解决不了的问题，那就是没有办法在英国本土种植茶树。到了 2001 年，英国西南一个叫康沃尔郡的地方有一个私家庄园，大概占地 2.5 万英亩，它的小气候非常像我们国家的福建这边。有一天庄园的首席园艺师突发奇想：庄园的茶花每年都开得非常漂亮，为什么不能种茶树呢？他就给庄园主提出来，庄园主欣然应允。于是他在 2001 年开始试种茶树，但是一开始收成不行，没有办法产生效益，后面不断地投入，不断地研究，不断地尝试，终于在 2005 年 11 月开始了第一批茶叶的销售，现在这个庄园每一年袋泡茶的收入是 100 万英镑。英国终于也可以自己种植生产茶叶了，这件事当时很多媒体都进行了报道。

茶给英国生活带来的另一个变化就是下午茶文化。英国的 afternoon tea（下午茶），大家都非常清楚，我简单介绍下来历。从前有一个叫安娜的女伯爵，那个时代的英国人比较重视早餐，英国早餐的丰富程度是世界知名的，但是晚餐却要到八点多，中午只有很简单的一个 lunch（午餐），吃的也很少。安娜可能是有低血糖或者其他什么病，她就熬不住了，要在下午三四点的时候吃一顿，有各种点心和茶。一开始下午茶还不叫 afternoon tea，叫作 at home，其实它是介词短语，通过频繁使用，成了一个特有名词，包括后来的 tea party（茶会）等就传开了。而且刚才我们提到 *A Nice Cup of Tea* 这首歌，可见 tea 已经进入英语的日常语言了。等一会儿我会再举几个例子。英国人会亲切地把一杯茶缩减成 a cuppa，而不是 a cup of tea，a cuppa 就可以，就是指这一杯茶。有一个很著名的作家乔治·奥威尔，专门写过 *A Nice Cup of Tea* 这样一篇文章，在这篇文章里面他提出了自己总结且十分看重的泡茶的 11 条原则。可见茶文化对于当时英国文艺界的影响也很深。其实，这种影响可谓源远流长，比如18世纪大文豪塞缪尔·约翰逊博士嗜茶如命，曾经写过这么一段话："我就是一个顽固轻狂的好茶者，20年来我只要这神奇的植物来消解我的一日三餐。我的水壶几无凉下来的时候；茶使我的夜晚愉悦，茶慰藉我的午夜，茶伴我迎接黎明的到来。"这么浪漫的一段话，足以表明茶不止进入了英国的日常生活，更深入了它的文化血液。

除了茶以外，还有一个在欧洲风景里面非常值得重视的现象，就是很多庄园园林里面都有从中国采种的树。比如说英格兰一些很有名的人文花园中都有一个中国花园，树木大都是从中国采种的，大家有机会可以去看看。我想特别提一点跟南京有关的，就是水杉树。20世纪三四十年代，中国中央大学的植物学家在四川的深山里面发现水杉，震惊了全球的植物学界，因为当时水杉被认为已经灭绝了500万年，这一发现的重要性，被认为不亚于发现北京猿人。外国人给它起了个非常好听的俗名，叫曙光红杉。那个时候许多国家都想要这种稀奇的树，而南京正是当时中华民国的首都以及中央大学的所在地，于是园艺家在南京培育了一批水杉并送给与中国缔结了外交关系的这些国家。现在我们在欧洲各地看到的水杉树，多半是来自我们南京的，或是它们的后代，当然也有从水杉发现地四川送出去的。水杉是我们中华文化在欧洲风景里的鲜亮一叶。与此相关，有一件让我很生气的事，就是英国有一本权威的百科全书，说水杉是日本人在中国发现的。后来我专门给英国的出版商写了一封信，抗议不是日本人发现的水杉，是我们中国人自己在中国发现的，日本学者三木茂博士发现的只是水杉的化石。但很遗憾他们没有理会我。幸运的是，水杉的拉丁学名后缀里，永远嵌着两位中国科学家的姓氏：Hu & Cheng，前者是原中央大学教授胡先骕先生，后者是原中央大学教授郑万钧先生。这是关于水杉的故事。

其实，英国甚至整个欧洲，从中国引进的树种非常多，像珙桐、琅琊榆这样一些珍稀树种自不待言，还有大众一些的树种，也不乏与中国有关的，比如说柳树。大家对徐志摩的《再别康桥》一定耳熟能详，不论你喜不喜欢徐志摩，是否造访过剑桥大学，这样的诗句你应该无法不喜欢："那河畔的金柳 / 是夕阳中的新娘 / 波光里的艳影 / 在我的心头荡漾。"只是不知你是否自问过，那摇荡诗人心旌的，是何等柳色？诗中的"金柳"是个什么柳？就是语文老师解释的"金色阳光照耀的柳树"吗？这里所谓的金柳，全称金垂柳，英文俗名 golden weeping willow，系早先引进英伦的白柳（white willow）与垂柳杂交的品种。英国人极其喜爱这种柳树，河边湖畔，广泛栽植。垂柳，原产于中国，经丝绸之路传入西亚，再经土耳其传到英国，英文俗名 Chinese willow，但多作 weeping willow，一看就很传神的样子。林奈当年分类时，受《圣经·诗篇》影响，误以为是引得以色列人伫立其下望锡安山而伤情的树（据考证，那其实是杨树），将之命名为 Salix babylonica，好像跟中国没一点关系似的。至于垂柳如何传入英国，说来很有趣，通行的说法，跟大文豪、大诗人、翻译家蒲柏有关，这又是说来话长。而且，传到美国去的垂柳，也剪自蒲柏泰晤士河畔的别业。当你漫步康河边，望着那青青草色、郁郁金柳，你是否想到，如此美丽的柳色，原来有着中华的基因。

我们人其实也是风景里非常重要的一个元素。大家知道不知道，现在世界各地有多少华人？有 5000 多万。这个规模是什么概念？几乎接近一个英国的总人口。华人所在最多的国家当然是在我们亚洲。亚洲光泰国就有 900 多万华人。欧洲法国大约 70 万，英国大约 50 万，意大利大约 30 万。这些国家的华人，虽然大多数最早有可能是苦力，但是也不乏精英，他们对所在国家的文化，甚至历史的进程都势必产生过或者正在产生一些影响。

有一个研究中国并且有着很大影响力的一个学者，名字一时记不起来了。他提出一个说法，就中国的艺术而言，它的层级是这么排的：最高的境界是书法，然后是绘画，中国的建筑和工艺排在最下面；而外国不一样，欧洲是把建筑排在最高的，建筑是一切艺术之母。他的观点是，中国的艺术风格在影响欧洲的艺术风格的时候，对他们地位最高的建筑几乎没有什么影响。那又是在什么层次有影响？是对工艺这个领域，这个跟前面提到叶卡捷琳娜大帝时说过的、17 世纪晚期开始一直到整个 18 世纪都盛行的“中国风”是有关系的。就工艺而言，比如说我们中国的瓷器，欧洲很多国家都学会了中国造瓷的工艺，例如德国的迈森瓷、英国的斯托克瓷。还有其他如漆器工艺，甚至是丝绸纺织工艺也都对欧洲产生了影响。但是在一些重要的建筑上，虽然我前面举了很多例子，中国元素并没有影响人家建筑的整体理念和大的格局，只是被作为一个重点的风景。比如说我们从外观上无法看出这个宫殿是中式的，只是里面有一部分东西是中式的，或者是带有中国符号的。所以我从某种意义上赞同这位学者的这个观察。而就艺术而言，我们对他们的绘画产生了一点影响，也是有限，但是当时我们中国的一些宫廷画对他们是产生了影响的。比如说在春天，中国的皇帝要在北京先农坛做一个仪式，祭祀先农，然后要亲耕，西方人就把这个画到他们的画里面去了。当然这个影响是借助思想和文化而产生的。伏尔泰就说过，当我们的君主听说中国的这些皇帝做这件事的时候，他们接下来该怎么做呢？钦佩？脸红？那不行，要行动要学样子。据说路易十四还真的干过这个事儿。然后到路易十五的时候就画了他耕地、王后去采桑叶的这样一个场景，这是中国典型的男耕女织的理念，但这些东西也已经进入了欧洲的文化。这实际也是“中国风”的功劳。

“中国风”同时也影响了很多作家、文人，包括英国的文人。我们在英国开了一家出版社，起名叫 Xanadu。这个是怎么来的？当时英国有个浪漫派大诗人叫柯勒律治。那个时候文人吸食鸦片，尤其是感冒、头痛脑热时会以吸食鸦片作为治病的手段，他的朋友德·昆西就有一部名作《一个鸦片吸食者的自白》。有一天柯勒律治在吸食鸦片以后，他看了马可·波罗的游记，看完以后就睡觉，一觉睡醒，就是说做了一个梦，梦里面写了一首无比宏伟的长诗，醒来以后记忆依然清晰，于是奋笔疾书写下来，但是写到第 47 行的时候被敲门声打断了，再也想不起来下一句，所以留下了一个残篇，其标题叫《忽必烈汗》。即使这是残篇断章，只要是英国的诗选也都会选录。第一句诗句就说：

In Xanadu did Kubla Khan
A stately pleasure-dome decree:
Where Alph, the sacred river, ran.

Xanadu 可能就是元朝的上都，这句诗是说忽必烈汗曾经在上都建造了一座堂皇的宫殿。这样的一首诗，影响了世世代代的英国学生和文人。所以你只要和在英国学过文学的人讲 Xanadu，他们都知道这个典故。在现在的英语词汇里面，它已经成了世外桃源、理想东方的代名词。目前来说虽然我们的出版社非常年轻，但也有很悠久的历史。

再来看另外一首诗。有一个来过中国的大诗人 W. H. 奥登，他有一首爱情诗叫《某晚我外出散步》。这是很普通的一个名字，里面有一句说：“我爱你，亲爱的，我爱你，直到中国和非洲相接（till China and Africa meet）。”一般我们会用“海枯石烂”这种山盟海誓，他却用的是“中国和非洲连接起来”，很浪漫，也很新奇，更加有表现力，个人认为比海枯石烂还好。毕竟海有可能会枯，石也有可能会烂，和海枯石烂相比，中国和非洲相接确实不可能。

像这类涉及中国元素的语言表达，外国媒体曾评选过十大来自中国的英语词汇。排在第一的是番茄酱，ketchup，就是根据茄汁的广东话发音传过去的。第二当然就是 tea，排第三的是洗脑，brainwash。排到第四的是“Long time no see.”，好久不见，其实这是按汉语直译的，不是英语的表达方式，但是现在英国工具书、辞书都收入了，已经接受了这种中文式的表达。第五是丢脸，lose face。当然还有毛主席的贡献——纸老虎，paper tiger，排第六。台风排第七，typhoon，我们当初学英语的时候还以为台风是英语音译过来的呢。还有一个就是炒面的炒，chow，排第八。排第九是 chop-chop，这是广东话，催人快点。最后第十位是共和，gung ho，就是一种合作的意思。还有其他的一些表达方法，比如说前面讲到的茶，a cup of tea。英语说“He is not my cup of tea.”，现在我们也直译了，就是说他不是我的那杯茶，我不喜欢他，不符合我的心意。类似的表达方式还有不少，比如说这句话，形容这件事打死我也不干，“I would not do it for all the tea in China.”，就算你把中国所有的茶都给我，我都不干。我再举个例子，有一个我很喜欢的作家理查德·梅比，译林出版社出的《杂草的故事》就是他写的。他写英国的乡村，一条条的犁沟非常的美，古村落、古镇的这种线条，他觉得这是英国的符号。他说各种横竖的线条，那么样的不真实，就像中国的梯田一样。中国式的梯田非常美，红河的哈尼梯田也入选了世界文化遗产，所以这也影响了英国作家，把中国元素加入自己的作品。这样一些含有中国元素的语言表达，能够很好地传播中国文化。

中国元素是如何进入欧洲风景的

中国元素是怎么进入欧洲风景里的?我想有这么几个因素，或者说媒介。一个是传教士、外交官、旅行家这些人的贡献；一个是一些机构，主要就是东印度公司为主的贸易组织；还有就是欧洲的知识精英、思想精英；再有就是走进欧洲的中国人。

我先说两个与南京有关的人。传教士利玛窦，他曾经在南京待过一年，他是第一个进入紫禁城的欧洲人，他首次将“四书”翻译成拉丁文，在中国文化对外传播方面起了很重要的作用。同时他也把西方先进的科学技术引入中国，并翻译了《几何原本》等著作。还有我前面讲到的，使我们南京的琉璃塔能够走向世界的这个人——荷兰的纽霍夫。这个人当时从广州一直步行到北京，全程 2400 多公里，就是为了感动中国的朝廷，以促成中西方贸易。他后来写了很多关于中国的书，广受欧洲人的推崇。这些人笔下的中国影响了欧洲各个阶级的很多人。那个时代，大概相当于中国清朝初期，有很多关于中国的游记成为畅销书。我们想象不到，一本书可以重印 50 多次，有十几种语言、十几个版本。

这些关于中国的描述，有的是非常真实的，有的是不真实的；有美化的，当然也有丑化的。我在这里举一个例子，西班牙的修士门多萨，这个人本来一心向往到中国传教，但是两次被迫中断，被国王和罗马教皇召回。后来罗马教皇叫他写一本《大中华帝国史》，他没有来过中国，所以他对中国的了解停留在美好的想象，他对中国的一些赞美也不着边际。我在这里念一下比较典型的。他说中国疆土广阔，全国有 15 个省，首都在北京和南京，有着人类最长的历史，一直可以追溯到大洪水时代。中国的天子统治着最广袤的国土与最众多的人口，在中国居住的还有蒙古人、缅甸人和老挝人，偶尔还见到欧洲人。中国文明程度高，在很多方面都值得称道，但最令人仰慕的还是它的政治制度：帝国的首脑是居住在北京紫禁城深宫里的皇帝，由几位大学士组成的内阁是帝国政治的实权机构，外省的总督负责管理各省地方衙门的政治、军事与监察。中国司法严明，酷刑尽管不太人道，但保证了社会治安。中国的行政制度是议会制，由经验丰富、德高望重的议员集体决定政务大事。由于监察与惩戒的严厉，中国官场几乎杜绝了腐败、贪污、受贿，总之强大的王国是世界上迄今为止已知的统治最为完善的国家。

18 世纪，还有个法国人杜赫德通过十几位到过中国的传教士的记录编过一本关于中国的书，书名奇长无比，我们把它缩写成《中华帝国全志》。虽然他本人没来过中国，但这本书在欧洲卖得非常好，被认为是当时全欧洲介绍中国最详细、最全面的书。当时英国一个叫爱德华·凯夫的人创办了一本杂志，叫《绅士杂志》。他说这本书在欧洲影响这么大，一定要翻译成英文。他不停地在杂志上做广告，后来有一个读者终于忍不住了，说我看原文越看越敬佩，这部书所呈现出来的这个国家是如此的富饶，如此的美好，有着光辉灿烂的城市，他们的政治制度那么好，他们的民族那么样的有智慧，他们的政府官员又是那么的天才……为了全体英国公众的利益，你广告里所说的版本什么时候出来？这个实际上是刊登的一封读者来信，就催促他们，不要老做广告，要把这个书真正地翻译出来。由此可见这样的一些人，外交官也好，传教士也好，他们回国后对中国的描述是积极的，传递给欧洲其他学者和普通大众的中国形象是美好的。

我们现在讨论的，是中国元素怎么走进欧洲风景。简而言之，无非就是人和机构的作用。人就是通过他们描述和讲述的故事，机构就是通过把中国的东西带回去，故事和实物相互作用，有意无意地构建出他们理解的中国形象。我们发现欧洲人是非常善于观察的，他到另外一个国家，哪怕是带有侵略性质的，他对他所到的这个地方的观察、描述之详尽，加上具有的那种开放的心态，有的时候真是令人觉得不可思议。所以，在这种心态下往往就容易美化他所描写的对象。

再举一个现代例子。2002 年我陪同《新左派评论》联合创始人佩里·安德森在第二历史档案馆查阅了几天历史资料。查什么资料呢？中华民国建国初期，面向世界招募管理人才，其中就有海关管理的人才，那时候的关长是中国人，税务司是外国人。安德森的爸爸就是那时候应聘过来的年轻人之一，在中国三个地方海关都任职过。他对所在的每一个地方，记录都非常详细，而且他对海关间的交接手续都有非常清楚的记录，所以我觉得欧洲人这点上是值得我们学习的。

再来说说机构，就以东印度公司为例吧。东印度公司最早是荷兰的，它的成立是荷兰对现代商业制度最大的贡献。贡献是什么呢？就是开创了股份有限公司的先河。上到政府、皇室，下到平民百姓都可以参与。后来英国、法国、瑞典等国家也成立了自己的“东印度公司”，虽然本质上都是帝国主义殖民的掠夺工具，不过在某种程度上也对人类文明和文化的交往起了一定的促进作用。前面我也讲到，是东印度公司第一个把中国的茶运到欧洲，也是东印度公司带去了很多中国的工艺品如瓷器、漆器等。再比如，苏格兰大文豪司各特在特威德河畔的庄园，客厅四壁贴有淡绿色的中国花鸟人物画墙纸，就是当时任职广州东印度公司办事处的侄子赠送的。中国这些东西客观上为西方提供了很多感知中国历史文化所必需的物质条件，促进了中国元素进入欧洲人的生活。

第三个媒介是欧洲的知识精英、思想精英，比如说莱布尼茨、伏尔泰、约翰逊、坦普尔这些人，他们宣传中国不遗余力，很好地推动了欧洲对中国文明的认知和接受。尽管他们有时候对中国进行溢美的介绍，但也不能说他们是从主观上来故意吹捧，而是怒其本国不争，找一个目标来学习，因此大谈中国的美好。不管当时的中国真正是什么样子，哪怕只是他们的拔高和想象，这也算是中国对人类文明的贡献。

第四类是走进欧洲去的中国人。先说沈福宗，这是很了不得的一个南京人，据说是有记录的到英国的第一个中国人。沈福宗非常厉害，从南京出发之前他就精通拉丁文。那个时候精通拉丁文意味着什么？欧洲知识界的通用语言就是拉丁语，你能够无障碍地跟他们交流。他不仅了解西方的传统，并且对中国的“四书五经”，对中国的传统也烂熟于心。沈福宗先来到法国，国王路易十四觉得这个中国年轻人拉丁语说得这么好，就很喜欢他。他向国王提了要求，希望路易十四批准他翻译一批中国的典籍，主要就是“四书五经”，他自己参与翻译成拉丁文。他亲自翻译了《论语》《中庸》《大学》这三部，起到很好的文化传播的作用，甚至有西方学者认为，沈福宗是促进启蒙运动的重要人物之一。之后，沈福宗到了英国，在牛津大学交流访问，是为牛津大学图书馆馆藏中国典籍编目的第一人。英国国王詹姆斯二世也非常喜欢这个年轻人，就请他的宫廷画师给沈福宗画了一幅肖像画，挂在自己寝室里，现在可能是女王伊丽莎白二世的藏品了。遗憾的是，这么重要的一个人物，在中国几乎被淹没了，查不到多少他的资料，很可惜。他回国时在东非的海上得了病，30 多岁就去世了。他把中国的价值观，把中国的思想、中国的哲学和文化推广到西方去，而且是用西方人能接受的方式，真的是功勋卓著。

还有一个人也很重要，叫蒋彝。他生于20世纪，江西九江人。他毕业于南京大学（当时叫国立东南大学），学的是什么？他要救国，学的是化学，后来发现在那个时候的中国，学化学救不了国，遂弃笔从军，之后还当过三个县的县长。目睹了民国时期的官场腐败之后，蒋彝到英国去了。刚到英国的时候英语很不行，但是三年以后，就被邀请用英文出书了，关于中国绘画、中国书法。然后他不过瘾了，要写关于英国的书，就是他的插画游记，这完全更新了当时人们对游记的概念。他是又画又写，自己毛笔字写得好，又会画画，又会写古诗，总之是一个非常厉害的文人，英文学了三年就有那个水平了，是一个天才。现在他的书也有一些翻译成中文的。英国有个很有影响力的伦敦书展，是如今全球三大书展之一，我们凤凰出版传媒每年都要参展，而且有我们自己的展台，推广我们的书。如徐小跃馆长的《中国传统文化与儒道佛》、南大姜迎春老师的《中国百年话语变迁》，两本书英文版都是在那里首发的。伦敦书展的前身，1938年那个时候叫“星期日泰晤士报书展”。他们英国人就喜欢找名流来演讲，那一年蒋彝的书火起来了，就把他请来了。他上来就说你们英国人总是看不起我们中国人，说我们中国人一切都是反的。现在我告诉在座的各位，尤其是女士们，在我看来你们的一切都是反的，比如说名字，我们中国人是姓在前，你们非要把姓倒到后面去，这是不对的。比如说我们中国人是结过婚以后再谈恋爱，你们是先谈恋爱，结了婚以后你们的爱情就没有了。当时在场的女士们都觉得这个男人太有意思、太有魅力了，纷纷要他签名，签名的时候他用什么？他用毛笔，不少人就为了他的毛笔签名去买他的书。这样的一些人物对传播中国的价值观、中国的文化来说，起的作用实在是不可小觑。这两个人都是和南京有关系的人，我总觉得南京应该是中国文化输出的先驱。我们有太多的中国元素是从南京走出去的。

中国元素为什么能够进入并且存续于欧洲的风景里

为什么中国元素能够进入，并且存续于欧洲的风景里？这其实是有背景的，比如说宗教背景。欧洲的中世纪，文学、绘画、雕刻、科学和建筑等领域百花齐放，但是为什么被称为黑暗时期？是因为宗教的压迫太厉害了。其中最有名的反叛例子就是英国亨利八世的宗教改革，将英国从罗马教廷的统治下解放出来。所以当时欧洲的很多思想家、宗教改革家都在反思：宗教应该是这样吗？

为什么他们会对中国的宗教那么感兴趣？他们都怎么看待中国宗教呢？伏尔泰就认为中国的宗教不单单是神灵崇拜和对宗教的绝对服从。他只看得上儒教，就是孔子学说，他们叫儒教，我们叫儒学。他认为儒教是中国上层贵族的教育，是知识精英的教育，统治国家靠的就是这个。当时他们的一些思想家就思考到底需要一种什么宗教？类似自然神教，要敬仰、崇拜一个至高无上的存在，但是不盲目迷信，这种崇拜跟人没有关系。他们从中国的宗教里面找到了这样的一些东西，所以产生了一种共鸣。伏尔泰有一批藏书现在彼得格勒，有研究伏尔泰的学者在彼得格勒看了这些书。伏尔泰是怎么读这些书的？非常有意思，眉批很多，比如说他居然在一个眉批上写 “the religion of Chinese government”，中国政府的宗教。伏尔泰算是深受中国某些宗教理念的影响，尽管有的时候是一些误传的影响，这样的影响促成了什么呢？学界有人提出来“中世纪晚期欧洲的改革开放”。包括当时的哥伦布实际上也不是去美洲，他是要到中国来，他要来看看中国是什么样子，要到中国来学习，只是他们迷路了，才发现了所谓的“新大陆”“新世界”。这场“改革开放”里面有一个典型的东西，就是莱布尼茨的“大构想”，其核心在于融合中西方，融合基督教和中国的宗教，创立一种适用于全世界的宗教。然后再把经济和政治也融合进来，就有点像我们所说的世界大同的意思。“大构想”的想法还没有来得及实施，启蒙运动就开始了。启蒙运动主要是凸显理性知识对社会的作用。这个时候他们就要找模板，找模式。欧洲的这些知识精英观察中国模式的时候，最让他们感动的就是中国的政府。中国的政府是通过科举制度选拔官员，这点和欧洲的世袭制度不一样。比如说在欧洲，专门负责税收的官员，不管他们有没有文化修养，有没有受过良好的教育，他都可以干，而且收来的税给国家一点提成，其他全部进入他家族的口袋。而在中国，比如说我就是个普通的书生，然后我通过了科举考试，成为一个地方长官，朝廷派我到各个地方去征税，所有的一切都是交给国家，跟我的家族没有任何关系。所以科举制度对欧洲的影响是很大的。除了政治制度，他们对儒家思想祖师孔子的评价也是极高的，莱布尼茨是这么说孔子的：“中国的哲学之王——孔子的著作今年在巴黎出版了。孔子总有着熠熠闪光的思想和格言。” 伏尔泰在《风俗论》里面介绍孔子的时候说：“孔子为天地之灵气所钟，他分别真理与迷信，而站在真理的那一边；他不媚帝王，不好淫色，实为天下唯一的师表。”

为什么在启蒙运动时期有那么些大思想家，会在心目中构建出这样一个几近完美的中国？其实我为这个问题专门请教过这方面的专家钱乘旦老师。他开玩笑地跟我说，他们总得找一个榜样，但是他们太了解他们周边是什么样子，于是就找了一个遥远的榜样，想看也看不到。那是一个想象中的、被美化、被理想化的中国。

今天的中国人与欧洲风景里的中国

最后，谈一谈今天我们中国人与欧洲风景里的中国的关系。我觉得我们至少应该回过头去，把欧洲过去对中国美好的想象当作一面镜子，看看我们中国曾经在欧洲那些大学者眼里是什么样的，来对照并进行反思。其实，我们今天更应重视进入欧洲、进入世界的风景里，在其中生成更多的中国元素，以增强世界对中国的积极认知与接受。而且，今天国际交往的物质条件比以往任何时候都要好，更应在世界文明交流中孕育新的美丽风景。从这个意义上说，每一个中国人都肩负着一定的责任。从小的方面说，对普通公民而言，出国游是件很平常的事。但是我们也不用回避，我们在外面的形象不是特别好。为什么呢？应当反思一下。我们每一个中国人实际上就是中国文化走出去最直观的符号。人家就从你来看中国，你这个人给人家的感觉是怎么样的，你的言行举止怎么样，个人修养如何？如果沈福宗是一个很猥琐的官员，到欧洲去会这样有影响力吗？能推动启蒙运动吗？宫廷画师为他作的画像，今天还留着。这就是人家一个政体对我们中国一个个人的肯定，是他身上展现出来的“仁、义、礼、智、信”打动了他们。所以我觉得每一个走出去的中国人，不管你是因公还是因私出去，起码都应该做到言行举止得体。

说到这点，我想谈谈国外的中餐。我曾有一个梦想。现在中餐馆几乎遍布世界，但是总体而言不太理想，因为没有标准，缺乏专业性。我记得我们在伦敦做过一次淮扬菜美食节，当时英国有一个烹饪学院的院长跟我们说，希望你们坚持住标准，不要像遍布英国的中餐馆那样。当时我听了这话很受触动。那天我们正好是做《淮扬菜》这本书的首发，我当时说，我想你们有一天踏上中国的土地，对中国产生的第一印象，很有可能就来自你吃的第一顿饭。拿淮扬菜来说，不仅是填饱肚子，还承载着我们中国厨师甚至中国文化的很多精神和美学。比如说食材的选择、加工过程的精细程度以及菜品的呈现方式等。我举了一个例子，大煮干丝，这是淮扬菜的典型菜。大煮干丝实际上是在不到一厘米厚的干子上先片出十几甚至几十片，然后切成成千上万的丝。而这一切，按过去的行规，即将出师的学徒是要在师傅的裸背上完成的。英国人听了，很惊叹，并问现在的厨师有没有这样的手艺。幸好我有位同事是大厨。

回到我刚才讲的那个梦想。我想应该有一个统领全球中餐馆的分级分类的标准体系。不一定非要政府出面，可以由一个机构出面来组织推动这个事儿，让人家感受到底什么是中餐，以及中餐后面的中国文化。不光是菜品的呈现，甚至包括餐厅装修都要有一个标准。我觉得这些是中国文化元素沉淀之后所散发出的一种魅力吧。

我们跟世界打交道越多，就越能感觉到文明只有相互交流才是美的。今年 12 月 11 日，我在昆明做了一个关于孔子学院建设问题的发言，最后引用了费孝通先生的话，“各美其美，美人之美，美美与共，天下大同”。其实你看任何一个文明，尤其是现在比较稳定的文明都是在交往、交流中发展。比如说英国，英国最早的文明是什么？经过凯尔特、罗马、盎格鲁-撒克逊、北欧文明的洗礼，最后留下来的基因，没有人能分清具体来自哪儿。这就是英国，这就是文明的融合和交流。再比如茶，茶是中国的，也是英国的，也是全世界的。说到茶，我还有一个梦想，就是要鼓励我们的孩子和年轻人去喝茶。如果我们中国人哪怕就像印度人那么喝茶，中国的经济程度也会活跃很多。我一看到现在很多年轻人喝可乐、雪碧，心里就不是滋味。我们应该喝茶。

我们的年轻人，我们的未来，要继承和发扬我们好的价值观。我想，对于孩子们，我们不一定要急于给他们讲一些主流的口号，而是应该把美好的德行在生活细节里教给他们。就像西方人讲的，中国人是最有德行的民族。我们把这些德行根植在孩子们的心灵里，等他们长大了，再传承下去，这样才是有道德的接班人，才能成为世界风景里美好的中国元素。

2016

第 10 讲

温婉的芳华
——文物述说的古代女性生活之美

曹　清

曹清（如青），1966年生于江苏无锡。1989年毕业于南京艺术学院美术系国画专业，1994—1995年在中央美术学院版画系进修，2000年由无锡市图书馆调入南京博物院古代艺术研究所工作至今。从事策展以及南京博物院院藏古代文物的研究，有论著和个人绘画作品集出版。

本次讲座主要介绍了“温·婉——中国古代女性文物大展”的策展花絮及四个要素，表明展览内容在于呈现“女性”与“艺术”的主题。四个要素一是围绕展览结构中所制定的中国古代女性的形象流变、日用审美、杰出才艺，以及主流文学和艺术作品中极具感染力的女性“魅影”去挑选藏品。二是本次展览三分之一的展品是从“冷宫”中激活的，为传统女性“才、色、贵、贞”的阐释起到决定性的作用。三是四个既独立又关联的部题层层推进，深化了女性意义。四是策展思路的改变，形式设计为文案的增色以及展览形式上的突破成为展示的亮点。

关于中国女性的所谓传统与现代，在理论上有个时间的分界线，一般是以1919年为限，在此之前的女性归类为“传统”属性，我们这里称“古代女性”，她们不能随意支配自己，没有自己的事业，没有固定的收入，经济上不独立，人格上少自由。虽然有学者称“中国古代社会实行的是一夫一妻多妾制”，妻与夫在单元家庭中的地位齐平，但古代社会的核心价值观是“三纲五常”，所以绝大多数的女性地位很低，只是作为男人的附属品存在于人伦社会之中。她们的个人生活因为极端幽闭变得神秘莫名，于是她们的生活情景犹如被重重帷幕遮掩阻挡而不见光透。然而千百年来，中国传统女性的形象、闺阁的文艺则徽音绵绵，“仿佛兮若轻云之蔽月，飘摇兮若流风之回雪”，让人倾倒着迷，令后世为之揣摩猜测。每当重幕风过，她们的“才、色、贵、贞”有所泄露，种种巧艺才藻被记录书写，这些离开我们很久的、很多将湮没不闻的艺文花絮，那些窈窕之杰的故事，点点滴滴汇聚到一起，仿佛是蜡炬在帘前散发出的光晕，黑暗幽谧中显现得尤其辉丽雅静，它偶尔的耀动即映照出一片阑珊。南京博物院决定为这隐秘的艺文、这美好的一片阑珊物化出一个芳香的展览。作为策展人之一，我分四点来讲述一下展览策划中的点滴以及幕后工作中的一些事情。

“温婉”是古代女性特质的关键词

2015年仲夏，南京博物院策划举办一个以女性为主题的特展，其文案发轫于本人撰写的有关院藏女性绘画的一本小书——《香闺缀珍》。南博艺研所的策展，一般是以研究带动文案，于是“中国古代女性文物大展”就开始按计划筹备了。这个展览的导向非常明确，就是女性特质，在给展览取名的时候大家也是尽量用感性的词汇，譬如“丽人行”“群芳争艳”“女儿国”等，但与“温·婉”相比则显得片面无力。“温·婉——中国古代女性文物大展”可谓是对古代女性生活与艺术的首次检阅，之前台北故宫博物院也做过类似的展览，但他们的展示范围偏重于宫闱。

“新石器时代，女性创造了文明，也留下了美。”一开始，她们手做的物品因感性而成，自然而然。现代人看件件是艺术品的遗迹，于她们当时则是生活本身。古代生活中，女性有行为准则，第一是品性要温良恭俭让，要负起教育童稚的责任，要为家内事任劳无怨。第二是需整顿好自己的仪容，出入要端庄，稳重持礼，不能轻浮随意。第三是言语谈吐要温雅，与人交谈时能得体大方，并能知晓慎言持重和该讲与否的时机。第四是掌握治家之道和家内生活必需的劳作，如相夫教子、尊老爱幼、勤俭节约，家政、织绣等生活的方方面面都要把握与遵守。当然，对于这样的教条规范，现代女性不必亦步亦趋，但是现代女性也不是从石缝中蹦出来的。社会风尚的转变以及社会分工的细化，不能以漠视女性的贤淑委婉、丧失德行修养来标榜。再摩登、再开放的女性，也应正身立本，才能在社会的大舞台上更好地发挥和创造。坚持自己事业的同时不失温柔贤惠之本，慧心红粉才能有魅力和光彩。这慧心应该从传统的涵养中孕育，把握生活的真谛，女性才能成为适应社会发展需要的素质全面的人，推进社会的进步与发展，所以展览以“温·婉”命名，不仅是对古代女性生活艺术的总结，同时也是对现代女性活力的一种精神期待。

古代女性生活的标准可用“德、容、言、功”四字概括，这四个字历来是女人美好的标签。“妇德，贞顺也；妇言，辞令也；妇容，婉娩也；妇功，丝麻也。”“贞顺”二字是传统妇德的核心，也就是“温婉”的古代版本。古代女性无论哪个阶层，都要以温柔贤淑、“妇容婉娩”来要求自己行事做人，它是古代女性“全德全形”的注解，也就是说女人的美貌一定要有精神性的东西支撑，失去了德行，再美的容颜也会失色。这与现代社会的善恶观念是一致的，只不过古代的女性只能以温婉统筹。她们的活动空间非常狭窄，如果女子出现在她不应该在的场合，或者拥有了非凡的才华并展示给了公众，那都将遭受社会舆论的谴责和非议。

魏晋时期的葛洪在《抱朴子·外篇·疾谬》中对女性不守女德表现出极度的愤慨，他说：“今俗妇女休其蚕织之业，废其玄统之务。不绩其麻，市也婆娑。舍中馈之事，修周旋之好。更相从诣，之适亲戚。承星举火，不已于行。多将侍从，暐晔盈路。婢使吏卒，错杂如市。寻道亵谑，可憎可恶。或宿于他门，或冒夜而返。游戏佛寺，观视渔畋，登高临水，出境庆吊。开车褰帷，周章城邑。杯觞路酌，弦歌行奏……”大概的意思是这些女人都不知道自己的本分，也不做纺织女红，衣服倒是穿得很妖娆，也不干烹饪洒扫的事情，只是成天玩乐，像个交际花四处嬉闹，不仅看男人们捕鱼打猎，还在寺庙等清净地方喧哗嬉戏，真不像话。想象一下，这样的女性即使在现代的环境中，恐怕也不太受欢迎吧。

语言学家余嘉锡（1884—1955）为南朝的《世说新语·贤媛》作笺疏时指出，晋朝的混乱究其原因就是妇德的沦丧，首要的就是对母德的亵渎。他说“贤媛”中的女性多是因为自己的小聪明而被书写，只有少数几个具备了像“孟母三迁”一样母教典范的女子。“有晋一代，唯陶母能教子，为有母仪”，他认为晋代由于缺乏母教，天下不安定，战乱不断。中国的传统文人，他们所表述的历史很少会去关注女人如何“掌中馈”、如何成为“内助良伴”，以及女子的才艺禀赋，却十分重视“母教”，因为儒家的观念是母教为天下太平之源，“女主内、男主外”是天经地义的传统，他们的思考模式是女性修德才是第一位的重要。所以清代初期杭州才媛柴静仪给过门的媳妇、著名的才媛朱柔则敲边鼓，表明即使她才华籍甚还是要在家内“操作苦不休”，并且强调“寄言闺中子，柔顺其无忧”。古代女子在家庭生活中必须处处谦虚柔顺，只有如此，当你显现才华时，才可以避免因为做了“外事”而引来争议。前面葛洪痛陈的都是女子不能碰的“外事”，只有先温婉柔顺了，才能在“值春和景明”之时，出得绣阁，去欣赏西湖的秀丽风光，去实地感受“画船绣幕，交映湖漘”的美色，并且可以偕同闺蜜们吟诗绘画，与那些男权社会中的士人们一样怡情养性，发挥自己的艺能。

为女性特质挑选文物藏品

女性的特质决定了展览的形式将是美丽感性、富有魅力的。所以我们认定首先每一件展品应该是外形上相对和美，那么女性的日用品、女性的艺术创作、有关女性妍容丽质的藏品都在我们挑选的范围之内。

在调集征选文物的初期，原本有计划商借辽宁省博物馆的《簪花仕女图》和《虢国夫人游春图》这两件体现唐代仕女标准容貌的经典名作，我们坚信哪怕其中一件能来展示，工作将事半功倍，观众天天爆棚也不在话下。但最终这两幅名作都未能来参展。当时，策展人的观念还停留在高规格文物集中后吸引观众热情的老思路上。这个意外的“失去”对策展人员来说是一次不小的打击，然而，策展团队很快便又恢复活力，重新调整策展的观念和思路。既然吸引眼球的藏品不能出现，那我们可以紧紧围绕主题，在院藏文物中选择，毕竟南京博物院的藏品范围广大，有很多文物都在库房中“躺着”待选。

展览文案的设计是用四个部题来表现的，大题目必须体现古代女性的艺术与特质。我们将初步选定的文物分成四个组别，不够的再去库房调选甄别，并希望这些展品能烘托女性温婉的主题，让藏品自己叙述，由文物的组合去娓娓道来。

第一部分“形塑女性”以历代的女性塑像来表现女性世界。这类藏品以汉唐陶塑为主干，形式感强，对女性服饰和仪态容貌的流变，观众可以一目了然。由于我院此类藏品不够丰富、不够典型也不够完整，并且受到宋元以后人俑明器日渐式微的历史条件限制，我们辅以织绣、翰墨、年画等藏品去呈现历代女性的职能以及家内劳作的具体形象与容貌。在这个部题所集中的藏品板块，既有传统的书画，也有民间的木版年画，还有瓷器、木刻、牙雕、缂丝等历代工艺品，呈现出了各个时代女性的优美仪态，展现了古代各个阶层女性的形貌样式以及风采气度。其中透露着香闺雅趣的端庄，也不乏市井生活的活泼亲和。

相对第一部分人俑文物的稀缺，第二部分“女士日常”类藏品就极为丰富，品相芜杂，都是日用器物。它们涵盖了库房中各类材质的收藏。挑选时我们极注意其特性的发挥，因为女性的生活之美就靠这些文物来展开。与男性向外扩张的竞技场相比，古代女性适应的场所是闭合的，她们必须全身心投入纺织和烹饪，她们应该是内向的，无论个性外表都是内敛的。女性的职务和空间定位就是家庭，古代妇女通过为家庭服务的无怨无悔，成为男性政治经济的辅助，进而形成社会的流通运转。男主外女主内虽是两个不同的空间，但两者之间并没有像二分法那样非此即彼。女子在这样惯性的模式下承担起生活起居的各项职能，养育自己的子女，让他们受到良好的教养，她要做好妻和母的角色，也要整顿自己的容貌。我们所挑出的修容配饰、劳作器用等，有考古发掘的最新成果，也有历年庋藏的精品，可以真实表现出古代女性的生活情趣和状态，所涉及的层面比较丰富。原本我们的形式设计团队计划在展厅搭建一座深闺绣房，由于院藏不够支撑大场景的复制，我们就顺势放弃了，代之以其他更富表现力的形式。

相对而言，第三部分“才媛集艺”的主题最明确，文物的挑选也不会出现太多交叉的现象。古代闺秀的生活状态缓慢而沉静，“不惟婉而秀，盖由静而专”，生香活色都在这第三部分的艺术创作中展现。尽管如此，我们仍然遇上了不小的难题，南京博物院的女性书画收藏相对稀少薄弱，叫得响的典范作品几乎没有，似乎难有说服力。既然展览以女性生活与艺术为主题，必然要讲到一位伟大的女性——元代的管道昇（1262—1319），她就像庄子所说的“全德全形”女子，是传统道德规范下女人最高境界的范式，被称作“万古是式”的才媛典范。她既是传统文人笔端的宠儿，也是才媛集艺的亮点。她几乎什么都会，能力超强，拿现在的话说就是上得厅堂下得厨房，而且她对周边的人极好，非常呵护他们，把几个子女都教养得文采出众，自己的艺术创作也千古流芳，只可惜她的可靠画作只有故宫博物院收藏一幅。没想到的是，我们解决难题依靠的正是她的作品。

南博库藏中有一件管道昇46岁时制作的《观音绣像》，它曾是中外博物馆借展的宠儿，这件作品也许在其他展览中并不被真正看重，但用到我们的展览中可谓威力巨大。我们觉得刺绣作为手工艺品，虽然在书画范畴之外，但“绣绘一体”，织绣作品基本可以反映作者的艺术风貌。原本女红（刺绣）就是古代闺秀的家传教养之一，它与书画同样是闺秀们自小就要学习的一种技能。进入中年后，她们都会选择长斋绣佛来充实自己的生活。刺绣的底稿与画工也无区别，艺能高超的管道昇同样选择了这条人生轨迹，她以飘逸的画法、精湛的工艺、虔诚的心境，为神佛造形，把古来“闺中绝艺”发挥到了极致！刺绣观音像确实是一种精神的奉献，但同时它也是一份充满才情的艺术创作，是女性纯净与真诚的一个标志，是对自身涵养的一种修炼。有这样的作品展出，作为策展人是非常自豪的。

值得注意的是晚明清初是女性文艺史上的灿烂辉煌期，也是江南才女文化的繁荣期。在女性空间长期被压制的中国古代，由于政治、经济、文化种种条件的契合，这一段光景涌现出许多才情高迈、翛然逸宕、风姿绰约的女性，她们坚韧的个性和优雅的风采给后人留下了深刻的印象，以往森严的等级观念和苛刻的女子规范也有所松动。女性空间拓展的直接结果就是留下了许多优秀的艺术作品。本次展览第三部分的展品完全可以独立成展，展厅所展示的信息量也是非常大的。

我们有管道昇的刺绣作品领衔，余下的事情就简单了。另外，在江南地区，士族妇女与庶人的区别在于享有优先的教育条件。但是她们与儒家的君子不同。“君子”需要避开体力的劳作，而上层的妇女却需要从事轻松的劳动和工作，这样才能符合传统要求的女德修为。“四德”中的最后一种“女红”分类很广，凡缝纫、刺绣、养蚕、缫丝、纺织、织布等都可以称作女红。刺绣在女红中最突出也最艺术化。中国3000多年的农业社会，不仅树立了以农为本的思想，同时也形成了男耕女织的传统，女子从小学习描花刺绣、纺纱织布、裁衣缝纫等女子的手工制作，江南一带尤为重视。社会对于女性的要求，夫家对于择妻的标准，都从“德、言、容、功”四个方面来衡量，加上当时手工业高度发展，女红艺术品在这个时期才从普遍的意义上真正广泛地流行起来。吴越两地属刺绣最为发达区域，女红高手亦是层出不穷。地域藏品的丰富也给我们这个展览提供了众多有说服力的展品，凸显主题。

第四部分取名“笔端容功”。考虑到传统男士笔下的女性魅力范围甚广，藏品的选择也容易模糊主题，或者与其他部题中的藏品有交叉现象，出于对选题宗旨的忠诚，也为了缩小范围、突出重点，我们大体上以所展出的人像主“实有其人”为标准。在此，不妨举几个例子说明一下：

一、策展人选择了历史上众多文士青睐的美人图的范式——小青。小青是江南才女中的一员。尽管她亦真亦幻，人物的真实性尚需考辨，但是清初以来先后有十多位剧作家对小青的原始材料进行再创作，画家们亦通过他们丰富的想象来制作人物肖像，收藏家们即有这样一项主题的收藏。南京博物院就藏有一幅《小青画像》，这个林黛玉原型的容貌就保留在小小的册页上，是一件多么好的、自己会说故事的文物啊，有人说她是流动的魅影。相信即使不看《牡丹亭》、不精通书史的观众，看到小青这样一幅羸瘦文弱的美女图像也会心生怜惜。

二、清代戏曲家蒋士铨在《鸣机夜课图记》里记述了其母钟氏勤劳、贤惠的一生，并邀请画师为母作像。清代的著名画家沙馥就根据蒋士铨的文字记载创作了古代理想的“耕读传家”之图，描绘了母慈子孝的秋夜之景：堂屋中间有织布机，母亲钟氏坐在机前织布，媳妇立于身后观摩学习或者说打个下手；堂屋外的台阶下绿植环绕着假山，阶边的花和盆中的兰，在微凉的秋风和清朗的月光下摇曳摆动；与堂屋相邻的书屋中用功苦读的书生正是蒋士铨本人，画面左侧，芭蕉树后还有手执烛火、窃窃私语的书童阿同和侍女阿昭。这正是“笔端容功”典型形象的代言。

三、《袁节母韩孺人小影》卷比较特殊，按照主题，可以选择两个板块。像主韩孺人是江苏吴县著名藏书家袁廷梼的母亲，是一位节妇，备受乡里称颂，是当时颇受士人尊敬、具有较高地位的有德女子。由于为之画像和在长卷上题跋的都是才媛、才俊，而且形象画得相当有水准，不小心会放到“才媛集艺”板块。以往展览时这幅长卷不曾完全展开过，考虑再三，我们觉得这件由才媛德妇联合制成的、二十多位才俊名流为之书写的遗迹，还是应该放在第四板块，切题与否，观众一望可知。

观展互动，趣味盎然

展览中许多藏品背后的故事，以及“有趣”的样貌引起了观众的兴趣，也引发了观展的互动。

香料在中国古人的生活中被广泛使用，从熏燃、悬佩到涂傅、饮用，乃至奇思妙想都离不开香料的运用和发散。在汉代的宫廷礼制中，以香炉燃香熏烤衣被是为定制，甚至专门有这样的机构为之运作，“曝衣楼”就是维持这项工作的部门之一。衣被由香熏过之后，香气弥漫，氤氲回荡，衣着于身则可怡情安息，养颜悦色，那么这些大小不一的香炉就是这些宫女嫔妃很重要的器物。待她们衣袂飘举迎风而过时，自然香氛盈盈发散，正是“西风太液月如钩，不住添香折翠裘”。东晋王嘉《拾遗记》中就有一则故事，描写了汉武帝大白天时念起他的李夫人如何美婉动人而后夜梦夫人。有记载说武帝梦见李夫人给他蘅芜之香，梦中惊醒后熏香的气息还在衣枕间，历月不散。

时至今日，香器在人们的生活中也广泛使用。我们特意在江都王陵主墓和陪葬墓出土的香炉中挑选了几件展品来叙述古代淑女的重要器用，而且挑选的展品以陶器为主。器物上鸟形及几何连续纹样为主体的纹饰，为展览增添了缠绵秀逸的气氛。汉代是中国陶瓷史上重要的转折点，所制器表已经广泛施釉，其陶塑风格大气磅礴，生机无限，闪烁着简朴古拙、雄浑豪放的光辉。其他如首饰类藏品也是最能吸引观众的展品，是能立刻引起他们互动共鸣的一类。

爱美的观众看到我们展厅第二部分“女士日常”中展示的各类首饰妆容展品，非常的欣喜，很有代入感。当看到那件清初诰命夫人的凤冠时，他们会说：“这不是所谓的头上长草吗？”看到展板上的发簪、金钗、玲珑的首饰，观众会惊呼：“看古人也爱头上长草呀。”当然也有着迷于古代女性文化生活丰富精致的观众，那么明清绘画中细腻的场景描绘会满足他们的此类期待。

这里需要特别说明的是，展厅中西汉初年大云山江都王陵墓出土文物的展示中，有分别在男主人和女主人墓出土的两件遗物，能够合成一件完整的香熏放在展柜里。它背后的故事是什么？让人遐想，令人惊叹。也有一些观众特别喜欢古代的女红，觉得香囊、扇袋等刺绣品，色彩艳丽可爱，寓意美好吉祥，使人在赞叹工艺精美的同时，又联想起当时女性的精神气质。

还有一件汉代晚期普通墓葬中出土的项链，实物非常讲究，琢磨的技术比现代的机器打磨还要细腻。说实话，如果不是在库房看到它，如果没有考古人员的推荐，才不信这是2000年前的遗存。如果把这件宝贝戴在现代女性的脖子上，不就是一件当下时髦的多宝项链吗？所以有观众观后留言：“最古老最现代。”而古代女性戴着这样的玉石是仅仅为了装饰，给生活增添美好，还是有其他深意？展览中我们把这个问题留存，细心的观众可以自行深入研判。

最后，千挑万选，策展团队从库房里挑中近300件（套）藏品，围绕着四个核心的内容部题，通过分类集合来展示女性文雅婉丽的内容，可以说每一件文物都讲述了它们各自的故事，很好地为展览的结构提供了服务。从形塑女性（文物中形塑的女性世界）、女士日常（古代女性的起居日用）、才媛集艺（古代妇女的尽情之作）、笔端容功（传统文人眼中的女性魅力）四个方面演绎深化，文物的叙述鲜明有力。

“让文物活起来”

本次展览中有超过三分之一的展品以前从来没有出过库房，它们被冷藏很久。在女性展特定的语境下它们获得了舞台，光彩夺目，在四个部题的“召唤”下纷纷焕发活力。譬如长卷无款《古代仕女行乐图》，按照艺术的准则，或者说以传统中国绘画的美学角度审视，这幅作品并不是绘画史上的经典力作，绘画的表现也不够神逸，如果按照专题布展的理念，它是没有机会在画展中现身的，也就是说这幅作品只能藏于“深宫”，但它却是我们这次女性大展中不可多得的展示佳作。画卷中有或组群、或落单的女子，记录的都是古代女子文娱宴饮的场面，非常全面。图卷特别挑眼的是一女孩正在踢球，与之相对的那位则一手高举、一手垂后，似乎接着要做争先的动作，而这些都被一蓝衣女孩密切注视着，一旁还站有三五个结伴围观的妇人。蹴鞠应该是户外运动中比较激烈的一门，在女性中流行的主要是技巧，就像踢毽子一样有各种花式，而不在于身体的对抗，画面对此的描绘，如讲故事一样清晰动人。画上还有投壶、斗叶子（打牌）、斗百草等活动，描绘得都非常实在，像是女性活动的“百科图书”。策展人决定不将它归类，而是作为整个展览的导引画面，犹如文章的引文一样，引导观众的思绪和想象。实际的效果是，这幅画卷的展出的确起到了非常强劲的作用，从展示效果及观众的反应来看，这幅作品的受关注度以及所得到的评价很高，无论是我院微信平台对这幅画推送的点击率，还是现场观众对于这幅画的观摩，反响都是极好的。而画卷上所描绘的 20 余项女子活动，对照明末文人黎美周所著《花底拾遗》，皆可对应。这件艺术价值并非顶级的作品，在古代女性大展中却是最好的展品，为展览的内容添彩增色，可以说它的展示弥补了经典名作的缺位，有观众点赞，说“百看不厌”也不为过。

围绕四个部题，我们挑选四个板块的藏品，每件或单列、或组合成展品后，力求符合各自的展览主题，以此诠释古代女性的多个层面，通过文物与文物的关联组合说明其渊源故事，深入剖析古代与现代生存环境的天壤之别。展览所呈现的内容是希望观众尽情了解文物之外的意韵，并且能把这些吉光片羽串联成一个整体，一段故事，一段历史，从中可以直观感受到女性文化的魅力。做展览其实与创作一幅画是一样的，有结构，有主次，有意蕴，言外有言，韵味无穷方能观看。

大家都知道女性妆容物用的重要。秦汉时期，女性面部的化妆已经很全面，这个时期的美容用品可细化为“基本护肤、粉妆、点唇、胭脂、眉饰”等几个方面，“漆奁”就是古代女子放置日常梳妆用品的器具。考古资料显示这些奁盒内部存放有铜镜、梳篦、胭脂、唇脂、假发、镜刷、小刀、香泽、白粉、眉黛、油彩、粉扑、香料、印章及一些随身所需的小物，它们一般为圆形、长方形或多边形，分层分装。后来演变出了一种可以开阖的梳妆镜匣。恰恰这些于考古发掘中有所证实的物件在我们院都有收藏，就连女子随身用的小印章都有，而这些小东西以前真的太难“现身”了。我们选择了两枚小印。一方铜印是江都王姬妾中的孺人所用，边长仅 1.5 厘米；另一方印更小，印面边长仅 1 厘米。此类展品的丰富为本次大展的许多延展活动开拓了思路。

我们认为，最好的形式是符合展览内容的形式，最好的故事是观众听得懂、感兴趣的故事。事实上本次展览中约有 30% 的藏品以往从来没有展示的机会，诸如那些特殊的女性用品，甚至包括女性的翰墨作品及女红饰品等小物件，以往很少有展示的记录。而在本次展览中，恰恰是那些从来没有用过的文物，可以将四个部题展开，打破以往藏品展示的概念。它们组合得很好，同时也将文案呈现述说得非常清晰到位，如此文物与文物就自然而然联合起来。

我们院有一件著名的汉画像石藏品，刻画的故事分别为迎宾、纺织、烹饪和祭祀。最突出的是第二格的画面，因石上刻有“谗言三至，慈母投杼”八字，有专家认为是“曾母投杼”的故事。这件藏品应该是非常突出的古代女性文物，可惜已经在本院的历史馆长期固定陈列，无法调集，我们就以这个《纺织图》所表现的内容，找到了清代的几件纺车。没有想到这个以往只能在民俗展览中出现的藏品，在此次大展中也成了明星，观众的欣赏度很高。就这样，库房中许多沉睡的文物醒了。古代女性大展让诸如此类名不见经传的文物，以最合适的方式串联起来，“让文物活起来”也不是简单的口号了，至少我们有了此次完满的实践。

展览设计突出女性特质

展览中古代女性“四德”中的其他项都有相关可以展示的藏品，唯有“妇言”是空阙无影，我们也没有能力让古之仕女复活吐音。我们将这个无从落实的问题完全交给了展览设计人员。她们在展陈中添加音响，用古乐的循环播放为女性气氛增添活力，再对一些特殊场景进行处理，譬如淡粉紫色的大背景，《红楼梦》中林妹妹、宝姐姐的“潇湘馆”“蘅芜苑”的题额，仿佛置身于影视剧现场的画面景色一下拉近了与观众的距离，把女性温文娴雅、清淑柔顺的气氛发挥到极致，使得观众走进展厅就能体会到展览的特色和气息。

由于学识背景的不同，我们不能要求公众直接从非常专业的角度去理解文物，所以需要通过展陈设计将文物的学术信息和艺术美感表现出来。“温·婉”展通过文物的组合分类，在陈列语言上进行了差异化的表达，而展览文案中严谨的学术性文字也被有意隐去。无论陈列内容的学术层次多高，无论文物展品的内涵多复杂，我们尽可能要做到的，是给予展品让观众产生兴趣、与之共鸣的展览形式。

2016

第11讲

当代艺术介入博物馆空间

杨　玲

杨玲，历史学博士，研究馆员。毕业于南开大学博物馆学专业，曾任北京市古代钱币展览馆馆长、北京艺术博物馆馆长、国家大剧院副院长，现任九三学社中央委员会组织部部长，为国家文物局专家库专家、国家一级博物馆评估定级评审专家、北京市文物鉴定委员会委员。专业及工作领域涉及博物馆学、艺术史研究、展览策划、艺术品收藏，以及博物馆、剧院的管理工作。个人策划与主持各类展览数百项，如“青花的记忆——元代青花瓷文化展”“呼吸——中国传统文化的当代形塑”等；出版《当代西方博物馆发展态势研究》《明清织绣》等学术论著。

新世纪以来，博物馆建设热潮方兴未艾。作为文化地标的社会公共机构，博物馆如何突破传统建设运营模式，展现各自亮点，深度参与中国当代文化的创造进程？在这样一个快速变革的时代，博物馆有责任开放自身的思想、意识、行为，借助多学科的学术资源与博物馆学相交融所生发的理论灵感，用更多视角，更具建设性、更加开放的姿态思考并实践博物馆的新理念，促进博物馆空间的变革与发展。

在当代社会语境下，当代艺术以其独特的思考和视觉组构手段介入博物馆，成为博物馆的当代性建设、文化空间激活构建，以及丰富和拓展博物馆展览面貌的重要武器。

提及“博物馆”，对时间洪荒之力的敬畏油然而生，这是公众心中最常见、最普遍的一种心理感受。作为征集、典藏、陈列和研究代表自然与人类文化遗产的实物场所，在传统意义层面，博物馆仿佛是“古老”或“古代”的代名词。博物馆的此番境遇长期以来深深根植于大众头脑之中，仿佛博物馆与当代人的当下生活有着一条天然的鸿沟。

新世纪以来，“博物馆热”是中国正在发生的一个典型的文化景观现象，筹建博物馆之事方兴未艾，眼花缭乱、种类繁多的博物馆如雨后春笋般在全国各地落成，各地都希望通过博物馆，建立文化地标，抢占文化制高点。但是，如果仅仅还是以征集、典藏、陈列和研究古代藏品的建设运营模式为主，各地的博物馆如何展现自身亮点，与故宫博物院、中国国家博物馆等知名场馆相区分？因此，转变理念是当前博物馆界亟须思考的一个问题。在当代语境下，“当代性介入”是各大博物馆不能回避的一个话题，因为现代意义层面上的博物馆应该是当代社会的文化坐标，它应该记录并参与当代文化创造的进程。在展示传统、古代文化的同时，博物馆应加强与当代社会、当代文化、当代艺术、当代人的互动，关注时事、反映现状，这样，博物馆才能成为当下社会最活跃的文化生活的重要组成部分。

当代艺术介入博物馆，对于转变当代博物馆的发展理念、焕发当代中国博物馆的活力有着极大的推动力量。首先，当代艺术介入博物馆后，博物馆的角色将发生改变，有助于改变公众意识深处对博物馆的认知。“古老”或“古代”是过去公众给博物馆贴上的标签，要把公众心中这个标签拿掉，当代艺术是一件很好的、可运用的利器。博物馆是最接近历史与过去的地方，它的收藏与展示为公众提供了广阔深远的文化空间背景。然而，当代艺术的介入也会使得博物馆成为一个关注时事、反映现状、最接近现实的地方。如果当代艺术成功介入博物馆，由于当代艺术自身的特质，博物馆将成为一个引发社会问题讨论的平台，公众可以通过使用该平台来关注并且参与其所面对的社会问题的讨论。其实，博物馆和公众的关系正在不断发生变化，一方面表现在参观人数、博物馆展览主题等方面，另一方面表现在，当下的公众期望和要求能与博物馆展开更直接的对话。当下的公众具有维权时代的自主思维，传统博物馆的那种居高临下的单线传授知识和文化的模式，已经满足不了现代大众走进博物馆的求知心理诉求。当代艺术的开放性、对话性、互动性，有助于解决当代博物馆所遭遇的这一难题。博物馆是我们这个时代的公共文化平台，通过当代艺术的介入，博物馆在公众心中将被重新定义。

其次，为当代博物馆注入新鲜血液。新文化空间的重要营建，促进当代博物馆空间的变革和发展。空间的维度决定着人们思想的维度。当代的博物馆作为公共教育平台，不仅要典藏和展示中华民族优秀的古代文明遗存，而且应该重视普及和传播当代的优秀文化和艺术。古代藏品在博物馆占据空间的方式往往是中规中矩的、模式化的，很大一部分公共空间不在其考虑范围之内。现实中，当代博物馆的公共空间确实没有得到有效利用。当代艺术展示方式的多变性、多样性、灵活性、对空间利用的拓展性，会使得博物馆公共空间承载的意义不断地增大，因此，应该考虑有当代艺术品参与和介入博物馆。不仅这种介入在视觉物理效果上起到移步换景、吸引和驻留观众视觉的功能，当代艺术还会以其独特的思考和视觉组构手段成为博物馆空间的激活要素，通过其艺术思想性对观众的习惯性认识和思维方式进行“空间拓展”。空间观念的改变，将带来全新的感知。有了当代艺术的介入，当代博物馆的“时空空间”将被进一步拉开。置身于馆内，公众可以感受过去、当下，思索未来。

最后，从文化属性上丰富和拓展当代博物馆的展览面貌，提升博物馆在当代社会中的吸引力和影响力。就当前博物馆呈现的展览面貌来看，有两种展览形式，一种是常设展览，它凝聚和代表着各个博物馆的文化属性和特色，另外一种是临时展览，此类展览往往是采用亮出各大博物馆镇馆之宝、寻求轰动效应方式的“特展”，以及为了惠及更多的公众所举办的“巡展”。这种形式的临时展览，从本质上来讲，它还是隶属于传统文化的范畴，内容是单一的，只是以相对灵活多样的方式向公众展示各大博物馆的藏品，即便是在展览呈现方式上采用了当代新技术手段，视觉效果纷呈，但对公众头脑深处的“文化记忆”来说，它依然是一场关于传统收藏的展览。当代艺术展览作为博物馆的另一种“临时展”，在本质上，它的文化基因和文化属性与传统展览截然不同。如果博物馆每年的临展项目计划考虑举办一些当代艺术展览，通过具有特定语境的当代艺术的博物馆故事，博物馆对公众的吸引力将大大增强。因为当代艺术作品的参与性、新奇性与体验感，公众喜欢来博物馆、愿意来博物馆，在博物馆逗留的时间将更长。当代艺术展览的介入，有助于博物馆真正成为多元的公共文化载体。

当代博物馆如何才能成为社会和文化的灯塔，如何在当代社会中成为增加社会价值、人文关怀，满足公众不断增长的丰富需求的公共文化平台，已经成为重要的课题。当代艺术介入博物馆空间，为解决此课题提供了一个出口，具备重要的现实意义和价值。

2013 年 11 月初，我有幸参加南京博物院的“展览察疑求证座谈会”，就博物馆的公共空间问题和龚良院长及南博的同事进行了讨论，我以为，博物馆应该注重经营所有开放的公共空间，尤其是展厅以外的公共空间，并且注重空间的物理和非物理两方面的意义。我因此提出了给南博的空间改造项目计划，并得到龚院长的肯定和支持。2014 年 4 月，受南博的委托，我和李兴钢、王鹏、梁建国、陈志光等建筑、设计、当代艺术领域的专家到南博，共同讨论南博公共空间提升改造的话题，并就“呼吸——南博空间计划”的策展方案进行论证。几位艺术家也对空间计划的艺术创作，提出了初步的设想。

一个月之后，2014 年的“5·18”国际博物馆日全国主会场活动选在南博举行。当时南博新馆开放不久，开敞的公共空间还没有来得及细细经营，有不少地方显得有些空荡冰凉。龚院长希望我们的空间计划，可以在“5·18”国际博物馆日有一个马上可以实施的方案。因为时间紧迫，之前研究的空间方案还在创作中，我想到了“在此——中国生活艺术展”。

“在此”是 2013 年我在国家大剧院工作时，与中国室内装饰协会陈设艺术专业委员会洽谈合作的一个展览项目，具体内容在策展人余文涛的文章中有阐述，2014 年 3 月在剧院展出时受到广泛的好评。传统文化主题和现代空间陈设的结合，展览期间多场不同主题的雅集与演讲，聚合了各界人士的热情参与和互动。我觉得“在此”的主题和形式也很适合南博艺术馆的公共空间，并且我个人一直有一个观点和愿望：博物馆应该打开大门，让当代优秀的艺术和文化思想进入博物馆。基于这两点，我向南博提出了“在此”展的项目策划，南博很快接受并给予全力支持，派出刘文涛副院长（时任办公室主任）和陈同乐主任与我们共同组成项目组，其时我已经出任陈设艺术专业委员会的副主任，项目建议也得到陈设委执行主任梁建国先生的肯定以及策展人佘文涛老师的支持，黄静美秘书长还亲自主持雅集的设计。此即展览缘起。

中国传统文化中有很多美好的东西，例如：天人合一的观念，追求与自然的和谐与融入，赞美安适、恬静的生活。“琴、棋、书、画、诗、酒、茶、香、花”，不是各自独立的技艺和爱好，而是在一种文化追求下的完整场景，用人类学的理论阐述，它或许属于文化空间，同时包含了技艺和记忆。我们希望在“博物馆空间”，在南博的公共空间，把它完整描述出来，把隔离于展柜的客位化体验，变为空间形态的主位化感受。“在此”亦可计为南博空间计划的第一回。

自 20 世纪后期，建筑学、地理学、人类学、哲学等不同学科关于“空间”的议题开始成为热潮。福柯的空间与权力关系的考察、人类学空间新概念、亨利·列斐伏尔《空间的生产》对于空间的政治经济学分析、梅洛·庞蒂的《空间现象学》等各种空间理论竞相出现，物理学也从爱因斯坦相对论的四维时空到科学发展前沿的十维空间等。空间成为当代科学的基本概念。

建筑学是一门以研究建筑空间现象为基础的科学。建筑学认为，建筑的本质是空间，建筑是空间的容器，空间是建筑存在的理由。建筑，本质上是一种关于空间的建造活动，建筑学里的空间又分三个层次，依次为物理空间、建筑艺术的空间和行为化的空间。

人类学给文化空间的定义是：人的特定活动方式的空间和共同的文化氛围，即定期举行传统文化活动或集中展现传统文化表现形式的场所，兼具空间性、时间性、文化性，而且这种三者合一的文化形式是濒临消失的。

文化空间不同于一般的空间观念，是因为它不是指自然地理或物理学意义上的空间，而是一个具有文化内涵的独特概念，是指人的活动范围或一种生活样式所在的社会空间，蕴含着非常丰富的历史和人文意义。

物理学认为，空间是具体事物的组成部分，是运动的表现形式，是人们从具体事物中分解和抽象出来的认识对象，是绝对抽象事物和相对抽象事物、元本体和元实体组成的对立统一体，是存在于世界大集体之中的、不可被人感到但可被人知道的普通个体成员。

在哲学上，“空间”是与“时间”一起构成运动着的物质存在的两种基本形式。空间指物质存在的广延性，时间指物质运动过程的持续性和顺序性。空间和时间不依赖于人的意识，具有客观性。时间、空间同运动着的物质是不可分割的，没有脱离物质运动的空间和时间，也没有不在空间和时间中运动的物质。

从物理学的角度来讲，“空间是能够包容所有物理实体和物理现象的场所”。从哲学角度来讲，“空间是能够包容（所有）事物及其现象的场所”。这两个概念中，后者“（所有）事物及其现象”所指的内容比前者更广泛。它不但包含了各种物质的物理、化学现象，同时也包含了人类意识及思想行为活动等心理行为现象，以及其他一切能量体和一切“空无”的存在和不同能量体的运动现象。

以上只是对各学科空间认识的观点照搬。这些概念是如此费解，又如此吸引人，人类对于空间的认识一直在发展中，没有人可以用单独的视点来完成空间的描述。一定的时空观是我们理解世界的“框架”。就我个人所见所闻，博物馆界，还有学术界，目前对博物馆空间的认识更多地停留在建筑层面。那么，作为博物馆，我们如何理解自己，是否可以借用科学的空间意义，开放我们的思维，树立或至少去探索属于博物馆的“空间”概念呢？

这里所指的博物馆空间当然不是科学层面探讨的空间概念，如果可以的话，我更愿意借用科学哲学的空间概念来探讨博物馆的空间意义。

博物馆空间，包括物质的空间和非物质的空间，或者说精神空间，“并不是一个由有用或无用面积组成的建筑游戏”。它的空间意义不仅停留在建筑概念下的三维、四维和满足各种服务功能的需求上。按照科学哲学的认识，空间是“在任意维度的无限方向上弥漫着能量的存在”。博物馆空间也应该是一个“能量体”。这个能量体，包括藏品、展览、设备设施等物质的能量，更包括依托这些物质能量产生的精神能量，包括所有与之有关的人的行为思想。文化和思想层面的多维以至无限维，才是它真正的意义。

我经常担忧，为我们的博物馆经营者们（很多年，我也是其中的一员）。在博物馆任何可能的自我中心中，或者无法自我认识的困局中，担心我们对自己所知的和所不知的，所采取的自觉和不自觉的封闭态度。在这样一个快速变革的时代，博物馆作为社会公共机构，有责任开放自身的思想、意识、行为，借助多学科的学术资源与博物馆学相交汇所生发的理论灵感，用更多视角，更具建设性、更加开放的姿态思考并实践博物馆的新理念，促进博物馆空间的变革与发展。

空间观念的改变，将催生新的空间构成方式，带来全新的感知。收藏的更多可能性，展览的更多可能性，空间使用的更多可能性，博物馆的更多可能性，将带来更多社会进步的可能性。除了物理空间的改变，博物馆还将呈现出在文化、审美、艺术上多样的具有鲜明风格的气质和气象。在思想和志向上，更加体现一个博物馆的胸襟、视角和情怀。这一切，和我们对空间的认识，空间的变革，密切相关。

空间的维度就是我们思想的维度。思索空间，放飞我们的思想！让博物馆空间充满能量！

感谢南博打开博物馆的大门接纳当代艺术。我感动于他们的人文情怀，钦佩他们的开放意识，更敬佩他们果敢探求的科学精神。

“呼吸——中国传统文化的当代形塑”是我国首次在博物馆中有主题地引入赋予中国传统文化内涵的当代雕塑艺术作品展，也是南京博物院在传统文化与当代生活艺术展览上的又一次有益尝试。

出于专业经历的原因，我个人的兴趣关注一直围绕于中国古代艺术与当代艺术。虽然在博物馆工作多年，每日与古人为伍，但我始终认为，博物馆作为人类文明的重要殿堂，应该成为当代优秀文化艺术作品的展示平台，记录并参与当代文化创造的进程。

2013 年，南京博物院与我商定了新南博的空间改造项目计划，旨在通过公共实体空间展览与活动，营建博物馆的文化空间与记忆。“呼吸”是这个项目的第二序列。

这个展览被命名为“呼吸”，其立意基于对南博空间的文化认识，基于对传统文化的当代认知，基于视觉艺术与公共空间乃至公共意识之间的有机联系。

所以，“呼吸”的策划首先在于确立博物馆的文化指向，以及在博物馆空间中的艺术介入。基于个人立场，我首先想尝试在博物馆的空间中恰切地处理好视觉艺术与文化的关系，在展示古代传统文化的同时，强调博物馆和当代社会、当代文化、当代艺术、当代人的互动。通过寻找这几者之间的关系，达到促进几者之间的关联、构建博物馆文化空间、提升博物馆社会价值的目标。

因此，选择什么样的媒介来体现其主旨，成了一个重要问题。当选择以“雕塑”作为这个主题的介质或者要素——或者说，选择博物馆作为这些雕塑作品的展示空间——它便具有了双向意义。因为博物馆是最接近历史与过去的地方，它为作品提供了广阔深远的文化背景。由此，当代雕塑作品的展示也使博物馆成为最接近现实的地方。置于空间中的雕塑作品，成为博物馆整体的一部分，也必然为博物馆空间构建的尝试，在交互与空间层面产生影响。我们更加关注当代艺术品在博物馆的展示意义，强调当代作品与历史、传统的交流。二者的结合是新文化空间的重要营建。

我坚信，或者说我想强调，我们的传统文化和生活对当代文化创造的深远影响。在当代雕塑作品和艺术家的观察中，我发现传统价值及审美的影响是深刻的——不管你是否意识到，是否承认，它们和传统的关联都是真实存在的。这种关联不是某件作品和某个艺术家的，而是普遍存在于这些参展作品中的。深深的中国气质，是一种直觉的、带有一定普遍性的美学选择。

这种油然而生的、有点飘然的气质与气息，就像我听到古琴、听到箫声一样，那种深远的存在，迅速放大了时空。我被这种悠远却异常强大的、真真切切的存在所打动。观察此次参展的当代雕塑作品时，我发现很多作品都取材于中国传统文化元素，如山、石、莲花、松、竹、佛教造像、传统建筑、服饰，以及钟、鼎、琴、磬等传统礼器、乐器等。作品所使用的材料涉及广泛，除了金属、石材、亚克力、木，还有中国传统材料与工艺，如陶瓷、紫砂、漆、竹等。甚至有些作品使用传统建筑残件和历代器物残损部分直接嵌入。传统的题材和材料，被当代艺术家发现并重新解读，展示了全新的当代审美。即便是新材料，如不锈钢、亚克力，也通过对传统题材的材料转换，呈现出当代的美学解答。从整体来看，这些作品的创作不只是个体性的，而是一种用中国的传统文化去审视当代艺术的群体现象。以此次参展的艺术家为例，29 位艺术家来自全国主要美术院校、雕塑院或为职业艺术家，年龄层覆盖“50后”至“80后”，美术教育背景以国内为主。在当代雕塑作品中，我们从中看到了传统自身的演变、推动力与当代逻辑。艺术的社会功能在于使艺术作品作用于人的精神世界，产生对社会和思想情感的影响。因而，艺术的气息和对艺术美的吸收是需要通过某种方式来进行的。在南京博物院里举办当代雕塑艺术展，是对中国文化特别是江南文化的一次富有创新性的继承和传播。在这里，过去与现在，观众与作者，人与空间，共同交流，一起呼吸，共同完成着社会文明的进程。

呼吸是机体与外界环境之间的气体交换过程，是维持机体新陈代谢和其他功能活动所必需的基本生理过程之一。一旦呼吸停止，生命也将停止。我想用“呼吸”这个生命最基本的生理特征，引发对于文化的关注。通过呼吸，强调置换关系，强调传统与今天的联系。呼吸是无处不在、随时随地发生的，就像我们的传统，一定是根植于我们的血液中，无论我们是否意识到，是否承认，都无从回避。无论是用当代语言描述过去，还是用传统图景预示今天，它们都和传统存在着联系。呼吸是个体生命和外界的交换过程，传统的根基就像空气，我们文化的生命无法回避和传统的交换。

通过关注呼吸，探索生命和时空的关系，我们就是在这样的生命与文化的呼吸中，寻找着属于中国的当代艺术特色。

最后需要说明，展出的作品一部分是现成艺术作品直接展出和参与，一部分来自艺术家的全新创作，是对南博空间和传统文化的新解读。本次展览在艺术家、作品的选择上强调代表性、覆盖性，包括年龄、教育背景、题材、材质、形式、现成作品与委托创作作品比例，形成系统性、差异性。

另外，关于展陈设计和作品展示，这次展览的设计希望对常规的展示方法、惯性观念有创新。作品展示分为三个空间：独立展厅、室内公共空间、室外公共空间。公共空间展示，强调作品和园林、建筑的文化关系，共同构筑文化景观，营建富于内涵、审美的博物馆环境。展厅内，强调空间的整体经营。在这里，雕塑作品被“压缩”到最小，成为空间的一部分；雕塑仅存的内核或许只剩下“空间”二字。而同时，在博物馆的时空背景下，作品的展示与交换空间空前丰富，其边界的扩展与延伸获得新的可能性，作品的意图也被放大到最大，直至展厅整体呈现出空间意象。在这样的展示空间中，我们期待观众以精神上的、沉浸的方式融入作品和环境中，不仅体验到作品，也体验到空间，体验着他人，也体验着当下、过去和传统。

在每一次呼与吸的轮转中，在传统的气息中，让自己停下来，感受，觉知，找到支撑我们的文化力量。让博物馆的文化空间和同时代的艺术家所创作的视觉空间，共同完成当代新的美学创造。

在呼吸中交换，在呼吸中觉察，在呼吸中存在……

继南京博物院举办了“呼吸——中国传统文化的当代形塑”展，在国内博物馆中首次有主题地引入当代雕塑艺术作品之后，“行山——中国传统文化的当代形塑”将在河北博物院展出。斗转星移，山川生长，人类在有文字记载的数千年历史中成长着自己的精神和情感，后人也接续着这样的轨迹与习惯。中国文字的山是象形字。古人说，山，宣也，生万物，有石而高。地理学上，山是地壳上升起地区经受河流切割而形成。《山海经》中，山分东西南北中五经。《尔雅》记述，河南华，河西岳，河东岱，河北恒，江南衡，是为五岳。“天高不可及……冀近神灵也”，大山是历代皇帝仰天功、借天威的祥瑞之地。古人心里，山有灵，是万物之所，是仙人居；帝王眼中，山是他的家天下，江山织绣在龙袍上；文人眼里，山是理想，是悠然见南山的情怀，是山居的终所。山，带给中国文化太多的想象、描摹：昆仑神话、蓬莱仙人、千里江山、富春山居……中国历史，帝王留下的是权谋和争斗，而文化才是留给后人的真正江山。

以文化为山，我们在博物馆的殿堂中，展现当代人对文化之山的记忆、理解、思考和找寻。云来山更佳，云去山如画。万物活着，山川生长。

行山，愿我们岁岁相见。

2016

第 12 讲

博物馆的构建和运营

沈　辰

沈辰，先后就读于武汉大学、美国塔尔萨大学和加拿大多伦多大学。1997年获多伦多大学人类考古学博士学位，同年入职加拿大皇家安大略博物馆。现任加拿大皇家安大略博物馆（Royal Ontario Museum，以下简称ROM）中国艺术与文化及东亚考古资深研究员和策展人，曾任ROM主持艺术与文化领域的副馆长（2011—2020），负责近100万件著名艺术和文化馆藏的研究及管理；并以中加文化交流为纽带，先后策划多个富有文化内涵和学术深度且阐释独到的大型文物展览。

沈辰博士致力于旧石器时代考古学、早期中国的艺术与文化研究、文化遗产学和博物馆学研究，并兼任多伦多大学人类学系与东亚学系教授，教授“早期中国艺术与考古学”和“古代中国的技术和物质文化”两大课程。著有英文专著《安阳与三星堆：揭开古代中国文明的神秘面纱》和《加拿大皇家安大略博物馆中国古代玉器》，主编英文著作《中国更新世考古学最新研究》和《当代社会文化遗产的联系与应用》，同时发表多篇中文和英文学术论文。近年，也在博物馆藏品研究及博物馆学基础理论与实践方面进行探索研究，成果颇丰，2019年出版博物馆学专著《众妙之门：六谈当代博物馆》。

20世纪末以来的世界经济形势一定程度上影响了全球博物馆的建设与事业发展，博物馆必须敞开大门，面对公众。ROM作为加拿大最大的研究型综合博物馆，在近年重新修订了办馆宗旨，将藏品确定为工作的核心，将维持和更新常设陈列和临时展览作为最基本的运营方式，围绕展览和藏品研究展开丰富的公众活动，并通过各种营销手段把展览、前沿性研究、公众活动推向公众，回报公众以一个全新的体验，从而实现“成为让全球公众所关注、理解并能体验到瞬息万变的自然世界与文化世界的必要参观目的地”的办馆宗旨。

博物馆在中国已有 100 多年的发展历程。1985 年以前，中国博物馆的数量仅仅数百而已，但截至 2015 年底国家文物局登记在册的博物馆已有 4692 家。特别是最近十几年来，中国博物馆建设日新月异，已经让国际博物馆界深感惊讶和震撼。中国博物馆借鉴了西方博物馆的一些成功模式，尝试了展览和公众活动项目等方面的基本运作程序；在结构和目标方面已经发生了急剧转变，逐渐将发展轨道融合到向西方博物馆的转变中。现在的中国博物馆是世界博物馆的重要组成部分。

而在过去的二三十年间，欧美博物馆界面临的最大挑战（同时也是机遇）是除中国之外的全球经济一直持续疲软，西方博物馆赖以为生的本土显贵精英文化中的无私捐赠和财政私募也渐渐地走向穷途末路。21 世纪前后的西方博物馆的改革和转型势在必行，博物馆必须敞开大门，面对公众。

构建博物馆的宗旨

创建于 1912 年的 ROM 原为隶属多伦多大学的教学研究博物馆，1966 年与大学分离，成为直属安大略省的综合性博物馆，所以 ROM 堪称是一座古老而现代的研究型博物馆。研究型博物馆是指具有研究实力并且以学术前沿研究为重点的博物馆，它需要将研究方向、研究成果与博物馆的陈列展览和教育结合起来，并且注重原创和本真。不是说每个博物馆都要变成研究型博物馆，这既不现实，也没有必要，但每个博物馆都应该有自己的定位和宗旨，从而使公众得到不同的收获和体验。

宗旨，是一个博物馆区别于其他博物馆、构建富有特色的专业博物馆的最根本的出发点。任何性质和归属的博物馆都应当有明确的宗旨，而不只是中国以外的、董事会制度下的博物馆才具备宗旨。博物馆明确了办馆宗旨后，才能制定具体的运营政策和方案，包括建立什么机构、设置什么部门、采用什么管理方式、怎样调整预算等方面。西方博物馆虽然没有像中国的国家文物局这样的主管单位，但有董事会管理体制（Board of trustees），它要对博物馆管理层的多数决策进行考量。既然是由董事会审核批准博物馆的宗旨，那之后的机构调整、人员增减、预算收支就都要以其能否更好地帮助博物馆实现宗旨为第一要素来评定考量。

博物馆的宗旨是运营过程中所有问题的基础共识，在此之上，博物馆才能办出自己的特色、风格。博物馆如何收藏文物、怎样研究藏品，推出什么样的展览、怎么推出展览，开展什么活动、怎么推广，这些基本问题归根到底都是办馆宗旨的明确与强化。每一个博物馆都有自己的受众群，有些可能还是有特殊兴趣爱好的小众群体（如邮政博物馆、华侨博物馆的受众），博物馆要真正关注受众群的想法。如果观众认为博物馆办得好，那一定是因为博物馆关注了他们的感受——这才是成功的博物馆运营。

ROM 在 2012 年重新修订了办馆宗旨，即博物馆应该“成为让全球公众所关注、理解并能体验到瞬息万变的自然世界与文化世界的必要参观目的地”（to be recognized globally as an essential destination for making sense of the changing natural and cultural worlds）。其中的“成为”（to be recognized）是把博物馆放在客位，让公众去决定，让参观者去认可，既不是博物馆的自行定位，也不是同行和上级的评定；“必要参观目的地”（essential destination）是希望 ROM 能成为世界各地的公众、游客、学者到多伦多时必须参观的目的地。在这里，观众可以对变化中的世界——自然世界和文化世界——都有所了解。换言之，世界在变化，博物馆也在变化，观众今年看到的展览、参与的活动，与明年、后年看到的展览、参与的活动不会相同，这样才能保持公众对博物馆的持续关注。

一个关于博物馆运营的公式

修订和重审博物馆的宗旨是一件极其严肃的事情，是博物馆未来十年管理运营的指导方针。基于个人体会和工作经历，我对博物馆运营总结出六个方面，并借用六个英文单词的首字母，通过以下公式来表达：

$$MM = C\,\frac{P \cdot E \cdot Co}{E_1 + E_2}$$

MM：Making a Museum，即“构建博物馆”。前面谈到的新时代博物馆的理念和宗旨就是建馆的目标。但是如何能够达到这个目标，我认为需要通过下面六个方面的实践。

C：Collection，即“藏品”。一个开宗明义的大写字母 C，说明了博物馆的核心始终是藏品。博物馆的立馆之本来自藏品的征集、研究和阐述。缺少藏品的博物馆只能维持一时，不可能有持续发展的生命力。

P：Program，代表了博物馆围绕展览和藏品研究而展开的各项娱乐性和知识性的公众活动项目，是以展览为衍生、以藏品研究为基础的各类项目。

E：Exhibition，即“展览”。维持、更新常设陈列和策划临时展览是博物馆最基本的运营方式。展览应该以博物馆宗旨为本，以本馆藏品特色和研究专长为纲。任何不以藏品为基础的展览和公众活动都会失去博物馆的特色。

Co：Communication，即“沟通”或“交流”，或是“营销”，是博物馆对内对外交流的重要媒介。博物馆通过营销手段把展览、前沿性研究、公众活动推向观众，通过沟通策略决定博物馆与外界的沟通，对各种应急事件、社会热点的讲述是博物馆公关形象的具体表现。

E_1：Engagement，可以解释为“参与”“接触”“面对”，其核心就是博物馆要让藏于“深闺”的藏品及其研究，与公众的需求和兴趣相连，从而产生一系列决策和管理的改变。在保持高度的学术权威性和认知度的基础上，举办公众喜闻乐见的展览并让他们乐于参与此类活动，做到展览形式雅而不俗、学术研究通俗易懂。

E_2：Experience，是博物馆给观众的一种独特的、回味无穷的体验，也是博物馆理所应当给予参观者的精神回报。

简而言之，这个公式说明的是，构建博物馆就是用藏品给予观众新的体验。博物馆是以藏品为核心的，藏品的研究和管理是博物馆的基础工作，所以藏品 C 作为一个单独的部分，与其他各项工作组合并发生关系。

公式的分子是“公众活动”（P）、“展览”（E）、“营销”（Co），这三项工作相对应的部门都是博物馆的业务部门，博物馆的基本运作都基于此。博物馆的研究人员永远都需要把最前沿和最深刻的研究成果与博物馆的藏品结合在一起，通过展览和活动呈现出来，这样，博物馆的宣教人员、公共服务人员和志愿者等就可以通过有内容、有信息、有知识的活动与公众建立联系。营销部门主要从事协调、沟通博物馆各部门信息以及维护与公众关系的工作。三个部门在机构关系上相对独立，但在实际工作时又彼此联动，故公式中以乘法关系表示，它表达的是累积工作从量到质的变化。

分母则是“参与”（E_1）和“体验”（E_2），这两项工作也都是关乎公众的，提醒我们要充分重视公众的感受。它们作为分母，寓意其为理念支撑；作为除数，则是提醒博物馆开展任何工作都应当考虑到它们，因为除数不能为零，否则整个公式便失去意义。

博物馆运营的各项工作

藏品（Collection）

对于任何一个博物馆而言，藏品的征集、保护、研究和展示都是其可持续发展的重要标志。藏品是博物馆的核心。对藏品的征集和管理是博物馆营运的基础，对藏品的陈列与展示是博物馆营运的手段和方式，对博物馆藏品的认识和了解是构建有特色、有个性博物馆的基本前提。

谈到藏品，我想从对藏品全面负责的研究员（curator）谈起。在西方，对大型研究型综合博物馆来说，研究员是给在某个学术领域具有博士学位的专业人士的职称，是博物馆某个藏品研究领域的专职研究人员，比如ROM的东亚考古、埃及考古、加拿大装饰艺术、非洲文化等领域。作为博物馆研究人员的研究员，与西方大学里的教授一样，都是以科研和培养研究生为主要工作，是该研究领域的主要学术推进者。不同的是，大学教授以本科基础教学为主，而博物馆研究员是以藏品研究和展览策划为主要工作职责。

在西方的研究型博物馆中，研究员在其所负责的藏品研究领域拥有绝对权威，对任何涉及其领域的藏品的征集、外借、保护、交流、展览的相关事项都有说一不二的决定权，不可能被行政手段改变。比如博物馆馆长关于藏品的相关方案（如改变展厅陈列等），如果没有该领域研究员的认可，一般是不可能推进的；再比如藏品征集，也是由研究员根据博物馆的宗旨和定位决定收藏什么、不收藏什么。所以，西方大型博物馆的很多工作都是围绕研究员的工作展开的，一般也都由较为杰出的研究员主持。在早年的英汉字典中，curator被翻译成“馆长”，说明博物馆里的curator一般都是从事专业研究的部门主要负责人。在过去，这样职位的人在博物馆还很少。

博物馆藏品策略的三个核心是研究、保护和管理。围绕藏品保护和管理的职位除了研究员外，还有文保员（conservator）、文管员（technician）和典藏员（registrar）等，他们不但辅助研究员的工作，而且从所在职位的角度，为博物馆针对藏品在不同项目，如借展（loans）、巡展（touring exhibition）、轮展（rotation）中所制定的政策做出相应的方案。

展览（Exhibition）

博物馆展览策略的三个方面是策划、陈设和释展。

谈及展览，有必要从专业研究人员在策展中的工作职能展开。对于大型研究型综合博物馆来说，展览策划需要一个团队，或者称其为“策展团队”，在这个团队中，研究员是核心。一个好的展览，需要对展览从内容到形式再到宣传和活动体验，有一个整体的规划、核定、执行和考量的方案，制定和执行这个方案的核心人物就是研究员。如果把策划一个展览比喻为制作一部电影，那么研究员就相当于导演。

策展团队中有展览项目经理（project manager）、总设计师（chief designer）共同负责陈设，还有文保员、三维设计师（3D designer）、平面设计师（graphic designer）、多媒体制作师（multimedia specialist）等承担设计相关工作，ROM 的策展团队中还有很重要的成员——释展人（interpretative planner）。虽然对主题的确定、展品的挑选、展览的释读和表达都必须以研究员的研究理念为准，即团队是以研究员为核心，但是研究员必须放手让设计师和释展人根据他们对展览的理解、用他们的专业方式将展览内容表达给普通观众。因此，研究员是展览的灵魂，但他不一定在展览的策划运作中面面俱到。

中小博物馆或者画廊的情况会有所不同，它们可能会涉及“独立策展人”这个职位，这里暂不展开讨论。

下面我以“紫垣撷珍：故宫明清宫廷生活展”为例来解释策展过程中的沟通与平衡。这个展览主要讲述的是中国明清时期的宫廷生活。在策划之初，ROM 的设计师们便基于紫禁城的空间，试图在博物馆内创造一个时空悬浮的阅读框架——当然这必须以符合文物本身的情境为前提。这就需要依靠空间来叙事，并在观众观赏的行进线路上设置“伏笔”，以保证故事的逻辑性。比如该展的 3D 设计师原是一位舞蹈家，她受清宫床帷帐幔的启发，结合自己的舞台感、对剧场的想象以及对观众情绪表露的敏锐把握，在“外廷”和“内廷”的主题中运用帷幕的形式，使展品得以在戏剧性的明暗节奏下被观众阅读。

在展览层次方面，ROM的设计师认为，这个展览应该首先给观众一个很大很空旷的空间，让观众在展览的前一部分，即“前朝”部分有一种肃然起敬的感觉，仿佛真正置身于故宫之中。但到了“后宫”的展示部分，展厅使用比较柔和的灯光和布景，营造出一个有家庭氛围的场景，使前朝和后宫形成一个鲜明的对比。再到皇帝的“御书房”，以比较程式化的方式为观众展示精美的文物，比如宋汝窑瓷、元青花瓷、明成化鸡缸杯以及其他宫廷珍藏和文房四宝等。这些都是内容设计人员与形式设计人员在反复沟通、碰撞后逐渐取得的共识。需要强调的一点是，这些沟通和调整都必须在对藏品充分认识、在研究员的认可和指导下进行，所以这个时候的curator也就作为博物馆的主要策展人了。

活动（Program）

博物馆的公众活动项目由独立部门负责，其主要职能是配合展览和藏品研究制订短期、中期、长期的活动计划，并配合其他相关部门予以实施。目前在ROM的项目活动策略中主要有庆祝活动、学术性活动和儿童活动等三个方面。

庆祝活动是针对整个家庭在周末、节假日推出的老少咸宜的娱乐性和知识性的活动；学术性活动既有相关的学术讲座，也有行业里的研讨会或论坛；儿童活动主要集中在发现展厅、夏令营以及与展览陈列有关的儿童因素。这些活动在西方博物馆实践中是自负盈亏的营运项目，但是博物馆同时也必须借助公众活动项目来推广其社会价值。特别是在儿童活动项目中，博物馆承担了学校教育责任的重要部分。

公众活动项目是博物馆运营中极为重要的组成部分，它的成功与否、体现博物馆特色与否，必然与博物馆藏品和展览的内容质量高低息息相关。一系列优秀的公众活动是让藏品“活”起来、让藏品走进公众的最主要的渠道。

沟通（Communication）

一个好的展览和活动如果没有成功地与公众沟通，公众就有可能不认可博物馆的付出。公众对博物馆运行的项目不满意，并不一定说明博物馆本身工作做得不好，极有可能是博物馆对公众的沟通工作没有做好。所以，对外宣传和推广博物馆的藏品研究、展览、公众活动也是博物馆营销策略的重要部分。沟通的策略有三个方面：营销、媒介和调研。

博物馆的经营策略绝不能偏离大众，缺失了公众的认知与参与，博物馆便不能充分发挥功效。博物馆的市场不是博物馆自己的圈子，而是面向公众，面向每一个来到博物馆参观的人，更是面向那些从来没有进过博物馆的人；博物馆在培养忠实观众的同时，如何将这部分潜在观众挖掘出来、吸引进来，是博物馆营销要钻研攻克的课题。博物馆在向公众展示自己的神奇、典雅、精深、渊博的同时，更需要了解观众对博物馆的兴趣点，以便调整思路、改变策略，从而符合大众的需求，满足他们的愿望，进而扩大博物馆的影响力，吸引更多的观众，为博物馆的生存发展源源不断地注入新的活力。因此，沟通尤为重要。

ROM 的高层管理人员中，有一个相当于副馆长职级的 chief communication officer 岗位，总体负责博物馆的市场营销、宣传、媒体、出版等事务。博物馆的宣传很重要，它通过各种平台和手段把博物馆的活动、信息、资料推送出去。其中涉及网络的有网络部门，涉及平面媒体的有新闻部门，涉及大型活动的宣传及营销的有市场部门，还有针对会员的宣传以及说服到期会员延期等工作，都需要各部门密切配合。总体来说，宣传营销是一盘棋，博物馆要有策略地去统筹。而营销过程其实是一个理解公众的过程，从有营销意识开始，然后设身处地为公众着想，吸引他们来博物馆，努力使他们成为忠实观众；最后还要让他们主动去宣传推广博物馆，带着亲朋好友来博物馆。这一切都是从博物馆认可营销这种理念开始的。

具体执行的过程中需要落实的具体工作有很多：比如展览、活动要向公众推广，要考虑公共场所广告的投入成本和方式，也要注意加强在媒体上的宣传推广；为了达到更好的传播效果，还要考虑针对不同媒体受众运用不同宣传方式；针对突发事件，要做好危机公关；很多项目、活动都要提前准备预案，等等。还有一项工作很值得一提，它充分关注公众的需求，通过对大量的观众调查获得数据，为其他各项工作的有效开展提供支撑。ROM 的市场部在给展览定名之前会进行社会调查，这便是焦点小组（focus group）的工作，他们非常关注为不同背景的观众提供不同方面的服务。焦点小组旨在了解社区中潜在观众的需求，从策展开始就注意获取所在社区多元化的声音，让参观者有最佳体验，并不断去满足和实现这些观众的需求。

参与（Engagement）

宣传教育或社会教育部门是中国博物馆的一大核心部门，但中国以外的西方很多大型博物馆的宣传和教育并不同属一个职能部门。近年，博物馆教育职能愈发受到关注，到底怎么开展工作、怎么与公众贴近、如何实施教育计划、如何实现教育目标，都还在探索之中。虽然博物馆很努力地改进，但它高高在上的形象依旧存在。在很多公众眼中，博物馆依旧是为少数人服务的机构，为有知识的、喜欢文物的、喜欢收藏的人群服务；而且，公众最反感的就是他们到博物馆来被说成是“受教育”，不少博物馆还总要把自己定性成“教育基地”。但对博物馆而言，安排讲解、提供互动都是很常规很基础的工作。讲解的内容如何与观众的兴趣点、关注点契合，需要博物馆在认真考虑后做出调整。这种政策性的改变就是让公众“参与”博物馆营运的一种表现。

说到发挥教育职能，首先我们要让公众看懂展览和藏品，其实这也就是“博物馆怎么做才能让公众看懂展览和藏品”的问题。博物馆各项工作都是彼此关联的，这就回到了藏品和展览部分所说的内容。能吸引观众的是故事，是藏品的故事，是展览的故事。展览的文物中不一定要有价值连城的国宝，但是一定要有在展览中讲得出故事的文物。文物的组合是要让故事一环扣一环、一波接一波地演绎，而不是将不同类型、不同排列的文物简单地堆砌在一起。展览要和电影一样，让观众能看出重点、看出关联。研究员应该有能力让观众从参展的上百件文物中判断出什么是重点、主次在哪里，以及展览设计是如何推进故事线的。同样，展览中文物的组合关联也是表现故事的一个层面，不同的文物组合所处的不同位置，并不完全以文物的类型学、年代学为基准，而是以故事脚本的编排为原则。如果观众能看出研究员挑选相关联文物的原因和苦心，他们就能更好地欣赏藏品和展览，更好地理解研究人员的研究成果，就会更加信赖、更加依靠博物馆的专家学者传递给他们的文化信息，从而激发他们到博物馆学习和“受教育”的热情。

“参与”就是一方面让公众知道博物馆并不“高冷”，而是希望与公众发生全方位的交流，另一方面让博物馆知道公众想要的是什么。博物馆只有在了解公众的兴趣和关注点后，才能举办一个与某一阶段、某一群体的大众形成互动关系的展览。与此同时，博物馆人还要“走出去”，参与到社区生活中。每一位博物馆人都是博物馆的代表，要让公众知道博物馆正在做的和想要做的都是与大众相关、有交集的事情。比如，某个社区或者某个学校的某个活动的主题恰好与博物馆的某些藏品相关，而博物馆的某些研究正好可以辅助他们的这个活动，那么博物馆以这样的方式参与到社区、学校的活动中，便可以让人们感觉到博物馆已经走近他们了。这不仅解除了公众对博物馆“高冷范儿”的误解，而且能够帮助他们提高活动的质量，从而更好地实现博物馆与公众的交流。

体验（Experience）

博物馆的服务对象是观众，观众体验的满意与否即使不是博物馆运营是否成功的唯一标准，也是极为重要的标准。

体验博物馆实际上应该是从进入博物馆之前就开始了，对博物馆这一概念的理解也应该从博物馆的整体形象开始。体验不仅仅是在建筑空间内的参观感受，还包括对建筑外观甚至是“网上博物馆”的体验等方方面面。ROM 的建筑从外观上可以称得上是吸引人的，多伦多的孩子将 ROM 的建筑体描绘为“好像是天上掉下的一个水晶体正好砸在了博物馆上面”，再加上周边的灯光和绿化，使博物馆的整体景观给人一种欢迎式、拥抱式的感觉，同时也让公众产生一种想要进去探秘的冲动。

这就好比明明可以在网上看电影，为何还要去电影院一样。因为在网上看电影不可能拥有去电影院的体验，那么博物馆能不能提供这种体验或感受呢？应该能。所以，博物馆就是要通过让公众近距离接触很多他们认为“高大上”的、看不懂的文物或展品，给他们带来这种身临其境的体验，使他们感受到和在网上或艺术市场上看文物的不一样的深刻体验。同样是一件青铜鼎，博物馆的诠释方式和立场向公众展示的，一定与其他场合有所不同，这种立足于公众需求做出的展品诠释，是博物馆服务公众的出发点。所以，博物馆不仅仅是把文物陈列到柜子里面、打上灯光、贴上标签，而更应该是像新时代对博物馆的要求那样，与公众开展多角度、多层面的沟通、交流与合作，并使公众真正参与到博物馆的业务工作中来。

博物馆运用自己的创意团队、设计团队，把那些不为人知、不为人懂的展览内容，运用独特的创意和手段，通过人们喜闻乐见的形式展现给公众，使公众对博物馆收藏和藏品研究的意义和其中的关联性有实际的体验，这也正是博物馆有别于其他场所的重要特质。博物馆讲解的故事可以与公众的日常生活相关联，是拉近博物馆与公众距离的重要方式。

需要说明的是，以博物馆的常规营运为由，或以博物馆展览和活动为由妨碍公众参观博物馆，以及由此给公众造成的负面体验（如观众长时间排队、工作人员态度恶劣等），都是博物馆需要以公众体验为本而认真对待的问题。

结语

在这个急剧转型的社会中，博物馆肩负的使命依然是保护人类自然和文化遗产，这是不会改变的，并且在今天更为重要。文化遗产不是多么深奥玄虚的东西，很多时候就是关于对过去的记忆和重新体验记忆的经验传承。从这个角度看，它是一种无形的符号。但只有当这种记忆与公众有关联，让公众感受到触动，文化遗产保护才有影响力，才能感染大家。否则，一段与公众无关的历史，公众便不会在乎它的命运了。博物馆的藏品是文化遗产的一部分，如何让藏品走进公众的内心，是博物馆永恒的命题。

通过以上六个部分，我分享了我对当前博物馆的理解。博物馆通过展览形式为公众展示藏品的魅力，把博物馆的神秘与神奇即藏品及藏品背后丰富的信息展示给公众。配合展览的很多项目，也就是公众活动，能帮助公众更好地与展览互动。

博物馆的教育职能不是为教育而教育，而是要以藏品为基础，结合即时的展览和公众活动，推出知识提升性的教育活动，这才是一种真正的参与行为。博物馆所做的这些，都是为了提升观众的参观体验，更好地达成观众与文物之间的沟通，建立两者之间的交流与联系。MM 的另一层含义为 Magic（神奇）、Mystery（神秘），是期望博物馆成为一个可以供公众探索体验神奇、神秘的地方。

让公众了解博物馆为了他们而做的工作，就是希望他们在参观时获得一种全新的体验——这，就是在构建面向公众的博物馆。

南博讲坛

2017

多样化的博物馆

南京博物院 编

江苏凤凰文艺出版社
JIANGSU PHOENIX LITERATURE AND ART PUBLISHING

图书在版编目（CIP）数据

南博讲坛. 2017：多样化的博物馆 / 南京博物院编.—
南京：江苏凤凰文艺出版社，2021.4
ISBN 978-7-5594-4724-1

Ⅰ. ① 南… Ⅱ. ① 南… Ⅲ. ① 博物馆学—文集 Ⅳ. ①
G260-53
中国版本图书馆CIP数据核字（2021）第027712号

南博讲坛. 2017：多样化的博物馆

南京博物院 编

出 版 人	张在健
策划编辑	费明燕
责任编辑	胡雪琪
封面设计	郭 凡
版式设计	邱雪峰
校 对	高竹君
责任印制	刘 巍
设计制作	南京博书堂文化有限公司
出版发行	江苏凤凰文艺出版社
	南京市中央路165号，邮编：210009
网 址	http://www.jswenyi.com
印 刷	苏州越洋印刷有限公司
开 本	889毫米 × 1240 毫米 1/32
印 张	5.75
字 数	170千字
版 次	2021 年 4 月第 1 版
印 次	2021 年 4 月第 1 次印刷
书 号	ISBN 978-7-5594-4724-1
定 价	158.00 元（全四册）

江苏凤凰文艺版图书凡印刷、装订错误，可向出版社调换，联系电话 025-83280257

《南博讲坛》（全四册）编委会

第一册 2016：传统文化的当代形塑

第二册 2017：多样化的博物馆

第三册 2018：博物馆塑造美好生活

第四册 2019：博物馆与地域文明

主　　编　龚　良

副主编　李　竹（第一册）

郑　晶　许　越（第二册）

郑　晶　陈　刚（第三册）

林留根　郑　晶（第四册）

编　　辑　高　杰　张　娟（第一册）

程韵蕾　葛璐娜（第二册）

袁　瑗　葛璐娜（第三册）

陈　刚　颜张奕（第四册）

特别支持　刘文涛

本书内容系根据2016—2019年做客“南博讲坛”的诸位嘉宾的讲座速记稿整理而成，编辑过程中有删节，特此说明。

目录

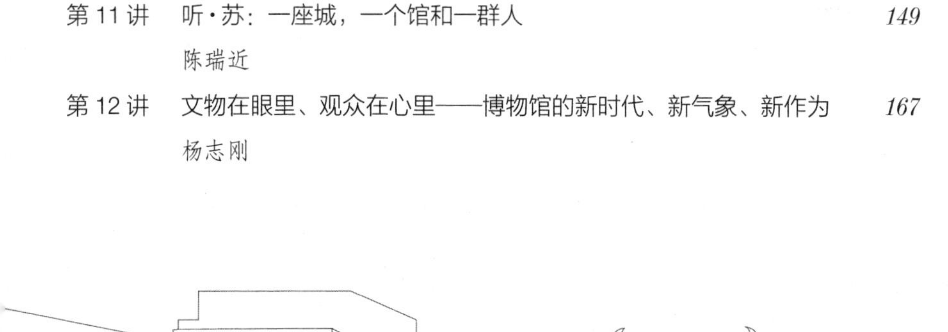

序

2016 年 11 月，我有幸参加了在深圳市召开的由联合国教科文组织、国家文物局等联合主办的“国际博物馆高级别论坛”。论坛围绕教科文组织于 2015 年 11 月 17 日在法国巴黎通过的、国际博物馆协会提出的《关于保护和加强博物馆与收藏及其多样性和社会作用的建议书》，经过 40 余个国家的文化官员、博物馆专业人士的广泛讨论，在凝聚共识的基础上，发布了《关于博物馆和藏品的深圳宣言》（以下简称“《宣言》”），希望全球更多的国家和组织关心博物馆面临的全新机遇，携手应对共同的挑战，关心博物馆的多样化发展、藏品的多样化保护及展览展示的多样化努力。《宣言》倡议促进博物馆及其藏品和运营模式的多样化，着力开展更广泛的国内和国际合作，以推动博物馆在不断变革的社会发展中承担起更多的社会责任。于是，我们将 2017 年南博讲坛的主题确定为“多样化的博物馆”。

中国博物馆的发展进入新时代后，出现了三个重要变化：一是博物馆服务和研究的主要对象从“物”转为“人”；二是博物馆藏品的概念从最初的“文物和标本”，发展到人类及人类环境的“见证物”，再到明确表达的“物质与非物质遗产”，内涵和外延都有所扩大；三是互联网发展迅猛，使博物馆传播方式发生翻天覆地的变化，公众对博物馆提出了有效传播、快速便捷传播的迫切要求。这样的变化使得博物馆展览和社会教育活动的丰富性大为增加。

博物馆多样性的实现，既意味着藏品范畴扩大的多样性，也意味着博物馆类型和建筑形态的多样性，更意味着博物馆要通过展览反映人类发展过程中文化面貌的多样性。一要发挥政府和相关组织的作用，从国际组织到各行各业；二要努力追求多样性的实现，既鼓励博物馆类型的多样化、所有制的多样化，也鼓励工业遗产、生态、社区、数字等新形态博物馆的出现；三要实现博物馆教育服务的特色化，让“分众教育”理念和“站立和行进中”的非强制性教育特色，成为广大公众的最爱。多样化的博物馆反映的是多样化的人类发展成果，并能让后人收藏更充裕的见证物。

在经济社会快速发展的新时代，公众对博物馆提出了更高的要求，希望有丰富的文化产品、自愿的教育服务、舒适的文化环境、恰当的文化空间、贴心的文化服务等。博物馆多样性目标的实现，满足了人民群众对美好生活的需要。

南京博物院院长 龚良

2018 年 1 月

2017
第1讲

1300度的热情与活力
——上海玻璃博物馆的五年历程和故事

张　琳

张琳，出生于1965年，华东理工大学硅酸盐专业毕业并取得学士学位，后公派留学日本进修玻璃工艺。1996年，于华东师范大学继续深造，学习国际金融。2011年担任上海玻璃博物馆理事长兼执行总裁，提出“分享玻璃无限可能”的建馆理念。2014年当选中国博物馆协会理事会成员。

玻璃，随处可见，抬手可触。几千年的时光淬炼，从粗糙的熔岩演变为通透的玻璃，从两河流域的古埃及到远东的中国，从淳朴的手工艺到超乎想象的科技艺术，玻璃在光影舞台上低声吟唱。秉持国际先进的理念，着眼于视觉和体验的设计，曾经的工厂转身为非凡的博物馆。上海玻璃博物馆以其独特的姿态让公众想象、理解、创作、享受、分享玻璃的无限可能！

2017 年 1 月 15 日，这一年“南博讲坛”的第一讲，上海玻璃博物馆馆长张琳先生与大家分享博物馆五年来走过的奇妙历程与发生的动人故事。

上海玻璃博物馆建筑

DIY 工坊

上海玻璃博物馆咖啡店

“KEEP IT GLASSY 国际创意玻璃设计展”

“灵蛇献瑞——战国蜻蜓眼珠饰”展览海报

各位来宾，大家上午好！首先我非常感谢南京博物院给了我这个机会，能够让我跟大家一起分享上海玻璃博物馆五年来的历程和故事。

在演讲之前，我想先提个问题，不知道在座各位有没有知道上海玻璃博物馆或者去过上海玻璃博物馆的？大家有去过的，可能就会感觉，这是一个跟传统意义上的博物馆不一样的博物馆，这个博物馆原址非常有趣，是一座玻璃工厂。怎样把一座玻璃工厂变成一座博物馆呢？其实这不是一件非常容易的事情。有了做一座博物馆的梦想，可能我第一步就是去看，全世界有这么多博物馆，什么样的博物馆是适合上海玻璃博物馆这种类型的呢？我走访了全世界非常多的博物馆之后，就感觉到了：我们应该去打造一座“互动体验式的国际化、社区化博物馆”，因为像上海这样进入后工业时代的一些城市，这里的居民有这么一种需求。

玻璃是离不开火的，玻璃也离不开水。我们这座玻璃博物馆原址就是制作这些玻璃仪器的上海玻璃仪器厂。这么一座工厂，经过我们的努力，它脱胎换骨，变成了现在的博物馆。

一种全新类型的博物馆

五年前我们建成了上海玻璃博物馆，CNN 的一位记者参观之后感觉这是一座全新概念的博物馆，于是它与中国国家博物馆、秦始皇帝陵博物院一起被 CNN 旗下网站评选为“中国三大不容错过的博物馆”。我曾好奇地询问原因，记者回答说：“这座博物馆代表了一种新生的力量，对中国来说，这是一种全新类型的博物馆。”这让我们很受鼓舞、很激动，也非常有使命感，所以在这五年里，我们非常努力地去做各种各样的尝试和探索，希望这类博物馆能够受到大家的欢迎。

上海玻璃博物馆有一个不断发展的过程，它原址是一座老厂房，这么多年从一个馆到现在四个馆，从一幢建筑发展到现在 18 幢建筑，现在我们所看到的博物馆大堂，在过去也只是玻璃工厂的一个车间。从旧车间到博物馆，算得上脱胎换骨了，如果你仔细看玻璃博物馆的设计，还能够发现一些有趣的地方。

首先，博物馆的主入口，我们把它设计成一个万花筒，正对入口的大屏幕上有一段展现玻璃与人类之间关系的视频作品，包含非常多的中国元素。其次，我们博物馆主馆陈设展的第三部分，叫“从日常生活到科学前沿”。我们请了一个瑞士的插画工作室，画了一幅跟上海有关的动漫，这是一个让孩子们感觉非常有趣的部分。我向观众介绍的时候，都通俗易懂地把它称为“开门见知识”。最后，插画墙上还有非常多的问号，如果把问号下面的门打开，就能知道一些很普通但是你不一定能讲清楚的知识，比如防弹玻璃是怎么一回事？通过这些探索你可以了解非常多的小故事。

博物馆另一处非常美的地方，我们称其为“玻璃屋”，这间玻璃屋是一个精心打造的设计空间。玻璃屋边上有 1652 只瓶子，每只瓶子上面有一个汉字，把所有的汉字连在一起阅读，就是一个跟玻璃有关的爱情故事，叫《玻璃山》。因为这么一个浪漫的设计，竟然有市民打电话过来，问能否到上海玻璃博物馆这边来举行一个求婚仪式？我非常欢迎。所以在四年前，就有一对新人于博物馆闭馆之际，在我们玻璃屋进行了一场求婚仪式，场面非常温馨浪漫。这件事情就提醒我，为什么博物馆不可以举办结婚仪式呢？这里是一座可以举行婚礼的博物馆。

上海玻璃博物馆第一单元有一个展区叫“什么是玻璃”，主要用于儿童互动体验，孩子们通过动手就可以认识什么是玻璃，了解玻璃是我们生活中离不开的一种材料。这个展区非常受孩子欢迎，几乎所有的孩子都喜欢在这边玩耍。受此启发，我们在两年前又专门开了一座“儿童玻璃博物馆”，是以儿童为视角、玻璃为主题的体验馆，让孩子们通过更多的体验认识玻璃这种材料。在那里还有一个咖啡区域，孩子通过玩耍获取知识的同时，父母可以有片刻的休息时间。我想这是年轻父母都希望有的一个场所，喝一杯咖啡，轻松地看一下孩子在玩什么。这座儿童馆一开就非常受欢迎，它是 2015 年上海两个最受儿童欢迎的目的地之一。第一个当然是 2015 年开的上海自然博物馆，在上海市中心，有非常有趣的内容吸引孩子。第二个竟然是离市区 16 公里，位于工业区的儿童玻璃博物馆。所以，只要你用心地去为孩子做，其实孩子是有感受的。我们整个场馆所有展柜都有保护角，父母根本不用担心孩子摔跤，哪怕摔跤了也没问题，而且我们所有展柜设计高度都依据儿童的视角，目的是让 4—12 岁的儿童，在这里能够通过玩去认识玻璃。

去年我们开放了“设计新馆”，由两层展览空间组成，它的设计与主馆形成鲜明对比，受众主要是成年人，收藏了更多国际上知名大师或玻璃品牌的艺术品，给大家带来美好的视觉享受。与此同时，我们还跟大学合作，通过一些 DIY 工坊的项目，观众能实践、能上手，这也是我们博物馆的特点。在这里无论是普通观众，还是艺术家，都能够接触到这些平时很少接触到的材料，还有技师帮助观众完成制作。有一次，我的女儿也体验了一下，原本她已经去过很多次玻璃博物馆了，所以兴趣不大，听说可以吹玻璃才跟我去。后来，她在技师的帮助下做了一个醒酒器送给我，现在还摆放在我的桌上，因为我觉得这件小工艺品很有意义。DIY 也是非常容易受市民欢迎的项目之一。

除此之外，我们也要考虑观众参观时候的实际需求，增加配套设施。大家知道，逛博物馆久了肯定是很累的，特别是像来南京博物院这么一座大的博物馆，一般都希望有地方可以坐下来休息一下，喝点咖啡。但是对上海玻璃博物馆这么一个“新出生的孩子”来讲，怎样去做这些配套设施是个让人头疼的问题。我们的西餐厅和中餐厅都取得了非常好的业绩，最简单的方法就是包给商家，所以那时候我也联系过一些品牌连锁的咖啡店，但是对方认为我们馆是一座新馆，名气不大，能否盈利也不知道，所以这条路就走不通。没办法，我们只能自己做。其实我们博物馆刚开馆那半年是没有咖啡店的，虽然那时设计中有咖啡店，但是我没这个勇气投入。等过了半年，观众需求越来越大，才感觉一定要投这个咖啡店，哪怕亏，我也要投入，因为这是观众的需求，不但要投入咖啡店，还要做与博物馆调性、定位相匹配的咖啡店。其实在西方博物馆里，咖啡店、纪念品商店这些都是博物馆的组成部分，所以我认为这样的配套设施是一定要做的。最开始，我们只安排了两三个人做餐饮，发展到今天，大概有 30 个人在做。令人欣慰的是，我们的餐饮团队现在不但能够自负盈亏，还能够在服务整个园区的同时赚取小小的利润。

展览设计优化参观体验

我们还一直在做一个品牌展览，叫“KEEP IT GLASSY 国际创意玻璃设计展”，简称“KIG”。我始终认为，对一座博物馆来讲，让观众能够有一个好的体验是重要的职责。怎么让观众在博物馆有一个好的体验呢？除了硬件，很重要、更重要的就是展览。

在短短五年时间里，我们举办了 38 个不同主题的展览，我大致把它们划分为三大类。第一类是中国古代玻璃。这是我们每年都在尝试的主题，比如最近举办的一个展览“芳妍春色——宋元琉璃簪钗展”。对于我们这样的新博物馆来讲，收藏这块肯定是比较弱的，无法跟历史悠久的博物馆相比，就像我第一次来南博的时候，南博文物的收藏数量就让我非常惊讶。但我的观点是，就算弱了，你也必须碰，收藏方面的薄弱不等于我们这种类型的博物馆不能去尝试做高品质的收藏展。2013 年，我们举办的一个古代玻璃蜻蜓眼珠饰特展反响很好，共计展出珍贵的古代玻璃蜻蜓眼珠饰 34 组，每一件展品都精美绝伦。因为目前很少有收藏家和收藏机构对古代蜻蜓眼珠饰进行系列收藏研究，所以这个展览的展品是我花了半年时间，到全国各地的藏家那里寻觅交流、精挑细选的，最终汇成此展。一位美国收藏家听说上海玻璃博物馆有这么一个展览，特地从圣迭戈坐飞机过来看，看了以后，他还跟工作人员讲：“我一定要跟你们的馆长见面交流一下，你们怎么能够有这么高质量的蜻蜓眼展览。”这位学者型藏家每年都会在美国做相关的讲座，在这方面有非常深的研究。所以通过这一类型的展览，我们也能跟相关领域的学者、爱好者有比较广泛的交流。

第二类展览是关于设计的。我们曾邀请二十几个国家的五十几位设计师，制作了超过200件展品，在我们非常原始的玻璃工厂里面，做了非常梦幻的KIG展览，主题是“用爱设计，用心保护”，展示出玻璃设计创意和玩味的一面。我们在展柜中引入了“水”，让这个展览所有的玻璃展品都置身水中，展示空间还部分保留了工业型厂房的原貌，与创意展品遥相呼应。同时，此次展览更是采用了德国ERCO的灯光系统，给大家带来非常棒的视觉体验。这个展览在欧洲玻璃设计界引起了轰动，不少设计师都期待参加这个展览。另外这是一个收费特展，门票相对来说比较贵，但在一年时间里依然有七万名观众来参观。两年前，我们还继续做了第二季，叫“KIG2”，同样非常受欢迎。

第三类是属于玻璃专业类展览，主要是跟相关院校合作举办。我们跟国内设置玻璃相关专业的院校交流密切，比如说最近就在跟中国美术学院合作，所以这些展览也非常受学校的欢迎。

体验活动拉近与大众的距离

除了展览之外，博物馆还必须要有受欢迎的教育活动。现在每个博物馆都在做各种各样的活动、各种各样的讲座。南博在这块就做得非常棒。我经常关注南博的一些活动信息，知道他们的教育活动面很广，非常有特色，比如这个剧场里面可以有各类表演，我个人感觉非常吸引人，所以我们也根据自己的特色，做了一系列活动。有的活动跟展览有关，有的活动跟孩子有关，有的活动跟博物馆有关。我们有一个跟博物馆相关的常设活动，是跟中科院有机所、复旦大学合作开展的，叫“玻玻璃璃实验室”。我前面说了，我们馆原址的工厂过去是生产玻璃仪器的，所以大家会好奇，这些玻璃仪器用在哪里？为什么需要这些玻璃仪器？所以我们两年前开始做这个活动，解答这些疑问，非常受家长和小朋友欢迎。活动目前已经做到了第 23 期，有一期我也参加了，感觉非常有趣。小朋友疑惑为什么每天吃饭之前要洗手？为什么洗手液有去污的能力？这些学化学的大哥哥、大姐姐会用做实验的方式让小朋友了解这方面的知识。现在“玻玻璃璃实验室”也成为上海玻璃博物馆的品牌活动之一，2017 年我们也会继续做下去，而且会专门开辟一个新的场所，让他们更好地去做活动。

除了“玻玻璃璃实验室”，上海玻璃博物馆还“走出去”，跟西方一些博物馆合作做一些跟玻璃有关的有趣活动。其中“天才玻璃梦想家”就是让中国的孩子画画，画完以后，我们请美国玻璃艺术家把它做成仿真度超过 90% 的玻璃作品，然后在上海玻璃博物馆做展览。这个活动贯彻了“走出去”的方针，不但在博物馆做展览，还去上海各个比较有趣的场所做展览，像尚嘉中心、南丰城、浦东嘉里中心以及宝马演示厅等。在这些有趣的场所里面，有非常多的孩子积极要求参与下一季活动，所以我们今年第二季也已经完成了招募，现在这些绘画作品正在美国塔科马玻璃博物馆制作。一个月前，我们视频连线，让小朋友们跟美国那边的玻璃艺术家做交流，那边的艺术家说中国孩子的画很难做，为什么呢？因为想法不一样，也正是因为这个“不一样”才有趣。我们根据孩子不同年龄段加以区分，今年的主题有三个：交通工具、神奇植物和幻想建筑。过程中有一个孩子画了植物，在视频连线的时候，美国艺术家就问：“你画的植物，是男生还是女生？”那个孩子就跟他讲，这个是男孩，那个是女孩。这个过程非常有趣，反映了文化之间的交流。每个人都会有一些小小的梦想，怎样让这些梦想从小通过自己的努力实现？我相信这是每个家庭、整个社会都期盼的，所以我们也希望这个项目能够进一步扩大影响力，欢迎大家来参与。

除了这些文化类活动，其实博物馆在暑期也有非常多的应季活动，我们博物馆非常受欢迎的一个活动叫“博物馆奇妙夜”，就是在博物馆里面搭一个帐篷睡觉。我们这个活动坚持做了五年，第一年决定要做的时候，因为参观博物馆的人少，影响力不像现在，所有的同事都很惊讶，说没有人怎么办？我说没有关系，我们就一年一年做。我们是 2011 年 5 月 18 日国际博物馆日开馆的，8 月份我们就要做“帐篷夜”。后来只有一个妈妈带着孩子来报名了，同事就问我：“你还做不做？”我说：“为什么不做？”所以那天我们十几个人就为他们两个人服务，我 10 点多才离开。现在这个活动做得怎么样？我们去年一共做了 16 期，整个夏天场场爆满。就算是冬天，这个活动也很受欢迎，就在昨天晚上我们博物馆还完成了一场。孩子们非常喜欢这个项目，他们都希望有在博物馆住一晚的体验，所以现在变成了一个一年四季都可以举行的活动。

我们博物馆去年还做了一个新的项目，叫“玻璃迷宫”。传统的玻璃迷宫从入口进去，只要找到出口出来，就算胜利了。但是我们博物馆不一样，我们有任务，在整个迷宫里面，有八个点需要打卡，利用各种各样不同的形状，让观众去感受，一定要打完八个卡才能出去，否则出去了也算没完成任务，这个项目能够培养孩子们从小有目标感。

我前面讲了，我们博物馆举行过求婚仪式，那次事情让我们萌生了在博物馆做婚庆项目的想法。为此，我们邀请唱诗班唱诗，还布置唯美场景，设计出“彩虹礼堂”。现在那里不但有人来结婚，还有人来拍电影，成了一个要排档期的地方。另外，我们非常注重观众的参观体验和互动体验，希望每一个来博物馆的人，都有一份美好的记忆。于是我们还设计了一些跟玻璃有关的衍生品，比如可以为新人定制十指紧握、永远牵手的美妙雕塑。

像我们这类的博物馆，必须去不断地思考，怎样让观众有新的体验？怎样与观众有各种互动？因为我们是互动体验型的，我一直在讲这个概念。过去大家可能认为博物馆是研究、展示、教育的地方。但是从进入后工业时代开始，对于像上海玻璃博物馆这种藏品可能不够丰富、没有非常多的文物需要研究的博物馆来说，我们应该去做社区化的项目。怎样让我们的博物馆慢慢地变成居民的文化客厅？怎样拉近大众与博物馆的距离？怎样让博物馆不再是一个冷冰冰的机构？让所有的人在博物馆都能够找到自己喜欢的美，这是我们该做的。

今年 1 月 2 日，我又带我女儿去博物馆，她就跟我讲上海玻璃博物馆很好，但是现在找不到有哪个点是专门为青年人做的。我接受她的批评，因为博物馆是大众的，我们有儿童玻璃博物馆，专门满足 4—12 岁儿童的需求，也应该考虑年轻人了。我们也愿意做一次尝试，去成为关注青年的博物馆，希望不同年龄层次的观众都能够在上海玻璃博物馆找到自己的兴趣点。

最后，互动也是非常重要的点。今年我们做了一些非常有趣的互动尝试，观众可以站在舞台上，通过体感互动，来体会沙子与火在一起如何变成玻璃，又或者是玻璃液与水冷却结合怎样变成固态。这样一种互动让我们每一个人——不光是孩子，都能够去体会什么是玻璃。

今天，我花了一个小时左右的时间，跟大家做了一些介绍，可能讲得比较碎片化，非常感谢大家有这么好的耐心，来听我介绍上海玻璃博物馆的成长历程。

2017

第 2 讲

创设全年龄段观众的博物馆学习体验

姚　强

姚强，出生于1972年，毕业于上海海洋大学，后攻读复旦大学工商管理硕士。多年从事青少年教育工作，2014年担任上海科技馆副馆长、上海自然博物馆管委会主任，兼任中国自然科学博物馆协会自然历史博物馆专业委员会副主任。

上海自然博物馆是中国最大的自然博物馆之一，展示陈列了来自七大洲的1.1万余件标本、模型，其中珍稀物种标本近千件。近1500平方米的步入式场景，复原了生机勃勃的“非洲大草原”；“跨越时空的聚会”大型标本陈列，汇聚了古今中外200余件动植物明星；“逃出白垩纪”“宇宙大爆炸”等五个沉浸式剧场，再现了演化史上的大事件；“自然之窗”等26组生态景箱，致敬自然博物馆的经典展陈；400个视觉媒体和一套网上博物馆系统，满足了自媒体时代的公众需求。1500组科学绘画，直观地展现了艺术与科学的结合；300平方米的活体养殖区，零距离触摸自然；1200平方米的“探索中心”，构筑观察发现、动手实验、对话探讨的乐园；拥有180个座位的四维影院，全方位提供了身临其境的感官体验；“自然史诗”多媒体秀，打造了集科技、人文于一体的艺术盛宴。

2017年2月19日，上海自然博物馆管委会主任姚强做客“南博讲坛”，带领我们走进上海自然博物馆，开启自然之旅，发现自然之美，领悟自然真谛。

上海自然博物馆外部空间

上海自然博物馆内部空间

尊敬的各位观众朋友，大家上午好！非常荣幸能够再一次来到中国的三大博物馆之一——南京博物院和观众朋友们进行交流。前年，我和我的团队就曾专程来此学习，南京博物院无论是收藏、研究、展示、教育，还是运营管理，都给我和我的团队留下了深刻的印象。

新的上海自然博物馆于 2015 年 4 月正式对外开放，我们一直在思考几个问题：观众为什么要来博物馆？博物馆到底能给观众带来什么样的体验？所以在上海自然博物馆新馆建设初期，无论是馆舍空间布局、展示的标本，还是展区的设计以及其他相关方面，我们都做了很多考虑。今天和大家交流的主题，就是近两年来我们的一些探索和总结。

我相信大家都知道蜗牛，但大家有没有留意蜗牛的壳到底是左旋还是右旋？有没有想过这样的问题？科学家通过仔细观察发现，事实上这个世界上绝大多数的蜗牛壳都是右旋的。我以蜗牛为例开头，只是想说，观众来到博物馆，需要有一双善于发现、善于观察的眼睛。当然，为了使大家更好地发现，我们也创设了很多展陈和步入式场景，帮助大家更好地进行探索和发现。

今天我主要交流三个方面的内容：首先是博物馆的概况；其次是向大家介绍博物馆的展览和教育；最后是博物馆的参观服务。对于没有来过上海自然博物馆的观众，我们也有一些小小的建议，比如参观博物馆之前应该做哪些准备。

上海自然博物馆概况

20 世纪 90 年代末的时候，上海市委、市政府非常重视科普事业的发展，决定在上海原有的自然博物馆基础上重新选址，建造一座集科技、自然、天文三馆于一体的科技馆。2001 年，全新的上海科技馆在浦东建成并对外开放。去过科技馆的朋友都知道，那里既有科技元素，还有自然和天文的元素，每年游客达 350 万人左右。后来随着观众需求的提升，外加一些专家的呼吁，市委、市政府认为上海作为一座超大型城市，必须要拥有一座能满足国际化大都市公众需求的自然博物馆，于是又提出新建一座上海自然博物馆，可以作为上海科技馆的分馆。上海自然博物馆的建设经历了十年时间，可谓十年磨一剑。相对于上海科技馆而言，上海自然博物馆的建筑面积比较小，只有 4.5 万平方米，建筑造型像一枚巨大的绿色鹦鹉螺。除此之外，上海目前也正在建设上海天文馆，于 2016 年 11 月 8 日破土动工，从规划上来讲，它是目前全世界最大的天文馆，上海的目标就是把它打造成国际顶级天文馆，预计 2019 年建成，2020 年对外开放。

上海自然博物馆的历史最早可追溯到 1868 年由法国天主教神父韩伯禄创立的徐家汇博物院（中国最早的博物馆，1933 年更名为震旦博物院），以及 1874 年由英国人办的亚洲文会上海博物院（隶属大英博物馆皇家学会，新中国成立后改名为上海博物院）。新中国成立以后，在震旦博物院和上海博物院的基础上，上海自然博物馆正式成立，选址于延安东路260号，从此开启了几代自然博物馆人默默耕耘的奋斗史，也承载了无数上海人50多年的怀旧记忆。

刚才提到三个馆的基本历史发展过程，下面重点交流一下博物馆的展览和教育。从整个上海自然博物馆的设计理念来讲，以“自然·人·和谐”为主题，通过“演化的乐章”“生命的画卷”“文明的史诗”三大主线，用十个常设展区及临展厅进行呈现。

我们的展览和教育

一座好的博物馆，展陈设计非常重要。2014年，我在上海复旦大学参加全国博物馆培训班的时候，龚院长在上课时提到一个问题：全国的博物馆在满足公众需求的同时，应该更多地思考，用哪些方式，特别是展示手段和技术，能让我们公众有更多的收获和体验？从这个角度看，新的上海自然博物馆，既有经典的标本陈列、生态景箱，同时还设计了很多剧场、视听室、面向公众开放的实验室，以及远程视频、微视频、集成媒体和科学绘画，希望通过这些展陈手段，能够给公众带来立体多元的收获和体验。下面我根据上海自然博物馆十大展区的经典展览和教育活动和大家做一个简要的分享。

第一个展区主要有两大主题：宇宙的起源和生命的起源。主要是希望通过展览来回答宇宙、地球、生命从哪里来的问题。这个展区有一个非常热门的“宇宙大爆炸”主题剧场，需要提前预约，经常是一票难求。剧场内有一个约12分钟的短片，是博物馆自主拍摄的一部描述宇宙大爆炸的影片，主要讲述从大爆炸开始的宇宙起源，以及太阳系和地球的形成。每一次接待贵宾来看这个短片时，我都会有全新的感受。这个展区的第二个展项是米勒实验模拟演示，这其实也是生命起源的假说之一。生命的起源有很多种假说，这个实验主要模拟在原始地球上，甲烷等气体在长时间放电环境下，凝聚成大分子有机物，以此来推断原始地球可能通过自然的一些演变、演化，产生生命。关于“什么是生命”也有很多种解释，所以这里的另一个展项——“生命的基本特征”会介绍有生命的物质和无生命的物质之间的区别。

第二个展区“生命长河”自开馆以来，就属于我们馆的热门展区，这里面展陈了 147 种、232 件古生物的标本模型。在这个展区中有一些观众非常喜爱的标本模型，比如说雕齿兽、大角鹿、蓝鲸和布氏鲸。为了让观众，特别是青少年，能够有更多的体验和收获，我们专门设计了学习单，让观众了解蓝鲸、大白鲨的尾鳍有什么不同等，譬如鲸鱼作为哺乳动物，尾巴是上下摆动，而鱼类是左右摆动。说到学习单，这也是我们馆一项非常重要的、增强青少年学习体验的手段。目前，我们总共有 28 种学习单，遍布所有展区，分为针对低幼儿童的“酷玩学习单”、针对小学高年级及初中低年级学生的“体验学习单”，还在开发高龄段青少年的“探索学习单”。学习单推出后受到了家长和孩子的热烈欢迎。因为很多家长也包括我，在跟自己孩子的互动过程中都感觉命令式教育比较多，陪伴式教育比较少，所以开发这样的学习单能让家长多一个和孩子互动、交流、体验的过程。

这个展区还有一件标本非常有趣，是因为样子“蠢萌”在网络上面非常火的狮子标本。这件馆藏的老标本，之所以有这样独特的表情，是因为早期标本制作都采取填充法，也就是说动物皮张经过鞣制，里面采用稻草作为填充材料，所以定型不规律，才让狮子表情变得非常有趣。在这个展区内，“增强现实技术”的应用，让观众有了更多的互动体验，比如说通过打开博物馆官方的“增强现实”APP，按照提示对准合川马门溪龙的骨架，屏幕上将会出现它之前在老自然博物馆里陈列的景象。观众在来馆之前下载“增强现实”APP，之后就可以在现场让标本活起来。像这样的AR技术点，我们全馆有46个，目前还在不断地开发。下一步，我们还在考虑怎么更好地运用VR技术，特别是人工智能，不断提升观众现场的体验。

在这个展区还有一个非常热门的主题区，叫“体验自然”展区。在工程建设时，建设团队做了很多思考，虽然区域不大，但是客流非常高，主要是因为其中放了很多活体，像鱼类、两栖类等动物。特别是蝴蝶房，可以感受蝴蝶的生活，同时也可以体验放飞蝴蝶的快乐。海水触摸池里面放了鲎等被称为“活化石”的物种，鲎这个物种在地球上已经生存了几亿年。此外，活体区还有小朋友非常喜欢的变色龙，学名叫“避役”，有逃避劳动的意思，因为变色龙比较懒。我一直以为变色龙的变色跟环境的变化有关，但有研究表明，变色龙之所以变色，是跟它的心情有关，而不是因为环境。

第三展区“演化之道”是上海自然博物馆最大的展区，主要向观众阐述整个自然界演化的过程。整个自然博物馆有五个剧场，在“演化之道”里面也有一个剧场——“寒武纪生命大爆发”，我们用可视化的方式向观众展现距今5.2亿年的寒武纪，海洋中突然出现的诸多物种，它们为什么会突然出现？至今仍是一个未解之谜。在这个展区，也会有一些微视频播放。全馆有200多个微视频，向大家讲述标本背后的故事。比如有的微视频主要向大家介绍眼睛的进化历程。大家知道眼睛的存在主要是为了看东西，但早期的眼睛更多是为了进行光合作用，使生命得以延续。在我们的教育活动中有一个课程，叫“视界从无到有”，专门面向初中生和高中生介绍整个眼睛的演化历程。

在这个展区还有几个经典的化石，如果各位去的话一定不能错过，尤其是精美的三叶虫化石。这个化石来源比较复杂，产自俄罗斯，修复于德国。三叶虫是古生物，三叶虫化石也可以叫作标准化石，之所以这么叫，是因为它们在地球历史上生存了 2.9 亿年，具备很多的形态。三叶虫种类繁多，每一个物种生存的时间比较有限，分布非常广，所以有三叶虫化石出现的区域就能比较准确地判断出它的地质年代。在这个展区中间陈列了一个禄丰龙化石，还有一个“世博龙”化石，曾于上海世博会展出。这个恐龙化石之所以珍贵，是因为真实度达到了 70% 以上，通常化石真实度达到 30% 就已经非常珍贵了。在恐龙的后面有一个比较大型的机电模型，这里陈列的是雷克斯暴龙。白垩纪时期，雷克斯暴龙是恐龙中的霸主，可以看到它的身体、脑袋都特别大，但是两个前爪特别小。腿很粗壮，尾巴也很粗壮，因为主要靠这两条粗壮的大腿以及非常粗大的尾巴保持平衡。雷克斯暴龙的咬合力非常强，相当于老虎的 25 倍，相当于人类的 300 倍。为了让大家更多地了解化石、了解这些故事，我们设计了“自然探索移动课堂”，涵盖了动物、植物、昆虫、鸟类等课题，有 57 个活动，观众可以通过微信或网站提前预约，自主动手来探索和发现化石背后的故事。

第四个展区“上海故事”，主要介绍上海的气候地理和生物情况。第五个展区展陈了 30 个非常经典的生物生存和繁衍的案例。我这里挑了三个例子。一个是杜鹃，杜鹃非常“坏”，它为了繁衍后代，只能借别人的巢，主要对象就是大苇莺。杜鹃下蛋的速度非常快，通常它想要下蛋时就会守在一个大苇莺的鸟巢附近，趁大苇莺出去时赶紧下蛋。第二个特征是杜鹃的鸟蛋跟大苇莺的很像，所以大苇莺飞回来的时候并不会察觉。当然，杜鹃的幼鸟也很厉害，在长期演化的过程中，杜鹃的幼鸟也演化出两个特点，其中一个是它会比大苇莺的幼鸟先出生，然后它会把大苇莺的蛋推出巢外，大苇莺可能也不会想到会有这样的情况发生。此外还有一些展项，比如鳄鱼会伪装成枯木，等鸟停留在它的背部之后，它便渐渐下沉。鸟发觉自己站在水里时，会不断地往前移，最终站到鳄鱼的嘴边，成为鳄鱼的美食。还有负鼠，它会装死，眼睛张开，流着口水，甚至还会排出带有腐臭的排泄物，更厉害的是它可以保持这种状态长达四个小时，这是一般的动物很难做到的。有些肉食动物不大喜欢吃腐食，闻到这个气味就会离开了。

第六个展区“生态万象”，其中第一个主题区是“自然之窗”。我们用七组生态景箱展现地球上的七种生态系统，包括珊瑚礁以及红树林，等等。这里面也有一些比较珍贵的国家一级保护动物的标本，像比较萌的北极熊宝宝。为什么能够看到这么多千姿百态的标本？因为目前的标本制作采用的是雕塑法，通过雕塑工艺复原动物的身体形态，动物皮张经过鞣制后覆于雕塑（内模）上形成，制作完成后可表现其栩栩如生的典型姿态。在这个展区中还有一个非常热门的主题区叫“走进非洲”，里面陈列了 160 件来自非洲的代表性动物标本，整面大型背景 1∶1 还原了非洲大草原的生态场景，是我们建馆的时候，三四个画家花了一个多月时间现场作画完成的。在这个主题区里，特别值得一提的是非洲多媒体秀，在一面高 7 米、宽 33 米的巨幅墙面上展现了非洲大草原生机勃勃的一天，以及旱季到雨季的变化，让大家能够有身临其境的感觉，非常震撼，观众表示看完之后印象非常深刻。

第七个展区同样非常吸引人，叫“缤纷生命”。我们整个馆展示有 1.1 万余件标本、模型，这个展区几乎占一半。里面有一个“松果塔”，涵盖了世界上最大的、最长的和最小的松果。最上面一圈的松果可以达到 50 厘米，第二圈每个松果可以达到 5 千克。展区里面还有“犄角争锋”，总共展示了 61 件鹿科动物标本和牛科动物的犄角。

第八个展区“人地之缘”，主要展示人类文明的进化历程。第九个展区主要陈列了一些岩石、矿物和土壤。第十个展区是“未来之路”，主要想引发观众的一些思考，比如现在环境资源等问题凸显，人类今后怎样才能更好地保持可持续发展?

我们的教育活动分为展览教育、拓展教育和线上教育。展览教育主要基于各类现有标本和展览资源；拓展教育更多的是举办一些公共类或环保类活动，以及和学校之间的合作；线上教育主要是通过网站、微信、APP 等和观众联系。在上海自然博物馆 1200 平方米的探索中心里也有一个非常热门的展项——“化石挖掘”，里面摆放了 30 多个古生物化石的仿真模型，在这里小朋友可以合作体验挖化石的过程，同时也可以增强团队意识。针对 8—14 岁的孩子，我们开发了 11 个主题的“小小博物家”项目，给每一位小朋友准备了一个“宝箱”，配有科研工具，通过“博物馆笔记”的一步一步引导，小朋友能够轻松体验科学研究的快乐，激发大家的兴趣。该活动推出之后，有一些小粉丝自己买票把 11 个主题全部做完，集满全套的“博物馆笔记”，成长为我们的“螺丝”。当然，我们还有针对学龄前儿童、小学生和初中生等多个年龄段的课程，主要的开展方式是通过教育活动做一些科学知识宣传，更多的是通过小朋友的一些互动体验来增强学习体验。我们希望以展览为基础，通过课程活动的组织，打造青少年素质教育拓展的基地。当然，我们要打造全年龄段教育活动，因此也有面向成人的项目，比如广受青年人好评的“探索者联盟”。我们还有一个讲座品牌，叫“绿螺讲堂”，至今已经举办了 62 期，通过邀请一些院士、专家、科普达人及国际行业组织的专业人士，围绕自然、人文和艺术三大块与观众现场交流。今年开始，我们也在和一些科研机构紧密合作，尝试把上海自然博物馆打造成自然科学研究成果发布交流的平台。我们还有专业研究人员带领公众到户外进行的科学考察活动。为了让更多观众看完博物馆之后能“把博物馆带回家”，我们也陆续推出了博物馆系列藏书，包括《指尖上的自然》《自然趣玩屋》。《自然趣玩屋》这套书有30 册，不仅好看，而且好玩，包括很多趣味小游戏、手工制作。

自然博物馆里有两类群体比较重要，一类是亲子家庭，还有一类是学生团队。为了服务好学校，我们从去年开始已经和上海 116 所中小学签署了合作协议，这 116 所学校都可以来我们馆定制专属的课程活动，还有“博老师研习会”教师培训项目。建立这样的平台，目的是让学校的自然、生物、科学等学科老师和博物馆教育人员能够有一些定期互动。还有“青少年科学诠释者”项目，我们从众多报名者中选拔了 100 多名青少年科学诠释者，经过培训之后在上海自然博物馆进行讲解。这样的实践不仅仅让学生增长了知识，更激发了兴趣，锻炼了能力，增强了责任感。我也一直在思考，到底什么样的家庭教育才最有效？有一句话说得好，“读万卷书，行万里路”，到博物馆增加的不仅是阅历，更重要的是能力——表达能力、合作能力、沟通能力、协调能力，等等，我们也是希望通过这些活动锻炼青少年的这些能力。除了馆校合作，我们也在开展场馆合作项目，目前拓展到了 22 家科普场馆和基地加盟，也是期望通过联合，体现优势互补，共同研发课程，共同培训人员，共同策划活动。

如何做好参观准备

最后和大家简要介绍一下，如果观众来参观上海自然博物馆，提前要做哪些准备。

首先可以关注我们上海自然博物馆的微信公众号，下载“自然博物馆”APP。我们的 APP 有两大类：一类是上海自然博物馆的导览 APP，这个 APP 可以实现全程自助导览，方便游客设计参观路线。还有一类 APP 是刚才提到的“增强现实”APP，它可以让现场的化石和标本“活”起来。

其次，游客可以登录上海自然博物馆的官方网站，提前看看哪些展区比较感兴趣，游客还可以通过官方网站和微信购买门票。

最后，微信和官方网站上会按时推送上海自然博物馆的主题活动详情，如果想参加的话需要提前了解并且预约登记，因为受欢迎的教育活动往往一票难求。另外，根据有关部门的安全规定，景区有最大承载量要求。上海自然博物馆每逢双休日、黄金周和寒暑假都会出现客流高峰，平均每天会限流三到四次，建议想来的观众可以提前买好门票，来馆当天通过微信和网站查看上海自然博物馆的实时在馆人数。数据累积发现，如果当天来博物馆的话，请尽可能错开 11 点到 11 点半的人群高峰。还有，场馆内会有一些小提示，比如展区内不能饮食，以及一些其他的注意事项，因为标本十分珍贵，在展区内吃东西可能会引来虫子，这些虫子会啃噬标本。

刚才非常简要地向大家介绍了我们上海自然博物馆的经典展览和教育活动，说句心里话，我还是比较忐忑，这几年我和同行交流得比较多，与观众的交流相对少了些，因此有些地方可能讲得未必会让大家感兴趣，有错误的地方也请大家原谅。

谢谢！

2017

第3讲

分享我的人生经验
——李昌钰刑侦科学博物馆

李昌钰

李昌钰，刑事鉴识学专家，中国政府友谊奖获得者。1938 年生于江苏如皋，美国纽约大学生物化学硕士、博士，现任康涅狄格州纽黑文大学终身教授。1998 年，担任美国康涅狄格州警政厅长，成为全美第一位出任州级警界最高职位的华裔首长。在此之前，他曾担任康涅狄格州公共安全委员、康涅狄格州鉴识科学实验室主任和 1979—2000 年的首席犯罪学专家。2006 年，设立“李昌钰鉴识科学研究所”。2013 年 9 月，出任最高人民检察院检察技术信息研究中心顾问。2013 年被聘为河南科技大学法医学院名誉院长。

李昌钰，世界知名的刑事鉴识专家，从著名的“辛普森杀妻案”到尼克松“水门事件”等，许多重大案件的真相因为他的介入得以显现。他被誉为“当代福尔摩斯”“现场重建之王”。有人说，从幼年失去父亲的孩子，到享誉全球警界的专家，李昌钰的经历就像一部小说一样丰富多彩。实际上，他的经历远比小说传奇。

2017 年 3 月 21 日下午，李昌钰做客“南博讲坛”，在南京博物院小剧场里，为我们讲述他“使不可能成为可能”的人生经历，用一个个真实的故事为这句话做注脚。

演讲现场

Dr. Henry Lee
the Glory of
Touch the life of all from the poor to the presidents of the nations
The talent to conquer the challenges.
The compassion for the oppressed.
The energy to serve and strive for the best.
The wisdom to prevail.

演讲现场

大家好！今天非常高兴能在南京博物院跟大家见面，我一生处理过一些重大的案件，也影响过一些人，其中也包括一些国家的总统，所以我在国外常常得奖。有一次，他们给我颁了一个金奖，在答谢致辞的时候，我用了一句话来总结我过去的人生经验，那就是“使不可能变为可能”。

打破“无形的屋顶”

我出生在江苏如皋，从小因为父亲做生意，所以家境还不错。后来父亲带我们全家搬到了上海。1948年，我妈妈带着我们几个小孩子去了台湾。1949年，我父亲乘坐“太平轮”从上海到台湾过年，结果轮船因超载、夜间航行未开航行灯而被撞沉。这件事改变了我们一家，也改变了我的一生。

我父亲去世了，家里也没有了经济来源，日子就难过起来。那时候我们几乎连学费都交不起，鞋子也没得穿。再大点，等到考大学的时候，我被台湾海洋大学录取，毕业了以后是有机会去做船长的。那所学校的学费很贵，我妈妈却说没关系，哥哥和姐姐都工作了，会给我出学费的，但是我从小就很独立，想靠自己，不想给家里增添负担。正好台湾“中央警官学校”也招生，不仅不收学费，每月还有50块的津贴，出于经济考虑，我最终去了警官学校读书。当然现在它变成台湾最难进的一所大学了，每次他们招生，把我的照片挂在招生处，就会有很多同学去投考。

工作才两年多，我就从一名普通的小警员晋升到了警长，那年我25岁，也是台湾地区历史上最年轻的警长。在台湾的时候，我就对侦查案件很感兴趣。但是台湾早期破案比较简单粗暴，通常就是把所有的嫌犯统统抓来，一个接一个地审问，问他们招不招？不招就带到后面小房间，敲敲打打灌点儿水，就每个都招了。警察的破案率是150%，很多无辜的人被屈打成招，真正的犯罪分子逍遥法外。当时我就在想，有没有更好、更新的方法能够帮助破案？所以我开始接触物证科学，自己研究加上跟老师学习。很多人都疑惑，警察怎么会去学习生物化学？做警察主要靠直觉吧，我们在马路上，看一看就知道哪个是好人，哪个是坏人。但是研究生物化学就不能这样，要完全理性、客观，要做研究，要统计数据，又要将数据和信息变成一种感觉，这是有一定科学研究程序的。

1965年我到了美国，在纽约大学医学院师从一位生物化学家，他后来获得了诺贝尔奖，我跟着他学到了很多知识。那时为了维持学业和生活开支，我得做三份工作：白天在纽约大学医学院做化验室技术员，负责验血、验尿、刷试管；晚上要到中餐馆刷盘子；周末再去武馆教中国功夫。经常每天只能睡上四个小时。尽管如此，我的成绩还是全A。我用两年半时间完成了四年的大学课程，在1972年成功拿到鉴识科学的学士学位。因为当时还没有鉴识科学的研究生项目，我就选择在纽约大学的生物化学系继续读书，花了三年时间拿到了博士学位，那时候在美国平均五年才能读完博士。拿到人生中第一个博士学位的时候，真的非常高兴，简直兴奋得连饭都吃不下，不过当时很穷，也没有饭吃。

后来工作了，康涅狄格州的纽黑文大学招聘法医科学助理教授，我应聘进了这所大学。鉴识科学是 20 世纪 60 年代后期才在美国学术界兴起的一门法医科学专业，是将物理学、化学、医学和生物学等科学技术应用到刑事及法庭工作上的学科。因为专业建设不太成熟，尚在起步阶段，所以纽黑文大学提供的条件比较一般，我们只有两名学生，连实验室也没有。我的导师很生气，说："加州大学伯克利分校、密歇根大学都请你去，你不去，为什么去纽黑文大学这样一个名不见经传的学校？"他认为我是很好的生物化学家，不明白为什么我要做鉴识科学这样冷门的专业研究。选择纽黑文大学继续研究刑侦鉴识是因为我有个梦想。我是警察出身，所以我一直在想：怎样用最好的方法维持社会大众对司法的信心？怎样替无辜的人发声？我还希望能将自己的所学与刑事侦查结合，纠正冤假错案，找到真凶。

三年之后，我的导师来看我，说我的选择是对的，因为我第一年就被评为"杰出教授"，花了三年就晋升为终身教授。纽黑文大学很小，因为我认真做事，所以很快就变成终身教授了。假如我到加州大学伯克利分校或其他知名大学，30 年之后还不一定是教授。所以不一定要执着于大的平台，一个小的平台，只要你愿意潜心做事，不断提高自己，一样能够得到很好的发展。

想要推进鉴识科学，闭门造车肯定不行，必须接触真实的刑侦案件。所以我和警察、检察官联系，愿意给他们提供免费的证据鉴识服务，但是开始没人愿意找我帮忙，只偶尔有一些经费紧张、为穷人提供免费辩护服务的律师愿意找我。后来，我帮公设律师打赢的案件越来越多，那些警察和检察官也渐渐开始联系我了。直到 1978 年，康涅狄格州州长邀请我做首席刑事鉴识专家和警政厅刑事鉴识化验室主任。名头听起来不错，不过办公条件真不敢恭维，办公地点是由男厕所改建的，整个团队只有十几个人，工资也不高，只有在大学做教授时薪水的一半。我那些朋友都开我玩笑，说："你怎么越混越差了？居然到厕所里去工作了。"但是我还是接受了，因为他给了我回到刑侦第一线的机会，也给了我希望和动力。我要建一个全美最好的实验室，把一切从不可能变成可能。

两年之后，实验室就初具规模，当初开我玩笑的朋友连耶鲁大学教授都不想做了，跑来找我，希望能跟着我一起做鉴识科学。他说："这是一门对人类、对社会有直接贡献的学问。"我们共同成立了刑侦科学研究室，跟科学家、刑警一起到重要案件现场，把科学家的科学技术和刑警的经验结合起来破案，侦破了很多大案，这一做就做了几十年。

到了 1998 年，我第二次退休。第一次退休没退成，在实验室被我妈妈骂了一顿，回去继续工作。因为我要退休，州长就打电话去找我妈妈，说美国需要我，美国人民需要我，不能退休。我跟妈妈说美国有个东西叫退休，退休就可以到别的地方再去做事，就拿两份薪水。我妈妈骂我一天到晚想钱，把我骂回去工作了。这次退休时，州长邀请我担任警政厅厅长一职，我坚决不干，结果他又跑去找我妈妈。我妈妈就问我为什么不做？我说这个工作不好做，一天要开 37 个会议，每天晚上还要出去演讲应酬，美国应酬又很麻烦。我妈妈说美国有个无形的屋顶，这无形的屋顶是玻璃的，你看不到，会认为所有的人都平等，但其实不平等，到了一定的程度，中国人或者其他少数族裔会受不少气的。美国从有警政厅以来，200 多年都是由白人把持，而且都是些身高六尺二、六尺四，体重 280 磅，又胖又大的白人，如果再抽根雪茄烟，讲的英文没有人能听懂，一句话里面夹杂很多脏字，那就是厅长了。所以我妈妈说要打破这个无形的屋顶，为未来的中国人开辟一条道路。我们华人在美国从事警政、刑侦、鉴识工作的大概有 5000 多位，但是很少有做到高层的。听妈妈讲完后，我就决定接受警政厅厅长这个职位了，成为美国警界历史上职位最高的亚裔人士，也是最矮的厅长。

最近有人问我，在美国做厅长的时候，那么多美国人，怎么管理的？我说很简单，你不要管他的人，你要管理他的心，不是他人来上班就好了，他需要心甘情愿地好好工作。你要管心，也要管自己，你自己都管不好怎么管人？你自己不好好工作，怎么寄希望于你的部下好好工作？所以管心，就是严于律己，待人也要好，这很重要。我一生很幸运，就是我可以和很多好的团队一起工作。

“你要挑战你自己的极限”

大家可以猜猜我现在多大年纪了？已经快 80 岁了，但是我基本保持每天 16 个小时的工作状态。最近哈佛大学邀请我演讲，看我状态很好，曾问我：“李博士你到底多大年龄？”我说人其实有六种年龄，而出生年龄只是其中最基本的，而且是最不准确的一种。人还有一种体格年龄，有些人七八十岁身体依旧健朗，我就七八十岁了，上央视节目的时候撒贝宁曾跟我开玩笑，我也是能轻松应对的。所以，年轻的朋友们还是要不断加强锻炼，不要自以为年轻身体好就不锻炼了，拥有强壮的身体才能做大事。第三种年龄是心理年龄，这种年龄是需要保持年轻的心态，多和年轻的朋友沟通思想，比如说我谈的话题就能和年轻人说到一起去，所以我心理年龄也很年轻。第四种是生理年龄，这个就是具有先天性的，也是被 DNA 决定的。余下的两种年龄就分别是经验年龄和智慧年龄了。经验年龄很重要，譬如我们做刑侦，常常有些外国刑警说他已经做了 35 年的刑警了，我认为如果是错误的经验就是不正确的。智慧年龄同样重要，需要我们不断学习，不断努力，有些小孩子算术就能算得很好，有些乡村的老人八九十岁了，遇到类似“2+2”这样简单的算术，还需要掰手指头，这就是智慧年龄的区别。所以一个人的年龄，一共有六种不同的方法计算，将六种年龄平均下来才是你真正的年龄。

所以你要挑战你自己的极限。假如你身体不太好，你就要开始锻炼身体；假如你数学差一点，就要不断地努力。突破自己的局限，这样才能突破你的极限，人生就会有所进步。所以我们常常说人生很多的机遇完全是靠自己创造出来的。

美国的很多作家、电影和电视编剧都认为我是从小就喜欢刑侦，其实是因为小时候家里没钱才去念警官学校。但是一进警官学校的校门，我就觉得这是我应该待的地方，所以很快就由不用功变得很用功了。我中学的时候喜欢打篮球，但是教练嫌我个子不高，说你长高两尺再来找我。听了这话，我就回家天天运动，锻炼身体，希望能够长高两尺，终于有一天我认识到这是不可能的，因为我没有姚明的 DNA，也没有迈克尔·乔丹的 DNA，不可能长到七尺以上。后来我找了个会打篮球的太太，她当时是台湾师大篮球队的队长，我想自己篮球打不好，太太打得好也可以。我想说的是，我们每一个人都有自己的优势，不管在生理上，还是在智慧上。所以我们要对自己诚恳，问问自己：“我最强的地方在哪里？我最好的是哪个方面？我最想做的事情是什么？”那么你就会有一个目标，只要继续不断地努力，每天扎扎实实地前进，一步一个脚印，当留下很多脚印时，你就成功了。

当然，家庭因素也是很重要的。在座的每一个人都是炎黄子孙，都是中华民族的一员。回家翻一翻我们的家谱，上面清晰地记录了我们的祖先。虽然我们没有看过他们，他们也没看过我们，到底像不像也不知道，但是他们身上的品质能够深刻地影响到我们。我大概 10 岁的时候就没有父亲了，不过幸运的是，我有一个好妈妈。很多人问我成功的秘诀是什么？我说有一个好妈妈。很多人问我世界上最怕的人是谁？我说就是我妈妈。又有人问我最尊敬的人是谁？我回答也是我妈妈。毕竟没有我妈妈就没有我的今天，她身上的许多品质和思想对我产生了很大的影响。

“我只是会利用时间”

2000 年，我回到了我最喜欢的刑侦工作中，可以在实验室、在现场工作。2008 年，鉴识中心的设备、人员已经统统安置妥当，成为世界上有名的鉴识中心。于是，我就和州长讲我要离开了，这是我第五次退休。我回到原来教书的学校，在那家学校我已经教了 43 年书，那里有一座博物馆。现在在江苏如皋也有一座李昌钰刑侦科学博物馆，欢迎大家去参观。

我通常一年在世界各地有 150 个演讲，回顾一下，我刚刚到美国的时候连英文都不会讲，现在已经出版了 40 多本书了，尤其走到书店的时候，能够看到一个中国人的脸挂在最中间，就可以感觉到这是使不可能变可能了。

很多人问我，你是怎么做到的？我说我只是会利用时间。一个人，不管你是院长还是教授，或者清洁工，我们一年大概都只有 8760 个小时，就像我给你 8760 块钱，很快就会花光。美国人为什么工作效率低？他们每年工作 1600 个小时，平均每天八个小时，另外还要喝咖啡，还要睡觉睡掉 3200 个小时，吃饭吃掉 1000 个小时，消遣掉人生 2000 个小时，真正有意义的只有大约 700 个小时。所以，假如你吃快一点，睡少一点，不要浪费时间，一年下来一定会比别人工作时间长很多。

当年我拿学位很难，现在拿学位就容易多了，每年都有学校要给我颁发“荣誉博士”学位，所以我经常在很多学校的毕业典礼上演讲。有一次去一个天主教的大学发表演讲，和同学们分享人生经历，很多同学问我怎样才能成功？我总结了五点：第一点是诚实，我做刑侦工作已经做了 54 年，诚实在工作中非常重要，是立身之本；第二点是奋斗，学会每天向自己挑战，不是向别人挑战，而是向自己挑战，思考如何比昨天更好一点；第三点是高效率，一天只有 24 小时，时间很公平，你不可能比别人多，也不可能向别人借，更不可能存在银行明天再用，你可以选择睡觉、喝酒、唱卡拉 OK，你也可以用来学语言、学绘画、写书法，做些有意义的事情，一年下来，十年下来，我敢保证你自然就会大有进步；第四点是工作观，梳理清楚你工作中最重要的是什么，就像我们的工作，讲究要让证据说话；第五点是生活一定要快乐。最近有人做了一个统计，采访了 300 位长寿科学家，里面还有一些是获得过诺贝尔奖的，统计他们自认为长寿的秘诀，一般人都以为可能是饮食方面的，结果没有想到，大部分的答案是生活要感到满足跟快乐。你如果感觉到生活满足、快乐，就不会再有其他的焦虑跟需求，你的寿命自然会长。

我一生很幸运，到过 46 个国家，侦破过 8000 多宗案件，这些案件里有很多是震惊世界的大案。不久之前，美国发行量最大的报纸《今日美国》有篇文章列举了 25 个影响到世界历史的案件，他们送了我一份，我看了一下这 25 个案件，其中有 14 件跟鉴识科学有关，我直接或者间接处理过。1938 年在江苏如皋出生的我根本没有想到自己也能影响这么多人，所以今天在座的各位，你们每个人都有机会。

今天我就讲到这里，下次有时间我们再讲讲其他的内容，谢谢。

2017

第4讲

走进世界第八大奇迹：
发展中的秦始皇帝陵博物院

侯宁彬

侯宁彬，秦始皇帝陵博物院院长、陕西省博物馆协会会长、中国博协考古与遗址博物馆专业委员会主任委员。

侯院长出生于1964年，毕业于西北大学历史系考古专业，曾任陕西省考古研究院秦文化考古研究室主任、院长助理，陕西省文物局文物保护与考古处副处长，汉景帝阳陵博物院院长等职。长期从事考古发掘与研究、文化遗产保护、博物馆管理运营和文物行政管理工作，先后主持了秦咸阳城国家大遗址考古、西安神禾塬战国秦陵园、西安白鹿原汉墓等多项考古发掘工作。

大秦，一个让人精神振奋、心驰神往的时代；秦始皇，一位雄韬伟略、褒贬不一的君王。寒暑易节，春秋代序，被称为“世界第八大奇迹”的秦始皇帝陵兵马俑发现至今，已经有43个年头。大秦帝国的传奇吸引了全世界关注的目光，秦始皇帝陵博物院也成为向世界展现中华文明魅力的一张亮丽名片。

如今的秦始皇帝陵博物院，以秦始皇兵马俑博物馆和秦始皇陵国家考古遗址公园为主体，积极推进“一院多馆”的新格局，全方位、多角度、立体化地展示秦始皇的地下宫殿，努力“创建国际一流的文化博物馆，创建世界一流的旅游目的地”。

2017年4月3日，侯宁彬院长做客“南博讲坛”，为我们介绍秦始皇帝陵博物院。这样一座充满魅力的博物院，有着怎样的发展历程？陵园内有哪些有趣的展馆和新发现？面对日益增加的客流量，博物馆如何拓展公众服务？在这一期“南博讲坛”，侯院长娓娓道来。

秦始皇帝陵博物院北门

游人如潮看秦俑

铜车马

兵马俑

大家下午好！首先感谢南京博物院邀请我来到“南博讲坛”，向大家汇报秦始皇帝陵博物院近几年的考古收获、公共服务情况，以及未来的发展方向。

说到“秦始皇帝陵博物院”，我估计可能在座很多人不太熟悉这么一个名字，但是提到“秦始皇兵马俑”，可能大家都知道，实际上秦始皇帝陵博物院就是在秦始皇兵马俑博物馆的基础上扩展而成的，它是对原秦始皇兵马俑博物馆和秦始皇陵遗址公园（丽山园）进行整合后建设而成的一座大型遗址类博物院，基于考古遗址本体及其环境进行保护与展示，也是融合了教育、科研、游览、休闲等多项功能的公共文化空间。

秦始皇帝陵博物院于 2009 年 2 月 11 日挂牌成立，主要职责是负责秦始皇帝陵（含兵马俑坑）世界文化遗产的管理、监测工作，承担秦始皇陵国家考古遗址公园的规划、保护和对外开放工作，同时开展秦始皇帝陵大遗址考古和博物院藏品的科技保护、研究、展示以及社会教育工作。

秦始皇陵地下世界惊现于世

因为秦始皇帝陵博物院有考古发掘的领队资质，所以整个秦始皇帝陵范围内的考古工作，都是由秦始皇帝陵博物院承担的。在此之前，秦始皇帝陵考古则是由博物馆和陕西省考古研究院联合开展，也就是说，2009 年博物院成立之前所有的考古成果都是这两家单位的联合成果。

真正科学意义上的秦始皇帝陵考古开始于 20 世纪 60 年代，而具有划时代意义的考古发现还要数 1974 年兵马俑的横空出世。从 20 世纪 60 年代开始，陕西的考古工作者就对秦始皇帝陵的陵园及周边进行系统的考古调查，主要针对陵墙、封土等地表能见的遗迹进行地面调查和记录，同时对一些重点区域进行考古勘探，以了解整个秦始皇帝陵的布局。

直到 1974 年 3 月 27 日，西安市临潼区秦陵街办西杨村村民在一次打井活动中，偶然发现大面积的红烧土和大型陶俑残片，后经文物工作者辨析，这些遗迹被确认应属秦始皇帝陵的陪葬设施。从此，全世界的目光都聚焦在了这一惊世发现上。秦始皇帝陵的考古工作是围绕秦始皇帝陵兵马俑陪葬坑开展。从 1974 年一直到 20 世纪 90 年代，一共发现了四个陪葬坑。实际上，四号坑目前来看是不存在的，因为它尚未完成，规整程度比较差，所以在学术上存在争议，我们这里就不细说了。

最早记录秦始皇帝陵陵园地面遗存的是明代地理学家都穆，他在《骊山记》中详细记录了秦始皇帝陵陵园的内城、外城、门址的规模和保存状况。20 世纪初，来自法国、日本的地理学者开始对秦始皇帝陵做密集的实地测量或踏勘，其中影响较大的有日本学者足立喜六和法国学者维克托·萨加林，他们分别实测了秦始皇陵封土的高度、陵园的规模、陵墙的长度等，并留下了大量图片和实测数据，这些资料为我们了解秦始皇帝陵地面遗存的变化提供了参考。随着举世瞩目的秦始皇兵马俑陪葬坑的惊世发现，规模宏大，埋藏丰富，具有重大科学、历史与艺术价值的秦始皇陵的冰山一角才逐渐被揭开。40 多年来，考古工作者持续在秦始皇陵 56.25 平方公里的区域开展了大规模的科学田野考古工作。兵马俑陪葬坑、马厩坑、珍禽异兽坑，以及铜车马、石甲胄、百戏俑、文吏俑、青铜水禽等“奇器珍怪”的相继发现，使《史记》中描述的神秘帝陵一步步走进人们的视野。

秦始皇帝陵的规划非常科学，南靠骊山，北临渭河。“依山环水”正是秦始皇陵最主要的地理特征。秦始皇陵建于秦王政元年至秦二世二年，秦始皇倾全国之力来打造这个地下世界，但直到他 50 岁东巡途中病逝之时，秦始皇陵都尚未完工，只能匆匆而葬。即便如此，前后持续 38 年的建造时间使得秦始皇陵成为我国历史上建造时间最长的陵墓之一，也是中国历史上第一座规模庞大、设计完善的帝王陵寝。

秦始皇陵的总体布局沿中轴线对称，非常宏大，陵园占地近 8 平方公里。陵墓近似方形，顶部平坦，腰略呈阶梯形，高 76 米，东西长 345 米，南北宽 350 米，占地 120 750 平方米。陵园以封土堆为中心，四周陪葬坑分布众多，仿照秦国都城咸阳的布局建造，大体呈回字形。按照“事死如事生”的原则，秦始皇将其生前所用器物、他的政治帝国、他的生活全部带入了这个地下世界。秦始皇陵总体分为正藏系统和外藏系统，正藏系统就是秦始皇陵地宫所在区域，余下内城、外城和外城以外区域属于外藏系统，主次分明。

2003 年，“863 计划”项目实施了对秦始皇帝陵封土、地宫等遗迹的物探，数据显示：封土下墓圹开挖范围东西长约 170 米，南北宽约 145 米，深约 30 米；墓圹内筑有石质宫墙，东西长约 145 米，南北宽约 125 米，高约 14 米；地宫筑于宫墙内，东西长约 80 米，南北宽约 50 米，内高约 15 米。据《史记·秦始皇本纪》记载，地宫建造中曾“穿三泉，下铜而致椁”，意为秦始皇帝陵地宫在修建的时候，往地下打得很深。“三”其实是个概数，应该是指在施工中遇到了水淹，所以才修建了阻排水渠，另一方面，棺木结构会受到地下水和地上径流的影响，所以必须要做完整的阻排水系统，才能解决这个问题。经勘探，我们发现秦始皇帝陵地宫周边建设有复杂的阻排水系统。其中阻水系统以青膏泥填充，位于墓室的东侧、南侧以及西侧的局部，先于墓圹建设，后被封土所覆盖，主要功能为阻挡来自东侧、南侧、西侧的地下水。排水系统以明暗渠为主，位于墓室的西侧，主要功能是将地面积水排出陵园西墙外。与此同时，近年来在墓圹北侧、东侧北端以及西侧北端也发现类似阻水设施，其功用与南侧阻水设施相同，阻止北侧、东侧及西侧北端的地下水进入地宫。墓道方面，根据目前的考古调查、勘探资料，结合历史文献记载以及同时期同类考古发现，秦始皇帝陵应该设有四条墓道，其中考古发现已经确认的有东、西两条墓道。东墓道最长，为主墓道，西墓道次之，南、北两条墓道最短。由于墓坑上层建有规模巨大的夯土台阶，墓道多被叠压于夯土下，所以，目前只知东墓道暴露长度约 66 米，宽 13—19 米。最后，为了防止后世盗掘，凡是参与建造秦始皇帝陵的工匠，全部被封闭在墓葬中，据历史的记载，没有一个人出来，即便是这样，秦始皇帝陵可能还是没有逃脱被盗掘的厄运。

除了以地宫为主要内容的正藏系统外，外藏系统由各种陪葬坑组成，像百戏俑坑、水禽坑、马厩坑等，其中著名的兵马俑陪葬坑也属于外藏系统。

三座兵马俑陪葬坑呈品字形分布，皆为土木混合结构的地穴式坑道建筑，总面积约 2 万平方米，坑内放置与真人真马一般大小的陶俑、陶马近 8000 件，具有很高的艺术价值。其中一号坑面积最大，14 260 平方米，约埋藏陶俑、陶马 6000 件，同时还有大量的青铜兵器，象征由步兵和战车组成的主体部队；三号兵马俑陪葬坑面积最小，总面积约 520 平方米，坑内埋藏木质战车 1 辆、陶马 4 匹、武士俑 68 件，象征统率全军的指挥部；二号坑处于中间，面积约 6000 平方米，据已发掘资料推算，此坑埋藏兵马俑 1300 余件、木质战车 80 余辆。二号坑兵马俑亦面朝东方，其兵种、阵容、造型及姿态等方面，均比一号坑丰富多彩，象征步兵、骑兵、车兵和弓弩兵穿插组成的混合部队。

秦始皇帝陵的三座兵马俑陪葬坑的展示方式都不一样。三号坑是完完整整地将考古发掘现场以及经过修复和位置还原的陪葬状况进行全面展示，同时以图片的方式展示了彩绘陶俑出土时的状况，以及彩绘脱落的原因、目前采取的保护措施和效果；一号坑既有经过复原的军阵展示，也有考古发掘现场展示，还有考古发掘过程的展示，可以说是一个综合性的展示；二号坑则更多地是把考古发掘揭露出来的陪葬坑的棚木层展示给公众，以便公众更好地了解陪葬坑的土木结构、建造过程等信息。

兵马俑形体高大，比例匀称，形象生动，神态逼真，可谓千人千面，栩栩如生。兵马俑的塑造以现实生活为基础，艺术手法细腻明快，具有鲜明的个性和时代特征，是我国秦代写实艺术的完美体现。目前一、二、三号兵马俑陪葬坑所展示的多是陶俑彩绘脱落后的状况，实际上多数兵马俑在当初陪葬的时候，身上都施有彩绘，只是我们在初期考古发掘过程中，没能很好地解决彩绘的保护问题。经分析，环境变化、微生物、可溶盐是使兵马俑“褪色”的主要原因。研究发现，兵马俑在彩绘前身上都髹了一层生漆，作用是增强黏合度和突出色彩。兵马俑发掘出土前已在地下埋藏了2200多年，处于一个温湿度相对稳定的环境状态，发掘出土后，随着温湿度的急剧变化，兵马俑表面的生漆层因失水而迅速卷曲剥落，导致附着在生漆表面的颜色瞬间消失。

为了解决兵马俑迅速褪色这个难题，20世纪90年代开始，秦始皇帝陵博物院和德国巴伐利亚州文物保护局开展了长达20多年的联合攻关，终于解决了兵马俑彩绘的保护和保存问题。近年来，秦始皇帝陵博物院联合国内外科研机构，成功研究出聚乙二醇与聚氨酯乳液联合处理和单体渗透—电子束辐射聚合两套保护方案，对秦俑彩绘进行了加固，成功有效地保护了彩绘陶俑，还原了2200多年前的精彩。

值得一提的还有秦始皇帝陵铜车马的发现。1980年，铜车马出土于秦始皇陵封土西侧约20米处，共两乘，每乘车前驾有四马，车上各有一御官俑。但是出土时，一号铜车马破碎为1360多块，二号铜车马破碎为1650多块，其中大部分残件都有不同程度的变形，所有连接的关节和销锁的部分都已经锈死不能活动，一些细小部件锈蚀严重。修复专家们按照零件大小、所处位置、残破程度、有无彩绘等不同情况，分别采用不同的修复技法。修复方法以粘接为主，中低温焊为辅；不能焊接的地方采用销钉加胶接或打孔用螺丝连接再加胶固化的办法进行修复。经过八年的艰辛努力，两乘铜车马以光彩照人的形象重现于世，造型逼真，装饰华美，一为“立车”，一为“安车”，均为古代单辕双轮车并按照秦代真人车马二分之一的比例制作。铜车马整体用青铜铸造，大量使用的金银饰件重量超过14千克，零部件达3000余个，采用了铸造、镶嵌、焊接、子母扣连接、活铰连接等多种工艺组装而成，是我国考古史上截至目前出土的体型最大、结构最复杂、系驾关系最完整的古代车马，被誉为“青铜之冠”。铜车马通体施以彩绘，装饰有云纹、几何纹、夔龙纹等图案，施以红、绿、紫、蓝等色彩，艳丽丰富，生动描绘了秦代皇家属车的华贵富丽，对研究古代车制具有极高的学术价值。

让公众领略秦文化的博大内涵

1976 年 5 月 15 日，新加坡总理李光耀参观了正在建设中的秦始皇兵马俑博物馆后留言：“秦兵马俑是世界的奇迹，民族的骄傲。”1978 年 9 月 1 日，时任巴黎市长的法国前总理希拉克参观后留言：“世界上有七大奇迹，秦兵马俑的发现可以说是第八大奇迹了。不看金字塔，不算真正到过埃及；不看秦俑，不算真正到过中国。”于是，“世界第八大奇迹”的美誉不胫而走，如今已成为秦兵马俑的代名词。

一直以来，秦始皇帝陵博物院在秦始皇兵马俑陪葬坑对外开放的基础上，逐步开放了诸多帝陵陪葬坑和陵园建筑，形成了以遗址陈列为主体、铜车马陈列为精华、整体风貌环境为烘托、临时展览为补充的相对系统的陈列展示体系。1979 年 10 月 1 日，秦兵马俑一号坑遗址保护大厅建成，并对外开放；1989 年 9 月 27 日，秦兵马俑三号坑遗址大厅正式对外展出；1994 年 10 月 1 日，秦兵马俑二号坑遗址大厅建成，以边发掘边展示的形式对公众开放；1999 年 10 月 1 日，秦始皇帝陵文物陈列楼建成，并对外开放，秦陵铜车马以全新的展示方式与公众见面；2010 年 10 月 1 日，占地 3386 亩、位于秦始皇陵核心区的秦始皇陵国家考古遗址公园正式对外开放，主要参观点包括秦始皇陵封土和已探明的主要建筑遗址、陪葬坑等；

2011年9月30日，秦始皇陵K9901陪葬坑（百戏俑坑）、K0006陪葬坑（文官俑坑）展厅建成，并对外开放。

自1979年10月1日，兵马俑博物馆开始对外开放。直到2016年底，整个秦始皇兵马俑博物馆游客接待量达9600万，国内游客占80%左右，国外游客达2000万。同时，秦始皇兵马俑博物馆作为国家和陕西的对外窗口，也承担了国内外政要的接待工作，目前为止接待国内外政要达210位。

目前，秦始皇帝陵博物院的参观区块分为两个部分：一是大家熟悉的秦始皇兵马俑博物馆，另外就是秦始皇帝陵陵园。因为这两个部分现在没有连成一体，存在景区分割，产生的问题就是来秦始皇帝陵博物院参观的游客极少会选择参观秦始皇陵国家考古遗址公园，因为路程规划很不方便。所以目前我们希望做的一个工作就是将二者打通，降低游客参观成本，提高参观舒适度，方便游客更加全面地了解秦始皇陵文化。

除了在参观上尽可能降低游客成本外，我们在游客接待与公共服务上也在一直不断地改善与提高。首先是游客接待方面，过去秦始皇帝陵博物院采用线下售票的单一模式，效率较低，体验也不好，基于游客的需求，我们建立了线上售票系统。为了进一步提高游客的参观效率，我们与腾讯合作，尝试用热力图来实时反映各个展厅的人员密集程度，方便游客及时规划自己的参观路线。

其次，秦始皇帝陵博物院在对遗址本体、出土遗物以及藏品进行陈列展示的同时，还定期举办一些高质量的临时展览，增强观众对秦统一前后地方文化、世界古代文明、文物保护修复技术等方面知识的认知和了解，丰富博物院的展示体系。如“帝国之路·陇东记忆：秦文化与西戎文化考古成果展”、“溢彩流光——陕西出土秦金银器展”、“真彩秦俑”特展和“寻巴——消失的古代巴国”

展等。1983—1988年、2002—2006年，秦陵博物院先后两次举办“秦始皇陵兵马俑全国巡回展览”，走访全国30多个城市，累计接待观众400多万人次，引起了广泛关注。除了国内的临时展览，我们还与国外博物馆合作。1982年3月，我们在澳大利亚举办第一个秦兵马俑专题文物展览，从此拉开了秦俑海外展览的序幕。迄今，秦兵马俑已出访了全球六大洲40多个国家和地区的100余座城市，让海外观众感受中华文化的魅力，也吸引了更多的游客来到中国，一睹秦始皇帝陵和兵马俑的风采。

社会教育活动也是我们的一项重要工作。秦始皇帝陵博物院社会教育工作的内容和范围，主要以青少年学生团队为重点，同时兼顾社区居民、现役军人以及来院参观的各类观众，组织策划的“优秀历史文化进校园”“秦陵移动课堂”“欢乐博物馆”三个品牌教育项目，已在西安、北京、南京、长沙、呼和浩特、包头等地成功举办千余场活动，取得了良好的社会反响。数十年来，秦始皇帝陵博物院在秦始皇陵大遗址考古、文化遗产保护、科学展示和社会教育方面取得长足发展的同时，也努力推动区域经济社会发展、精神文明建设和中外文化交流，致力于充分实现世界遗产的社会价值，成为文化遗产有效保护和合理利用的典范。

开放与回归

我曾在杭州参加了一次互联网大会，深有所感。现在是“互联网+”的时代，2016年，国家文物局、国家发展和改革委员会、科学技术部、工业和信息化部、财政部共同编制了《“互联网+中华文明”三年行动计划》。为什么会有这么一个行动计划？这是要求我们博物馆人利用“互联网+”的创新成果，更好地保护我们的文物，传承我们的文明，发展我们的文化，最终实现博物馆服务经济社会发展的目标。基于这么一种精神，我想我们博物馆需要做出如下方面的改变：

首先是开放我们的视野。过去我们很多博物馆可能只注重对藏品的保护和研究。就像过去的兵马俑博物馆在公众服务这一方面一直有待提高，因为游客量太大了，我想“互联网＋中华文明”以后，便可以充分利用互联网技术来更新、改善服务方式，通过智慧管理、智慧服务、智慧研究，形成完整的服务链条，提升服务水平，这就是我所说的要“开放我们的视野”。

其次是开放我们的资源。博物馆要对社会开放，所以我们的藏品要能够拿出来让社会共享研究，因为单靠一个小的群体，想要又好又快地取得研究成果是比较困难的。如果将其共享，社会各界研究人士皆能参与其中，能够获取很好的研究角度，何乐而不为呢？时机成熟了，我们就应该有所转变。

再次是要开放我们的平台。近些年来，博物馆策划的公共教育活动，实际上就是一种平台开放。现在不仅仅是展览，其实还有我们的硬件环境，都可以对社会开放，社会上也有很多先进的经验，可以为我们所用。这是一种良性的循环，我们也应该以一种更加宽广的胸怀来接受外界的先进技术。

最后是回归。随着近些年信息数字技术的突飞猛进，有时过分的数字化和过分的信息化反而掩盖了文物本体的内涵，这叫喧宾夺主。在任何时间做任何展览，数字展示只是辅助手段，它不是本体，文物是本，这点我们必须坚持。同时基于文物本体，我们的文化衍生品也必须遵循这个理念，我们所做的东西必须要透物见人，必须要大家接受。这些东西都是文化元素，吸收了中国古代的一些传统文化。在日常的生活中，我们可以利用它，这样才能发挥它更大的作用。如果仅仅是简简单单的一件复制品摆在那里，没有多长时间就会被人遗忘，但如果我们所用的生活用品与某件文物产生关联，我们看到这件东西就会“见物思人”，这样才能起到更大的作用，所以我们必须要回归。这就是我所说的“开放”与“回归”了。

我今天的演讲到此结束，谢谢大家。

2017

第5讲

立马山川：穿越千年草原文明

塔　拉

塔拉，内蒙古博物馆协会理事长、中国博物馆协会常务理事、中国考古学会理事。生于1955年，毕业于吉林大学历史系考古专业。先后任内蒙古自治区文物考古研究所所长、内蒙古博物院院长、内蒙古自治区文化厅党组成员、内蒙古自治区文物局副局长。

塔拉长期从事北方考古研究工作，主持编写的《蒙古国古代游牧民族文化遗存考古调查报告（2005—2006年）》和《蒙古国浩腾特苏木乌布尔哈布其勒三号四方形遗址发掘报告（2006年）》荣膺“2008年度全国最佳考古发掘报告”奖。2013年获内蒙古自治区人民政府颁发的“中国元上都遗址申报世界文化遗产个人奖项一等功”。

蓝天碧野，天堂草原。美丽的内蒙古养育了勤劳勇敢、热情豪迈的蒙古民族，也孕育了源远流长、灿烂辉煌的草原文明。

内蒙古博物院以其丰富的文物资源、精彩的陈列展览、浓郁的民族特色、多样的教育活动，勾勒出一幅几千年草原文明发展的历史画卷。如今，内蒙古博物院不仅是首府呼和浩特的城市地标，是诉说历史、展示文化的重要窗口，更是外地游客草原之旅的必经之地。

内蒙古博物院有什么有趣的展览和教育活动？在辽阔的内蒙古大地发现了哪些奇珍异宝？这一件件破土而出的文物背后又有哪些不为人知的故事？如果把草原文化比作一本大书，那么博物院里收藏的文物就是书中的文字。2017 年 5 月 21 日的“南博讲坛”，让我们跟随塔拉先生一起打开草原文化之书，感受来自大草原的壮志豪情。

内蒙古博物院外部空间

内蒙古博物院内部空间

匈奴王鹰形金冠饰

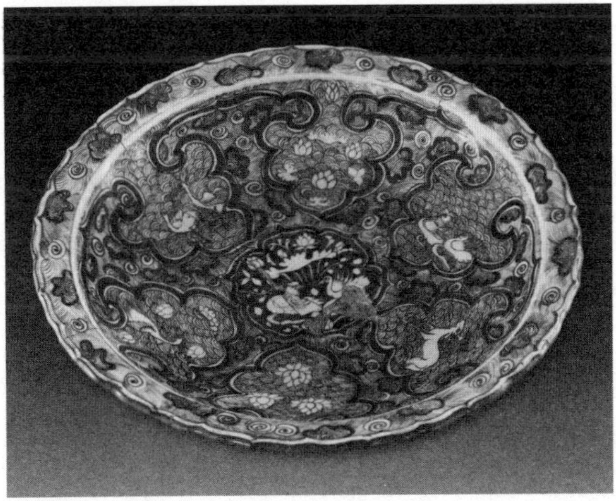

元青花鸳鸯莲池纹大盘

首先感谢南博同仁，给了我一次十分难得的机会向大家介绍内蒙古博物院，介绍内蒙古的草原文化，介绍内蒙古的考古研究成果。因为前段时间我一直在外奔波，在来南京的前几天才回到内蒙古，所以报告做得比较简单，请大家原谅。

璀璨的明珠

我先介绍一下内蒙古博物院的展览情况与草原文化的考古发掘情况。先说内蒙古自治区，它位于中国正北方，总体面积是 118 万多平方公里，面积很大，北临蒙古国和俄罗斯，南接中国内陆八个省区，边境线绵延 4800 多公里，整个狭长的区域涵盖了东北、华北、西北三个地区。内蒙古的民族历史、考古文化丰富多样，十分悠久，其中最引人瞩目的大草原，就像一颗璀璨的明珠。内蒙古博物院位于内蒙古自治区的首府呼和浩特市。

内蒙古博物院的前身是内蒙古博物馆，成立于 1957 年，是全国少数民族地区最早成立的博物馆，也是全区唯一的省区级综合性博物馆。1955 年，自治区文化局决定成立内蒙古博物馆筹备处；1956 年，自治区人民委员会批复博物馆编制和建制，将其隶属自治区文化局；1957 年 2 月，内蒙古博物馆兴建，占地一万多平方米，展览面积 5000 多平方米。现在原内蒙古博物馆建筑已经被列为内蒙古保护建筑，用于呼和浩特市博物馆常设陈列。

1957 年 5 月 1 日，内蒙古博物馆正式对外开放。如果看到内蒙古博物馆的历史照片，你就会发现，即便有了现代化的建筑，但是由于呼和浩特本身是一个草原城市，经济不是特别发达，所以当时内蒙古博物馆的门前还设有拴马桩，因为商业用途的骆驼队、马队经常路过博物馆，同时，马是当时人们的主要交通工具，设立拴马桩也方便牧民前来参观。

如今的内蒙古博物院是内蒙古自治区第一个国家一级博物馆，更多地突出了我们的民族特色，从展厅设计就可以了解。内蒙古博物院一共四层，基本陈列从二层开始，二层“远古世界”“高原壮阔”“地下宝藏”“飞天神舟”四个基本陈列介绍草原文化的生成之地；三层“草原雄风”“草原天骄”“草原风情”“草原烽火”四个基本陈列反映内蒙古草原的历史文化、民族风情和近代革命史；四层“草原日出”“风云骑士”“草原服饰”“苍穹旋律”“草原华章”“古道遗珍”六个专题陈列以亮点聚焦方式呈现草原文化。内蒙古作为世界著名的化石之乡，“远古世界”陈列在内蒙古博物院整个基本陈列体系中是重头戏。大家知道，内蒙古从南到北、从东到西都有不同年代的生物化石出土。“高原壮阔”陈列主要反映了内蒙古地区的现代生物和森林植被、草原植被的情况，展现内蒙古的地理地貌，其中的动植物标本体现了内蒙古多姿多彩的生物状况。“地下宝藏”陈列主要介绍了内蒙古多种多样的矿产资源。内蒙古自治区正在筹建自然博物馆，新馆建成后也会对这些进行相关展示。“飞天神舟”

是一个大型中国航天科技陈列，展示共和国航天史、航天成就和内蒙古人民对中国航天事业的贡献，也是我们内蒙古博物院在综合性展览中比较重要的一笔。另外，我们还有“草原风情”这样的内蒙古近代民族风情陈列，展出数百年来生活在内蒙古地区的蒙古、达斡尔、鄂温克、鄂伦春、满、回、朝鲜、汉等八个民族的生产生活、文化艺术、风尚礼仪、宗教信仰等。在内蒙古地区，除了作为主体民族的蒙古族以外，还有在全国少数民族当中人口较少的三个民族：鄂温克族、达斡尔族和鄂伦春族，这几个少数民族都聚居在内蒙古呼伦贝尔，但人数很少。“草原烽火”展览反映了内蒙古地区在共产党领导下为建设新的内蒙古和建设新中国做出的贡献。

文物与考古文化

刚刚介绍了内蒙古博物院的展览情况，下面我将介绍跟内蒙古草原文化息息相关的代表文物与考古学文化。

首先是匈奴王鹰形金冠饰，造型为一只展翅的雄鹰，站立在一个狼羊咬斗纹的半球形体上，俯瞰着大地。额圈用三条半圆形金条结合榫卯插合而成，上有浮雕卧虎、卧式盘角羊和卧马造型，中间部分有绳索纹，是目前国内发现的唯一的匈奴贵族金冠饰。这件匈奴王金冠饰是内蒙古博物院的镇馆之宝，1972 年出土于内蒙古鄂尔多斯市的一个大型匈奴墓葬，与它同时出土的还有很多金器，可见该墓葬是一个高等级匈奴墓葬。接下来的立人柄曲刃青铜短剑更具有代表性，它出土于赤峰市宁城县南山根遗址，剑柄圆雕男女裸体立人像，整体厚重，铸造精良。要知道以立人做装饰，在同类器中是比较罕见的，这把剑可能与部族信仰或宗教礼仪有关，是东胡族系曲刃短剑中的精绝之作。接下来是吐尔基山辽墓彩绘木棺具，它是2003年在内蒙古通辽市吐尔基山山麓的辽代贵族墓葬出土的，与它一同出土的随葬品有200多件（套），这样完整的彩色棺木在内蒙古辽代考古中是首次发现。彩棺以红、黑两色为主色，雕刻有仙鹤、凤、缠枝牡丹和祥云等图案，上面贴的金凤暗示着墓主人显赫的社会地位。从彩棺四周的铃铛和墓葬中的随葬品多有铃状物也能推断，墓主人生前应为萨满巫师。在古代，萨满巫师被认为是人与神沟通的媒介。

前面介绍了三件典型文物，接下来说一说内蒙古地区的代表性考古学文化。第一个是兴隆洼文化，一种分布于内蒙古及东北地区的新石器时代文化，距今约8000年，是内蒙古自治区目前发现的最早的新石器时代考古学文化。兴隆洼遗址自2001年5月开始发掘以来，已清理出兴隆洼文化时期的房屋遗址1000余座，灰坑30座，是国内保存最好、规模最大、时代最早的新石器时代遗址，遗址所在的兴隆洼村被考古界赞誉为“中华远古第一村”。中国社会科学院考古研究所和内蒙古当地考古机构合作进行了十次发掘，将近20年才理清兴隆洼文化的全貌。遗址中发现了随葬有猪骨的墓葬，还出土了大量玉器。兴隆洼文化与红山文化应该是一脉相承的关系。

接下来是红山文化。一提到内蒙古都要提到红山文化，在一些场合中红山文化甚至比内蒙古还要出名。它起始于五六千年前，是华夏文明最早的文化痕迹之一。红山文化是1921年在内蒙古地区最早发现的，1935年对赤峰红山后遗址进行调查和发掘，在随后的调查工作当中，发现了大量的泥塑人像和玉猪龙。玉文化在红山文化中处于研究核心地位，红山文化玉器是非常重要的，例如玉龙、玉鸟等。这些红山文化玉器不单是内蒙古博物院的收藏展示重点，也是内蒙古自治区其他博物馆重要的藏品组成部分。

接下来是朱开沟遗址文化。朱开沟遗址位于内蒙古自治区鄂尔多斯市伊金霍洛旗陶亥镇朱开沟村，占地面积约 4000 平方米。朱开沟遗址的时代上限相当于距今 4200 年的原始社会晚期，下限相当于距今 3500 年的商代前。在朱开沟遗址相当于中原夏代较早时期的地层中，出土了大量青铜器，像耳环、臂钏、指环以及针、锥等，还有许多兵器。这里的青铜兵器和中原青铜兵器不同的地方在于它们是以短兵器为主，像短刀、短剑等，地域特点鲜明。这类青铜器被称为“鄂尔多斯式青铜器”，很著名。

代表内蒙古东部文化的小黑石沟遗址出土的青铜器又是另外一番风格。小黑石沟遗址是一处西周晚期至春秋战国时期的大遗址，属于夏家店上层文化。在小黑石沟遗址发掘出了金器、青铜器、石器、陶器、骨角器、蚌器等文物。其中，青铜器的价值最高，代表了中国古代北方长城地带草原青铜文明的最高水平。另外在这个地方也出土了中原地区的青铜器，还有大量名贵的金器，这说明北方和中原是有文化交流的，大部分交流应该是通过战争方式进行，使得中原地区的青铜器已经在这个地方开始使用了。

内蒙古地区在辽代也有着举足轻重的地位，因此辽代墓葬有很多分布在内蒙古自治区，具有代表性的就属吐尔基山辽墓。吐尔基山辽墓是内蒙古自治区文物考古研究所发掘的一座未被盗掘的千年古墓，前面我们提及的彩绘木棺就是出自这里。除此之外，墓葬中还出土了大量的铜器、银器、金器、漆器、木器、玻璃器和丝织品。其中的鎏金铜牌饰上雕刻了精美的乐舞图案；金银器上面刻有栩栩如生的金龙、双狮、鸾鸟，以及形态各异的人物图案。从墓葬形制、出土器物看，墓葬风格接近于晚唐和辽代早期的风格，应为辽代早期契丹贵族的墓葬。这些精美的随葬品，为研究辽代的文化、艺术交流等方面提供了非常珍贵的实物资料。

另外不得不提的还有内蒙古出土的元代瓷器。元上都遗址位于内蒙古自治区锡林郭勒盟，始建于公元1256年，曾是元王朝的首都，也是中国大元王朝及蒙元文化的发祥地，忽必烈在此登基建立了元朝。遗址出土了大量的瓷器，几乎涵盖了当时全国各个窑的瓷器，相当丰富。这一现象出现的原因就在于元朝末年战争频繁，有许多农民揭竿起义，输赢不定，他们往往在吃了败仗逃跑时把财物埋在地下，所以我们才能在元上都遗址发现大量的瓷器。

教育活动

最后，想让大家了解一下内蒙古博物院的教育活动。这个部分主要分为六大类:“欢乐大课堂”“综合实践课”“小讲解员培训班”“流动数字博物馆”“博苑讲坛”“聚焦节庆”，当然还有其他一些新开发出来的教育项目。

“欢乐大课堂”知识竞赛开展的时间已经很长了，从建馆开始就一直在做。这项活动以陈列讲解内容为主，是针对大中小学生的互动活动。总体来说，活动以参与互动为主，知识问答为辅，还有化石鉴定、现场纺线、蒙古式摔跤比赛、民族服装制作等一系列让学生们亲身参与的环节。这样的活动很受青少年的喜爱，因此主要安排在寒暑假期间举办。

“小讲解员培训班”是针对中小学生开展的学生实践活动。小讲解员们可以利用课余时间参加培训，通过参观自己感兴趣的展厅，学习和提高综合素质。通过培训，很多人成为我们内蒙古博物院的志愿者。

“流动数字博物馆”是我们当时打造的全国首家数字流动博物馆。这是一个高度集成的移动平台，可以自由、快速地载着数字化的珍贵文物轻便上路，展车高4米，宽2.6米，长15米，集成了高精度可视化三维数字还原技术、触摸互动技术、AR 增强现实技术以及大数据远程传输与控制等大量先进技术。观众轻点手指，就可以从任意角度放大、缩小和旋转文物图像，让“触摸”文物、感知历史成为现实。通过数字技术和移动展车的整合，“流动数字博物馆”可装载上千件数字文物，并能够快速地将数字文物组成不同主题的展览，改变了以往以文物复制品、仿制品或图版为主体的展示形式，减少束缚，轻装上阵，将历史文化送到百姓身边。我们使用的展车从 2005 年至今，已经累计展出 600 站、255 场，行驶里程 2.3 万多公里。将博物馆特有的文物资源和教育资源与社会大众共享，使文化惠民真正落到实处。

“博苑讲坛”是创新教育形式、提升教育水平、扩大教育内容的重要活动。它依托博物院文物资源优势、区内外专家学者优势以及科学研究成果优势，采用专家专题讲座、观众互动研讨及现场交流讨论等形式。观众也可申请演讲，抒发个人文物收藏体会和历史感悟。“博苑讲坛”为广大观众了解民族历史文化和最新学术研究动态搭建了一个交流平台。

最后就是我们的文创开发。2011 年内蒙古博物院筹建以后，成立了一个文创产品公司，我们自创文创产品专柜，并且积极参加比赛，致力于开发具有民族特色的文创，将民族特色与人们的日常生活用品结合，使其应用于生活。例如将 U 盘做成蒙古包和马鞍子的形状，东西很小，但是可以把草原文化宣传出去，也深受观众欢迎。另外，内蒙古博物院成立以来，为本土的产品提供了展示平台，也和很多公司合作开发产品，同时我们还和多家图书馆、出版社合作。

以上很简单地介绍了一下内蒙古博物院展览的内容、支撑内蒙古博物院文化展示的考古学文化和典型文物，以及内蒙古博物院利用文物资源进行社会教育和文创产品开发的情况。讲座做得很不详细，请大家原谅。谢谢！

2017

第6讲

博物馆倡导时尚生活方式

赵　丰

赵丰，生于1961年，博士、研究员、教授，曾先后赴美国大都会艺术博物馆、加拿大皇家安大略博物馆、大英博物馆客座研究。2012年被评为浙江省特级专家，现任中国丝绸博物馆馆长、东华大学（原中国纺织大学）博士生导师、纺织品文物保护国家文物局重点科研基地主任、国家文物鉴定委员会委员、国际古代纺织品研究中心理事。已发表中英文论文100余篇，主笔和主编著作约20部，主持国家级、省部级课题10余项。

位于杭州西子湖畔的中国丝绸博物馆，是第一座全国性的丝绸专业博物馆，也是世界上最大的丝绸博物馆。自20世纪90年代对外开放以来，中国丝绸博物馆通过展览、科研、社教活动等讲好丝路故事，弘扬丝绸文化。

2016年7月，改造提升后的中国丝绸博物馆推出了一系列高品质展览，其中“中国时装艺术展”和“西方时装展”以时尚、轻松的方式向观众展现了中外服装的变迁史。此外，中国丝绸博物馆还收藏、记录当代服装与纺织时尚，并以此为契机，从2011年起推出每年一度的时尚回顾展。

中国丝绸博物馆有着怎样与众不同的办馆理念？它走向时尚之路经过了哪几个阶段？它与时尚之间有哪些曲折动人的故事？它未来有怎样的发展愿景？

2017年6月18日，“南博讲坛”邀请中国丝绸博物馆馆长赵丰先生揭开博物馆与时尚融合的奥秘。

中国丝绸博物馆正门

中国丝绸博物馆时装馆

“锦程：中国丝绸和丝绸之路”展厅

西方时装馆内景

大家好！很高兴大家来到这里。我的演讲题目是“博物馆倡导时尚生活方式”，这也是我们一直以来在做的事情。

生于丝、长于丝、成于丝的博物馆

中国丝绸博物馆位于杭州西子湖畔，是全国性的丝绸专业博物馆，也是世界上最大的丝绸博物馆，于 1992 年 2 月 26 日正式对外开放。中国丝绸博物馆是生于丝、长于丝、成于丝的。我们馆诞生之初就是由丝绸公司来批的，当时的纺织工业部部长兼任我们的筹建委员会主任。

刚开始建设的时候，大家对于博物馆的内容陈设都不是很有经验，所以我们大致分为三个部分：讲述丝绸发展历史、展示丝绸工艺，以及展示新中国丝绸工艺成就。后来，我们又陆陆续续地做了一些展示现代成就的展览。

第一个展览是“时尚百年——20 世纪中国服装艺术回顾展”，展览由“皇朝背影”（1900—1912）、“缤纷世象”（1912—

1949）、“红旗飘飘”（1949—1976）、“狂欢季节”（1976—2000）四个部分组成，回顾1900—2000年这百年间中国的流行时尚变迁，展示中国百年服饰艺术的演变。相关时期的流行音乐、电影、交通工具、书籍等时尚实物也作为背景同时得到反映。此外，通过这个展览，我们还向社会公开征集了百年间一些有代表性的服装，跟社会大众有了比较多的交流。

第二个展览是“革命与浪漫——1957—1978年中国丝绸设计回顾展”，这个展览为了庆祝新中国成立60周年而举办，又恰逢第33个国际博物馆日。这个展览的策划是有一些机缘的。首先是我去香港看朋友，他们收藏了很多近代上海生产的丝绸样本，我们把这些样本都买回来了。其次是当时有一位杭州丝绸设计师找到我们，说他收藏了很多丝绸打样的样稿。大家可能不太清楚，在新中国成立后的丝绸生产过程中有一个流程叫打样，比如说广交会上丝绸要出口贸易，首先就需要给客人打样，把一个范本给人家看一看，满意后才能下单生产。当时每个地方都有一个国有体制下的试样厂，集中了一批最优秀的丝绸设计师，改革开放后，这些企业都私有化了。这位联系我的杭州丝绸设计师就曾做过这样的工作，他保存的样稿主要是“文化大革命”时期的设计稿。于是，我们根据这些样稿，策划了“革命与浪漫”这个展览，展示红色与美怎么样在丝绸设计上进行结合。整个展览着力表现了1957—1978年我国（尤其是江浙沪地区）丝绸纹样设计的发展历程，以及杭丝联、都锦生丝织厂、上海第七印绸厂、苏州丝绸科学研究所等当时主要丝绸设计厂家（机构）的历史。

其实像这样的东西保存下来的还有很多，但类似题材的展览我们做得不是特别多，因为以前我们的经济条件也不是特别好，场地和经费等各方面都特别难。直到2010年，中国丝绸博物馆转入文化文物系统管辖，从此开始了公益性事业单位的历程，在国家的有力支持下，我们探索的空间也宽广了起来。

倡导时尚生活方式的博物馆

我们想做一个时尚的博物馆，主要目的是为明天而收藏今天，所以关于怎么去实践这一点，我们思考了很多。

资源和藏品比较紧缺的博物馆，很难获取大量考古性文物，所以我们要拓宽思路，从收集丝绸拓宽到收集所有的纺织品。我查看了世界各大博物馆里的纺织跟时装类部门，发现大家都非常关注现代板块，而且没有丝绸这样的材质局限，所以展览才能越做越好。受到这个启发，我们认为可以从收藏开始，每年打造一个类似于“年度时尚”的主题展，通过一个展览梳理一段历史，并且将其打造成一个品牌性的平台，能够让企业、设计师得到展示和交流，最后与中国丝绸博物馆建立友好合作关系。

2011—2016 年我们连续举办了六年的时尚回顾展，想要在这几年内把中国当下著名设计师的设计成果纳入展览，所以每年都有一个主题。比如说 2012 年的“穿越”主题，目的是寻找中国传统跟当下之间的关系；还有 2013 年的“新生”主题与 2014 年的“筑梦”主题。关于“筑梦”主题，还有一个背景故事：2014 年，中国丝绸博物馆的改扩建工程得到批复，恰逢大家都在讨论“中国梦”，对我们而言，国丝人就有一个“国丝梦”，所以我们就把这一年的主题定为“筑梦”了。2015 年是我们馆设计、批准还有正式改扩建工程施工的一年。从 2015 年的夏天开始到 2016 年的秋天，我们博物馆改造成功，2016 年 9 月重新开放，所以 2016 年主题就变成了“化蝶”。当时新的时装馆建成之后就在大厅里面布置了一个“化蝶”的装饰艺术。这就是我们这么多年对时尚之路的回顾。

在策划这些主题展览的过程中，我们遇到了一个问题：当对展品的门类要求比较全面时，就很难做到每一个门类都是精品。时装类博物馆的活动策划一般有两个方向：一个是精品类，另一个是百科全书类。所以接下来，我们在考虑策划一个时尚回顾展的时候，就觉得不能单纯聚焦在社会变迁上，也要反映时装艺术的变迁。于是我们策划了“时代映像——中国时装艺术 1993—2012”展览。我们自己是无法独立完成这样的展览的，所以就和时尚传媒集团及中国服装设计师协会联合主办。2012 年和 2013 年分别是中国丝绸博物馆和时尚传媒集团、中国服装设计师协会走过的第 20 个年头，所以这个展览也是为了庆祝各自的 20 周年。展览作品分为“源起”“交融”“构筑”三大主题板块进行展示，代表和反映了当代中国时装设计的整体水平，展示中国时装设计的艺术成就，宣扬中国从“中国制造”到“中国设计”的转型和实力，这实际上也是对中国当代时装在全球背景下发展 20 年的一次回顾。

除了中国的时装之外，我们同样也关注国际上其他的时装文化，多方收集资料和藏品。2010—2015 年，我们收集了大量的中国时装和西方时装，西方时装大概有四万件，中国时装约有两万件，在此基础上建成了时装馆，目的就在于打造一个国际化的时装类博物馆。我们博物馆也曾接待国际贵宾，时装馆给贵宾们留下了非常深刻的印象。

博物馆在时尚圈里面扮演什么角色？

最后我想谈一谈我的思考。其实中国丝绸博物馆在定义里面已经不光是一个丝绸博物馆了。去年10月，国际博物馆高级别论坛在广东省深圳市开幕，国家主席习近平发来贺信并指出：博物馆是保护和传承人类文明的重要殿堂，是连接过去、现在、未来的桥梁，在促进世界文明交流互鉴方面具有特殊作用。这是习总书记对博物馆的定位。那么对于中国丝绸博物馆来说，我们要成为一个体系完整的研究型专题博物馆。这个体系包括几个方面：第一表现时代风尚，对接当代生活；第二响应国家“一带一路”倡议，做好东西方文化交流、世界文化交流的工作；第三是连接过去、现在和未来，做好行业的相关工作。所以我们馆也根据这个定位建立了新的理事会并重新修订了章程，确定了以中国丝绸为核心，收藏、保护、研究、展示、传承、创新这几个发展方向，还有像丝绸历史、科技保护、传统工艺传承等方面的定位。有技术也有传承，这就是我们的优势所在。

在中国丝绸博物馆重新开放之前，我曾经接受一个采访，题目叫“指向时尚影响力”，讨论博物馆在时尚圈里面到底扮演什么角色。我觉得应该是一个时尚的收藏者、一个时尚的殿堂和时尚的启迪处，还有对公众进行审美教育的场所，就是让观众理解什么服装是好的，什么服装是不好的，最后就是对服装文化的继承跟创新，所以我们提出“时尚影响力”这个概念。

我们博物馆的愿景是打造一座时尚的博物馆，这个其实也是南京博物院龚良院长对我提出的要求。他评审我们的方案时说，你们博物馆应该做成中国最时尚的博物馆，当然中国最时尚的博物馆不只是收藏时尚，本身这个馆也要做得比较时尚。所以我们馆里面也有一些活动是比较时尚的，比如说在湖面上走秀，推出了“国丝之夜”；我们给杭州市提供夜生活的场地，这个本身就是比较时尚的；还有一个比较时尚的咖啡廊；设计了很多时尚产品，用的是我们博物馆的图案；我们在晚上举办多场“丝路之夜”时尚活动，有“阿拉伯之夜”“波斯之夜”“法兰西之夜”“意大利之夜”等。

另外，对于“时装殿堂”这一名称，个人认为所有学习服装、学习纺织设计的人，一生当中或者求学当中，必须要来一趟丝绸博物馆，它是一个教学基地。西方时装在学校教程里面是必修课，中国时装不是必修课，因为我们现在的服装主要来源于西方，再加上中国元素。现在其他博物馆很少能够提供这样的收藏让学生来学习，到中国丝绸博物馆就可以。在传承方面，我们设计了很多教学活动，创建了女红传习馆。女红传习馆不定期举办的研习班是成人设计师参与的，学习的内容都可以运用到他们的设计中去。同时还有活动涉及一个非常重要的领域：染料植物。我们讲究要振兴传统工艺，那么传统工艺是什么？其实就是两个方面：天然和手工制作。一般最缺的就是植物染料，我们在海宁云龙村，专门有一块场地栽种染料植物，我们也有全国最强的、设备最好的植物染料研究实验室，文物上面所有的染料，我们基本上都可以测出来。但是研究丝绸之路的染料，难度很大，我们现在正在收集丝绸之路沿线所有的染料，同时还要把它们种植出来，因为有的材料是需要新鲜配制的染料来染色的。这也是 G20 峰会时候推出的项目，现在我们希望把它做成一个平台，在这里推出多层次、多元化的内容。

所以我们博物馆主要的宗旨，现在是两个方面：第一对照国家战略，以丝绸为媒介，弘扬丝路互学互鉴精神；第二以丝绸为实例，传承中国优秀传统文化。近日，国务院办公室和中共中央办公厅同时发布文件，印发了《关于实施中华优秀传统文化传承发展工程的意见》，文化部又提出了关于“制定实施中国传统工艺振兴计划”的要求。我们的理解是：一根丝线连接东西文化交流，一座博物馆倡导时尚生活方式。这是我们现在想做的最重要的两件事。

最后，欢迎大家有机会可以来到杭州。谢谢大家！

2017

第7讲

“数字敦煌”的过去、现在和未来

王旭东

王旭东，出生于1967年，研究馆员，任敦煌研究院院长、党委书记，兼任国家古代壁画与土遗址保护工程技术研究中心主任、古代壁画保护国家文物局重点科研基地主任、兰州大学与西北大学兼职教授、博士生导师，享受国务院特殊津贴。荣获“文化部优秀专家”“全国优秀科技工作者”“甘肃省优秀专家”等荣誉称号。

主要从事石窟保护、古代壁画保护、土遗址保护、文化遗产监测预警与预防性保护等方面的研究。1991年开始文物保护工作以来，主持全国重点文物保护单位保护勘察设计或现场施工项目30余项，承担国家及省部级课题20余项，主持或参加国际合作4项，发表学术论文80余篇，合作出版专著7部，获国家及省部级奖励15项，技术专利10余件，主持完成国家及行业技术标准5项。

2016年5月1日，“数字敦煌”资源库正式上线，向全球共享30个经典洞窟高精度壁画数字化成果，目前该系统访问量已超过208万次，超过十几个国家和地区的人员访问该资源库。许多无法亲自前往莫高窟的网友也可以通过“数字敦煌”一饱眼福，领略莫高窟主要洞窟中壁画、彩塑等文物的艺术魅力。

“数字敦煌”始于何时？有着怎样的发展历程？目前取得了哪些骄人的成就？未来有怎样的规划？2017年7月16日，敦煌研究院院长王旭东先生做客“南博讲坛”，为我们详述“数字敦煌”的过去、现在和未来。

“数字敦煌”——美国西北大学进行数字化拍摄培训

“数字敦煌”——美国西北大学现场工作

“数字敦煌”首页

“数字敦煌”上线发布会

非常高兴能够来到南京博物院，感谢南京博物院给了我这样一个机会来跟大家分享“数字敦煌”的过去、现在和未来。实际上我们跟南京有很深的渊源，敦煌研究院成立于 1944 年 1 月 1 日，其前身是国立敦煌艺术研究所，最初隶属教育部，后来归属中央研究院，那时候中央研究院就在南京。在 70 多年的时间里，几代敦煌艺术家、学者、保护人员，为敦煌石窟的保护、研究、弘扬事业做出了巨大的努力，贡献了他们的智慧、青春。

随着时代的发展，从 20 世纪 80 年代开始，在国家文物局的支持下，敦煌研究院进行了一系列国际和国内的交流合作。到 20 世纪 90 年代初，我们的第三任院长、时任敦煌研究院副院长的“敦煌的女儿”樊锦诗先生，最早提出利用计算机技术将敦煌壁画、彩塑艺术永久保存的构想，得到了国家科委、国家文物局和甘肃省的支持。

樊先生为什么要提出“数字敦煌”这样一个构想？要讲清楚这个问题，需要先跟大家讲讲什么是敦煌石窟，以及保护敦煌石窟所要面临的问题和挑战是什么，然后再逐一跟大家讲讲“数字敦煌”的缘起、发展，以及取得的一些成绩和未来的设想。

丝路明珠——敦煌石窟

在漫漫的丝绸之路上，有这么一片神奇的净土——敦煌。说到敦煌，所有人首先想到的就是敦煌莫高窟。敦煌莫高窟有建筑，有彩塑，有壁画，还有 1900 年发现的藏经洞内的几万卷经书和世俗文书等文物，敦煌莫高窟是这些文化和艺术的集合体。在这里我们可以看到从公元 4 世纪一直到公元 14 世纪持续了大约 1000 年的佛教艺术宝库，它共有壁画洞窟 735 个，其中有壁画彩塑的洞窟 492 个。在这些壁画中，我们可以看到吉花瑞草、青山绿水，焕发勃勃的生机；可以看到奔流的长河汇聚到大海，看到重重楼阁、宏伟殿堂；也可以看到壮丽的城池、欢快的乐舞、美丽的飞天、祥和的街坊邻里。在这延续千年、精彩纷呈的敦煌艺术体系里，还有许许多多精彩的画面。

大家肯定会有很多疑问，为什么这样一个“大千世界”会在一个荒凉、寂静的地方产生？那么，这就不得不来谈一谈古代“丝绸之路”。在公元前 2 世纪，汉武帝曾两次派遣张骞出使西域，打通了东西方文化、贸易交流史上具有重要地位的一条道路——丝绸之路。这条道路既是一条商贸之路，又是一条科技交流之路，更是一条文化交流之路，敦煌就处在这样一个非常重要的地理位置上。敦煌莫高窟正是在这样一个多元文化的交汇之下，由善良而富巧思的心灵、漫长的时间和无限的空间共同造就而成的。

敦煌莫高窟的千年营建与发展，必须要感恩两条河流的滋养：一条河流是莫高窟前流淌的宕泉河，它为敦煌莫高窟的千年开凿准备了地质条件，提供了源源不断的水源，也为莫高窟带来了生机与绿色；另一条河是敦煌本土及丝路上往来的民众世世代代诚敬供养、不辍营建所汇聚的心灵之河，造就并延续了敦煌文化艺术。信仰的力量，让人们在这样一条历史长河中不断地寄托他们对美好生活的向往、对和平的向往，所以敦煌莫高窟的开凿才能持续近 1000 年。信仰带给人们的力量，有时候不是我们物质世界的那些东西可以替代的。总之，敦煌文化、敦煌艺术就在这样两条河流的不断滋润下产生和发展。

有人问是谁创造这么多石窟的？敦煌石窟其实是由当地的世家大族和普通民众、僧人历经千年不断开窟造像，营建而成。与皇家主持开凿的云冈石窟和龙门石窟不一样，敦煌石窟很难看到皇家石窟的那种气势磅礴，但可以看到一种历史的延续，看到一代又一代人的传承。敦煌石窟壁画中绘有众多供养人画像。供养人就是出资开凿洞窟的人，通过供养人的绘画形象，我们可以了解有哪些人出资开凿了这些洞窟。世家大族开凿的洞窟大而多，有翟家窟、阴家窟、张家窟、曹家窟等，还有很多石窟是一些僧人修建的，甚至连小孩子也加入了供养人的行列。一些民众祈求孩子健康快乐地成长，让孩童也成为供养人，这都是信仰带给他们的精神慰藉。

通过供养人形象的特征，我们还可以看到佛教作为一种信仰在人们心目中的地位变化。早期供养人的形象非常小，有些不到 20 厘米，而且处在洞窟不太重要的位置。但到了晚唐、五代、宋，供养人的形象越来越高大，占据的位置也越来越显眼。一进窟门就会发现，甬道两侧墙上画着成排的供养人形象，跟真人一般大小。从中可以看到，佛教在传播过程中随着历史、经济的发展已经产生了很多变化，人性慢慢大于神性，人们甚至已经把自己摆在了和神一样重要的位置。

在壁画当中我们可以看到很多能工巧匠，他们修建洞窟、修建佛寺、绘制壁画、制作佛像，诸多画面让我们可以回溯过去。在敦煌的壁画里面我们还可以看到不同的建筑形式，许多建筑现在已经找不到了，所以这是非常珍贵的史料。敦煌莫高窟这样一个持续千年的创造，具有丰富的内涵和多样的价值。1987 年，敦煌莫高窟因为符合世界文化遗产的全部六项标准，被联合国教科文组织列为世界文化遗产，成为中国的首批世界文化遗产之一。

莫高窟的发现与灾难

过去很长时间，莫高窟都被人忘记了。因为明代修建了嘉峪关，敦煌以西的这些区域可以说是被遗忘了，许多老百姓都迁往关内，从此莫高窟消失在人们的视野中。后来，即使清朝政府再次把新疆纳入版图，并向敦煌以西地区大量移民，可是莫高窟依旧没有受到重视。

到了 1900 年，道士王圆箓在清沙的过程中发现了一个封闭的洞窟，敦煌再一次走上了历史舞台。这个洞窟里面藏有几万卷佛教经典、社会文书和一些绢画以及其他的文物。藏经洞的发现是 20 世纪中国四大考古发现之一，但遗憾的是藏经洞是在清朝末年这样一个风雨飘摇的年代被一个无知道士发现的。王道士虽说无知，但在发现藏经洞后，他还是报告了当地政府，敦煌县政府据此报告给甘肃省政府。可当时把数量巨大的文物运出去保护需要大笔经费，政府没钱，于是下令就地封存。这种情况下，王道士挑出一些佛经写卷和绢画送给附近的官绅，莫高窟发现藏经洞的消息不胫而走。

当时，正在新疆一带进行考古探险的英籍匈牙利人斯坦因得知这个消息，就放下了他在新疆的工作，直奔敦煌。1907 年，斯坦因来到了敦煌，靠助手翻译来跟王圆箓打交道。王圆箓一开始很是警觉，看都不让看。慢慢地，斯坦因利用各种欺骗手段投其所好，佯装自己很崇拜玄奘，说自己沿着玄奘走过的路来到了莫高窟。王圆箓本人十分敬佩玄奘，也就逐渐放松了警惕。最后，斯坦因挑选了将近一万卷经书和近500幅佛像绢画带走，给了王道士200两银子。现在，这些经卷被收藏在大英图书馆和大英博物馆，还有一部分存在了印度国家博物馆。1908年，来自法国的伯希和，凭借一口流利的汉语，很快赢得了王道士的信任，直接进到洞窟里面去挑选，以一个汉学家的专业判断又带走了一批非常珍贵的敦煌文物，现藏法国国家图书馆和法国吉美博物馆。1914年，俄罗斯人奥尔登堡、日本人吉川小一郎和橘瑞超等人纷至沓来，再次掠夺了藏经洞的大批珍宝，据统计有一万多件，数量庞大，但几经劫掠的文物已经不是特别完整。1924年，美国人华尔纳来的时候，藏经洞已是空空如也，没有什么东西可以骗取了，他就偷塑像和壁画，拿走好几件塑像，粘走了许多块壁画。华尔纳甚至准备了几车材料，做足准备，想把其中一个保存非常完整的、最早有纪年的洞窟——第285窟整窟搬走。莫高窟第285窟是中西文化交流的结晶，里面有佛教、印度教、道教图像题材，具有非常高的价值。这个时候，我们敦煌百姓不干了，敦煌百姓得到消息后就不让华尔纳接近莫高窟，这使莫高窟躲过了一劫。敦煌百姓在敦煌文物的保护上做出了巨大的贡献。此外，十月革命胜利后，一批沙皇时代的旧军人越境进入中国。北洋政府命令甘肃省将白俄残部安置在敦煌，敦煌县又把他们放在了莫高窟。此后的五个月中，白俄残部就在洞窟里架锅、生火、做饭，同时肆意刻画，洞窟彩塑和壁画又一次遭到无法挽回的破坏。

现在，我们说文化强盗把珍宝都抢走了，唯一让我们安慰的是，这些被偷走、骗走的文物被较好地保存起来。我到大英图书馆、大英博物馆去看了，有专门收藏敦煌文物的一个库房，文物摆放得整整齐齐，被保存在恒温恒湿的环境中。

藏经洞文物被发现后流失海外，吸引了国内、国际上很多学者慕名研究，形成了一门国际显学——敦煌学，尤其是在日本学术界。新中国成立初期着重发展经济，尚未全面开展文物研究工作，这些日本学者赴英国、法国进行研究，促使敦煌学成为国际显学。但不管怎么样，这些宝藏被他们骗走、偷走、抢走、盗走，从我们的民族心理上来讲，是不可接受的。然而，这与我们国家是否强大有着重要的关系：没有一个强大的国家，就无法保护、弘扬和发展自己的文化。

所以我们在谈文化自信的时候肯定不能忘记前面的三个自信，我们有制度自信、道路自信和理论自信，最终我们还要有文化自信。这个文化自信不是封闭保守的自信，而一定是开放的自信，这一点我们可以从敦煌看出来。

敦煌保护者

敦煌石窟是一份伟大的遗产，但在特殊的历史时期遭遇了任人偷盗、无人看管的毁坏性经历，不能不令人心痛。然而，在当时的历史条件下，还是有许多有识之士站了出来。

过去大家只知道敦煌藏经洞文物价值无与伦比，敦煌石窟艺术并不为很多人所知。20 世纪 40 年代，张大千先生亲赴敦煌，临摹敦煌壁画，又在兰州、成都、重庆等地举办“张大千临摹敦煌壁画展”，敦煌石窟艺术引起轰动。1941—1943 年，张大千先生在敦煌临摹壁画期间，他的好友于右任先生到西北考察，去敦煌看望了大千先生。于右任先生是中国国民党元老，长期任监察院院长，也是文化大家。他看到敦煌石窟艺术后，一方面感叹祖先给我们留下如此伟大的艺术珍品，另一方面目睹了莫高窟破败不堪的惨状，认为保护敦煌时不我待。他提出一个设想，一定要举国家之力来保护、研究敦煌石窟。从西北考察返回后，于右任先生就提出了一个提案：在敦煌建立敦煌艺术学院，招收研究生，“就地研习，寓保管于研究之中”。考虑到在一个艰苦的环境中招收研究生就读，困难重重，国民政府最终决定在教育部下设国立敦煌艺术研究所，承担起敦煌石窟的保护、研究重任。这一历史使命落在了有准备的人身上，就是我们的第一任院长常书鸿先生。他在法国留学十年，这十年学的是油画，而且卓有成就，在美术界享有很高的声誉。1936 年常先生回国以后，在国立北平艺术专科学校担任教授。1943 年 3 月常先生到达敦煌。1944 年 1 月 1 日，国立敦煌艺术研究所正式成立，常书鸿先生任第一任所长。刚开始来研究所的绝大多数是艺术家，因为大家首先看到的是壁画、彩塑。但是常书鸿先生到了这个地方以后，发现研究挖掘艺术是一方面，保护它则更重要。这些老艺术家们看到很多壁画彩塑遭遇了诸多损害，有一些洞窟甚至摇摇欲坠，感到十分心痛。在敦煌石窟中，他们看到了公元 4—14 世纪延续不断的艺术佳作，这是一部佛教美术史。那些彩塑、技法在艺术家眼里是活生生的，在工程保护人员眼里是线条、颜料，看不到其他东西。最后，这些老艺术家前辈成了敦煌的保护神。我觉得保护神的身份比他们作为艺术家的身份更重要，他们给更多的人带来了机会，让更多的人能够比较完整地看到今天的莫高窟。

保护国宝的探索之路

随常先生一起到敦煌的开拓者，几乎都是怀揣艺术之梦的画家、美术家，他们深知这座艺术宝库的珍贵价值。敦煌的文化艺术令他们震撼，但敦煌石窟的残破孱弱也让他们心痛。常先生和前辈们都认识到抢救、保护敦煌石窟文物是第一要务。

他们做的第一个保护工程就是修建围墙，虽然现在看来修建围墙很简单，完全不值一提，但是在 20 世纪 40 年代可是一件大事，当时的《大公报》上都发表了消息。修建围墙，不允许任何人随意进入莫高窟，意味着莫高窟有了保护机构，再不能任人破坏了。那时莫高窟保护面临的最头疼的问题就是风沙。莫高窟背倚鸣沙山，四周戈壁环绕，常年流沙肆虐洞窟，常先生他们不断探索通过修筑防沙墙、清理积沙等各种办法与自然对抗，保护石窟。

临摹工作也很重要，这既是研究工作又是保护工作。敦煌气候恶劣，常先生他们加班加点，晚上都在临摹壁画。他们临摹的作品后来在日本东京、京都、九州巡展，引起了轰动，为我们中华文化走出去、与国际文化交流融合、维护文化的多样性做出了贡献。

在这些艺术家眼里，颜料层脱落也是个大问题。于是，常先生他们不断给中央打报告，请求国家支持保护、修复敦煌壁画。但那时国内还没有人专门研究文物保护和壁画修复。后来文化部邀请捷克的专家到敦煌开展壁画修复试验，开启了敦煌莫高窟壁画科技保护的先河，也可见中央对敦煌石窟保护的重视。但是由于条件艰苦，这位专家很快就回去了。他在敦煌做壁画修复时，常先生就派了一些年轻人跟着他学习，在捷克专家离开后又不断研究琢磨，探索修复壁画的合适材料。李云鹤先生就是当时学习的年轻人之一，现在都 80 多岁了，还忙碌在敦煌文物保护的第一线。

20 世纪 60 年代，文化部副部长徐平羽先生亲自率专家组参加莫高窟的危崖加固工程。危崖加固是中国石窟保护加固的第一项工程。当时没有经验可循，梁思成先生就对保护加固的工作提出了十字原则：“有若无，实若虚，大智若愚。”这十个字极具哲理，至今还是我们中国文物古迹保护原则的基本思想。看到加固前后的对比，虽然我从事保护工作已20多年，但我再想不出比他更好的办法。

为了保护莫高窟瑰宝，前辈们不懈探索，付出了很大辛劳。但是，莫高窟已历经千年沧桑，又地处中国西北戈壁沙漠环境中，地震、风沙、集中式降雨、温差大等特殊的自然环境都影响着石窟文物安全，还引发了多种壁画病害。特别是1979年，莫高窟正式向社会开放，游客人数逐年增加，从当初的2万多人次到2014年的80万人次，2015年达到115万人次，2016年已经超过135万人次。随着旅游业的持续发展，游客数量将会不断增加。大量游客进入洞窟参观，打破了洞窟小环境的原有平衡，给壁画彩塑保护带来了潜在的威胁。这样脆弱的文物，面临如此多不安全因素的威胁，哪一天真的消失了怎么办？这样的困扰一直萦绕在莫高窟人的脑海，也促使我们不懈探索能长久保存敦煌艺术的方法。

“数字敦煌”的缘起与尝试

正因为敦煌文物的脆弱性和珍贵性，樊院长就提出了用计算机技术来保存壁画彩塑的想法。起因是20世纪80年代末，时任敦煌研究院副院长的樊锦诗先生在日本访问时，一个偶然的机会，她看到了计算机演示的照片，专家告诉她把信息编码成数字存储就永远不变了。永远不变，这让樊先生激动不已，她就大胆设想通过数字技术保存敦煌文物信息，达到永久保存的效果。提出这个设想的时候，计算机和互联网还不像今天这样普及，樊先生对计算机技术完全不懂，但出于保护敦煌的迫切之心，她有勇气大胆尝试，令人钦佩之至。

利用计算机技术来存储敦煌壁画彩塑信息没有先例。敦煌研究院给甘肃省政府、国家文物局乃至国家科委汇报，申请支持，经过多方奔波，设立了“濒危珍贵文物信息的计算机存贮与再现系统研究”课题，这是“数字敦煌”项目的雏形。

该项目从1991年提出到1992年立项，国家科委给予了100万元资金支持，国家文物局和甘肃省各支持了50万元，加起来一共200万元资金。在当时，200万元是很大一笔费用。中国科学院计算技术研究所、中国科学院长春光学精密机械与物理研究所、中国科学院兰州冰川冻土研究所遥感中心与敦煌研究院联合，用了五年多的时间研究怎么利用计算机技术存储、采集和再现敦煌艺术。然而，结果并不尽如人意。

但是，通过这几年的探索，我们总结了问题出在哪里：将敦煌石窟文物信息转化成数字文件，需要先用照相机采集信息，然后再扫描存储。当时拍照都是用胶片，拍完后要冲洗，冲洗过程中会有一部分信息损失，然后再扫描存储，扫描过程中又会丢失一部分信息。所以很多技术问题不突破的话，敦煌艺术的计算机存储与再现是不可能实现的。

20世纪90年代，数码相机面世，此时敦煌研究院与美国西北大学、梅隆基金会开始合作。美国梅隆基金会购置了两台柯达相机，一台赠予我们，另一台赠予我们的合作伙伴美国西北大学。这两台数码相机一下子把数字信息采集的问题解决了，无须冲洗胶片。同时，美国的合作伙伴把好莱坞拍电影的设备运送过来，用于敦煌石窟文物信息的拍摄采集，进一步解决了大幅面拍摄对象的采集问题。2005年，我们与美国的合作项目结束时，已经完成了20个洞窟的数字信息采集，大家感到由衷的欣慰。此时，“数字敦煌”的基本框架也开始形成。

“数字敦煌”的发展

2006 年，我们发现数字化采集存储文物信息是一项持久工作，敦煌研究院决定单独成立一个机构来承担这一重任。我们将原来保护研究所下属、承担敦煌文物信息采集存储任务的图像研究室与院摄录部合并，成立了专门致力于“数字敦煌”项目的部门——数字中心。这个时候，我已经担任副院长一职，负责这项工作。我们秉持与国际、国内广泛合作的态度和理念，与浙江大学、武汉大学、中科院计算所等机构合作攻克敦煌石窟数字化采集、存储中的各项难题，并不断吸纳和培养这方面的人才，组建专业的人才队伍。

后来，我们逐渐意识到数字中心在职能定位上的不足，因为我们不仅仅要利用过去的成熟技术去采集、存储，还有很多相关技术需要研发，需要紧跟现代技术的发展。所以，我们最终成立了现在的文物数字化研究所。

截至目前，我们已经完成了 150 个洞窟的数据采集，也建立了一些共享的平台，形成了包括采集、处理、存储的一整套体系。过去专家们研究壁画都需要拿着手电筒一个洞窟一个洞窟去看，好一点是拿照片去比对研究。现在，他们可以坐在电脑旁边慢慢地、一点一点地去看，可以看到非常精细的图像。

随着时代的发展变化，“数字敦煌”又进入了一个新的时期。2016 年，“数字敦煌”国际咨询委员会成立，设有咨询委员并成立了领导小组等，分了几个工作组，每个工作组承担相对独立的任务，彼此之间联动运行。国际咨询委员会可以将国际上该领域的最新成果介绍给我们，促使我们关注最新研究进度。另外一方面，我们也通过国际咨询委员会把“数字敦煌”带到国际上，让更多的人文社科领域的学者，甚至普通的民众能够了解敦煌。

2016年5月1日，“数字敦煌”资源库正式上线，30个洞窟的高清图像实现了全球共享。这在整个文博界引起了轰动，在过去，全面公开敦煌文物资源信息被认为是不可能的。我们秉持开放的态度，让大家共享“数字敦煌”的成果，勇敢迈出了这一步。现在，“数字敦煌”资源网的固定用户已经达到了18.5万，每天的访问量2000—4000次，这也证明了“数字敦煌”越来越得到公众和社会的认可。

基于“数字敦煌”的成果，我们还创新了莫高窟开放参观模式。过去，游客到莫高窟参观都是单看洞窟，现在我们通过数字化成果制作了球幕电影、主题电影，通过不同形式的电影展映，实现“窟内文物窟外看”，莫高窟的参观模式由单一参观洞窟变成了“网上预约＋数字展示＋实体洞窟”的参观新模式。自2015年开始，所有到莫高窟的游客须通过网上预约参观，每天限流6000人次，既保证了观众的有序参观，提高了观众对敦煌文化的认知体验度，也保护了洞窟文物安全。此外，我们还通过多种其他的形式，如多媒体、APP、洞窟二维码等，全方位展示敦煌文化。

我们还走出去，在国内、国外举办“数字敦煌展”。过去，我们在外地举办敦煌艺术展览，只能拿美术工作者的临摹品，同一时间段也仅能在一个地方展出。现在，通过数字高清打印、3D打印等手段，我们可以同时做很多个展览。利用数字化展品举办的“敦煌壁画艺术精品高校公益巡展”已成为品牌，现在不仅进入国内诸多高校，今年还将走出国门，同时在维也纳、联合国教科文组织巴黎总部、英国查尔斯王子传统艺术学院举办“数字敦煌展”。这都是“数字敦煌”成果应用带给我们的效益。

我们积极地公开“数字敦煌”资源信息，希望通过知识产权授权等渠道和手段，吸引和鼓励更多人，尤其年轻人、年轻的设计师来关注敦煌，汲取敦煌文化艺术的灵感，在充分了解敦煌价值的基础上做出一些有品位的文化创意产品。我们自己也已做出一些数字技术和敦煌艺术整合的产品，我们的文化创意、文化产业基于社会效益第一、经济效益其次的原则，希望通过文创产品更好地去弘扬优秀传统文化，而不仅仅是赚钱。希望通过“数字敦煌”资源信息，激发更多创意灵感，产生更多创意产品，让敦煌文化真正走入大众生活，成为我们生活美学的一部分。

未来的“数字敦煌”应该是国际化的，因为它具有国际化的禀赋，在1000多年前敦煌就是一个国际交流的重镇，今天如果封闭，不走国际化的路子，那将是死路一条。所以，我们要利用国际上各种技术来加快或者完善“数字敦煌”体系。同时要让更多的人通过数字技术了解敦煌，这是我们国际化的两大任务。

我们应继续秉持分享与合作的精神，推动“数字敦煌”的持续发展。敦煌石窟不是我们一个单位、一个人的，而是古人留给全人类的珍贵遗产，必须要大家共享，共同守望。我们通过“数字敦煌”给研究者和普通民众提供更多便利，让大家来了解敦煌，也让敦煌文化陶冶我们，激励我们，能够让这个世界更多一点和平，更多一点安宁，更多一点善良，更多一点智慧，这应该是“数字敦煌”的终极意义！

今天我用了将近两个小时的时间跟大家啰唆了这么多，希望大家能够通过这样一个简单的交流去了解敦煌，也欢迎各位到敦煌去走一走，看一看，谢谢大家！

2017

第 8 讲

粤博里的海丝故事

魏 峻

魏峻，博士，1991—2002 年就读于北京大学考古文博学院，先后获得学士、硕士和博士学位。历任广东省文物考古研究所水下考古中心主任、广东省文物局副局长，现为广东省博物馆馆长、广东省博物馆协会理事长。长期从事考古、文化遗产保护和博物馆的实践和管理工作，主持过省部级以上科研课题 10 项，发表专业论文 40 余篇，曾获得文化部创新奖、国家文物局田野考古奖、国家文物局科学技术与创新奖等奖项，获评过广东省五一劳动奖章、全国先进工作者等荣誉称号。

提到丝绸之路，你会想到什么？是汉代张骞打通西域通道的壮举？还是茫茫沙漠中驼铃声声、商队络绎的盛景？其实，丝绸之路还有一个重要的组成部分：海上丝绸之路。从秦汉开始的2000多年间，无数的商船穿越惊涛骇浪，驶向西方，将中国文明带给世界，也把世界文化带回中国。它不仅是一条商业贸易的纽带，更是一条东西方文明的交流之路。

与张骞出使西域、开拓陆上丝绸之路同样古老的历史时刻，一支远洋航船正从徐闻、合浦出发，载着黄金、丝绸，出南海，入印度洋，最远到达今天的斯里兰卡，海上丝绸之路正滥觞于此时。

广东是海上丝绸之路沿线的重要城市，也是中国海外贸易重地，是海丝文化的重要一环。广东省博物馆收藏大量珍贵的海上丝绸之路文化遗物，肩负着弘扬海丝文化、讲述中国故事的重任。

2017年8月27日的“南博讲坛”，广东省博物馆馆长魏峻先生向我们分享了粤博的海丝情缘。

广东省博物馆建筑外观

广东省博物馆内部空间

展厅里的海船模型

汉“万岁”瓦当

遂溪边湾窖藏出土金器

尊敬的龚良院长，还有在座各位南京朋友，非常高兴今天有这样的机会能够跟大家交流，介绍我们广东省博物馆与海上丝绸之路的关联。我今天主要讲三个方面的内容：首先介绍广东省博物馆的基本情况；其次介绍粤博收藏的与海上丝绸之路相关的文物，以及海上丝绸之路的发展历程；最后介绍我们广东省博物馆这些年策划的与海上丝绸之路相关的展览。

广东省博物馆与海上丝绸之路

广东位于中国南方，靠近南海，因为地理位置关系，在历史上和世界其他地区发生文化联系的概率特别高。历史上广东的对外交往，不仅包括贸易、经济、人员流动，还包括文化、宗教等方面。广东省博物馆新馆位于广州城市的中轴线——珠江新城中心区南部，紧靠广州地标建筑——俗称“小蛮腰”的广州塔。

下面，我将用一系列的数字向大家介绍一下广东省博物馆的基本情况。“58”这个数字代表广东省博物馆的历史。粤博是 1957 年筹建，1959 年开放，到今年有 58 年发展历史，2010 年我们搬进了现在的新馆。新馆建筑面积约 6.7 万平方米，去年的观众参观人数达 155.67 万人次，虽然和南博这样国内先进的博物馆相比还有很大差距，但这个数字在国内也算比较靠前了。“10 896 100”这个数字是 2010 年搬进新馆以后截至今年 6 月的参观人数。粤博现有登记入库藏品数量为 17.82 万件（套），除此之外还有约 2 万件拟调拨的考古发掘品没有登记入库，正在等待文物局的批复，馆藏文物总数可达 20 万件（套）。粤博藏品主要分为三类：首先是陶瓷、书画类文物；其次是极具广东特色的文物，比如外销艺术品类文物、出水文物等，因为广东与海上丝绸之路关系密切；最后就是能够代表岭南历史文化的文物，比如端砚等。以上是广东省博物馆的一些基本情况。

接下来我们谈一谈“丝路”。关于“丝路”，大家的印象可能是沙漠驼铃，但是“丝路”这个词不是一开始就有的，而且也不仅仅指陆上丝绸之路，与陆上丝绸之路相对应的还有海上丝绸之路。海上丝绸之路是从中国的东部沿海地区出发，经由东南亚地区、南亚地区，和西亚、非洲、欧洲发生贸易的一条海上贸易交通路线。我们现在看到最早的关于“海上丝绸之路”的表达是在日本学者三杉隆敏于 1967 年出版的著作《探索海上的丝绸之路》中。

粤博和海上丝绸之路关系密切，我也想通过广东省博物馆所藏的一些跟海上丝绸之路有关的文物，向大家介绍一下丝绸之路的发展历史。

关于海上丝绸之路，在《汉书·地理志》中有明确的记载。首先讲海上丝绸之路航线的问题，有一句是“自日南障塞、徐闻、合浦”，就是说从日南郡附近的徐闻、合浦出发，代表当时对于海上航线的认识，然后“船行可五月，有都元国”，就是船开了五个月以后，可以到达都元国（今苏门答腊），“又船行可四月，有邑卢没国”，然后又行二十余天，又有一个国家；又行十余天，又有一个国家；之后又船行两月余可以到达黄支国（今印度）……这就在给我们介绍海上丝绸之路的大概航线。这个航线，在汉武帝时期，从徐闻、合浦出发，经过一系列的国家之后，可以到达黄支国和程不国（今斯里兰卡）。到达这两个国家后，“汉之译使，自此还矣”。这些就是我们现在能见到的在中国古代文献中最早的关于海上丝绸之路相关内容的记载。

谈海上丝绸之路一定要联系船舶或者航运的发展。汉代的造船技术已经比较发达，广东省博物馆馆藏的陶船模型，是我们目前见到最早的三岛式船舶的实物模型。广州汉墓里还出土有一些其他的陶船模型。这个时候的船已经非常先进了，主要表现为哪些方面呢？首先是出现了转轴舵，后面有个尾舵，通过转轴方式操作，对船的前进起到推动作用，这是在造船技术上非常大的进步。除此之外，汉代船舶已经开始使用橹，还有帆，包括舷伸甲板等，相当发达。

由于造船技术的进步，中西方之间的贸易也有了比较大的发展。广东省博物馆馆藏的一枚萨珊波斯银币就能证明，这是 1984 年在遂溪县边湾村发现的，当时一共出了 100 多件文物，其中萨珊波斯银币有 20 多枚，装在一个陶罐里。在这个窖藏里面，还有一些鎏金的金银器，共计 70 多件。根据这种设计风格和纹饰特点判断，大概是公元五世纪中后期萨珊波斯的产品，所以它代表了当时中西方经济文化方面的交流。

关于唐宋海上丝绸之路，也是有相关史料记载的。第一个记载是阿拉伯著名历史学家马苏第的著作《黄金草原》，书中讲述了草原地区的贸易路线，还提到了一条路线，是从阿拉伯地区，经波斯湾一带通过七片海洋到达中国的路线。第二个记载就是唐代贞元年间宰相贾耽的《海内华夷图》，在此图的说明中，提到中国对外贸易路线时说到广州通海夷道，以及从广州到达西亚地区航线。从广东出发，经过马六甲、印度南部一带，北上到达波斯地区，一共9000公里，需要航行90天。这就是公元七世纪世界上一条最长的海洋贸易路线。唐代是中国历史上的黄金时代，商业繁盛，为了方便管理海上交易，唐朝政府在安南设立了市舶使。市舶使有两个任务：第一个任务关系到朝中事务，主要是接待他国来宾使者；第二个任务是管理进出口货物，获取贸易税收。唐代贸易和汉代贸易的一个重要区别是，唐代的瓷器贸易已经在整个贸易体系中占到了非常突出的地位，全面超过了丝绸的贸易。

到了宋代的时候，贸易的主要路线还是广州通海夷道，这个时期航线数量大量增加。贸易路线，尤其是东南亚地区的贸易线路增加较多，比如以爪哇岛、文莱等地为目的地的线路，当时该区域国家的贸易发展较快，与中国的贸易交往也大幅度增加。直航路线的开辟，缩短了航行时间。两宋时期大力发展南方的海上丝绸之路，通过海洋路线和其他国家进行贸易交往。在这个时期，中国的科技与经济水平，在世界范围内应是首屈一指，这和大力发展海洋贸易有非常重要的关系。

明清时期，东西方的航海技术与贸易发生了巨大的转变。1488年，欧洲人迪亚士到达了好望角；1492年，哥伦布发现了新大陆；1498年，达·伽马绕过好望角到达了印度；然后再晚一点，1519—1521年，麦哲伦完成了环球航行。全球航行的路线开辟，是大航海时代的开端，欧洲从此走向全球化贸易。东西方航海贸易实力开始进入重要转折期。从那之后，欧洲文明飞速发展，尤其是经过工业革命以后，欧洲已然在整个世界发展中处于领先地位，同时中国却处于相对下降的时期。我并不是说大航海时代只有欧洲人有，咱们中国人其实也有，甚至比他们早半个世纪。郑和七次下西洋，几乎航遍了太平洋西部和整个印度洋沿岸所有的国家，这在整个世界历史上是影响非常大的。

海丝遗珍

说到海上丝绸之路，不得不说到南海沉船。1987 年，英国有个海洋探测公司在一家荷兰图书馆里查到一份 19 世纪的报纸，上面记载了英国东印度公司有一艘货船在中国阳江附近海域沉没，货船上载有海上丝绸之路上的常见货物瓷器、丝绸等，还装载了大量锡锭、白银。由于该沉船在中国领海范围内，英国海洋探测公司寻求与中国政府的合作。1987 年 8 月，中国的海上救捞机构与英国人开始合作打捞这艘货船，根据捞出的瓷器残片看，是中国宋元时期的商船。这艘沉船后来有了一个更响亮的名字，就是“南海 I 号”。“南海 I 号”的发现，促进或者说直接推动了中国水下考古事业的诞生。今年是“南海 I 号”发现 30 周年，也是我们打捞成功的 10 周年，它见证了中国水下考古事业从起步、发展到辉煌的全过程。

“南海 I 号”的考古打捞工作是非常艰难的。当时沉船位于水下 24 米深处，上面还覆盖了两米多厚的淤泥，中国以前又没有打捞沉船的考古经验，因此不知道如何打捞，更不知道如何保护。但是在当时，秘密潜入中国海域甚至近海进行商业性盗捞或在中国其他海域打捞中国沉船的行为，屡见不鲜，不仅造成我国文物流失，更造成这些文物历史及考古价值的毁灭性破坏。于是，国家文物局决定大力发展自己的水下考古事业。1987 年 3 月，由国务院牵头召集几个部委合作成立了“国家水下考古工作协调小组”。“南海 I 号”的发现是促进我国开展水下考古工作的重要动因之一。

“南海Ⅰ号”将近30米长，整艘船保存得非常好。2001年，我们对其重新定位之后，当时的历史博物馆从中打捞出一部分瓷器，6000件瓷器，近4000件保存完整，去除上面附着的海洋生物等污染，瓷器本身特别精美。大家可以想象，整船将近30米长，10米宽，最深的地方有四米，如果满载货物，船上的文物数量是非常可观的。但是沉船保护是个难题，因为它的沉船点距离海岸比较远，公安快艇开过去也得40—60分钟，而且该水域能见度非常差，24米水深的地方，无法通过打光来解决水下能见度问题，加之沉船上面还有流塑状淤泥，如果重力控制不好，打捞人员下去之后半条腿都会陷进去。在这种情况下，你能做的只有摸，摸到以后捞，捞完以后却不知道文物原来在哪。如果采用原地发掘的方法，就没有办法保证资料的科学性。

后来，有人提出了整体打捞的想法。所谓整体打捞，是用一个钢结构的箱子，把这条沉船装到里面，然后把它拉到可以人工调控环境的地方，未来再进行保护跟发掘。“南海Ⅰ号”太大了，这样的水下沉船打捞全世界没有任何国家做过，我很自豪，中国人做到了。

“南海Ⅰ号”整体打捞共分几个环节：首先进行外围清理，对于散落的文物尽量打捞捡拾；然后用钢箱将沉船整体包住，再在船底用钢钎穿过，潜水员在海底进行打铆和焊接，最后将沉船整体打捞出水。“南海Ⅰ号”整体打捞出水后，将直接从海上平移进专门建设的水下考古博物馆。运送“南海Ⅰ号”到博物馆的过程也是很复杂的，因为该博物馆距离海岸线有一段沙滩，大概400米，沙子松软，还有平缓的坡度，所以我们采用了大型的气囊，甚至创造了吉尼斯纪录，就这样一点点地把沉船挪进博物馆，置于巨型玻璃缸中。打捞过程里，整个工程捞起和处理的泥沙、瓷器及各种文物就超过5000吨。

“南海Ⅰ号”是一艘进行远洋贸易的南宋早期商船，装载了大量的外销货物，其中以各类瓷器和金属器最为丰富。船上装载的瓷器品种繁多、数量可观，至少包含了来自江西景德镇窑、浙江龙泉窑、福建德化窑和磁灶窑等四大不同窑口的产品。另外，船上还有很多铁器。铁锅分层套叠，以篾片包扎后，上覆以竹席等物，部分铁锅在出水时仍光亮如新。铁钉为长约20厘米的铲钉，捆扎整齐后堆放在船甲板上。其实整个“南海Ⅰ号”现在只揭开了表面一层面纱，未来还有很多谜底等待着我们去揭开。

共享海丝文化，更好服务社会

中国加入全球化贸易体系之后，也有一些沉船。比如说广东省博物馆有一件凤纹狮纽罐，出自广东另外一艘沉船“南澳Ⅰ号”，在打捞发掘时，我们在里面发现了200多件小的青花瓶、罐。原来，当时装货时为了在同样的空间里装更多的东西，古人就会把罐子里的空间都利用起来，这些罐子有的装水，有的装食物，有的装其他的货物，到达目的地后，不但瓷器可以售卖，里面装的东西也能售卖。原来这样的文物我们并不知道是产生于中国，因为以往在欧洲文献中，他们会记载在孟加拉国附近有一个港口大量地发现这种罐子，因此他们把这种罐子命名为“马塔班罐”。“南澳Ⅰ号”是位于台湾海峡的另外一个重要发现，它位于福建跟广东交汇的南澳岛附近，水深27米，水流相对比较急，但是水很清澈。当时我们采用水下考古发掘方式打捞了三年，共打捞出3万多件东西，其中有2.7万件瓷器。

广东省博物馆是综合类博物馆，也有很多自然类藏品，比如说斯里兰卡产的蓝宝石和印度产的祖母绿。为什么说到这两件东西？

因为在中国明代贸易体系中，宝石贸易是非常重要的一类。万历皇帝的陵墓里面就出土了许多宝石，包括蓝宝石、红宝石和祖母绿等。据文献记载，这些王公贵族对于宝石的需求量非常大，每年各地都会进贡数以万计的宝石。这里跟大家讲一些宝石的基础知识，不是所有的贵重的石头都是宝石，有四种公认的名贵宝石，是钻石、蓝宝石、红宝石和祖母绿，这些宝石也是中国明代时候最重要的贸易商品。

到了清代，贸易体制跟明代相比有了比较大的变化。康熙年间出现了中国最早的海关，乾隆二十二年开始实行“一口通商”政策，就是全中国只允许广州一地和外国做贸易，其他地方都不允许，而且不允许外国人直接和中国人贸易，要通过政府代理，我们称之为“商行代理贸易”。这个商行在不同的时期也是不一样的，多的时候有二十多家，少的时候只有几家。清政府特许的对外贸易机构是“十三行”，各式各样的商行是代表政府做生意的，而政府也允许外国人在广州建立商馆。这个时期主要的贸易物品是茶叶，丝绸跟瓷器也占了相当一部分，但是丝绸比例相对比较低。外销瓷器中非常重要的品种就是广彩瓷器，以欧洲绘画风格为装饰。当然外销的其他艺术品也是中间的一类。

在这个过程中，新航线开始跨越大西洋和太平洋，到达欧洲和美洲地区。茶叶基本上占了贸易销量的将近 70%，丝绸销售量逐渐降低。我们回顾丝绸之路发展的历史，特别是海丝发展历史，会发现不同时期下的贸易物品比重是有比较大差别的。中国文化在 18 世纪 20 年代之后对欧洲产生了非常大的影响，当时欧洲人非常喜欢中国时尚，18 世纪在欧洲很多建筑、油画里面可以看到大量中国元素。

最后谈一下展览方面。我们不光有藏品，还会把自己的藏品拿出来跟社会共享，向社会提供更好的服务。我们策划了一系列海丝主题展览。去年我写了篇文章，回顾了2013—2016年中国海丝主题展览数量变化的情况。2016年的统计只到6月，数量比较少，但总体是逐年增加的趋势。东部沿海地区做的海丝主题展览相对比较多，广东跟福建最多，其中广东省博物馆是主力之一，因为我们的海丝类文物比较多。前面提到粤博馆藏文物共20万件（套），这20万件（套）文物里面13%是海丝有关文物。在海丝出水文物中外销艺术品类占18%，细分发现广彩比较多，其次是外销扇、银器等，这几样占80%以上，其他的像贝雕、漆器等，数量相对比较少。我们将其利用起来，做了一系列和海丝有关的展览。

今年我们也有推出几个展览，强调海丝文化“走出去”。2018年、2019年的展览计划里面都有海丝类展览，我想海丝这类主题展览可能也是未来一个时期内，广东省博物馆做展览的重要内容。

那么，今天我和大家分享的内容主要就这么多，欢迎各位有机会到广东省博物馆参观，欢迎大家！

谢谢！

2017

第9讲

新题材·新视界·新观察
——建川博物馆的发展之道

樊建川

樊建川，建川博物馆馆长。1957年生，四川宜宾人，中共党员。经历丰富，当过知青、士兵、军校教官、政府官员，致力于中国百年历史收藏研究和著述。2003年投资修建了目前国内民间资本投入最多、建设规模和展览面积最大、收藏内容最丰富的非国有博物馆——建川博物馆聚落。担任总策划相继完成了山东枣庄台儿庄大战遗址博物馆、宜宾李庄古镇旅游整体策划等几十个项目的策划、规划设计和陈列布展工作。

樊建川先后荣获中国旅游产业杰出贡献奖（飞马奖）、建设成都杰出贡献奖等奖励，以及2008中国文化遗产保护十大年度杰出人物、“影响四川·改革开放30周年”十大最具标志性风云人物、美国布莱恩特大学荣誉博士等荣誉称号，入选中央电视台改革开放三十年十大代表人物。

有一座博物馆，它被称为博物馆聚落，位于中国唯一的博物馆小镇——成都市大邑县安仁镇；有一座博物馆，它占地500余亩，内设抗战、民俗、红色年代、抗震救灾四大系列30余座分馆；有一座博物馆，它是目前国内民间资本投入最多、建设规模和展陈面积最大、收藏内容最丰富的民间博物馆之一，这座博物馆就是建川博物馆，全称建川博物馆聚落。它的创始人樊建川以一名民营企业家的身份，倾力打造建川博物馆聚落，为保存民族记忆做出了突出贡献。

建川博物馆聚落究竟是怎样一座博物馆？它在见证历史方面有何独特作用？为什么能受到公众喜爱？它又是如何兼顾社会效益和经济效益，实现持续发展的？2017年9月10日，樊建川先生来到“南博讲坛”，带我们领略了建川博物馆的独特风采。

建川博物馆聚落大门

中国壮士群雕广场

抗战文物陈列·正面战场馆

中流砥柱馆

大家好！我非常荣幸也特别感谢南京博物院给我一次机会，来向大家汇报我们建川博物馆的工作。

建川博物馆建筑面积近 10 万平方米，拥有藏品 800 余万件，其中国家一级文物 425 件。这么大的一座博物馆，刚刚南博龚院长问我："建川博物馆现在能不能养活自己？"其实目前来说，我们是可以勉强养活自己的。为什么说"勉强"，因为建川博物馆太大了，工作人员也多，我们现在有 500 多名职工，还有 100 多名保安，再加上清洁工。不过建川博物馆还拥有自己的三星级酒店、旅馆和餐厅等，所以会有额外收入。去年建川博物馆的收入加起来大概有七八千万，今年预计有一个亿，勉强能够养活自己了。要知道我们的投入就有几十亿，这样一来，几千万的利润就是微不足道的，但是这几千万就可以把我的员工养活，包括给他们交社保和给博物馆交水电费。

今天我把自己怎么建造博物馆和怎么养活博物馆的经历和想法向大家汇报一下。

“我赚的钱是干净的钱”

大家或许对我很好奇，最好奇我的钱是从哪里来的。有的人会问，樊建川的钱是不是贪污得来的？毕竟我之前当过市长嘛。其实我当市长的时候真是清官，当时我每个月的工资是 200 块钱。我的父亲和岳父都是老八路，很正派。我 30 岁在宜宾市做副市长，每次回家我父亲都问我：“大儿子，今天贪污没有？”我说没有，他就说千万别收钱。所以我真没收钱，穷得很。

1993 年，组织找我谈话，准备提拔我做市长。我的脾气你们应该能感觉到，非常沉不住气，什么都表现在脸上，其实不太适合当官，于是我就辞职下海了。我曾经下乡做过知青，也参过军。在宜宾县日成公社插队当知青时，学会了干农活，种水稻、种红薯、种玉米、栽秧苗、打谷子都没问题。参军之后，我跟随部队，到了内蒙古大草原，还在部队里拿到过“神枪手”的称号。我不怕吃苦，我赚钱也不是纯为了享受，我想买东西做收藏。下海创业以后，从 1993 年到 2001 年，我用了八年时间就登上了中国福布斯榜。我也要向大家汇报一下，我当官期间没受贿，下海创业期间也没逃税。

和大家说一件我感到很欣慰的事情。“5·12”汶川大地震时，我是都江堰市区最大的房地产开发商，换言之，我在都江堰开发的房子最多。得到地震消息的时候，我连忙赶往都江堰，一个小区一个小区地看，一直看到天黑，才全部看完。我开发的小区围墙全都震垮了，居民家里的电视机都被震到地上，地上震开口子，但是我开发的房子一寸没有垮，一寸没有裂，更没有一个人受伤，质量非常好！为此，我所开发小区里面的居民特地给了我横幅表示感谢。后来，我建建川博物馆聚落的时候，里面还建造了汶川大地震博物馆。

凭借诚信经商、厚道经商，我在2003年买了500亩地，准备建博物馆，然后离开房地产行业，从此就没做生意了。从2003年到今天，14年了。我的房子最贵卖到每平方米3000多元，要知道20世纪90年代我开始做房地产时，每平方米才卖1000多元，当卖到3000多元时，我已经离开房地产行业做博物馆了。后来人们说："建川啊，你做房地产的那四年，长期两三千，你一走就上万了。"我说那是该你们挣钱，没有我的事。我自己也反过来想，我不是把博物馆做了嘛，如果我在房地产行业待久点，多赚点钱，那我现在都60多岁了，做博物馆就做不动了。2003年，我出来做博物馆，那时候正是有冲劲的时候，还是很值得的。说这么多，我就是想告诉大家：第一，我当官的时候没贪污；第二，我当商人的时候，也是一个受到成都市民喜欢的、不打官司的、负责的商人。我赚的钱是干净的钱，我是用干净的钱建了我干净的建川博物馆。

"他们说我的博物馆是贫困美学"

我建博物馆，最开始的想法是建一座"文革"博物馆或者抗战博物馆，而且我想的是这样的博物馆就应该建在北京。那时候我40多岁，很年轻，想法简单，又觉得自己有钱，就跑到了北京丰台区说我要建一座什么样的博物馆，结果自然是不成的。然后我又去了上海松江区问，答复也是不行，接下来我又去了重庆，结果也是不了了之。最后我反应过来了，我爸妈给我起名"建川"，就是要建设四川嘛，我的博物馆自然要建在四川，所以我就开始在四川找地方。在四川建博物馆也是困难重重，别人都不相信我是建博物馆，听到我的话就怀疑，说一个县级市的博物馆只要20亩地，你一个开发商要500亩，莫不是用20亩地建博物馆，用480亩地开发房地产？后来好不容易找到大邑县，就是现在我博物馆的安身之处。当时的书记说：“建川，咱们这样行不行？他们都说你是想开发房地产，我觉得你是一个理想主义者，我相信你是要建博物馆的。但是我还是怕你开发住宅、修别墅。这样行不行？我给你500亩地，你如果建博物馆，我就每亩地退你多少钱，如果你是修别墅，你就修，钱就不退了。”就这样，我在大邑县有了500亩地，到今天为止，开放并建成了29个场馆，还有将近两万平方米的展厅没有陈列。所以最后这个聚落应该总共建设32—33座博物馆。这样看来，我已经超额完成了当年我给政府的承诺，没有修一寸别墅、一寸住宅。

我拿到这500亩地的时候，当地的居民拆迁，把树全部砍光，卖给了工厂，后来我在这里重新种上了树。现在，建川博物馆聚落还被成都市林业和园林管理局授牌“成都市安仁文博森林公园”，这里聚集了很多野生动物，像蛇、鸟、野鸭、松鼠，甚至还有白鹤。这座博物馆的策划和创意全是我一个人做的。他们说我的博物馆是贫困美学，比如说博物馆的地面，全市的博物馆只有我们馆的地面是高低起伏的。当初装修师傅都很不理解，只见别人把地面做平的，没见专门把地面做不平的，但是我就是需要这样的表现形式，就像我在日本侵华罪行馆门口密密麻麻摆了近2000顶日军钢盔一样，是一种表达。我摆放在日本侵华罪行馆门口的钢盔特别多，大家或许会问怎么会有这么多？实际上20世纪90年代的时候，我经常去滇西征集文物，征集到多达50万件，我甚至在全国都有“情报站”。有一次我得到一位朋友的消息，说当年有一名美军在腾冲牺牲了，当时县里面给了一个农民五斤米，让他负责埋葬这名美军，那个农民就把美军身上像眼镜、钢笔、大衣甚至皮带扣这类东西都保留了下来。我接到这个消息就找到了那个农民家，大概以每件500—800元的价格把这些东西征集回来了。在20世纪90年代，500块、800

块都是非常可观的数字。就这样，我从全国各地征集文物，像春秋战国时期的兵器、古代家具、晋商的账本，等等，但是主要的征集对象其实还是近现代的东西。比如“文革”时期的检讨书就收集了80吨，还有同时期的书信100多万封、老照片300万张，另外黑胶唱片收了差不多15万张。我们的库房有一万多平方米，里面是个“大收藏”。别人都知道我是“捡破烂的”，从20世纪90年代一直收集到今天。

“我得让它自己活下来”

博物馆建好后，我面临着一个重大的问题：我做博物馆，不像其他博物馆有财政支持，或者有基金会捐资，我只靠自己，那我死了怎么办？我死了博物馆就会死，这就相当于我养了一个傻儿子，明明知道他傻，还要养他，这多难受，所以我得让它自己活下来。

首先，我请好的设计师来设计博物馆。当时我就请了三十几位业界知名的设计师，比如说中国工程院程泰宁院士就帮我设计了不屈战俘馆；上海世博会建筑设计研究中心主任邢同和院士设计了中流砥柱馆；中国科学院彭一刚院士设计了正面战场馆……我想我找到了博物馆的生存之道——邀请著名设计师做设计，那么建筑系的学生们就一定会到我们博物馆看一看这几十位大师的作品，我想这是生存之道的第一点。

其次，我将几十座博物馆放在一起形成一个聚落。这种集聚和主题上的特色化、差异化，既丰富了游客的选择，降低了营销成本，也提高了博物馆的关注度。其实，我每座馆的内容都有精心设置，我曾经了解过，为什么学生上一堂课一般是45分钟？因为科学家研究发现，人们注意力集中的时限就是45分钟。所以，我建馆的时候，每座馆就是按照 40 分钟的内容设计。有人会说，改革开放 40 年，你让我看 40 分钟，我怎么看得完？有的展馆确实有这个问题，所以像“辉煌巨变：1978—2018 主题展”的内容就会多一点，参观时间大概是一个小时，里面每十年分为一个展区。游客参观的时候会发现一个情况，我们有的馆相对集中，比如说地震馆系列的展馆，有的展馆顺序是打乱的，比如红色年代系列展馆、抗战系列展馆和民俗系列展馆。其实我的想法是，我小时候上学，都是语文课、数学课、美术课、音乐课轮流上的，没有说一个月只学语文课的，所以交叉在一起可以换换脑子，不过现在看来，这个想法值得斟酌。那么我们的博物馆现在是什么样呢？变成了你一天看不完，要看两天甚至三天的地方。最开始国家给我们批每个馆门票 20 元，七个馆 140 元，但是我们第一次开馆，七个馆就卖 60 元门票，到了 20 座馆的规模，依旧是 60 元，直到现在的 29 座展馆，我们还是 60 元门票，十四年如一日，价格没有变。这样的门票收入甚至连交水电费都不够，但是我们通过餐饮服务、拓展训练、策划，还有博物馆文创等，打造了一条超长产业链，通过博物馆的发展带动住宿、餐饮、文化、地产等多个产业项目发展，这样我们就能够养活自己。所以，这是我们生存之道的第二点，形成一个聚落。

再次，把博物馆和旅游结合。我们一直是国家 4A 级旅游景区，很高兴地向大家汇报，今年我们申报国家 5A 级旅游景区了，现在申请已经通过，就等着挂牌了。评上国家 5A 级旅游景区之后，建川博物馆聚落的收入还是会增加的，因为游客会更多，这就是和旅游结合所带来的收益。

最后，博物馆一定要和乡亲们的致富结合起来。我们安仁镇没有一家工厂，那里是个博物馆小镇，主要依靠我们这个大博物馆聚落生存。那里除了建川博物馆聚落，还有以刘文彩庄园为代表的川西民国风格建筑群，这就把安仁镇几万人养活了。安仁镇几百家餐厅、一百家旅馆，还有家安仁福朋喜来登酒店，这就一起养活安仁镇了。我想带领乡亲们致富，这也是我们一起努力的方向。

另外，我还想给大家汇报一件事情，就是我们还帮别人设计展陈，许多大型博物馆的展陈委员会经常到我们这里参观，我也希望各位专家到我们建川博物馆指导。

我们建川博物馆现在摸索出了一座民营博物馆的生存模式，并不是我樊建川有本事。我 18 岁时做知青最能干活的时候，一天挣多少钱？一天挣一毛钱，我养活不了自己，两次饿得晕倒。当年我才不到 100 斤，我现在 160 斤，最能干活的时候我挣不到钱。后来改革开放，我就挣钱了，成了所谓的富豪，挣了几十亿，这个钱是我的吗？我从来不认为是我的，这个钱是社会给我的，应该还给社会。我曾经问我女儿，愿不愿意继承爸爸这座博物馆？我女儿说："爸爸你要是爱我的话，你就把它捐了吧。"

这座博物馆拥有 500 亩土地，十几万平方米的建筑，800 万件藏品，几百件国家一级文物，现在是我们还在就是我们继续经营，我争取做到 100 座馆的时候捐给政府。我希望做成中国民间博物馆的一家集团再捐给政府。

这就是我向大家汇报的内容，谢谢大家！

2017
第10讲

雪域圣殿
——布达拉宫

觉　单

觉单，西藏自治区布达拉宫管理处副处长。1972年生，西藏山南市错那县人，中共党员。西藏自治区为数不多的古建专家之一。1996年至今致力于布达拉宫的建筑保护事业。2000—2009年，参与西藏布达拉宫、罗布林卡和萨迦寺三大重点文物保护维修工程。

西藏是一片古老而神奇的土地，让人魂牵梦萦，心向往之。她既拥有巍峨的雪山、纯净的湖泊、满山的格桑花等仙境般的自然景观，也孕育了悠久的历史、灿烂的文化和独特的民族风情。举世闻名的世界第一高峰——珠穆朗玛峰，和世界建筑史上的奇迹——布达拉宫，静静地矗立在世界屋脊上，诉说这片土地的无穷魅力。

布达拉宫位于拉萨市的玛布日山上，是我国著名的石木结构宫堡式建筑群，依山而建，群楼高耸，崇阁巍峨，雄伟壮观。千百年来，它始终屹立在山巅，既是圣地拉萨和藏族历史的象征，又是灿烂辉煌的藏族文化的象征。它是藏文化的标志性建筑，也是宝贵的世界文化遗产。

2017 年 10 月 29 日的“南博讲坛”，布达拉宫管理处副处长觉单带我们一起走进西藏，走进布达拉宫，感受藏文化的独特魅力。

布达拉宫外景

布达拉宫正影

时轮坛城

宝瓶

南京的观众，大家好！今天我主要想给大家介绍一下西藏，也希望大家了解一下雪域圣殿——布达拉宫。

布达拉宫位于拉萨市。“拉萨”这个词语是什么意思呢？在藏语中，“拉”就是“佛祖”的意思，“萨”指“地方”，所以“拉萨”可以解释为“佛祖居住的地方”。这个名称的由来可以追溯到唐代，当时吐蕃赞普松赞干布迎娶了两位公主：唐朝文成公主和尼泊尔尺尊公主。这两位公主把许多佛经和佛像带进了西藏，于是松赞干布开始提倡佛教。为了供奉文成公主和尺尊公主带来的佛像，他还修建了大昭寺和小昭寺，所以拉萨才叫“佛祖居住的地方”。

高原净土：西藏

先向大家介绍一下西藏。

西藏在唐宋时期都叫“吐蕃”，到了元明时期叫“乌斯藏”，清朝康熙年间正式称为“西藏”，并一直沿用到现在。西藏自治区的管辖区面积有120多万平方公里，这是什么概念呢？整个江苏省加起来有十多万平方公里，西藏自治区的面积大概是江苏省的12倍。然后人口呢，那就不用跟江苏省比了，我们大概有300多万常住人口，包括所有的少数民族在内，但江苏省光南京市就应该有800万常住人口吧。西藏地广人稀，无人区多，像可可西里就是无人区，那里生活着许多野生动物，具有代表性的有牦牛、野驴、棕熊等。

西藏山高水美，资源丰富，主要是水源丰富，丰富到什么程度呢？流域面积特别大的河流就有20多条，小河上千条，像雅鲁藏布江一直贯穿整个西藏，然后流出国境再注入印度洋。长江、黄河、澜沧江、金沙江，还有怒江都流经西藏。追根究底，亚洲著名的印度河、恒河、湄公河等河流的上源都在西藏。这几年，党中央也特别注重环境保护问题，西藏自治区关闭了很多高污染、高破坏、生产技术落后的企业，发展环保绿色矿业，因为随意采矿会污染水源。位于西藏自治区的喜马拉雅山脉，被称为“世界屋脊”，它的最高峰珠穆朗玛峰海拔8844米有余，每年仍旧在不断变化。除了珠峰以外，冈底斯山在西藏宗教中也具有很崇高的地位。冈底斯山在藏传佛教里被认为是世界的中心，“底斯”就是“中心”的意思。它下面的湖泊是圣湖“玛旁雍错”，每年都有来自印度和尼泊尔等国的信徒不远千里前来朝圣。纳木错是西藏三大圣湖之一，像这样漂亮的湖泊西藏有1600—1700个。

然后我们了解一下藏族人的生活。藏族人主要吃糌粑，糌粑和北方的面饼不同，它先是炒，然后磨，既便于储藏又便于携带，出门在外的时候加点酥油茶揉揉就可以吃了，很方便。至于甜茶，据说是在百余年前就已经传入西藏，西藏人最早是从穿梭于中国、尼泊尔、印度的穆斯林商人那里品尝到甜茶。藏族人还爱喝酥油茶和青稞酒。酥油是羊奶或牛奶里面提炼出来的。至于青稞酒，则是青藏高原特有的酒。青稞煮熟达到一定温度后，酿几天就能够挤出汁来，再从河里面打一桶水直接加进去，出来就是青稞酒了，半生半熟的。

最后聊一聊西藏的服饰。藏族人的服装比较丰富，像我身上这件藏袍，既无口袋，也不用纽扣。腰间系上腰带，胸前突成衣服包，里面可以装很多东西，甚至一岁以下的孩子都可以放进去。牧区海拔比较高，一年到头都要穿着羊皮袄。放羊的时候，孩子可以装在衣服包里面，然后再背着东西。材质上面，以前的藏服多用羊毛制的氆氇制作，颜色以黑、白、红为主。基本上，女人不穿白色的藏服，黑色藏服是男人或女人都可以穿，至于深红色藏服则是居士常穿的，一看穿红色的藏服，就知道他是居士。但现在生活好了，条件好了，布料、颜色都没有什么规定和限制了。藏族姑娘身上经常也会装饰有许多宝石。

藏族人也很喜欢喝酒、跳舞，所以远方朋友来时，都必须唱两首歌，不管会不会都要唱。现在有人说西藏人生来就会唱歌跳舞，其实不是的，都是后来学的，因为我们的生活节奏比较慢，有时间可以学。在座的大家有机会可以来西藏看一看，和我们一起唱歌跳舞。

雪域圣殿：布达拉宫

接下来我们了解一下布达拉宫。

在拉萨这片土地上，最亮的明珠自然是布达拉宫。布达拉宫修建于公元七世纪第三十三代赞普松赞干布时期，在他之前的国王大部分居住在山南，将山南那一片的土地作为主要的统治中心。公元631年，松赞干布迁都拉萨后，修建了布达拉宫。据说当时修建的宫殿有999间，加山上修行洞共1000间，后因雷击和战乱遭严重破坏。去过西藏的人都知道，布达拉宫前面还有白塔，那是由另一位入藏的唐朝公主——金城公主建的。相传，金城公主进藏，和吐蕃赞普赤德祖赞成亲，她生下的王子被妃子纳朗萨强行夺去。金城公主非常气愤，就让手下人把铁山和红山的连接处挖断。后来她的孩子赤松德赞王子在周岁庆典上重新认母，金城公主转怒为喜，又让手下人在挖断的地方修了一座白塔，把两座山连接起来，这就是著名的扎嘎噶日大白塔的来历。

吐蕃王朝崩溃后，在公元869—1239年的370年中，青藏高原上一直未能建立起大的统一政权。吐蕃王朝灭亡之后，古老的宫堡也大部分毁于战火，加上雷击等自然灾害，布达拉宫的规模日益缩小。后来萨迦王朝和藏巴第悉政权时期，布达拉宫附近经常举行讲经、说法等佛教活动，它原本的政治和经济地位不复存在。那个时期，整个西藏因为政教合一，一切都离不开佛教的主导。我们现在看到的布达拉宫主要是1645年由五世达赖喇嘛阿旺洛桑嘉措受清政府册封后，开始修建和重建的。五世达赖修建了白宫，圆寂之后摄政贵族为其修建了灵塔，扩建了红宫，工程竣工后，历代达赖又增建了五座金顶和一些附属建筑，特别在十三世达赖的灵塔建成后，布达拉宫今日的规模形成了。布达拉宫由此成为当时西藏地方政府政教合一的统治中心。

布达拉宫外观高110米，13层，主体建筑分为红宫和白宫两个部分，东部的白宫是历代达赖喇嘛生活起居和处理政务的地方，中部的红宫则是佛殿及历代达赖喇嘛的灵塔殿。红宫前面有一堵白色高耸的墙面，叫作晒佛台，在佛教的节日用来悬挂大幅佛像挂毯。布达拉宫还有一些附属建筑，包括山上的朗杰札仓、僧官学校、僧舍、东西庭院和山下的雪老城及西藏地方政府的马基康、雪巴列空、印经院、监狱、马厩，以及布达拉宫后园龙王潭等。

我们一提到西藏布达拉宫，可能大家都会想到朝圣和拜佛，但以前西藏的藏学、医学、天文知识都是从寺庙里面传承下来的。目前，西藏有 1700 多座寺庙，这些寺庙不仅是拜佛的地方，也是传承藏文化的重要基地。

接下来我们看看布达拉宫的布局设计，这很能够反映藏族的文化。以布达拉宫为代表的藏式建筑，基本上由白、红、黄、黑这四种颜色组成，这些颜色有着非常重要的文化含义。首先是白色，除了以布达拉宫的白宫为代表的宫殿寺庙以外，整个藏区的民居也都以白色为主，那是因为我们藏族人认为白色是防邪驱邪、和平安宁的象征。其次是红色，它象征了佛祖渡尽三界生灵的愿望，因此非常神圣，不可侵犯。再次，黄色代表了健康、长寿、富足的概念，所以现在布达拉宫里面唯一一座药师殿就是黄色的建筑。最后是黑色，藏式建筑的门窗两边普遍用黑边镶嵌，藏族人认为邪祟都是从门窗出入，黑色的门窗框架会阻拦这些邪祟，所以黑色具有家宅安宁、逢凶化吉的寓意。

布达拉宫的金顶也是很讲究的。为什么红宫有金顶，但是白宫就没有呢？旧社会等级森严，金顶不可以滥用，一般只能出现在一座寺庙的主供佛殿上，或者历代达赖喇嘛或班禅去世后的灵塔上。现在，这种规矩已经接近消失了。我去过的四川阿坝、甘孜，金顶随处可见，因为造金顶的成本降低了，但是西藏山南、阿里这些地方还是非常严格遵守规矩的。金顶的主要材料是紫铜，紫铜上面鎏金，这样可以保持很久，具体保持时间要看鎏金工艺的水平。像布达拉宫的金顶，鎏金完成一个现在需要人民币 700—800 万。布达拉宫金顶群在新中国成立后还没有真正意义上修缮过，所以现在我们正在申请布达拉宫金顶群修缮工程。

布达拉宫第一座真正意义上的金顶就是五世达赖喇嘛在红宫的灵塔金顶。为了修金顶，当时的摄政贵族请了 17 名工匠，专门修建、加固斗拱，因为布达拉宫海拔很高，风特别大，为了保证安全，就需要加固对金顶起承托作用的斗拱，还要保证美观。

十三世达赖喇嘛的灵塔，通高 12.97 米，灵塔面用黄金包裹，还镶嵌了上万颗珠宝。灵塔殿里面陈设着各种法器、祭器。十三世达赖喇嘛土登嘉措坐像前陈设一座由 20 万颗珍珠串成的珍珠塔。第三层楼四壁都是十三世达赖喇嘛一生的传记壁画。塔基这几层装满了经书、佛像，可能多达上万册。历代达赖喇嘛的灵塔里面，经书是非常多的，另外还有五谷杂粮，像青稞、绿豆这些都用袋子装满，放在这里面。

壁画也是布达拉宫里很重要的元素。它是建筑上面的附属品，修完建筑以后，建筑上面要画上壁画。这些壁画均有 400 多年的历史。因为当时摄政贵族修建红宫的时候，尽量选择在不重要的地方画壁画，他说画在重要的地方，人家烧香、点灯，没有几年就会坏了，于是人们把壁画画在廊子里面，所以 400 多年来这些壁画都非常清楚。壁画内容就是非常有名的佛祖或者人物的故事。壁画比文献记载好看的原因是，壁画比较立体，就像是有一位老人跟你讲完故事后，你不用看书，自己就能复述了。

殊胜三界殿是红宫最高的殿堂，当初由七世达赖喇嘛建造。殿内供奉一块用藏、汉、满、蒙四种文字书写的“当今皇帝万岁，万万岁”牌位。牌位上方所供为清乾隆皇帝肖像，周围有金刚持、宗喀巴等塑像。殿内尚有十三世达赖喇嘛用万两白银铸造的十一面观音像。这是红宫中一座重要的佛殿，有些重大活动在此殿举行。

在古代，历代达赖喇嘛都会对布达拉宫进行维修和建设，我们是 1936 年开始停止扩建和再加建筑的。新中国成立后，布达拉宫有过两次维修，第一次维修是 1989—1994 年，也是让整个世界震惊的一次维修。首先是“耗资最多”，新中国成立后第一次花费那么大笔资金维修古建筑，当时中央财政给予了专项补助 3500 万。其次就是“最大的维修工程”，当时国务院甚至成立了布达拉宫维修领导小组，有20多个国家报道了这次布达拉宫维修工程。

后来大概从1999年开始，布达拉宫因为种种原因出现问题，譬如墙体受损等，于是展开了第二次维修。第二次维修也投资非常大，在维修过程中还发现了许多隐性问题，于是一鼓作气，历时九年维修完。毕竟布达拉宫有四五百年历史了，它也是一位老人，它需要保养、维护，而且很难一劳永逸。除了维修以外，这几年我们也在做一件比较有意义的事情，就是在比较全面地进行科技保护，希望能够保护好布达拉宫的建筑和文化，让世界都了解它的美丽。

谢谢大家！

2017

第 11 讲

听·苏：一座城，一个馆和一群人

陈瑞近

陈瑞近，苏州博物馆馆长，中国博物馆协会常务理事，毕业于南京大学历史学系考古学专业，长期从事文博工作，获“2014年度江苏省有突出贡献中青年专家”称号。2012年开始主持策划“吴门四家”系列学术展览，其中2013年举办的“衡山仰止——吴门画派之文徵明特展”获第十一届全国十大陈列展览精品奖。主要研究方向为博物馆管理、文物鉴定，发表有一系列较具影响力的论文，主编《衡山仰止——文徵明的社会角色》《六如真如——唐寅的如梦人生》等图书。主持工作期间，苏州博物馆在2012年度国家一级博物馆评估中排名第八，获“2013年中国最具创新力博物馆”，入选首批“全国博物馆文化产品示范单位”，获文化部“全国文化系统先进集体”称号。

苏州是一座古老而优雅的城市，有着4000年的文明史、2500年的城市发展史。它有深厚的历史积淀与文化底蕴，孕育了由春秋吴越至明清姑苏的灿烂吴文化，彰显着独特的城市魅力。

由建筑大师贝聿铭设计的苏州博物馆新馆对苏州古典园林的精髓进行了“中而新，苏而新”的诠释，融古典与现代于一体，成为苏州的文化地标，与老馆太平天国忠王府相得益彰。现馆藏文物已达四万余件（套），以历年考古出土文物、明清书画和手工艺品见长，并藏有大量古籍善本。来苏州，苏博是必去之地。

苏州博物馆里有一群人，他们有着博物馆人的情怀，以高品质的陈列展览、形式多样的教育活动、互动即时的新媒体技术、精细雅洁的文创产品，努力让文物“活”起来、“火”起来，让更多公众走进博物馆、亲近博物馆。

2017年11月19日，苏州博物馆馆长陈瑞近先生走进南博讲坛，和我们聊聊这座城、这座博物馆和这群人……

苏州博物馆老馆鸟瞰

苏州博物馆新馆外部空间

苏州博物馆展厅空间

苏州博物馆内部空间

大家好！南京，是我学习生活四年的城市，我对它有着深厚的感情。南京博物院是一座有着示范领先地位的博物馆，无论是展览策划、藏品保护，还是文化创意产品开发，都取得了傲人的成绩，是业界学习的榜样。南京博物院的龚良院长也是一位有思想、有格局、有担当的院长，他的个人气质对南京博物院有着一定的影响。

与南京博物院相比，苏州博物馆是一座中小型的博物馆。它的建筑面积为南京博物院的四分之一，职工数为南博职工数的三分之一，事业经费则是南博的二分之一左右，而这，正与苏州这座城市的精致相契合。

一座古城

苏州，有着 2500 年的建城史，水域面积达 42.5%。同时，苏州也是一座有着丰富文化遗产的城市，既有包括九座园林和大运河苏州段在内的物质文化遗产，也有昆曲、古琴、宋锦等世界级非物质文化遗产。苏州古城的格局形成于宋代，至今保存较为完整，仍能看到当时形成的水路河道、小桥乃至一些景点。

苏州的城市精神为“崇文、融合、创新、致远”，其文化氛围与历史发展密不可分。下面以几件文物为例。

首先是一件良渚文化时期出土的玉琮。长江三角洲地区的文化历史自旧石器时代开始，至马家浜文化、崧泽文化，再到良渚文化。良渚文化消失之后，苏州地区几乎没有夏商周时期的文化遗存，出土的文物也极少，可以推断这一时期的苏州社会发展较为缓慢，不过同时期中原地区向吴地输出人口和中原文明、礼制，推动了这片所谓“南蛮”社会的缓慢前进。

其后至吴国时期，这是苏州历史最为辉煌的一段时期。春秋时期的吴国，从寿梦称王直至夫差亡国，强盛逾百年，越王勾践卧薪尝胆最终灭吴的故事也广为人知。其时，吴国擅于铸造兵器，至今仍能从苏州的一些地名中见到端倪，比如以铸剑高手干将、莫邪命名的道路。

苏州博物馆收藏的一把夫差剑，也能反映这一时期的铸剑技术。这把剑历经2500余年，仍剑气逼人。它的剑首以不同成分的合金青铜分别铸造，再衔接剑茎，合金的强度、韧度、锋利程度都不尽相同。这种铸剑技术难度极高，现在也很难再复原呈现。剑上铸有铭文“攻敔（吴）王夫差自乍（作）其元用”，即表示这是春秋吴王夫差自己用的一柄剑。苏州地区至今发现的吴国王室墓葬并不多，但吴王剑则可见于全国各地，如陕西有近十把吴王夫差剑，中国国家博物馆也有相关藏品，便可推知，当时各国以吴国兵器为战利品标榜炫耀，足见吴国兵器的重要性。《汉书·地理志》云“吴、粤（越）之君皆好勇，故其民至今好用剑，轻死易发”，意为吴越人喜欢用剑，对死看得像断发一样简单。项羽起兵曾率领三千勇士，后兵败称无颜见江东父老，这里的“江东父老”指的也正是苏州一带、吴越地区的人们。因此，当时的苏州实际上是“尚武”的，而不似现在苏州人的形象那般温和。

吴国之后，从秦汉到魏晋南北朝，苏州的发展相对缓慢，鲜有在苏州立国的王，因此也未曾发现王室等级的墓葬。但魏晋南北朝时期发生过一次全国性的人口大迁徙，大量人口自北方中原地区迁往长江下游，苏州的人口结构可能也在这时发生了改变。

隋唐时期，在社会发展、生产力提高的大背景下，苏州的经济得以繁荣。这与当时的气候变迁也有一定的关系，原本不太适合发展农业生产的南方地区因气候变化有了适于发展农业生产的条件，这一因素持续影响着中国社会，一定程度上推动了经济中心的南移。

苏州博物馆的重要馆藏——越窑青瓷莲花碗就是隋唐五代苏州社会发展的产物。它发现于虎丘云岩寺塔，在一次对塔的修缮中，工作人员从第三层天宫里用火夹小心翼翼地取出了这件珍贵的文物。

宋代起，苏州开始有了崇文重教的氛围，最典型的例子是范仲淹在苏州建立府学，这相当于宋代的公立大学。从唐宋到清代 1300 多年间，苏州出的状元近 50 人，足见苏州人的崇文重教。这一时期，苏州的手工业也得到了迅速发展。建成于宋代的苏州瑞光塔及塔内文物，就凝结了这一时期的苏州工艺。瑞光塔中文物的发现是在 1978 年，三个顽童登上岌岌可危的瑞光古塔掏鸟蛋时，在宝塔的第三层意外发现了封存已久的宝藏，宝幢即是其中之一。在塔中发现的真珠舍利宝幢，置于黑色外层木函内，木函的正面有两排白漆楷书“瑞光院第三层塔内真珠舍利宝幢”。宝幢主体由楠木构成，分须弥座、佛宫、刹顶三部分。在佛宫中心的经幢内，有一只用来供奉舍利子的浅青色葫芦瓶和两张雕版印刷的《大隋求陀罗尼》经咒。三个小孩在塔内还发现了经卷，取出来玩耍时被人发现，最终这些珍贵的文物得以重见天日。值得一提的是，当时的 100 余卷经卷有所缺失，其中一卷 1979 年流至香港，大英博物馆于当年 10 月从一个收藏家手中以 2000 英镑的价格买走，收藏至今。

元朝时期，蒙古族建立统治，很多文人不愿为官，便投身于书画创作。元人画竹成就最高，苏州博物馆所藏《七君子图》为过云楼后人顾笃璟捐赠，集元代赵天裕、柯九思、赵原、张绅、顾定之、吴镇六位写竹行家的七幅墨竹于一卷中。

另一方面，元朝对手工业的保护和发展贡献极大。游牧民族对手工业较为尊崇，甚至出台政策法令允许劳役赋税用手工艺品抵扣，因此当时的手工业发展非常快。苏州发现了这一时期张士诚母亲的墓葬。元朝末年农民起义频发，张士诚占领苏州，与朱元璋争雄，最终失败。但对苏州百姓而言，张士诚是较好的统治者，得到了苏州百姓的喜爱，如今苏州话中的“聊天”就叫作“讲张”。后来朱元璋为消除张士诚的影响，将苏州人口迁至泰州、扬州一带，因此今天泰州、扬州有些地方的方言与苏州话非常相似。在张士诚母亲的墓葬中出土了一套银奁，极为精致，其中放置了梳子、粉盒、银镜等各种化妆用品，反映了当时的手工业发展水平。

明清时期，苏州手工业继续发展至鼎盛。“苏工”的特点在于文气，得到人们肯定和喜爱的重要原因在于苏州文人。很多苏州文人仕途不济，选择归隐田园，回到家乡后开始参与手工艺品的设计，或者亲自制作。很多苏州园林也都是文人设计的，如拙政园的设计者就是文徵明。文人擅琴棋书画，在手工艺品的设计上也别有心得和成果。

在明清时期，苏州的城市文化基本形成，呈现出温和、精细的特征。苏州博物馆作为苏州的地方综合性博物馆，正应当围绕这样的文人、文化来开展工作。

一座新博物馆

苏州博物馆建馆时间相对较晚，建馆至今近 60 年，馆藏文物合计四万余件（套），与苏州悠久的历史、深厚的文化底蕴相比，馆藏并不多。其原因在于新中国成立后苏州的很多文物被调拨至其他地区的博物馆，现在的馆藏是在 1958 年筹建、1959 年成立后开始逐渐征集丰富起来的，部分来源于苏州藏家及文人的收藏。苏州的出土文物也相对较少，这与苏州的有关机构缺乏考古实力和资质有一定关系。

近年来，苏州博物馆取得了一定的成绩。2012 年度国家一级博物馆运行评估中，苏州博物馆与南京博物院一同跻身全国前十名；2015 年底，苏州博物馆又与南京博物院一起入选首批“全国博物馆文化产品示范单位”；2014 年和 2017 年，苏州博物馆和南京博物院两次携手获得“全国博物馆十大陈列展览精品奖”……

苏州博物馆的新馆是由世界著名华裔建筑大师贝聿铭先生设计的。贝聿铭先生曾设计了北京香山饭店、法国卢浮宫金字塔、日本美秀美术馆等建筑，其中美秀美术馆与苏州博物馆的风格非常相像。贝聿铭先生在 1999 年受苏州市政府的邀请进行设计，直至 2002 年博物馆动工，他对苏州博物馆的所有馆藏进行了了解。贝聿铭先生出生在上海，但小时候常常到苏州的叔叔家玩，对苏州的传统文化较为熟悉。受邀时，他原本计划交给儿子设计，但考虑到对苏州文化的了解和把握，最终还是决定自己亲自设计。苏州博物馆新馆选址在老馆太平天国忠王府西侧，邻近狮子林和拙政园，位于苏州古城的平江历史街区内。对建筑设计师来说，把握好建筑的总体设计风格和设计思路非常具有挑战性。设计建造的过程中，他还专门找了一块地，制作等比例样品观察效果，与设计师、工作人员共同商讨，讨论好后再拆去。

苏州博物馆新馆的建筑大体采用了几何形。贝聿铭先生精心挑选了馆内的植物景观，在展厅与展厅之间设计了很多小景，让观众在参观过程中不会感到疲倦。选择的植物包括石榴树、羽毛枫、黑松等，很多植物非常名贵，另外还有由忠王府嫁接到新馆的紫藤，让新馆和老馆之间建立起了有机的联系。同时，他也很善于利用光线，光线无论是照射到东面还是移动到西面都能得到很好的应用。

新馆的建筑融入了很多传统的中国元素，例如博物馆的主庭院，有亭子，有小桥，有假山，有水，囊括了苏州园林造园的几个重要因素，但又做了创新，比如亭子就是以钢结构设计建造的。博物馆主庭院的北墙背面是拙政园。围绕北墙之下的设计，贝聿铭先生进行了很多思考。他曾说，在园林中“叠”一座假山是无法超越明清时期苏州园林的叠石造山的，所以，要采用另外一种方式。他受宋代米芾画作的影响，“以墙为纸，以石为绘”，在北墙前构建了一幅“画作”。这种处理手法另辟蹊径，很有智慧。

在展厅方面，贝聿铭先生也有独特的设计，他将宋代的画斋作为特殊的展品呈现在博物馆中。画斋完全按照宋代的建筑方式来建造，采用传统工艺，没使用一根钉子，全部为榫卯结构。

博物馆的基本陈列也是贝聿铭先生设计的，完全按照吴地的概念进行设计，如“吴地遗珍”基本陈列中的“晨光熹微”“争伯春秋”等展厅都别具特色，偏重于艺术性。苏州博物馆没有做线性的苏州史陈列，而是以这样的“点”来展示苏州发展的历史。这样的基本陈列并不突出。2006 年 4 月，《人民日报海外版》头版文章《苏博新馆会否成美丽空壳？》，对此表示了质疑。观众调查报告也显示，在 2010 年到访苏州博物馆的 120 万名观众中，62.1% 的参观目的是来看建筑，20% 是跟旅行团入馆，少有人专程来看博物馆的藏品、展览。我们知道，博物馆的功能主要在于收藏、研究、展示和教育。为此，苏州博物馆开始谋求转变，不断推出创新展览。2016年，苏州博物馆开展了全年度的观众调查。调查报告显示，为观看文物或展览、增长知识（或让孩子增长知识）来馆的观众已经达到43.1%，来看建筑的人仅占12.39%。

展览，是博物馆最大的文化产品

苏州博物馆最关注的工作还是展览。展览，是博物馆最大的文化产品，也是博物馆与观众沟通的一座桥梁，可以把不同的文化、不同的社会、不同的人群联系在一起，可以直接与观众产生联系。因此，我们尝试用不同的展览来吸引观众。鉴于苏州博物馆馆藏有限，展览必须根据自身的特点，根据区域的文化特征，来做有特色的内容。当前，苏州博物馆打造了五个展览系列。

其一，对外文化交流方面，苏州博物馆跟九个国家和地区的10家博物馆建立了相对稳定的联系，每年大体引进一个展览、输出一个展览，“引进来”和“走出去”相结合。

其二，利用馆藏文物打造小主题展览。苏州博物馆的书画藏品最为丰富，有近8000件，根据藏品内容推出书画系列展览，计划为12个主题，现已成功推出八个。对于系列展览来说，主题的选择非常重要，要采用适当的切入点。2016年，苏州博物馆决定利用馆藏古籍碑拓做展览，策划展览的是一名古文献学的博士生。由于古籍的特殊性，展览的呈现有较大的难度。但博物馆对展览的要求在于特色鲜明，结合社会教育与文创产品开发，最终的效果也令人惊喜。我们推出的一套信笺，印有相关元素，非常雅致，受到了观众的欢迎。展览吸引了很多人，特别是图书馆的工作人员，最终展览应观众的参观需求延期了一个月。这一展览也启发了博物馆，大胆起用年轻人才，增强对他们的信任。

其三是现当代艺术展，大体分为以下几条脉络：已经过世但有一定艺术成就、风格特色比较明显的艺术家作品展，如吴冠中、徐悲鸿的作品展；当代艺术家，如陈丹青、徐冰、蔡国强等作品展；引进国外艺术展览，如大英博物馆藏意大利文艺复兴时期素描精品展。对现当代艺术展的把控还需要一些专业人士的参与，因此，苏州博物馆特别邀请了刘丹、陈丹青等艺术家作为策展人、顾问。苏州博物馆对现当代艺术展的选择一直坚持着一定的原则。一是选择顶级的、有代表性的艺术家。苏州博物馆期待呈现给观众的是从古代艺术到现当代艺术的传承，艺术家要能够代表现当代艺术的发展。二是会细致考量展览的学术基调和作品本身能否与苏州的人文环境相呼应，能否与苏州博物馆的氛围相呼应，能否与展览的空间感相呼应，如有可能，还希望艺术家能为苏州博物馆的展览专门创作作品。可喜的是，在苏州博物馆办展的艺术家往往会留下代表作，如赵无极先生为苏州博物馆留下了八件作品，苏州博物馆也收藏了许江、刘丹等诸多艺术家的作品。至今，苏州博物馆已举办 60 多位艺术家的展览，保存了约 100 件藏品。事实上，在苏州博物馆的现当代艺术厅办展具有一定的设计难度，这与建筑空间上的斜坡顶、大窗户有关，但大家乐此不疲，因为能够在贝聿铭大师设计的建筑中举办展览是一件非常值得的事情。久而久之，苏州博物馆的现当代艺术展形成了一定的品牌效应。

其四是“苏艺天工”大师系列展，这是 2015 年开始推出的。博物馆收藏的是人类历史的见证物，现当代史同样是人类历史的一部分，其见证物也应当成为博物馆的收藏。2016 年，苏州博物馆曾与故宫博物院合作推出“苏·宫——故宫博物院藏明清苏作文物展”。

展览原计划展出一部分苏州博物馆藏手工艺品，但发现缺少相关的馆藏。这对苏州博物馆收藏手工艺品也是一次重要的启发和鼓励，我们今天应当为百年后的发展做好准备。因此，围绕苏州手工艺的各个门类，我们计划推出二三十位手工艺大师的作品展，配套出版图书，打造宣传推广苏州传统工艺的平台，同时，大师需要向苏州博物馆捐赠自己的获奖作品。如此，经过五六年，通过推出20多个门类、30余位大师的作品展，苏州博物馆便可以收藏这一时期反映苏州工艺的代表作品，在弘扬苏州传统手工艺的同时，也能够实现“为未来而收藏”的理念。

其五是系列学术展。2012—2015年苏州博物馆推出“吴门四家”系列学术展，影响力较大，为苏州博物馆赢得了良好的口碑。事实上，这个展览的策划是有一定困难的。第一，当时苏州博物馆职工70余人，却缺少书画研究者，学术研究对展览的支撑比较薄弱；第二，尽管位于“吴门四家”的故乡苏州，但苏州博物馆“吴门四家”的收藏总数不过十余件，尤其是仇英的作品，一件也没有；第三，很多博物馆都已经推出过“吴门画派”的展览，如上海博物馆、辽宁省博物馆、宁波博物馆等，那么苏州博物馆如何做出特色？如何吸引观众？都是问题。最终，苏州博物馆决定以“精”“细”为目标，一年推出一个展览。

“吴门四家”系列学术展结束后，苏州博物馆选择了清代藏家作为系列学术展的主题。2016年，苏州博物馆围绕过云楼顾氏推出了“烟云四合——清代苏州顾氏的收藏”特展，展览为期三个月，反响极大，观众量达40万人，3000本图书在一个半月内售完，开发的26款文创产品在三个月内销售额超过100万。2017年举办的是吴氏的收藏特展，主要汇集了吴大澂、吴湖帆祖孙两代的旧藏。“清代苏州藏家”系列学术展还贴近观众需求，向观众做了一些细致的介绍，如怎样收藏书画，书画怎样拿放、怎样展开、怎样闭合，另外也有关于青铜器、玉器的讲解。同时，我们还要求策展人走进展厅，为公众提供专场讲解。

苏州博物馆的展厅不大，做的都是相对较小的展览，受空间限制，很难举办大型的展览，所以展览一定要做得深、做得透。为此，苏州博物馆在 2013 年推出策展人制度，打破文创、教育、展览等部门之间的隔阂，成立项目组。当前博物馆的展览部门往往招聘艺术设计专业的人才，对艺术的把控较强，但可能缺乏学术研究的功底。因此，苏州博物馆将策展机会同样给到了其他部门的工作人员，策展团队全权参与展览，负责展览的方方面面，而馆长的任务之一就在于协调好其中的细节，保障和支持团队的运作。

如何保障开放服务水平是必须经常思考的事情

展览之外，由于形成了一定的社会影响力，苏州博物馆的观众不断增长，年观众流量已超过 200 万，馆外常常排起长队。因此，如何保障开放服务水平是我们必须经常思考的事情。

我曾看过一篇文章，是一位国外作者写的，列出了 21 条“讨厌博物馆的理由”，主要描述了自己的感受，其中的一条理由是博物馆人的傲慢和自以为是。这确实有一些道理。很多博物馆的说明牌非常“高冷”，上面标注着展品的出土时间、地点等简单信息，有时还会配上英文翻译。但实际上，大部分观众并非考古专业人士或其他相关研究者，很难理解信息的具体含义。而观众迫切需要的文物阐释在说明牌上往往是缺位的。比如，青铜器上的铭文少有人能看懂，当孩子问同行的父母“这个字读什么”时，父母很难解答，就会产生一种挫败感，也就会渐渐讨厌去博物馆，害怕孩子问出自己无法解释的问题。因此，博物馆必须有所改变。文章中提出的21条理由，还包括如孩子们吵闹、奔跑，很多奇怪的展品，等等。对照自身找问题，站在观众的角度做换位思考，有利于博物馆做好开放服务。

再以导览为例，苏州博物馆与一家公司合作推出了“云观博”的导览方式，由公司负责投入、设计、运营。2017年3月正式推出，至今约有十几万用户，每个人收费9.9元，但也有免费的内容。用户使用APP，对着文物进行扫描，就可以获得相应的信息，APP中还可以选择语言，选择文字版本或是语音版本的介绍，语音版本中又分专业版、成人版、学生版、儿童版等不同版本的讲解；如果用户想了解文物背后的故事，还可以观看相关的小视频。这种导览的功能比较强大，并且APP中还会搭载其他博物馆，那么用户就无须重复下载。

观众服务之外，苏州博物馆还开展了各类社会教育活动，大体分八个系列。博物馆的社会教育活动不能流于形式，不能以自以为是、居高临下的态度教授知识，而是应当提供学习的机会，引导参与者思考问题，培养未成年观众探知世界的欲望，激发观众的灵感。苏州博物馆的系列教育活动中，“印象@苏博”主要围绕新馆建筑开展，“乐学@苏博”为一套苏州优秀传统文化课程，目前有25节课，基于课程开展馆校合作。由于课程面向的学校、少年宫约有100所，而苏州博物馆的社会教育部门只有五个人，人手明显短缺，所以我们开始培养志愿者，由志愿者走进各个学校。2017年苏州博物馆会完成最后15项课程，课程是免费的，可以通过官网获取。此外，“悦读@苏博”为读书类主题活动，“聆听@苏博”为小型音乐会，在可容纳百余人的学术报告厅举行，“对话@苏博”是高层次的论坛，“悠游@苏博”是外出研学体验活动，在此均不作详述。除系列活动外，苏州博物馆还有一些特色教育活动，如“触摸文物”体验，分别面向盲人和有兴趣的成年人开展，将库房中的文物取至特定空间，让参与者用手触摸文物、感知文物。

博物馆的另一项重要工作是文创。苏州博物馆开展文创工作的理念是，希望这些文创产品能够把历史雕刻成美丽画卷，产品不拘于鸳鸯蝴蝶派或是婉约派，但应当是美丽、精致的，让人意识到传统文化并不是破旧的、沉闷的，而是可以与时尚相结合。苏州博物馆当前开发的文创产品中，有300余款为自主设计，2500余款为合作开发，合作开发的原因之一在于我们需要在当前的市场把握能力之下尽可能减少库存，因此现在苏州博物馆产品库存较少，不足10万。

文化创意产品开发必然是博物馆未来发展的一个方向。当前社会经济的发展趋势已持续了几十年，高速的社会运转终有一天会减缓。如果经济发展速度变慢，国家对文化事业的投入、扶持力度和政策方向或许会发生改变。大英博物馆的一位馆长曾说，20年前他们如我们一样意气风发，因为当时政府的经费支持比较充足。博物馆文化创意产品开发的目的不在于赚钱，但文创产品开发经营的收入有望成为博物馆运营经费的有效补充。

当前社会发展非常快，出现了人工智能、共享经济、移动支付等，伴随着社会发展，博物馆面临的形势与以往大不相同。尽管我们紧跟时代步伐迅速发展，但不免存在许多问题，就像前面提到的21条“讨厌博物馆的理由”。博物馆确实有一些傲慢——我们自称做展览给观众看，表现得似乎能够把握好观众对展览的需求一样。同时我们的开放服务也存在一些不尽如人意的地方。但我相信，博物馆一定能够慢慢地变得更开放、更包容，我也希望，苏州博物馆能够成为一个更加温情的博物馆，值得观众尊重的博物馆。

谢谢大家！

2017

第 12 讲

文物在眼里、观众在心里
——博物馆的新时代、新气象、新作为

杨志刚

杨志刚，上海博物馆馆长，福建南安人，历史学博士、教授，曾长期任教于复旦大学，担任博士生导师。其主要研究领域为中国思想文化史、文化遗产与博物馆研究，曾任文博系主任、文科科研处处长、文史研究院院长等职。

2014年调任上海博物馆馆长，目前还担任中国地方志指导小组成员、中国博物馆协会副理事长及博物馆管理专委会主任委员等。出版《中国礼仪制度研究》等个人著作多种，在国内外发表学术论文数十篇。担任《复旦大学学报》《高等学校文科学术文摘》《中国博物馆》等学术期刊编委。入选中宣部文化名家暨“四个一批”人才工程和中组部国家“万人计划”哲学社会科学领军人才。

博物馆作为一个城市乃至国家的文化符号，承载了丰富的文化内涵。中国博物馆事业的发展，对于我国现代化建设具有十分重要的意义。2017年12月16日的“南博讲坛”上，上海博物馆杨志刚馆长结合工作经验与研究成果，讲述上海博物馆在新时代的变化下，如何回归本质、精准把握时代转变，进而与公众分享在新的时代背景下，如何将对传统文化的宣传普及以更轻柔和自然的方式送到观众身边，生动地讲好中国故事。

纵观上海博物馆的发展变化后，杨志刚馆长表示，上海博物馆将根据上海市建设“卓越的全球城市”目标，进一步加大文化品牌建设力度，上海博物馆东馆进驻浦东之后，将充分发挥博物馆特有的历史文化宣传、展示、教育功能。在这里，市民既能观展也能休闲，既能社交也能休憩，既能感受古老的文明，也能感受城市的活力。逛博物馆将成为上海市民生活的另一种新方式。

上海博物馆外观

“大英博物馆百物展：浓缩的世界史”展厅

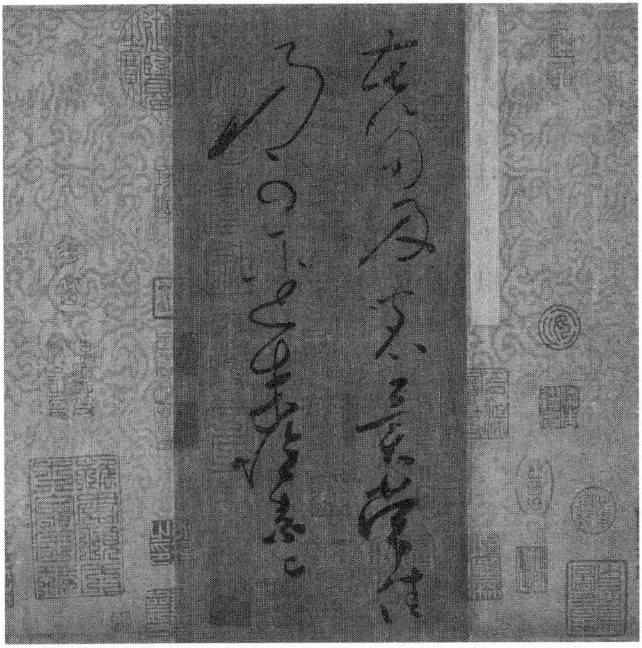

唐怀素《苦笋帖》卷

宋哥窑五足洗

大家好！选题的时候，我正好在党校学习，所以这个题目有点党校的痕迹。党的十九大召开以来，博物馆人要明确意识，以“新时代、新气象、新作为”为目标。标题中为什么说“文物在眼里”？我想到了美国盲人女作家海伦·凯勒，她的文章《假如给我三天光明》中提到，如果给她三天光明，在第二天她要去看看博物馆。其实她经常去博物馆，不过她在博物馆里面只能用手去触摸，而不是用眼睛去看。这篇文章给我的印象非常深，我经常会想起它，因为海伦·凯勒的愿望提醒我们，一定要重视博物馆的本质特点。

观众在心里

我们今天讲“让文物活起来”，就必须把握博物馆的本质特点。大概在18、19世纪之前，人类文明的很多珍宝往往秘不示人，收藏在皇宫里面，或者权贵家中，仅供一小部分人赏玩。所以，博物馆是建构现代民主社会的重要因素和标志，因为它是开放给人民大众看的。所谓“让文物活起来”，就是要回归到博物馆的本质，回到博物馆的逻辑起点，要让博物馆藏品能被观众看到，看到得越来越多。

那么，博物馆给观众看什么？怎么看？这已经成为一门学问。这里面特别要注意与时俱进。每一个时代讨论这个问题的背景是不一样的，提出这个问题的意识也是不一样的，而回答问题的高度和深度更是不一样的。通常来讲，文物在展厅，在库房，观众在博物馆，或者在去博物馆的路上。我为什么将“文物在眼里”和“观众在心里”组合在一起？除了刚才介绍的背景，我想从生活中的一些事例、一些现象谈起。

今年春天到夏天有一个展览，在北京和上海都非常红火，那就是来自大英博物馆的“百物展”。这个展览涉及人类上下 200 万年，横跨历史上曾经存在过的各个主要文明，按世界史的角度选择了 100 件（组）物品。上海博物馆将此次展览定名为“大英博物馆百物展：浓缩的世界史”，英文原名是“A History of the World in 100 Objects from the British Museum”。这 100 件（组）物品里面，有一些十分常见，你们到家里面翻翻可能也会找出一些类似的物件，但它们是放在人类历史 200 万年的进程中，在一个大的整体史观里面选择出来的，意义就很不一样了。该展览试图通过这 100 件（组）物品，来探究背后的世界史及其所体现的意义和价值。我们策划这次展览的时候曾经预想过，凭借像这样的一种策展思路，还有大英博物馆的文化品牌优势，展览应该会很火爆。然而，开展以后观众踊跃观展的景象，还有上海今年夏天遇到这么酷热的天气，还是大大超出了我们的想象。我们唯有想尽办法，完善公共服务。几个方面的因素，促成了一个被媒体称为“文化现象级”的展览事件，我们现在就来看一看这个现象。

先说说展览本身。我们回忆一下刚才讲到的内容，观众到博物馆来主要是看，所以观众能不能看得舒服，他的体验是不是能够带来一种收获感、满足感，这是非常重要的。这个展览曾经在中国国家博物馆展出过，所以我们在策展的时候，结合实际情况，考虑到了展厅颜色的布置。上海博物馆的展厅空间相对比较狭小，所以我们选用了白色作为基调来布置展厅。这个展览分九个单元，进入展厅以后每个单元之间用不同颜色区隔。观众从不同的展柜所衬的颜色中，可以意识到自己从一个单元过渡到了另一个单元。

以序厅里面的佘盆美海特内棺为例，同样是这件文物，在中国国家博物馆展出的时候，布展方法不尽相同。国博的专家是把内棺上层（棺盖）和下层（棺身）分开放置的，到上海博物馆就发生了改变。我们把棺盖和棺身合起来，这样对于欣赏整个内棺的外貌有帮助。但是合起来以后也有问题出现，观众因为看不到内棺里面，所以无法了解一些关于文物的信息，例如内棺下层（棺身）底部的图案，描画的是古埃及的努特女神。于是，我们就仿制了一个绘有努特女神像的底板，置于展墙上作为补充说明。

大英博物馆的策展人把这件内棺放在序厅里，而且是唯一的展品，一方面是因为这件文物极富内涵，有很多“故事”可讲，另一方面也是便于“聚焦”，并且非常契合展览的整体思路。这个内棺上层（棺盖）彩绘一位女神，是古埃及神话中负责植物生长及灌溉的女神，她的脸呈现为墨绿色。我在前面介绍了，下层（棺身）描绘的图案是努特女神，她是掌管天空的，也是太阳神拉的母亲。与其他神话体系里面太阳神和天空女神相比，拉和努特的关系就不太一样，比如和中国的神话就不太一样。在古埃及神话里，天空女神努特每天早晨把太阳神生出来，到了黄昏的时候又将其吞进口中，第二天再生出来，日复一日，如此循环。

从内棺上层（棺盖）图案和文字来看，内棺里躺的应该是一位女性贵族，名叫佘盆美海特。可有意思的是，经过现代科学的研究，发现里面躺着的其实是一具男性木乃伊，这是怎么调包的？至今仍是一个谜。更有意思的是，当考古成果和现代科技结合在一起的时候又发现了，这一具男性木乃伊的脑颅里有一样异物，是类似于细长的小铁片一样的工具，这从扫描的图片上清晰可见。科学家破解谜团说，当时为了制作木乃伊，需要把人体内的水分、液体去掉，脑颅里面有脑浆，那是必须去掉的。结合其他资料，研究人员认为当初制作木乃伊是拿一根细长的金属工具，从鼻腔伸进去，金属工具推到脑颅后，将脑浆搅碎，再把尸体翻过来，成为趴着的状态，让液体从鼻腔里流出。现在机器扫描发现的金属工具，应该是断在脑颅里面的“手术刀”。

这件文物背后还有别的故事。例如，制作和装饰内棺的材料来自埃及以外的不同地方，木材来自黎巴嫩，黄金来自努比亚，青金石来自阿富汗，沥青来自两河流域，这反映了很早的时候人类就互相进行交流，交换物品，带来文化的交融。可见这件文物背后，存在很多的故事，可以去挖掘和分析。

今日博物馆做展览，除了让观众能够看到某一件特定的文物（比如内棺），还必须让观众有更多的收获，所以必须关注文物背后的历史与文化，把隐藏其后的故事讲好。“文物在眼里”其实是一个递进的过程，观众从以前看不到文物，到能看到文物，再到看到文物以后，观众要了解隐藏在其背后更多的相关信息。

我们再来看展览中的另一件文物——王后的里拉琴。里拉琴是后来在欧洲非常常见的竖琴，它出现得比较早，在两河流域文明发祥的时候就出现了。这件文物既有原初的元素，也有后来加上去的复仿制部分。其中木头是后来加上的，但又不是简单的仿制，而是有依据的一种“复制”。放置里拉琴展柜的两侧各做了一个门洞（门洞构成了单元之间的分割与过渡），门洞两侧各布置一张大型的灯箱照片，是当年发掘尼尼微遗址时的场景照。这把里拉琴就是从这个考古遗址中出土的。当时发掘的时候，木头部分已经朽烂，在场的专家就用石膏灌注进去取样，日后再据此进行复制。所以这件里拉琴也可以讲述很多的故事，既有历史和艺术上的故事，也有考古和文物保护科技方面的故事。博物馆如何挑选文物，如何引导观众看文物，如何讲好文物背后的故事，已经成为一门“专门之学”。

要让观众在博物馆里看得多、看得好、看得真切，还真少不了把观众放在“心里”。放在心里，就意味着要以观众为中心，以观众为出发点。一方面，展览的策划、制作，要充分考虑观众的需求；另一方面，展厅在开放、接待时，也要尽量关注观众参观学习的便捷程度和舒适度。这是博物馆给公众提供高质量公共服务的极为重要的两个方面。我们仍以“大英博物馆百物展”为例，来谈谈观众参观学习的便捷程度和舒适度问题。

从六月底开幕，到十月上旬结束，共 102 天的展期里发生了很多的事，有些像“花絮”，却有助于说明博物馆工作人员应该如何把观众放在心里。这个夏天上海反复出现高温黄色预警、橙色预警乃至红色预警，面对酷暑还有与气温同步攀高的观众热情，我们采取了不少以前不曾使用过的措施。例如增加了遮阳棚，购置了铁马，配备了摇头风扇。我现在要告诉大家，位于人民广场的上海博物馆运营 20 多年来，今年夏天是第一次启用这些设施。上海博物馆位于城市核心区，受到各方的高度重视，以前不允许在广场周围使用铁马、风扇和成片的遮阳棚，因为会被认为有碍观瞻。但是今年的情况不太一样，天气那么炎热，观众的热情又那么火爆，而有关方面安全防范、服务公众的意识也与以往不同。展览开幕没几天，上海博物馆所在地区的派出所所长就专程赶来强调高温天气大客流情况下的安全工作。上海博物馆迅速采纳警方的意见，改进方式、方法，包括紧急采购铁马、风扇等设施。后来在接受媒体采访时，我专门向警方致谢。

大家都知道，今夏上海和南京地区一样，持续40度左右的高温，这是我们没想到的，于是出现了往年没见过或很少见的一些现象。例如，排队人群中几乎每天都有中暑的——严格讲是轻度中暑。这次为了加强安全工作，单安保人员就从原来每天100多人增加到200多人，尤其是特勤安保，他们专业、年轻、反应快，一发觉观众出现中暑症状，马上就送到救护室（这次专门辟出的空间），对其进行简单救治。上海人民广播电台有一个叫“市民与社会”的节目，非常有名，那天邀请我去现场做节目，专门介绍这个展览。我讲到有观众出现轻度中暑的事时，就有观众打电话进来询问。我予以解释，并借此提醒观众观展之前一定要进餐，再适当做好防暑降温准备。另外，上博以前也不配备专业医生，主要依靠开放部工作人员，她们学过救护方面的知识，受过培训，临场可以简单应对。但是我们认为这次展览不同寻常，需要有专业的医护人员承担这项工作。通过协调，上海市和黄浦区的有关部门帮助统筹力量，我们才能比较好地完成了这项工作。

面对超长的排队，我们做了大量的说明工作，隔一段距离就用标牌进行提醒，告知观众还需要排队多长时间。这次展览一般都要排队两三个小时，特别长的时候超过六个小时。老实说，我现在回忆起来心里都五味杂陈，这里面体现了观众的热情，也反映了十九大报告中讲的，我国社会主要矛盾已经转化为人民日益增长的美好生活需要和不平衡不充分的发展之间的矛盾。这也就加大了我们推进建设上博东馆的决心。

为了缓解观众在排队时的焦灼感，我们也联系了媒体，制作了一些视频，观众用手机一扫就可以观看。此外还有大量的资料，借助移动终端可以阅读。对于观众排队的线路，上博也多次进行优化，尽可能将馆内场地利用起来，当然必须消除隐患，如楼梯上绝对不能排队。对于进入“大英博物馆百物展”展厅的人数，也从观展的舒适度方面进行了充分的考虑。开展第一个星期后，现场测试表明，展厅内一天的参观人次控制在 3000—3500 是比较适宜的，因为我们不想让博物馆展厅变成大超市，人挤人。即使在大客流情况下，我们也想尽可能确保观众有比较好的参观体验。由于场馆空间局促，近年上海博物馆一直采取限流，全馆一天的进馆人次数控制在 8000 人次。然而在今年这个夏天，展厅限流和全馆限流的两个数字都被突破了。最多的一个白天，全馆进入了 8846 人次，“大英博物馆百物展：浓缩的世界史”展厅进入了 4384 人次。什么原因造成的？面对观众高涨的需求，我们延长了开放时间，尽可能多接待一些观众，即每天提前开放，延后闭馆。除此以外，我们还为“大英博物馆百物展”和当时另一个来自匈牙利的特展加开了数十个夜场。上博的很多员工放弃休息时间，以志愿者身份维持现场秩序。

这个展览给我们的启发就是：现代观众对展览的体验要求提高了很多，并不是看到文物就可以了，他们会提前做好功课。当然，这跟当前信息获取方式的便捷有很大关系，我们事先通过微信推送和媒体宣传已经输送了很多信息，观众来到展厅是把提前做的功课与现场进行比对，相当于温习功课。

按照大英博物馆对这次巡回展览的策展思路，第 101 件展品需要由当地博物馆提供，条件是反映博物馆所在地区历史的进程及其特点。上博最后选了一件二维码作品。大家知道，在中国国家博物馆巡展的时候，第 101 件展品选的是中国重返世贸组织时签字用的一支笔和一把锤子。那么，上海博物馆该怎么选第 101 件呢？我们觉得这是和公众开展新颖互动非常好的一个契机，就通过微信发布消息，请观众帮我们一起来出谋划策。观众踊跃参与，提出思路，我们随即组织专家进行评议，从中选了 10 件。我到现在印象还比较深的有这么几件：智能手机、摩拜单车、北斗导航系统的模型、二维码，等等。我们继续公布这些信息，跟踪反馈。同时，专家团队也加紧策划。最后，这一件二维码作品产生，它是由展厅内 100 件（组）文物的 200 多张实物图像组成的。观众用手机扫一扫，就可以进入上海博物馆的微信公众号。观众凑近看，一件件物品都清晰可见，这是比较出彩的。在内涵方面，它能够反映当下的历史进程及其特点。我们还特地做了一个视频，放在这件二维码作品边上放映，观众从中可以看到，二维码的使用怎样改变了中国人的生活方式和交往方式，从而把时间和空间加以"改变"。

上博还配合"大英博物馆百物展"做了很多教育普及和文化创意的工作，举办相关专题讲座十多场，出版图录及相关读物，还推送很多微信消息，并发布相关资讯。这都是为了更好地满足观众"看"展览的需求。文创方面，102 天的营业额在 1700 万元左右。这一次上博扩大了文创的范围，拓展了文创的形式。根据国务院有关部委的文件要求，上博积极发展文创事业，特别是将其扩展到社会教育领域，例如推出了亲子教育平台，举行了配合特展的亲子音乐会。这些积极的探索，为日后博物馆事业的可持续发展拓宽了空间，积累了经验，锻炼了队伍。

下面，我想再稍微介绍一下上博目前正在展出的另一个展览，就是"山西博物院藏古代壁画艺术展"。重点提一下，观众可以在博物馆里见到一个复原的墓室，即水泉梁北齐壁画墓，一次可有六位观众，通过预约进入，近距离观看墓室内的壁画。山西博物院采用"复原性保护"的新方式，把原本置于自然环境中不可移动的壁画切割成数十个块面，揭取搬迁后，进行修复、养护，再按照原有的墓葬结构拼接复原。这次展览中，上海博物馆也将其整体运送复原，为了将其搬运进来，上海博物馆甚至将南门拆了，这都是为了让观众看得更多，看得更好，也就是把“观众放在心里”。

精准把握时代变化

正如我们前面所说，观众来博物馆希望获得的东西变多了。上海博物馆推出的教育活动，比如一些讲座活动，往往门票一上线，瞬间就被抢光了；许多观众专程前来购买文创产品；也有一些观众单纯地来逛一逛、看一看、散散心。大家应该感觉到了，今天博物馆的使命和职能都在发生变化，这一点也具体体现在每一年的“5·18”国际博物馆日主题词上。或许有人觉得这些主题词有点抽象、宽泛，但是它们都落实在了我们博物馆人的点滴工作中，在具体的工作中对我们的博物馆定位进行重新解读。当代博物馆都会把教育工作放在非常重要的位置，以此来拓展博物馆的外向功能，这也是建立在观众的需求变化的基础上。今年，我们配合“大英博物馆百物展”和上海音乐厅合作，策划了一场亲子音乐会，在小朋友中间十分受欢迎，听音乐会和看展览相结合，满足了观众的不同需要。昨天，苏州博物馆、南京博物院和上海博物馆，三个博物馆的社教部门主任携手打造了一个合作沟通的平台。龚院长、苏博陈馆长和我决定在三馆合作的基础上建立沪宁线的博物馆活动合作，这样的合作能够更加方便资源调动，打造更加强劲的博物馆活动品牌。

博物馆无论什么时候都需要把公共服务放在重要位置，强调观众在我们心里，与观众建构起一种新型的关系，这是一个基础。这个基础工作做好了，才有利于“让文物活起来”。怎么让文物活起来？我有一些感想。

近期苏州博物馆有一个展览开幕，叫“梅景传家——清代苏州吴氏的收藏”,展现的是苏州吴氏家族从吴大澂到吴湖帆祖孙的收藏，继去年“烟云四合——清代苏州顾氏的收藏”之后，这是苏博策划的又一个苏州主题特展,非常成功。苏州博物馆发挥的影响不容小觑。在资源整合方面，苏博的很多做法对我们都有启发意义。

下面我介绍一下上海博物馆的基本情况。上海博物馆展陈由常设展和临时展组成，两者加起来，主要有六大展览类型：馆藏文物珍品和捐赠文物展、馆内外文物结合专题展、人物主题的艺术性展览、中外文物艺术品展、中国边远省份和文物大省文物精品系列展，最后还有世界古文明系列展。我们还在国内其他博物馆做外展，今年这样的展览就做了 21 个。国外展览举办了四个，上博基本每年都要举办四个及以上的外展，这意味着，我们博物馆的观众是世界性的，那观众研究的任务就变得更加重要了。

上海博物馆一直在拓展新的展陈理念，探索更为多元化的展览体系,为公众带去更多的文化选择,为此我们做出了许多尝试和努力。去年的“鸿古余音——早期中国文明展”，是关于中国早期文明的展览。它的着力点，是打破文物门类的壁垒，试图建构一种横向的联系。我们现在的常设陈列基本上都是按文物材质划分的，青铜馆、陶瓷馆、书画馆、印章馆，等等，但是这个展览侧重于主题演绎，尝试讲述故事的新方式。此次展览由几个年轻人策划，为观众呈现了上博珍藏的甲骨、青铜器、玉石器、陶器、漆木器等各类代表性文物，力求揭示出展品与展品之间的内在联系，借助文物组合所构成的故事，让文物说话，讲好中国故事。上海博物馆正在建东馆，其展陈的定位就应该在这样的探索方向上加以深化和推进，从而与现在的本馆展陈体系形成不同的风格。

另外，我们也尝试融入数字化技术，来积极提升展览的表现力、辐射力和影响力，使展览具备文化信息互动传播数字网络化、文化数字资源国际共享化这样的科技创新亮点，相关项目正在启动。

逛博物馆应该日渐成为公众日常生活的一部分，所以展览的配套教育活动也应该跟上。上海博物馆的“遗我双鲤鱼——上海博物馆藏明代吴门书画家书札精品展”就配套策划了多次讲座，还携手上海评弹团举办了一档主题晚会，把展览书札里的内容改编成可以弹唱的唱词，借此传播展览的内容和博物馆的文化。可以想见，未来的博物馆在保持给公众“看”文物这个基本特性之外，还会融合“可听”“可闻”“可尝”等新元素，通过调动各种感官来强化体验。

总之，我们相信，公众是博物馆的主人，而博物馆人，不仅仅是守护人、托管人，更应该是引导者和激发者。

新舞台：上海博物馆东馆

最后留一点时间，我想介绍一下正在筹建中的上海博物馆东馆。筹建东馆反映了我们正做好准备来进一步满足人民日益增长的精神需求和对美好生活的向往。刚才讲“大英博物馆百物展”时，我说观众为了看展览排上那么长的队伍，我不认为这都是好现象，而是喜忧参半的。稍微感到坦然一点的是，上博东馆的建设已在积极推进，几年后馆舍面积将大大增加，动线将更为合理，设施设备将更为先进，排队现象一定会得到缓解和改善。“大英博物馆百物展”从正反两方面对如何提升公共服务给予了提醒和启示。

东馆选址在浦东，位于浦东花木行政文化中心，西临杨高南路，北至世纪大道，东面是丁香路，与上海科技馆、东方艺术中心隔街相望。上博目前的馆舍位于人民广场，从人民广场到东馆约 6.1 公里。大家别小看这 6.1 公里，会给我们以后的管理带来诸多麻烦。我是从高校出来的，现在很多高校都有几个校区，我深知校区间的协调需要花费很大心思和精力，但这也是无可奈何的，是发展带来的与收获相伴随的烦恼事。所以我们觉得要下决心把握住这次机会，跨江东进，尽量克服这6.1公里距离所造成的麻烦与不便。现在的馆舍由于位于人民广场，无法就地拓展，向上、向下、向四周都不可能。如果观望、等候，几年以后再选择新馆址，极有可能就在10.1公里以外，甚至20.1公里以外了。

纵马扬鞭，经过一番努力和拼搏，我们终于在今年9月25日傍晚完成所有的前期准备和各项程序，顺利拿到桩基施工许可证，并于9月27日依法合规地正式开工建设，计划于2020年竣工。上海市日前正式发布了《上海市“十三五”时期文化发展改革规划》，将来会有两个文化核心功能区，即人民广场和浦东花木地区。上海博物馆很荣幸在一个城市“双核”的架构里面占有一席之地。

从设计图、效果图来看，上海博物馆东馆东西长约190米，南北长约100米，整个占地面积大约有两个足球场大。上海博物馆东馆将拥有地上建筑六层，地下两层，总共约1.5万平方米。这么大的建筑体量，如何合理布局，优化动线，充分发挥博物馆的功能，是很大的挑战。大家都知道，在博物馆观展是一件很累的事情，因此我们做了一些功能区块的划分，希望有助于特定目标观众的选择，缩短其参观路线。考虑到要以观众为中心，我们设计、安排了很多共享空间。为了缓解观众在特大型博物馆中的观展疲劳，我们在不同位置设置了敞开式的休闲边厅、室外露台和花园。这样观众在博物馆就会有更多“看”的内容，得到更丰富的体验。

我昨天早上得到消息，上海市人民政府印发了《关于加快本市文化创意产业创新发展的若干意见》，简称“上海文创50条”，里面指出，要努力追求社会效益和经济效益双丰收，在文化原创力和产品质量上多下功夫，把群众喜欢不喜欢、满意不满意、接受不接受、认可不认可作为最终评判标准，创作生产更具思想性、艺术性、观赏性的产品。对于博物馆而言，核心产品就是展陈，我最看重的就是“把群众喜欢不喜欢、满意不满意、接受不接受、认可不认可作为最终评判标准”，如果能够在这个方面交出一份好的答卷，那我想，我今天讲的题目就成立了，就是“观众在心里”。

谢谢大家！

南博讲坛

2018

博物馆塑造美好生活

南京博物院 编

江苏凤凰文艺出版社
JIANGSU PHOENIX LITERATURE AND ART PUBLISHING

图书在版编目（CIP）数据

南博讲坛. 2018：博物馆塑造美好生活 / 南京博物院编. —南京：江苏凤凰文艺出版社，2021.4
ISBN 978-7-5594-4724-1

Ⅰ. ① 南… Ⅱ. ① 南… Ⅲ. ① 博物馆学—文集 Ⅳ. ① G260-53
中国版本图书馆CIP数据核字（2021）第027711号

南博讲坛. 2018：博物馆塑造美好生活

南京博物院 编

出 版 人	张在健
策划编辑	费明燕
责任编辑	胡雪琪
封面设计	郭　凡
版式设计	邱雪峰
校　　对	高竹君
责任印制	刘　巍
设计制作	南京博书堂文化有限公司
出版发行	江苏凤凰文艺出版社
	南京市中央路165号，邮编：210009
网　　址	http://www.jswenyi.com
印　　刷	苏州越洋印刷有限公司
开　　本	889毫米 × 1240 毫米　1/32
印　　张	7.25
字　　数	200千字
版　　次	2021 年 4 月第 1 版
印　　次	2021 年 4 月第 1 次印刷
书　　号	ISBN 978-7-5594-4724-1
定　　价	158.00 元（全四册）

本书内容系根据2016—2019年做客“南博讲坛”的诸位嘉宾的讲座速记稿整理而成，编辑过程中有删节，特此说明。

目录

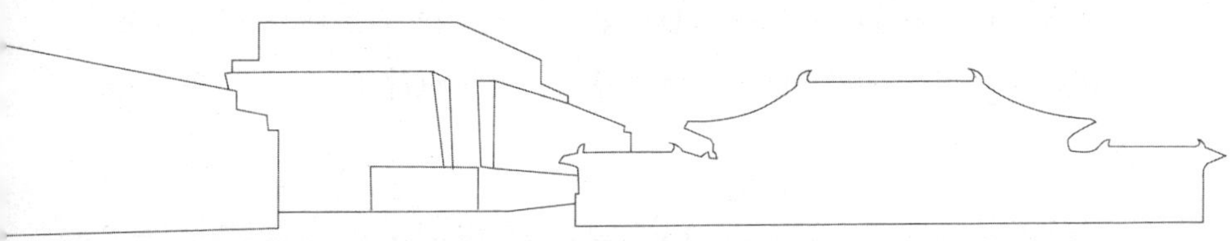

序

博物馆是收藏、研究、展示和传播人类文明的重要场所，是为社会发展和社会公众服务的公共文化机构，承担着弘扬中华文化、传承地域文明、增强民族凝聚力和自信心、促进经济社会协调发展的重任，是公共文化服务体系的重要组成部分。全面建设小康社会目标下，公众对博物馆提出了更高的要求，希望博物馆能从单一的馆舍走向社会生活的各个方面，包括促进城市文化进步、加强社会教育、改善民众生活、协调经济社会发展等。博物馆要从保护、展示文物藏品延伸到同时保护展示标本、科技成果、当代艺术品、非物质文化遗产，乃至在特殊语境下的不可移动文物，从专业人士向往的缪斯的神圣殿堂转变为公众享受文化服务的休闲场所。

就江苏的博物馆发展而言，博物馆必须高品质发展、均衡发展，满足人民群众对美好生活的向往。高品质发展的前提是准确的定位。要根据各地不同的人文内涵、地域资源和公众需求，来确定是建成综合地方文化内涵的区域馆，还是体现某方面历史文化艺术的专题馆；要做好建筑的个性化、地域化设计，使建筑与景观、自然与人、技术与艺术和谐统一，好的博物馆建筑一定是契合地域文化氛围的；要做好吸引人的展览展示，艺术感强，有视觉冲击力；要有高质量的社会教育和社会服务，使观众在一个贴心的软环境中接受教育、休闲娱乐；要全省一盘棋，推进博物馆均衡发展。

2017年，江苏收获了全国省级博物馆参观人数最多的荣誉，全省全年参观博物馆的观众达8512万人次，这与我省博物馆走高品质发展、特色发展的道路有很大关联。我们坚持发展地域文化的个性特点，将博物馆展览与乡土教育结合起来，反映当地百姓引以为豪的祖先过去的生活；坚持文化场所的高品位，将博物馆建成弘扬传统文化特色的有益场所，力求弘扬个性，做精尚美，让公众感受博物馆的魅力；坚持加强环境空间的营造，将博物馆的建设发展与人居环境、市民生活紧密结合，使之成为文化休闲胜地；坚持强调服务方法的改善、服务手段的提升，让公众乐于走进博物馆。

要强化博物馆高品质发展、均衡发展的要求，让更多的公众走进博物馆、爱上博物馆；强化传统文化在当代的创造性利用，创造出更多、更美的体现精神内涵的优秀文化产品，让走进博物馆成为人们的生活方式。

博物馆，让生活更美好。

南京博物院院长　龚良

2019年1月

2018

第 1 讲

吾以观复：马未都谈博物馆之美

马未都

马未都，观复博物馆创办人。

出版有《中国古代门窗》《马未都说收藏》《瓷之色》《瓷之纹》《醉文明》《观复嘟嘟》《国宝 100》及观复猫系列图书。

1997 年，创立新中国第一家私立博物馆——观复博物馆。2008 年，马未都登上央视《百家讲坛》栏目，讲授传统文化及文物知识。2010 年，广西卫视为马未都先生量身定做《收藏马未都》节目。2014 年以来，《观复嘟嘟》《国宝 100》等网络节目相继播出，影响力巨大。

南博讲坛开年第一讲，马未都来了！

2018 年 1 月 20 日，观复博物馆创办人及现任馆长马未都莅临南博讲坛，分享博物馆之美。马先生回顾近现代公共博物馆的产生和发展，讲述了文化基因与方言的魅力，解读大英博物馆、大都会艺术博物馆、史密森博物馆群等西方博物馆的产生方式和办馆理念，并结合自己的人生经历分享与收藏、与博物馆的不解之缘。他表示“一个人把一生中赚来的钱做一项公众事业，是人生最好的选择”。

大都会艺术博物馆外景

大英博物馆展厅

大都会艺术博物馆内部

各位上午好！我猜想肯定有人住得离南京博物院很近，近水楼台先得月嘛，我想也一定有人比较远，远道而来，这说明了南京博物院的魅力。南京博物院是在中国最早称为博物院的，跟博物馆比起来，还是博物院比较大，进了院子，尤其是在大寒之日的今天如此温暖，很不容易，这么多人。

我们今天的主题叫“马未都谈博物馆之美”，我谈不谈不重要，重要的是博物馆之美。我没有做PPT，因为我讲课不大愿意做PPT，想到哪说到哪，然后我会看反应，如果中间退场的人多，我就讲两个笑话把他们给拽回来，如果大家都很认真地听，我就很认真地讲。我们的文化消费时代已经来临，比如说空闲时间，你不再谈论大家聚在一起吃一顿、喝一顿，而是把大量时间挤出来去吸收文化的营养，今天中国博物馆迎来了最重要的春天。

对过去所走过的一切进行收集、积累和展出

人类做博物馆历史非常短，最早我们公开、向社会开放的博物

馆，一般来说都是指大英博物馆，在大英博物馆之前还有很小的博物馆开放。大英博物馆开放已经有 260 年以上的历史，260 年以前说起来也无非是我们清朝的乾隆年间，距离今天不是很久远。人类文明积攒着，从我们有文字开始，中国近 4000 年以来积攒了这么多文明，为什么到了近代才开始有意识地做博物馆？说明人类的精神需求尤其对美的追求，是在物质到达一定基础之上才出现的。从这个角度理解大英博物馆，英国人做第一个博物馆显然不是偶然了，因为工业革命的成功使得英国创造了巨大的财富。我们知道人类文明有三次大革命，第一次大革命是农业革命，我们摒弃了狩猎采集，进入了一个相对稳定的生活状态。农业革命带给我们种植和养殖。中国虽然不是农业革命的发源地，但是将近 3000 年的时间，我们的总体生活过得非常好。第二次重大革命就是工业革命，它跟手工业比较起来，大幅度提高产量，然而有一点，工业革命的一个特征就是抹杀个性，个性不能存在，所以生产出来的东西都一模一样，但是会提高效率，也会给你一些新奇之感，比如最早看卓别林的电影，比如改革开放初期我们出去看一些生产线、流水线，觉得很神奇。工业革命给我们带来的好处，我们享受到的时间很晚，实际是在改革开放之后。今年是改革开放 40 周年，你们仔细想想，今天坐在这里享受温暖，享受灯光，包括你们所有的着装，这些都是工业革命带来的好处。工业革命已经有近 300 年了。第三次重大革命是我们今天所有人都身处其中的，我们有点浑然不觉，但是你会发现你今天的生活、你的行为跟以前有巨大的变化，第三次革命就是信息革命。信息革命除了互联网还有其他，包括这次革命的后期，也许还没到后期，我们叠加了智能革命。这次信息革命和智能革命，推动人类文明改变走向，一定是我们不可预测的。我们今天在座的人恐怕都不能说清楚，20 年之后的世界将是怎样。我们每个人身处其中，我们每个人非常清楚，很多重要文物会在自己手中诞生，比如说我们的手机。

每一次革命都使人类文明的走向发生巨大的变化，我们人类就开始对自己过去所经历的一切进行收集、积累和展出，大英博物馆首先做了这一件事。那么大英博物馆源于什么样的思考才做这件事情呢？源于一个叫斯隆的医生，他生前有八万多件藏品，五花八门，什么东西都有，晚年的时候说愿意留给伦敦市政府，以飨所有人。当时伦敦市政府用了八万块钱将这八万多件东西收入囊中，遵循了对斯隆的许诺，就是免费向社会开放。260 年以来，尽管有多次动议希望收费，但今天依然坚持与斯隆医生最初的契约，大英博物馆是免费的。你们今天如果去伦敦，去大英博物馆，非常畅快地进入大英博物馆的时候，你们应该想起斯隆医生，从心里感谢他，由于他最初开出的条件，英国政府到现在都遵循着一个原则——大英博物馆是向公众免费的。我们今天在这里应该先为我们这位先行者，这位奠基者鼓掌、致意。

但是今天去大英博物馆的时候，发现有些展览还是收费的，心里不要不愉快，为文化付费是一种敬意。你在大英博物馆会看到一些世界著名博物馆或者著名机构举办的展览，每个展览都非常重要，不要以为看不懂的展览不重要，看不懂的展览有时候比看懂的更重要。我们可以发现大英博物馆有三个比较大的展馆：古希腊馆、古埃及馆、中国馆，可以看到一个世界级博物馆对所有文化平等尊重的态度。

文化基因传递，保护方言

我们中国的文化自有文字记载以来，从未间断过，这在世界大文明中是难能可贵的，这源于我们的文化基因好。我们今天去看甲骨，看人文中国、日月山川，这样的字基本上都能看懂，将近 4000 年前的中国汉字今天能够看懂，说明这个文字沟通能力极强，因为我们不是记音文字，我们是记意文字，我们每个字都有准确含义，发音尽管不同，但是一看就明白。有一个美国文字学家跟我说你们中国人怎么这么幸福，稍加训练就可以看懂 2000 多年前的文献，说英文就不行，500 年前的英文基本上谁也看不懂，说中国字跨时空沟通。注意，文字的出现就是要求跨时空沟通，比如留个字条说“饭已做好在锅里，回来自己吃”，这就叫跨时空沟通，只需要相差五分钟。在没有图像留下的时代，文字创造了巨大的价值，就是因为它跨时空沟通。我们今天可以找到一个文物，比如说你找到很多先人写下的文字，这些文字当时就是一张字条，甚至一份欠账单，但是传递了大量的信息，这是我们文字留下来的。我们的文字由于是象形的、记意的，不论隔几百年，乃至几千年，都非常容易看懂，但是英文不行，语音在不停变化当中。我想今天南京人说的南京话“南京大萝卜”，跟民国时期的都有差异。我在北京听到过老舍先生的录音，听到过溥仪皇帝的录音，发现他们说的老北京话是我小时候耳熟能详的，但今天在北京人里再也找不到这样的说话方式。语音的变化是非常非常快的，这导致中国的语音系统非常复杂。现在我们有了普通话的普及，但是在普通话普及时，我依然希望我们的所有方言能够保留下来。方言必须靠口口相传，如果方言丢失，将是我们民族最大的灾难。

所以我一直在不停地、在任何场合都呼吁保护方言。方言有很多魅力，我不会南京话，我就不知道南京话中很多有魅力的表达，不知道他们之间的沟通。南京话之间的沟通有很多潜台词。方言不仅仅是一个语音语调，更重要的是择词。比如说苏北话和苏南话完全不一样，苏北话好多地方能听懂，苏南话基本上听不懂；比如说上海话受到西方影响非常强烈，所以上海话很多词汇很重要，不仅仅是上海话的语调，是它的词汇。比如上海话里没有钱包这个词，他觉得钱包太土了，所以他叫皮夹子，说捡了一个皮夹子，就是捡了一个钱包，它的择词表明了一种地域文化的存在。从某个角度上讲，将来我们不应该再到博物馆里听一段录音说，当年南京人这么说话的，当年北京人这么说话的。我们的方言亟待保护。现在很多年轻人，尤其很多生活在方言区的年轻人“能听不能讲”，再有两代这个方言就会彻底消失。

我们古汉语当中保留了很多好的地方，我有一个老外朋友，他研究古汉语，他的古汉语能力比我强多了，他非常喜欢我们的汉字。我们的文明不间断，是我们的基因强大，一旦你学了方块字，你的母语是这个方块字，你通过方块字开始肆意地表达你的情感的时候，你就永远笼罩在中国文化之下，那么我们的文化中有一个极强的好处，就叫韧性，这很重要。当我们知道我们民族的韧性和包容性的时候，我们就理解了我们的文化怎么能够经过这么艰难困苦的岁月，能够流传到今天，能够让我们这么多人——占世界人口五分之一到四分之一的这么大的国家，来运用这个汉字。今天全球学汉语的人越来越多，就跟当年很多人学英语一样，很多西方人都在学汉语，为什么要学我们这套系统？不仅仅是我们这套系统沟通起来有无尽的魅力，更重要的是，我们的国家越来越强大。

前头这段算开场白，下面开始讲博物馆。

大英博物馆的“另类”展厅

斯隆医生把他的藏品捐献给了大英博物馆，大英博物馆免费向社会开放，我们进到大英博物馆的时候，大部分中国人都会直奔中国馆，因为家乡亲切，所有的东西基本能看懂，看不懂也觉得自个儿看懂了，起码比看别人的东西懂。我不知道在座的有多少人去过大英博物馆，我每次去的时候，都有感慨，不仅仅是我们有很多东西在祖国最困难的时候流向海外，更多的是他们的思想跟我们过去固有的思想不一样。我们固有的思想是这样的，我们的博物馆，例如，当你进入故宫博物院，有陶瓷馆、书画馆、青铜馆、玉器馆，分门别类。大英博物馆不是这样，它把一个朝代一个朝代的东西堆积起来，比如说汉代部分，会展出当时的陶器、原始青瓷、铜器、玉器等文物，它给你一个横向比较的机会，再纵向推进。

横向比较非常重要，我老说文物是触类旁通的，我能够在文物中讲所有的门类，任何一个门类我基本上都知道一个大概，为什么？因为触类旁通。什么叫触类旁通？过去相面先生一看你的面相马上就知道你是干什么的，这就是一个触类旁通的能力。什么人算命呢？很简单，一种是大喜，一种是大悲，大喜大悲不是写在脸上吗？看相就是一个触类旁通的能力。我们看文物也是这样，每一件文物横向有很多信息，我们将来要知道博物馆之美，去博物馆看文物不是看一件东西，是看横向能力。我们每个人实际都有横向能力，比如说你看远处来一个人你说是中国人，怎么判定的呢？因为你有横向判定的能力，你并不知道这个人是谁。你判断一个文物，要去看，一个文物横向给你散发很多信息，不要说这就是一个铜器，这个是红斑绿锈的，你知道这个铜器耳上的纹饰跟那个玉器一样，它在传达那个时期文化的力量。

我们今天也是这样，今天全社会的文化态势是一个态势，不是若干个态势，它会记录下我们这个时代。我们因为处在这个时代，感受不到，但是过了几百年，一看就知道这个时代中国发生了什么。

每个时代都有很多幕布，盖住了像这样大的一个舞台，拉开大幕就看到一层，你的能力就是你能看到几层，你能理解几层。当你把舞台上所有大幕都拉开，你看到的最后那个背景一定是那个时代的政治。如果你对那个时代的政治理解够深，你对那件文物就比较容易理解。所以我们不要就事论事，不要只看到“哎呀这个东西曲线有多么美，这个东西为什么是光素的，那个东西是纹饰密布全身”，其实包含了很多文化的含义。

大英博物馆换了一个思路，跟我们办博物馆不一样，它这个思路要求你横向做比较，然后一个朝代一个朝代推进，所以到大英博物馆的时候，要去体会设计者这份心思。我到目前为止，没有看到国内有大博物馆这样做展览，可能偶尔做一个展览，但是没有做一个常设展厅，大英博物馆做了。你不要进去第一个反应就是这怎么摆得这么乱，我在大英博物馆站着就听到有人一进来，说这里头乱七八糟什么都有啊！他第一感觉是这个，他不认为人家精心给你设计，打破了你原来的概念。什么是原来的概念？比如说北方人过去宴请宾客的最后一道菜是什么？是汤，当一碗汤端上来的时候，告诉你这个宴席到最后了。我们现在最后端出来的是果盘。我们第一次到南方，人家第一道菜是汤，他们认为先喝一碗润润嗓子，润润胃，让你感到非常舒服，他是用心良苦。我们一定要知道人家用心良苦，所以到大英博物馆，一定要知道，这种展陈方式尽管国内少有，也不大习惯，但不失为一种很精彩的展陈方式。

你所带来的一切问题，大都会艺术博物馆可以帮你解决

大英博物馆开放 260 年了。世界上三大块国土说英文——加拿大、美国、澳大利亚。美国一群商人，说咱也做个博物馆，做一个

大都会艺术博物馆，一群商人在一起就有了这个动议，聚在一起做博物馆。美国是一个发达资本主义国家，是一个大国，享受大国之利。我们也是大国，我一直在说，我们今天每一个中国人，你走到世界上任何一个地方会说“我是中国人”，你享受大国之利。我们有 960 万平方公里土地，我们有秦始皇统一中国，成为一个大国，从那以后中国人的大国思想、统一思想不可撼动。美国也是这样，它享受了资产阶级革命成功、工业革命以后带来的好处，迅速成为大国、强国，也有文化需求。美国跟欧洲不能相比，因为它是一个文化贫瘠的土地产生出来的国家，所以急需文化。美国第一代富翁都很喜欢收藏，这一点跟华人富翁不一样，华人首富层次的人不一定喜欢收藏，而美国人都喜欢收藏。洛克菲勒家族、卡耐基家族等，都用自己获得的财富不遗余力地收藏，所以有了卡耐基那句名言“在巨富中死去是一种耻辱”，我们在美国可以看到卡耐基捐献的图书馆。

美国人由于受英国人影响建立了大都会艺术博物馆，一次一次地扩张成了今天如此规模，一进门二楼一圈是中国陶瓷史陈列，再到二楼长廊上转一圈，基本上能大致了解中国陶瓷历史发展。我有一句话——你了解了中国陶瓷历史，就了解了中国的历史。如果你真的对中国的陶瓷了如指掌，你对中国的历史一定了如指掌，我们所有的陶瓷产生的背景跟历史是息息相关的，陶瓷每一次进步都跟历史发展有密切关系，所以你了解中国陶瓷历史，实际上就是在了解中国的历史。大都会艺术博物馆把这样重要的一个位置留给了中国陶瓷史的展览，显然不是偶然的，它也知道将一个器物融于一个国家的历史多么不容易。我们是陶瓷大国，瓷器是我们发明的，乃至中国的英文名字叫 China，英文里的中国跟陶瓷是一个词，真的说明陶瓷在我们国家的重要性、在历史上的重要性、在我们文化上的重要性。当然我们今天去大都会艺术博物馆不仅仅局限于看中国文物，里面展陈了世界许多文化的文物。你所带来的一切问题，这里可以帮你解决，这是我经常去大都会艺术博物馆——只要我去纽约，不可能不去那里——的一个主要原因。我有时候会思索很多问题，有的问题常年不得解释，我带着问题进我们的博物馆，有时候看完了，出来还是这个问题，但是我的很多问题，在进入大都会艺术博物馆以后，得到全面解答，所以这是博物馆和博物馆之间的不同。

建议票价制与墙上的咖啡

大都会艺术博物馆原来实行建议票价制，跟大英博物馆不一样，一开始是商人建立，不能免费，采用建议票价。我第一次去建议票价是八美金，现在好像是 25、28 美金，据说今年 3 月 1 日，大都会艺术博物馆就不实行建议票价了，因为这些年蹭票的太多。为什么要花钱进去呢？我一开始就讲，表示你对文化的尊重。我过去说过，文化是要靠富养的，文化是闲出来的，钱是忙出来的，我们应该把这个闲的时间积累起来变成自己的财富。大都会艺术博物馆建议票价还有 40 天就不再实行，它的建议票价我当时非常受感动，八美金是你对博物馆的一个认知，你说我有五美金，可以进来，你说只有一美金，可以进来，你说一分钱没有，也可以进来，你用自己的钱证明你自己的价值和尊严，这是给你的一个选择。我曾经也在想，我做博物馆的时候是不是也实行建议票价，我底下的人都打着哆嗦跟我说肯定不行，我说为什么不行，他们说那肯定没有人买票了，而且还会很混乱，因为大家不理解这件事情。

我看到一个故事，叫《墙上的咖啡》，美国加州一家咖啡馆进来一个顾客说要两杯咖啡，一杯上墙。一个人进来说我喝墙上的咖啡，这杯咖啡等于是有人替你买单了。我一直在想，我做博物馆，我就希望有墙上门票。我跟底下工作人员反复探讨这件事情，他们说管理起来非常困难，会有人占这个便宜，我说我宁愿让他占这个便宜，所有你们认为占便宜的人，我都愿意替他付费，我们把一张门票挂在墙上，使有些买不起门票、热爱文化的人有机会进入博物馆。我们国家现在经济非常好，我们的博物馆向公众免费开放，这是国家发给百姓的一份福利。我在想，如果有一天，我实行墙上门票的时候，如果这些门票能够送到最需要的人手中，全社会会有人支持我做这件事情，如果我们有能力做这样的善事，你不是为别人，是为自己，真正做善事的人是为自己做善事，不是为别人。古籍上有记载，过去富人在年关的时候包一些碎银两放在穷人的门口，偷偷摸摸地做慈善，而不是大张旗鼓地，每一个时代，人和人之间的精神追求不一样。大都会艺术博物馆呢，是我们世界级大博物馆中的一个典范，我真的很可惜它的建议票价制就此终结。

把自己的襟怀打开，向这个社会开放

美国华盛顿有一个博物馆群，这个博物馆群很大，叫史密森博物馆群，所有博物馆都隶属史密森协会。史密森这个人有意思，100多年前就收集文物，他是英国人，不是美国人，他想英国有大英博物馆了，我捐到一个没有文化的地方，把文物捐给美国政府，但有一个要求，所有的东西捐给美国以后，必须有利于文化的传播，你搁在仓库里，肯定不行，你得展出来。美国政府和史密森达成一个协议，叫“有利于文化传播”，之后建了这个博物馆群。“有利于文化传播”这句话说起来容易，做起来很难。美国史密森协会就在华盛顿建了许多博物馆，其中有弗利尔美术馆、赛克勒博物馆，北京大学赛克勒考古与艺术博物馆就是赛克勒捐建的。

今天我们去华盛顿，我觉得你应该腾出两天时间参观史密森博物馆群，一天绝对不可能看完，太大了，里面无数个可以看的博物馆，都隶属史密森协会。史密森把这样一份巨额财富捐给了美国政府，这个英国人多么高尚。我说下面这句，你就觉得很神奇，史密森终生没有踏上美国国土。我们谁能做到这一点。我在想，我如果把博物馆捐出去，在地球上找到非洲一个国家，我有没有决心把这个东西捐给它，终生不去，真的做不到，真的没有那样的襟怀，我们要把自己的襟怀打开，心胸一定要向这个社会开放。我总说一定把观复博物馆留给社会，不留给子孙，为什么？不是有多高尚，是走投无路，任何一件文物都比你活得长。我们今天 107 岁以上的人才是清朝生的，中国 107 岁的人没有几个，我们活不过一件物。我们既然活不过一件物，就不必在这件事情上纠结。收藏会给你带来快乐，你获取一件东西，那种内心的快乐是没法传递的。

我成长的年代、经历、能力和时代发展的曲线吻合

我年轻的时候，喜欢一件东西就买回家洗干净，抱在被窝里整宿地看。那时候为了看清楚，专门买了一个 300 瓦大灯泡，拧在台灯上，打亮以后冬天还行，夏天几乎没法待，半夜突然就醒了，想起一件事就把灯打开，抱着东西看。我为什么能把这些东西看得非常熟呢？就是因为从内心喜爱。我从这个时候就进入酷爱痴迷的阶段，佛教中有一句话，叫“积思顿识”，长期积累思想，可能在某一刻顿悟。我觉得我唯一优于常人的，就是我赶上了一个时代。

比我们年长的人能力比我们大，比如大家熟知的朱家溍、启功等先生都比我们本事大，学问都比我们大，我真的从内心佩服这些老先生们，有坚实的国学基础。我这不算什么，我永远不跟别人说

我是个读书人，小时候光贪玩了。这代人是历史没有给他们机会，所以他们中很多人最终没有像我们一样能够做成一个具体的事。比如说朱家溍先生当年的东西全捐了，捐的时候是好的，从北京往承德避暑山庄拉家具，那时候没有高速公路，土道乱颠，半道上司机把所有家具卸在一个农家院了，给人拉了两趟煤，做了点私活，回来又运这个家具，可惜在运输途中丢失牙板一块。就是这个故事，非常的可惜。那时几乎没有人在乎这些国宝级家具，没有人知道文化价值，没有人对这个东西感兴趣。

在我很年轻的时候，对这些东西不感兴趣的人大部分认为我精神上不是太正常，我跟人家说这个事，人家很烦。我那时候买一件瓷器，好不容易买到手以后兴奋，找人看，谁也不看，人家说你捧着个罐子干吗？给人家看，跟人家分享快乐，没有人愿意。因为那时候人的注意力都在港台歌星、影星上，所以我们才有这样的历史机遇，我只认为我比这些老先生们赶上的时代好。我生下来的时候战争停止了，进入一个和平建设的时代，当我稍微有经济能力的时候，开始了非常长的一段百废俱兴的时期——就是改革开放头 15 年，改革开放加速起飞是后 25 年，尤其是后 20 年。那个时期所有的文物都没有钱买，你们今天想这东西怎么这么贵，我那时候也贵。1987 年，北京琉璃厂有一个商店叫虹光阁，在整个琉璃厂门店里是最小的，这个店突然善心大发，把文物卖给中国人。当时琉璃厂所有东西都需要外汇、出示护照，不卖中国人，但是 1795 年（乾隆六十年）以前的东西不许卖，有相当一批既不能卖给外国人，也不能卖给中国人，没地方卖，所以他们开了一个店专门卖给中国人。开张那天，进去的时候觉得有点拥挤，也就二三十人，所有你们今天认为的重器，统一标价：乾隆官窑 400 元一件，雍正官窑 500 元一件，当天主动打九折。今天你随便拿哪一件，都是一万倍以上，当时倾尽全力买了很多，背都背不动。那时候在出版社，因为儿子大了，他要看动画片，我就说买个录像机，全办公室的人都说你居然没有录像机。因为我觉得那个太没用，花钱买那个太不值，当时买个录像机好几千块钱，好几千块钱可以买多少文物？半间屋子。我对所有新生活的东西不追求，人家都看 19 寸电视，当时倾尽全家之力买，我就看一台 9 寸黑白的，我就觉得已经很好了。

我曾经说，我们跟时代发展的曲线吻合，我成长的年代、经历和能力正好跟国家成长的曲线吻合，所以我就非常荣幸地做了中国第一个具有法人资格的博物馆，1996 年 10 月 30 日获批，1997 年 1 月 18 日向社会开放，今天是开放第 22 年的第二天。我们一开始是内心喜欢，不知深浅，我老说最初就是一个乐趣，后来逐渐演化成一份责任。我一开始没想好，没有一件事是一开始能想好的，成功者如果告诉你，人生有这样一个规划，他一定是骗人的。没有规划，没法规划，我们所有的规划跟不上社会的变化。我在做博物馆的过程中开始喜欢博物馆，一开始就是热情，做了一个展览，有人看，博物馆展览固定下来就是一个博物馆。故宫博物院单院长一直自豪，说马未都的观复博物馆是我当年在北京市做文物局长时批的，他觉得他是我的恩人。我觉得啊，时代是我们的恩人，我们赶上了一个时代。每个时代都有每个时代的问题，每个时代都有每个时代的好处，所以我们遇到了问题就不再抱怨。过去说遇山开路，遇河架桥，每个人的生活中，不论大事小事，都会遇到各种复杂的事情，顺心的，不顺心的。人生不如意事十之八九，多么正常的状态。

人生最好的选择

我们再看看美国的西海岸。西海岸有一个盖蒂博物馆，如果去加州就应该去看看，盖蒂博物馆太奢华了。我没这个能力，我不是一个做企业成功再去做博物馆的人，我就是一个做博物馆的人，我把一个博物馆从小养大。我说我像一个悬崖绝壁上的歪脖松，长不大，死不了，在岩石裂缝中获得一点水分和土壤就一点一点长大。我如果是一个知名企业家，如果我特别有钱，我一定做一个最好的博物馆，实在不行就众筹。众筹现在是一种特别好的方式，我让每一个为此捐献的人都留有芳名，让你的后人都能在上面找到你的名字，这是多么有意思的一件事。

盖蒂生前做过 60 多个公司，功成名就以后喜欢艺术，主要是当代艺术收藏。他在家乡加州买下土地，找大师设计了一座博物馆。你看南博吧，照顾所有参观者，每周只休息半天，礼拜一上午开馆非常明智，很多远道而来的人最愿意早上参观博物馆。我们观复博物馆不设休息日，就大年初一到初三休息三天，平时都不闭馆。我认为一个远道而来到博物馆参观的人，如果赶上你的休息日，他可能终生错过你的博物馆，再也没有机会进来，这非常有可能。我去了盖蒂博物馆，在门口坐小火车，七分钟上去了，你想人家得多大，上去以后看到了这座博物馆，居高临下，俯瞰洛杉矶。我当时就想，盖蒂一定留有一座雕像，我要去看看他是什么样。找了半天找着了，立在地上，底板上写着盖蒂哪年生，哪年死，其他什么都没有，跟你非常平等地站在平地上，你可以面对面看他，而不是我们对雕像的概念，一定要高起来，坐在上面，跷着二郎腿，不是这样的，而是按照他的身高。我站在那儿看了半天，注视着他，我想他不会知道我，但我会知道他。历史就是这样，过去就过去了。

今天有机会审视历史，因为先贤为我们留下了巨大的文化宝库，我们做博物馆，是因为历史需要我们一次一次把它标出来，让我们知道先人在每一个历史时代达到的高度，清楚地看到我们的文明进程。我总说文明的革命很大程度是一个容器革命，我们的先祖从能够捏一团泥巴，诞生一个容器，到可以把今天的手机想象成一个容器，容纳了海量的知识，是一个不可限量的容器。我们可以把容器看得广泛一点，比如说这间房子就是一个容器，火车和飞机都是容器。我们在这样的革命中，不断地享受它带来的好处，同时也体会它带来的坏处。每一项革命都是这样，所以我们就要腾出时间看博物馆，去看看这些为博物馆做出巨大贡献的人。

加州还有一个亨廷顿庄园，也是博物馆，非常大，里头有个苏州园林。我叫了辆出租车，跟师傅说等我会儿，一个小时最多两小时就出来。我进去就开始纠结，因为我知道两小时出不来，一进去看到第一间里就挂着莫奈，亨廷顿庄园很大，半道我让一个人跑出来，跟司机说对不起，给他点钱，我们在里面一直待了一天。我们不知道他的过去，但一个人把一生中赚来的钱做一项公众事业，我觉得是人生最好的选择，挣钱不是你的唯一选择。我刚才说的人类文明三大革命——农业革命、工业革命、信息革命，富翁产生的速度和形式不一样，工业革命产生的富翁数量大大多于农业革命，当你掌握了一门技术或者有巨大的生产力，就可能迅速成为富翁。英国工业革命以后，这些人变成富翁，发财速度非常快，不需要几代人，一代人两代人就可以发财。今天进入信息革命，根本不需要几代，信息革命所产生的富翁都是巨富，因为财产来源方式不一样，有虚拟的财产，比如说股票，都是数字游戏。但是这些富翁们能不能想到人类文明最重要的是什么呢？是文化，所以我们才开始做文化。

我刚才讲了大英博物馆、大都会艺术博物馆、盖蒂博物馆、亨廷顿庄园。西方人非常注重名字，我刚才说的史密森博物馆群、盖蒂博物馆都是用人名命名。中国人不注重这个，叫“马未都博物馆”连工商注册都过不去，因为我们不注重个性表达，我们注重共性表达。

国外博物馆除了大英博物馆和大都会艺术博物馆这种有极特殊国家背景的，英国还有一个很重要的博物馆叫维多利亚与阿尔伯特博物馆。维多利亚时代是英国最好的时代，加拿大、香港地区都有维多利亚湾、维多利亚港。吉美博物馆，你们注意看命名，吉美是个将军，很喜欢东方艺术，收藏了很多东方艺术品，里面有非常多的中国文物。有机会去巴黎，不要仅仅去卢浮宫，去完之后一定要去吉美博物馆，看看我们的文化在西方有怎样的一席之地。

今天的讲座就到这儿，谢谢大家！

2018
第2讲

文化学者王鲁湘的博物馆情结

王鲁湘

王鲁湘，现为中国国家画院研究员，凤凰卫视高级策划、主持人。

1956年生于湖南。历任凤凰卫视《纵横中国》总策划，《世纪大讲堂》主持人，《文化大观园》总策划、主持人，清华大学美术学院教授、博士生导师，北京凤凰岭书院院长。出版有《书卷山河》《风雨赋潇湘》《黄宾虹研究》《墨天无尽》《神明之地》《水墨可染》《匠人本色》《中国名画家全集——张仃》等多本专著；成功策划了“独立苍茫——湖南名人书法展”“归来·丝路瓷典——明清外销瓷精品展”“命运墨皈——梁占岩、袁武、张江舟水墨艺术展”等精品展览。

2018年2月4日，著名文化学者王鲁湘做客南博讲坛，讲述自己深厚的“博物馆情结”，以及博物馆在他生命中的重要位置。他现身说法，分享人生经历与学术生涯体验、文化类节目主持经历，结合博物馆功能的变迁，认为“让文物鲜活起来，真正走进我们的生活中”是博物馆努力的方向，博物馆的意义也比以往任何时候都重要得多。他从小小的烟壶讲起，由浅入深，分析藏品背后中西方文化理念和价值观念的差异，及其对文明发展进程的影响。他鼓励大家多到博物馆去，进行知识教育、审美教育，培养对生活讲究的一种人生态度。

西周四珩四璜联珠串饰（山西博物院藏）

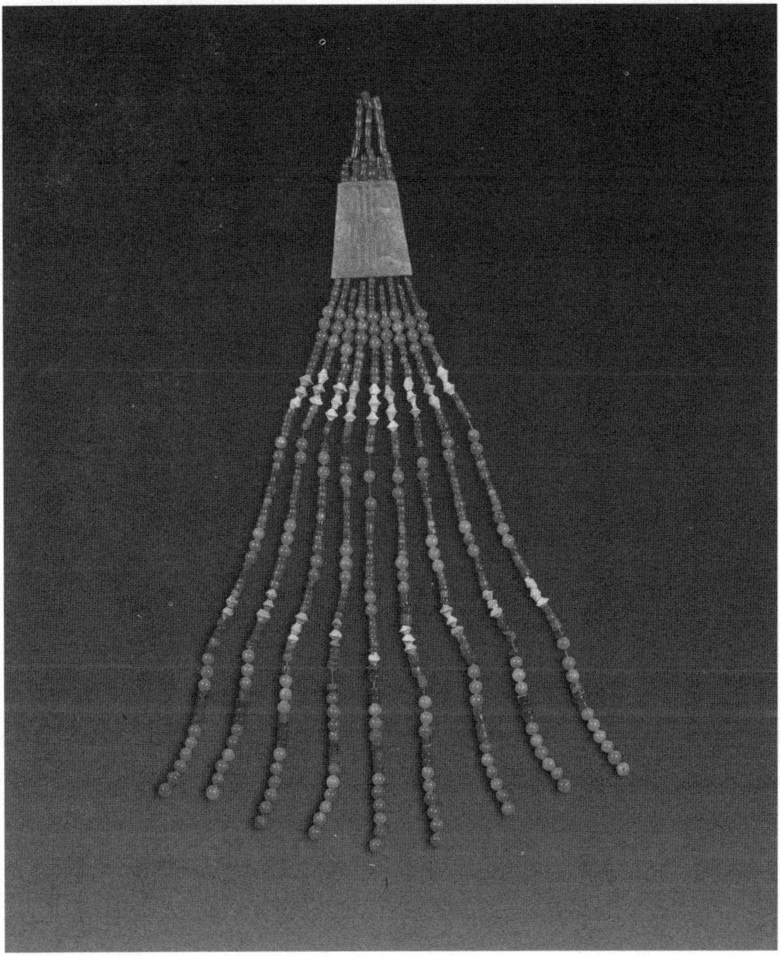

西周玉牌联珠串饰（山西博物院藏）

今天是立春，按照中国民俗的话，新的一年就开始了，也就是说狗年就到了，在这里我要祝大家新年快乐，阖家欢喜，狗年兴旺发财！

非常感谢南京博物院的盛情邀请，让我来到这样一个讲坛。说起和博物馆的情结，真的是浮想联翩，因为博物馆在我的生命，包括学术生涯中所占的位置非同一般。记得我在北大读研究生的时候，研究方向是中国美术史，我的老师弥留之际在病床上特地跟我说："搞中国美学史，不能仅从书本到书本，从典籍到典籍，搞中国美学史，一定要多去博物馆看文物，而且要特别关注新的考古研究。要读考古报告，有条件的话要上手文物，一定要对中国的文物有一种上手的体验，不能仅仅停留在书本上。"这是老先生临终之时对我的一个教诲。老先生的这个教诲，在我以后的学术生涯中，时刻回响在我的耳边。

一趟万里之行，对我的一生影响之大难以想象

我和博物馆的关联，小时候当然是不可能有的，因为我生长在

湖南湘中地区一个小镇，小镇上包括方圆几百里内都不可能有博物馆。我第一次进到博物馆，是上大学以后，在湖南省博物馆，看到让我非常震惊的文物，就是马王堆汉墓出土的西汉女尸。这是我第一次到博物馆，也是第一次见到真实的文物，这种震撼非同一般。

和博物馆真正有学术考察性质这样的接触，是到了北大之后。记得在 1983 年夏天，有一个北方的特别是西北地区的文化考察，从北京出发，先到山西太原看了山西省博物馆（后更名为山西博物院）、晋祠，看了周边一些文化遗迹，然后从太原到大同，看了著名的云冈石窟，再到内蒙古，然后到兰州，在兰州看了甘肃省博物馆，从兰州出发到了敦煌，在敦煌住了整整一个星期。现在去敦煌要预约，拿着预约号排半天队，进去后只能看四个窟，因为今天去敦煌的人太多了，人满为患，人呼吸产生的气体对敦煌壁画都会造成伤害，现在是严格保护，所以选择保护性、有条件的开放。我们那个时候在莫高窟，白天黑夜随时可以进洞，一个星期基本上把要看的洞窟都看了一遍，这样的经历是后来的人再也没有的。我们在敦煌的时候条件非常艰苦，但是精神上的愉悦是无法想象的。我记得当时非常疯狂地记了大量笔记，也进行一些壁画的临摹。从敦煌离开，往回走到嘉峪关，到了天水麦积山，再走到西安，我们在这座古城逗留天数比较多，重点去了秦始皇兵马俑博物馆（后更名为秦始皇帝陵博物院）、陕西历史博物馆，还有碑林、小雁塔、大雁塔。我们又从西安出发去了华山，一路坐的都是非常慢的小慢车，上去以后是没有座位的，经常站着或者席地而坐，到了华山以后连夜上山，第二天下来又坐火车到了洛阳，在洛阳这个十三朝古都看了很多出土文物，然后又到了郑州，从郑州又到开封，从开封一路返回北京，完成这样一个历史文化考察。我那年 26 岁，这一趟万里之行，有目标、有目的地考察学习，对这么多文化遗迹和博物馆进行参观、学习，包括和博物馆工作人员、一些考古工作队直接交流，我觉得这个对我的一生影响之大难以想象，对我心灵的震撼也难以想象。通过刚才我提到的这些石窟、博物馆、历史文化遗迹，大家可以想象，一个 26 岁的年轻人第一次如此零距离、系统地看到了灿烂的古代文明，亲手触摸到了我们的先人、前辈创造的文明的结晶，而且进入历史文化现场，在第一线与考古、文博人员进行学术交流，他们在现场的气氛中跟你讲解一件件精美的文物。很多文物过去只是在书本上读到它，只是在照片上看到它，但是今天它活生生地在你面前。

让文物鲜活起来，真正走进我们的生活中

博物馆不仅仅是一个民族、一个国家或者我们人类保存自己历史文化记忆的一个场所。博物馆有几大基本功能，第一大功能就是收藏、典藏。它把最有价值的，能够形成民族共同记忆的，能够代表一个国家、一个民族的物质文明和精神文明结晶的一些器物、一些物理存在的实物典藏起来，精心保管，然后传至后人。博物馆的第二大功能是研究。博物馆有专门的工作人员、学者、文博队伍，对典藏在各个博物馆里的文物进行系统的研究。首先是辨别真伪，要确定这些文物的真伪，然后断代，因为很多文物并不是从考古现场直接拿到博物馆来的。很多文物在民间已经流传很久，它的真伪、断代问题都需要专门的文博专家进行研究，人们才能确定它是否能进入博物馆的典藏体系。第三个功能是展陈。博物馆的藏品，不是藏之名山的东西。博物馆作为现代文明的产物，起源于欧洲，江苏南通的实业家张謇创办了中国第一座公共博物馆——南通博物苑。博物馆和过去中国文人私人收藏最大的不同，就是它是公众的、面向社会的，它是为国民教育而服务的。所有的博物馆都带有一种启

蒙性质，博物馆也是欧洲启蒙主义和启蒙时代的产物，代表着启蒙主义的一种精神理念，就是通过真实的、历史上创造出来的文物，向人们宣讲理性主义的精神，来对抗蒙昧主义和关于历史、人类起源的错误说法，告诉人们文明和历史的真相。那么随之而来的第四个功能，就是教育功能、教化功能。博物馆对社会开放，公众进入博物馆这样一个公共场所，在这里看到文物陈列以及文物解说，获得一系列的知识。博物馆要回答的问题，也是非常古老的人类的哲学问题——我们从何处来？我们是谁？我们向何处去？这样的问题其实是博物馆要承担、要回答的问题。国民来到博物馆，一个地区、一个城市的市民来到当地博物馆，都希望从博物馆里得到这个问题的终极答案，当然终极答案是不一定有的，至少我们可以部分地得到阶段性答案。博物馆会用它典藏的文物，会用馆员研究的系列学术成果，来回答这样的问题。

过去这是博物馆的四大基本功能，而且排序就是这样。现在随着时代的演进、公民意识的提升，包括我们对博物馆文物的管理手段更加科学、更加现代，博物馆的四大功能排序就发生了颠倒。现在全世界都把公民教育作为博物馆的首要功能。博物馆是像学校一样的地方，它是公民教育的场所。如何进行公民教育，如何让博物馆的文物和观众之间的距离缩短，如何让文物生动地讲述它自己的故事，成为现在的博物馆管理中很重要的课题。

中国的博物馆体系虽然建立时间很短，是20世纪的产物，但是博物馆事业的发展却非常迅猛，博物馆的规模也都非常大。我国是一个文明古国，所以博物馆典藏的文物往往非常精彩。现在人们也认识到这个问题，中华文明复兴必须让国家的国民对自己的文化有文化自觉，然后产生文化自信。文化自觉和文化自信的培养当然有多种途径、多种方式、多种场合，但是博物馆是一个非常重要的场合。到博物馆来学习、参观，了解自己的历史文化，是让国民建立起文化自觉，并油然而生文化自信的一个非常重要的途径。习近平总书记对博物馆的工作做出指示，最有名的一句话大家都知道，“让收藏在博物馆里的文物、陈列在广阔大地上的遗产、书写在古籍里的文字都活起来”。这个意思非常深，我想最重要的一个意思，就是我们对博物馆典藏文物的利用应该提高到一个新的对博物馆功能认识的高度，也就是说博物馆确实是一个由纳税人出钱建立起来的，一个对公民进行国家历史教育、文明的启迪，包括进行公民教育的一个最佳的场所。因此，让这些文物鲜活起来，让这些文物背后的故事生动起来，让观众和文物之间过去那种冷冰冰的距离消失掉，让文物真正走进我们的生活中间，这是现在各个博物馆都在努力做的一件工作。像今天这样的讲座，其实也是我们的博物馆所做的努力，让市民走进博物馆，让博物馆贴近市民。像马未都先生、像我这样一些人讲述和文物之间、和博物馆之间的一些故事，对博物馆的公民教育功能来做一个现身说法。

博物馆正在放大自己的影响半径

由于工作的关系，我在凤凰卫视要主持几档文化类节目。最早主持《纵横中国》的时候，要对整个中国进行一种文化版图的全平面的扫描，因此我每个月要去一个省或一个直辖市、自治区。这一个月里，我到那个地方，首先要做的工作就是去当地的博物馆，因为只有当地的博物馆能够用实物告诉我当地历史的悠久性，只有博物馆才能告诉我哪些器物能够代表当地人民的创造精神。我就要进行巡礼，挑选一些馆藏的代表性文物，还要形成几个知识点，在节目中和观众进行互动。最重要的是我要和当地的文史专家、民俗学家、经济学家进行广泛的座谈，然后形成关于这个省，这个直辖市、自治区的认识。做四期节目，每一期节目 40 分钟，长度很长，要能够反映当地的地理、文化、历史和经济现状，工作量很大，如果没有博物馆这个体系，你想想，这个任务几乎是不可能完成的。所以每到一个省，我一定首先去的就是那个省的博物馆或者博物院，如果还有一些专题博物馆那更好，我一定会去，很认真地看，这个对我的帮助非常大。在青海时，我们知道青海和甘肃是中国彩陶出土最多的地方，博物馆里彩陶展品的数量几乎占了一个馆展品数量的一半，非常丰富，但是如何挑到对观众来说最有新鲜感、既熟悉又陌生的展品，放到我们的节目中，这个确实也要在博物馆里进行反复的比较和筛选。在青海省博物馆，我找到了一套骨质的西餐餐具，4000 多年前的一套几乎完整的西餐餐具。这就非常有意思，因为我们现在的人理所当然地认为，吃西餐、用刀叉这些东西一定和中国人无关，它是来自西方的一种生活习惯，然后产生的一种餐具。但是没想到就在青海，在青海省博物馆，考古发掘出的一套骨头做的餐具和今天我们使用的刀叉、西餐的餐具几乎一样，像这样的发现就让人很兴奋。这种发现进入电视节目的时候，和现场年轻的观众进行互动的时候，大家也非常兴奋。

很多节目，节目源其实都是博物馆。比如说我们在山西博物院拍到的西周考古的一些重要文物，都是晋东南地区考古发掘的西周晋侯墓地里出土的精美玉器，包括成套的玉组件、红玛瑙等。像这样的节目，通过我们的电视传播出去以后，显然是对博物馆展示功能和公民教育功能的一个放大，通过媒体和博物馆的合作，其实我们的博物馆正在放大自己的影响半径。过去博物馆在某种意义上是一个守株待兔的机构，东西放在这里等着公众来，顶多有馆际交流的意义，一个东西从这个博物馆到那个博物馆，但是现在的传媒手段，可以扩大博物馆的影响半径。我在凤凰卫视做《纵横中国》《寻找远去的家园》《文化大观园》，就习惯性地在进行策划的时候想到博物馆，会想博物馆里头有什么样的资源，可以为我的节目所用。其实在某种意义上，我们媒体工作者很早就开始了“让文物鲜活起来”的过程。因为媒体工作的需要，要开发这样一些资源，而我们的观众特别是海外华人社会，对这些可以说不仅仅是关注了，是着迷。他们非常想从文物中来看我们文化的灿烂辉煌、文明的伟大，他们非常想通过具体的一件文物，来证明自己作为一个中国人的骄傲。因此，《文化大观园》对每年的全国十大考古新发现或者中国考古六大新发现评选活动进行报道，这种节目超乎大家的想象，收视率与日俱增。尤其是我们到考古现场去，第一时间通过镜头向大家报道考古发现的进度，以及令人振奋的一些新的发现。当然，这也有一个认识过程，过去我们的考古发现是完全封闭的，没有把整个考古报告编写出来之前，这些文物信息是不对外公布的，现在情况在发生一些变化，很多地方政府也认识到，当地的一个重大考古发现对当地知名度的迅速提升有着比 GDP，甚至高科技还要强大的传播作用。

一个最典型的例子，就是最近的江西南昌西汉海昏侯大型墓葬的发掘。可以说这个大型墓葬开辟了中国考古史上的一个先例——考古与媒体的追踪报道同步进行，而且全过程陪伴。因此，海昏侯墓的整个发掘就成为一个影响巨大的事件，影响力传播最大化。

博物馆的意义，比以往任何一个时候都要重要得多

说到这点，我就想在欧洲、美国，很多城市的博物馆就是这个城市的旅游目的地之一。比如说我们到巴黎去，当然整个巴黎大城

是我们的旅游目的地，但是毫无疑问，对于多次去过的人而言，比如说对我而言，很可能就是冲着其中一个博物馆去，这一个博物馆就成了我这次去巴黎的旅游目的地，我不为别的。这些博物馆规模庞大，藏品甚多，内容丰富，作为一个文化人，我不会走马观花地看，因此我总是不可能一次把一个博物馆看完，像卢浮宫，到现在我还没有把它看完，我已经去过多次了。吉美博物馆、奥赛博物馆、毕加索博物馆等，这些都不是认真在里头学习的人用一天两天时间能看完的。到了伦敦，毫无疑问，大英博物馆、维多利亚与阿尔伯特博物馆、伦敦自然历史博物馆，这些都是你去伦敦的理由之一，引着你多次去伦敦这个旅游目的地。但是回过头来看我们的城市，有没有一座博物馆能够构成这样的意义，就是说它是很多人来到这座城市唯一的理由，冲着它到这里住两天，然后离开到别的地方去。我想不是没有，比如北京的故宫博物院，可能对很多到北京去的人有时就会构成唯一目的，还有比如陕西的秦始皇帝陵博物院。

我觉得中国的博物馆建设还有很长的路要走，因为我们是一个文明古国，我们的文物实在太多，包括民间的收藏都非常丰富。但是民间文物和博物馆的关系，我觉得现在还没有理顺。其实回想起中国的博物馆建设之初，很多文物也都是来自民间收藏，来自民间人士的捐献，真正的考古文物移交到博物馆的历史不是很长，更何况现在考古系统、文博系统还没有完全打通，很多考古文物一直在考古机构库房里，并没有进入博物馆序列，也就是说并没有进入公民教育序列，所以还有很多的工作要做，还有很多关系要理顺，还有很多观念要突破。总之，博物馆的意义、博物馆对于一座城市的意义是显而易见的，它比以往任何一个时候都要重要得多。一座伟大的城市应该有一座伟大的博物馆，这个博物馆里典藏着这座城市，当然也包括更广大地区的历史记忆、文明创造、文化积淀，不可能再有其他任何一个公民机构，能够同博物馆进行这样一些价值和意义的比较，它是唯一的。

藏品背后的文化理念和价值观念

再跟大家分享一个小故事。最近雅昌出了一本超级大书，书里收了我的几个朋友 20 多年以来在世界各地收藏的烟壶。这本书比我面前的这个台子还大，用来印小小的烟壶。这些烟壶都是康雍乾三代、局限于宫廷里的作品，因此，它们的文化价值、艺术价值与清中期以后那些烟壶不可同日而语，在艺术品市场一出现，基本上都是天价。我们知道，鼻烟是欧洲人带到中国来的，当时非常时髦的男士范儿吧，因此，装鼻烟的这个小器皿就成了一种身份的象征。当时烟壶的制作完全没有任何经济成本概念，用的都是最好的材料，有大自然给我们的宝石级别材料，比如说很多和田玉烟壶，一块小小的和田白玉或者黄玉做成一个烟壶，更多的是料器，也就是玻璃烟壶。但是这个玻璃可不是我们寻常的玻璃，我们知道玻璃在西亚最先出现，然后有一个比较大的发展，到了古罗马时期再有一个比较大的发展，文艺复兴后到了意大利威尼斯，工业革命以后到了英国，这个是玻璃大的发展路径。我们中国其实很早就有自己的玻璃，而且中国的玻璃配方和欧洲玻璃配方还不太一样，我们现在也发现有战国时期的玻璃璧，还有非常著名的战国时期的蜻蜓眼，后来在西汉、唐都有一些玻璃制品，有人说是中国本土做的，更多的人说是海上丝绸之路的舶来品。总而言之，玻璃在中国不发达，更没有走向工业化，尽管我们一直把玻璃（琉璃）看成是一种宝贝，是供养佛的七种宝贝之一，但是我们也只是把它当成一种奢侈品，玻璃始终没有进入百姓的日用生活。因为是奢侈品，所以我们将玻璃理解成琉璃，这一字之差，其实有微妙的文化上的差异，也就是说我们对于玻璃的颜色格外看重，我们想尽一切办法使玻璃具有红宝石、蓝宝石、石榴石等各式各样的颜色，包括鸡油黄这种美妙的颜色，而且我们也想尽一切办法让玻璃不透明，变得像玉，把它乳化、半透明化，在这点上我们想了很多办法，费了大量的力气，贡献了很多智慧。康雍乾三代的烟壶中，料器烟壶价值比其他玉料、天然宝石烟壶的价值还要高，就是因为做这么一个烟壶的玻璃，非常耗时、耗工、耗成本。当时专门请了几个外国传教士在宫廷造办处带了中国的工人，从广州和山东招的过去曾经做过玻璃的工人，就做这个东西。这几个传教士死了之后，没有师傅了，我们中国的工人也一直没有明白这中间的科学原理，在没有师傅指导的情况之下，整个造办处做料器烟壶的小部门最后也就烟消云散。烟壶流落到民间，河北这一带就出现民间做的。清中期、晚期做的烟壶，整体水平一落千丈。到了清中后期，我们先是从南洋引进法国生产的彩色平板玻璃，中国有些建筑上开始出现玻璃，我们自己生产不了，哪怕面积不是很大。我们也玩了 2000 多年的玻璃，甚至在宫廷里面把颜色、纯度各种东西玩到极致，但是我们仍然不能生产民用玻璃。

可是在西方，大家如果有机会，到佛罗伦萨去看一个很小的博物馆，叫伽利略博物馆。伽利略是文艺复兴的科学巨匠，他的名字和中国的张衡一样，代表着那个时代的科学，包括人类对于自然宇宙探索的精神。伽利略博物馆里头收藏着我们感到奇怪的东西，在文艺复兴时的佛罗伦萨地区、周边意大利城市，各式各样的实验室里最早期的化学家们、天文学家们、医药学家们、解剖学家们、地理学家们——总而言之，他们当时使用过的东西，我们今天归入理工科和自然科学的这些器物，全部陈列在伽利略博物馆，在非常狭窄的老房子里，看得你惊心动魄。西方的玻璃发展史走了和中国完全相反的道路，我们追求玻璃的色彩更多、透明度更接近玉，在这上面下的力气最多，但是欧洲很早就意识到玻璃的重要性在于透明度，因此如何将玻璃中间的杂质去除、如何让玻璃做到纯洁无色，就成了西方整个玻璃工艺发展的一个主流，世世代代努力朝这个方向发展。另外还有一种，他们想尽一切办法要让玻璃平面化，做出最大直径的玻璃平面。这两个方向都是中国没有的，中国也没有想到这两个方向对国计民生、科学将会产生哪些巨大的作用，完全没想到，我们是为奢侈品而服务。

纯洁无色玻璃的发展，在文艺复兴的佛罗伦萨取得重大突破，在威尼斯也取得重大突破，这才出现了三棱镜。由三棱镜我们知道了色谱，知道了太阳光穿过三棱镜以后出现的是赤橙黄绿青蓝紫的色谱。有了无色透明的玻璃，欧洲人发明了凹凸镜，非常了不起的发明，它使人类自然的视距突然变得可远可近、可小可大。如果没有凹凸镜，先别说后来的显微镜和天文望远镜，单说我们的眼镜，没有凹凸镜绝大多数人类在 40 岁左右就不能再阅读了，眼睛花了。我 40 岁开始意识到自己眼睛花了，眼睛又花又近视，很多接受信息和知识的渠道就断掉了。所以，大家有没有想过这个问题，在凹凸镜发明之前，我们的读书人、我们的工作者其实阅读寿命非常短，40—50 岁就不能再看书了。你想想这对于人类来说是多么可怕的一件事情，仅仅由于眼珠焦距的生理病变，他一生中的学习时间变得非常有限，更不要说一些精细的工作，特别是像意大利、中国这样有很多精细手工艺的地方，就不能做了。为什么有文艺复兴？为什么文艺复兴会产生知识爆炸？为什么在文艺复兴的时候印刷术传到欧洲，大量的书籍被印出来？如果这些书籍印出来，没有凹凸镜，我左右都看不了。所以文艺复兴知识爆炸，包括理性主义的崛起，人们对世界的认识扩充，在整个知识半径上扩大到那么大，很重要的一个原因就是有了眼镜。我们中国也是，等到欧洲人把眼镜带来，读书人在四五十岁以后可以把眼镜架在鼻子上看书，包括账房先生，也可以记账。我们中国古代文人也可怜，其实他们年纪很轻就已经停止阅读。当然中国有一个好处，中国的宋版书、明版书把字刻得很大。为什么把字刻那么大？大家再比较一下晚清和民国时候的线装书，字就很小了。明版以前，字刻很大的时候，中国人没有眼镜；字刻小的时候，中国人已经有眼镜了。

当然凹凸镜进一步地发展，我们可以通过天文望远镜看到多少亿光年以外的天象，通过显微镜可以看到粒子大小的东西。整个世界在宏观上和微观上，和没有显微镜、没有天文望远镜之前比，对于人类来说，完全是一个不同的存在。然后是玻璃的平面化，大家去佛罗伦萨美第奇那个大楼，一定要注意一个小细节，大楼里有个大礼堂，是召开各种会议、跳舞的地方，但是很少有人上到大礼堂上面，那里有一圈楼梯，拐角下楼的时候有一个窗户，窗户上的几块玻璃带着隐形暗花，是纯洁无色的。这几块玻璃了不起，是文艺复兴时期美第奇家族研制平板玻璃时最早的产品。

大家知道现在一座城市，代表着21世纪建筑水准的是玻璃建筑。我们到中国任何一座城市，全玻璃包起来的肯定是最新的建筑，从南京博物院往南看过去，这样的玻璃建筑一个都没有，这边的建筑很多都停留在20世纪八九十年代，甚至更早，当时没有大型平板玻璃的出现，现在所谓的超高层的大厦都是不可思议的。所以当我的这两位朋友要出烟壶图录的时候，让我写一个序言，我就突然想起了玻璃在两个文明中不同的命运、不同的发展走向。我过去经常在博物馆看到这个东西，以前看的时候，并没有清晰地做这样一种文化的比较，包括在伽利略博物馆看到那些奇奇怪怪的玻璃器皿，其实没有这些玻璃器皿，现在的化学工业根本不可能出现。博物馆教会我们从实存的、物理的藏品上发现背后的、看不见的、虚的文化理念和价值观念。藏品对于文明发展的影响、对于历史进程的影响，这样的例子我们在博物馆里可以看到很多。只有看多了，才可能形成一种记忆遗存，才有可能进行比较，在比较中间才能够发现背后一些更有意思的东西。

到博物馆看文物，培养我们对生活讲究的一种态度

今天在这里和大家一起分享我和博物馆的情结，最重要的是，我要感谢由启蒙时期开始建立的博物馆的体系，我要感谢中外所有大大小小博物馆在我的学习生涯当中，给予我的课堂上、书本上所不可能给予的直观甚至是更深刻的知识的学习，我更要感谢博物馆给我的审美体验。因为我们来到博物馆并不只是单纯地接受知识教育，更重要的是，博物馆是一个美术机构，博物馆的馆藏文物很多是历朝历代最精美的艺术品，这种艺术品的形态甚至比我们去美术馆所看到的叫作美术作品的东西要更丰富，所以博物馆也是审美教育的非常好的场所。博物馆里的历代文物所构成的一种氛围，能够告诉我们，我们的先人曾经在对世界的审美关系的把握上达到了什么样的境界。我前不久跟人聊天，突然想起两个词，“讲究”“将就”，写成拼音的时候一样，但是声调一变，就变成两个完全不同的意思，一个是将就，马马虎虎，一个是讲究，精益求精，这就构成了人的两种生活态度。讲究和将就两种不同的生活态度，创造的文明成果就会大不一样。在某种意义上，博物馆愿意典藏的东西，都是讲究的东西，将就的东西在生活中就会耗损掉，损失了大家也不心疼，也不珍惜，只有讲究的东西才会珍惜，所以到博物馆看文物还培养我们对生活讲究的一种态度。我们有学习的榜样，我们的先人在几

千年以前、几百年以前都能这样讲究地生活，我们今天为什么不可以？我觉得，博物馆是提升整体的民族对美好生活开始讲究的一个非常有意义的场所，希望大家来到博物馆以后，一定要把博物馆各式各样功能的综合性价值都发掘出来，然后影响自己的生活，影响自己的学习，影响自己的人生。谢谢大家！

2018

第3讲

以文化自觉激发文化自信
——从博物馆建筑设计谈起

程泰宁

程泰宁，1935年生于南京，现为中国工程院院士，全国工程勘察设计大师，东南大学建筑设计与理论研究中心主任、教授、博士生导师，中国联合工程公司总建筑师，筑境设计主持人。从业以来，主持设计国内外工程150余项，多项作品获得国家级、省部级奖励。其中，杭州黄龙饭店、杭州铁路新客站入选“中华百年建筑经典”；加纳国家剧院、马里共和国会议大厦入选国际建协《二十世纪世界建筑精品选》（该选集选出了全球100年中的1000件优秀作品）。2004年，程泰宁获中国建筑师最高奖“梁思成建筑奖”。

他一直关注中国特色的建筑设计理论体系建构，曾出版《程泰宁建筑作品选》《程泰宁——建筑院士访谈录》《程泰宁文集》《语言与境界》等著作；发表论文多篇，在国内外影响广泛。最近，澳大利亚视觉出版集团推出的“大师系列”丛书中，他是被收入该丛书的第一位中国建筑师。

2018年3月25日，中国工程院院士、南博二期设计者程泰宁做客南博讲坛，从博物馆建筑设计层面畅谈以文化自觉激发文化自信，探索中国特色的建筑发展之路。程院士列举了建筑设计领域屡见不鲜的文化不自信案例，从文化自觉的内涵、建构中国特色的理论和评价体系等角度逐步深入，结合设计案例分享多年的学术思考，向公众展示一名中国建筑师的文化自觉和文化自信。

南京博物院历史馆老大殿和特展馆

南京博物院历史馆老大殿内部

南京博物院历史馆中庭

浙江美术馆

加纳国家剧院

大家上午好，非常感谢大家来这里听我讲课。以前来听课的大多是我们专业的，今天可能有来自各行各业的朋友。对这个讲座能否适应大家的要求，我心里还是有点忐忑的。不过不要紧，最后会有一点交流时间，如果我讲得不清楚，可以再交流。

今天的题目是“以文化自觉激发文化自信”。现在这个题目比较热门，到处都在讲文化自信。文化，确实是一个国家的软实力，是一个国家、民族的安身立命之本。文化不自信，没有软实力，这个国家是无法在世界上真正站起来的。这么多年下来，大家对此应该都深有体会吧。

建筑设计里的文化不自信，俯拾皆是

现在我们讲文化自信讲得很多，但是我们现在有足够的文化自信了吗？依我看这个答案是否定的，这可能与有些媒体的宣传不同。我之所以这么说，是以“一滴水来看整个世界”。对于其他文化领域，我不敢说了解很深，但是对于建筑，我还是比较清楚的。我想，我们就用建筑这滴水，来看看整个文化自信到底做得怎么样吧。

在我看来，表现在建筑设计里的文化不自信，可以说俯拾皆是。首先是欧陆风建筑风靡全国。比如杭州临安天都城，不仅复制了埃菲尔铁塔，而且周围的建筑基本上都是所谓的法式风格，你走到这里，不禁会问自己到底在哪里。为什么中国人总是喜欢抄袭国外的东西呢？有个外国人曾经把中国所谓的山寨建筑——山寨的埃菲尔铁塔、山寨的卢浮宫等都集中起来写了一本书，书名是《原创性翻版——中国当代建筑中的模仿术》。我没看过这本书，据说看过的人都感到非常吃惊，在中国居然会有这么多外国建筑的复制品。欧陆风建筑风靡全国，对国内建筑设计有很大的影响，到目前为止很多设计还是一股欧陆风（可能现在是简约的欧陆风），总之已经成了一种形式。

此外，外国建筑师纷纷“抢滩”中国市场。中国的许多大型建筑都是国外建筑师设计的。是中国建筑师不行吗？我不这样认为。有些国外建筑师有自己的特点，可以设计好，有些则未必。特别是最近十几年，跟国外建筑师打交道多了，我的感觉就更清楚了。三四年前，中国工程院做过一个课题叫“当代中国建筑设计现状与发展研究”。当时做过一个调查，测算出在北京、上海、广州三个特大城市核心区方圆一公里范围内，75%的建筑都不是中国建筑师设计的。对于中国这么一个泱泱大国，这个情况真的很狼狈。除了迪拜、沙特这些地方，在一个文化传统这么深厚的地方，中心地段75%的建筑都是国外建筑师设计的，这不是一个好的状态，至少我是这么认为的。

刚刚讲到一些建筑设计的例子，除了建筑设计，在日常建筑管理工作中，也经常会碰到这种情况。一个体现就是在建筑设计招标过程中（重大建筑过程都需要进行设计招标）。为什么这么多建筑都是国外建筑师设计的？就是与招标有关，因为这些重大建筑的招标，过去只请国外设计师参加。

这两年大概是觉得不太好吧，又推行了联合体的方式，即国内建筑师要投标，一定要绑上一个国外建筑师（事务所）。杭州有个比较大的项目，找了七家公司来投标，最后我听中国建筑师嘀咕，说他们虽然是联合体，但境外建筑师做的方案文件从国外直接送到了招投标会场，他们连看都没看到。这样的联合体，对中国的设计单位来说，我觉得是非常大的屈辱。还可以举个例子。上次我到某大城市评标，招标文件规定，不中标的单位补偿费只有十万元。这是个很低的价格，但我看到国际上的大腕几乎都来了。我很奇怪，这么低的投标费，怎么会有这么多的大腕参加？知情人告诉我，这次联合体招标，每个国外建筑师（事务所）都绑上了一个中国建筑单位，并且事先订好协议，项目如果中标了当然好，可以互相合作——国外合作伙伴做方案和扩初设计，国内做施工图，如果不中标，国内的建筑设计公司就要补贴国外建筑师200万人民币。也就是说，这些国外公司来投标，无论如何是不吃亏的。我当时听完心里很不是滋味。

半年前，我去广州评标，还是主评，一个文化项目，请的也全部是国外建筑师。最后总结时，我当着建设单位的领导和招标公司的面说，今天我要讲几句大家不太高兴听的话：只请国外建筑师、不请国内建筑师的做法，不知道是建设单位定的，还是市里某些主管部门定的，还是招标公司定的。但不管谁定的，这种方法跟我们现在讲的文化自信，相差实在太远，我不希望再看到这样的情况。当然，我相信现在可能有人会关注这个问题，稍微收敛一些。但这个问题仍然是存在的。这说明一些人，包括某些领导，口头上讲文化自信，实际上月亮还是外国的圆，这样的思想仍然深深地印在他们的头脑中。作为建筑师，碰到这样的情况，心里还是很受伤的。

对自己文化有自觉才能感到自信

我一直认为，不能低估西方文化对中国现代建筑发展的影响，特别是最近30年，以西方为现代，以抄袭模仿为接轨，几乎是建筑设计领域的一种普遍认识。这是我们自己的问题，一些媒体、领导可能都是这样，所以，自我矮化和唯西方马首是瞻是个不争的事实。

一百年前，不少学者、建筑师和政府官员都倡导过中国固有的建筑形式、民族风格等，但缺少有力的理论体系做支撑。可以讲几个例子。一个是在南京，20世纪30年代的国民政府曾提过一个《首都计划》，里面提出要采用中国的固有建筑形式，包括南博的老大殿、南京的档案馆等都属于这种风格的建筑。没多久抗战爆发，这件事就没有下文了。这个计划实施的时间比较短，后来美国人进来了，盖了不少洋房。待到新中国成立，中国人民站起来了，在强烈的民族自豪感下也曾提出过一个口号，叫“民族的形式”。1951—1955年，北京盖了不少这样的房子，后来反浪费，这个事也不谈了。到20世纪80年代初，中国在建筑上始终没有把我们的文化体现出来。后来，北京市委领导提出“夺回古都风貌”，北京要做回中国的东西，又做了些建筑，典型的就是北京西站。北京的报纸上曾用了一整版讨论，要搞中国的东西，是不是就是要盖屋顶？在高层建筑上盖这么个大屋顶，合适吗？这个讨论延续了很长时间。实际上这种完全从形式出发做中国的东西，我认为是做不好的。时代变了，人的生活方式变了，审美意象变了，特别是生产技术、科学技术都变了，只是把古代一些手工操作的屋顶，搬到新建筑上来，肯定是不行的。我觉得这是对传统建筑、对中国文化到底该怎么理解的问题。

历史上这么多事实证明，仅仅凭一时热情，甚至是跟风，是没有办法真正树立文化自信的，也无法做出中国自己的东西。要改变文化不自信的情况，树立起真正的文化自信，不是靠民族自豪感，也不是靠民族主义，更不是靠一些口号，而是要树立起我们的文化自觉，以文化自觉激发文化自信。没有文化自觉去讲文化自信是空的。只有对自己的文化有自觉，才能感到自信。

文化的建构不是那么容易

文化自觉是什么？我就讲两点。

第一，我希望大家都能认识到，当前我们面临的是东西方文化都在重构的这样一个大背景。中国的情况，大家可能比较清楚：从五四运动开始，传统文化断裂，中国文化一直在重构的过程中，包括现在提出的新的中国文化，实际也还是处于变化的过程中。曾经有不少学者提出，21 世纪是中国文化的世纪（哈佛大学的张光直先生讲过，钱锺书先生也讲过），到底会不会是呢？大家拭目以待吧。我想，既然 20 世纪我们已被西方文化影响了一百年，那么，21 世纪也许应该是中国文化的世纪吧。其实西方文化也是这样。大家不要觉得西方就一定是很先进的，其实西方的价值观也是撕裂的，也在变化。也许在座的可能比我还清楚。我还是以建筑为例来讲吧。事实上，西方建筑也并非是铁板一块，也存在着很多问题。日本有一个老建筑师在两三年前接受采访时曾说过一段话，他说 20 世纪 50 年代，大海上行驶着一艘现代主义大船，人们争先恐后想挤上这艘大船，不光是西方人挤，东方人（包括中国人）也在挤；今天，大海上这艘大船没有了，留下的都是一些漂浮物。实际上，西方的建筑也在解构，碎片化现象很严重。一些西方的大师在跟我交换意见的时候，曾说有些问题要从中国文化中找解救的办法，而且他们对道家、老子、庄子都很感兴趣。

所以说，我们正处于世界文化大重构的时期，对于这一点我们要看清楚。世界文化不只是好莱坞文化、各种先锋文化，也包括中国文化；这些文化都面临重构的问题。因此，在思考世界文化、中国文化将来该向什么方向发展的时候，重要的是要意识到世界文化绝对不是向西方文化的单一方向发展。如今的好莱坞文化已经大不如前了，而中国大片的票房比过去好了不少，《战狼2》《红海行动》的票房都上来了。我讲这些的目的就是想提醒大家要意识到——文化正在重构，大家都在不断变化，关键是要看我们能不能适应时代的变化。

第二，要意识到我们中国文化的建构不是那么容易。我刚刚讲了那么多历史经验，说明什么？我们要建立对自己文化的自信，但是缺乏价值体系、评价体系的支撑。我们现在要真正做到文化自觉、文化自信，很重要的一点是，除了看到整个世界文化发展的大背景，还要在全球化背景下，在东西方文化对比、碰撞中，建构自己的价值评价体系和有自己特色的中国建筑。没有自己的价值评价体系，没有自己的建筑设计理论，我们很可能又回到过去——建筑还是靠西方。我一直认为，中国建筑师和社会科学各界，都应该要建立我们自己的文化理论，包括建筑理论，这个理论里就包括我们自己的价值评价体系。只有把这个价值评价体系树立了，什么是好的、什么是坏的、该怎么走，也就清楚了。光有热情不行，我们要有底气，要看到大方向，同时也看到中国文化确实有很多值得继承和发扬的东西。能认识到这些，才能叫文化自觉。有了文化自觉，文化自信就是靠谱的、有根的，否则就是虚的。

跳脱语言形式的层面，重新解读传统

如何建构一种有中国特色的理论和评价体系呢？这个问题很复杂，我现在只重点讲一个问题——如何对待中国传统文化。中国现代文化要以传统文化为基础和出发点，这是没有问题的；没有传统文化这个根，没有这个出发点，要凭空建立一个中国现代文化，是不可能的。但是如何重新认识传统文化，如何借鉴传统文化呢？这很重要，在这两个问题上弄不好，要建构现代的中国文化也无法实现。传统文化不等于中国文化，这是我一直强调的，这里有一个转化、提升和发展的过程。事实上，在建筑中如何继承传统，始终是建筑师在设计中避不开的问题。新中国成立时，我已经开始工作，要做中国的东西好像就是大屋顶、小亭子，除了这个还有东西吗？似乎不知道了。现在大力提倡弘扬传统文化，有些开发商也提出要做新中式。什么是新中式？谁也讲不清楚，然后又把一些坡屋顶、马头墙搬出来应付领导，应付开发商。雄安新区招标时，一些建筑方案把南方的徽派风格也搬过去，后来成为一个笑话——跑到北京做徽派文化。我想它也是没办法了，因为大家都承认徽派风格比较中国。但是，中国从南到北、从西到东都这么做的话，不就千篇一律了吗？这也是个大问题啊。我们现在一讲传统，马上就陷入大屋顶、小亭子、马头墙这样的形式语言不能自拔。难道说我们的传统只是停留在一种形式语言上吗？这是我长期以来一直在思考的问题。一讲传统，就是大屋顶、马头墙，这是一个蛮可悲的现象。

我很早就认识到，中国文化与西方文化对形式语言的认识和解读有着很大的不同。从中西方文化的比较中可以看到，西方当代建筑是以语言为哲学本体的，特别看重形式表现，而西方先锋哲学就是语言哲学。海德格尔等人把哲学归结为一种语言哲学，通过语言文本表示，对形式表现比较看重。我们就不一样。如老庄所言的“大象无形”“大美不言”都是没有形的。这就是说，从根本上来讲，中西方文化是两种不同的东西。当然老子这个话我认为有点绝对，而顾恺之所说的“以形写神”、王昌龄的“言以表意”，指的是价值体系跟语言形式表达的原型要有关系。所以，语言是载体，形式也是载体，而大美也好、大象也好，则是中国文化里的精神。我想，如果我们还是把语言摆在第一位，恐怕就不合适了。时代变了，人的审美方式变了，生产方式变了，一讲传统就把语言拿出来，这肯定不行。那么，可不可以从传统文化的精神上找呢？比如说“抽象继承”。不是具体落在一些有形的形式上，如大屋顶、马头墙，而是继承中国传统文化的精神和一些价值评价体系。

那么，中国文化精神到底是什么？对建筑而言，传统文化精神又是什么？我一直认为，中国建筑师需要跳脱语言形式的层面重新解读传统，从大屋顶、马头墙、《弟子规》等有形之中跳出来，不要一讲传统就停留在这些有形的东西上。我们应该以抽象继承的方式借鉴传统，同时在现代化、全球化的背景下，在中西方文化碰撞中，形成有中国特征的建筑语言，并且以这种新的理念为支撑，设计出有新意的作品来。而且我认为是完全可能的。这些年结合自己的创作实践，我也一直在思考，相对于西方以分析为基础、以语言为本体的哲学认知，我试图建构以语言为手段、以意境为美学特征、以境界为哲学本体的具有中国特色的建筑理念。我希望用这个理论支撑我的设计，在此基础上进一步具体化，建立一种自己对建筑创作的认识论、方法论。这个问题比较大，我也写过一些东西。境界也好，意境也好，语言也好，到底是什么？下面我结合我的一些设计讲讲这个问题，简单解释一下我所说的建筑境界、意境、形式语言究竟是怎么回事？这些理论和西方建筑理论有哪些不同？它们和创作实践结合后，能不能赋予我们的建筑作品以中国特色？我的回答是能的，我的这些建筑没有大屋顶、马头墙，但我觉得它们也很有中国特色。

浑然天成、自然生成的境界

首先是境界。西方是以语言哲学为基础，重视形式、重视个性，而我们可以从传统的天人合一、道法自然的哲学本质出发，建构一种既重个体，更重整体，追求建筑、环境和人高度统一的创作境界。建筑跟环境的浑然天成，建筑本身的自然生成，就是境界的最好表达。我下面讲几个案例。首先是南京博物院。在南博的设计中，不以语言为追求，而是用中国文化精神对待设计的主要体现，就是一种整体有机的思维模式。我先简单介绍一下南博的情况。1934 年 7 月，蔡元培先生倡议建造国立中央博物院，并成立了筹备处，建筑设计由梁思成先生主管。1935 年，筹备处邀请徐敬直、杨廷宝等 13 位设计师参加投标，最后评出了徐敬直先生的方案。但由于这个方案采用的“大屋顶”属于清代样式，梁思成先生不太赞成，因此实际上并没按这个中标方案建造。其间，杨廷宝先生提到他考察过一个辽代建筑，提议能不能参考辽代建筑做，后来梁思成先生就把徐敬直先生的方案改成了一个辽代建筑样式。后由于全面抗战爆发，国民政府西迁，建造一直拖到新中国成立后才完成。这以后由于规模不足，又新建了一座艺术馆，但还是不能满足使用要求。2006 年 3 月，南博扩建的二期工程立项获批。接着启动了几轮招标。国外、国内的建筑师都来参加了，征集了二三十个方案，但一直没有选出各方都满意的方案。

我们在做方案时，始终是按照以下的几个基本要点和原则来把握的。首先是空间布局的整体性。做设计必须要考虑整体，比如说南博的中轴线很重要，这已经成为南京人的重要记忆。因此我们不能由于扩建而把中轴线破坏掉，相反，中轴线还要强化。为了强化中轴线，我们发现了一个问题，老大殿比城市路面低了 3 米。我们查了许多资料，都没有发现其中有什么讲究。我觉得可能是由于当时考虑不周，加之城市路基在几十年的改造中不断垫高形成的。如果不改变，就意味着人进入南博要一直往下走，这给人的心理感受是不舒服的。老大殿的方案，是当年我的先生们做的设计，也是第一代建筑师的作品，我们要非常尊重、非常敬畏才行。为了突出中轴线，突出老大殿，有人提议说能不能把老大殿整体提升。我听后觉得这个想法虽然大胆，但完全有可能实现。这么做至少有四个理由：第一，老大殿往下走 3 米，不符合中国建筑的做法；第二，老大殿的地下室层高只有 2.2 米，如果把老大殿提升，地下室的空间就能充分利用；第三，老大殿之前没有抗震要求，通过这次改建，我们可以把基础、结构加固，让它更牢靠；第四最重要，因为博物馆新建 6 万多平方米，这 6 万多平方米如果全部建在地面上体量过大，必须要有相当大的面积放在地下，如果把老大殿抬升 3 米，室外地坪也相对提高 3 米，施工时就可以少挖 3 米，工程量会减少，建设进度也会加快许多。当时唯一的担忧是老大殿抬高后，会不会影响作为远景的紫金山风景。我们通过大量的电脑分析，最终确定抬升 3 米不会影响与紫金山的天际线。提升方案确定后，我们又与规划部门、文物部门进行了多次沟通并获得通过。我们认为，对老大殿的提升，是为了更好地体现老大殿的中轴线位置，这也是中国建筑师对老建筑以及第一代中国建筑师的一种尊重。

其次是考虑建筑尺度、体量间的匹配关系。从非遗馆看老大殿，老大殿是处于重要位置的；如果把艺术馆的屋顶拿掉，高度还不到12米，而老大殿高17米，艺术馆虽然长，但是老大殿的主体地位仍然不受影响。至于后面还要盖那么多建筑，又该怎么办？我们一方面让新建的建筑后退，这样就能保证老大殿还是一个主体形象，这样尽管特展馆高30米，但看过去也没什么问题。同时，我们缩小地面体量，把新建面积中的3万多平方米放到地下，并且很好地串接了其他场馆。这样就不会影响老大殿的主体地位。

第三点是在风格和调性上的协调问题。这个问题很重要。新建筑的整体风格一定要跟老大殿协调（尽管也有人说过不协调也是一种协调，但我看到很多不协调的东西，我不认为那是协调）。我不愿意再像20世纪90年代那样做个大屋顶，现在毕竟已是21世纪，我想达成的效果不是简单地形成“协调”，而是要找到一种调性，一种氛围。我希望南博能有种中国的调性。这该怎么处理呢？大家去看新馆，没有大屋顶，没有走廊，几乎没有任何一种所谓的传统建筑语言（当然我也不能说完全没有，因为当时我们借用了如竹简、青铜器等器物，经过变形、转换和提升，让它作为建筑中的一种表达）。这个表达再加上建筑材料的质感，增加了厚重、古典之感，而且整个颜色跟老大殿也很契合。这些好像是又好像不是那么一致的东西，形成了很好的效果。新馆整个调性跟老大殿是吻合的，没有任何的不协调，同时新馆本身又相对具有一个比较整体的形象。我常说，在设计中重要的是思维和价值判断体系，不同的思想和判断，建筑师做出的东西就会不一样。

过去的博物馆主要承担的是典藏、教育、展示功能，现在的博物馆在每个城市中都已成为集文化、休闲于一体的活动中心。从展陈方式到功能内部，也都应该考虑到这些现代需求。在南博，既有传统的展陈方式，也有数字化的展陈方式。在配套上不仅有展馆，还有好多诸如老茶馆的地方，可以在那喝喝茶、体验一下民国的感觉，此外还有一些餐饮服务等。很多观众带着小孩来，能够在这里待一天。南博改造后每年的参观量有 300 多万人，最多的一天达到 3 万人，这个规模在国内博物馆里可能是很罕见的（北京的故宫博物院由于场地远大于南博，不具有可比性）。南博我就讲到这里，一句话，这个设计比较简洁，整个调性跟传统也是蛮符合的。

第二，简单讲讲龙泉青瓷博物馆，这个项目地点在浙江省。大家知道龙泉青瓷是非物质文化遗产，而我们的方案就希望它是破土而出、生根自然的。为什么会这么想？首先是因为它处在一个特殊的地理环境中：在两个山坡上，山体中间有山包；其次，青瓷在中国历史上很有渊源，南北朝的时候最盛，整个龙泉山野上几乎都是青瓷窑，而且有水道，那时候窑址、住处、水道完全结合在一块。宋代以后，到元、明，青瓷逐渐衰落，到清朝就彻底衰败了。现在再去看，漫山遍野都是以前的青瓷碎片。我看到后心里想的是，这真是中国传统文化的大劫，我们要做的就是把青瓷文化做得更好一点。我在现场时感受到的不是某种具象的东西，而是通过碎片、窑址，有了一种在田野中流动的感觉。我回来后画了不少草图，我想表达的就是要有很流畅的、带有青瓷形象的东西摆在山上，和环境结合起来，而且是破土而出的，仿佛从山体中生长出来的。后来我们在建筑里面也用了青瓷的颜色，上面的那个顶都是青绿色的感觉，光线从顶上洒下来，营造出的就是这样一种氛围。

接下来我再讲讲浙江美术馆，这个方案采用的也是整体性思维，想要达成自然环境、人文环境和现代审美理念的统一。这个项目招了两次标，前面有的方案也做得很精简、很好，如我们南京一位年轻设计师做的，还有的做成一块石头从山上滚下来，很有创意，也有方案做得很传统，与西湖周围的建筑是一样的。我觉得这些方案都各有特点，后来我做的时候，就想是不是能把自然环境、人文环境和现代审美有机统一起来。它应该是一个整体，能跟自然、跟江南文化结合在一起，同时也符合现代人的审美。由于西湖边有限高15米的要求，这个建筑最后有一半面积是建在地下的。

意境美比形式美有更深刻的艺术感

下面讲讲意境。与西方先锋艺术强调形式就是一切、重视视觉吸引的设计不同，我希望我的作品能够超越语言层面。我认为意境美比形式美有更深刻的艺术感，这也是我在设计中所追求的。我也举两个例子，一个是建川博物馆的不屈战俘馆。不屈战俘馆建在四川省安仁镇，是建川博物馆聚落（共请了国内外20多位建筑师）里的一个很小的建筑。这个建筑虽然很小（只有700多平方米），但还是蛮有特点的。不屈战俘馆应该怎么做呢？当时正是21世纪初——2003年，大家对战俘都不太了解（这些年好一点）。中国有句古话叫“宁为玉碎，不为瓦全”，因此可能会觉得战俘不是一个好词。事实上这些战俘出来后的确很难受到重视，仍然会被认为是战争中的俘虏。但我在看了很多资料以后，觉得应该重新认识这一点。我画了很多草图，最后的方案是：建筑保持了一个很方正的格局，有些棱角出来，外部用的是普通混凝土。里面的展厅我也没有按照正常展厅去做，而是做了一个曲折的展厅，主要是为了配合展陈效果。因为展品主要是照片，展厅最窄的地方只有3米多，人跟照片距离很近，战俘的眼神都能看得非常清楚。做完以后，有个采访问我是不是运用了解构语言（西方一个先锋意识形态就是解构语言）。我说我做这个方案的时候从没想过解构，我觉得语言不重要，重要的是如何表达对战俘的理解。采用什么语言，都是完全可以的。

我再介绍一个例子——平湖市李叔同纪念馆。李叔同大家都知道，他是 20 世纪二三十年代非常有名的艺术家、文艺家，演过话剧，演过戏，非常有才华。他 37 岁出家，当了和尚，从一个纨绔子弟到苦行僧，这个转变是很难的。他有很多书信和画（200 多幅），63 岁去世后，由一个大弟子保管。李叔同的老家是天津的，原籍在泉州，但是后来他的弟子把这些书画捐给了浙江平湖，因为一来李叔同的母亲是浙江平湖人，他一辈子对母亲感情非常深，这点弟子都知道；二来平湖愿意为他建纪念馆，也很希望用这张名片宣传平湖。李叔同在国内很有名气，在日本、东南亚也很有影响，特别是在佛教徒中。当时建设方找了苏州、上海、南京好多家单位投标，做了两轮都不满意，后来找到我，我就做了三个方案。其中两个方案都是想从李叔同本人性格去考虑，设计得比较空灵、简朴，比较符合一位高僧的气质。但是这两个方案领导都不要，唯独看中第三个方案，因为这个适合做城市名片，能够表达一些佛教文化。第三个方案就是这个水上清莲，用莲花隐喻李叔同的一生，最后反响也还不错。所以有时设计需要从不同角度去思考问题。纪念馆一共有七个展室，底下是影视厅、休息厅，展室主要分布在二楼。入口处的意境是“晚风拂柳笛声残，夕阳山外山”。李叔同去世前还写了 32 个字，后 16 个字是“问余何适，廓尔忘言，华枝春满，天心月圆”，到了一种很空灵的境界。而我做的这个建筑，也希望能传达他所想表达的这种意境。

形式创新有无限可能性

最后讲形式语言。形式语言虽不是建筑本体，但作为承载建筑思想氛围的载体，也还是很重要的。创新就是从形式出发，为什么？实际上也是为了更好地表达设计里面的思想。形式创新有无限可能性，不是只有马头墙、大屋顶才是中国的建筑形式。

湛江文化中心，包括博物馆、图书馆、大剧院等文化设施，文化设施都在前面，后面是商业街，从我们做的一些草图来看，是跟环境浑然一体的。场地周围的海面延绵将近 1200 米，是一个很开阔的地方。开阔的环境只能用一种很开阔的方式来表达，这样的建筑表达在这样的环境里面才比较和谐。现在数字语言在西方吹得很厉害，碎片化后用数字语言形成，有些人可能知道。太原晋阳湖展示馆的非线性表达，开拓了建筑的一种美学境界，但这个是要有意而为，不是随便出来的。我用了“青铜出水”的创意，建在晋阳湖当中，拓宽了我们的审美视界。我觉得非线性语言有时更能表现中国的文化特质和美学调性。南京美术馆新馆位于江北新区，从城市格局来看，这个地块有两条轴线，美术馆架空悬浮，形成一个很大的平台空间，人登上台阶以后，是一个可以休闲、喝茶的场所，还有很多艺术品展示的空间、剧场等。

我在国外做过两个项目，其中一个是加纳国家剧院，是在非洲鼓声的震撼中生成的建筑意象。这个项目在国外获得了不少好评。其实，我的设计思想始终没有变，在国外做工程就要考虑人家的文化。当年我们去做了半年的考察，看到了很多抽象的壁画，舞蹈动作很夸张，而且加纳人人都会跳舞，文化部副部长陪我们去看舞蹈，看了一半他就跑上台跳舞，很热情，节奏也很鲜明，有很夸张的动作。加纳艺术家很厉害，抽象的、具象的都能做，我们用非洲乌木做的外墙装修，室内和室外完全一致。加纳国家剧院建成以后，和我在国外的另一个项目一起入选了《二十世纪世界建筑精品选》。最近有同事到美国华盛顿一家艺术馆参观，门口卖建筑地图，里面有 80

多个国家的 160 个从古到今的建筑作为参考，中国选了鸟巢、万里长城。我做的加纳国家剧院也在其中。而且这个项目还被加纳作为背景图案印在他们国家的纸币上，也说明了他们对这个项目的认可。

事实上，不同文化间的交流、融合，会让世界文化变得更加丰富多彩。我们欢迎国外建筑师到中国来做工程，我们也应该走出去。但是国外建筑师到中国，不能照搬国外那套，应该符合中国的国情，符合我们的文化，只要国外建筑师这么做，我们都是欢迎的。

当前的世界文化格局正在重构，作为中国建筑师，我意识到我们正站在一个历史节点上，我们不应该模仿趋同，而是应该以一种独特的，同时也能为世界所理解的、可以共享的作品理念，与国际接轨。只有这样，我们才能在世界建筑大舞台上真正取得话语权，为世界建筑多元化的发展做出中国建筑的贡献，我想这就是中国建筑师的文化自觉和文化自信。谢谢大家！

2018

第 4 讲

博物馆是我的艺术课堂

程大利

程大利，1945年生，画家、美术史论家。曾任中国美术出版总社总编辑、人民美术出版社总编辑，曾任中国文联全委会委员、中国美术家协会理事。现任中央文史研究馆馆员，中国画学会副会长，中国国家画院院委、研究员，中国艺术研究院研究员，中国美术家协会中国画艺委会委员。

出版程大利画集多种，理论文集有《师心居随笔》《师心居笔谭》《雪泥鸿爪》《中国画教学文丛——程大利导师卷》《程大利谈山水画》《极简中国古代绘画史》《砚田别识录》等。

2018年4月15日，著名画家、美术史论家程大利在南博讲坛分享了漫长人生岁月中博物馆对他的重要影响。

作为画画的人和爱画的人，程大利走进多座著名博物馆，了解博物馆里鲜活的艺术史，感受东西方绘画的对照，体悟中国绘画艺术的笔墨精神和画里深藏的人文情怀。在他眼中，博物馆不仅是学习课堂，还是一种生活方式。

艺术不分国界，历来的大师从不画地为牢。“道无不是无，道有不是有，东望西耶尼，面南看北斗。”人生的最大幸运是什么？——走遍世界看博物馆。

明徐渭《杂花图》卷（南京博物院藏）

约翰内斯·维米尔《倒牛奶的女人》（阿姆斯特丹国立美术馆藏）

伦勃朗《夜巡》局部（阿姆斯特丹国立美术馆藏）

非常感谢南京博物院给我提供这么一个机会，让我能够和听众们做一次交流。我的工作离不开博物馆，长期做编辑工作，后来从事中国画研究也离不开博物馆。更重要的是我的状态、我的生活方式，很大一块是在阅读、在学习。博物馆就是我阅读和学习的课堂。

我想今天来听讲座的各位女士、先生肯定和我有一样的感受，一样的体会。博物馆是一个国家、一个社会的文化名片，博物馆的历史可以追溯到公元前三四世纪人们对收藏的兴趣，但是博物馆称为“博物馆”，对公众开放，是最近200多年的事情。我昨天上午有幸参观了南京博物院，用四个字形容：地覆天翻。这种规模是我20多年前没有想象到的，那时候我还在南京工作。

博物馆不仅是学习课堂，还是一种生活方式

博物馆不仅是学习课堂，还是一种生活方式，和我们消遣的时候打扑克牌、打麻将一个道理。但有人把业余时间更多拿来欣赏、

观览和收藏，更多的人到博物馆里看那些历史留下的东西，解读历史的密码，从中获取很多知识。

我们国家的博物馆资源非常丰富。我对黄宾虹的热爱就是源于黄宾虹的家属把他的5000件书画作品、收藏的古今字画、印章和他喜欢的种种文物一共有一万多件，悉数捐给了国家，捐给了浙江省博物馆。浙江省博物馆在2005年的时候办了一个系列展，后来这些展品又到全国各地展出。黄宾虹的展览只要我有时间，无论在杭州、北京，还是在其他城市正好碰到，都会去看。这些作品见证了宾老一生，使我们看到了黄先生的人生轨迹。我们跟黄宾虹不处在一个时代，他1954年离开我们，到今天已经很长一段时间，我们从作品里能够感受到黄宾虹先生的生活状态和思想情感。我有机会到一些大的国内博物馆，比如故宫博物院、辽宁省博物馆、上海博物馆，这跟我的工作有关系，编中国绘画的图册，有机会到博物馆去。30年前我到扬州博物馆，不但能看展品、拍展品，回来印画册，还把一些鉴定家老先生请来做介绍，这对我来说就是一个学习。

1989年春天，我有一个机会到苏联，在艾尔米塔什博物馆里参观了28天，这是个很难得的机会。艾尔米塔什博物馆是今天世界上最大的博物馆之一，“世界四大博物馆”是法国卢浮宫、英国大英博物馆、俄罗斯艾尔米塔什博物馆和美国大都会艺术博物馆。当时接待我们的馆长是一位院士，现在已经离开人世了，他给我们看了一本厚厚的签名册，为我们介绍，我们在里面发现了刘少奇的名字。我们有机会到库房里看民间美术藏品，他很骄傲地跟我们说：“民间美术这部分藏品是20万件，你们要细细地看几个月。”参观过程当中，我多了一些知识，是过去不曾有的。在酒泉和内蒙古交界，我们今天称之为黑水城或者魔鬼城的地方（黑水城是蒙古语的汉语翻译），一个俄国的探险家，1907年和1909年两次到这个地方，盗掘大量文物运到俄国。这些文物是研究西夏历史的宝贵资料，有大量的壁画、雕塑、铜器、经卷和文书。

我还在中间发现了一张对我影响至今的木版年画《四美图》，这张画和北宋的画风完全一致。山西平阳这个地方历史上就是木版年画的基地，在宋代木版年画已经很发达。这张《四美图》没有颜色，完全是木刻版画，线条匀整有力，造型生动，是王昭君、赵飞燕、班姬、绿珠等四个女子的图像组合到一张画面上。你一看就会想到中国唐代人物画的遗风，被宋代继承下来，从宫廷走向民间，从文人走向大众，这个绘画线条的演变历史你在木刻版画上能看到。之前我对唐代绘画比较熟悉，对吴道子的笔墨特色下了一些功夫，进行了一些阅读，吴道子有一种绘画的风格叫“吴带当风”，就是他笔下的线条可以把风吹裙摆的感觉表现出来，这就需要非常好的线条造型功力。后人称这种描法叫“莼菜条”，在江南经常喝到莼菜汤，莼菜叶子上叶脉的主根，就是叶脉中间的那一条梗，线条非常匀整。所以，南北朝时期顾恺之的画风，叫“春蚕吐丝”，延续到唐代就有了吴道子的“吴带当风”，后来北宋武宗元又把这种线条继承下来。吴道子的画我们今天见不到了，我们只能通过徐悲鸿捐赠的那幅《八十七神仙卷》去推想吴道子的画风，但是我在艾尔米塔什的《四美图》上就想象到吴道子的绘画，找到了那种“吴带当风”的感觉。我在画前站了好长时间。

别出声，慢慢看

如果我们到博物馆看文物、看作品，有知识准备的话，它会给我们更多的收获，会引起更多的联想。那个知识准备是什么呢？建立在阅读的基础上，要看。平心而论，我觉得年轻一代有相当一部分孩子不太喜欢阅读了，当然手机阅读也可以，也是一种阅读方式，但这种阅读方式毕竟太粗糙了，应该花些时间反复读，慢慢读，甚至要慢慢看，一幅画要慢慢看。朱光潜的学生问他什么叫审美，朱光潜回答很简单，六个字：别出声，慢慢看。今天大家很忙，很难做到慢慢看。博物馆就给大家提供了一个慢慢看的机会，可惜我们到博物馆里头听到太多的噪声，昨天下午我就有这个感受，这么好的设施，这么精美的文物，但是噪声很大。按说博物馆和图书馆一样是没有声音的地方，用眼睛就够了，如果大声交流，肯定要影响你自己品味这件展品的效果。

每一件展品背后都有故事，每一件展品背后都浓缩着很多的文化信息，甚至历史的密码。昨天我在看青花瓷的时候，就有很多感受。我在大英博物馆里看过一个元明青花瓷的专题展，实际上最好的东西、最精美的东西，大量的东西还是在我们自己的博物馆里。在博物馆里慢慢品味，慢慢看，每一次都会有不同的感觉，我觉得一件藏品，20 多岁的时候看、40 多岁的时候看、60 多岁的时候看，感受是不一样的。我第一次看《清明上河图》是 20 多岁，那时候我在县文化馆工作，买了一张站票到北京，随便住了一家小旅馆，就为看这张画。不像今天排那么长的队看《千里江山图》，那时候人真是不多，“文革”刚刚结束，十一届三中全会召开，博物馆对外开放，开始正常起来。那个时候《清明上河图》给我的感觉就是震惊，因为从来没有看到这样的真迹，来来回回看了好长时间，以为这就是中国最伟大的作品、最杰出的作品、最优秀的作品，以为张择端就是最了不起的人。年长后又有一次机会去看，那时候我已经在出版社做编辑了，能比较理性地看这张画，并跟我的阅读积累结合起来：三月的时候，北宋的京城汴梁（今天的开封）绿树吐芽，万物复苏，人们在城外城内来来回回走动，运河繁忙，很多人在桥上奔走往返，有百姓、官吏、商贩、渔夫各色人等，还有酒肆茶楼，是一个北宋社会的繁忙图景，是春三月的一个首都画卷。此时就感觉到它确实有历史学价值、社会学价值、人类学价值，当然还有艺术价值，这是我第二次看的感受。再往后看，我觉得这张画可以当作连环画看，我不是说连环画艺术价值不高，我年轻时觉得它独一无二的感觉渐渐淡了下来。世界各地、各民族，这一类题材的画都有，难得的是，它是一幅非常完整的长卷，有不可替代的意义。但是我们不能断然下一个结论：这就是最高的艺术品，是艺术水准的典范。这样的结论下得简单了，它是千姿百态的北宋绘画风格的一种，这个就准确了。

阅读、观赏与理性认知

欣赏博物馆让我变得理性，这种理性建立在多层面的观赏、平时的阅读积累和反复思考比较的基础上。到博物馆看画是个思考的过程，是个研究的过程，也是对自己知识积累、知识背景的一次检视。后来我有机会到荷兰阿姆斯特丹国立博物馆，这个博物馆给我的印象非常深刻，因为收藏了很多非常优秀的作品，比如维米尔的作品《倒牛奶的女人》，有的翻译为《倒牛奶的农妇》。这个画不大，到现在一闭上眼睛都会想到这幅画，任何印刷品都不能跟它相比，这就是为什么要看原作的理由。手机翻拍的东西跟原作还是有距离，首先是空间感，你距离画一段空间就有一个独特感受，你可以近看、远看、贴近画面看、退后两米看，甚至到更远的位置看它，会有不同的感受。这幅画刻画了一个健壮的农妇，挽起袖子把大罐的牛奶往碗里倒，最奇妙的是灰土墙上有钉子的孔，钉子直接钉到墙上。农妇的家，一间农舍，那个钉孔刻画得真是惟妙惟肖，我当时看了以后，对那个钉孔留下非常深的印象，一直到今天。

同时看到伦勃朗的一张画。我一说伦勃朗，喜欢绘画的朋友们就能想到，他多画高调反差，明亮的脸跟深色灰暗的背景形成对照。他也是刻画质感的大师，画的钢盔，铜的、铁的、铝的，各种金属，他能把它们区别开；布的、绒的、丝绸的，他能够把它们描绘清楚。你能够区分它们不同的质感、质地，这是伦勃朗非常高妙的地方。我有机会看到他的《夜巡》，这幅画四米多宽，三米多高，是历史上非常有名的主题创作，伦勃朗的代表作之一。看了画才知道，这个名称是后来定的，他画的不是晚上，是白天，是这个城市的卫兵队长和副队长两人在交流布置任务，其他的战士有的在聚精会神倾听，有的在做巡逻前的准备，有的在思考着什么，每个人不同的动态、那个时代的衣着服饰特色和人们的神情、画面的环境、道具等都再现了那个历史场景。他画的是白天，怎么会变黑的呢？因为时间太久。500 年间，画用清油——透明的油彩液体，一遍一遍地复修，时间久了之后，暗部的底子越来越黑，于是后人给这张画定名《夜巡》。《夜巡》的来历也是一个故事，伦勃朗当时是以画为生的画家，他是画肖像闻名的，《夜巡》上这些城防的士兵们，每个人都给了伦勃朗 100 块荷兰币，要求把他们的形象在画上刻画出来。画好了以后，很多人不满意，队长、副队长这个位置特别好，其他人说我也给了你 100 块钱，你怎么把我安排到后面，为什么给我一个侧面，伦勃朗解释这是画面需要，但那些人不管画面需要，“为什么他在前头，我在后面，为什么我在这个位置”。寻常人对画家的要求和画家自己对画面的要求不一样，伦勃朗考虑的是什么呢？是主要人物和其他人物的关系，是人物和背景的关系，是人物之间的交流要有高低错落、节奏起伏，颜色要有冷暖对照，光线明暗要有反差。矛盾不断发酵，后来这些人把伦勃朗告上了法庭，给他带来了很大麻烦，这就是这幅画背后的故事。不过这幅画距今几百年了，我看到的时候，觉得像刚刚画好一样，颜色一点也没有灰暗，还是那么明亮，可能它的明暗反差更大了，因为时间久远，黑的更黑，亮的更亮。伦勃朗的艺术手段极为高明，他把西洋画展示空间的能力、色彩变化的微妙推到了极致，尤其是对人物眼神和表情的刻画，眉毛、胡须，每个人的颜色都不一样，穿黑衣服的队长和穿黄衣服的副队长交流的瞬间，被画家一下子表现出来。直到今天，我一闭上眼睛想这幅画的原作，感觉还在跟前，这是看任何印刷品都不能代替的。这就是博物馆的魅力，所以看画的时候要静静地看，慢慢地看。

大家可能问：你怎么知道这个故事呢？是阅读的积累，有的时候是在这之前知道，有的时候是看完画回来以后了解到的。比如说我看黄宾虹的画，每个博物馆的不一样，有的是黄宾虹早期的画（70岁以前的画），有的是黄宾虹中期的画（70—85 岁这段时间的画），有的是黄宾虹晚期的画（85—91 岁，临终前这几年的画），每个阶段他的画都有巨大的变化。你如果没有这个积累，看到一张黄宾虹早期的画，认为这就是他的全部，不是天大的冤枉吗？任何画家都从幼稚到成熟，渐渐地发生变化。比如毕加索一生分五个时期，每个时期都有很大不同：最初是写实高手，描绘、造型的能力极强，很快他就不满足了，非常讨厌这种具象的、形似的刻画，他要突破这个东西，要创造出新的花样，所以后来变成了立体主义的创作。毕加索是一个天才创造家，他在人的侧脸上画两个眼睛，把眼睛画在后脑袋上，你问他为什么这样，毕加索说这是我的感受，我不愿意像照片那样画，这就是他对立体主义最初的思考，这是很了不起的。

白石、可染先生提出了一个观点，叫不与照相机争功，这是中国很重要的艺术观点。早在北宋，苏东坡就说，画画以像不像为标准，这个见解很幼稚，跟孩子没什么两样，所以从北宋甚至从唐代的王维开始，就在寻找一种画法，这种画法就是努力地跟物象保持距离。

画什么呢？画神采、神情、主观的意象。苏东坡用朱砂画竹子，别人说哪里有红色的竹子呢？苏东坡反问：你见过黑色的竹子吗？这句话反问得很好，实际上中国人在表现的时候，所谓表现不是再现。我们的文人画，从唐代开始萌发，到了元代成熟，然后到了明清，明代的大写意高手徐文长，他就拿墨点浓浓淡淡地点起来了，那就是葡萄。徐文长的《杂花图》卷，是南博镇院之宝之一，我在出版此卷的时候，就曾经把出版物看过好几次，每次看都做一个对照，我就想无论怎样高明的印刷，都抵不上原作，跟看原作的感受不一样，因为你看原作的时候能感觉到毛笔和宣纸的关系，你似乎闻到宣纸的气息，经过多少时代季节变化，你能感觉到历史在宣纸上变化着，不是原来刚画成的样子。可是到了印刷品上，这么修图那么修图，已经变成另一种样子。我有一个同学临摹古画的时候，有时临得很黑，我是看过原画的，没有那么黑。临龚贤，龚贤当然有黑龚贤和白龚贤两种，好多同学临龚贤临得非常黑，什么原因呢？是印刷品把人带到了一个误区。有条件的话，一定要去博物馆看原作，这个是不可取代的。

后来我也有机会到西班牙马德里的普拉多美术馆，它收藏委拉斯贵支和戈雅两位大师的作品最多。戈雅是位杰出的画家，他跟那个时代是不同流的，他站在新古典主义的对立面思考问题，给我印象最深的是《1808 年 5 月 3 日的枪杀》那幅画，一队士兵拿枪瞄准犯人，好像马上就要扣动扳机，一名穿白衣服的犯人举双手呼喊，能够感受到他呼喊的口号是自由万岁，推翻甚至打倒对他开枪的力量。画面中，一排士兵脚底下的灯笼发光，画家不把光往外而是从底下往上描写，他把青年犯人的衣服画成白色，有各种反光，而一排正在准备开枪的军人是黑暗色衣服，皮靴、枪套、枪托都有描绘。每每看到这幅画，我都会停留一下，因为那种聚精会神的感觉和被枪决犯人的表情形成极强烈的对照，你能感受到那个犯人大声呼喊，他喊的时间你尽可以想象，但有一条是肯定的，戈雅是站在被屠杀的那个人的立场上描绘的那幅画，因为那个犯人的呐喊、临终的呼唤、愤怒的表情，那种绝望、痛苦、极端，被戈雅描述出来了，如果没有强烈的情感，画不出这种效果。戈雅是一个有自由主义思想的先驱。法国大革命以后，很多画家在思想上有了很大的发展，认为自由非常重要，专制非常丑恶，一定要突破这种专制血腥，进入一个美好的时代。戈雅就是这么一个人，这幅画印证了他的世界观，这种感受就是阅读和读画相结合以后留下的深刻印象。如果只有阅读，知识还是很教条的，看画以后，和你的积累相互印证了；如果你没有阅读，只看到这个画，记忆是不会长久的，或者你的记忆不是那么理性。理性的认知应该是你的感知、最直观的感受和你的知识、背景能够相互印证，这个时候你的记忆会非常深刻，这个感触会很不同。

在美国大都会艺术博物馆，一进门墙上一幅大壁画，这幅壁画怎么运过来，怎么从中国寺庙墙壁上到了这里，壁画背后究竟有怎样的故事，留下很多悬念。到今天人们也不能确切地说这到底是哪一座寺庙的壁画，已经无迹可考，但是我的感觉是和元代的永乐宫壁画不会相去太久，因为是同一种风格。元代永乐宫壁画那种线条、那种造型，正是继承了吴道子的绘画风格，从吴道子到武宗元，一直到元代，后来到明代，都是这种风格，一脉相承。是什么样的风格呢？就是吴带当风的莼菜条，圆润饱满的面部造型，胡须都是“毛根出肉，力健有余”。在这幅壁画上，你能明显地感受到中国人物画在民间发展的清晰脉络，虽然这上面没有标注时代，也没有标注具体在哪一座寺庙产生。

我有幸在台北故宫博物院、天津博物馆看范宽的画，给我感受最深的就是《雪景寒林图》。记得那年夏天天气很热，酷暑，我到《雪景寒林图》面前，很多外国人站在那静静地看，很轻声地耳语，他们走了以后我也在那看，我能感受到一种凉森森的气息。他画的雪天，一点白粉也没有用，所有的白都是墨表现的。墨怎么表现白呢？空白处、不画处即是雪，靠浓淡墨对比，让你感受出来，也就是黄宾虹先生的六字诀“实处易，虚处难”，因为实处能画，虚处尤其空白处是不能画的，是留出来的，是对比出来的。画的实处和虚处，着笔多处是实，着笔少处是虚，一根线也有虚实，提笔即虚，虚实在一张画上，到处充塞着，这是一个辩证规律。当时我在这幅画的跟前，就感到一阵又一阵凉意，站了好长的时间，然后对这幅画深深地鞠了一躬。后来我听说这是件复制品，但它仍然打动了我。

山水画本质是人类对永恒的向往

我们知道北宋三大家创造了人类文化史上的一个高度，中国画是一个成熟很早的画种，中华民族的绘画10世纪前已经非常成熟了。可能在座有些同学会说，希腊的绘画成熟更早，公元前就有那么准确的造型、那么流畅的线条描绘和刻画了。但是，漫长的中世纪，绘画的发展却非常缓慢。中国艺术和西方艺术是两条大河，各自归海，两棵大树，品种不一样，结出的果实也不一样。文化源流不同，这跟一个地域的生态、人类成长的轨迹、社会文化背景、最后形成的哲学观念是有关的。不同的背景、不同的哲学观念、不同的生活体验，甚至不同的气候，最后形成的审美观念都有很大差异。北宋那个时代正是西方的拜占庭时期，我在欧洲的其他博物馆看到拜占庭艺术品，那些油画是矿物颜料加上蜂蜜调制，在板子上画的，时间久了以后现在已经变得乌黑一片，造型也很幼稚。那个时候宋代已经有了《货郎图》那么精致的东西，《维摩诘造像》略带病容的脸、胡须、神态画得非常生动。梁楷画《太白行吟图》，活脱脱一个李白在行走。《泼墨仙人图》，就是一个仙人喝醉了，东摇西摆地在那里打晃。梁楷是个大才，尤精于山水。宋代山水画确实是人类智慧的高峰，令西方人感到震惊，10 世纪就画得这么好了。10—12 世纪这段时间的中国山水画不仅仅是中国的，也是属于全世界的，是人类智慧的标志。山水画已经不仅仅是在画山水了，画三远——高远、平远、深远。往上看，那是高远的画法，画得巍峨耸立；往前看，山后还有山，山外还有山，层层叠叠，河流曲曲弯弯地流过来，这是平远的画法；从高处往下看，叫深远，是俯视的画法。三远法总结了宋代画家的一种画法，但是中国的艺术家绝对不是表面地看三远，他们画的是心灵之远。是什么远呢？远离烦琐的社会生活，远离世俗的柴米油盐，甚至远离官场的争斗、人世的纷争，渴望过一种宁静的、平淡的、安逸的、自由自在的生活。宋代的文人已经开始具备这种情结，不自觉地想跟大自然融合在一起。其实这个情结在六朝就有了，在陶渊明、谢灵运的诗里头就有了，画山水画的目的是为了怡神、畅神，宗炳的《画山水序》最后一句话说“畅神而已”，就是为了让我的神能够到大自然遨游一番。“万趣融其神思”，六朝的文人最渴望的生活就是朋友们一起玩“曲水流觞”，到山里去，不是像西方人征服山。西方人跟中国人是两种思维方式，是很有意思的现象，西方人看到这个山一定要登顶，“要爬到世界上最高的山上去”；中国人到山上找一处安静住所搭个茅庐住下来，慢慢地欣赏、听泉，遥遥看着山峰。这个情结在陶渊明时代就有了，他不愿意做官，要回家种田，叫“采菊东篱下，悠然见南山”，实际上南山很远，这个悠然既是距离，也是心情。陈子昂说，“念天地之悠悠，独怆然而涕下”，这个悠悠是距离，天地距离非常远，一想到历史这么变迁，一代一代人过去了，想到这突然暗自流下眼泪。

李白写《静夜思》的时候，“举头望明月，低头思故乡”，一远一近，远的清晰，近的这种距离感表达不出来，只要你有很好的联想能力，就能体味出来。这种艺术形式是中国文人表达心态的一个很独特处，在北宋山水画里头都能体现出来，所以北宋山水画最后画的是悠远、苍凉和孤寂，表现大自然的永恒、纯粹，而且苍凉的背后隐隐约约还有一种悲剧意识——人生的无奈。人生很短，山川永恒。所以他们永远是把大自然画得很安静的。今天的中国山水画跟古代的山水画大相径庭、趣味各异，但是中国山水画的本质是人类的一种永恒向往，就是希望人能够永远融入自然之中。老子说：“静胜躁，寒胜热，清静以为天下正。”什么是正？是清静，北宋山水画就是清静两个字。中国山水画最核心、最感人的东西就是静，你在画面前不要讲话，你就慢慢看。我有机会在台北故宫博物院看到《溪山行旅图》和一些其他画的时候，真的说不出话来，每一个细节都想仔细地品读，仔细地琢磨。

东方和西方博物馆的文化各不相同，但是都记载着民族、国家或者这个地域的发展历史。给我印象深的还有这么几幅画，做了一个对照。在大都会艺术博物馆看到了石涛的《花卉山水册页》，石涛那个时代很有意思，我在故宫博物院里看过“四王”，仔细把他们四个人对照过、琢磨过、研究过，当时被称作是正宗、为宫廷所用的、国家画院画家的作品，也是江南一带影响最大的作品。当我看到石涛的《花卉山水册页》时，确实眼前一亮，我在其他博物馆还没有见到过那么新的，保存得很好、品相很好的，甚至我怀疑这是不是石涛的。但是从活泼的笔迹、笔痕，带着野性的探索、尝试，还有独特的隶书题跋看，那就是石涛的。一边看完元代的那个壁画，一边看石涛，就感觉到一种对照，是文人和民间的对照。石涛是个文人、知识分子、明皇室后裔，后来清军入关，他出家做了和尚，但是这个人又不甘做和尚，康熙南巡他要接驾，换一身干净的衣服到扬州城门外等候着。他身上还有一种入世的情结，在人生的际遇里也是几起几落的，他的画跟别人的画大不一样。八大山人似乎比石涛更安静一些、更纯粹一些，石涛还蛮在意自己的名声。但石涛是个大天才，他的才华非常高，和八大山人比较，他的画含有人间烟火气，比如说他对美好生活的向往、对爱情的描绘，我们从八大山人画里面看出来忧愤的情感更多，但是石涛画里那种生活的情趣似乎还在跳动。当然石涛更多地画一些甚至很忧愤的东西，跟“四王”的画完全不同，“四王”的画规规矩矩、老老实实，继承宋画精神，一点一点积累自己的功夫。

黄宾虹艺术精神的启示

优秀的作品不仅仅大博物馆有，很多小博物馆、专题博物馆也有。比如说澳门，是个很小的地方，相当于南京一个区那么大，但是你在澳门能看到航海博物馆，看到葡萄酒博物馆，看到赛车博物馆。我的葡萄酒知识就是在澳门学的，在这个小博物馆里知道了葡萄酒的来历，葡萄酒的制作过程，怎样的葡萄酒是好酒。这是博物馆的魅力，就是说不仅大博物馆有给你提供知识的藏品，小博物馆同样能够让你产生对一个问题深刻的认知。因为我是研究绘画的，绘画同样是这样，比如说北京画院收藏的齐白石作品，齐白石去世后，家属把老人的作品悉数捐献给了国家，并交由北京画院收藏。北京画院每年做一个专题展，比如今年专展齐白石的草虫，明年专展齐白石大写意的藤、干、松、枝等，然后专展齐白石的人物，这些专题展在小型博物馆里往往能够看得更充分、更精致。你如果对文物感兴趣，对书画感兴趣，不一定非要去大博物馆和小博物馆参观，你可以学会留心那些专题展览，这种机会不要放过，比如说南博常常有专题陈列，希望在座的朋友们有机会过来看，更换展品的时候，这一期和下一期的不同，都留心，这样你对一位艺术家的研究就是具体的、系列的。我在北京看黄宾虹的专题展，去了七次，每次的感受都不一样。最初是浏览，到最后仔细盯着一张画看。其中有一张画我留心了，为30年前旧作，竟又拿出点染完成，这个有意思了。我就想到为什么黄宾虹的画不题款，为什么齐白石的画不但题款还要盖上印，这是很有意思的现象。我得出的结论是齐白石完成这张画，要拿去换生活，但是黄宾虹不这样，不靠卖画为生，一张画画完，时不时拿出来增加点染，可以看出来中年时期点染，晚年又加，画得非常浑厚，有一种苍茫、厚重的积墨的力量，又有明亮、透明的生动感，厚和润形成了非常好的互补和对照，使他的画更有表现力。到今天我们对黄宾虹的认知还很有限，还没有达到应有的高度。如果我们的社会，每个家庭、每个读书人，都深深地认知黄宾虹的话，我们这个民族会往前跨一大步。为什么这么说呢？黄宾虹青年时代是一名志士，支援辛亥革命被清廷通缉，在家里组织青年人习兵练武，就是为了推翻清朝，他是热血青年。后来他选择一条路，以继承中华民族的文脉传统为己任，悉心研究中华传统文化，在书画上付出自己几十年的心血，把中国画推向一个空前的高度，所以后人说黄宾虹是中国传统笔墨的集大成者。我有些国外朋友，把黄宾虹作品给他们看的时候，他们眼前一亮，说非常好，画得好，真的是跟凡·高、塞尚、毕加索有不谋而合的地方，所以艺术没有国界。当然艺术也有国界，这个问题很辩证。在艺术的境界上、在人类审美高度上没有国界，给人的美好的感觉是一样的，最好的艺术品都能够触动人类心灵里头最敏感的神经。

黄宾虹的艺术带给我的启示是什么呢？我们对博物馆的每件

藏品，都不能草率地对待，要很认真地思考，通过藏品本身思考意义，琢磨背后的东西，努力地从里头吸收一点能够滋养自己的东西。2000 年的时候，上海书画出版社出了一套《黄宾虹文集》，这之前我曾经看过大量黄宾虹的东西，读这套书以后，我回顾看过的东西，感受更深，之后我就增加了大量的理性认知，知道这是一位杰出的人物。徐悲鸿引进西方素描是想改造中国的人物画，这是一个伟大的实验，他是一个试探者、先行者。而黄宾虹就在中国画自身发展的规律里把它推向了一个高峰。尽管他在上海有一些国外朋友，经常跟他们交流，但他没有走出国门，而是在中国画自身的规律里旁征博引，综合百家，尤其对中国画进行上下几千年从源头到线条的梳理，对唐宋绘画、元明清绘画都有深厚的研究，然后走万里路，到各地写生，把中国山水画艺术推向了一个新的高度，这个高度可以与宋元媲美。徐悲鸿说“五百年来一大千”，这句话放在黄宾虹的身上是准确的，放在张大千身上并不是太准确，因为张大千的工致巧丽，前人早就有了，张大千的厚重和苦涩远远不及黄宾虹。苦涩是什么东西啊？苦涩是崇高美，这种美不可替代。为什么梁祝动人？因为苦涩。罗密欧与朱丽叶为什么动人？因为有悲剧的力量。喜剧大家喜欢，小品大家喜欢，但是笑完了以后很快会忘掉，让我们轻松一下，但是我们很难为这个轻松失眠，可是悲剧会让我们为它失眠，就是因为它有一种崇高美的力量。黄宾虹的画里就有这种崇高美的力量，中国历代山水画大师之作都有这种崇高美的力量。崇高美就是因为有悲剧的意识，这就是中国画里的一个审美原则，叫“辣比甜好，拙比巧好，重比轻好”，所以中国画的用笔忌薄，忌浮，忌流，忌滑。

中国画是人格的文化，西洋画是人性的文化

做人也是如此，中国画和人格是紧紧地捆在一起的，中国画是人格的文化，而西洋画是人性的文化，我这个结论不知道准确不准确，姑且这样表达。为什么说西洋画是人性的文化呢？西洋画把人性细微的感觉如实记录下来、表达出来。我在荷兰看凡·高的自画像，是非常痛苦的表情，因为刚刚把耳朵割掉，包着纱布，这个时候他给自己画了一幅自画像。喜怒哀乐都在画上表现出来。凡·高的画给我们留下的是激情、发抖的疯狂、神经质的敏感，对太阳，对向日葵，对田野，哪怕对天上云彩的描绘都是颤抖的，留给我们震撼的力量，我认为这是一种人性表达。中国艺术是人格的艺术，文徵明画得那么安静，他画树的时候，每一个墨点的浓淡变化、不同的勾勒方法，他都那么沉静地表达出来，是一种安静的力量。文徵明说“人品不高，落墨无法”，有一种格调在里头，“五日一石，十日一水”，表达的就是安静的心致。有人说有的画家一笔下去画得很快啊，他行笔速度快，但他的心是静的，绝对不会是躁的，因为躁了以后这个笔就浮了，浮了以后就没有力量感了。中国画以力量来衡量画的水平高低，是金刚杵的笔法。有人说元四家王蒙的笔就是金刚杵，“王侯笔力能扛鼎，五百年来无此君”，为什么呢？说他下笔有金刚杵的味道，金刚杵跟刀枪剑不一样，刀伤人有伤口，剑刺人也有伤口，金刚杵是不见伤口就把人打死了。力量大，叫力透纸背。这个力透纸背是举重若轻，是一种心灵的力量，心支配着背，背支配着腕，腕支配着纸，是一种气的力量，凝精神于腕下的力量，这样才能够力透纸背。中国画表达的是这样的东西，它跟人格是有关的。说中国画用笔是骨法用笔，什么是骨法用笔呢？六朝的时候谢赫提出“六法论”，怎么看中国画是好画，他有六法：第一气韵

生动，第二骨法用笔，第三应物象形，第四随类赋彩，第五经营位置，第六传移模写。骨法用笔，骨法是骨头的骨，用笔得有骨头，做人也得有骨头，骂一个人“软骨头”，这很糟糕，一下子把这个人彻底否定了，今天的中国画很多就是“软骨头”，我可能批评得有点尖锐，因为不见骨法。骨法是什么法？就是金刚杵的用笔方法，力透纸背的用笔方法。这个力透纸背不是剑拔弩张，那个被中国画批评为俗、野气，俗病难医。但是董其昌开了药方，“读万卷书，行万里路”，改造世界观才能改掉俗病，最后落实到笔上，这一笔下去人格就看出来了。中国画和西洋画不一样，最大特点就是人格修为与最后落实到笔上的高度一致，所以我们在博物馆里看到的每一张画都是画家人生的记录。我长期做编辑工作，审稿、审读，长期看画，我从画上大致知道这个人的精神面貌和人格状况。中国画就是要安静的力量，把激情化作流水，这样才能跟人心里最敏感的神经和谐、合拍。

博物馆是我们受用终生的课堂

我的一个心得是，到博物馆看东西，之前要有知识储备，之后要有回味反思，要把博物馆学习和终身学习结合起来，每一次看博物馆都是一次阅读的机会、学习的机会、思考的过程，也是长进的过程，一个博物馆是可以反复看的。南京博物院每年可以来几次，十年下来积累多么丰富，弄不懂的回家翻书，打开手机上网检索，你会一点一点破解每一件文物背后的故事、隐藏的知识信息，还有大量的历史密码，你会和每一幅画的作者交流。沈周 41 岁的时候画了一幅《庐山高》，他的老师陈宽是江西人，江西最高的山是庐山，他就用庐山比喻他老师的人品，画了《庐山高》。那个用心啊，绝不是一个晚上可以画好的，甚至不是一个礼拜可以画好的，那个画要反反复复地推敲很久，仔细地琢磨，每一笔都不含糊，所以这幅送给老师的画竟然成了历史经典。任何一本中国美术史，都不能把《庐山高》丢掉。所以当读到沈周这幅画的时候，会有一系列的问题，我们要研究沈周的一生，他和吴门诸家的关系，对吴门画派绘画有怎样的影响，在中国美术史上是怎样的地位，这是我们走出博物馆以后的思考。

博物馆这个课堂是无穷无尽的课堂，是我们受用终生的课堂。我要讲的东西确实很多，但是我总感到自己的有限，今天讲的这些内容都非常肤浅，甚至可能有错误，我回去会继续学习。但是我希望我讲的能给大家带来某些启发，哪怕在某个契机、某个视点上给大家带来一些思考。谢谢大家！

2018

第5讲

做一座超级连接的博物院

龚　良

龚良，生于1962年，毕业于南京大学历史系考古学专业。江苏省文化厅党组成员、副厅长，南京博物院院长、院学术委员会主任，《东南文化》杂志社主编，研究馆员，博士生导师。兼任中国博物馆协会副理事长、中国文物保护技术学会副理事长、江苏省博物馆学会理事长，南京艺术学院客座教授、复旦大学兼职教授，江苏省第十一、十二届人大代表。出版个人著作5部、参著6部，主编论著（图录）40余种，发表专业论文130余篇。

主要业务成果分为三部分：一是博物馆研究及管理成果，二是文化遗产保护利用及管理成果，三是建筑考古科研教育成果。

2018年“5·18”国际博物馆日的主题为“超级连接的博物馆：新方法、新公众”。

2018年5月13日，南京博物院龚良院长走上南博讲坛的讲台，从“连接所有人：多样性展览与分众教育”“连接社会和公众：博物馆教育服务”“连接所有方法：创新创意与跨界融合”“连接趋向于无穷大：互联网时代的博物馆”四个方面，深入浅出地阐述了南京博物院近年来开展的创造性工作。南京博物院与时代接轨、与社会同步，致力于成为一个与社会公众紧密结合的、超级连接的博物馆。

南京博物院非遗馆老茶馆

汉舞《建木之下》

社教活动——手绘风筝

社教活动——学习制作荷花灯

各位朋友、各位听众，大家上午好！

在开始讲课之前，我们先超级连接一下。如果大家没有关注过南京博物院官微的话，现在扫码一下，就能看到我们官微里面有三个栏目：品南博、看展览、约活动。这些内容跟我讲的“超级连接的博物馆”有密切的关系。除此之外，南博的网站、导览、教育项目以及免费的 Wi-Fi、实时观众分析、江苏省博物馆商店联盟，等等，都要求博物院要跟当今社会有更多的联系，这是我们努力的方向。

每年的“5·18”国际博物馆日，国际博协都会设计一个主题，今年的主题是“超级连接的博物馆：新方法、新公众”。一提起超级连接，大家就会想到互联网，因为它连接、联系社会的各个方面，所以各行各业都在推动“互联网 +”计划。互联网让各行各业发展更快、品质更高、和公众的联系更密切。博物馆怎么能超级连接呢？答案是“新方法，新公众”。这里说的是公众而不是观众，是指让更多的人成为新的博物馆公众。这个超级连接的范围有多广？回顾一下国际博协这几年的博物馆日主题，我们不难发现博物馆与社会大众的接触越来越多、越来越广：2017年是“博物馆与有争议的历史：博物馆讲述难以言说的历史”，2016年是“博物馆与文化景观”，2015年是“博物馆致力于社会的可持续发展”，2014年是“博物馆藏品架起沟通的桥梁”，2013年是“博物馆（记忆+创造力）=社会变革”，2012年是“处于变革世界中的博物馆：新挑战、新启示”，2011年是“博物馆与记忆”，2010年是“博物馆致力于社会和谐”……梳理所有的主题，我们发现博物馆和社会的各个方面都能够产生非常紧密的联系，因为博物馆收藏展示的是人类发展的见证物，包括物质和非物质遗产，和人类发展的各个方面都有关系。

南京博物院近年来创造性地开展工作，希望做跟社会公众紧密结合的一座超级连接的博物馆，成为体现社会和谐、观众喜爱的美好生活场所，服务社会发展和社会公众。下面我讲四个部分。

连接所有人：多样性展览与分众教育
希望每一位都能在这里找到自己的所爱

首先，我们希望连接所有到南京博物院参观的观众，因此展览的内容、形式、方法要多样性。希望所有观众到了南京博物院以后，总能找到一个以上他喜欢的展览，这是“分众教育”理念在博物馆的体现。为了实现这个目标，南京博物院在改扩建时做了“一院六馆”，这六个馆的展览能满足大多数人的要求，同时举办富于特色的特展、临展，建立一套符合中国特色的策展人制度。“一院六馆”的构建，是在原来历史馆、艺术馆的基础上，增加了特展馆、数字馆、民国馆和非遗馆，使得全院既有物质状态的展览，也有非物质状态的展示展演，既有通史状态讲古代文明的展览，也有专题状态的临展，还有讲好文物背后故事的特展。希望通过这样的展览展示方式，让所有的观众都能找到自己的所爱。观众来了以后，每个人都有不同的侧重点和收获：参观历史馆，发现江苏文明从古到今没有缺环；看完特展馆，发现博物馆展览原来可以这么高大上；看到艺术馆时，知道艺术品分类的重要；看了数字馆，对“生命因你而永恒”展印象深刻，隐约感受中华文明的发展脉络；在民国馆看到的都是活态的展演、情景化的展示，在这条街里感受到的状态，应该是 20 世纪三四十年代南京普通市民的生活状态，因为里面所有建筑在南京都可以找到原型，感觉就是在逛街，在体验民国时期的社会生活；非遗馆每天都有各种展示和展演，展示的项目天天有，展演项目一年演 400 多场。

除了常设展览（基本陈列）以外，我们不停地做特展、临展，让公众每次来都有新展览可看。2017 年我们做了 25 个临展，其中有特展馆的特展，艺术馆的临展，还有重点打造的几个收费展。这几个重点打造的特展是我们成本最高的展览，但我们没有用纳税人的钱，而且用低票价的方式，取之于民用之于民，是典型的“众筹”的方式。公众非常喜欢这样高品质的展览，这令我们信心大增。比如“帝国盛世”，是沙俄与大清鼎盛时的对比展，我们从俄罗斯国家历史博物馆借来展品，三个月时间购票观众达到了 20 万。而“青藤白阳”收费展，我们提供给观众的主要服务一个是青藤、白阳的绘画及其来龙去脉，另一个是安静舒适的展厅环境。展览的所有长卷，观众都可以静静地、慢慢地、不受干扰地看完。这个展览的服务对象主要是美术工作者和美术爱好者，从平均逗留时间两小时来看，展览取得了良好的效果，因为平时的书画展，观众一般逗留时间为 25—30 分钟。再比如 2017 年底，我们从故宫博物院借来了养心殿内的文物做展览，因为故宫博物院正在修缮养心殿。这个展览在首都博物馆和香港文化博物馆展出的时候侧重于养心殿内文物价值，但我们通过策展人努力，认为通过养心殿内的文物讲好养心殿背后故事的价值更为重要，因为养心殿是清代中晚期所有重大事件发生的见证地，所以我们将这个展览定名为“走进养心殿——大清的家国天下”，在展厅的中央空间做了养心殿的复原，而在四周讲述了养心殿里发生的十个重大事件，如设立军机处、十全老人、垂帘听政、清帝逊位等。展览收到了很好的社会反响，受到了观众的喜爱。

除此之外，我们希望更多公众走进南京博物院，同时也希望吸引更多地区和国家的公众，即连接我们将来潜在的目标观众。2017 年我们在美国旧金山亚洲艺术博物馆、海南省博物馆等组织或参与了 28 个外展，有国内也有国外的。

要让观众满意，我们发现做博物馆展览，光拿几件文物做精品展是不行的，而是一定要讲好故事，讲好故事一定要有创意，要有展览策划人。所以从 2012 年开始，我们建立了适合中国国情的南京博物院策展人制度，即“1 个策展人 + 1 个团队”，策展人提出想法，完成展览文本策划，提出文物清单以及教育、服务、文创、宣传、安全等方面建议，最后由一个团队帮他一起完成这个展览。这个策展人制度很管用。第一，每完成一个展览都有创造性劳动在里面，而创造性劳动的过程其实每个人都是愉悦的；第二，做完展览以后会有成果，包括出一本书、卖一批文创产品，做了这件事情的人在上面会有一个名字；第三，看到观众进来以后满意了，笑着离开的时候，我们的内心其实也非常高兴，就是所说的“赠人玫瑰，手有余香”，让所有观众享受传统的技术和艺术，享受文物背后的故事，享受过去和今天的美好生活。我们的展览应该是连接了所有到博物馆里面的观众，你只要来，我就希望你满意。

连接社会和公众：博物馆教育服务
没有不合格的观众，只有没做到的服务

第二，连接社会和公众，指的是博物馆的教育和服务。通过博物馆教育、服务，让更多的人了解博物馆想表达什么、博物馆宗旨是什么、博物馆最终是为什么服务。希望通过博物馆社会教育和社会服务，让你我都是博物馆的主人。将来做智慧博物馆的时候，观众一定是博物馆的主人。我们也让博物馆工作人员变成潜在观众，从一个普通观众的角度考察自己博物馆的展览、服务、教育等，什么时候你的工作人员觉得自己的博物馆真的很好，觉得“最近我的博物馆比去年又好了”，那这个博物馆便有了进步。当“我”成了“你”以后，我相信博物馆一定会跟公众有更多的连接，做好更多的教育和服务。

具体来说，一要有好的博物馆教育定位。博物馆的教育是博物馆为参观者和潜在观众提供的多样的体验服务，从而使人们对博物馆有更加直观的认识。我们的教育定位要在公众和博物馆之间建立一种相互关系。博物馆传播知识主要靠展览，并结合开展教育服务工作。国际博协有一位主席说，每一座博物馆都应该有特定的内涵，这就是博物馆的特色。博物馆应该是一个内容丰富的场所，每一件藏品或者展品背后都有多种阐释角度。比如说一件宫廷器皿，可以讲珐琅彩工艺，可以讲宫廷生活，也可以讲这件藏品跟某人某事的相互关系。一件藏品可以有无数个阐释，所以我们说讲好藏品背后的故事，这个意义特别巨大。一件藏品可以参与多个不同的展览。

二要认识博物馆的教育特征。博物馆教育具有视觉化与立体

空间属性。参观博物馆首先要看，这就是视觉化；看博物馆不光看一个点，还要看立体的面，甚至是前后纵深的过程，这就是立体空间属性。博物馆的教育是站立和行进中的教育，“我要边看，边走，边听，边接受教育”。要理解博物馆教育是非强制性的大众教育，是潜移默化的，是通过藏品讲述所蕴含的文化。因此，我们把藏品组合起来，做成有组合、有主题、有故事、有美感的展览，让公众得到更多的教育。

三要认识到博物馆教育领域的不断发展，形式更加多样化。除了展览和馆内教育以外，满足观众文化休闲的消费需求也是教育，我们现在把博物馆商店、商品，变成展览和服务的延伸，其中也具有教育意义。什么人做博物馆教育？既要能够独立向观众介绍展品，也要做一位很好的倾听者。我们要观察和了解观众的学习需求和能力，并敏锐地做出反应，配合和激发观众的智慧，这个特别重要，潜移默化的任何活动都可以成为博物馆教育内容。让观众喜爱的展览和服务是最重要的教育内容。南博做“镇院之宝”展厅的时候，将所有相关的知识都进行了介绍，你看到的不仅是这件文物，还有这件文物在历史上的地位和在今天能发挥的作用。这是博物馆拓展式教育的具体实践。博物馆教育应该形式丰富多样，有的可以安排在专门的空间。南博还有儿童体验室，还有民国馆，这些都是实现博物馆教育的重要场所。

四要转变观念，用教育的理念，变“陈列”为“展览”。大家知道原来博物馆的常设展览都叫基本陈列。陈列是以我的意志为主把展品陈设出来。展览则包含跟公众互动的关系，“你展我览”，适应公众的需求，也就是说博物馆服务的对象从文物变为公众的时候，我们所做的便是“展览”。所以前不久南京博物院把“陈列展览部”改为“展览部”，希望在展览中有更多的互动项目，

“告诉我，我会忘记；给我看，我会记住；让我参与，我会理解”，观众对能参与互动的展览会有更深的理解。博物馆举办的公众教育活动，是为了让观众更深入理解博物馆的展览。另外，博物馆的相关设施也能成为博物馆教育和服务的重要内容。

五要明确教育服务的业务范畴。在南京博物院，我们已经将“社会教育部”改成“社会服务部”，希望把教育蕴藏在服务之中，而不是一本正经的说教。在服务当中的教育比直接去做教育效果好得多。在一线的社会服务部工作人员，既要有知识积累，又要微笑服务，公众的素质也越来越高。去年南博做了 440 场活动，如关爱残障人士，如夏令营，如亲子活动，同时还要走进社区、学校、军营。我们还希望通过导览平台提供更好、更便捷的服务。我们积极开展教育活动，希望不同年龄层次、不同文化素养的观众群体，能够看懂展览，理解文明，认知传统，爱上博物馆。

连接所有方法：创新创意与跨界融合

创新应该成为博物馆发展的驱动力

第三，创新创意，连接所有可能的方法。要创造性地开展工作，首先是跨界学习，跨界交流，突破思维定式。做工作时，其实每个人都是有一定的知识范围局限的，或者说都是有“框框”的，或者称为有“经验”的。博物馆要高质量发展，需要将服务对象从“文物”转变为“公众”，就必须思想大解放，创新发展。从理论体系到具体实践，从博物馆定位到文创产品开发，我们都希望有创新。当我们对博物馆有了新认识，博物馆的展品就开始从文物扩大到文物、标本、科技成果、当代艺术品、非物质文化遗产，以及特殊语境下的不可移动文物和城乡历史景观的再现。博物馆发展要适应经济社会的协调发展。博物馆文创衍生商品和服务是博物馆的重要组成部分，也是展览和服务的延伸。

实现博物馆的新理念，需要有更多新方法来实现，一切依赖于我们的创造性劳动。中国博物馆协会从2012年开始，每年评选两到三家“最具创新力博物馆”，南博2014年获评，最主要的原因是我们建成了一座综合性最强的博物馆。我们用手段多样的展览吸引所有公众。去年常州博物馆成为“最具创新力博物馆”，靠的是中小型博物馆中将历史、艺术和自然结合在一起这一特色。我们希望每个博物馆都有自己的特色。创新最有效的办法一定是跨学科领域，创新就是突破常规。

比如在博物馆建设方面，特别是区域博物馆，原来的做法一定是博物馆馆长带一批博物馆专家来制定一个内容策划方案。但现在博物馆服务对象变成了公众，博物馆收藏展示的是人类发展的过去和今天，因此区域博物馆建设应该把“今天”的内容放进去，这样博物馆展品就不仅仅是文物了，所有人类发展过程的见证物都可以是。博物馆建设的内容创意，除了博物馆专业人士外，还要增加四个人：一个当地的小学校长，他告诉我们本地青少年想要什么；一个当地长着白胡子的老前辈，他告诉我们当地人祖先最为自豪的是什么；一个当地旅游局的规划处处长，他告诉我们外地人最想看什么；一个当地政府的接待办主任，他告诉我们当地领导最想说本地什么最好。这样的跨界讨论，会把最好的历史文化传统以及旅游资源放进博物馆，让博物馆成为最具地域特色的历史艺术殿堂和文化休闲场所。

实现创新创意的内容和方法很多。博物馆内包括展览在内的文化创意产品，既要体现人类的发展进程，也要体现美的造型和美的组合关系。从公众的要求出发，我们希望展览能够动起来、拟人化、情景式，这样大家就会有好的感受。我们希望获得的文化创意衍生商品，既是传统的凝聚和积淀，又要符合今天人们对审美观和舒适度的要求。当创新成为一种时尚和前提，博物馆的创造力将无穷无尽。我们希望在博物馆里不仅能看到文物精品，更能看到其中的相互关系，寻找与遥远祖先灵魂沟通的渠道，直观生动地了解传统和文明的故事。我们鼓励博物馆里面的创造性劳动，希望让公众更高兴、更满意。我们将馆藏文物组合成具有不可移动文物特性的、寻找相互关系和故事的展览。“温·婉”展览的副标题叫“中国古代女性文物大展”，实际上，这个展不仅展女性的文物，更多地是从文物背后反映女性形象、女性生活、女性才艺以及男性眼里的女性，发现中国古代女性不仅是我们以前常见的那种状态——勤劳、忍耐、含辛茹苦，还有另外一面，就是温和婉，这是应该弘扬和赞美的。当然除了展览以外，我们也可以做传统技艺的展示和传统戏曲的演出。南博小剧场每周六有一场大戏，老茶馆里每天下午有折子戏，演的就是中华优秀的传统文化，有的特别有教育意义。我们开展具有教育意义的社会服务项目，如专题研学活动、考古夏令营、亲子互动项目等，比外面那些教育机构做的更有意义。我们努力做好文化创意产品开发工作。我们希望文化创意产品的创意设计既要传统，又要温馨，还要好带、实用、时尚，要形象化、拟人化、故事化，我们希望人们在看到这个产品的时候会想到传统文化的内涵。文创产品种类非常多，我们希望产品开发有更多渠道，包括“博雅杯”创意设计大赛、青年文化遗产保护创意设计大赛，同时配合专题展览做文创产品开发。

连接趋向于无穷大：互联网时代的博物馆实现几何级传播有无限可能

第四也是最后一个部分，连接趋向于无穷大。博物馆效能发挥主要是靠传播实现的，希望连接趋向于无穷大，传播趋向于无穷大。也就是说互联网时代，我们要用好传播手段，让博物馆传播几何级扩散。从原来数字技术在博物馆里的运用，到今天数字博物馆的建设，到明天讨论怎么做好智慧博物馆，我们希望在公众素质极大提高的时代，博物馆智慧化发展，融合时代发展。

应该说这是一个好的时代，也是互联网的好时代。在深圳举行的国际博物馆高级别论坛上，刘延东副总理正式宣布中国政府已经把博物馆发展纳入国家战略。让外国人更好地理解中国，让中国人更好地理解祖国，让每个人更好地理解他的家乡，就应当让他去看博物馆。博物馆是今天发展过程中必须要借助的力量，因为它里面有优秀的传统文化、璀璨的地域文明、华美的形象艺术，有中国社会的发展和美好生活的见证。在新的发展阶段，我们希望通过互联网实现传播的几何级扩散。今天这里坐满了听讲座的观众，也就 400 人，但是插上互联网的翅膀，我们同时在腾讯上做一个直播，现在已经有 20 万人在同步观看，这样，演讲的社会效益一定会有极大的增长。如果我们把展览及信息也互联互通，把教育服务也搬上互联网，这样的传播能实现博物馆更好地服务社会、服务公众的目标。

扩大互联网传播，首先要明确博物馆传播的内容。互联网几何级传播以内容为王，好的内容传播能使正能量几何级扩散，差的内容传播越广损害越大。因此传播的内容应是我们精心打造的包含展览在内的优秀文化产品。其次，要明确博物馆的传播重点是中华优秀传统文化和江苏地域文明。我们一定不是传播这件东西多美、多贵，我们不能以炫耀的心态传播博物馆所藏的文物，而是要传播历史文化和人们过去的美好生活。

在互联网时代，博物馆有新的传播手段，需要我们讲好藏品之间的关系，讲好过去生活的故事、乡村发展的故事、地域文明的故事、中华文化的故事、世界文明的故事。我院建了国内第一座数字馆，讲述中华文明发展的故事，以“生命因你而永恒”作为主题，线上线下，扩大传播。

智慧博物馆是我们发展的目标。智慧博物馆第一要有智慧性；第二，观众成为博物馆的主人；第三，展览展示的内容一定是社会大众和智能机器共同创造的，而不是博物馆里几个工作人员创造的。可能将来智慧博物馆里面的展览是你帮我一起完成的，里面的藏品是你帮我一起鉴定的，里面的故事是你跟我一起阐释的，里面的教育活动是由你来做老师或学生，等等。我们希望有这样的智慧博物馆，在一座实体博物馆基础上再建一座虚拟的智慧博物馆，只有这样，博物馆才可能实现为全体公众服务的目标。去年参观我院的观众量达到 329 万，这还不够，我们希望公众能够在我们的网站上，在虚拟世界里面体验到南京博物院的展览和服务，也就是说，我们要让它在未来应用于藏品资源和文化创意产品的有效传播。我们的展览为什么来看的观众越来越多？就是因为我院有观众“可以拍照”的传统和强大的免费 Wi-Fi。观众参观后随处拍照，参观结束时将照片发个朋友圈，如果朋友圈再一转，这就是几何级扩散。

讲座即将结束。每年的 5 月 18 日是国际博物馆日，今年南京博物院将跟往年一样，仍然策划一个“博物馆奇妙夜”。那天会有许多活动，现场观众将达到五六千人。如果你们没约上，我们欢迎大家在互联网上参与，去年网络观众有 60 万。前年的活动主题是“倾听一座博物院”，去年是“讲述一座博物院”，今年是“舞动一座博物院”，把博物院藏品跟舞蹈结合起来，希望大家能够喜欢。

博物馆的超级连接是博物馆方法和受众的扩大，是提供公众美好生活的有效途径，是博物馆人努力的目标——“博物馆 +”。

谢谢大家！

2018

第6讲

我们的节日
——端午印象

刘晓峰

刘晓峰，清华大学历史系教授、博士生导师，中国民俗学会副会长，中国日本史学会常务理事、日本古代史专业委员会会长，北京市中日文化交流史研究会副会长。著有《端午》、《东亚的时间》（本书获得2009年第九届中国民间文艺山花奖学术著作奖）、《日本的面孔》、《清明节》和《古代日本における中国年中行事の受容》等。

佳节话端午。2018年6月17日，中国民俗学会副会长、清华大学教授刘晓峰做客南博讲坛，为观众带来“我们的节日——端午印象”主题讲座。他介绍了端午节起源、复合型节日特点、中国古代时间体系与文化调和精神的关系、端午习俗等，分享端午节习俗研究的成果，解读端午节的前世今生。刘教授认为，非遗进博物馆是一件很好的事情，也是博物馆未来发展的一个新路径，形成了一个新的文化造血功能。

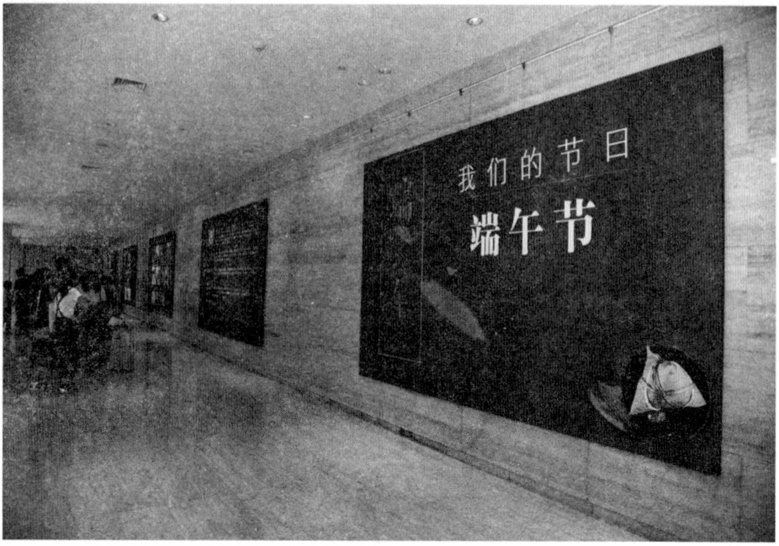

“我们的节日——端午节”主题图片展

活态表演项目展示——跑旱船

手工技艺类项目——编织五彩手环

活态表演项目展示——徐州琴书《白蛇传之水漫金山》

大家好，非常荣幸能够到南博和大家一起分享自己对于端午的一点认识。我讲一下中国人为什么过端午，把这个作为一个核心的话题来讲。我们对端午都很熟悉，我小的时候吃粽子，我们的教科书里会有屈原的故事，好多东西看了像是懂了，但是可能还没懂。节日对我们中国人的影响其实很大，而且里边的内容非常深，我就围绕端午来讨论这个问题。

我先给大家看一个端午之外的东西，叫太极图。这么经典的东西，其实它也是慢慢发展过来的。中国古代的文化其实不是一开始就特别的完整、特别的完美，它有一个漫长的发展过程。在这个发展过程里，它慢慢地体系化，等最后我们接受这个文化，我们享受这个文化的时候，它已经非常成体系了。端午节实际上也有这样一个非常复杂的发展过程。

端午节的起源

为什么要过端午节，不同的地方有不同的答案。古代楚国流传一个特别著名的传说，就是纪念屈原的传说。屈原被楚怀王流放，最后自沉于汨罗江。屈原这个传说是端午节起源最流行的说法，为什么？端午节这个节日因为屈原的传说而和忠诚联系到一起。屈原宁死也不离开自己的国家，他那么有才华，还有那么强的政治能力，但是绝对不背叛自己的祖国，这份爱国的精神感动了大家，被大家认同了。

可是在苏州一带，端午节的起源被认为是跟伍子胥有关系的。伍子胥也是一位传奇人物，大家都知道，我就不细讲了，最后夫差把他杀掉，把他的尸体用皮革裹着扔到江中。后来他就成了波涛之神。还有起源于勾践、吴越文化、二十四孝曹娥等很多说法。

除了这些之外，还有一个关于端午起源的说法。在湖南省辰溪县和沅陵县，那边的人认为为什么要过端午呢？是为了纪念大将军马援。而且那里过端午的时间不一样，我们是过五月初五，他们是从五月初五到五月十五。

清华大学有一个有名的教授闻一多，抗战时期曾经从北京徒步走到云南昆明，这一路他经过好多地方，最后发现其实在中国广大的乡村里面流传了很多重要的传说。他总结出来说，端午节是吴越民族为了祭祀龙这个图腾形成的。当代学者陈久今先生说，其实端午节是古代越人的新年。

端午节是一个复合型节日

端午节究竟是从哪来的？这么多传说究竟是怎么产生的？我觉得其实所有传说都有其内在的理论，其中有很接近的要素。这个端午，我给它起名叫复合型节日。就是说它吸纳了中国农历五月份很多节俗，特别是夏至的节俗。五月份跟其他的月份是不一样的，我说的是农历的五月。它差别在什么地方？五月份是夏至。冬至日照时间最短，夏至日照时间最长。它是一个时序，对整个端午节有决定性的影响。如果说端午节的起源是一把大锁，它就是打开这把锁的最关键要素。我们前面讲的端午节起源，比方说屈原、伍子胥、曹娥，他们有一点是共同的，他们都是怎么死的？都和水有关。第一，他们的死都非正常的寿终正寝，魂魄无所归处乃为厉，所以大家要想办法安慰他们的灵魂。第二，他们的死都跟水有关，所以他们其实都是水神。要用水来镇什么？是火。那端午节是什么样的？夏至这个节气有三个特点：第一，日长最长，太阳在这一天照的时间最长。第二，它又是一阴初起的时间，从这时开始，阳气到了顶点。一阴初起，虽然它很小，生命力绝对强大。第三，这一天日照时间最长，最长就是阳之极致，然后又是一阴初起，所以是一个阴阳转换的时间点。节日，什么叫节？要在365天里边找到一个关键的时间点，把它切开，这是一个关键的节点，叫节。太阳照到了最强的时候，然后一阴初起，阴阳转换，不正好就是一个最大的节吗？但要想真正地理解这个节日，我们得理解中国古代究竟是怎么看待这件事，或者究竟是怎么认识的。中国人一开始怎么认识这个世界，这是非常重要的问题。

在空间里找到时间

这个其实是理解中国文化非常核心的问题，就是中国人是从空间里面发现时间，有两个主要的方法。第一个是观察太阳的变化。通过衡量日影的长短变化，古人发现其实一年里边有一个时间日影最短，有一个时间日影最长，这就是冬至和夏至，然后他又在中间找到两个重要的时间点，就是阴阳平衡的点，是春分和秋分。古代把这个叫二分二至，然后又在中间均分开来，就变成了立春、立夏、立秋、立冬，四立加上二分二至，就把一年的时间分成八部分，然后在每部分中再找三个时间点，就成了二十四节气。还有一个重要的认识时间的方法是看星星，通过观察星星，了解星星，发现时间的存在。2003 年在山西省陶寺村这个地方发现了一个上古时代的天文设施，4000 多年前，已经有这样规模的观察太阳的设施，而且已经把太阳观察得非常准确。天文设施的发现，证实了《尚书·尧典》里面讲的“历象日月星辰，敬授人时”不是虚构的。过去有人认为夏朝可能是不存在的，《尚书》这个话可能不可信，现在看来完全可以相信。我们可能从考古实物上没有办法一下说这个就是夏代，但在文化上有很多痕迹表明夏代的文化有特点，就是特别关心天空，特别关心星象。夏代是天文非常发达的一个时代，人们通过什么了解时间，掌握时间？通过观察星空，发现天上星星的变化像钟表一样井然有序。

他们在这个星空里面看到了什么？通过星星他们发现了什么？首先是发现了一颗星。这颗星的姓名叫什么？北极星。北极星的特点是什么？在北边，用肉眼去看它基本不动。古代有一个说法，北极星是一颗沉静的星。《论语》里面有一句话，“为政以德，譬如北辰，居其所而众星共之”。他们发现北极星是不动的，又发现有七颗恒星排列得特别有规律，这个是北斗七星。

古人发现原来天上的星星就像挂在墙上的一个表盘，这个表芯叫什么？北极星。有一个大的磁针，这个磁针叫什么？北斗七星。古人就把天上所有的星星分成了四个星区，这个划分方法不是画个大十字，而是画了一个斜的十字，叫四维。我们知道前朱雀、后玄武、左青龙、右白虎，给每一个星区找到七个代表性的星宿，加到一起是多少？是二十八星宿，它仿佛就是表盘周边的刻度。所以，古人看天空是在看什么？就是看一个钟表，一天天按刻度行走。

古人的星空是一个什么样的星空？是时间。古人在一个空间的变化里面找到了时间。在人类还没有学会使用金属的时候，已经开始有了农业，开始有了群居，有的人只要负责看天就可以。然后他们看天空，发现这个天空居然一年365天，像一台机器、一块钟表，每一天、每一刻都是按照规律在旋转，在变动。

古人开始发现，这个世界的运作是井然有序的，这个秩序可以用数字来表示。那是在所有的金属还没有被发现的年代，我们的祖先看天空认识到的。这套东西什么时候从天上到地上？跟两个很重要的文字有关，这两个文字就叫中国。

大地之中与中国

大地的中心在哪里？怎么找到？其实是根据观察日影的变化来找到。周建立的时候，发现洛阳的一个地方，据说在夏至那天午时，日中无影。那说明太阳正照，对吧？所以它是大地之中。

中国古代特别巨大的变化出现在什么时候？在殷商和周之间，就是殷周革命。有论文研究认为，从殷商到周是中国文化形成自己的真正特点、具有巨大变化的这样一个时期。这个时期其实还有一个很重要的变化：中国人对于空间认识的变化。

因为洛阳被看成“天下之中”，所以人们在这里建立了一个巨大的城市。一个家族跟着周公盖洛阳城，立了很大的功劳，周成王就赏赐他，他因此做了一件青铜器。青铜器上有铭文，里边有这么一段文字，记述其功绩，里面有“宅兹中国”四个字，是第一次出现“中国”两个字。这可是公元前一千多年以前。

有了中国以后，下面的事就容易些了。中国人把天上的时间落到了地上，在地上找到了中间点后，就有了一个中。有了这个中，我们就有了了解世界的最重要的一个核心点。比方说，中国最有名的观星台在哪？在河南登封。就是因为这里在古代被认为是“天下之中”，所以观察天一定要在这个地方才最准确。明白了“天下之中”之后，实际上我们就知道中国的时间和空间的起点在哪里。

我们有我们的时间起点，我们有关于时间的一套文化。这套文化还不仅仅就是一个时间，还有超越时间之外的更复杂的东西。比方说有五岳，代表天地之间存在的一个秩序。有五座神圣的山——五岳，同时又跟空间、时间有联系——东岳泰山跟春天是联系的，南岳衡山跟夏天是联系的，西岳华山跟秋天联系，北岳恒山跟冬天联系。泰山这个地方在中国的文化里就变得很特殊，为什么呢？万事万物都是从春天开始的。比方说在中国建立了一个王朝，要对天说建立了王朝，到哪儿去对天说？到时间的起点泰山去说。所以大家都知道有泰山封禅的说法。秦始皇到泰山封禅，汉武帝到泰山封禅，因为那是中国时间的起点。

佛教传进来之前，泰山是一个起点，同时也是终点。任何一个点，只要它是开始与结束，就是极重要的节点。在泰山这边有个小小的山包叫梁甫，过去汉代乐府里有《梁甫吟》，就是讲人生终场是到那里去，所以泰山又是人灵魂的去向。所以你想一想，我们的文化整个是一套关于时间的、空间的、人的生死的。在这套文化里，我们思考怎么在这个世界上立身处世。这么一套天和地之间的关系中，人应该是怎样的存在方式呢？

阴阳转换与中国文化调和精神

西周的时候，最经典的土地划分方式叫什么？叫井田制。井田制是什么意思？周边八块都是各家的地，然后中间这块地方是公田，井是设庙、祭祀先祖和土地的存在，中间这块土地大家一起种，收获用来祭祀和公共活动。这样的话总共等于是九块土地，中间一块周边八块，划分起来正好是个“井”字。我们中国有八卦对不对？其实还有第九卦。实际上井田制是中国古代对世界的一个想象的缩小，把它放大一下叫什么？就叫九州。

“九州生气恃风雷”，九州就是从这儿来的。九州是怎么跟天地连到一起的？要依靠风。风从哪吹来？我们有句俗话叫“八面来风”，八风是什么意思？二十八星宿里有一个星宿叫箕星，掌管这个世界的风。八风是从八个风向吹来，北风吹天就冷了，南风吹天就热了，春风吹来就解冻，秋风吹来就万物凋零，所以把这个世界的风分成八个：东北风、东风、东南风、南风、西南风、西风、西北风、北风。这八风实际上是把天的变化带到地上，那天上和地上又有什么关系？实际上，各个风吹到地面的时候，大地就跟随风的变化，发生变化。

如果说八风能够按照时间来运转的话，阴阳变化就是完全按照规律在发生。如果阴阳变化完全按照正常情况发展的话，万物就会该生长的时候生长，该开花的时候开花，该结果的时候结果，就风调雨顺了。所以，风关系到世界变化。那风搬运的东西是什么？是阴阳二气。古人认为天地之间实际上是一气循环，气里边有两个成分，一个是阴（冷），一个是阳（热）。冷热两个成分互相变化，当热走到顶点的时候就开始慢慢变冷，冷到极点的时候热又出现，然后热慢慢开始生长，这就是阴之极者阳生，阳之极者阴生，天地在这个转化过程中。

一年春夏秋冬四个季节的节气其实就是这样，处在不断的相互转化的过程中。夏至的时候阳气到了顶点，一阴初生，一阴初生长到了顶点，一阳初生，阳气又慢慢长，天地之气一直这样不断地互相转化，而且这个转化下次还在这个时间点。所以了解这个时间点，对我们了解端午节至关重要。那这套时间点的文化有什么特点？它有一个特别重要的特点，规定了我们中国人很多最根本的秉性。中国人的时空想象就是一个天下，“天下定于一”，有强大的“大一统”观念。

古人认为世界是阴阳两气的变化，这样一来，对世界的认识有一个最根本的特点，就是世界永远在变化之中。我们生活的每一天阴阳都在不断变化，过完端午节，夏至之后阳气就开始一天天变少，阴气开始一天天变多。变化无时无刻不在发生，所以中国人永远用变化的眼睛看世界，在这个变化的世界里没有一个东西永远是对的或者永远是错的。天地万物是一个整体，阴阳互换没有绝对好坏。在变化里看世界，跟我们最初的时间观念是连在一块的。

五月的矛盾性与端午习俗

按照这种观念来看五月这个时间点，我们说它是一个纯阳的时间，少阴开始增长、阴阳变化的时间点。既然找到了这把钥匙——阴阳二气变化是中国人时间文化的根本——再看五月，然后看到端午这个节日的习俗，我们突然发现很多习俗确实可以理解。生命的观念就是在阴阳不断变化中找到平衡点，就是说，任何时候身边都有好事情和坏事情，一个有智慧的人能找到最好的平衡点。端午节实际上就是阳气和阴气变化非常剧烈的一个时间点，是阴阳交合变化特别重要的点。这样的话端午也是一个特别矛盾的点，它既要动又要静，是一个矛盾的综合体，所以从里边就发展出来一系列的民俗和文化。

中国、日本、朝鲜全都流行端午节，这个习俗非常普遍。朝鲜古代过端午的时候，青壮年者汇集到南山或者北山互相角力。赛龙舟也是一种互相竞争，都是在争和斗。农历五月是“阴阳争，死生分”的月份，中国古代《礼记·月令》这样记载。端午节的节俗之一就是阴阳相争，所以一定要斗争。还有一个，端午这一天是阳气旺盛的日子。清朝时，到了端午节那天，紫禁城南门一帮太监敲着锣打着鼓往海淀去抓癞蛤蟆取蟾毒。古代给皇宫进贡蛇胆，广东很多地方都要求端午这一天抓蛇取胆。所以中国人的很多行为，其实后面都有着一套东西在里面。比方说五毒，南方叫避五毒，为什么要避五毒呢？是跟阴阳转换有关，因为毒虫得到少阴之力后，它的力量特别强，人们要躲避它们。人躲避五毒有各种各样的办法，有的地方用雄黄，雄黄的颜色是黄色，它属阳性。所以中国人过端午，跟古代对这个世界的理解方法有关。他们在里面找到阴阳的平衡，促进事物向好的方向发展。

非遗进博物馆是很好的事情

当然我们可以说这种理解方法不科学，但它里面对于美好生活、对于幸福的一种渴望，是跟我们今天完全一致的。有一位老师跟我说，你们可能意识不到，每一天有几百个村落消失，而且已经连续十年。村落有村落的记忆，村落有村落的传承，这些已经持续了几千年，我们不能让城市来接近村落的文明，不是谁都能够百分之百地改变。把非遗放进博物馆里，把一个跟城市不兼容的东西利用到城市的公共空间，把它落地，它可以利用这个地方跟城市接轨，所以我觉得非遗进博物馆其实是件很好的事情。多样性的东西非常有魅力，在博物馆里得到展示的话，大家能够接触到这个国家文化的根源。

江苏也有地方戏曲，每个地方的地方戏曲都跟这个地方有着千丝万缕的联系。一旦非遗进到博物馆，我觉得通过在博物馆里的反复演出，观众慢慢也会出现对这个地方的认同。而地域认同其实非常重要，我觉得这也是一件非常有功德的事情。现在这个时代，技术非常发达，可以用平板来展示，可以用大屏幕来展示，也可以用演出来展示，还可以现场操作，技术手段又给非遗活动提供了展示的机会。我觉得非遗进博物馆做得非常好。技术手段上，博物馆的展示技术在每个城市也是最好的，对非遗多元产业有最好的技术支撑。非遗进博物馆能够充分利用博物馆的公共空间，还能推动地域文化的发展，能够提升一个地方的文化智慧。所以我觉得南博的非遗进了博物馆，是博物馆未来发展的一个新路径，也形成了一个新的文化造血功能。也是因为借着非遗的这次机会，我有机会跟南京的父老乡亲做了一次演讲。谢谢！

2018

第 7 讲

故宫文化融入当代生活
——以故宫博物院文创为例

王亚民

王亚民，全国政协委员，故宫博物院常务副院长、研究员。历任河北人民出版社副社长，河北教育出版社社长、总编辑、党委书记，河北出版集团党委委员、管委会副主任，河北出版总社副社长。2007年任故宫博物院副院长兼故宫出版社社长、《紫禁城》杂志主编、中国文物学会玉器专业委员会会长。

在长期的出版实践中，曾策划编辑了《李大钊全集》《中国现代学术经典》《二十世纪文学名著》《新莎士比亚全集》《梅兰芳藏戏曲史料图画集》《米芾书法全集》《故宫博物院藏品大系》《故宫经典》等在社会上有一定影响力的图书。主编北师大版高中历史教材，并且发表多篇学术论文和学术著作。

分管故宫博物院经营相关工作，推出文创产品10 500种，让游客通过文创产品直接触摸到文化，“把故宫文化带回家”。主持故宫博物院展览工作，先后策划了“记忆与当代——威尼斯艺术双年展”“故宫博物院藏四僧书画展”“赵孟頫书画特展”等展览。

先后获得河北省政府“有突出贡献的中青年专家”、“中国韬奋出版奖”、全国宣传文化系统“四个一批”人才、新闻出版行业领军人才等荣誉称号，享有国务院政府特殊津贴。

2018 年 7 月 15 日，故宫博物院常务副院长王亚民做客南博讲坛，畅谈故宫文化如何融入当代生活。

王亚民院长从建筑、收藏、文化、观众等四个方面阐述故宫是个大宝藏，回顾故宫博物院创立、文物南迁等事件，认为文创产品作为延伸博物馆生命力、传播文化的载体，正日益成为故宫博物院的重要工作内容。他从理论指引、理念创新、研发创新、经营创新等多个角度阐释故宫文创是如何炼成的，分享多层面的故宫文创之美，并以《清明上河图 3.0》为例介绍让故宫文物和故宫文创活起来的创意举措。此外，他列举了故宫文创走进人们生活的多样尝试，并对文创行业未来的发展方向提出了期许。

《清明上河图 3.0》虹桥球幕影院

《清代皇帝服饰》APP

故宫的建筑——开阔的格局

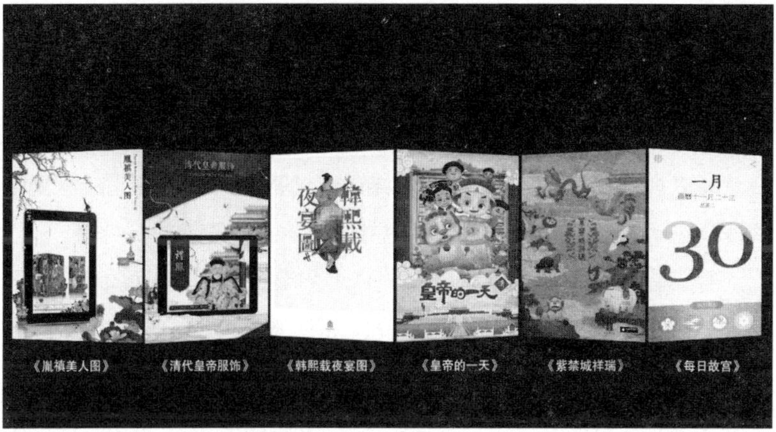

“故宫出品”系列 APP

各位听众，各位朋友，大家上午好！特别高兴今天能到南京和在座各位共同分享故宫文化和故宫当代创意的一些事例。我在全国各地都讲过一些课，但是到了南京以后我内心非常激动。再过两年就是紫禁城建成600周年，大家都知道，1368年明朝的第一个都城就建立在南京，到1420年的时候正式迁都北京，现在的故宫博物院就是在明清两朝紫禁城基础上建立的一家博物院。

今天我主要是讲故宫文化怎样融入当代生活，下面我就开始。

故宫是中国五千年文明的见证，故宫所收藏的文物博大精深，源远流长，是一座取之不尽、用之不竭的大宝藏，一旦探秘其中就会终生受用。我们从事文化创意产业的同仁都要取其精华，赋予文物新的时代内涵，使之成为我们事业的精神追求。

故宫是个大宝藏

故宫是个大宝藏，首先是故宫建筑。故宫博物院成立于1925年，是建立在明清两朝皇宫基础上的综合性国家级博物馆，也是世界上现存规模最大、保存最完整的古代木结构宫殿建筑群，是中华民族的骄傲所在，也是全人类珍贵的文化遗产。宏伟的紫禁城以清晰的轴线、开阔的布局、壮丽的建筑、严谨的形制、绚丽的彩绘、生动的空间、精美的装饰、独特的色彩、真实的信息、典雅的园林、丰富的景观、和谐的环境，成为世界各地设计师、艺术家进行创作的源泉。

之所以说故宫是一个大宝藏，除了宏伟建筑外，其明清宫廷文物的收藏也极为丰富，是世界上收藏中国文物、中国宫廷文物最多的博物馆，依藏品门类可以分为 25 大类、59 小类，85% 以上是明清两朝的宫廷旧藏。在故宫收藏里面，约有绘画 5.3 万件，碑帖 2.8 万件，铜器 16 万件，金银器 1.1 万件，漆器 1.9 万件，珐琅器 6600 件，玉石器 2.3 万件，陶瓷器 36.7 万件。故宫的瓷器收藏，尤其是官窑瓷器收藏接近 98.7%。故宫的织绣 18 万件，雕刻 1.1 万件，文具 6.8 万件，生活用具 4 万件，外来的钟表和仪器 6000 件，宗教文物 4.2 万件，武备仪仗 3.3 万件，甲骨文 2.3 万片，古籍文献 60 万件，权力象征的帝后喜册 5060 件，其他的一共 8000 件。所以故宫整个收藏里，珍贵文物收藏占到约 92%。世界上博物馆的文物收藏，大部分是金字塔形的，最上边是珍贵文物，中间是一般文物，最下面的是资料，而故宫整个收藏是一个倒金字塔形的，最上面的 90% 以上的都是珍贵文物，最下面 5% 是一般资料。

故宫是个大宝藏，第三宝则是故宫的文化。曾经的紫禁城是中国古代社会明清两朝近 500 年的皇宫，不仅是明清两朝的政治中心，同时也是文化和艺术中心。作为成立 90 多年的故宫博物院，它所走过的道路也充满曲折。在紫禁城这座建筑群里曾经有 24 个皇帝生活和工作，有成千上万的宫女和太监为整个皇宫服务。在紫禁城里，从明朝的方孝孺、张居正，到清朝的李鸿章、曾国藩都曾留下他们的痕迹。在紫禁城里，曾经有盛世而修典的文化工程，明朝的《永乐大典》、清朝的《四库全书》在这里都曾经有过辉煌。

故宫博物院成长史

中国的国土面积960万平方公里，但是中国现在的疆域是什么时候大体确定的？是清代康熙到乾隆的时候，国土面积达到了1316万平方公里，比现在要多出近400万平方公里。所以清朝是一个了不起的朝代，我们现在很多包括国土、文化政治的一些遗产都是从明清两朝承接过来的。溥仪曾经在这里退位，在紫禁城度过了13年退位以后的生活。1925年秋季是一个值得纪念的季节，神武门楼挂起清室善后委员会委员长、时任故宫博物院理事长李石曾先生书写的遒劲有力、气势磅礴的“故宫博物院”大字牌匾。现在故宫博物院挂的牌匾是郭沫若先生写的。

故宫博物院成立那天是10月10日，现场人山人海，那个时候可能鞋也不合脚，踩掉的鞋就捡了两个筐。民国时期，政府对故宫博物院非常重视，成立了一个理事会，有30多人，其中有蒋介石、汪精卫、张学良、阎锡山等党政要员，还有于右任、蔡元培等文化名人，另外还有达赖、班禅等宗教人士，说明民国政府对故宫博物院非常重视。

1931年九一八事变以后，日本侵占了东北，开始觊觎华北。1933年1月，日本侵占了山海关，北京的东北大门被日本人撬开。这个时候国民政府里面有两种意见，一种意见是日本人占领了山海关以后，就要向北京发动进攻，故宫博物院的文物是中国五千年文化的结晶，不能落在日本人手里，所以文物要赶紧搬迁。还有一个意见，故宫博物院的文物是中国五千年文化的象征，民国政府连抗击日本的决心都没有，假如文物南迁，说明北京不保，会搞得整个国家人心惶惶。最后还是开始在南京修故宫博物院的库房。从1933年5月开始，故宫的文物打包了13 427箱，陆续运到上海，等日本人经过上海的时候，又把文物运到南京，日本占领了上海开始向南京进犯的时候，文物开始陆续以南路、北路、中路向四川、贵州进行转移。1945年抗战胜利以后，这些文物陆续回到了南京，文物怎么处理？蒋介石政府犹豫不定，当时的国民政府首都定在重庆还是定在南京，还是到台湾，他们没有想好。到1948年底他看大陆已经守不住了，说文物赶紧往台湾运吧，运了两艘军舰，第三艘军舰正在装，装到一半的时候，海军军官说我们给政府打仗，流汗流血牺牲，现在人命都保不住了，还运这么多文物干什么。所以就运了两艘半军舰，运走了2972箱文物，也就是13 000多箱文物里面只运走了一个零头。这些文物一共是59万件，里面有54万件是文书档案，剩下5万多件是书法、绘画、青铜器、玉器、瓷器等。在座的很多人都会问一个问题：是北京的故宫博物院文物多还是台北故宫博物院文物多，蒋介石是不是把最好的文物带走了？在这我跟大家说一下，日本人占领山海关以后，故宫的文物并没有全部南运，因为箱子有限，很多大型文物包括一些武备仪仗很难装箱，所以故宫文物南迁了13 427箱以后，故宫人把门关了，开始清理文物，故宫留存的文物一共是106万件，后来大部分南迁文物又回到北京故宫了，现在故宫文物是180多万件，这还不算1983年的时候故宫把档案部划给中国第一历史档案馆，档案部文书有1000多万件。所以从整个数量来说，台北故宫博物院的文物相当于北京故宫博物院的二十分之一。从文物的品质来说，大家去看台北最好的“两菜一汤”，“两菜”是翠玉白菜，还有一个“东坡肉”肉形石，一汤就是毛公鼎。但是带到台北故宫博物院的文物里面最精彩的有三个部分：一个是文书档案，把中国和外国签订的一些条约，包括明朝的一些家谱都带走了，他认为这个是中国文化的正统，代表整个中国的；第二是书画，是宋元时期书画精品，从文物的品质到数量，可能要比北京的故宫博物院优一些；第三是瓷器，宋代五大名窑、清代珐琅瓷。但是从整体上来说，书画里最好的《清明上河图》《五牛图》《千里江山图》都在北京的故宫博物院。所以说两岸故宫的文物是同根同源，各有所长，但是从整个数量到品质，故宫博物院的每一类文物都有生发、成熟这么一个完整的历史轨迹。

故宫博物院成立 90 多年了，一共有六位院长，第一位就是易培基，是毛主席在湖南长沙时的老师，然后是马衡先生，后来就是吴仲超、张忠培、郑欣淼、单霁翔，六位院长对故宫文物的保护以及利用、传播都做出了突出的贡献，也赢得了社会的尊重。

故宫是个大宝藏，不能没有观众，所以观众是博物馆的主人。没有观众或者观众很少的博物馆，是不称职的博物馆。故宫博物院是现在世界上唯一一座每年参观人数超过 1000 万的博物馆。从 2014 年以来，每年游客都在 1500 万—1600 万，卢浮宫去年 860 万，大英博物馆 750 万，美国大都会艺术博物馆也是 730 万左右。观众有蹒跚的老人，有活泼的学生，有专注的画家，有渊博的学者。故宫博物院每年要接待 60 余次正国级以上外国政要，这些人都是宝贵的财富。

故宫文创是这样炼成的

故宫文创是怎样炼成的？“活起来”理论是指引。博物馆文创是文化产业的重要组成部分，习近平总书记多次就文物保护、利用做出重要论述，强调“让收藏在博物馆里的文物、陈列在广阔大地上的遗产、书写在古籍里的文字都活起来”。习近平总书记这段话，对整个博物馆界来说起了一个振聋发聩的作用。我以前是在地方工作，2006年到博物馆系统工作，博物馆里面相对比较稳健。举个例子，在故宫博物院，我们的电话号码是1234打头，以1打头是党办啊，院办啊，财务处啊，以2打头是业务部门，以3字打头就是一些保卫处、开放处、工程管理处，以4打头是垃圾站、厕所、文化服务中心、商店、出版社，可见博物馆运营中各部门的地位。这个观念都很难转变，所以习近平总书记这句话在整个博物馆系统，确实对解放人们的思想起到很好的作用。

我们单院长在全院经济工作会议上讲，故宫博物院创意产品要从数量增长走向质量提升，今后将继续秉承“把故宫博物院文化带回家”的初衷，研发出更多具有高文化创意附加值的、能够代表故宫文化水平的创意产品。单院长强调，故宫文化产品要更多地研究人们的生活方式，要和人民群众文化生活方式相结合，故宫文创产品要利用故宫人的学术研究成果，与故宫的藏品以及藏品的文化信息相结合，要广泛和社会上优秀的加工企业相结合，还要广泛和社会上优秀的创意设计团队相结合。这是我们文创研发的基本理念，以社会公众需求为导向，以前沿科技为依托，以学术研究成果为支撑。

研发创新是抓手。故宫专家的研究是我们做好文创最基本的，在此基础上，故宫博物院举办了故宫人最喜欢的“紫禁城杯”故宫文创大赛评选活动，邀请专家、职工共同投票，评出的成果出了一本书。故宫人最喜爱的文创，我们的员工也积极参与设计，后来部分获奖作品在全院开始销售，我们委托清华大学美术学院完成了《故宫博物院文化产品包装设计指南》，从此故宫文创有了统一的外在视觉形象。另外我们组织开办故宫博物院文化产业专题培训班，以及故宫博物院经营管理工作座谈会，对文创产品研发经营等各种问题做了总结和规范。

如何打造故宫文创精品，提取 IP（知识产权）？无一物没有来历，工艺就是传承工匠精神，注重受众的实际体验，创意就是优秀的设计师团队。选取故宫最具价值的 IP——文化价值、艺术价值、情感价值，经过市场调研，前期规划，最后专家筛选。结合优秀的设计师团队，理解文化 IP 精髓，提取最具价值的点，拓展创新思维，拓展边界，深挖痛点，确定什么样的文物元素最受社会关注。工艺把控也是六个层面：非遗传承，发扬传统记忆；细节；成本；功能体验实用，文创生活化，贴合用户产品需求；价格参与门槛比较低，大家能买得起；有营销性的推广带动点。

经营创新是中心。大家都知道以前博物馆系统把一些门面租给个体经营户，大概全国的博物馆大部分都是如此。故宫博物院 2010 年开始做一个彻底清理，把个体经营都收回到博物馆来统一管理。我们现在基本上形成了故宫文化氛围，整个故宫创意商店的环境更加优美，服务更加人性化。现在以东长房精品服务区为例，东长房精品服务区是我院与社会知名文创团队合作打造的精品文创区，以新颖创意、精湛工艺、文化氛围、浓郁环境、优良服务成为故宫展览的延伸。故宫文化创意体验馆里，丝绸馆、影像馆、陶艺馆、服饰馆等展馆既可以展览，也可以售卖文创产品，生活馆还有故宫自营以及文创产品的研发、销售，集文化活动、展览展示为一体，实现了故宫文化的当代传播与社会性融合。

故宫文创面面观

故宫文创之美——“萌萌哒”系列。近几年故宫博物院文创产品开发风生水起，很多爆款潮品早已名声在外。日前朋友圈里疯传着一组动画：明成祖朱棣戴着墨镜，用微信玩自拍；久居深宫的嫔妃也戴上VR眼镜玩游戏。我们和腾讯签订了一个战略合作协议，开发了许多年轻观众喜欢的潮品，很多年轻人喜欢看。《穿越故宫来看你》借助互联网和新技术平台，以“萌”的方式将其拥有的优秀文化资源与公众分享，无疑拉近了博物馆与公众之间的距离，使高冷的博物馆变得亲切生动。

故宫文创之美——故宫娃娃系列。该系列有玩偶、卡通手机壳、书签、钥匙扣、T恤、狗衣等。为什么我们开发狗衣这个产品？过去紫禁城是皇家住的地方，也养狗、养猫。明清时候一些宫廷绘画里面有很多猫和狗穿着衣服，我们根据宫廷留下的一些文物设计了好多产品。现在老年人很寂寞，很多家庭不是养狗就是养猫，所以开发了宠物狗服饰产品。故宫什么特别有名啊？就是故宫猫。每天我们早上八点上班，下午六点下班。紫禁城应该是世界上最大的木结构建筑群，木结构最怕老鼠。故宫人六点下班了，将近600只故宫猫就开始上班，上班以后，故宫猫在锻炼，故宫猫在巡逻，故宫猫在监视，故宫猫在休息。我们根据故宫猫研发了手机壳、手表等器具系列。

故宫文创是多层面的。截止到2017年底，故宫博物院共计研发文化创意产品一万多种，故宫文创产品销售也达到十多亿元。而媒体宣传较多的是适合旅游市场和年轻人喜欢的“萌萌哒”系列产品，其实“萌萌哒”系列产品仅占故宫文创产品的15%左右。故宫的文创更多是“雅系列”产品，这是我们作为国礼的产品。

另外我们还有一些随展的产品，包括《千里江山图》的折扇、丝巾、如意云头，“赵孟頫书画特展”的水晶镇纸、琉璃摆件，故宫纸雕灯。

故宫博物院从2012年开始尝试探索基于移动设备的观众服务及

藏品介绍应用程序，已自主研发并上线了八款应用特色与针对人群各不相同的 APP 产品，分别为：《胤禛美人图》《紫禁城祥瑞》《皇帝的一天》《每日故宫》《韩熙载夜宴图》《故宫陶瓷馆》《清代皇帝服饰》《故宫展览》。特别要看《皇帝的一天》，皇帝不容易，早晨起来换装，紧接着读书，读完书给太后请安。乾隆当皇帝的时候每天要到寿康宫给他母亲请安，然后御门听政，接着开始吃饭，吃完饭以后到箭亭广场骑马射箭、锻炼身体，然后可以到御花园休息，晚上有点时间学学外语和科学仪器，所以当皇帝非常不容易，尤其是清朝皇帝。

故宫文创活起来

故宫文物活起来，重点介绍《清明上河图 3.0》。中国有 5000 年以上的文明史，国宝也多如恒沙，在中国人印象里如果选出前三件国宝文物，《清明上河图》毫无疑问应该是首选。它虽然是幅绘画作品，但其范围远远超过了绘画、艺术领域，已经成为走向世界的中国文化符号，并且被海外当作未来城市的样板。观众看《清明上河图》，高峰时期排队时间至少 6 小时，有一次我们排到 12 小时。当时我遇到咱们江苏的老夫妻俩，到了晚上六点多还在那排队，我说你们这么大年龄了，还来看这个《清明上河图》，他说："我们一辈子也没见过。五年以后再出来的时候，我们已经走不动了。"

我感觉我们做文化创意，今天做一个水杯，明天做一个手机壳，后天做一条丝巾，做这些东西有意义，但是文化创意包括三个层面：第一个层次是产品创意，第二个层次是空间创意，第三个层次是人民生活方式的创意。《清明上河图》怎么让平面的东西立体起来，静止的东西动起来，死的东西活起来？艺术家能看懂的东西，怎么让老百姓也能看懂、明白？我一直想破解这个难题，大概五六年以前就想拿这个《清明上河图》做实验。经过广泛的调研，我院决定与凤凰卫视合作，共同开发现代技术下的《清明上河图3.0》高科技互动艺术展演。展演基于故宫博物院馆藏国宝级文物《清明上河图》，深入挖掘画面内容，融合最新高科技互动艺术，构筑了一个真人与虚拟交织、亦真亦幻、人在画中的沉浸式体验。技术研发，全息技术、人像捕捉、多媒体投影互动、全球幕体验、裸眼VR影片，观看的时候是不戴眼镜的。团队是中国最好的团队。还有体验中国传统人文生活，一朝步入画卷，一日梦回千年。

经过三年的时间，《清明上河图3.0》已经在故宫展演，每天一万多人观看。《清明上河图3.0》展馆位于故宫箭亭广场，约1600平方米，共有《清明上河图》巨幅互动长卷、孙羊店沉浸剧场、虹桥球幕影院三个展厅，以及一个宋代人文空间，从各种维度最大化地营造观展的沉浸感和互动性。观众可以在各个音乐章节的串联中，以第一视角体验北宋都城汴京的众生百态，成为长卷中的人物，横渡船舶如织的汴河，并在宋代的人文雅韵中唤醒文化的记忆。展厅一：公子醉眠芳草案，柳花片片点春衣；展厅二：驻马绿杨阴，酒楼三月春；孙羊店沉浸剧场：龙津观夜市，灯火亦煌煌；宋代人文空间：不趣静室，不远闹市。实际看一看，整个感觉非常好，尤其是很多人带着自己的孩子看了以后，以前对绘画没有感觉，看了《清明上河图3.0》以后对艺术、绘画产生了兴趣。我们的初衷，就是让艺术走进千家万户，尤其是走到孩子们中间，让孩子从小就对中国文化、中国艺术能有兴趣和爱好。我们还将此展演作为文化交流项目，到欧洲、美国、亚洲其他国家巡演，也准备入驻蚌埠、青岛、太原等地。很多城市在跟故宫谈《清明上河图3.0》的落地。我们希望该展演能够成为艺术体验与智能科技合璧的文化经典。

故宫文创走进人民生活

故宫文创走进生活，我们在杭州、厦门、苏州、成都、青岛、香港地区，还有美国、意大利、新加坡、韩国、日本等世界各地进行一些展览展示。我们有一个大的IP，因为人一生中，金榜题名、洞房花烛夜，对一个人来说很重要，故宫保留了最完整的婚庆仪轨与文化，我们持续不断地努力推出一系列以婚庆为主题的图书和展览项目。故宫博物院珍藏了大量的资料，展示皇帝大婚庆典，在这样的基础上，我们以大婚为主题，吸取它的元素，准备开发300—400种文创产品。首先是结婚礼服，这些服装已经研发出来了。还有做一些主题文创，包括床上用品、饰品，应有尽有。

故宫文物艺术横贯五千年，中国古代珍贵物件的美丽，都已深深烙印在中国人的记忆里。这些文物是隐含在人文细腻深处的秘密，也已成为今天我们在设计和创意过程中，滋养艺术感知最为丰盛的文化影像。文物承载着灿烂文明，传承着历史文化，是老祖宗留给我们的宝贵遗产。我们在保护、管理的同时，加强研究和利用，“让历史说话，让文物说话”，“让人们通过文物承载的历史信息，记得起历史沧桑，看得见岁月留痕，留得住文化根脉”。文创反映文物艺术，不是通过概念对文物进行简单复制，而是通过文字、颜色、声音、情节、画面、图像，尤其是情感等进行艺术再现。因此，文物的色彩有多么斑斓，文创的色彩就应该有多么斑斓；文物的情境有多么丰富，文创的情境就应该有多么丰富；文物的韵味有多么醇厚，文创的韵味就应该有多么醇厚。今天，我们应该以全球观的横向视角和中国历史的纵向视角，从传统文化开始深度探讨，从人们对美好生活的向往与追求，去考虑中国设计与生活美学的展开。

今天来的同志很多都是博物馆界的同仁，所以我们有责任也有义务，要多用些心、多投入点感情，使自己进入传统文化中，在推动中国优秀传统文化创造性转化、创新性发展之中设计出具有时代审美的文创产品，提高人们的生活质量。我们的生活之美，不都可以从“文化的继承”中看得见、摸得着吗?

谢谢！

2018

第 8 讲

反思并不容易
——毕飞宇读施林克的《朗读者》

毕飞宇

毕飞宇，1964年生于江苏兴化，当代著名作家，南京大学教授。著有《毕飞宇文集》九卷，代表作《哺乳期的女人》《青衣》《玉米》《平原》《推拿》等，另有文学批评文集《小说课》。曾获第一届、第三届鲁迅文学奖，第八届茅盾文学奖，第四届英仕曼亚洲文学奖，法国《世界报》文学奖等奖项。获颁法兰西文学艺术骑士勋章。

“生活没有给我的，阅读给我了。”毕飞宇这样说。

2018 年 8 月 25 日，著名作家毕飞宇来到南博讲坛，分享德国作家施林克经典著作《朗读者》，运用小说思维解读其独到之处并融入个人感悟，为公众营造属于博物馆的文化生活。文学作品既要思想完善又要血肉丰满，毕飞宇拆解经典，解析反思、爱、隐私之间的结构关系，抽丝剥茧，从时间、角度和人称解读小说内部完整的系统性，阐述高光背后的立体性，让公众认识到反思这样一个伟大的哲学命题是如何实现的。

各位朋友，上午好！能够有机会到这个讲台上来，我特别开心。我对南博讲坛是非常熟悉的，龚院长让我谈一谈博物馆文物与生活的关系，这个话题是近几年所倡导的，我也非常愿意。可是我想了半天，觉得我们外行要对内行的东西抱有足够的敬意，最后决定还是放弃有关博物馆方面的话题。虽然我的讲稿和博物馆、博物馆文化没什么关系，但不管怎么说，此时此刻我们人在南博里，共同营造属于博物馆的文化生活。

我今天分享小说《朗读者》，这部小说曾经很热，至今热度未减，我估计大家都很熟悉。作者施林克是一位德国人，但他在中国的知名度非常高，《朗读者》这本书的影响力也非常大。事实上，这部小说的好与不好是次要的，重要的是，这部小说有好几个地方很值得我们讨论，这些讨论对我们会有很大的帮助。

反思与隐私

公认的说法是，《朗读者》是一部反思小说，这个说法百分之百成立。一个“战二代”，从他个人的经历出发，具体描绘了他的上一代——战争一代——所犯的罪孽，这不是“反思小说”又是什么？

反思小说通常以思想性见长，说起思想性，这个话题就比较大。一般情况下，思想性是一部好小说的硬性要求，谁不希望自己的作品带有思想性呢？在小说的内部，思想性属于小说的“骨骼”，没有这个骨骼，我们的小说只能是猪大肠，拎起来是一根，丢下来是一堆。不过话也要反过来说，我们如果有一点生理常识的话，也必须心平气和地承认——骨骼是不应当被我们看见的。我想这样说，我们作为读者如果看到的全是骨骼，那就等于搂着一具骷髅，这是很吓人的。说到这里，有一个东西就显得分外珍贵，那就是“血肉”。我不想抬杠，我坚持认为，无论骨骼多么重要，“血肉丰满”都是小说的第一要义。许多作品“看上去”很“有思想”，却生硬、勉强，说到底，是作者的小说能力不够。

在有效地“渗透”思想性的同时，如何让一部小说“血肉丰满”呢？《朗读者》为我们提供了一个很好的范例。这句话我们分三步来说。

第一步，我要说，尽管反思极其重要，但反思本身却构不成小说。道理很简单，反思的主体是逻辑，它所依仗的是概念、判断、归纳和推导。逻辑是一个什么东西？是工具。亚里士多德是我们这个世界上建立逻辑体系的先驱，他的学生把他的六篇有关逻辑学的论文结成了集子，这就是《工具论》。这个书名起得好哇，它直接揭示了逻辑的本质，逻辑就是工具，我把它叫作“理性工具”。打个比方吧，打家具需要工具，需要锯子、斧头、刨子和凿子。做饭也需要工具，我很不科学地把它们叫作“感性工具”，它们是锅、碗、瓢、盆。现在，有人送给你一堆锯子和斧头，对你说：“做饭去。”我敢打赌，你什么也做不了。

话说到这里就简单了。第二步，仅仅依靠逻辑这个“理性工具”，我们可以完成一部哲学、社会学、经济学或教育学的专著，却完不成一部小说。小说有它另外的一套。真正可以支撑小说的是人类的感性，也就是爱、恨、情、仇。这就涉及人类的命运，涉及人物，尤其是人物的关系和事件。对《朗读者》这部小说而言，它所涉及的人物是米夏（男）和汉娜（女），关系是恋爱或性爱，事件是相爱、分离与重逢。所以，我们在认可《朗读者》是“反思小说”的同时，我们必须确认——

我们读到的“首先”是一部爱情小说。

我想说的是，一个作家，比方说，施林克，如果他冲着“反思”这个大目标而去，他极有可能失去他的小目标，也就是爱情，最终，大目标与小目标也许都不能达成。相反，如果他冲着小目标，他得到了他的爱情。爱情能出汗，“反思”，这个大目标，附带着也就像出汗那样给“渗透”出来了。——这正是小说不讲道理的地方。小说是可以不讲道理的。

第三步，但是我还是要说，当一个作家确定了“要写一部爱情小说”这个小目标的时候，很可能他也是写不好的。谁不想写爱情呢？可真正把爱情写好的作家也不多。为了实现“爱情”这个小目标，施林克设置了一个更小的目标，那就是隐私，或者秘密。我想这样说——

《朗读者》是一部爱情小说，但它首先是一部关于隐私的小说。

是隐私推动了米夏和汉娜的爱情，是维护隐私推动了《朗读者》这部小说内在的进程，同样，也是维护隐私决定了米夏和汉娜的命运。《朗读者》一共有两个主人公，他们各有各的隐私：第一，在女主人公汉娜这一头，她不识字，这是很丢人的，她在全力维护这个隐私；第二，在米夏的这一头，他和中年女性汉娜发生了不伦之恋，很不体面，米夏也在全力维护这个隐私。请注意我的用语，“全力维护”，正是这两个人的“全力维护”，让小说获得了它的内部驱动力。

我们先来看看汉娜是如何维护的。这个“维护”是汉娜的性格，这个性格也决定了汉娜的命运。我们不按照小说的时间顺序，而是按照物理时间的顺序来说：

1. 在年轻的时候，汉娜就职于西门子公司。在西门子公司，当汉娜意识到她的不识字有可能被戳穿时，她逃跑了，去做了纳粹的看守。

2. 汉娜做了看守，因为不识字，她请人给她读书，然后，把给她读书的人送去了奥茨维辛。这给她未来的命运留下了伏笔。

3. 汉娜认识了情欲旺盛的 15 岁少年米夏，因为不识字，她让米夏做了她的朗读者。

4. 在汉娜和米夏旅游的过程中，汉娜不认识米夏留下来的字条，她把米夏毒打了一顿。为了隐瞒实情，她销毁了米夏的字条。

5. 当汉娜就职的有轨电车公司决定培养汉娜做司机的时候，因为司机需要填写工作报告，汉娜再一次逃跑，并不惜放弃米夏。

6. 汉娜被捕之后，被审判了。她被要求阅读她的个人资料，她不能读，甚至都没有把她不能读的隐私告诉她的律师，这使她在法庭上陷入了被动。

7. 审判涉及教堂的大火，也就是犹太人的生命。这就涉及一份事态报告。许多人都诬陷这个报告是汉娜写的。在命运的重大关头，汉娜即使面临终身监禁的危险，也不肯承认自己不识字。

8. 在监狱，汉娜终于向看守要来了笔和纸，这等于说，她向看守承认了自己的不识字，也就是愚昧。

这差不多是《朗读者》一半的内容。

我们再来看看米夏。——米夏的隐私是什么？是和汉娜的两性关系。请注意，待会儿我要问问题，米夏的隐瞒和汉娜有什么不同。

1. 在 15 岁的那一年，米夏和年龄足以做他母亲的汉娜发生了两性关系。为了在父母面前隐瞒这件事，他对全家人撒了谎。

2. 在法庭庭审的时候，米夏其实知道汉娜不识字。只要他站出来证明这一点，法庭上的情况就会改变，汉娜的命运也即将改变。但是，米夏没有这样做。

3. 米夏没有这样做，良心上很不安，他去咨询他的父亲，他想从父亲那里知道答案，他到底该不该说出真相。这是小说内部极为重要的一个部分。然而，他再一次对父亲说了谎。他没有对父亲说明他和汉娜的实情，他在对父亲讲述实情的过程中，所用的代词不是“她”，而是“他”。这是很容易被读者忽略的部分。所以，父亲不明就里，他只是含糊其辞地和米夏讨论了一番哲学问题。

4. 汉娜被监禁了，米夏给汉娜寄去了许多文学作品的录音带。然而，汉娜最渴望得到的东西是什么？是米夏的信。米夏从来都没有给米夏写过哪怕一个字。为什么？因为米夏知道，作为犯人，汉娜的私人信件并不安全。他要隐瞒他的隐私。

5. 米夏同样向监狱长隐瞒了真相。面对监狱长的询问，米夏以“我们两家住得很近”搪塞过去了。

6. 在美国，面对集中营的幸存者，米夏承认他和汉娜的关系，他们“睡过”。

这差不多是《朗读者》另一半的内容。

现在我要问了，同样是隐瞒，汉娜和米夏的隐瞒有什么区别呢？

我要说，汉娜维护自己，或者说隐瞒隐私，那是汉娜的性格。它牵扯到汉娜性格中的羞耻感。这个性格也决定了汉娜的命运。米夏不同，米夏维护自己的隐私不是性格，是利益，是政治正确。米夏，作为一个“战二代”，他赞成并支持“父辈审判”。很不幸，和他发生两性关系的，恰恰是“父辈”。如果他承认了，就等于承认了他与“父辈”的特殊关系，甚至对“父辈”特殊的爱。米夏不能承认，不敢承认。这是米夏的道德两难，或者说，道德窘境。

我为什么要问这个问题？因为这个问题恰恰对应了小说内部重大的精神指向，也就是反思的问题，换言之，诚实地面对历史的问题，换句话说，是隐瞒，还是承认。《朗读者》这部小说最重要的一点也就在这里，当别人没有勇气面对真相的时候，我们（战二代）在要求别人（战一代）反思，那么，要求别人反思、要求审判别人的人，你自己有没有勇气面对自己的真相？这是《朗读者》最为沉重的地方。

现在我们看到了，在小说里，描写一个男人或女人去隐瞒自己的隐私，许多作家都是可以做到的。因为隐瞒，两个人的爱情出现了巨大的波折，这样一来，关于爱情的描写自然而然就出现了。在爱情出现之后，两个人对爱情的态度恰恰不再是爱情，成了反思的内容。

我说了这么多，其实就说了一件事，那就是小说的思维，我把小说的思维命名为“缘木求鱼”，为了得到一条鱼，你爬到树上去了。刚才我说了，《朗读者》是一部反思小说，如果我们仅仅盯着“反思”这个大题目，你很可能一事无成，现在，“反思”，这个重大的小说思想，在米夏和汉娜各怀鬼胎、各自隐瞒的动作和心态里却实现了。

最终，所谓反思的完成，正是男女主人公分别公开了自己的隐私。他们不再隐瞒。现在我们看到了，不隐瞒，敢承认，说实话，这就是《朗读者》想告诉我们的，这就是《朗读者》的思想。如此简单。我想这样说，小说要表达的思想从来不复杂，复杂的反而是思想的呈现，准确地说，是思想的渗透。

我还想这样说，一部小说，如果它思想的复杂性超越了《小逻辑》《纯粹理性批判》《巴黎手稿》《时间与虚无》，这不是小说的光荣。哲学思想的复杂性只涉及少部分人，比方说，职业的思想者，也就是哲学家。而小说的思想却涉及每一个人，你、我、他，甚至包括那些从来都不思考的人，比方说，乞丐、村妇、文盲、醉汉、太监、变态而愚蠢的国王。对小说人物来说，他是不是有思想没关系，他的价值就在于，他可以诱导读者去思想。这才是所谓的“小说思想”。

你以为《红楼梦》的思想有多复杂？说到底，就是一个叫曹雪芹的人，他说，他活明白了。就这个。他明白什么了？那你自己去看小说去。

时间、角度和人称

刚才，在讲述隐私或维护隐私这个问题的时候，我做了一次账房先生，在汉娜那里，我讲了八点，在米夏那里，我讲了六点。我记得我在做账房先生的时候补充了一句话：“我不是按照小说的时间顺序，而是按照物理的时间顺序来说的。”

我的补充是必要的。这里头有一个重要的信息，那就是，《朗读者》的叙事时间和物理时间并不同步。我们前面已经说完了物理时间，现在，我们再来看小说。《朗读者》一共有三部，第一部，在小说开始的时候，米夏 15 岁，他和 30 多岁的汉娜有了两性关系。到了第二部，汉娜被捕了，小说的内容主要是庭审，也就是审判前纳粹汉娜，小说的叙事时间回到了战争年代。第三部，小说再一次回到了现实，描写了汉娜服役，以及米夏为汉娜邮寄朗读的磁带。

直观一点说，《朗读者》这部小说的叙事时间是这样的——

第一章，现在进行时，

第二章，过去完成时（部分为现在进行时），

第三章，现在进行时。

我的问题来了，这部小说能不能用物理时间作为叙事时间？换句话说，能不能从第二次世界大战开始写起呢？也就是说——

第一章，现在进行时，

第二章，现在进行时，

第三章，现在进行时。

理论上来说是可以的。我说过，小说无限开放，从任何一个时间点上都可以切入叙事。但是，现在有一个问题，小说的叙事时间从来不是孤立的，有一个东西和它有千丝万缕的关系，那就是叙事的角度。换句话说，小说从哪个人物“进入”呢？

具体到《朗读者》这部作品，它既可以用米夏作为叙事角度，也可以用汉娜作为叙事角度。那么，到底选择谁？这个就很讲究了。最终，作者施林克选择了米夏做叙事角度。

如果我们冷静地分析一下，我们很快就能发现，以米夏作为叙事角度，其实不是施林克的选择。事实上，他别无选择。

一，这不是一部战争小说，而是一部反思小说。这部反思小说是以什么形式呈现的呢？爱情小说。既然是爱情小说，男主人公和女主人公就必须同时出场。别忘了，米夏比汉娜年轻十多岁，如果选择汉娜作为叙事角度，她做纳粹的时候米夏还是一个儿童，米夏这个人物如何出场呢？没法弄的。就算米夏出场了，你让一个二十多岁的女人去和一个四五岁的男孩谈恋爱去？这个是完全不可以接受的。它太畸形了。所以，叙事角度只能落在米夏这里，而不是相反。这里头其实并没有选择的余地。我要说，所谓小说的自由，其实是一个假象，小说其实是不自由的。谁不能认识、处理这种不自由，他就不是合格的小说家。

二，这部小说最为深刻的地方就在于，它要体现反思者道德上的两难，从这个意义上说，它比战一代自身的反思更加深入，更加艰难。从思想的深刻性上来说，选择战二代作为叙事角度，也就是米夏，比选择战一代更好。

三，角度确定了，小说的叙事时间其实也就确定了。既然选择了年轻的米夏，那么，它的叙事时间只能是这个——

现在进行时＋过去完成时＋现在进行时。

换句话说，保留米夏作为叙事时间的完整性，切割汉娜的时间。

四，这一点对业余作者尤其重要，那就是叙事角度、叙事时间和叙事人称的关系。

大体上说，小说的叙事人称无非两种，第三人称，他、她，第一人称，我。经常有年轻人对我说，老师，我只会写第三人称小说，不会写第一人称，有些人相反，说，我只会写第一人称，不会写第三人称。问题出在哪里呢？不是人称，人称是一个表现。根本的问题是处理叙事时间。第三人称小说和第一人称小说在叙事时间的处理上是很不一样的。第三人称小说的叙事时间相对客观、相对不自由；第一人称小说的叙事时间相对主观、相对自由，你可以任意切割。

我们来看，别看《朗读者》这部小说体量并不大，但是，它的时间跨度是惊人的，足足涵盖了汉娜的一生，跨越了第二次世界大战之前和之后。我要说，小说的叙事时间越长，小说越不好处理。怎么处理比较好呢？选择一个相对自由的叙事人称。我刚才说了，哪一个人称在处理时间上相对自由呢？——第一人称。所以，《朗读者》的作者施林克选择了米夏，选择了“我”。换了我，我也这样干，这几乎是没有选择的。我想说的是，许多年轻的作者在选择叙事人称上过于随意了，其实，还是对小说的认识不足，素养不够。

说到这里，有一句话我特别想说：小说是一个系统。再短的小说，它也是一个系统，叙事角度、叙事时间、叙事人称，这些问题表面上是不同的问题，实际上，如果你有足够的写作经验，你很快就会发现，它们是一体的，彼此很难分离。小说课为什么不好上呢，道理就在这里，为了上课，你必须分开讲，可在实际的写作实践里，它们是不能分开的。好的小说家都有大思维，小说家越是优秀，他的思维空间就越大。

附带说一句，没有一种人称是十全十美的，都有它的长处，都有它的短处，我们能够做到的，是扬长避短。它取决于题材和风格。我想对年轻的作家说，你们唯一要做的，是挑战自己，不能惯自己，既要学会第一人称，也要学会第三人称。这里头没有捷径，只能靠实践。

有一点我需要补充一下，古典主义小说侧重第三人称，现代主义小说侧重第一人称，大致上是这样。关于人称，做得最好的，是《包法利夫人》，它介于第一人称和第三人称之间，它介于古典主义和现代主义之间。我要说，《包法利夫人》处在古典主义通向现代主义的拐弯口上，它是拐弯口的一个标志性建筑。《包法利夫人》在小说美学史上的地位，谁也抹杀不了。

高光，也叫写照

在《朗读者》这本书里，女主人公汉娜有好几个高光，用作者的说法，叫“写照”。我没有能力查看外语，“写照”这个说法是从英译的版本里借用过来的，准确不准确我也不知道，那我就沿用吧。作者借用男主人公米夏的口吻，写出了汉娜的这五个“写照”。在第一部，第十二章里，作者为我们做了全面的交代——

1. 汉娜在厨房里拉上长筒袜。这是米夏情欲被打开的刹那。

2. 汉娜站在澡盆前，伸出双手，手里拿着浴巾。这是米夏和汉娜性爱的开始。

3. 汉娜骑自行车，裙边在风中飘逸。这是他们两人关系的升华，是热恋。

4. 汉娜站在父亲的书房里，用她的食指轻轻地划过书脊。这个细节很美，很动人。当然，最动人是这个：

5. 米夏从大卖场偷了一件睡衣，他把睡衣送给了汉娜。汉娜把这件睡衣穿在了身上。作者是这么写的：

> 我把真丝睡衣给了她，那是紫红色的，细细的肩带，让她肩膀和手背裸露在外，下摆一直垂到脚踝处。她穿着真是熠熠生辉。她高兴极了，满脸欢笑，容光焕发。她从上到下打量自己，转着圈子，舞步蹁跹，又照照镜子，再接着跳舞。

——谁能告诉我，这五个“写照”写得好吗？概括起来说，写的是什么呢？

老实说，这五个“写照”写得很一般，大部分作家都会写。如果让我来写，我保证，我写得比施林克还要好。那么，这又有什么可说的呢？

在回答这个问题之前，我们首先要面对另一个问题：在《朗读者》里头，汉娜是男性还是女性？毫无疑问，是女性。但是，我们不能忘了，汉娜是前纳粹。我们还记得小说的开头吗？米夏因为得了黄疸，呕吐了，汉娜去帮助他。她是如何去帮助的？生硬，粗暴。换句话说，汉娜早就丧失了她的女性特征。她的语言，她肢体的动态，完全异化了，几乎就是一个男人。这一点在小说里是极其要紧的。

但是，女人就是女人。如果汉娜完全丧失了她的女性特征，汉娜就不再是汉娜，人物就失去了她的立体性，成了机械的反思符号。关键是，她和米夏的恋爱就无法完成。所以，在《朗读者》这部小说中，施林克之所以要强调汉娜的这五个“写照”，原因只有一个，把汉娜的女性特征还原给汉娜。所谓的五个“写照”，其实都是简单的、原始的女性特征。所以，这里不是写得好不好的问题，而是你想得起来写和想不起来写的问题。想得起来，你就是好作家，想不起来，你就不是。

这句话也可以这样说，汉娜女性特征的显现，就是人性的显现，就是人性的光辉与希望。是什么让汉娜，这个纳粹，显现她人性的光芒的呢？不是学习班，是爱情，是爱。

如果说，《朗读者》这部小说在思想性上有什么意义，无非就是一点，爱可以拯救一个人，一个民族，一个时代。反思不可或缺，但是，爱更不能被遗忘。从这个意义上说，施林克一点也不特殊，他只是继承了莎士比亚和巴尔扎克的文学思想。

我的遗憾

可以说，《朗读者》拥有很好的题材。题材是重要的，虽说不是唯一的。依靠这个题材，作者完全可以写出一部经典。然而，在仔细地阅读了这本书之后，我很遗憾作者没有做到。

在小说的第一部，第四章，米夏因为得到了汉娜的帮助，再一次来到了汉娜的家。汉娜正要出门，就让米夏在门口等着她，这时候，门开了一道缝隙，就是在这道缝隙里，米夏看见了汉娜换衣服，准确地说，穿长筒袜。15 岁的米夏就是在这样的场景里不能自拔的。

我要说，这个场景写得非常好，好就好在“门开了一道缝隙”。请注意，这个“缝隙”不是汉娜故意留下的，而是门正好就保留了一道缝隙。汉娜，作为一个30多岁的前纳粹，似乎早已经忘记了她的女性身份了。在一个15岁的少年面前，她有什么好遮遮掩掩的呢？这一笔好就好在一箭双雕，它推动了米夏内心的“故事”，也刻画了汉娜的性格。

然而，就在第一部的第四章，作者几乎用了一半的篇幅去解释这件事。作者明确地告诉我们，我，也就是米夏，长大了之后发现，汉娜并没有勾引他。没完，到了第五章，作者又花了几乎一半的篇幅来讨论这件事，这是很愚蠢的。它极大地伤害了作品的品质，也极大地伤害了读者的尊严，他不相信读者的阅读能力和理解能力。

作者自己似乎已经忘了，为了刻画好汉娜这个前纳粹的性格，他几乎是把汉娜作为男人来描写的，作者做得非常成功。为了不至于让作品跑偏，到了汉娜得到爱情之后，作者特地为我们交代了汉娜的五个“写照”，这等于说，作者恢复了汉娜女性的特征。这些地方作者都处理得非常好。既然如此，汉娜的门“留下了一道缝隙”，则是她对自己“女性身份”的有效遗忘，当然不是对米夏的“勾引”。——这有什么需要解释的呢？你在土里头埋了银子，写上“此地无银”很愚蠢，你明明没有埋银子，却写上“此地无银”，你就不愚蠢了？

事实上，这个问题在德语文学并不是个案。席勒就有这个问题，被人多次批评过。我最喜爱的赫尔曼·黑塞也有这个问题。你们去把《孤独者之歌》找出来看看，许多地方都是这样的。这和德国人过于缜密的逻辑思维有关，但问题是，小说不是逻辑。每个地方都交代得实实在在的，会伤害小说的韵致。

还有一个地方，我也想特别地指出。小说里头写到了米夏和母亲的关系。这个关系重要吗？不重要。然而，在第三部的第二章里，小说写到了一个女人，盖西娜。在小说里，这个人物总共就占了一句话。作为一个精神分析学家，盖西娜认为“我必须清理我同母亲的关系”。这句话的意思很明确，它指的是米夏的俄狄浦斯情节。

在这里我们就要讨论一下汉娜和米夏的伦理关系。他们之间相差十多岁，然而，他们之间究竟有没有“母子之间”的伦理象征？在我看来，这个一点都不重要。但是，如果我们死心眼一些，认准了汉娜和米夏的“母子”关系是成立的，那么，《朗读者》就有可能出现另外的一个维度，小说将变得更加复杂。我的意思是这样的：

1. 如果作者要加入这个维度，那么，米夏和母亲的关系就必须加强，现有的篇幅是远远不够的。母亲，作为小说内部的一个人物，显得过于单薄了。

2. 从《朗读者》现有的脉络来说，作者显然没有把这一个伦理关系纳入小说的叙事。既然是这样，作者为什么要在第三部的第二章里头加入盖西娜这个人物呢？可以这样说，盖西娜在小说里是完全多余的，哪怕只有两句话。

我想这样说，不该有的东西，尤其是有可能影响到小说走向的那些东西，在小说里是不可以存在的。一句话都不可以。在这个问题上，福楼拜也许是最好的老师。的确，《朗读者》很打动我，它是一部好小说，但是，在我的眼里，它还不够完美，它离我的预期是有距离的。

最后我还要多一句嘴，我所读到的译本是从英语翻译转译过来的，它的英译汉有些草率，许多地方都过于马虎了。我渴望拥有一个更好的译本。

演讲部分就到这里，谢谢大家！

2018
第9讲

漫步浙江省博物馆

陈　浩

陈浩，1981 年 10 月参加文博工作，现任浙江省博物馆馆长、党委书记、研究馆员。多年来，一直从事钱币学和货币史研究，发表相关论著多种，连获中国钱币学界最高学术奖——第一届、第二届、第三届“金泉奖”，兼任中国钱币学会学术委员会副主任委员、金银货币专业委员会主任委员。近 30 年来，致力于博物馆学的研究与实践，兼任中国博物馆协会第五届、第六届理事会副理事长，国际博物馆协会中国国家委员会副主席，博物馆学专业委员会主任委员。

2018年9月29日，浙江省博物馆馆长陈浩先生做客南博讲坛，做了题为“漫步浙江省博物馆”的专题讲座。他向公众详细介绍了浙江省博物馆的历史溯源、馆藏特色、镇馆之宝、学术研究、陈列展览、文创产品等内容，使观众对浙江省博物馆有了全面深入的了解，同时分享了对博物馆事业发展理念的一些想法和见解。

浙江省博物馆孤山馆区

浙江省博物馆武林馆区

良渚文化玉琮

各位观众，大家上午好，非常荣幸能够有机会和在座的各位进行一次交流！特别感谢南京博物院给我提供了一个平台，来介绍一下浙江省博物馆，同时也感谢在座的各位观众能够抽出宝贵时间来听我介绍浙江省博物馆。龚良院长让我谈谈博物馆与美好生活，这个话题我觉得非常有意义，这使我想起了十多年前，我在台湾看过的一本书，书名叫作《我不在家，就在去博物馆的路上》。起初，我还以为是一位博物馆人的工作手记，后来发现实际上是一位超级博物馆迷，或者说是博物馆的铁杆粉丝，在世界各地看了许许多多博物馆后记录的心得和体会。字里行间充满了他对博物馆的热爱，充满了幸福感，当时我看了也非常感动。实际上越来越多的人，现在开始走进博物馆，据统计，全国博物馆每年举办的展览将近三万个，走进博物馆的观众将近九亿人次，参观博物馆已经成为许许多多人的一种生活状态，成了生活当中的一部分。

我以介绍浙江省博物馆为主，可能会谈到一些其他的博物馆，也会谈到我的一些想法和一些理念。

悠久厚重的历史

首先，还是先说说博物馆的历史和浙江省博物馆的历史，追根溯源。大家都知道，博物馆是一种外来文化，人们的收藏行为催生了博物馆。世界上最早的公共博物馆是位于牛津的阿什莫林博物馆，这是一座大学博物馆，距今已经有 335 年的历史，前些年我去过。之前我一直认为大学博物馆不怎么样，为什么呢？中国的大学博物馆我看过一些，觉得没有特别出彩的，有些馆做得还可以，比方说清华大学艺术博物馆。但绝大多数大学博物馆在展品、展陈等方面都还有局限性，我觉得可能牛津大学博物馆也就一般吧。但我还是带着朝圣的心去看了，因为它是世界上最早的博物馆。到了这家博物馆，我发现非常了不起，这是一家考古艺术博物馆，藏品非常丰富，陈列非常精彩，甚至收藏了许多中国的文物，包括浙江越窑的瓷器。当然，说到世界上的博物馆，毫无疑问会提到大英博物馆、卢浮宫博物馆、艾尔米塔什博物馆和大都会艺术博物馆。这四家博物馆无论是收藏、展示、研究、社会影响力，还是在社会公众当中的美誉度，都是非常好的。

当然，中国也有非常好的博物馆。故宫博物院单霁翔院长说世界上有五大博物馆，除了上面四家以外，故宫博物院也是。实际上早在 150 年前，作为一种外来文化，外国传教士就开始在中国创办博物馆。最早的就是上海的震旦博物院，是法国神父办的一家博物馆。还有亚洲文会博物院、北疆博物院（天津自然博物馆前身），等等。这些博物馆对于中国博物馆的诞生起到了推动作用。第一座中国人自己创办的博物馆，是南通博物苑。这家博物馆我去过多次，今年又去看了，感觉依然非常好。113 年过去了，南通博物苑在原址上不断地发展，秉承了张謇先生的办馆理念，成为中国非常有影响力的一家市级博物馆。当然，讲到中国的博物馆就必须提到中国国家博物馆的前身——1912 年成立的国立历史博物馆筹备处，也肯定要提到 1925 年 10 月成立的故宫博物院。

浙江省博物馆成立于 1929 年。在十年前，没有人知道浙江省博物馆具体是哪一天成立的，后来通过查阅老照片，通过比对三张老照片，发现浙江省博物馆成立于 1929 年 11 月 10 日。它诞生的背景是怎样的呢？现在浙江每年都会办西湖博览会，第一届西湖博览会是在 1929 年上半年举办的，当时国民政府正处在一个黄金时期，到了博览会快结束的时候，有识之士提出来是不是建一座博物馆。拍板的人叫张静江——当时的浙江省政府主席，浙江湖州人。湖州南浔有“四象八牛七十二金狗”为代表的财富家族，张家是“四象”之一。他拍板定下来建浙江省博物馆的前身——浙江省西湖博物馆。张静江有一个兄弟叫张石铭，张石铭有一个孙子叫张珩，研究书画的人可能知道，这是一位非常有眼光的收藏家、鉴赏家。新中国成立后，他在国家文物局工作，出过一本小册子，就是《怎样鉴定书画》。我记得 2014 年 12 月南京博物院办了一个非常重要的展览，展览名字叫“藏·天下：庞莱臣虚斋名画合璧展”。庞莱臣是张静江的舅舅，也是一位大收藏家。话说回来，在张静江的组织下，浙江省西湖博物馆诞生了，第一任馆长是时任杭州市市长陈屺怀。当时也有非常著名的人物来担任浙江省西湖博物馆专门的委员，比如说蔡元培先生、马衡先生。其中，马衡先生在 20 世纪 30 年代担任过故宫博物院院长。

改革开放以来，浙江省博物馆和全国的博物馆一样，得到了快速的发展。浙江省博物馆包括孤山馆区和武林馆区，还有两个名人旧居，一个是黄宾虹纪念室，一个是沙孟海旧居，还有文物保护科研基地等，从 1929 年建馆就在西湖孤山南麓。如果说西湖是一个大花园，园中有一个馆，同时馆中又有园，这样的格局和优美的环境吸引了众多的游客走进博物馆，那么到了里面，观众可以在展厅里了解浙江的历史，了解浙江的文化。在孤山馆区有一处全国重点文物保护单位，叫文澜阁。乾隆皇帝组织编纂了一部古代文献集成《四库全书》，编完以后，又命人手抄了七部，下令分别藏于全国各地。其中“北四阁”分别指的是紫禁城文渊阁、圆明园文源阁、河北承德文津阁、辽宁沈阳文溯阁。“南三阁”分别是浙江杭州文澜阁、江苏镇江文宗阁和江苏扬州文汇阁，但是镇江和扬州两个楼阁都没有保存下来。太平军进入杭州时，一把火把文澜阁烧了，现在的文澜阁是光绪年间在原址复建的。浙江省博物馆孤山馆区的整个庭院非常优美，文化氛围浓厚。西湖现在是世界文化遗产，设有 14 个遗产点，这里是其中之一。在孤山馆区还有一个浙江西湖美术馆，是书画类、艺术类的展厅，建这座馆有一个非常重要的原因。当时全国有两所非常有名的高等美术院校，一所是中央美院，另一所是中国美院。中国美院成立于 1928 年，前身是国立艺术院，由蔡元培先生倡议创立，林风眠先生任首任院长，是中国最早的高等美术院校。20 世纪 90 年代一些美院老教授呼吁，要建一座美术馆，于是就选址在这里，这也是一种记忆的延伸。

2009 年，在市中心西湖文化广场建立了浙江省博物馆的武林馆区。现在又将建设一个新的馆区，大概 10 万平方米，估计今年要动工，大约需要五年的时间就能对外开放，这也是浙江省博物馆新的发展契机。现在大家都感到非常幸福，可以没有门槛地走进博物馆来参观基本陈列、专题陈列，还有临时展览。在免费开放的省级博物馆中，浙江省博物馆是第一家。2004 年 1 月 1 日，浙江省博物馆率先实行博物馆常年免费开放，比全国免费开放早了四年多时间。为什么当时浙江省博物馆要向社会公众长期免费开放？2003 年，浙江省博物馆成为全国文化体制改革试点单位，中央政策是“增加投入、转换机制、增强活力、改善服务”。“增加投入”是政府的事情，“转换机制、增强活力、改善服务”是博物馆人努力的方向，落脚点是改善服务。博物馆为社会公众提供更好的文化产品、更好的服务，这是改革的目的。当时我就提出博物馆免费开放。其实早在 20 世纪 90 年代中期，浙江省博物馆就有这个想法，但由于种种原因，没有实施。当时采用了年卡制，博物馆门票是 15 块钱，成人年卡一张 10 块钱，未成年人年卡一张 5 块钱。只要是在开放时间，一年内凭年卡随时可以走进博物馆参观。

到了 2003 年，我觉得免费开放条件成熟了，社会公众对博物馆是有需求的。同时在那个阶段，我看到一份材料，提到社会公众生活的状态：当人均收入在 2000 美元以下的时候，人们更多的需求是温饱；当人均收入达到 5000 美元的时候，他们的生活想法就开始多起来了，非常重要的一个标志就是旅游；当人均收入达到 8000 美元的时候，人们开始追求精神上的东西，比方说听音乐会、参观博物馆。我就想能不能把最后的一道门槛（票价）拆了，让更多的人来享受博物馆创造的文化氛围。这种想法也得到了政府的支持，2004 年 1 月 1 日，浙江省博物馆率先在全国省级博物馆中，实行常年免费开放。浙江和江苏一样，经济发展都走在全国前列。在浙江文化文物领域，曾经发生过一场“定海保卫战”，这是怎么一回事呢？舟山市政府要“旧城改造”，而相关文物部门在实地勘察后一致认为这是个错误做法，定海古城保留了一个城市发展的记忆，应该得到尊重和保护，但最后定海古城还是惨遭破坏。这是一件非常令人痛心的事情，也为中国的中西部城市怎样进行城市建设提供了教训。当然，我们也提供了很多有益的经验，比如说，浙江省博物馆作为免费开放的先行者和探索者，为全国博物馆的免费开放提供了经验。当然除了故宫博物院、秦始皇帝陵博物院这种遗址类博物馆之外，是否所有的博物馆都应该实行免费开放，由政府进行补贴，我觉得值得商榷，但是作为文化惠民的举措，这值得赞赏。免费开放以后，观众量急剧上升，社会影响不断扩大，观众受益面也不断拓展。

琳琅满目的藏品

对于博物馆来讲，藏品建设至关重要。博物馆藏品分为珍贵文物和一般文物，一级文物、二级文物和三级文物都是珍贵文物。浙江省博物馆虽然藏品只有十万余件，但珍贵文物和一般文物加起来就有八万多件，还有大量出土于遗址、窑址、墓葬里的文物标本。虽然数量不是很多，但是浙江省博物馆的收藏还是非常具有自己的地域特色。比如史前文物里，河姆渡遗址的文物是非常重要的收藏。河姆渡遗址的两次发掘，一次是在 1973 年，一次是在 1977 年，这对改写中国历史非常重要。我念中学的时候，中学教科书上写着中华民族的摇篮是黄河流域，而根据河姆渡遗址的两次发掘成果命名的河姆渡文化，改写了中学教科书，明确了黄河流域和长江流域都是中华民族的摇篮。河姆渡遗址两次发掘出土的最好的文物都保存在浙江省博物馆。还有反映中华文明起源的良渚文化，最好的文物也保存在浙江省博物馆。20 世纪 30 年代，浙江省西湖博物馆馆员施昕更在家乡良渚的一处水塘里，发现了一些陶片。1936 年开始，施昕更主持进行了三次考古发掘，并出版了发掘报告《良渚》。后来，人们对良渚文化的认识不断扩展，发现也越来越多，环太湖流域形成了一个有诸多分布点的新石器时代晚期文化群。除此之外，大家也知道瓷器对于中国文明的意义，以及对于世界文明的意义，而浙江是瓷器的诞生地，无论是原始瓷器还是成熟瓷器，浙江省博物馆的收藏都非常丰富。另外，还有历代的工艺品，以及明清绘画等，也构成了馆藏特色。

在 2009 年 6 月，我们举办了“国之瑰宝”展览，把浙江省博物馆最有代表性的 30 件馆藏精品文物做了一个集中展示。为什么要办这个展览呢？当时很多人问我，浙江省博物馆的镇馆之宝是什么？我说比如《富春山居图》、河姆渡文化漆碗等，但总觉得说不全。后来我想到台北故宫博物院的“人气三宝”——翠玉白菜、肉形石、毛公鼎，台北故宫博物院采用了社会公众评选的方式，最后产生了“人气三宝”，这对我是一个启发。于是浙江省博物馆办了这次展览，让观众为 30 件文物投票，评选“十大镇馆之宝”，观众非常积极，踊跃参与。在观众投票的基础上，又进行了一次专家投票，专家投票和观众投票契合度极高，达到了 90% 以上，最后产生了浙江省博物馆的“十大镇馆之宝”。

由于时间关系，我不能很具体地介绍这十件馆藏精品，下面我做一些或详或简的介绍。其中第一件是河姆渡遗址发现的双鸟朝阳纹牙雕。两只鸟围绕着一个太阳，当时定名为“双鸟朝阳”，现在有人定名为“双鸟舁日”，不同的定名牵涉到考古学家或者文物学者对于文物的不同认识。到底这件文物是干什么用的，现在学术界还有一定的争议。我认为，可能是安放在当时河姆渡人居住的干栏式建筑顶端，与上苍进行沟通的带有原始宗教意义的一件器物。当然，还有其他一些解释。

还有一件是目前发现的最大的良渚文化玉琮，重达 6.5 千克。

雕刻非常精美，中间有神人兽面纹，戴着羽冠的神人骑坐在一只兽上，在四侧、四角分别有两组共八个简化的神人兽面纹，反映了良渚文化高超的制玉工艺，当然也反映了当时良渚古人的宗教观念，或对天地的认识。明年，良渚古城遗址将要申报世界遗产。去年《国家宝藏》第一季，浙江省博物馆入选文物有三件，新石器时代良渚文化玉琮就是其中之一。

战国伎乐铜屋模型于1982年在绍兴坡塘306号墓出土。这间房屋三开间，屋顶装饰有图腾柱，柱顶是一只鸟，使人想到了双鸟朝阳纹牙雕。在良渚文化玉琮的神人兽面纹和四角简化的神人兽面纹当中，也有鸟的形状。可能是当时的人们认为鸟会飞翔，能够连接天地，沟通人神。伎乐铜屋模型里面一共有六个人，前排三个人里两个人在唱歌，一个人在击鼓，后排三个人里两个人在弹琴，一个人在吹笙，据此推测这应该是一处公共建筑的房屋模型，可能是用作祭祀。绍兴坡塘306号墓出土文物中，能够确认两件器物和徐国有关，徐国和吴国关系非常密切。但徐国在吴国北面，这些器物怎么会到绍兴来，这是一个疑问。通过研究，推测性的说法是吴国灭了徐国，后来越国又灭了吴国，作为战利品被带到了浙江境内，在越国留存下来。当然也有一种说法，吴国灭了徐国以后，徐人四散，其中有一部分徐人到了浙江，是那时候带过来的。也有说法是徐人南迁浙江，甚至进入管理层，这些器物是那时候铸造的。不管怎么说，这些文物有着重要的史料价值和高超的艺术水平。

湖北省博物馆的越王勾践剑曾上过《国家宝藏》，为越王勾践制作。浙江省博物馆收藏的战国“越王者旨於睗剑”是越王勾践儿子的剑，是1995年9月时任上海博物馆馆长马承源先生在香港发现的。马先生在香港的古玩市场发现了这把剑，立刻联系浙江省博物馆筹划赎回国宝，让它回归故里。此剑当时开价为 100 万港币，在筹款期限到来之时，因浙江省博物馆无力斥巨资购得此剑，有一个日本藏家甚至愿意出 150 万港币购买此剑。在国宝即将流失的紧要关头，杭州钢铁集团鼎力相助，出资将此剑赎回，捐赠给浙江省博物馆。

浙江省博物馆古琴收藏非常丰富，有 30 多张，可能是除了故宫博物院以外，收藏古琴最多的一家博物馆，而且收藏品质非常好。能够确认的唐代古琴有四张，唐“彩凤鸣岐”七弦琴便是其中之一。这张古琴是唐代的雷公琴，而且是雷公里面第一位——雷威制琴。中国最好的唐代古琴是四川雷家制造，雷氏祖孙三代都做琴，其中以雷威最为著名。“彩凤鸣岐”原先由清王室定王府收藏，八国联军攻入北京，城内大乱，古琴流落到了民间。有一个人叫杨宗稷，是“民国古琴第一人”，著有《琴学丛书》43 卷。他收藏了 50 张古琴，这是他最最珍爱的三张古琴之一。古琴后来托付给了浙江镇海的政要徐桴，他的后人把古琴捐赠给了当地的镇海文化馆，1953 年又移交给了浙江省博物馆。在 2008 年，浙江省博物馆邀请当代琴坛名家成公亮、丁承运、姚公白以馆藏“彩凤鸣岐”和“来凰”两张唐琴为演奏乐器，录音并出版古琴 CD。在 2009 年建馆 90 周年的时候，浙江省博物馆武林馆区开馆，古琴 CD 成为馈赠中外嘉宾的礼品。同时，我们还在浙江音乐厅举办了“千年清音·浙江省博物馆藏唐代古琴音乐会”。去年，北京高考语文试卷题目有一段素材讲的就是浙江省博物馆保护古琴和活化利用古琴的举措。

2001 年，雷峰塔地宫考古发掘出土了大量精美的文物，五代十国吴越国鎏金纯银阿育王塔是其中最重要的文物之一。据文献记载和出土石碑考证，雷峰塔是吴越忠懿王钱弘俶为供奉佛螺髻发舍利而建。

北宋泥塑彩绘观音立像出土于温州白象塔。佛教自汉代传入中国，到宋代佛教世俗化趋势更为明显。为了让老百姓更便于接受佛教，造像是一种非常好的传播手段或沟通方式。北宋泥塑彩绘观音立像的造型非常优美，制作精致，被誉为“东方维纳斯”。

元黄公望《富春山居图》的名气非常大，这幅画卷和江苏有着千丝万缕的联系。画家黄公望，“元四家”之首，中年后皈依全真教，在江浙一带云游山水，画艺大精。至正七年（1347），黄公望 79 岁的时候，和道友无用师一起畅游于富春江畔，开始绘制《富春山居图》，画了三年尚未完成，画画停停，四处云游去了。这幅作品到底哪一年完成的，至今是个谜。此画曾被很多画家辗转收藏，如沈周、董其昌等。沈周得到《富春山居图》后，将此画拿去请一位书画鉴藏大家题跋，不想画作被弄丢了。沈周痛惜不已，他凭着惊人的记忆力，从头至尾把《富春山居图》背摹了一遍，且相似度极高，此摹本现收藏于故宫博物院。明代晚期，黄公望的《富春山居图》转至宜兴吴氏家中，吴洪裕对这幅作品的珍爱程度到了朝夕不离的地步，他临死前，嘱家人“焚以为殉”。万幸的是，他的侄儿吴子文迅速地从火中抢出已着火的《富春山居图》。可惜画作被烧成两段，前段已经过火，部分焚毁。前段被当时一位极富鉴赏力的古董商人收藏，他去掉烧焦的残片，精心装裱后定名为《剩山图》，此后辗转于各藏家之手。到了 1937 年，《剩山图》被上海的一位古董商曹友卿收藏，曹友卿请书画大师吴湖帆鉴定，吴湖帆慧眼识别出这是元代黄公望《富春山居图》的前半段，立刻拿家藏的青铜器与之交换。1956 年，在浙江省文物管理委员会兼职的沙孟海先生从吴湖帆处征集到《剩山图》，后转为浙江省博物馆收藏。它的后半段被称为《无用师卷》，也经多人收藏。到了清代乾隆年间，《无用师卷》被进献给皇帝，然而乾隆皇帝错把赝品《子明卷》当成真迹，稍有兴致便在画面上题跋，多达55处。因为这个原因，真迹《无用师卷》被打入“冷宫”，但也因错得福，画面上干干净净没有被破坏。2011年6月1日，《剩山图》和《无用师卷》在台北故宫博物院进行了一次“合璧”展出，成为海峡两岸影响至今的重要文化事件。

元龙泉窑青瓷舟形砚滴是非常具有代表性的龙泉窑青瓷精品。此器造型奇特。内涵丰富而又做工考究、釉色美丽的砚滴是绝无仅有的。

民国金箔贴花万工轿是20世纪50年代从宁波征集到的，但它的制造地在上海。这顶轿子据说只用过一次，是浙江非常有名的虞洽卿嫁女时用的轿子。整顶轿子采用圆雕、浮雕、透雕三种工艺手法进行装饰，共雕有250个人物，花鸟虫兽无数。宁波人也称它为“百子轿”。除了天官赐福、麒麟送子等吉祥主题外，万工轿上还有《水浒传》《西厢记》《荆钗记》《拾玉镯》等戏曲场景，有的地方还辅以镜片玻璃画。如果按现在婚车的豪华程度分，万工轿在当时绝对属于加长型顶级配置的婚嫁“豪车”。

百花齐放的学术研究

这一部分我要简单介绍下博物馆的研究工作。博物馆的学术研究既包括对文物本体的研究、文物科技保护方面的研究，还包括博物馆学方面的研究。浙江省博物馆对研究工作非常重视，出版了大量的学术著作，也举办了一系列国际、国内学术研讨会。浙江省博物馆还鼓励职工和业务干部申报各级各类课题。同时，馆里也有两类课题。一类是个人类课题，业务人员做学术研究，学术成果由浙江省博物馆负责出版，并列入浙江省博物馆的学人丛书；还有一类是工作类课题，一般要花三年左右的时间，研究成果就是一个大型的原创性展览、一本学术性强的展览图录，或者一个国际性学术研讨会等。

推陈出新的陈列展览

接下来，讲一下浙江省博物馆的陈列展览，这是博物馆面向社会公众最主要的一个窗口。浙江省博物馆主要分为两个馆区，分别是武林馆区和孤山馆区。武林馆区有“越地长歌——浙江历史文化陈列”。在武林馆区，浙江省博物馆还有另外一块牌子，即浙江革命历史纪念馆，它是浙江全省唯一一个以展示浙江革命历史为主题的博物馆，其基本陈列是“钱江潮——浙江现代革命历史陈列”。这两个基本陈列都是反映浙江省博物馆性质的。

基本陈列有一个发展过程，如浙江省博物馆和南京博物院同样作为省级博物馆，基本陈列是不一样的，存在差异。“江苏古代文明”陈列更多是从物质文化角度来体现江苏的古代文明，浙江省博物馆则是从过去的“浙江历史文物陈列”“浙江七千年”一直到现在的“越地长歌”，“越地长歌”是从历史文化角度反映浙江历史上重要的文化现象。第一部分“文明曙光”，主要介绍了钱塘江两岸的河姆渡文化和良渚文化。第二部分“古越王国”，展示了先秦时期的浙江。第三部分“三吴都会”，介绍秦汉、六朝、隋唐时期的浙江，这是一段从低迷走向高扬时期的发展过程。第四部分“东南翘楚”，展示的是五代宋元时期的浙江，这是一个相对安宁而发展迅速的时期，社会经济各方面都有大发展。最后一个部分“繁庶两浙”，展示的是明清时期浙江的政治经济文化发展情况。此外，武林馆区还设有“非凡的心声”“意匠生辉”“十里红妆”等专题陈列。

孤山馆区有“昆山片玉——中国古代陶瓷陈列”和“重华绮芳——宋元明清漆器艺术陈列”。其中“重华绮芳——宋元明清漆器艺术陈列”以曹其镛夫妇捐赠的漆器为主。最为难得的一件漆器是他捐赠的元代“张成造”剔红婴戏图盘，底上有针刻款“张成造”。

黄宾虹艺术馆是孤山馆区非常重要的一个展馆。黄宾虹和吴昌硕、齐白石、潘天寿合称“20世纪传统中国画四大家”。黄宾虹先生的所有作品及收藏均由先生的家属捐赠给浙江省博物馆，总共一万余件。

在孤山馆区还有一个常书鸿美术馆，常书鸿先生筹备建立敦煌艺术研究所并担任首任所长，被誉为“敦煌的守护神”。根据常书鸿先生生前的夙愿，家属将其200余件画作捐赠故乡杭州做永久珍藏。为此，浙江省人民政府决定在浙江省博物馆内专设常书鸿美术馆，以志纪念。

当然，作为一家博物馆，仅仅有基本陈列、专题陈列是远远不够的。因为基本陈列也好，专题陈列也好，都是相对稳定不变的。为了吸引观众不断地走进博物馆，浙江省博物馆和南京博物院一样，每年都会举办多个临时展览。我们现在基本上每年会举办25—30个临时展览，其中特别强调原创性展览。如与辽宁省博物馆合作举办了“守望千年——唐宋元书画展”，共展出36件（组）书画珍品，大家名作32件来自辽博，4件来自浙博，纵跨唐宋元700余年，社会影响极大。当时浙江省博物馆和《钱江晚报》合作，推出了24个免费的版面宣传此次展览。这次展览还做了手机语音导览，是由我和辽宁省博物馆馆长马宝杰共同录制的，“杭普”和东北腔形成了一种意外的和谐，深受观众的欢迎。

浙江省博物馆的部分临时展览从去年开始收费。去年有一个展览收费，今年有两个展览收费。浙江省博物馆一年办 25—30 个临时展览，一般不超过三个展览收费。临时展览一般采用低票价，对于特定人群免票或者优惠。观众在收费展厅里面的时间，明显比其他展厅时间要长，所以临时展览收费可以满足不同层次需要，而且这也无形中提高了社会公众对博物馆的好感度和忠诚度。

除了展览以外，教育推广也是极为重要的。浙江省博物馆举办多种多样的教育活动，有 18 个大系列活动，每一个大系列活动都有一些小系列，去年一年做的教育推广活动共计 499 场。2015 年，浙江省博物馆和绍兴博物馆联合举办“另眼相看——马达罗先生镜头下的杭州和绍兴”摄影作品展。马达罗先生是意大利人，他到过中国 183 次，拍了大量照片。杭州的报纸上刊登了整版的“寻人启事”，找到了部分照片的主人公，宣传效果也非常好。

新意迭出的文创产品

最后简要说一下文创。这两年文创开始走红，我认为做得比较好的博物馆有故宫博物院、南京博物院、上海博物馆等。浙江省博物馆的文创工作相对来说弱了一些，但是也有一些特点。我个人认为，博物馆文创现在很难说达到了一个真正全面进入文化创意产品的阶段，早年主要是制作文物的仿制品，现在大量的文创都是文物的延伸产品，即对博物馆文化的一种延伸。我举几个例子，十多年前我到台湾台北县——现在叫新北市——的一家陶瓷博物馆，当时他们馆长送我一个杯子，杯子里面有一座小山，上面有一只北极熊。我一眼就看明白了，北极熊现在只有立锥之地，随着气候变化，可能以后连立锥之地都没有了，这个创意是要唤醒人们保护地球、珍爱生命的意识。复旦大学一位老师给我介绍她在日本看到一种橡皮，形状是不规则的，从一面看是一个猿人的形象，另一面看是直立人的形象，在切开的过程中，任何一个剖面都是从猿到人进化的阶段。这是一个很好的创意，是人类对自己过往的一种回溯，从猿到人则反映了人类的进步。但是像这样的创意，在博物馆当中并不多见，文创产品的开发任重而道远。

由于时间关系，我只能简单和大家交流这些，欢迎大家到浙江省博物馆参观。谢谢大家！

2018

第10讲

琴鉴

——中国古琴艺术与当代生活美学

王　鹏

王鹏，“古琴艺术”国家级非物质文化遗产项目代表性传承人、国家文化产业示范基地与国家级非物质文化遗产保护研究基地——“钧天坊”创始人、当代斫琴与演奏兼善的古琴艺术家、美学空间设计师、中国民族管弦乐学会古琴专业委员会（中国琴会）副会长、中国室内装饰协会陈设艺术专业委员会副主任。著有《钧天斫琴录》《习琴精要》《古琴传统丝弦的恢复与制作》，古琴音乐专辑《皋鸣钧天》《钧天云和》《无痕》等。主持出版有《百瓶斋琴谱》《自远堂琴谱》《天闻阁琴谱》《刘少椿琴谱墨迹选》《古琴——广陵琴社百年纪念专刊》等。

设计制作的美学空间以展览、音乐会舞台艺术等形式走访过以色列、韩国、俄罗斯、沙特阿拉伯、澳大利亚等地，在国内外产生了广泛影响。王鹏也凭借他独特的美学理念与空间设计，跨界获得了中国室内设计“陈设中国——晶麒麟奖生活艺术家”荣誉。

2018年11月4日，“古琴艺术”国家级非物质文化遗产项目代表性传承人王鹏先生做客南博讲坛，分享“琴鉴——中国古琴艺术与当代生活美学”，从古琴艺术的文化价值、良材、善斫、美器、妙指、天地精神、生活美学等角度阐述古琴艺术与当代生活的关系以及古琴艺术的保护与传承，并为现场观众奉上一场别开生面的古琴音乐会。

妙指

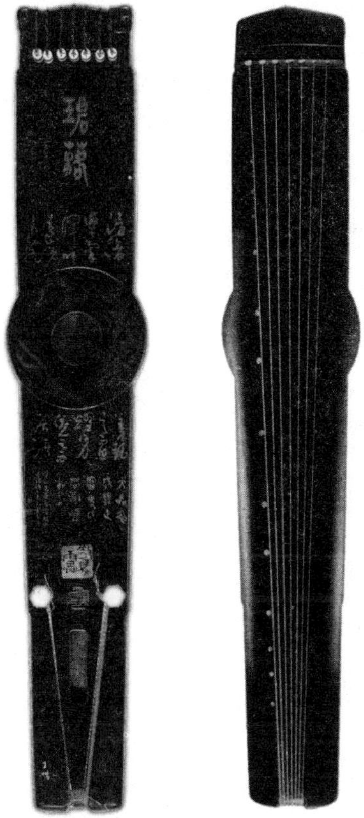

苍璧式

非常荣幸能够在南京博物院做这场讲座，今天我要从古琴的视角，去阐述中国文化当中的美，从古琴的角度去找到我们文化的线索。这个线索可以扩大到我们的生活，甚至到我们的创意、我们的美学。但是首先我们要了解什么是古琴，古琴它究竟是怎么回事，所以在讲座之前，我想先为大家演奏一曲《平沙落雁》。

（演奏《平沙落雁》）

正音方能正心，音正而行正

古琴在三千多年的文化传承过程中，逐渐被琴人理解出三个鲜活的文化价值。第一个鲜活的文化价值是正音。什么是正音呢？就是音乐的一种力量，听到古琴的声音，就会平静，所以古琴自古以来就被命名为“正音”。正音里有很多内容，有三大要素：第一是良材，第二是善斫，第三是妙指，这几点合起来才能体现出正音。我们可以把古琴的核心审美总结为几个字：清微淡远，中正平和。

我从 1987 年开始制作古琴、研作古琴、传播古琴，到今天，我发现古琴虽然是三千多年前的老古董，但是里面有非常鲜活的文化价值。正音是第一条，它是鲜活的，无论是伯牙子期的时代、唐宋元明清的时代，还是今天或者未来，听到这种声音你会想安静下来。正音正心，塑造我们的品格，这也是礼乐教化的基本原理，“移风易俗，莫过于乐”。音正而行正，音乐的风格端正了，行为才能够端正，这个就是礼乐教化。礼是什么？是我们长期以来对某一事情的做法与行为规范的认可，纷纷效仿，久而久之形成礼。乐是什么？是由心而发的音乐，它能够触动你的血脉、精神，影响到你的思想、你的品格，甚至影响你的行为。正音就是礼乐教化，是第一个鲜活的文化价值。

提升美学能力、判断能力

第二个鲜活的文化价值是什么？是提升我们的美学能力。当今时代，人们开始越来越重视美育。我们看那些发达国家，他们在经历经济的发展之后上升到美学、艺术、文化、哲学、逻辑、智慧层面的升华，我觉得这是人类走到今天应该要思考的问题。今天我们国富民强、国泰民安，最缺乏的是美，我们太缺乏美商了，美在我们的生活当中往往很容易被忽视掉。不尊重美，不使用美，不创造美，那生活品质究竟在哪里？所以在这个时代，我们倡导生活美学，倡导从传统文化当中提炼核心价值观去指导我们的生活，让我们的生活美好起来。今天，我们突然从一件乐器中找到了这种美，找到了这种核心价值，那我们就要深入研究一下。

第三个鲜活的文化价值是什么？是提升我们的判断能力。我们学习任何艺术都会有判断能力的提升，无论是书法，还是画画。但是琴又不一样，这里面有声音，有你的心，有你的思想，有手部的动作，最关键的是度的拿捏。什么叫清微淡远？怎么做才叫清微淡远？做到什么程度才是清微淡远？在整个乐曲演奏的时间当中和空间当中，你都不断地在判断。音到底是大一点好，还是小一点好？慢一点好，还是快一点好？先快后慢，还是先慢后快？用心弹琴是修养自己的时刻，也是提升判断能力的开始。

这三点文化价值是非常鲜活的，它可以从远古走向未来。今天，我们倡导学习古琴，推广古琴，并不是熟练地弹一首曲子，觉得自己在台上可以演奏，最重要的是把核心的文化价值提炼出来，把它的智慧精神留给这个社会，留在我们的生活当中，让我们的生活美好起来，这才是推广古琴最重要的东西。

良材：中庸之道、是非之间

我再分别介绍一下正音、正心的几个步骤。东晋顾恺之《斫琴图》里有制琴的一些步骤和过程。唐代雷威曾经有“选良材，用意深，五百年，有正音”之说，怎样才能出正音呢？首先是材料，五百年以上的老木头才能发出正音。很多人说这个树长了有八百年，把它砍下来做琴吧，不行，那个是新材，必须是在人间用了五百年，才叫五百年以上的古琴，这张琴才能发出正音。并不是所有的材料都能用，制作古琴的材料在《诗经》中有记载，“椅桐梓漆，爰伐琴瑟”，即桐木、梓木、大漆。

桐木琴，又是怎样的桐呢？南京到处都是法国梧桐，但是法国梧桐不是梧桐科的。桐木有很多，有青桐、油桐、泡桐、紫花桐、白花桐等，究竟哪一种可以做琴？哪一种做琴最好？网上风传青桐做琴最好，在我修复的几百张历史名琴当中，没有一张是青桐做的，全部是泡桐。泡桐究竟是哪个地方的好？峄山、云和山是出产琴瑟材料的好地方。地方是一方面，品种是一方面，选择的部位也是一方面。桐木和其他木头不一样，其他木头越往下面越硬，越往上面越软，桐木则相反，长到一定时候，它的主干中间就空虚了，而新长出来的枝条则相反，木质坚实，所以制琴材料要用孙桐、桐木孙枝。所谓孙桐，是指桐树新生的小枝。孙桐风干的时间越久越好，这样的材质木性稳定。选好的孙桐放置五六年甚至七八年再来制琴的很常见。那么青桐能不能做琴呢？可以做琴，青桐要用根部来做琴，因为它太硬了，根部的软硬恰到好处。

《琅嬛记》记述："雷威制琴不必皆桐，每于大风雪中独往峨嵋，择松杉之优者伐而斫琴，妙过于桐。"这句话很深刻，峨眉松就是杉木，雷威在大风雪的时候，进山听声，听大风吹哪棵树能发出美妙的声音，他就砍下来做琴，结果比桐木还妙，所以从唐代以后出现了杉木制琴。今天我们去验证杉木琴确实比桐木琴要好很多。为什么？材料里面就已经反映了美学。杉木跟桐木的最大差别是杉木年轮分明、纤维分明。杉木像松木一样有一条硬的筋，然后是软的肉，桐木不是，木质没有硬的全是偏软的。这究竟有什么含义呢？硬的筋使声音传导速度快，软的肉让声音余韵绵长，这是一个中庸的美学观。材料上已经很中庸，做出的琴既有刚的骨头，又有绵绵的肉，有核心的点又有周围的环境，发出的声音具有穿透力。声音的好坏就像我们在台上唱歌的人一样，什么叫字正腔圆，字正就是他的歌声里面有核心的骨头，而腔圆是他的肉。声音尽管很小，但穿透力很强，这就是好的声音，好的琴。但是很多琴在前面一两米听着声音很大，走过三米之后听不到声音了，这不是好的琴，发声原理是错误的，这就不叫字正腔圆，它只是一个散乱的频率集合。制琴当中我们发现，材料是最重要的第一步，选择中庸的材料。我经常用手去摸木头，木头是有温度的，它们是有话要对我说的，我也知道它们想说什么。

每块材料都觉得它自己是块好料，“你要把我用好，你要做出什么样的琴，不辜负我的日月精华”，我经常会有这样的和木头的对话。

鹿角霜是什么？梅花鹿、马鹿成熟以后脱落的鹿角，经炮制后去掉油性胶质、水分，粉碎成颗粒，就叫鹿角霜。鹿角霜是和在大漆里面，在琴木胎上刮腻子用的。我试过用牛骨，但是发声效果不行。古人在《诗经》中描述：“呦呦鹿鸣，食野之苹。我有嘉宾，鼓瑟鼓琴。”鹿好像跟声音有着直接的关系，所以这是天然的一种属性吧。制琴时，鹿角霜跟大漆混合在一起是最好的配物。大漆是一种漆树，产于湖北毛坝、贵州毕节、陕西安康等地。在漆树上割一个三角口，下面插一个贝壳，一个星期后贝壳就接满了漆，这个过程叫采漆。采漆也是非常艰苦的，好漆都在深山里面，叫大木漆，在丘陵地带的叫小木漆。大木漆的漆酚含量高，容易干燥，小木漆的漆酚含量低，硬度也会偏差一些。漆的使用历史非常悠久，最早发现于河姆渡文化，到了汉代已经广泛使用。琴用朱砂调漆，乳白色的漆遇到空气会变黑，所以琴是黑色的，天然的黑和朱砂形成了琴的色彩。

现在很多人做琴都是用化学漆，二十天就可以做一张琴，但是钧天坊做琴很慢，两年才能做一张琴，为什么？因为使用大漆，这是传统古琴的制作工艺。大漆与化学漆不同，化学漆是石油提炼的产品，聚酯成分偏多，跟塑料布差不多。如果你做一张琴，蒙上一块塑料布的话，声音就会被闷死在里面。大漆不一样，里面有很多细微的颗粒，这些颗粒有透气性，用于制琴，既有抑制作用又有透出声音的作用，既抑制又放出，又是一个中庸的材料。这就是中国的美学，古琴制作的一个最重要原理就是抑制与振动之间的关系。木胎是要充分振动的，是声源，灰胎、大漆是不让它振动的。古人有句话“弹琴不清，不如弹筝”，如果弹琴不具清雅之风，没有韵味的话，不如弹古筝，要的就是这个清音，这就是古琴的美学。雷威作琴纳音的处理，“声欲出而溢，徘徊不去，乃有余韵”，让声音不仅要出来，还要受到阻碍后慢慢释放出来，这才有韵味，才有余音。这就是古琴的特殊审美，不是声音越大越好，也不是声音越小越好，是一个中庸之道。这种乐器可以称得上是哲学型乐器，我们看到基本的原理是振动与抑制之间的关系，而材料本身也选择了中庸的材料。

再往下说说其他的材料——孔雀石、朱砂。孔雀石跟朱砂是什么概念呢？很多人可能知道古琴的灰胎，有一种做法叫八宝灰胎，主体是鹿角霜和大漆，再把孔雀石、朱砂、松石等一些矿石配进去凑成八样叫八宝灰胎。有人说就是为了好看、哗众取宠，其实一个很重要的作用是配重。尤其是朱砂，不仅琴做出来红黑相间，非常好看，最重要的作用是配重，如果重量不够，琴的声音不会实也不会下沉。

我们再来看看琴徽贝壳，选择的都是有折光的贝壳。琴徽标志着泛音的位置，十三个琴徽代表一年十二个月和农历两三年一次的闰月。琴徽如果用别的材料做的话，在夜晚的月光下是看不清楚的。当然古琴也有其他的徽，金徽玉轸也很好，是一种华丽的象征，还有金声玉振，其实都能配得上。但我最喜欢的是贝壳徽，干净素雅。玉的品德，它的净透，都是一种德行，所以古琴上的雁足和弦轸都配的是玉，这是最好的一种装置。

琴弦的材料是什么样的呢？古人的丝弦是用生丝来做，里面配上熟丝去调节音色。这是什么？是中庸。生丝弹性好不易断，刚性好有金石之声，但是它过于坚燥了，所以要配上熟丝抑制振动，形成琴弦最美好的声音。今天的钢弦呢？也是这样。中间的芯是很硬的钢丝，有弹性不会断且能发出金石之声，但是外面一弦、二弦、三弦还配上了铜丝，抑制振动。另外，外面再缠上蚕丝，配上尼龙，抑制振动。尼龙不仅有抑制作用，且表面光滑，便于抚琴。从琴弦上，我们也看到这个材料的中庸。中国人的文化都是在是非之间，《道德经》有云："道可道，非常道；名可名，非常名。"是非之间即是道，永远在找平衡的点，找那个度，这才是我们文化的美学。从古琴这个角度去审视中国文化的美好，首先要接触，先要接受这样的一个观点，这已经是约定俗成的一种中国文化的审美。

善斫：斫琴是一种修行

善斫，斫是刀斧劈砍的意思，我就是一个斫琴师，做琴，弹琴。善斫就有很多的说法了。古琴里面槽腹的制作是最关键的。一铲子一铲子挖出来，里面有声音结构，我们可以感受到两点。第一点是它的厚度，最厚的地方是纳音，也是琴的中心，龙池凤沼对应的部位，它是最厚的，用以储藏声音能量，让余音延长。如果琴纳音很薄，余音不会长，因为琴弦震动之后，传给面板，面板传给纳音，在厚木头里面积累声音的能量，在弹琴的时候慢慢把声音放出来，余音就长了。如果面板很薄，储存不住能量，哗一声就会消失不见。第二点，薄的地方是什么作用？让声音更透。古人评价古琴有九德，即奇、古、润、透、圆、静、芳、清、匀，这里面很多都是对立的。比如润与透，面板一定要厚，琴才能润，但做厚了会透吗？不会透，这是矛盾的。"琴有九德"里的每一条都是中国文化的核心审美价值。

在这里面怎样平衡呢？善斫，什么叫善？恰到好处为善，把矛盾平衡到最佳状态为善。在矛盾体当中找到那个度，这是斫琴的最高境界，其实也是在修养自己，在参领自己。古琴的制作是一种修行，从这里面去悟道，可以找到很多道理，包括你跟宇宙的关系、你存在的点、你的坐标跟环境之间的关系，你会提升判断力，这就是我要和大家分享的斫琴。

接下来是斫琴的基本步骤。刮灰胎——用大漆、鹿角霜的混合物在木胎上一遍遍地刮，作用是什么？调节音色，抑制振动，使琴面硬度加强，耐磨损，每一个作用都要恰到好处。刮灰胎配上朱砂以后会变成黑红的颜色。擦漆——刷完漆，待干燥以后还要擦漆推光。在古琴的制作里，我们找到了核心的理论，接下来就是实践，你可能不断否定自己、推翻自己，这不是坏事，是不断成熟，不断提升自己的修养，这就是我要跟大家说的。

美器：古琴样式知多少

古琴制作非常讲究线条、比例关系。很多人做琴时琴头直下来，其实不是，是往外延展再收回去，这样才丰富，但视觉上是直的。古琴的底板，你看它是平的，但它是微弧的，如果不做这个微弧，你看着就是凹陷的。线条方面，是极其讲究的。弯曲多大？大了小气，小了俗气，中庸之道最好。能不能做到极致呢？不可能。因为永远做不到中庸之道，永远只可能接近，所以保持一个谦虚低调的心态，你才是一个懂得中国文化的人。

伏羲式古琴，伏羲看到凤凰落在梧桐树上投下来的影子，就“削桐为琴，绳丝为弦”。伏羲式古琴的颈部有一个弯曲，腰部有两个弯曲，相传为伏羲所造。神农式古琴，相传为神农所造，颈部有一个弯曲，腰部少了一个弯曲，这样记古琴的式样很容易。仲尼式古琴，式样圆中带方，让人看着就不自觉地肃然起敬，符合儒家思想的审美。秦琴式，相传为秦始皇所造，式样硬朗，像一把剑，具有那个时代的特点。2008 年北京奥运会开幕式上用的那把“太古遗音”师旷式古琴，是我在 2006 年制作的。朱元璋的儿子做的琴，叫飞瀑连珠式，它是由连珠式变化而来的，连珠式是颈部有三个弯曲，腰部有三个弯曲，传统连珠式的三个弯曲基本上是均匀的。颈部有两个弯曲、腰部有两个弯曲的叫凤势式，像凤凰要起飞的姿态。琴身全是弯曲的叫落霞式。

总结起来，一个弯一个弯神农式，一个弯两个弯伏羲式，一个圆一个方仲尼式，三个弯三个弯连珠式，四个弯四个弯的还叫连珠式，全是弯的落霞式，此外还有几个特殊的式样，这就是传统古琴的鉴别方法。

古琴的传承与创新

号钟，相传为伯牙所造，从神农式演变而来，居古代四大名琴之首。绿绮，司马相如献给卓文君的《凤求凰》是用这个式样的琴弹出来的，这个式样后来也成了古琴的代名词，李白在《听蜀僧濬弹琴》中说，“蜀僧抱绿绮，西下峨眉峰”。焦尾，蔡邕所制，他看到烧火做饭的木头中，有一块发出很清脆的声音，便从火堆里面抢出来，做琴后果有美音，因为尾部烧焦不够长了，所以就称之为焦尾琴，于是后来古琴的尾部都叫焦尾了。绕梁是一个叫华元的人献给楚庄王的一把琴，楚庄王得到绕梁以后，整天弹琴作乐，陶醉在琴乐之中，王妃樊姬异常焦虑，规劝楚庄王，他只得忍痛割爱，命人用铁如意去捶琴，琴身碎为数段。古代四大名琴只有绕梁式样没有流传下来，我根据那个时期的琴式特点、服饰特点把它创造出来，用了很多的曲线，恢复了古代四大名琴的制作，我做出的第一套琴就被国家大剧院永久收藏了。

我还创造了一把琴，叫无痕，它由仲尼式演变而来，琴心剑胆，儒者之心，无痕之剑，是这个概念。青鸟也是我创造的琴。玉琮式、苍璧式，也是我创造的。玉琮式是正负角的，从连珠式演变而来，连珠式的圆弯变成了直弯，与玉琮的造型相吻合。苍璧式由秦琴式、师旷式，还有我做的太和式结合在一起，中心的部位是一个突起的璧玉，所以取名为苍璧。它们是敬天地的一对古琴，苍璧、玉琮，源自“苍璧礼天”“黄琮礼地”。

下面跟大家分享一下妙指，在分享妙指之前，给大家演奏一曲。

（演奏）

妙指：由人心而生

刚才讲了两点，一个是良材，一个是善斫，现在讲妙指。什么是妙指？奇妙的手指。妙在什么地方？一勾一挑之间要思考。思考什么？音和音之间的时间有多长，叫音乐的节奏。是前一个音量大还是后一个音量大，用音量搭建出来的是空间。所以音乐就是时空，而且是鲜活的时空。音乐是鲜活的，当年伯牙子期弹琴听琴，今天你还弹《高山流水》，如果你的思维恰好跟伯牙的思维想到一起去，就叫穿越，也叫量子纠缠。当我们了解这些概念的时候，世界可以无限缩小，也可以无限膨胀，在我们心中才有小五行和大五行的关系，以小见大的过程，都在音乐的妙指里面去呈现。我们需要思考的东西很多，哲学、逻辑、美学、思维、音量、音色、音准、节奏等都要想，集合在手指上，才可以变成音乐的时空。我觉得这是每个琴人一辈子需要练习的功课。

一句话，核心的审美是由心而发。“凡音之起，由人心生也”，这涉及儒家、道家、佛家对琴的理解。道家讲“琴者，心也”，追求道法自然，道是什么？就是由心而发，心同吟同则自然亦同，你心里吟唱的和你弹出来、吟唱出来的声音吻合了就是自然的道。如果你心里想的和你唱的不一样，那是技术未到，要达到超越技术的层面，才能够得到这样的声音。技术没有达到的是法，所以要求“求之于法内，而得之于法外”，这才是道家弹琴的最高境界，“琴者，心也”。

佛家认为“攻琴如参禅”，声音之道可以与禅通，为什么？这是声音的属性，和身体、思想完全吻合了，就像我们去唱佛经一样，经典声音的集合就叫佛经。音乐也是，通过五音的属性找到每个音的特点，进行合理的组合，才能够形成音乐。佛家对于攻琴的理解是圆融的、贯通的、顿悟的，借琴以明心见性。

儒家认为“琴者，禁也”，把琴看成一把尺子来衡量你的行为，禁止邪念，是有标准、有尺寸的，所以儒家对琴的理解是琴是礼乐教化的工具。孔子弦歌，边弹古琴边唱琴歌，目的是教化他的弟子。

儒释道三家是古琴美学当中的核心审美，当然还有一种自然的审美，我不想去定义某一种学问、某一种美学，其实人的美好是很多的，世界各地、各民族都有自己的美好。但是中国的文化太博大精深了，很多东西都可以心生美好，把它流传下来也是美好的，具有逻辑性、哲学性、智慧性，最高的审美就是中国文化的核心审美，我们从琴里去找寻这样的东西，从这个范畴去理解美好，理解美学。

天地精神：乐音、生命、宇宙之关系

古琴的琴谱分上下结构，上面为左手，下面为右手。左手大指按在六弦的九徽上，右手挑一下六弦，叫大指九徽挑六弦。古琴的天地精神，其实跟妙指有直接关系，能不能把这个能量弹出来，是很重要的。

今天我用最简单的办法介绍中国文化的五行观。五行，即木、火、土、金、水；五音，即角、徵、宫、商、羽；五脏，即肝、心、脾、肺、肾；五常，即仁、礼、信、义、智。这几条按属性对应起来，就很清晰了。五行观是从天人合一的生存之法而来。我们生活在地球上，看行星，看太阳、月亮等天体的角度不同，随着时间的更迭、昼夜黑白的转变形成不同的宇宙能量转化，形成了对五行属性的认识，借助这种属性，应时而动，天黑睡觉，天亮起床，春天耕种，秋天收割，这就叫天人合一。明白这点的时候，我们就懂得了五行观、五行的属性。木星象征着春天的运动生长。火星对应的是南方的夏天，炙热的，所以把它叫作火。土星是中轴，它最大，很稳重。金星是西方秋天的位置。水星是北方冬天的位置。这种属性我们清楚了，一切有关系的都可以按这个方式罗列出来。五味、五色、五方都可以用这个方法联系。比如五色为青、黄、红、白、黑，红色对应火星，看到红色有一种兴奋的感觉，黑色对应水星，看到黑色会安静下来。还有五味——酸、苦、甘、辛、咸，吃到酸的东西，有一种聚拢收缩的感觉，运动向前，木星就是这样的。地球上的任何生命都具备这样的属性，甚至我们的脏器也具备这样的属性，例如肝属木、心属火，等等，《黄帝内经》里面就有相关记载。

那么音乐中的五音怎么找属性？五音当中，角、徵、宫、商、羽如果在一个稳定的调性情况下，能听出来 mi、sol、do、re、la，角音就是 mi，徵音就是 sol。古人讲形影相随，音声相和，形跟影不可分，音跟声也是。mi 有一种聚拢向前运动的感觉，类似于汽车喇叭，按对了别人就给你让路，可以解决问题，这就是 mi 的属性。sol 分“梭”和“奥”，音声关系，梭顶到头，奥再转下，正好对应了南方夏天火星——天最热的时候，也是冷的开始。阳之极而转阴。sol 到秋天变成了 re，re 是 r 和 e 构成，r 是平缓的，e 是下降的，和秋天一样，是非常美好的。但是过几天就越来越冷，r 平缓，e 就越来越冷，到冬天la最冷。l和a构成了la，这是什么概念呢？l是最沉、最冷的时候，但是它的尾音是a，是转阳的，冬天来了春天还会远吗？这就是五音的对应。中间还有宫音do，do是由d和o构成的属性，是稳定的、沉稳的，没有走向，它是轴线，对应土星。就是说，mi向前，sol整体力量是向上的，re平缓下降，la是下降再下降的，中间的宫音do是中性的，也就是五音的“太极”。

故音乐者，所以动荡血脉，通流精神而和正心

小时候开运动会的时候，我们都特别爱吹小号，小号里面的歌，全是do、mi、sol，do是中性的，mi是向前的，sol是向上的，你在演奏小号的时候，觉得自己就像是一名战士，要冲锋陷阵。这就是阳性的音乐，这种音乐震动你的肝、心、脾，影响你的血液，你听到这种音乐会兴奋，血液会加快循环。还有我们的国歌、进行曲，也全是以大调性do、mi、sol为主。但是音乐里如果用re和la，就是做催眠曲的。

这是音乐治疗、音乐养生的核心理论。我们去创作音乐的时候，就可以创作出针对各种疾病的养生或治病的一些疗法，至少是辅助疗法。比如说你在特别郁闷的时候，听什么音乐？听国歌《义勇军进行曲》，听小号，就会兴奋起来。但是如果兴奋过度了，唱re、la、re、la，就会平缓下来。宇宙空间给我们的所有物质，无论是看得见的，摸得着的，听得见的，都有属性关系，我们找到这种属性关系，我们就找到了生存之道和调养自己的方法。音乐的养生功能、愉悦性情的功能，全都在属性当中，古人几千年的智慧有科学的理论依据，理论依据就是天人合一，尊重自然而生存。不要人定胜天，去顺应自然的时候，我们才是活得最好的时候。司马迁在《史记》

中说“故音乐者，所以动荡血脉，通流精神而和正心也”，讲的就是古琴，音乐能动荡你的血脉，流通你的思想，影响你的品格。“故宫动脾而和正圣，商动肺而和正义，角动肝而和正仁，徵动心而和正礼，羽动肾而和正智。”此谓五音相合入耳，而感动于心肝脾肺肾，而得仁义礼智信之正，得其正则疹疠之气不入而寿矣。你得到这种正念的时候，精神健康，身体健康，才能长寿。

前面我介绍了古琴的天地精神和人文情怀，主要讲的是儒释道三家对琴的理解，“琴者，禁也”“琴者，心也”“攻琴如参禅”。

生活美学：让美好在生活中绽放

下面我要讲的是生活美学。生活美学是什么？是把美好的东西运用到生活中，让我们的生活品质、精神品质得以提升。生活美学的核心概念是把美好的东西用到好处，用到生活当中，而不是把美好的东西放进一个空间，请你的朋友来看，这不叫生活美学，叫附庸风雅。各行各业的人都可以有生活美学，造汽车的，修理摩托的，做衣服的，都可以根据自己的喜好和专业发掘、提炼美的元素，运用到生产生活中，形成美好，我觉得这就是生活美学。

我们琴人是要把中国文人的美好——琴、棋、书、画、诗、酒、茶、花、香，运用到我们的生活中，享受其中，捕捉瞬间的美好，我觉得这就是我们美好生活的基本理论。我们倡导老百姓的生活美学。我国社会主要矛盾已经转化为人民日益增长的美好生活需要和不平衡不充分的发展之间的矛盾，所以我们要提炼中国传统文化中的核心美好，并运用到我们的生活当中。

跨界的传承，与世界沟通

我们在传播古琴文化的时候，应该带着一种分享的态度，而不是五千年文化一定要到世界各地，与各种文化去竞争。我的建议是所有人类创造的文化都是可以分享的。文化传播是多样的，古琴的文化传播不应拘泥于传统或派别——我是广陵派的，我是九嶷派的，我是岭南派的，我就只学这个派别的音乐。很多人问我对派别怎么看，我认为如果你想做这个派别的非遗传承人，你就要认认真真地学习老师传授的东西，但如果你想要弹得比别人好，甚至要当一名演奏家，你就不应该固守自己的派别，而要取各家之长，这样才能成为一名演奏家。古琴是一种生活，是生活的灵魂和文化的高度，它可以与任何事物和审美相结合。

比如，古琴跟昆曲怎么结合？昆曲的审美是什么？首先你要知道，昆曲的腔、动作都是有度的、拿捏的，那是中庸之道。古琴里面讲的“奇、古、润、透、圆、静、芳、清、匀”，这个清微淡远、中正平和也是中庸之道。这是核心的对撞、精神的对撞，只是表现的形式不同。这样的文化其实可以和任何艺术形态相聚、联合。要推广古琴文化，如果只去做简单的推广，可能就会像“古调虽自爱，今人多不弹”，所以要与世界沟通，与各种艺术形态交流，古琴艺术的传承和保护才有可能继续下去。

最后我给大家再演奏一曲王维的《渭城曲》（《阳关三叠》），谢谢大家。

2018

第11讲

从卢浮宫的《蒙娜丽莎》到认知美学
——谈艺术品质与长寿

胡　江

胡江，男，汉族，1962年5月出生，中共党员，博士研究生，现任上海市历史博物馆（上海革命历史博物馆）馆长、研究馆员。主要研究方向为博物馆学、博物馆信息与数字智慧博物馆。多年从事博物馆信息化工作，担任国际博协视频与新技术专委会的中国执委和中国博协博物馆数字化专委会主任委员，组织实施了2010年上海世博会“城市足迹馆”和“世博会博物馆”的工程项目；组织实施“上海博物馆智慧博物馆和一带一路数字博物馆项目”等十多个博物馆展陈及数字建设项目。

2018年12月2日，正值南京博物院“世界巨匠——意大利文艺复兴三杰”特展拉开帷幕之际，上海市历史博物馆馆长胡江走进南博讲坛，从解读达·芬奇的旷世杰作《蒙娜丽莎》出发，为观众打开了欣赏艺术的另一扇大门。胡江馆长带领观众重新认识达·芬奇的不朽名作和艺术影响力，解析达·芬奇无与伦比的心脑认知以及认知美学的价值观，剖析认知科学与认知美学的发展历程与内在联系，并从艺术品质角度分析长寿的核心竞争能力。

“世界巨匠——意大利文艺复兴三杰”特展展厅

“世界巨匠——意大利文艺复兴三杰”特展展厅

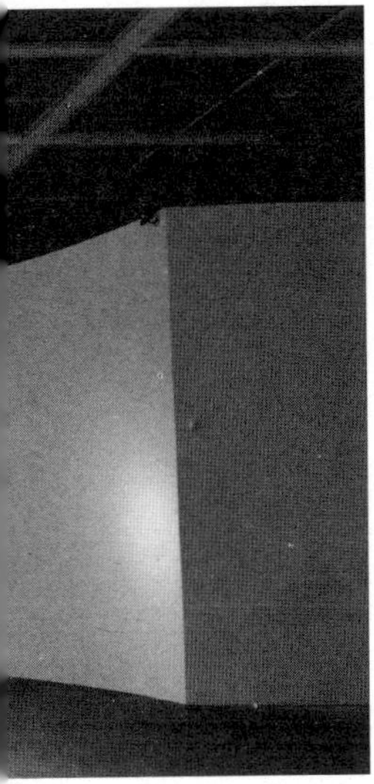

“世界巨匠——意大利文艺复兴三杰”特展海报

非常高兴能够到南京博物院做讲座。我是研究博物馆信息化工作的，1984 年到上海博物馆，1999 年开始研究信息化。这次南博讲坛给我的主题是“博物馆与美好生活”，我认为按照我们的概念，美好生活首先是高品质，然后是长寿，那么怎么来谈高品质和长寿？艺术的高品质可能大家都知道，《蒙娜丽莎》是全世界公认的最高品质的艺术品之一，长寿是我们老百姓所需要的，所以从这个角度，我来谈谈我研究的方向。

国际社会组织把年龄分为四个阶段，0—65 岁是青年，65—85 岁是中年，85—100 岁是老年，100 岁以上是长寿老年。65—100 岁怎么活，要靠自己。南京博物院正在举办“世界巨匠——意大利文艺复兴三杰”展，我今天讲的主题是通过文艺复兴三杰来谈艺术品质和长寿，这也是不谋而合的。

重新认识达·芬奇与《蒙娜丽莎》

卢浮宫有三大镇馆之宝，都跟女性有关，分别是《米洛的维纳斯》《萨莫色雷斯的胜利女神》《蒙娜丽莎》。今天我们来谈当中最具地位的这件《蒙娜丽莎》。大家知道，《蒙娜丽莎》是莱昂纳多·达·芬奇画的，其中芬奇是地名。他从 1452 年诞生到 1519 年逝世，到目前为止西方还没有出现一位在艺术成就上超过他的艺术家，仅凭两件作品——《最后的晚餐》和《蒙娜丽莎》。那么达·芬奇的艺术境界在目前的世界价值观里独占鳌头，有什么过人之处？首先看这两幅画的影响力。目前世界公认的达·芬奇的油画作品是 15 件，但达·芬奇一辈子都没有承认过自己是画家，他偶尔画画，主要涉猎工程、城市、建筑、防御和宫廷礼仪等方面。他到了米兰以后，因为前期作品实在太传神了，世人认可他的绘画才能，就在米兰圣玛利亚修道院餐厅画了壁画《最后的晚餐》。除了《最后的晚餐》，他的许多画都是手稿。他画完《最后的晚餐》后，花了三年多的时间创作《蒙娜丽莎》，到了法国后，这幅画成了他的最高杰作。但是很少有人知道，这是他留下的最后一幅画。两年多前，卢浮宫把《蒙娜丽莎》放在大展厅里供人研究，顶级的艺术家、美术评论家，对达·芬奇的作品进行讨论。研究的目的是什么？重新认识达·芬奇。

我们来看一下伟人是怎么出现的。达·芬奇受马萨乔的影响最大，而马萨乔受乔托和多那太罗的影响最大。乔托是意大利画家，受但丁的影响。我们知道罗马帝国腐败、没落，最后消亡，随后中世纪出现多种信仰，产生基督教。中世纪的宗教画是黯然无光的，第一股春风是哪里来的？ 1211 年开始建造的兰斯大教堂，大门正面的北侧有一尊名为“微笑天使”的雕像。乔托·迪·邦多纳是意大利画家与建筑师，被认定为是意大利文艺复兴时期的开创者，被誉为“欧洲绘画之父”，之后文艺复兴才开始延伸出来。

1962 年，《蒙娜丽莎》在纽约的大都会艺术博物馆和华盛顿国家美术馆进行了一次高调访问，美国总统肯尼迪在开幕式上说：“500

年来，我们只是达·芬奇的崇拜者，500 年来我们只是《蒙娜丽莎》的守护者，我们后人的使命是保护好它、敬仰它。”1974 年，《蒙娜丽莎》再度离开卢浮宫，先是借给日本东京国立博物馆，展期从 4 月开始，一直到 6 月 2 日结束，接着，转至苏联莫斯科的普希金美术博物馆。之后，法国宣布《蒙娜丽莎》不再出卢浮宫。

当天才的人工作得最少时，他工作最多

我们来谈第二个问题，达·芬奇凭什么用两幅画就征服了全世界，而且 500 年来没有人超越？我们看一下什么是心脑认知。达·芬奇是私生子，在离村庄两公里远的马厩里出生。因为是私生子，他接受不了正规教育，自己学习，没有体系。他认为自己是科学家，从来不认为自己是美学家或者艺术家。而我认为他是一位哲学家。

达·芬奇之所以被全世界公认为全才，是因为他并不满足于绘画，而是在他精力所及的任何一个领域均有研究。500 年前有这样一个人，确实很不容易。纵观古今世界，即使是古希腊的学者苏格拉底和后世英国的牛顿，没有一位在诸多领域是如此的全能，而且在艺术史上仅凭少量作品就具有无人可及的影响力。达·芬奇之所以伟大是因为他的大脑有惊人之处，一般左脑是管逻辑思维的，右脑是管形象思维的。达·芬奇是左撇子，他的大部分笔记都是由右向左书写的镜像字。镜像文字在达·芬奇解剖人类尸体时起到了作用，在梵蒂冈这个 0.44 平方公里的“国中国”地下室里，达·芬奇进行着当时可被判死刑的工作，也就是解剖人类尸体，然而他在解剖尸体的时候运用了镜像书写法。虽然人们不知道他为什么要用这个书写法来写字，但他深知用镜像文字可以保护珍贵的记载不被无知的人们窥探。达·芬奇是第一个发现冠心病的人，还依据古罗马建筑

学家维特鲁威的人体比例法则创作了《维特鲁威人》。

乔治·瓦萨里说，为了更完美地诠释和表现自然，达·芬奇研究了当时所有的学科，直至自然本身，并将所有研究达到了同时代人无法企及的高度，特别是在绘画领域掀起了一场伟大的革命，许多人直至今日也无法企及他所达到的境界。达·芬奇在《论绘画》第13章中写到，画家是万物与万人的主人。实际上，对画家而言，人与物首先是存在于脑中的，其次才运用到手中，如果充分加以组合的话，看一眼就能看出其中所包含的和谐的神韵。《论绘画》第33章写到，手的操作犹如画画，最初是精神的活动。达·芬奇曾说："当天才的人工作得最少时，他工作最多。艺术家最重要的工作是在构思而不是动作。"我们来分析一下达·芬奇的《圣母子与圣安妮》，相较《最后的晚餐》和《蒙娜丽莎》的家喻户晓，这幅画却无人问津。在这幅画中，我们可以看到一种稳定的三角形，整个画面洋溢着圣家族天伦之乐的欢快情绪。画面构图的严密和人物神态的和谐都前所未见，被誉为"艺术奇迹"。

认知科学与认知美学

最后谈一下什么是认知科学。认知科学讲的是认知美学，从认知角度来谈美。认知是一门科学，科学在哪里？对大脑的研究。大脑皮层只有哺乳动物有，鸟、鱼和两栖动物基本没有大脑皮层，鱼挣扎是因为条件反射，没有痛感。大脑皮层所有的思考从模仿开始，一个人生下来就会模仿，模仿语言，模仿走路，一直到模仿理智、心智与认知。美术界一直强调品质，艺术分为三大阶段的品质：第一阶段是形神兼备的美学价值，第二阶段是引领时代的革命价值，第三阶段是揭示灵魂的宇宙价值。

数万年前，人类创造了造型艺术。数千年前，人类确立了哲学理论。数百年前，人类开始了科学研究。数十年前，人类推出了认知科学。这是一个从外在具象的感知认识到内在抽象的逻辑思维的人类认知世界的发展过程。没有文字，没有造型，知识怎么传播？只能靠神话、舞蹈和音乐来传播。人类发明了造型艺术，特别是后来的文字、现在的多媒体，使得知识突然之间爆炸性普及。

20 世纪 70 年代末，以人脑和心智为核心研究对象的认知科学在美国迅速崛起。30 多年来，这门崭新的学科伴随着信息社会的发展在欧美和日本等地急速成长。1999 年，麻省理工学院出版社出版的《MIT 认知科学百科全书》介绍了六大领域最新的研究成果，包括计算机智能、语言学与语言、神经科学、文化认知与进化、心理学、哲学，系统揭示了人类心智与认知的奥秘。1992 年，世界上第一部《认知科学手册》在日本出版。该书集中了来自日本东京大学、庆应大学、法政大学、东京理科大学和电子技术综合研究所等单位众多认知科学精英的研究成果，从相互作用、思考、意识、感情、记忆、知识、语言、读写、会话、视觉、行动和学习等 12 个方面对认知科学进行了论述。

现在，我们来看什么是认知美学？我提出了认知美学，还出版了一本书，发表了几篇文章。利用电脑来模拟我们的大脑神经元，神经和信息交流，通过“树枝”进行对接，我们所有的记忆、知识是零零散散的信息，储存在各个大脑神经元里面。要回忆一个名称，每一个信息就会像光电子一样，两种物质形式汇聚交流和传输。从这个角度来看，我们的大脑神经每天在做这样的运动，运动过度则提前死亡，运动过少则老年痴呆。任何一件事情，就像太极一样，要互相平衡。纵观全球艺术的发展，可以看到由简单向深化方向发展的过程。

跨越时代的情感

我们看《最后的晚餐》，耶稣要被处死了，他接受这个现实，和 12 个门徒一起吃饭。他的表情是优柔、认命、安然、无奈等。我们再看《蒙娜丽莎》，蒙娜丽莎是佛罗伦萨银行家的第三任未婚妻，她之前结过婚，四年前她的儿子死了，她一直悲痛，银行家想让她高兴，高价请达·芬奇来为她画像。达·芬奇为了逗她笑，请马戏团来表演，这样的方式让她展现出了微笑的表情。达·芬奇捕捉到了一个极为特殊的瞬间。绝大多数人认为她的美丽之处在于微笑，我却认为这只是到了神的层面，并没有到达魂的层面。魂在哪里？我们来看韦罗基奥与达·芬奇合作的《基督受洗》这幅画，内容是给耶稣洗礼，其中一个天使就是由当时只有 19 岁的达·芬奇画的。眼睛是心灵的窗户，19 岁的达·芬奇居然能画出智者的眼神。还有《受胎告知》中的眼神，这幅画完成以后，达·芬奇便一举成名了。

我们再来看《蒙娜丽莎》，你用语言来描述这个眼神，能得出什么结论？每个人的感觉不一样。我三次近距离欣赏《蒙娜丽莎》，有时候感觉她看着你，有时候感觉她没有在看你。谁能画得出来？只有达·芬奇，最震撼的是她既不看你，也看着你，眼神仿佛可以穿透你。太极图中最难画的是什么？是当中黑白兼容的 S 线。《蒙娜丽莎》这幅画，包含着可爱、仁爱、母爱、大爱、深爱、娴静、优雅、虔诚、神秘、崇高，等等。只有达·芬奇 500 年前就知道认知科学、认知美学。

从艺术品质看长寿的核心竞争能力

在博物馆主要看艺术，艺术主要看品质，品质后面是故事，从模仿、计算与记号的艺术，象征、比喻与秩序的艺术，学习、记忆与知识的艺术，基因、个性与情感的艺术，视觉、错觉与幻觉的艺术，表现、竞争与创新的艺术，意识、观念与理念的艺术到理智、心智与认知的艺术。最近出来一个修改基因，大脑神经元目前不能复制，女性的卵巢神经元不能复制，其他都能复制。

最后讲一下长寿。达·芬奇活到67岁，是哲学与认知层面——神的灵魂，使人睿智、思考、迷恋……具有神秘感、深邃感、崇高感；米开朗琪罗活到89岁，是物质与精神层面——神的力量，使人惊惧、震撼、折服……具有能量感、压倒感、膜拜感；拉斐尔活到37岁，是美学与情感层面——神的优雅，使人娴静、愉悦、向往……具有诱惑感、优雅感、柔美感。

从艺术品质看长寿的核心竞争能力。模仿力到记忆力到想象力，这是一辈子都可以有的。创新力到影响力到认知力，分为0—30岁、30—50岁、50—100岁。还有理解力到应变力到生存力。最后结论：人应该活到120—180岁。为什么活不到？不是污染问题，不是房价，而是心态，心态是第一位的，是名利、责任等摧垮了我们一半的寿命。总体而言，人活的不是基因，而是能力。

谢谢大家。

2018

第 12 讲

传承与构建

——文化的新认识、新实践、新高地

章剑华

章剑华，笔名立早，江苏宜兴人，文学博士，国家一级艺术监督。现任江苏省文学艺术界联合会主席，曾任江苏省委宣传部常务副部长、省广电总台台长、省文化厅厅长、省书法院院长、省人大教科文卫委主任等职。现为中国文学艺术界联合会委员，中国作家协会会员，中国书法家协会会员，南京大学、东南大学、南京航空航天大学、省委党校等兼职教授、博士生导师。先后出版《想法》《文化时空》《墨语》《微思录》《故宫三部曲》等个人专著，其中长篇纪实文学《故宫三部曲》在海内外广受好评，获得中国徐迟报告文学奖和江苏省紫金山文学奖。同时，长期从事书法理论研究和书法创作实践，其书法自成面貌，被书界誉为“新文人新章草”。

章剑华在省级宣传文化岗位奋斗三十余年，有深厚的理论功底和丰富的实践经验，取得了突出的工作成绩，并在重大文化活动和文学艺术创作上获得丰硕成果。2005 年，省委省政府为章剑华记个人一等功。2018 年，被省委省政府授予紫金文化奖章。

2018年12月22日，时值传统节日冬至，江苏省文学艺术界联合会主席章剑华莅临南博讲坛，以传承与构建为切入点，与公众畅谈文化的新认识、新实践、新高地。章剑华先生阐述了对文化的内涵、中华优秀传统文化的历史作用与社会价值、传承优秀传统文化等社会热点的理解与思考。他结合自己长期的文化工作经历，介绍江苏为构建新时代文化做出的努力与贡献，强调文化建设的目标是为人民创造美好、幸福的生活，并和现场观众分享自己多年来的文艺创作成果与感悟。

承載
章剑华 著
一列满载2118箱文物的火车离开北平，急速向南行驶，拉开了故宫文物迁徙的序幕……
之后，又运出4批，共计13427箱，这些故宫文物先运抵上海，后又运到南京。
“七七事变”后存放在南京的故宫文物又被迫分三路踏上了遥遥无期，万里迢迢的西迁之路……
公3403
67
人民文学出版社

《故宫三部曲》之《承载》封面

中西戏剧碰撞与交流

“和·合——中国传统文化中的和谐之道”特展展厅

同志们，朋友们，大家上午好！非常高兴今天来到南博讲坛。

我和南博有着特别的感情、特别的关系：一、我在任文化厅厅长的时候，启动了南博的新馆建设，也就是现在的新馆二期工程。二、有一次我到南博来调查研究，到了展厅一看人非常少，我问为什么观众那么少？他们告诉我，有多种原因，其中一个原因就是要花钱买票才能够进来参观。当时我就想了，这么好的一个文化场所，每天只有几十个人来参观，太浪费了。所以我回去后立即召开党组会，研究决定南京博物院免费向公众开放。我们这个决定被中宣部知道后，中宣部就在全国推广南博的经验——公共文化设施免费开放。三、我曾经写过《故宫三部曲》，这和我们南京博物院也有很大的关系。

我今天最高兴的还是能有机会和在座的各位同志及朋友直接交流我们对文化的一些认识，因为我长期从事文化工作。

何谓文化

讲到文化，大家都非常熟悉，但是究竟什么是文化？英语当中有“文化”这个词，英语当中“文化”的概念有“耕种”的意思，开始能够有目的地进行生产劳动，最早是耕种的含义。我国“文化”一词最早出现在西汉刘向的《说苑》，“凡武之兴，为不服也。文化不改，然后加诛”。

我们现在说的文化是软实力，这个词是美国的政治学家约瑟夫·奈在《外交政策》杂志提出的。他认为一个国家除了需要拥有硬实力，即经济、军事、科技外，还必须要有软实力。这个软实力就是指意识形态和文化。现在美国又提出一个新的概念叫巧实力，就是把硬实力和软实力有机结合起来。

在中国，对文化的认识，我们在不断加深。党的十八大以后，习总书记对文化有多次阐述，他在文艺工作座谈会上提出，文化是民族生存和发展的重要力量。一个民族的复兴需要强大的物质力量，也需要强大的精神力量。什么是精神力量？精神力量是指人产生自信、自强的动力和活力，同时与之相对应的是自我控制力和自我约束力。我打一个比方：一辆汽车好不好主要看它的发动机，但是一辆好的汽车还必须要有好的刹车，如果动力很强，刹车刹不住，那非出问题不可。我们讲精神力量，既讲动力、活力，同时也讲控制力、调整力和约束力。我前几天参加一个活动，遇到了南京航空航天大学的一位教授，是中国科学院院士，非常了不起。他给我一张名片，名片上写的是南京航空航天大学精密驱动与控制研究所。我问他这个驱动与控制是什么意思？他说自己是研究发动机的，发动机包括了驱动和控制。我认为文化也包含这个意思，文化不光是给国家、给我们每个人提供动力、活力，同时它也能够起到一定的调节作用，能够自我控制、自我约束。

文化的动力和控制作用主要体现在三个方面，也就是文化的三种形态，包括物态文化、制度文化、思想文化。物态文化是建筑、器皿、衣食等看得着的；制度文化如法律、制度、礼仪等，这样才能够有效地进行控制；思想文化是人类的哲学、宗教、艺术等，是精神生活方面的。

文化的解释有几百种，要从不同的角度去认识我们的文化。今天我想重点和大家讲一讲传承与构建。

传承中华传统文化

所谓传承就是传承传统文化，传承中华民族的传统文化。中国是世界四大文明古国之一。中华文化源远流长，号称“上下五千年”。中华民族在漫长的历史长河中创造了灿烂的文明成果，比如四大发明——造纸术、火药、印刷术、指南针，四大名著——《三国演义》《西游记》《水浒传》《红楼梦》，国粹——书法、武术、中医、瓷器，等等。古代中国创造了许多物质文化成果，最主要的是还创造了伟大的思想、伟大的精神文化成果。

公元前600年—公元前300年，在地球上的北纬25°—35°之间，人类精神文明产生了巨大突破，各个文明都出现了伟大的精神导师——古印度有释迦牟尼，古希腊有苏格拉底、柏拉图、亚里士多德，中国有孔子、老子，等等。这些思想、精神一直影响人类之后的发展，直到现在。值得我们自豪的是，中国在这么一个伟大的时代没有缺席，中国也有灿烂辉煌的精神文化成果。孔子是春秋末期鲁国人，中国古代思想家、教育家，儒家学派创始人。孔子大约在30岁（公元前522年）时创办私学，开始了他的教育生涯。他在鲁国从政和周游列国期间，广收弟子，四处讲学，从事教育工作前后达40余年。孔子的思想集中体现在《论语》中，《论语》是孔子弟子及再传弟子编撰的。

老子和孔子基本是同时代的人，可能老子的年龄比孔子要大，在当时比孔子有名。有诸多考古资料证实，孔子曾多次向老子问礼，询问老子对儒家学派的看法和主张。尊称李耳为老子的说法有两个。其中一种说法是李耳生下来就白胡子白眉，这在当时是异象，因为他这个长相特征，所以“老子”成了他的外号，渐渐比真名李耳更为顺口。不过这种说法显然可信度不高。老子的思想主要集中在《道德经》中。《道德经》是世界上除了《圣经》以外被译成外国文字发行量、印刷量最多的世界文化著作。

以孔子和老子为代表的中国古代思想家创造的精神财富，就是中华民族传统文化的结晶。当然，不仅仅是孔子和老子，中国古代的先贤们创造了伟大的思想，这些思想可以用四个字来形容：博大精深。我今天把这些伟大的思想浓缩成三个词共六个字来解释一下。

第一个词：和谐。孙家正原来是江苏省委副书记，当过文化部部长，他在 20 世纪 90 年代访问美国时，被邀请到美国的一家著名大学演讲，主题是中国文化。那个时候美国人尤其是那些青年学生，对中国一无所知，所以要和他们讲中国文化。孙家正说：“你们外国人如果第一次到中国去，可能首先会去北京，你们到了北京一定会到一个地方去，那就是故宫，故宫里面有三大殿——太和殿、中和殿、保和殿。什么叫太和殿？就是人与自然的和谐。什么叫中和殿？就是人与人、人与社会的和谐。什么叫保和殿？就是人自身生理和心理的和谐。”这么一讲，那些外国学生非常感兴趣，一个“和”字就把人与自然、人和人之间的关系讲清楚了，这个就是我们中国人文化的精髓核心。我们一直在建设和谐社会，提倡人类命运共同体，这就是中国传统文化中的和谐思想。

第二个词：中庸。中庸之道是非常高明的，是中国人的哲学。什么叫哲学？是中国人对于世界、对于自己的很重要的认识，以及思维方式和处事方法。中国人反对极端，认为必须在两极之间找到一个最合适、最有效的办法，这就叫中庸之道。不能走极端，要在两极之间找到一个最合适、最有效的方法，这就是中国人的高明之处。凡是人类走极端都要出问题，中国人总体上是反对极端主义的。人类最极端的办法就是发动战争，就是打仗。世界上的文明古国要么是杀戮，要么就是消亡，唯有中华民族的文化世代相传，生生不息，为什么？这和中国人的思维方式有关，这就是中庸之道。

第三个词：道德。在古代，道德也是两个词，一个“道”，一个“德”。所谓“道”就是自然规律，所谓“德”就是社会法则、社会规律。古人认识到宇宙、自然虽然不能说话，没有言语，但是它用现象告诉人们它是有规律的。比如，春夏秋冬永恒不变；比如，“种瓜得瓜，种豆得豆”。违反自然规律就要受到大自然的惩罚，所以要顺应自然，天人合一。古人也认识到人类社会要健康稳定地发展，必须有规范，必须有制度，必须有法律，必须有约束。如果没有这些，那世界就乱套了。所以人类社会的健康发展既要讲“道”，也要讲“德”。

我这个解释属于比较简单的，是一般性的理解。中华传统文化确实非常了不起，一直到现在都影响着我们中国的发展，甚至影响到世界。在 20 世纪 80 年代，72 位获得诺贝尔奖的科学家在联合国开会时不谋而合，达成一个共识：解决 21 世纪人类的生存问题，只有依靠中国的儒释道传统文化。一直到现在，中华传统文化思想还对当今社会、当今世界的发展起到一定的指导作用，所以我们要继承和弘扬中华传统文化思想。

构建新文化

大家知道，江苏历史悠久，一直是中国的文化重镇。前不久上海和无锡分别举行了文化论坛，以“江南文化”“吴文化”为主题。从文化资源来说，我们江苏是文化大省，1996年省委省政府在全国率先提出建设文化大省。2006年，江苏省委省政府又在全国率先提出建设文化强省，当时提出来文化强省的目标就是文化事业强、文化产业强和文化人才队伍强，之后又不断进行调整、充实。一直到前不久，省委省政府又召开全省的宣传思想文化工作会议，提出了文化强省的建设目标是“三强三高”。“三强”是文化凝聚力和引领力强、文化事业和产业强、文化人才队伍强；“三高”是思想文化引领高地、道德风尚建设高地，还有文艺精品创作高地。

我今天在这里主要向大家介绍一下“三高”。

第一个是思想文化引领高地。40年前的12月18日，党的十一届三中全会顺利召开，从此拉开了我国改革开放的序幕，到今年40周年。中国非常了不起，创造了一个伟大的经济奇迹。我们大家都是参与者、感受者。我们中国从经济处在崩溃的边缘，一直发展到世界第二大经济体，几十年的时间，走完了发达国家几百年走过的工业化历程。中国已经成为世界第二大经济体，改革开放前我们全国的国内生产总值只有约3600亿。3600亿是什么意思？相当于目前江苏一个地级市的水平。现在是多少？国内生产总值约80万亿。改革开放40年，全国居民人均可支配收入由171元增加到2.6万元，所以说改革开放创造了一个经济的奇迹。在经济发展的同时，我们还迎来了一个文化大发展和大繁荣的时代。现在全国光剧种就有300多种，剧团有一万多个。改革开放前，全国一年的电影只有20多部，现在一年约1000部。改革开放前，电视剧几乎没有，现在一年生产近两万集电视剧。

在发展过程当中，我们要看到存在的问题。有一些外国政要说中国永远成不了超级大国，因为它出口的是产品，不是文化。当然这些都是带有攻击性的，但是我们仍要引起重视。存在的问题很多，我认为主要有两个，一个是教育方面的问题，一个是文化方面的问题。中国现在有那么多所大学，江苏就有 100 多所大学，大概 100 万名大学生，但是我认为现在的大学教育仍存在很多的问题。文化也存在一些问题，文化发展不能光看热热闹闹的演出、丰富多彩的电视节目，要看文化对人的影响和作用，不光带来快乐，还要考虑对人们有什么样的影响和作用。有一个时期，我们的文化产品存在严重的缺失。习总书记在文艺工作座谈会上非常严肃地讲，现在有些文化产品是“去思想化”“去价值化”“去历史化”“去中国化”“去主流化”。我们要强调文化对社会的正面效应、正能量，要提倡好的人生观、价值观。

我们强调思想文化建设，首先要强调思想文化高地，主要体现在三个方面：一是时代精神，要构建新时代的人民的精神；二是正确的思想观念；三是理论，要有这个时代的理论、思想文化。为什么说江苏是文化高地？江苏从古到今出了很多的理论思想家。这次江苏向全国推荐了三位“改革先锋”——胡福明、秦振华、吴仁宝。胡福明是“真理标准大讨论”的代表人物，是《实践是检验真理的唯一标准》的主要作者，文章在《光明日报》发表后引起了全国的巨大讨论。秦振华曾任张家港市委书记，改变了张家港落后的面貌，更锻造了“张家港精神”。吴仁宝是华西村改革发展的带头人，他一生努力奋斗建设社会主义新农村，并创造“华西经验”，为中国改革开放做出了重要的实践贡献。

第二个是道德风尚建设高地。一个社会的发展除了经济建设，还必须看这个社会的道德风尚。邓小平在改革开放当中起到了决定性的作用，他在很早的时候就说过这么一句话，如果没有好的道德观念和社会风气，即使现代化建设起来了、富起来了也不好！现在中国确实富起来了，但是我们的道德水准、社会风气还存在一些问题。我们怎样在经济发展之后提高人民的素质，改变社会的道德风尚，确实还有许多的工作要做。人发展到一定程度，除了物质上的满足就是人们自身素养精神上的满足。我们要建设道德风尚，最关键的是要构建中华民族的社会主义核心价值观。现在中央提出了核心价值观的三个层面：国家层面是富强、民主、文明、和谐，社会层面是自由、平等、公正、法治，公民个人层面是爱国、敬业、诚信、友善。

第三个是文艺精品创作高地。习总书记讲到思想文化建设时强调：举旗帜、聚民心、育新人、兴文化、展形象。鲁迅先生曾说，“文艺是国民精神所发的火光，同时也是引导国民精神前途的灯火”。毛泽东《在延安文艺座谈会上的讲话》深刻阐明，文艺应成为“团结人民、教育人民、打击敌人、消灭敌人的有力的武器”。习近平总书记说，文艺是时代前进的号角。文艺对人们来说非常重要，所以我们要创作更多、更好的文艺作品来服务于社会、服务于人民。我们现在的任务就是要创作真正好的作品。用好的文艺节目、好的文学作品等来满足人民群众的精神文化需求。现在我们讲美好生活、美好向往，实际上，我认为人民群众在满足衣食住行的物质需求之后，很重要的就是文化消费。从恩格尔系数来看，中国在改革开放前是60%，和落后国家差不多，现在恩格尔系数下降到了29%，也就是老百姓只用29%的钱来买生活必需品，70%以上用于教育、文化和其他服务的消费，其中很大一块是文化消费。我觉得文艺创作一定要创作出一些优秀作品，甚至还要有些经典之作代表我们这个时代，鼓舞人民的斗志，一方面满足人们的文化生活需求，一方面引领社会。这是我们文艺工作者的使命所在，我想也是在座各位和广大人民群众的期待。

文化建设、文艺创作，说到底还是需要人才。江苏是人才大省，但是文化人才、艺术人才还是比较欠缺的。老一辈当中人才比较多，中青年当中也有一些。我在文化厅工作的时候，很重要的一条就是重视文化艺术人才的培养和使用。前不久，省委省政府给我颁发了“紫金文化奖章”，我感到非常荣幸。总而言之，我们要建设我们的几个高地：思想文化高地、道德风尚高地、文艺创作高地，还要建设人才高地。一句话，人们对美好生活的向往就是我们的奋斗目标，文化的目的、文化建设的目标就是为人民创造美好幸福的生活。

谢谢大家。

南博讲坛

2019

博物馆与地域文明

南京博物院 编

江苏凤凰文艺出版社
JIANGSU PHOENIX LITERATURE AND ART PUBLISHING

图书在版编目（CIP）数据

南博讲坛. 2019：博物馆与地域文明 / 南京博物院编. —南京：江苏凤凰文艺出版社， 2021.4
ISBN 978-7-5594-4724-1

Ⅰ. ① 南… Ⅱ. ① 南… Ⅲ. ① 博物馆学—文集 Ⅳ. ①
G260-53
中国版本图书馆CIP数据核字（2021）第027709号

南博讲坛. 2019：博物馆与地域文明

南京博物院 编

出 版 人 张在健
策划编辑 费明燕
责任编辑 胡雪琪
封面设计 郭 凡
版式设计 邱雪峰
校 对 高竹君
责任印制 刘 巍
设计制作 南京博书堂文化有限公司
出版发行 江苏凤凰文艺出版社
南京市中央路165号，邮编：210009
网 址 http://www.jswenyi.com
印 刷 苏州越洋印刷有限公司
开 本 889毫米 × 1240 毫米 1/32
印 张 6.375
字 数 190千字
版 次 2021 年 4 月第 1 版
印 次 2021 年 4 月第 1 次印刷
书 号 ISBN 978-7-5594-4724-1
定 价 158.00 元（全四册）

《南博讲坛》（全四册）编委会

第一册 2016：传统文化的当代形塑

第二册 2017：多样化的博物馆

第三册 2018：博物馆塑造美好生活

第四册 2019：博物馆与地域文明

主　　编　龚　良

副 主 编　李　竹（第一册）

郑　晶　许　越（第二册）

郑　晶　陈　刚（第三册）

林留根　郑　晶（第四册）

编　　辑　高　杰　张　娟（第一册）

程韵蕾　葛璐娜（第二册）

袁　瑗　葛璐娜（第三册）

陈　刚　颜张奕（第四册）

特别支持　刘文涛

本书内容系根据2016—2019年做客“南博讲坛”的诸位嘉宾的讲座速记稿整理而成，编辑过程中有删节，特此说明。

目录

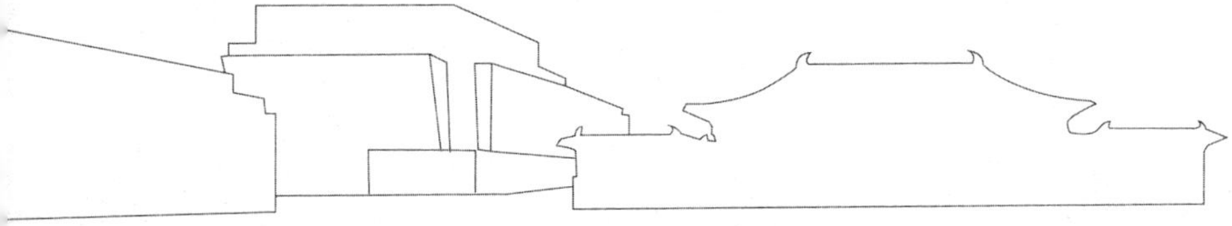

序

博物馆承担着弘扬中华文化、传承地域文明、增强民族凝聚力和自信心、促进经济社会协调发展的重任，是提供精神文化产品的重要场所。博物馆要从保护展示文物藏品延伸到保护展示标本、科技成果、当代艺术品、非物质文化遗产，乃至保护展示在特殊语境下的不可移动文物，将自身转变为公众享受精神生活的公共文化服务场所。遵循“推动高质量发展走在前列”的要求，建设高品质发展的博物馆，服务人民日益增长的美好生活需要，考古工作在其中发挥了不可替代的重要作用，因为考古的首要任务是探索地域文明。

江苏历史悠久，人文底蕴深厚。考古发现距今8000年的泗洪顺山集遗址，已经有人工栽培的水稻和捕鱼工具，有了江苏“鱼米之乡”的雏形。近年来江苏重要考古发现层出不穷，吴韵汉风、魏晋风度、大明气势、文人情怀，都在江苏考古成果中有着明显的体现，并填补了江苏古代文明的缺环。考古工作要坚持探索地域文明、证经补史、保护文化遗产、传承印记、服务社会公众、惠及民生的一贯宗旨，持续发掘好、书写好、弘扬好江苏的优秀传统文化。

通过考古工作，我们深入探索地域文明，因地制宜打造地方文化名片，如张家港的东山村遗址、太仓的古代“皇家粮仓”、宜兴的明代紫砂窑址。同时提供有创造性的公众考古产品和高质量的公众服务，要在高质量建设公共文化设施的前提下，努力从供给侧提供高品质、高水平的公众考古产品，如考古遗址博物馆、遗址公园等高品质公共文化设施，来讲述优美的祖先生活的故事。考古工作与博物馆结合，既要探索地域文明，传承中华优秀文化，也要满足人民日益增长的美好生活需要。

高质量的考古工作，是博物馆优质文化产品的重要来源，也是探索地域文明、保护文化遗产、建设精神家园、服务社会公众的重要内容。它能够促进地方经济社会协调发展，改善城乡人居环境，丰富人们的文化生活，满足人民群众对美好生活的向往。

南京博物院院长　龚良

2020 年 1 月

2019

第 1 讲

中国古代文明化历程的启示

李伯谦

李伯谦，1937 年生，北京大学考古文博学院教授、博士生导师，著名考古学家，“夏商周断代工程”首席科学家。参加和主持过河南偃师二里头、安阳小屯殷墟，山西曲沃晋侯墓地等多处遗址的发掘。主要从事考古学理论与方法、青铜时代考古、古代青铜文化结构体系等研究。主要学术成就有：完善商周考古教学模式，构建青铜文化结构体系；确立三代年表，追寻中华文明之源；重视理论建设，强调研究方法创新。出版有《中国青铜文化结构体系研究》《文明探源与三代考古论集》《感悟考古》等著作。

本次演讲于2019年1月6日在南京博物院小剧场举行，主题围绕中国古代文明这一大的框架。主讲人先分别从学术研究史、演进阶段、演进模式、文明特征这四大方面入手，让观众了解古文明的大体面貌，再进一步探讨古代人所经历的文明化历程，对我们现代人有何种启示。演讲内容极为丰富，时间上横跨6000余年的历史，从史前社会分化的萌芽到现代考古学研究，地域上由北至南纵贯各大文化区，格局宏大。

各位朋友，今天这个讲座是 2019 年南京博物院第一场讲座。各位都知道 1 月 3 日，在中共中央宣传部中国社会科学院组建了中国历史研究院，习总书记为中国历史研究院的成立发来了贺信。因此，我想在我讲之前，重温一下习总书记在贺信当中的一段话：历史是一面镜子，鉴古知今，学史明智。重视历史、研究历史、借鉴历史是中华民族五千多年文明史的一个优良传统。当代中国是历史中国的延续和发展。新时代坚持和发展中国特色社会主义，更加需要系统研究中国历史和文化，更加需要深刻把握人类发展历史规律，在对历史的深入思考中汲取智慧，走向未来。

我们今天讲的，就是怎样从考古发现的文物古迹、历史遗存中总结我们的历史经验和教训，掌握我们的未来，怎样使我们的国家和民族更好地发展与更好地前进。我想这个题目应该和习总书记贺信当中的要求和期望是非常契合的。

我们今天的题目是历史的启示，这要从中国古代文明化历程说起。我将分别从四个小题目来介绍它。

中国文明起源、形成的研究史

第一个题目回顾一下中国文明起源、形成的研究史。我们学过历史的，或者平常看各个方面历史书籍的朋友都知道，在八九十年以前，或者说100年以前，在中国曾经兴起过一个疑古辨伪的思潮。为什么有疑古辨伪这种运动兴起呢？1919年发生了五四运动，在思想文化领域，在西方传来的以进化论为基础的思想影响之下，中国的知识界、学术界、思想界也开始反思，中国古代是怎么走过来的，过去说三皇五帝到如今，这个历史对还是不对，因此就掀起了疑古辨伪的运动。

这个运动首先是在北京大学学生当中掀起来的，当时有几个很重要的人物，顾颉刚、傅斯年、俞平伯。顾颉刚说你看历史人物，本来书上记载很少，现在我们知道的越来越丰富，这可能都是后来一层一层叠加上去的，靠不住的。那以司马迁《史记》为代表的观点可能不行了，中国还有没有古老的历史呢？特别是古代史、上古史，可信不可信呢？1924年，北京大学的一个年轻教授发表了一篇文章，说历史要从考古下手，要从考古学植入。顾颉刚很快回了他一篇文章，说我很同意你这个说法，我现在还疑古诗、疑古人、疑古书，我把三个“疑”搞完，再去搞考古，通过我们挖出来的东西，通过实实在在的东西编写我们的历史，走考古学之路，来研究历史的故事。

开端：寻访夏商周

这类研究最早可以追溯到1926年，李济在山西夏县进行中国人第一次自己组织的考古调查。他当时去的目的是看有没有夏朝遗址，结果夏朝遗址没有找到，发现了仰韶文化遗址。1921年，瑞典人安特生已经在河南的仰韶发现了同样的以彩陶为特征的古代遗存。1928年，国民政府成立了中央研究院，研究院下面成立了历史语言研究所，院长蔡元培请从德国留学回来的傅斯年当历史语言研究所所长，傅斯年请了在美国学习社会学、人类学，也听过考古学课程的李济出任历史语言研究所下面的考古组的组长。成立当年，考古组就到河南安阳的殷墟进行发掘。从此开启了从考古学入手、用考古学手段探索中国历史的 90 余年的漫长历程。

参与殷墟发掘的有董作宾、李济、傅斯年、梁思永。殷墟发掘从 1928 年开始，到 1937 年抗日战争全面爆发停止，一共发掘 15 次，在中国考古学史上是一段值得大书特书的历史。在这里正式发掘出数万片甲骨文，大量的青铜器、玉器、石器，几十座当时商王建立的宫殿和宗庙遗址，还有商王的陵墓。正是因为这些重要的发现，司马迁《殷本纪》中商朝最后那段历史的记载得到了证实。当然在这之前，王国维先生通过对甲骨文和《史记》的综合研究，提到了商代晚期的历史，这也是可信的。那么早于它的商代历史可信不可信？这就不能不说到新中国成立以后，1952 年在河南郑州发现的二里岗遗址和 1955 年发现的郑州商城遗址。郑州二里岗和郑州商城的发现，证明商代早期的历史也是可信的，尽管关于郑州商城究竟是哪一个王开始建的，有些不同看法，但是现在来看基本上都同意就是商汤这个王建的，商汤灭夏以后在这里建立了都城。

《史记》在《殷本纪》之前有个《夏本纪》，记载商朝之前有个夏朝，而且夏朝有 14 世、17 个王，可靠不可靠？当时考古学界就把研究的核心向夏倾斜。如果能确定郑州商城，就找到了一个定点，以它为定点追溯找夏。1959 年，已经 71 岁的徐旭生，带着他的助手到河南西部做夏都调查，在调查过程中发现了河南偃师二里头遗址。二里头遗址在地层上比郑州商城要早，所以大家认为它一定是商以前的遗存。不过当时，徐旭生认为这可能是西亳，不是夏，后来的研究逐渐倾向于这可能是夏朝遗迹。1996 年启动的夏商周断代工程把它列为一个很重要的课题，因为要讲夏商周三代的年代，如果夏代肯定不了、夏代遗存看不到，就没法说年代。夏商周断代工程做了好几处和它有关的考古，得出的结论就是，二里头文化属于夏文化，但并不是最早的夏文化，它只是夏代中晚期的文化，是“少康中兴”之后的夏文化。

二里头是夏文化遗存，但又不是最早的，所以还要追溯。在断代工程的时候，还组织了河南的王城岗遗址和新密新砦遗址这两处非常重要的发掘。现在倾向性的意见是，河南登封王城岗遗址就是《史记·夏本纪》讲的禹都阳城的阳城所在地。在王城岗遗址旁边发现了战国时期韩国的一个城址，出土的陶文说它是阳城，这是一个有力的证据，可见阳城就在这个地方。史书上记载的时间、对文化遗存进行的类型学研究结果、运用碳 14 测年测定的结果，三者基本上一致，因此才有了上述的倾向性意见。那为什么说新密新砦这个遗址也很重要呢？因为《夏本纪》记载说，夏王朝建立之后，第三代王太康不务正业，被东方来的夷人推翻了，史称“太康失国”。又经过几十年，到夏代的少康时期，才恢复了夏王朝的系统，把夷人清走，这就是“少康中兴”。所以这就可以串起来：王城岗是禹都阳城所在地，而接下来的新砦遗址是“太康失国”后夷人建的都，这个城没多久就被少康中兴推翻了，恢复了夏朝的正统，建都在二里头遗址。二里头遗址经过现在研究得知，延续了 200 多年，大体上就是少康到夏桀被推翻这段历史的发生地。这说明，考古发现和研究证明，夏朝的历史也是可信的。

成熟：考古学会的建立

新中国成立以后，一直没有一个全国性的研究考古的机构。1979 年，中国的考古学会成立了。新中国的考古工作要怎么做？当时副会长做报告说，要从考古学文化的区系类型入手，把全国所有的考古发现纳入不同的系统当中，围绕中国文明的起源、形成和发展来发力，来做研究。这是一次非常重要的会议，为考古学的发展指明了方向。

从这之后，考古学进入了兴旺发达的时期，特别是很多科学技术手段的介入，使考古学发生了重要变化，面貌一新。从新中国成立一直到 20 世纪 80 年代，通过发掘、研究和讨论，考古学形成了一些共识。第一，中国这么大，可以分为不同的文化区，每一个不同文化区都有自己的文明因素诞生。第二，中国文明的起源是龙山时期，这是考古学术语，是当时的认识。第三，中华文明的发展趋势是多元走向一体。

我们知道文明是人类社会发展当中的一个重要因素。如果说从猿人开始算，人类已经有几百万年历史。但那并不能称为文明，只能叫文化。从文化角度看，不同地区也发展不平衡。根据现在的考古材料我们知道，旧石器时代晚期，长江以南比北方走得靠前，南方有许多重要的发现，比如江西万年仙人洞、湖南道县玉蟾岩，都属于旧石器时代，也就是现代人起源的时期。这两个地方很重要，因为两地都发现了比较早的陶器，根据现在的测年，万年仙人洞和道县玉蟾岩距今近两万年，北方地区的东北发现最早的距今一万年左右，中原地区的河南也是一万年左右，都比它们晚。

陶器标志着生产结构的转变，也就是由畜牧慢慢向农业过渡的阶段，这是文明产生的一个基础，南方早于北方。其他一些文明因素也同理，例如长江下游江苏张家港市东山村文化，它在距今 5700 年以前已经发生了明显的社会分化；长江中游的屈家岭文化，距今大概 4500 年，古城、大墓和玉器都很完善，大墓还随葬石钺、玉钺等表示军权和王权的东西，这个都比中原地区早一步。中原地区同时期的仰韶文化也很重要，但是从社会分层、社会分化来看，没有长江下游、中游这几个那么明显。

中国文明演进的三个阶段

接着是第二个题目，中国文明演进的三个阶段。很早就开始有文明因素产生，但是到真正进入文明阶段，进入国家阶段以后，回顾演进过程，从考古学看可以分为三个不同的阶段。

古国阶段

社会分层、社会分化开始向古国阶段转化，发生在距今 5500 年前后，有的地方早一点，有的地方晚一点，标志是社会分化或者说复杂化。距今 10000—6000 年前后，社会基本上处在平等的状态。记得我上学的时候在陕西华县实习，发现了早期的合葬墓，五六个人、七八个人埋在一个坑里，随葬的东西就是煮饭的、吃饭的、打水的器具，看不出有太明显的区别和分化。但是到了距今 6000—5500 年这个阶段，一些新的现象出现了。首先是贫富分化，黄河下游大汶口文化，大墓（社会地位高的人）随葬那么多陶器，一般墓葬完全不能和它相比，长江下游的崧泽文化、中游的屈家岭文化也有类似现象。第二个是个人权力的凸显，有了分化，财富就有多有少了，占有比较多财富的人不仅财富多，而且权力大，他说话别人都得听。张家港遗址就是很重要的例子，这个遗址中间是居住村落，东边是埋一般人的墓葬，西边是大墓的墓区，在这个墓区当中有五个大墓都出了石钺和玉钺。第三是战争增多，由于人口扩增，对财富的占有欲望上升，战争、冲突司空见惯，人们开始挖城壕，促使壕沟与城址广泛兴建。

正是贫富分化越来越严重，个人权力越来越凸显，战争越来越多，促成了古国的诞生。原始氏族部落发展，产生了基于公社而又凌驾于公社之上的高一级组织形式，这就叫古国。

王国阶段

古国进一步发展就到了王国阶段。从古国到王国，长江下游的代表是良渚文化。良渚文化发现了三重城垣、祭坛、大墓，以及最近得到证明的壮观的水利设施，这些发现表明这个时期，良渚的统治者已经可以被称为“王”了。长江中游的代表是石家河文化，它和良渚文化同时期或者再晚一点，也是有大面积的城址、大墓。中原地区开始进入王国阶段是龙山时期，从尧舜禹这个时期开始。山西的陶寺遗址，很多学者认为是尧的都城，它确实与文献记载中尧的都城地点比较契合。陶寺遗址也发现了大城，是同时期黄河流域最大的城址。这种设防的巨大城址是权力高度集中和膨胀的体现，良渚古城就是这一阶段的最典型代表。

在良渚古城的北面有水利设施，修建有宏伟的挡水墙坝，工程浩大，显示了良渚高超的水利科技水平。在城里面有很多渠道，用来从水库引水下来，水坝分了两个系统，高坝系统、低坝系统，并修渠联动，灌溉、运输都可以用。许多良渚的玉器，彩绘的陶器、象牙器上都有头戴鸟的羽毛、双手叉腰、脚为鸟足的神人形象，神人骑兽的形象是良渚时期部落的共同信仰。在这个时期很可能已经诞生了最早的礼制，什么样身份的人可以使用什么样的东西，已经有明显的区别。

这个时期强制性权力高度集中和膨胀的表现之二，是城址中非正常死亡的现象越来越多，杀殉的现象层出不穷。在龙山时期陕西榆林的石峁古城发现过七个这样的坑，每一个坑埋了 24 个青壮年女性，都是非正常死亡，杀了以后扔在坑里，陶寺遗址也有类似现象。强制性权力高度集中和膨胀的表现之三，是用于战争和刑杀的专门武器——斧和钺大量出现，这一点在大型墓葬中非常突出。

良渚、陶寺都是王国阶段代表性的古代文化，但这只是开始，王国阶段到帝国阶段还有漫长的时间，也可以分为三个阶段。良渚、陶寺，这是王国第一个阶段；夏和商是第二阶段；西周开始到公元前 221 年秦始皇统一六国，这是第三个阶段。尽管三个阶段有不同的表现，但其基本特征就是王说了算，王的命令高于一切，所以叫王国阶段。

夏、商，它们的都城都出现了宫城，体现了礼仪制度，阶级关系非常明显，而且出现了新的铜器器形。很重要的一个现象是随着实力的增强，其文化对外辐射力越来越强，辐射范围越来越广。二里头作为夏文化的代表，最重要的发现是这个时期作为权力象征的牙璋不仅在中原地区有，北方地区有，而且在现在的越南也有，所以它的辐射非常广。

虽然都叫王国阶段，但是西周和以前的良渚、陶寺、夏、商等时期相比发生了重大变化，就是实行分封制。它以血缘关系为基础，把亲戚子侄分配到各地当头儿，所以从西周开始全国各地出现了很多封国，现在的江苏也分封了，就是吴国。这个时期政治中心是西周王朝的都城，这里出土的青铜器何尊铭文上第一次出现了“中国”一词，叫“宅兹中国”，这很有意思。

西周灭商以后，周武王回到首都镐京，在路上就考虑怎样管理和统治这么大一块地方。他考虑过迁都，把政治中心由现在的陕西迁到河南，到中原去，于是派了周公到洛阳一带看，觉得这个地方合适，宅兹中国就是这块地方，周公测地指的也是这件事。后来没有迁成，但是他在洛阳建了东都。

帝国阶段

经过了古国、王国，秦始皇建立了帝国。秦部族本来是商朝时期的一支人马，跑到了秦地，后来实力慢慢强大。到周朝的时候，秦人给周王室养马有功，实力越来越强，就封了一个号。秦国强大以后，把韩赵魏齐楚燕等国通通灭掉，建立了秦帝国。

从王国到帝国，许多方面发生了空前的重大变化：一、帝国控制范围大大扩大；二、民族文化的交流与融合达到新高度；三、中央集权政治制度深入国家的方方面面；四、中央集权政治制度保证了大型工程兴建和国家统一；五、郡县制代替了分封制，官吏举荐与任免制代替了世袭制；六、一家一户为单位的自耕农代替了井田制；七、统一文字、货币、度量衡。

中国文明演进的两种模式

第三个题目，中国文明演进的两种模式。

从古国到王国，再到帝国，都是在向前迈进，但是走的道路不一样。以红山文化、崧泽文化，包括长江中游的石家河文化为代表，它们都是以神权为主的。而中原地区的仰韶文化到龙山文化，是以军权、王权为主。两种不同的模式，一个崇拜神权，一个崇拜军权和王权，因此带来政策上的不同。政策不同，带来不同的命运，崇拜神权的都相继衰落下去，而崇拜军权和王权的慢慢发展起来。良渚古国的崇拜既有军权，也有王权，也有神权，但是最重要的是神权。这是我讲的第三个问题，两条道路，三个阶段。

中国文明的特征

第四个题目，中国文明的特征。

世界很多国家都是独自发展进入文明时代的，中国也是如此，但和别的文明有几点不同。一、从中国早期文明演进道路来看，中国文明从形成之初即是多元一体的文明样态，经过长时间融合，最终形成了统一的多民族国家，现在还有 56 个民族。二、秦汉以后，中国的内在王朝虽有更迭，但文化系统基本上是延续的，绵绵不绝。三、中央集权的政治制度一直在改进与完善，但其内核没有发生变化。中央集权是中国很重要的特点。四、重视血缘关系和祖先崇拜。商周青铜器上，子子孙孙、祖先等字眼，说明重视血缘关系。五、统一文字传承是文明延续的基础。这点太重要了，广东话、福建话我们很多人听不懂，但是用笔写，意思都明白了，这是文字的力量，文字维系国家统一。六、儒、法、道家思想，始终是中国文化的精神内核。以佛教为代表的一些宗教，在传入中国后经过了中国化的改造过程，并向东南亚地区传播。

总结：中国古代文明化历程的启示

最后的问题，我为什么要追溯中国文明 5000 年发展历史，从古国、王国到帝国，讲不同的特征？是要为今后我们怎么走，我们国家怎么走，我们民族怎么发展，提供借鉴、经验和教训。我提出八条：

一、不同的模式，会有不同的前途，模式符合时代发展，很重要。从崧泽文化到良渚文化，是一脉相承发展下来的，当然是正确的，但是从崧泽文化到良渚文化的转变过程，受到来自东北的红山文化、凌家滩文化的影响，神权成了主要信奉的东西，发展道路改变了。良渚盛极一时，最后衰落了，原因有很多，我觉得最重要的原因是走的道路改变了。和它相比，仰韶文化在王权的引导下没有造成社会财富浪费，王权社会接近民间社会，顺应社会发展要求，推动了社会发展。比如石峁遗址，墓葬都非常穷酸，正体现出其特点，它创造的财富用于社会的发展了，没有贡献给神灵。实践证明，崇尚军权、王权的仰韶古都，因注重社会持续发展而延续下来，崇尚神权的古国却因社会财富被过量消耗而消失了。事实告诉我们，一个民族、一个国家选择的道路，是决定其生存发展的关键。

二、文明演进的道路不是笔直的、一帆风顺的，中间可能发生改变，比如良渚文化是崧泽文化的继承和发展。

三、中国古代文明演进历程是民族文化不断交流与融合的过程，我们不是单一民族的国家，我们是多民族国家，这正是我们的优势。

四、血缘关系和由此产生的祖先崇拜是保持自身持续发展的重要原因。比如修家谱，表达了对祖先的缅怀，是祖先崇拜的一种延续和发展，不见得都是坏事。当然利用这个搞封建迷信不对，但是心里存在着对祖先的敬畏之心，提倡孝道，家谱潜移默化地起到了很重要的作用。

五、和而不同、和谐共生等这些理念，正确处理人与自然、人与人、国与国之间的关系，是自身顺利发展的保证。讲究天人合一，是讲人和自然的关系，要尊重自然发展规律，适应这个发展规律。过去我们讲“人定胜天”，口号没错，但总要适度。总而言之，这些思想观念对我们现在的发展也至关重要，我们现在提出来“构建人类命运共同体”，不正是因为我们是多民族国家，才会提出这样的口号吗?

六、统一文字是维护国家统一、民族团结的纽带。

七、中央集权的政治制度对保证大型工程兴建和国家统一发挥了重大的不可替代的作用，但过度运用也会束缚人们的思想和创造性。两个方面，有经验，也有教训。中国走的道路是一个核心，就是以中央集权和血缘关系为基础，像滚雪球一样，把周围的民族慢慢裹到一起，形成一个统一体。

八、对外开放，会促进自身的发展；闭关锁国，必限制自身的发展。中国是开放的民族，开放的国家，不是封闭的。封闭是有教训的，清代实行闭关锁国政策吃了大亏。所以把改革开放作为国策，这也是我们从发展中总结出来的经验。我们有多民族慢慢地滚雪球般滚到一起形成中华民族的这么一个历史，经验都是在不同民族互相影响的基础上形成的。

这八个方面，是我从考古工作中解析出来的。文物摆在博物馆里不仅可以看到艺术之美，而且可以看到思想当中的文化。总结这些古人的发明创造，特别是在思想领域的创造，我们会有很多新的发现。当代中国的发展，是历史中国发展的延续，我们要通过对历史的学习、研究和借鉴，吸取有益的成分，指导和促进今后的发展，这是考古工作应该做的贡献。

谢谢！

2019

第2讲

良渚的国家形态及相关问题

赵　辉

赵辉，北京大学考古文博学院教授，中国考古学会副理事长，新石器时代考古专家。主要从事中国新石器时代考古、田野考古学的教学和研究，在考古学文化、史前社会、田野考古学技术领域有专门的研究。先后主持教育部人文社会科学研究规划基金重大课题“聚落演变与早期文明”、科技部重点研究课题“中华文明探源工程”等项目。

本次演讲于2019年2月24日，在南京博物院小剧场举行，演讲主题选取了与江苏关系最密切的地域文明——良渚文明。主讲人以世界文化遗产良渚古城为核心，从国家起源的角度去观察和剖析良渚的政治、经济、文化等方方面面，让我们得以一窥古国的真容，了解良渚何以被称为最发达、最繁荣的中国史前文明之一。

各位朋友，上午好！非常高兴有机会在南博的讲坛上和大家交流有关良渚文化的一些认识。

良渚文化是20世纪30年代发现的，之后在20世纪80年代，莫角山大型建筑台基以及反山、瑶山等一批迄今为止最高档的史前贵族墓地的发现，让我们认识到良渚已经不是简单的原始社会了。最近十年良渚又不断有新的发现，不断刷新我们对良渚的认知。这就提出了问题：良渚文化的社会形态究竟发展到了什么程度？现在对于这个问题，我们已经给出明确的答案了：良渚是一个古代文明。

考古学是一个通过出土的物质文化材料来复原、理解过去历史的学科。我的这个回答当然是有出土材料作为依据的，是通过材料论证得来的结论。今天我想利用这个机会，把这些考古发现和研究的内容跟大家做些交流，重点是我们怎么论证的良渚是个文明。

前良渚时代

良渚文化主要分布在江浙一带、长江下游，年代在公元前

3300—前 2300 年，时长大约 1000 年，也就是距今 5300 年到距今 4300 年这样一个历史时段。在良渚文化出现之前，江浙地区也有一大批史前文化。这些史前文化的发现和研究是由不同省的考古工作者们分头做的，所以有很多命名，但是总体来说，我们可以以最早发现的上海青浦崧泽遗址为衡量它们的典型遗址，而把它们总括在一起，命名为“崧泽文化”或“崧泽文化群”。崧泽文化群分布广泛，北到江苏中部，南过钱塘江，西到安徽西部。其中有一个很重要的遗址，也是迄今为止我们所知的崧泽文化时期长江下游最发达的遗址——安徽含山凌家滩。

凌家滩遗址和良渚古城的直线距离大概 200 公里，是一个 100 多万平方米的大型遗址，最近看到有的材料说它的面积有 200 多万平方米。遗址有两重环壕包围。在第一重北环壕的外侧发现了一片墓地，里面的墓葬很明显地区分了大型墓葬、中型墓葬和小型墓葬几个等级。大型墓葬非常豪华，随葬着大量玉器、石器；中型墓葬里边就没有高档玉器了，有些玉石器，主要是加工玉器、石器剩下的废料，可能是工匠一类人物的墓葬；此外更多的是普通民众的小墓，仅随葬几件日用陶器，甚至什么都没有。我们通过这些资料就可以了解到，凌家滩的制造业、手工业已经非常发达，社会成员有明显的阶层或者阶级的划分。其他还有像江苏张家港东山村遗址，虽然不如凌家滩发达，但是也反映出类似的信息。

在我们现在的认识里，良渚文化是崧泽文化的后续，文化面貌上衔接得非常紧密。什么是崧泽文化，什么是良渚文化，其实是分不清楚的，只是人为地划了个界限，在这以后是良渚，在这以前叫作崧泽。实际上，当时的人是生活在连续的文化过程当中的，文化上没有明显的断裂。不过，尽管文化是一个连续过程，我们却观察到这个时候的社会发生过一次非常重大的变故。这个变故就是，凌家滩这样高度发达的大型遗址，进入良渚文化时期以后被突然废弃了，在之后的凌家滩以及附近没有了人们存在和生活的迹象。而与此同时，在今天的良渚，就是距离凌家滩200公里之外的杭州西郊，突然出现了一片大型遗址——良渚遗址群。为什么会这样？学术界有一些推论，还需要证实。

良渚的建筑工程

良渚遗址群的核心是一座规模巨大的古城。20世纪80年代，我们就在这里发现了一个规模巨大的、四四方方的台子，是人工堆筑起来的，也就是莫角山遗址。但一直到2009年，我们才认识到大致以莫角山为中心，外面还有一圈城墙，围成一座大城，面积有280多万平方米。莫角山则位于古城正中的中轴线上偏北的地方，是古城内面积最大、人工堆筑最高的建筑台基，上面可能居住着良渚最高级的人物。良渚古城发现之前，我们知道长江流域最大的史前城址在湖北天门的石家河，有120万—130万平方米。良渚城超过它一倍多。再后来，又发现良渚古城外面还有一圈断断续续围绕起来的、看上去可以合拢的宽大土垄，也是人工建造的。不少学者认为它是外城，或者叫外郭城。我赞成这个看法。而加上这一圈，良渚古城的面积就大概达到800万平方米了，规模非常巨大，大家可以想象一下。

不仅如此，在良渚城外北面大遮山前还有一片人工建造的设施。这也是早就为考古学家们所知的，20多年前，我还和浙江的同仁们考察过，但很长时间没有搞清楚这是个什么性质的遗迹，只是有不少猜测。再以后，考古学家们逐渐认识到这是一段很长的堤坝，长约五公里，它的西端与一连串自然高地串联起来，在古城外围从西向北形成一道弧形屏障，北段挡住大遮山上倾泻下来的山洪；西段把再以西的低洼地带围成一座湖泊，也防止了西面来水漫侵古城。这是一整套水利工程。其实，在西北更远的山口处，还有若干道人工堆筑起来的高坝，把山口封闭起来，从高坝深入山里，形成一座水库，也就拦住了这个方向的山洪。高坝之下是刚才说的那一大片人工湖。5000 多年前的良渚人竟然能建造出这样一套复杂和庞大的水利系统，再加上这座面积达 800 万平方米的大城，即便放在全世界范围内看，也几乎是绝无仅有！

那么接下来要思考的是，这些发现背后有什么样的历史意义？

第一，研究表明，良渚建城之前，当地是一片沼泽湿地。要在这原本并不宜居的地方修建城市，让大量人口居住在此，就需要对环境进行改造，先建水坝把水拦起来，让湿地变干。这个想法很不简单，反映了良渚人对这个地区的水文、气候、地貌有非常全面的了解，还有改造它的能力。最近的研究表明，除了拦截水流、改善环境，这套水利系统可能还是保障良渚古城以及附近居民在干旱年景用水，以及保障安全可靠的水路运输的工程，是个非常了不起的综合系统，反映了良渚人早在 5000 多年前就达到很高的科学技术水平。

第二，这些庞大的工程意味着建造它要投入大量的劳动。比如说，城墙建设的时候要打地基。当时人们的做法是先就近挖泥取土，堆起一个基础，再在上面铺一层大石头，石头上面再层层堆筑黏土。石头和黏土都不是沼泽里面能找到的，要从远处山区开采和运输过来。良渚古城两圈的城墙，加上中心规模巨大的莫角山建筑台基，再加上外面的堤坝等，所有的工程土石方量加起来，初步估算大概需要建材 1100 万立方米。刚才说过，其中的绝大部分是要从远处运来的。我们计算一下：假设一个人一天能开采一立方米建筑材料，再用一个人运输一立方米的建筑材料，再有一个人把这一立方米堆到墙上去，即一立方米用三个人工，那就是3300万个人工，换算下来要1000人连续工作100多年。当然，实际情况可能是有的季节集中了很多人作业，有的季节只有少量劳动力慢慢干。但无论如何，上面的计算反映了一个事实，就是这个社会除了掌握了高度发达的科技知识之外，还有非常强的组织动员能力，来统筹实施这么大的工程。当然，我们还要考虑到工程质量的监督管理、工程队伍的后勤保障等各种因素。简直是个超级大的系统工程。我们还可以想象得到，这么多的劳动力肯定不全是自觉自愿来做这个事情的。所以，在高效的动员能力、组织能力背后，必然有一个非常有权威的、强而有力的强制性权力，以及能把来自权威的意志落实的一套完备的社会管理系统。

良渚的手工业

在良渚多年的考古中，我们发现了很多人工制品。有的是普通人的用品，例如大量日用陶器、石器工具等；也有的非常精美罕见，制作它费工费时，不是所有人都能够享用的。如同样是陶器，有的打磨得漆黑发亮，表面铺满非常繁复又规整的鸟纹、盘龙图案，是用针一样的工具刺刻出来的，这当然不是一般人用得起的。制造这样器物的人也一定是有非常高级的专业技能的少数工匠。不是所有的陶工都能胜任。

良渚给我们留下最精彩的人工制品是玉器。比起崧泽时代的玉器，良渚玉器多出了很多器形，比如玉琮，就是一种全新的形态。还有一个很大的变化：崧泽文化目前正式见诸发表的玉器大概千把件，其中有纹饰的四十几件，仅此而已；良渚的玉器上却普遍刻画了纹饰，而且有的纹饰异常复杂精细，甚至在一毫米宽度里排列了三四根线条。为此，我专门请教过现在制玉的老师傅，答曰毫无疑问是微雕，是非常高级的技术。良渚人的制玉还有很多问题我们至今也没有完全弄明白。例如玉的硬度仅仅比玻璃稍微软一点，非常坚硬，但当时没有金属工具，用什么东西才能雕刻出如此精细的花纹？再有当时没有放大镜，良渚匠人是怎么看清楚并制作出这么小的图案的？

除了玉器，还有漆器。漆器的数量应当很多，但因为是有机质材料，不容易保存，我们现在能看到的很少。其中一件非常著名，是个漆杯，黑红两色的大漆描绘出图案，很是华美。良渚的工匠还在上面镶嵌了黄豆、米粒大小的玉粒，一如现代的螺钿工艺。在流动的纹样中，大小不一的玉粒反射出光泽，宛如一幅星空图。我们还知道，良渚的高级手工制品还包括象牙器、丝绸等。遗憾的是这些有机质材料很难保留下来。

这些材料告诉我们，良渚有着发达的手工制造业，里面又分玉器、漆器、竹木器、象牙器、丝绸等许多制作行业，不仅存在手工业和农业的社会分工，还存在不同手工行业的分工，而且每个行业内部还有更细的分工。譬如玉器的生产，从原料开采到开料、制坯、精雕细刻出成品，每个工艺环节都可能有分工。总之，良渚在生产领域分工复杂精致。我们还注意到，这些手工业的高级产品显然不是一般人能享用的，而是专门服务于社会上层的，也就是说，良渚是个阶层、阶级分化的社会。当然，有分工就有相应的管理机制、管理体制，尤其对那些专门服务社会上层的产品生产和分配而言，更要如此。所以，良渚社会中还很可能存在专门的管理机构和职业管理人员，类似当今的工商局之类。

良渚的社会结构

在经济生活上，良渚是一个分工非常复杂的社会；从政治生活的角度来看，良渚又是一个阶层差距十分明显的分层社会。

社会分层的现象在凌家滩已经有了，良渚就更显著，阶层差距更大，说是不同阶级也是可以的。良渚的一些墓地，如瑶山、汇观山，准确地说是贵族专用的墓葬。在凌家滩，贵族墓和平民墓还是同在一个墓地里，只是彼此间大致有个分区，界限也不那么分明，而良渚的最高贵族墓地完全独立出来了，把一座小山包改造成阶梯状的方坛，再在上面瘗埋墓葬，这是个大变化。这些墓葬不仅规模大，随葬品更是丰富，最多的一座达到770多件（组）玉器，而且考虑到这些墓葬的年代久远，随葬在里面的还有大量很难保存、朽烂殆尽、无法提取出来的有机材质的器物，如象牙器、丝织品、漆器等，它实际的随葬品比现在看到的还要多得多。一座墓葬占有的社会财富惊人。当然，更多的是普通的小型和中型墓葬。我们可以根据墓葬对社会财富的占有等现象，清楚地看出良渚是个阶层、阶级分明的社会。

刚才我们说的是良渚古城城墙范围内的情况：城市、发达的手工业、社会等级明确分化等。现在我们再看一看城墙之外一般的农业村落的情况。这是良渚社会的基层。

20世纪90年代，我们在浙江桐乡发掘了普安桥遗址，第一次揭露出良渚村落内部的情况。房子建在堆垫起来的土台基础上，房子呈方形或长方形，单间为主，面积20平方米左右。房子附近埋设墓葬，墓主人显然就是旁边房子里曾经的居民，这是一户人家的生动写照。在普安桥发掘之后，类似的考古资料越来越多，也大同小异，表现的是以家庭为基本单位的生活场景，很大可能就是这些家庭依血缘关系结系起来，形成村落这种社会的基层单位。在另一处遗址——临平茅山，我们还发现了一片水田。水田规模较大，经测算一共 80 多亩。又根据遗址居住区的面积推算，茅山村落大概有七八户人家。再以五口之家计，总人口大概 40 人，除去老人和孩子，劳动力在 20 人左右，耕作这些水田。于是我们就知道了良渚社会的基层是这样的农业村落。

在诸如普安桥、茅山这样的普通村落的发掘中，很少发现玉器，有的话，多数是以玉器制作过程中的边角料稍作加工而成的小饰件，精品很少，但不是绝对没有。这种现象也反映了良渚社会的分化渗透到了一般村落内部。

再回过头来看看城市生活。除了莫角山这样的高等级建筑区，良渚城中其他地方的人也不都是贵族。在东侧内外城之间有一个地点叫作美人地，是一条宽大的土堤，两侧有古河道，堤岸用很厚的木板墙围起来，一些木板上面穿着孔，好像是系缆绳拴船用的，堤上则是沿河连排的民居，这个建筑形式有些像我们现在的江南水乡，如乌镇等。那么，这些城中普通居民的身份是什么呢？

前几年，考古工作者在良渚古城莫角山东侧钟家港地点一条古河道做了考古发掘。河道岸边有木桩、竹编笆片的围挡，岸上的保存状态不是很好，但可以肯定有房子之类的遗迹。考古工作者的工作非常细致，把河里挖出的淤泥都冲洗过滤，筛选出来很多像火柴棒一样粗细的小玉棒，其实是制作玉珠时管钻打孔留下来的芯料。所谓管钻，就是用一个管状的东西，比如竹筒，沾沙沾水在玉石上钻磨，钻通以后就会留下来一个芯。在这个地点还出土了许多玉料、废料和可能是加工玉器用的燧石石器，另外还有木容器等。在这个地点稍北一点的地段，在河道里有三根非常巨大的木材，十几米长，直径六七十厘米，其中有一根已经被修成四四方方的一个大柱子，沉在河底。据有木工经验的人说，从山上砍来的树不能直接用来盖房子、做家具，最好是在水里边泡一段时间，这样木材以后不容易变形开裂，是一种处理木材的办法。

那么，这些发现告诉我们什么呢？告诉我们良渚古城里的居民不只有贵族，还有大量的手工业者。他们之中有的制造玉器，有的制造漆木器，有的制作石器、陶器，还有加工木材的人和建筑工人等各种行业的从业者。其中一定包含了那些具有高超技能的技师、专家级人物。我们还可以合理推测，城中的居民中还有从事管理、安防保卫、各种物资运输的各色人等。

另一方面，有两支考古队在良渚这个大城及其附近做了多年考古调查，寻找水田，但始终没有线索，就是说良渚城市居民不从事农业生产。如此说起来，良渚居民是按照行业、职能组织起来的，不是像农业村落那样靠血缘关系维系的社会集体。这其实就是现代城市的组织原则。

紧接着的问题是，良渚这么大一个城，保守估计居民有两万人，他们不从事农业生产，但是要吃粮食，那么，粮食从哪来呢？当然要取自像茅山那样的农业村落。两万人，每人一天一斤，两万人就是一万公斤，就是 10 吨，一年 365 天，就要 3650 吨粮食，这个一点不能少的，少了就饿肚子，不饿肚子是保障良渚大城正常运转的底线。

刚才说到一个村落有 80 多亩水田，但我们不知道良渚时期的亩产量，权且估计它亩产是 200 斤。考虑到我们说的可是 5000 年以前的事，所以这很可能是一个高估了的数字。按亩产 200 斤计，80 亩的产量大概 8 吨，村落本身有 40 多人，自己也要消耗，一年的剩余在 1.2—1.5 吨（这里没有计算还要留备种子粮）。如果把这些村落的全部余粮都拿到良渚城，则要满足良渚城最低的需求，总共需要至少 4000 个这样的村落的剩余产品。

根据目前的发现，在良渚附近当时村落的密度大概是一平方公里内最多能容纳茅山这样的村落四个。也就是说，大概需要 1000 平方公里内的所有农业产出才能供应良渚的最低消耗。但这是理想的状况，如果考虑到到处都有山川湖沼这样的地形地貌，所以真实的情况是一平方公里内到不了四个村落。此外，良渚这么一个大城要存在下去，除了粮食，还要有些禽肉果蔬，以及要有手工业原料、建筑材料等，所以还要考虑到城外的山川林泽的资源供给能力。我们在良渚城中央的莫角山上曾经发现一处疑似仓储的遗迹，里边有很多已经碳化成黑色的稻米，大约有 1.3 万公斤，这个地点没有全部发掘出来，也就是说这里的实际储量可能还要再多。前年又在莫角山南边一个叫池中寺的地点有了新发现。池中寺的面积有一万多平方米，三面环水，只有一条道路通向莫角山，是个非常密闭的所在，上面很大范围内发现了厚厚一层稻糠、稻壳、稻叶、稻秆等，这样一层堆积换算下来，大概 200 吨稻米。也就是说，良渚古城除了居民每天的口粮，还有很大的粮食储备。如果把这些因素通通考虑进去的话，1000 平方公里的范围就显得太小，也许要翻倍乃至更多的地域资源才能供养得起良渚这座大城。而能把如此范围内的物产资源集中到良渚，也反映了它有一个非常权威的、全体社会成员必须服从的绝对权力。而这种强制的权力，被认为是国家这种政体的最核心、本质的标志。

根据以上分析，良渚古城和它的周围明显地结成了一个紧密的整体。这很像古文献描述的，周天子居住的城叫作“京”，周围千里的土地叫“畿”，畿是京城或周天子直接统治的地方，它有包括向京城供应粮食在内的种种责任义务。我们看看良渚和它的郊区，很像这么一种关系。而这种情况已然出现在了西周以前将近 2000 年的良渚。

良渚的宗教信仰

最后我们看看良渚的宗教。良渚没有文字，我们不能直接了解到良渚人的思想、意识形态。但思想或者意识形态这东西会多多少少在他们制作的产品上留下些痕迹。所以我们的办法是通过良渚文化的一些图形图像资料，来揣摩良渚人的信仰形式。虽然我们可能永远也不会知道他们信仰的对象姓甚名谁，但靠这个办法，我们能知道他们都膜拜了哪几类对象，也就是他们的宗教模式。

良渚留下了大量的玉器，而且玉器上普遍刻着图案，这样我们就有了图形和图像方面的资料。通过对它们的研究分析，我们发现良渚玉器中有相当一部分是和宗教密切相关的，有些也许就是宗教的专门用器，譬如玉琮。琮这种器物可能是从手镯演变过来的，但在后来的演变过程中逐渐失去了原来装饰品的功能，变得大而笨重，不方便携带，应当是一种仪式用器了。良渚的玉器上普遍刻画有纹饰图案，尽管精美，题材却非常单调，以一种我们叫作神人兽面的纹饰为主，千篇一律，尤其是在那些玉琮上，无一例外会雕刻上这么一种纹饰。但凡装饰了神人兽面纹饰的器物，要么只有这种纹饰，要么偶尔加入一些小鸟、龙、卷云之类的纹饰，但都安排在不起眼的边角位置，主体花纹就是神人兽面。仔细看，这是一个人驯服了一头猛兽的形象，如果引申一下的话，我们也可以把猛兽看成是大自然的抽象，也即一位英雄人物驯服了自然的形象，很有故事性，是良渚人顶礼膜拜的对象，也几乎是唯一的膜拜对象。玉琮和神人兽面纹饰不仅良渚古城有，在整个良渚文化里都有发现。这就告诉我们，在偌大的良渚文化范围里，东西南北的人们信仰是一样的。而他们只崇拜一个形象，这很符合宗教分类上“一神教”的特征。

在人类宗教发展史上，我们通常认为人们最初的、原生的信仰，其信仰对象是多种多样、形形色色的，山有山神，水有水神，还有土地神、雷公电母等，总之是万物有灵，泛神论。我们一般会把这类原始宗教统称为萨满教。而一神教的出现则是宗教历史上的第二个阶段了。公元前 14 世纪，古埃及第十八王朝法老埃赫纳吞感觉势力强大的祭司集团威胁到自己的统治了，于是进行宗教改革，法定太阳神为最高的神祇，全埃及崇拜，而他本人就是太阳神的化身，以此削弱祭司集团的力量。大概同时，摩西率众逃离埃及，途中创立独尊耶和华的犹太教，以此团结人民。回到迦南后，犹太教又在统一犹太人各部族，建立以色列国家过程中发挥了重要的精神作用。可见一神教的产生不是民众基层自发的，而是出于一定的政治目的被人为设计出来的，在这个意义上说，一神教是政治宗教。在对良渚考古资料的分析中我们发现，神人兽面的形象在良渚文化的前身崧泽文化中全无踪迹，它的出现时间恰好和凌家滩被废弃、人们在良渚规划和建造水利工程和大城的时间段相吻合。这让我们相信，良渚的宗教也是人为设计创造出来的，为良渚的国家化进程的社会政治服务。而良渚的一神教的出现，较埃及宗教改革和犹太教的创建早了 1000 多年!

良渚的玉器虽然多，但玉毕竟是一种稀缺资源，不是一般人能拥有的，尤其是那些制作精美的重器，恐怕只有社会上层人物才能拥有。所以，拥有那些重器，其实也就告诉了我们，是那些良渚贵族阶层把持着宗教特权。

考古资料还显示，神人兽面形象出现后，迅速普及到整个良渚文化的分布范围，成为全体良渚人共同信奉的对象。它在刚开始时还比较具象，后越来越被渲染夸张，越来越被神格化，再以后逐渐概括、简约、抽象，被符号化了。从这个过程中我们还可以体会到，它从一个叙事逐渐演变成一种概念，长久牢固地扎根在了良渚人的思想里，从而在统一族群思想、长期维系团结方面发挥了重要作用。

良渚是国家吗？——良渚的国家形态

接下来我们总结一下对良渚社会究竟发展到什么程度的看法。

按照社会学、政治学的定义，国家的本质有两条：一、按照地区来划分人口；二、有一个强制性的公共权力。但是这个国家概念主要是现代国家的概念。研究史前国家时还有一个更大的麻烦，就是我们面对的是考古资料，而且是没有文字记载的考古资料。于是，问题就转化成了：上面说的两条本质在物质文化材料里是怎么表现出来的呢？国外的学者根据西亚、埃及等地的考古材料做出一些总结。非常著名的英国考古学家柴尔德总结了十条标准，如人口要达到一定规模，居住的地方要有城防，要有公共的庙宇，社会要有分层，要有贸易系统，等等。虽然利用从西亚和埃及材料上产生的标准衡量中国的情况有一个是否适用的问题，但中国的一切都还处于发现之中，中国史前文明的标准还有待总结，所以，我们在先借用国外的标准时，可宽泛处理，变通一下，只要中国的情况符合上述大部分标准，就可以判定诸如良渚这样的社会已经发展进入可以称之为文明、国家的阶段。而我们对照的结论是，良渚确实已经进入文明、国家的阶段了。

由于时间关系，不能就这个问题的论证一一展开了。但是如果还感觉这个结论不踏实的话，可以再看两个实例。

两河流域最大的城是乌鲁克，是美索不达米亚文明的代表。乌鲁克大约从公元前 4000 年开始由一个村落慢慢扩大，到约公元前 3000 年形成一座大城，周长 9.5 公里，总面积约 600 万平方米，略小于良渚城的外城，大于内城。再看印度河流域文明最大的城址摩亨佐达罗，它的面积约260万平方米，人口3万—3.5万。它们和良渚处在同一个大时代，规模不分轩轾。它们被公认为是古代文明的代表，也就从直观、感性上支持了我们对良渚国家性质的判断。

以良渚古城为中心，连同周围至少2000平方公里的范围是一个高度发达的政体、国家，这是刚才重点论证的。接下来我们还要看看整个良渚文化的情况。

之所以有个良渚文化的称呼，是因为从文化面貌上看，它是个整体，主要包括今天的浙江大部、苏南、上海地区，实际范围还可能更大一些。如此广大的地区内，各地的文化面貌非常相似。同时，我们在各地都发现了良渚最高级的玉器作品：玉琮、玉钺、玉璧以及各种饰品。尤其是玉琮，不是一般工匠能做的，非常贵重，很可能绝大多数玉琮是在良渚城制作生产，再散布到各地的。这让我们进一步了解到两个情况。一是在整个良渚文化范围里有统一的精神信仰。不但文化相同，宗教这一意识形态的重要方面也相同。换言之，相同的宗教信仰在一定程度上把整个良渚社会维系在一起了。再一个是，以一神教为特征的良渚宗教是和社会上层、社会政治和社会权力紧密联系的。那么，玉琮这类宗教用器从良渚派发到各地，也就意味着良渚大城和各地之间存在着某种程度的政治羁绊。所以在政治上，良渚和各地有某种程度的整体性。

在良渚文化的大范围内，还有几处地方性的大型中心聚落，例如江苏武进的寺墩遗址、上海青浦福泉山遗址等。但比较起来，良渚古城的规模最大，发展水平最高，显得鹤立鸡群。再加上刚才说到的，那些最为精良的玉器很可能是从良渚派送出去的，这就暗示了良渚和其他地域性的中心之间不是完全平等的关系，良渚更像是整个良渚文化的中心，高高凌驾于其他地方中心之上。

那么，这样的良渚又是一种怎样的国家形态呢？

学术界一般把早期国家划分为两大类。一种是城邦制国家，一座城市加上不大的附属领土，就是一个国家，例如古希腊的雅典和斯巴达等，它们各自为政，互不隶属。还有一种形态是地域国家，就是一个中心领导统治着非常广大的区域。从这个角度来说，良渚更像是地域国家的形态，或者说更接近地域国家的形态。

良渚文明和中华文明

最后我们稍微讨论一下良渚文明的历史地位，它和中华文明的关系。

良渚的那个时代，中国的其他地方还有许多被分别命名的考古学文化，良渚文化只是其中之一。它们背后的人类社会也都分别向着复杂化、文明化发展，尤其是在长江流域、黄河流域以及西辽河地区，这里的社会发展得最迅速，程度最高，形成了一个朝向文明进程的超级巨大的丛体，或者说它们汇聚成了史前中国文明化的总进程。而这个丛体的体量之大，远超世界上其他几个文明。

不过，各地方文明化进程却不尽一致，有的早一点，有的晚一点，有的快，有的慢，步调不齐。其中，就现有的资料来看，良渚是最先起步、最先跨入国家这一文明阶段的史前社会，是先行者、领军角色。并且因为它发展得早，对邻居的发展有带动作用。这一点，我们至少在主要分布在今天山东、苏北的大汶口文化中是看得很清楚的。至于良渚的一些文明因素，更是长期流传保留在日后的中国历史之中，例如它发明的玉琮，直到周代还是祭祀大典的重要礼器。

但是，良渚毕竟是中国各地方文明中的一分子。各地方文明的发展不但步调不齐，内容上也是各有特色，未必一致。例如西辽河流域的红山文化，迄今为止没有发现城、水利工程、最高级的贵族建筑区这类遗迹，它的手工业也远不如良渚发达，但在红山文化的中心地带发现了 60 多处石块堆垒的大型祭坛和墓地，而这一片方圆几十公里内却没有日常生活的迹象，充斥着一种非常神圣又有些诡谲的宗教氛围，呈现出和良渚完全不同的面貌。再看黄河中游地区的仰韶文化，它的图像题材非常丰富，非常生活化，飞禽走兽、花鸟鱼虫，什么都有，总之，它的信仰体系所反映的就是它房前屋后的那些事，是对原始的田园生活的描写，给我们别样的感受。

总之,史前中国的大地上,各地方社会都以自己的方式走向文明。所以说中国文明的形成是个多元的进程。但在同时，它们也彼此交流互鉴，所以又是个不断趋向一体的过程。于是这个总进程不断生长，延绵不绝，发展壮大，一直走到了今天。而在这个“多元一体”的文明进程中，每个地方文明都以自己的方式做出了自己的贡献。今天讲座的内容就是中国考古学对良渚这个中国文明的一个局部、一个组成部分的初步但还是有些深入了的认识。就中国文明宏大的总进程而言，显然还有更多的问题等待着我们的努力。

谢谢各位！

2019

第3讲

从大河到大湖
——环太湖和海岱地区史前文化的交流

栾丰实

栾丰实，男，汉族，山东烟台人，1951年生。现为山东大学历史文化学院二级教授，曾任山东大学历史系考古教研室主任、山东大学东方考古研究中心主任。2001年以来，兼任中国社会科学院古代文明研究中心客座研究员和专家组成员、北京大学中国考古学研究中心兼职教授、郑州大学兼职教授、台南艺术大学兼职教授、中国考古学会新石器专业委员会副主任，以及日本国学院大学客座研究员等。2006年以来，为科技部和国家文物局“中华文明探源工程”项目评估咨询专家组成员。2008年被聘为国家社科基金考古学科评审专家组成员。2018年，获“改革开放四十年山东社会科学名家”称号。近年来承担教育部重大项目和国家社科基金重大招标项目各一项。先后有六项研究获山东省社会科学优秀成果奖，三项研究获教育部中国高校人文社会科学研究优秀成果奖。

本次演讲于2019年3月16日在南京博物院小剧场举行，主题为两个相邻的地理单元（位于江浙一带的环太湖地区与山东苏北一带的海岱地区）之间的史前文化交流。在数千年的岁月里，两者的文化影响力此消彼长，在交往和碰撞中诞生了灿烂的成果，包括稻作农业与礼乐制度等，在中华文明发展的长河中留下了优秀的文化基因。这种基于区系类型理论的研究方式，充分地将各地独特的文化渊源、特征和发展道路与相互间的不平衡性挖掘出来，良好地契合了地域文明的主线。

各位观众，大家好！

我先对这个题目做一个简单的解释：第一，“从大河到大湖”，大河主要指黄河，特指其下游地区，大湖就是太湖。第二，“环太湖和海岱地区”，考古学上一般称黄河下游地区为海岱地区，所谓海指的是渤海，岱则是指泰山，就是西起泰山、东到渤海的这一广大区域。太湖是江浙地区最显著的地标，这里的早期文化一直都围绕着太湖流域发展，所以考古学上称其为环太湖地区。环太湖地区的概念不是固定不变的，它以太湖为中心，有时候往外延伸得很广，有时候收缩得比较小。第三，“史前文化”，整个人类历史，以有没有文字记载为界，分为前后两段。有文字记载的阶段称为历史时期，没有文字记载的阶段则属史前时期，史前时期的人类文化，简称史前文化。题目中大概就是这样几个关键词。下面我将给大家介绍环太湖地区和海岱地区在史前时期，文化上的交流、传播、影响和互动。

内容分为四个方面：第一，中国史前时期的整体文化格局，介绍当时两个区域在中华大地上处于怎样的位置。第二，分别概括两个区域数千年间的史前文化发展序列，为后续的具体讨论明确两者的年代对应关系。第三，也是今天讲的重点，就是两个地区之间长时段的文化交流，详细讨论和分析相互之间的交流和互动过程。第四，这两个地区几千年来的文化交流、扩散、传播和互动，对中华古代文化和文明有着怎样的历史贡献。

中国史前文化的整体格局

按今天的理解，历史上的古代中国好像一直是一个大一统的、中央集权的、文化面貌具有统一性的地区。其实这些特征不是自古以来就有的。中国史前文化是什么状态？近代考古学产生之前我们并不知道，因为这一时期没有文字，没有留下可靠的文献记载。考古学产生之后，经过几代学者近百年来的田野考古工作和综合研究，取得了一系列重大研究成果，其中之一就是初步梳理清楚了史前时期中国考古学文化的格局，即多元一体的文化格局。

这个多元一体的文化格局是比较复杂的，从新石器时代偏早阶段以来，各个地区逐渐形成了具有不同风格和特征的区域文化。因为考古发现的不平衡性和各地史前文化发展的不平衡性，这些不同区域文化的整体结构分为三个层级，我将其总结为“5+3+N”的模式。第一个层级有五个地区，就是黄河中游的中原地区、黄淮下游的海岱地区、长江中游的江汉地区、长江下游的环太湖地区、西辽河流域的燕辽地区。这五个文化相对独立、发展脉络清晰、起始较早且可以与历史时期一直连贯衔接起来的区域，是中华史前文化的主体。第二层级有三个，即黄河上游的甘青地区、长江上游的川渝地区，以及内蒙古中南部与晋陕交界地区，这三个地区的史前文化也相对独立，但与上述五个地区相比起步时间较晚。此外，上述八个区域的外围，还有许多小的考古学文化区，如岭南、西南、西北、东北等地区，因为目前尚不清楚到底有多少个文化区，故以“N”来表示。

今天给大家讲的这两个地区，从地理位置上来说处在中国东部的一南一北，史前时期南北区域之间存在着十分频繁的文化传播、交流和互动。

南北区域的文化序列和编年

先来看环太湖地区。在整个新石器时代和早期青铜时代，环太湖地区的文化发展序列大体是这样：最早出现的是分布于浙江中部的上山文化和跨湖桥文化，接下来是环太湖地区的马家浜文化和宁绍平原的河姆渡文化，往后依次为崧泽文化、良渚文化、广富林文化和马桥文化。从上山到马家浜再到崧泽文化，这些古文化的分布范围在不断地扩大，这一趋势在良渚文化时期达到顶峰。可以说，良渚文化是环太湖地区史前文化最繁荣、最发达、最兴旺的时期，之后开始衰落，到广富林文化和马桥文化时期，分布的区域变得越来越小。

海岱地区相比南边的环太湖地区来说，文化的发展相对更单纯一些，文化序列也更为清楚，现在一般将其划分为五到六个阶段。最早的是新石器时代早期的扁扁洞类型文化，绝对年代为距今一万年前后，接下来依次是后李文化、北辛文化、大汶口文化、龙山文化和岳石文化，相继兴起。这一系列考古学文化的早期分布范围，主要是泰沂山的周边地区，到北辛文化时期向南扩大到了苏北。大汶口文化早期，分布范围又进一步扩大到胶东半岛等沿海地区。龙山文化和岳石文化时期，东北方向跨海扩展到辽东半岛南端地区，南部则到达长江北岸一带。由此可以发现，随着各个考古学文化的发展，分布的区域和影响的范围在不断地扩大。早期阶段南北两大文化区相隔较远，各自甚至不知道对方的区域是否有人居住，所在两个地区在文化上没有或很少接触和联系。随着文化的发展，人口增多，各自文化的分布区域越来越大，不同文化区域之间就开始了相互的接触和联系。所以，随着南北两地区史前文化的发展，不同文化区之间开展越来越多的交流和联系是人类社会和历史发展的必然趋势。

按照时代的早晚，南北两个地区之间的文化交流和互动可以划分为五个阶段：第一阶段，最早的文化联系和交流始于马家浜文化和北辛文化时期；第二阶段，是崧泽文化和大汶口文化早期；第三阶段，是良渚文化和大汶口文化中晚期；第四阶段，是钱山漾—广富林文化和龙山文化时期；最后一个阶段是马桥文化和岳石文化时期。上述五个阶段南北地区考古学文化的对应关系，可能会有个别小的年代错位，但大的年代关系基本上是同时的。

文化交流的历史过程和具体内容

下面按五个阶段来叙述。

第一个阶段，为马家浜文化和北辛文化时期，绝对年代为距今7000—6000年，前后延续了约1000年的时间。这一阶段，从发现的考古资料来看，南北两个地区之间确实产生了文化上的交流。我们可以提出以下两个方面的证据。

第一个方面是南北两个文化中明确存在着相同或相似的文化因素，例如：

一、拔牙习俗。人生长到一定的年龄，有意识地把牙齿拔掉一部分，主要是拔掉上颌骨上的两颗侧门齿。这种比较奇特的习俗最早在北辛文化和马家浜文化的居民中都有发现，只是前者更为清楚。

但是这一阶段之后，环太湖地区居民的拔牙习俗就非常少见，而在海岱地区却极为流行，大汶口文化时期达到一个高峰，墓葬里发现的人骨 70% 左右要拔除上颌两颗侧牙齿，之后一直延续到龙山文化时期，前后持续了约 3000 年的时间。由此看来，人们生前拔除两颗上侧门齿的习俗有可能是两个区域的共有文化因素。从发现的数量和延续的时间来看，也可以解释为马家浜文化居民的这种习俗是受了北方北辛文化的影响。

二、墓葬中用陶钵覆盖墓主头部的习俗。南北两个文化区的邻近地区，即苏北地区和长江南岸一带，墓葬中都发现一种特殊的埋葬现象，就是墓主人的头部覆盖着一个完整或打碎的陶钵。虽然目前还不能确定这一习俗的具体来源和传播方向，但相互之间存在着共同的信仰和习俗则是可以肯定的，从而表明两个地区存在着文化联系。

第二个方面，是一些特有文化因素的单向传播。例如，马家浜文化对北辛文化有一个很重要的影响，就是稻作农业向北方地区的传播。因为水稻是由野生稻驯化而来，北方地区没有野生稻，所以说北方地区的稻作农业肯定是从南方扩散过来的，这是一个明确的南方向北方传播和影响的文化因素。至于这种传播是怎么完成的，可能有两种途径。一是南方的稻作居民北上，把稻种带到北方地区，教会当地人种植水稻；二是北方的北辛居民南下，学会了种植水稻的方法和技术，再把稻作农业的技术带回北方。总之，稻作农业在海岱地区的出现和发展，是一项重要的南北地区文化交流的成果。

总结一下，第一阶段南北两个区域之间呈现出一种互相影响的文化交流格局，但相互之间文化交流的内容不多，影响的力度不大，并且主要出现在南北文化区的相邻地带。

第二个阶段，是崧泽文化与大汶口文化早期。这一阶段南北地区之间的文化交流出现了一些新的变化。如果说在第一阶段，有一些文化因素不太好分辨其传播的方向，还说不太清楚到底是北辛文化的输出多一些，还是马家浜文化的输出多一些，那么到了这一阶段，南北地区相互交流的文化内容显著增多，力度加大，涉及的区域更远，并且逐渐显露出由南向北的文化传播为主的趋势。在海岱地区南部的大汶口文化早期遗存中，发现比较多的来自南方崧泽文化的文化因素，并且呈现出数量增多、频率加快的发展趋势。

例如淮河故道以北的苏北地区，在邳州小徐庄、刘林和大墩子等大汶口文化早期遗址中，发现较多具有浓厚的崧泽文化因素的器物，其中有两种器物比较清楚地反映了崧泽文化对大汶口早期文化的影响。一种是陶豆，豆是一种食器，由钵形豆盘和高圈足组合而成。在长期的使用过程中，除了实用功能之外还逐渐演变为一种具有礼仪活动功能的礼器，是中国古代祭祀和其他礼仪活动时盛行的固定礼器——鼎、豆、壶组合之一。陶豆最初产生于南方地区，崧泽文化时期北传到海岱地区的大汶口文化之中，特别是其南部分布区的数量较多。

另一种为陶大口尊（或称为大口缸），是一种长筒形圜底或尖底的器物，体型很大，高度可达 60—70 厘米，器壁也特别厚，往往超过 1 厘米，器表多饰粗篮纹。这种形体硕大器物的特殊之处在于，发展到大汶口文化晚期阶段，器表有时候会刻画一些不同类别的图像，有的还在图像上涂朱。多数学者认为这些图像是中国最早的文字。这样的特殊器物显然具有某种精神文化内涵。此类器物较早阶段出现在环太湖地区，出土地点的分布也是以环太湖地区最为密集，而大汶口文化早期发现的数量较少，并且在分布区域上仅限于苏北和鲁南地区的个别遗址。基于这种情况，可以认为它和陶豆一样，也是在崧泽文化晚期由南方的环太湖地区向北传入海岱地区。这是两种既实用也具有精神文化功能的重要器物，作为外来器物能够被北方的大汶口文化所接受并传承下去，可以清楚地看出南北两地文化传播和影响的发展趋势。

反过来看，大汶口文化早期对南方地区也有一定影响。总体来看，尽管大汶口文化对崧泽文化的影响程度不如上述那么深，但也表现在不同的方面。例如在江淮之间的海安青墩遗址，就发现随葬大汶口文化器物的墓葬，其墓主有可能是来自北方的大汶口人。再如彩陶，彩陶在环太湖地区很不发达，数量也不多，到目前为止成型的完整彩陶器物很少，相比之下大汶口文化早期的彩陶虽然不及中原仰韶文化丰富，但在全国的史前文化中还是比较多的，也有自身特色。从彩陶的绘画内容及载体来看，南方崧泽文化的彩陶图案，多数是直接来自海岱地区大汶口文化早期。如著名的“八角星纹”，虽然两个地区都有，但北方数量更多，南方崧泽文化甚至更晚一些时间的同类纹样，应该是在两地的文化交流中从北方输入的。

这一阶段两个区域文化交流的趋势大约可以概括为，较之前一个阶段更为密切，并且随着时间的推移，特别是到了崧泽文化晚期阶段，南方对北方的影响力度进一步加大，可以说南方的崧泽文化完全占据了上风。

第三个阶段，为良渚文化和大汶口文化中晚期，绝对年代在距今 5400—4500 年之间。在上一个阶段崧泽文化对北方地区的文化传播和扩散占据上风的基础上，这一阶段良渚文化对北方大汶口文化的传播和影响更加强烈，甚至可以说良渚文化早中期曾大举向北扩张。环太湖地区的考古学文化，最初的分布区域限于长江以南和钱塘江以北。到良渚文化时期，由于其全面发展和强势崛起，向外扩张的地区包括了北、西、南三个方向。如果仅就与海岱地区大汶口文化中晚期的关系而言，良渚文化的向北扩张和传播，在地域上可以分成四个梯层或者说四个地带。第一个地带是江淮之间，第二个地带是淮河故道以北的苏北地区，第三个地带是泰沂山以南的鲁南地区，第四个地带为泰沂山以北的渤海南侧和胶东半岛地区。这四个地带中，来自良渚文化的扩张和文化影响，随着地理位置的渐北渐远而依次递减，但总体上四个地带都留下了明显的来自南方的良渚文化因素。

第一个地带，就是长江以北的江淮之间。如果说良渚文化之前的崧泽文化和马家浜文化，北界是在长江沿岸一带，那么到良渚文化时期，南来的人群已经大踏步地越过了长江，前锋直指淮河甚至更远。这一区域南部的高邮龙虬庄、海安青墩，中部的兴化蒋庄，北部的阜宁陆庄等，均为出土典型良渚文化遗迹和遗物的遗址。所以可以说，江淮之间这一时期的新石器文化，主体文化因素已属于良渚文化，该地区已经成为良渚文化新的江北分布区，进而使良渚文化的分布区向北推进到淮河故道沿线。

再往北的第二个地带就是苏北地区。这一地区早在 1952—1953 年就发现和发掘了新沂花厅遗址的新石器时代墓葬，出土了一部分玉器和陶器等遗物。因为当时可资比较的资料有限，发掘者循例将其归入龙山文化。后来随着这一地区的考古新发现不断增多，对其文化性质的认识逐渐清晰起来。花厅一度被作为大汶口文化中期的花厅期或花厅类型的代表性遗址，甚至有人认为贻误了命名为“花厅文化”的时机。到 20 世纪 80 年代后期，南京博物院对花厅遗址北区墓地进行了两次大规模发掘，发现十座大型高等级贵族墓葬。在这个墓地里面，出土了大量具有良渚文化风格或者典型良渚文化式的玉石器和陶器，如贯耳壶、阔把杯、尊、鼎、罐等日用陶器，琮、璧、冠状器等高端的玉礼器，璜、锥形器等装饰玉，以及有段石锛等工具。著名考古学家严文明先生据此提出，花厅北区是一支良渚文化远征军的墓地。这些来自南方的将士们，北上远征，打败花厅村的大汶口文化居民并对其实行占领。而这些异乡战死的英雄们，不便运回南方老家，只得就地掩埋安葬，并特地给他们随葬了良渚文化的玉石器和陶器，还把未能逃走的妇女儿童殉葬。在苏北地区的大汶口文化中晚期遗存中，存在着大量来自南方的良渚文化因素。与淮河以南的第一地带相比，苏北地区虽然仍然可以视为大汶口文化的分布区，但它确实受到了来自良渚文化大范围、高强度的文化传播和影响。

第三个地带是再往北的鲁南地区，其北界为泰沂山脉。以泰沂山为界的鲁南地区可以细分为东西两个小区，中间被蒙山山脉隔开。西边是枣庄、济宁和泰安为主的汶泗流域，东边是日照、临沂为主的沂沭河流域及东部沿海。在鲁南的东西两个区域内，同样发现一些来自南方的良渚文化因素，但在数量和种类上明显没有南面的第二地带那么多。最明显的南来因素是在大型城市设施的建造方面，学习了良渚文化的规划和技术。

大汶口文化中晚期和良渚文化阶段，是中国早期国家和文明社会产生的时代。文明社会的重要标志或者载体就是筑有城墙的城防设施。城址的出现，代表了社会分化发展到一定阶段和程度，争夺地盘、资源和财产的战争频繁，人和人之间的社会矛盾加剧。所以说，大型的城防设施是应社会的需要而产生。在杭州郊区的良渚遗址群内，近年来发现了一座规模很大的良渚古城，面积达 280 万平方米。其实海岱地区也发现了很多同时代或略晚的古城，偏南部地区在古城的规划和设计建造过程中，学习和吸收了良渚文化建造古城的技术。如良渚古城有一个显著特点，就是在城墙的底部先铺垫一层自然石块，以此作为墙体的基础，然后用黄土夯筑高起来的城墙。同样的做法在鲁北地区的龙山文化城墙建筑中没有发现，而出现在鲁东南沿海地区的尧王城等遗址。如尧王城遗址发现的内、中、外三圈城墙，最小的内圈城墙为大汶口文化晚期，城墙底部也发现铺垫一层自然石块的做法。这一筑城技术应该是受到了良渚古城建筑方法的启发或者影响，并且这种做法被传递给附近的两城镇龙山文化城址。

从考古发现的遗物看，鲁南地区的良渚文化因素也非常明显。这一地区存在着两类与良渚文化关系密切的文化因素。一类是典型的良渚文化因素，如在诸城呈子、邹城野店等遗址发现的陶双鼻壶，许多遗址发现的有段石锛等，与良渚文化自身的同类器物别无二致，可以说形制、演变规律等方面完全相同。另外一类是经过消化和改造了的文化因素。一看就知道是模仿良渚文化的器物，细看又不完全一样，是经过大汶口人改造之后制作出来的新器物，但是如果追根溯源，其源头还是在良渚文化。如双耳壶，其双耳的位置从口沿下移到壶颈中部，底部由矮圈足变为平底，就是在良渚文化双鼻壶的基础上加以改造的新器形。

第四个地带是泰沂山以北的鲁北和胶东半岛地区。这一地区由于远离良渚文化的核心区，大汶口文化遗存中的良渚文化因素虽然仍然存在，但是明显较少。如变体的阔把杯、鼎式甗和玉锥形器、鹿角靴形器等，就分别发现于鲁北的章丘西河、胶州三里河和胶东半岛的栖霞杨家圈等大汶口文化中晚期遗址。有个别器类，如变体双耳壶和玉锥形器等，甚至在辽东半岛南部地区也有少量发现。所以，我们认为良渚文化的传播和穿透能力超乎想象，它向北方大汶口文化分布区的传播、扩散和影响是全方位的。

反过来看，大汶口文化也对良渚文化产生过一定影响，但是相对小得多。如在南京北阴阳营遗址良渚文化晚期的二号灰坑里，发现过一组大汶口文化晚期的陶器，其中有一件刻有冠状图像的大口尊，从器形到图像都是典型的大汶口文化风格。再往南的上海郊区青浦福泉山遗址，曾在一座良渚文化偏晚阶段墓葬中，发现一件典型的大汶口文化背壶，器表还绘有大汶口风格的红色网状彩纹。这些现象可以说明，当时南北地区的文化联系和影响既是双向的，又有主次之分。

第四个阶段是龙山文化时期。龙山文化阶段的海岱地区和环太湖地区，文化的发展出现一个重大变化，就是北方地区龙山文化承接之前的大汶口文化晚期，又获得进一步发展，其发达程度超过了大汶口文化晚期。而南方地区，随着良渚文化的衰落和消失，整个环太湖地区新石器文化的发展陷入一个低谷。很长时间人们都不知道，在北方的龙山文化时期，这个区域存在一种什么文化。最近 20 多年，通过新的考古发掘工作以及与大汶口—龙山文化的比较，才逐渐从这个区域的新石器文化中，分辨出以上海广富林遗址和浙江钱山漾遗址为代表的、相当于龙山文化阶段的遗存，现在一般称其为广富林文化，或钱山漾—广富林文化。这是南北两个区域这一阶段文化交流的历史背景。在这种历史文化的背景之下，南北文化交流的趋势发生逆转，即由良渚文化大举北上转换为龙山文化向南方呈现出梯次扩张。

综观龙山文化向南方的扩张，自北向南可以分成三个区域：第一个是江淮之间；第二个是长江沿线的宁镇地区；第三个是太湖两侧及以南地区。

江淮地区在第三阶段是良渚文化的分布区，到龙山文化时期，随着良渚文化的消失和北方势力的南下，江淮地区迅速成为一个新的龙山文化分布区。如兴化南荡、高邮周邶墩和龙虬庄等，都是典型的龙山文化晚期遗存占主导地位的遗址。据此可以认为，这些遗址所在的江淮地区，已经成为一个新的龙山文化分布区。

江淮以南从南京到镇江一带的宁镇地区，也发现一部分与龙山文化同时期的遗址，如浦口牛头岗、江宁点将台等。这些遗址中显然存在着一些典型的龙山文化遗物或具有龙山文化风格的遗物，这些来自龙山文化的因素虽然也有相当数量，但是总体来看，并不占主导，或者说，不构成当地文化要素的主体。

再往南的太湖东西两侧和杭嘉湖平原，在良渚文化之后的许多遗址中，存在着较多的类似于龙山文化的文化因素，或者说在龙山文化影响之下产生的新文化因素。这些遗址与北方地区的龙山文化有着千丝万缕的联系，但本质上又不完全相同。在这样的认识基础上，考古学界将环太湖地区的龙山时期遗存命名为一支新考古学文化，即前述的“广富林文化”或“钱山漾—广富林文化”。

从以上陈述的具体内容可以看出，这一个阶段南北文化交流的趋向，与前一个阶段相比发生了一个反转，由南向北为主转变为从北向南占据主导和上风。

最后一个阶段，即马桥和岳石文化时期，在年代上已经进入青铜时代早期。这一阶段南北两个地区的文化交流，延续了前一阶段北方对南方影响为主的趋势，维持着前一阶段北方文化不断南进的格局。但相互交流的步伐有所减缓，强度有所减弱。这种趋势一直延续到有文字记载的历史时期。

碰撞中诞生的文明火花

最后做一个简单的结论，环太湖地区和海岱地区两个地区之间史前时期几千年的文化交流、传播和碰撞，对中国早期文明甚至东亚地区早期文明，到底产生了怎样的历史贡献。我想主要有三个方面。

首先，距今 5000 年前后，即良渚文化和大汶口文化中晚期，这两个地区在相互的文化交流和碰撞中，大体同时产生了早期国家，进入文明社会。我们今天讲中华文明五千年，具有坚实可靠的考古学依据。像 280 万平方米、内外相套的良渚古城，高规格的祭坛和贵族墓地，规模宏大的水利设施等，就是早期国家的有力证据。大汶口文化也是一样，像近两年发现的焦家遗址大汶口文化中期古城和贵族墓地等，也是进入早期国家的证据。这一切，为整个中国乃至东亚地区提供了一种可资依据和比较的文明起源和形成的模式。

其次，分析南北地区史前文化交流的成果，最有代表性的应该是礼制，而且它是中华古代文明的重要基因和要素。其具体内涵可以从三个方面来看：一是玉礼器，中原地区三代玉礼器毫无疑问是来自环太湖和海岱地区。二是前面说到的以鼎、豆、壶为代表的陶礼器组合的产生。三是棺椁制度的产生和逐渐成熟。这些礼制载体的具体内容，都是在环太湖和海岱两个地区起源和最先发展起来，形成规范的礼仪制度，产生和发展演变的轨迹非常清楚。

第三，就是稻作农业向北方地区的传播。南方地区的稻作农业产生于距今万年左右的上山文化，随着时间的推移，在文化传播过程中，一步一步地向北方地区传播和扩散。到达的区域不仅是黄淮下游的海岱地区，而且通过海岱地区的大汶口—龙山文化，继续往北扩散和传播。至迟在龙山文化时期，稻作农业就已经跨越渤海海峡，进入辽东半岛和朝鲜半岛，之后再进一步传播到日本列岛。可以说整个东北亚地区都受惠于两个地区之间长期的连续不断的密切文化交流。

2019

第4讲

早期丝绸之路上的东西文化交流

王　辉

王辉，复旦大学科技考古研究院研究员。1980年进入北京大学考古系学习，1984年获历史学学士学位，1987年7月在北京大学考古系获历史学硕士学位，2006年获日本神户大学文学博士学位。1987年开始长期在甘肃省文物考古研究所工作，主持和参与了甘肃省的主要考古调查、发掘、研究和保护工作。近年来，主要从事早期秦文化、甘青地区新石器—青铜时代考古和早期丝绸之路与中西文化交流的研究。主持和参与了多个国家社科基金项目、自然科学基金项目、教育部人文社会科学重点研究基地重大项目、“指南针计划”专项项目，以及“中华文明探源工程”子项目等。

本次演讲于2019年4月27日在南京博物院小剧场举行。演讲以当下的热点话题丝绸之路为主题，但此“丝绸之路”并不是我们所熟知的汉唐时期的丝绸之路，而是石器时代就已存在的古老的欧亚廊道。演讲通篇以错综复杂的西北地区前沿考古成果为载体，介绍了早期丝绸之路的发展历程以及对各地的影响，用大量出土文物展现东西方文化的异同，并涉及许多世界史相关知识，信息量庞大。

大家都知道，共建“一带一路”是我们国家提出的重要倡议，可以说丝绸之路的研究是永不过时的，所以今天我们要来说一说早期的丝绸之路。它和我们非常熟悉的汉代的丝绸之路有什么区别呢？在这条道路上，究竟有哪些文化因素，有哪些东西在交流，这是非常重要的研究课题。

早期丝路的源流

传统所指的丝绸之路，是西汉时期张骞通西域所形成的一条文化、经济和交流的通道，实质上就是长安—天山廊道，前几年我们联合了中亚五国“申遗”，这条丝绸之路已经变成了世界文化遗产。但其实这条道路在张骞通西域之前已经存在，所以张骞并不是在走一条没有根据的路线，只是通过他的探索，丝路正式纳入汉代中央政府的管辖范围。张骞走的道路在路线上可能和我们今天讲的早期丝绸之路有所区别，但是基本的走向是一致的。在他之前，丝绸之路上的文化交流一直在进行，大概在公元前3000年就已经初现端倪。

早期丝绸之路和欧亚草原地区有非常密切的关系。欧亚草原是一条东起大兴安岭西侧、西到多瑙河下游的长 7000 余公里的草原地带，是古代民族迁徙和文化交流的一条非常重要的通道。史前时代，这条道路上就有来自欧洲的古印欧人往东迁徙，到了公元前 9—前 8 世纪，这条道路上有斯基泰人迁徙。自东向西的迁徙则跟古代中国的一些军事举措有密切关系，汉代有匈奴的西迁，再往后就是突厥的西迁；最后一波大的民族迁徙浪潮——蒙古的西征，走的都是这条道。

我们按照时代梳理。最早的一支迁徙队伍在旧石器时代就已经出发，距今 4.5 万年左右，随着最后一批现代人走出非洲，进入世界各地，这条道路就已经存在。我们今天在道路途经处发现了新疆通天洞遗址，有以勒瓦娄哇技术制作的一些石器和石核。通天洞遗址是 2017 年的全国十大考古新发现之一，这个遗址之中不仅有石器，还有一批从青铜时代到早期铁器时代的遗存。通天洞遗址以及今天在西伯利亚地区发现的一些现代人的骨骼，都指向一个假设，就是：旧石器时代通过这条道路迁徙过来的人，可能跟我们中国境内的一些现代人存在着一定的基因上的关系。

进入青铜时代以后，我们可以找到的最早的并有确切证据进入新疆的外来文化，是公元前 3000 年左右产生于东欧地区的阿凡纳谢沃文化。阿凡纳谢沃文化的核心分布区位于今天的俄罗斯南部，我们在中国新疆地区可以看到受阿凡纳谢沃文化影响的一些因素。新疆的西北部有阿依托汗一号墓地，以它为代表受到阿凡纳谢沃文化影响的当地文化，我们把它叫作切木尔切克文化。切木尔切克文化的中心区域在今天的阿尔泰地区，沿着阿尔泰山，可以看到切木尔切克文化有很多分布点。切木尔切克文化受阿凡纳谢沃文化影响的因素随处可见，比如圜底器、地表有封堆的石室墓等，哈巴河县的托干拜二号墓地就是其中的典型。这座墓地以有石块堆砌围圈的墓葬为代表，单个墓葬里埋葬的人数很多，最多的有 11 具骸骨，7 个成年人、4 个儿童，随葬的器物很多是用石头做的，包括一些石质的圜底罐，它的年代应该在距今 4500 年左右。与米努辛斯克盆地（阿凡纳谢沃文化核心区）比较典型的阿凡纳谢沃文化墓葬对比，就会发现两者有许多相似之处。

阿凡纳谢沃文化的影响不仅限于阿尔泰地区，甚至进入了塔克拉玛干沙漠的塔里木盆地。在塔里木盆地我们发现了古墓沟墓地，一个非常特殊的墓葬遗址。墓地中没有发现陶器，但是发现了一些草本植物编织物。作为典型的沙漠地带，一方面可能是缺乏制作陶器的原料，另一方面烧制陶器的燃料也很紧缺，所以这里的草编是非常发达的，用来代替陶器的部分功能。这些草编器物的形状也跟阿凡纳谢沃文化的器物非常像，可能是受到了影响。现在认为，阿凡纳谢沃文化的因素主要分布在新疆阿尔泰地区，但从古墓沟墓地来看，这种影响最远能够到达塔克拉玛干沙漠的中心地带，今天的罗布泊附近。

早期丝路走向兴盛

下一个发展阶段是公元前 2000—前 900 年，大约相当于二里头早期到西周晚期。这个阶段，通过丝路来访的、对中华文明有比较大的互动或者影响的文化，主要是两个：最主要的是安德罗诺沃文化，第二个是塞伊玛–图尔宾诺文化。

安德罗诺沃文化一开始主要分布在今天的俄罗斯南部草原以及中亚，到哈萨克斯坦地区，并且有一部分在今天中国新疆的西部地区。新疆受安德罗诺沃文化的影响主要集中在新疆西部，它的延伸范围也能到达今天罗布泊的中央地带，甚至辐射得更远。总体来讲，在新疆各地，包括沿着天山北麓这一线，从塔城一直到昌吉，到木垒，到奇台这一线都出现了跟安德罗诺沃文化有密切关系的一些遗存。尤其是在伊犁河流域，我们看到各地博物馆收藏了与安德罗诺沃文化相关的很多文物，包括大口平底的陶罐、折背或弧背铜刀、石镰、带耳铜斧、管銎斧，以及铜凿等，都是受到安德罗诺沃文化影响，甚至就是安德罗诺沃文化比较典型的一些遗物。

另外在今天的阿尔泰地区，数年以来，我们社科院考古所一直在新疆西北部的温泉县工作，也发现了一批安德罗诺沃文化的房屋，以石构建筑、硬遗址（石质遗物居多）为主，明显跟我们这里的传统是不一样的。中华文明的核心区，也就是中原地区以及周边，主要是软遗址（土木等难以从天然土壤中分离的材料为主），习惯砌筑或者是挖掘半地穴式房屋，但是安德罗诺沃文化的房屋，主要以石头建筑为主。所以可以看出来，第一，相较于阿凡纳谢沃文化时期，安德罗诺沃文化的影响范围有了很大扩展，已经扩大到今天的东天山地区。第二，相对于阿凡纳谢沃文化来说，在新疆地区发现了整体都比较典型的安德罗诺沃文化遗址（不单单是器物），证明安德罗诺沃文化对新疆的影响比以前更加强烈。

同时我们可以看到在这个时期，新疆的东部地区，天山北麓的哈密地区，今天的哈密市，形成了另外一个文化类型或者文化圈，东西方文化在这里发生了碰撞。在天山北麓墓地，我们可以看到至少两种以上的文化因素，其中一种是来自甘肃的河西走廊，从东方来的四坝文化。带比较浓厚彩绘的双耳罐是河西走廊西部的四坝文化的典型陶器，而其他一些像喇叭口的耳环之类的东西，显然是受到安德罗诺沃文化影响。

下面我要专门讲一下铜器。我们可以看到四坝文化不仅仅是陶器影响了天山北麓，铜器同样也产生影响。在四坝文化的核心区，与天山北麓墓地出土了几乎一样的、一种带放射线装饰的、像铜镜一样的器物，非常有特点。天山北麓墓地的测年显示，它的下限肯定比四坝文化要晚，根据现在最新的测年应该到公元前1100年左右，四坝文化的年代在公元前1900—前1400年，那么晚的继承自早的，这是理所当然。

随着碰撞的发生，安德罗诺沃文化继续往东走，很多文化因素影响到了甘肃和青海地区，包括我们刚才提到的四坝文化，当然还有齐家文化，这应该主要是通过河西走廊进行的。在这一时间段中，甘青地区出现了大量受到安德罗诺沃文化和塞伊玛-图尔宾诺文化影响的铜器，就和我们之前在新疆西部看到的一样，但先民做了本土化的改造。比如宽叶形铜矛，这种带钩的宽大的铜矛，不仅传入了甘青地区，甚至出现在今天的河南，安阳、王城岗都出土了大体相似的铜矛。铜矛进入中国，人们赋予它的理念也发生了一些变化。在塞伊玛-图尔宾诺文化中，宽叶形铜矛是实用性质的兵器，但是到我们这儿以后，矛头变钝变平，而且体型膨胀到有40多厘米，太大太沉了，基本丧失了实用功能，最大的可能是作为标识威信和礼仪的仪仗用品。所以文化传播的过程当中，很可能有一些理念会发生改变，根据当地文化的需求，表达出截然不同的功能。

这个阶段，除了器物造型等文化因素互相交流以外，还存在着一些技术上的交流。最近这十多年来，我们一直在关注河西走廊早期冶金的问题。最新的勘探成果认为，中国所有的冶铜都受到西方的影响，但是这里所说的“影响”很可能是后天的，因为甘肃最早的铜器出现在公元前5000年左右的马家窑文化当中，器形表现为带齿的铜刀，包括河西走廊的齐家文化也有，是比较有特征的一类文物。这类文物并没有见于欧亚草原传来的文化当中，而是甘肃本地的产品。在铜器的器形上发现欧亚草原影响的时候，已经到了公元前 1800 年之后，甚至是公元前 1600—前 1500 年的时候，因此，中国最早的冶铜仍然存在着独立起源的可能性。

另外的证据来自张掖的西城驿遗址，这里发现了一批跟冶铜相关的遗物，包括矿石、炉渣、炉壁、鼓风管，另外还有一些铸造铜器用的石范，这些东西同样很可能是中国本土起源，但后来受到欧亚草原文化的影响。我们现在提出一个概念，叫作“西城驿—齐家文化冶金共同体”。这个共同体可能对中国西北地区的铜器大规模冶铸产生了非常大的影响，冶金产品很有可能经过河西走廊，向甘青地区乃至黄河、洮河和大夏河流域传播出去，成为中原冶金技术的源头。当然这还需要更多的证据来证明。

另外，在这个时期进入中国的还有小麦。我们传统的农作物主要是粟和黍，早期黍占优势，晚期是粟占优势，但在干旱地区，它们的产量都不如小麦。小麦最早起源于西亚和北非地区，相关的种植技术在安德罗诺沃文化这一时期也传入了中国境内，新疆地区的地层当中出土了完整的没有脱壳的麦穗，证明了它不是通过贸易运输过来的加工完毕的麦粒，而是本地区自己种植生产的农作物。

当然反过来，在受到西方文化影响的同时，中原的文化因素也进入了今天的甘青地区。非常典型的二里岗上层文化铜戈在今天的洮河流域被发现，证明了东西方之间通过甘青地区这么一个通道，存在着一定的交流，这就可以解释殷墟为什么出现那么多跟草原有关系的器物了。这种交流可能依赖羌人来间接地进行，甲骨文有大量的记载，商人老是在伐羌，一俘就俘获好几千，然后把他们杀了，献祭给祖先。而甘青这一带的寺洼文化和卡约文化恰恰很可能就是羌人的文化遗存。因此，商人可能是通过接触甘青地区的羌人，和欧亚草原上存在着一些间接的交流。

在米努辛斯克盆地或者南西伯利亚地区，紧接着安德罗诺沃文化兴起的是卡拉苏克文化，它仍然对新疆地区有着一定的影响。卡拉苏克文化典型的青铜刀与我们在岷县占旗遗址和洮河流域发现的一些铜器有非常多的相似性。在卡拉苏克这一时期，可能还有一些铁器，也就是冶铁的技术进入中国。冶铁最早发源于两河流域、地中海沿岸和古埃及，在公元前 6000—前 4000 年，那里的人们就开始使用陨铁，人工炼铁则至少要到公元前 2500 年左右。赫梯人墓葬中出土的铜柄铁刃匕首，经检测为人工冶铁制品，是最早的人工冶铁产物。到了公元前 1500 年前后，在美索不达米亚、安纳托利亚等地出土的人工冶铁制品逐渐增多；公元前 1500—前 1000 年，冶铁技术开始通过欧洲、亚洲及北非的部分地区向外传播，可能在这个时期扩散到今天的甘青地区，例如，在甘南藏族自治州的磨沟遗址就发现了人工冶铁制品。

早期丝路的繁荣期

第三个阶段是早期丝绸之路的繁荣阶段，这个阶段相当于从东周末到秦末，也就是到西汉之前。在上一个阶段，就是丝绸之路发展的第二阶段，我们可以明显地看到，从新疆的阿尔泰地区到伊犁河谷，隐隐约约有一条道路。来自欧亚草原的文化因素，从这个地方先南下进入新疆，沿着天山北麓往东传播，再在东天山地区和来自甘青地区的文化碰撞融合，而中原腹地的文化也进入甘青地区，两者即将迎来第一次直接接触。

这一时期，在欧亚草原上有两个比较重要的民族，两者的区分不太明显，西方学界有时也会把两者合并混称，就是今天所谓的斯基泰和萨迦。斯基泰民族在公元前 7 世纪迁往黑海北岸，在米努辛斯克盆地落脚；萨迦主要是指今天天山地区的一群跟游牧有密切关系的人。

对于斯基泰民族，现在的研究普遍认为，斯基泰人的西迁对当时的世界格局产生了相当大的影响，因为斯基泰人西迁途中遇到的，正好是兴盛时期的亚述帝国，后来波斯帝国也在这个地区兴盛。但斯基泰人非常骁勇善战，他们从亚述帝国一路硬打下来，南下打到了埃及边界，最后在米底人和亚述人的夹攻之下，退回了黑海北岸，所以斯基泰人对世界格局的影响非常大。同时，在这个时期中国发生了一件重要的事情，是什么呢？就是秦霸西戎，秦穆公打败了西戎。秦穆公打败西戎的结果是什么呢？是西戎的迁徙。这两支民族的迁徙对中国历史和世界历史有非常重大的影响，而他们迁徙的路线正是早期的丝绸之路。

这一时期在中国西北部，各方面都能找到这种民族迁徙的影响：石堆墓的传统仍然存在，只不过石堆的形状有所改变，因为新疆西部一直在延续欧亚草原的习俗。这一时期的墓葬里出现了殉马，马匹大量地被用于埋葬，在阿尔泰地区发现的春秋战国墓葬里就有许多马骨，说明当时饲养的马匹有富余，马匹增多是受游牧文化影响的一个重要标志。同时，大量的金器被使用，主要是用于车饰、马饰和人体的装饰，其中包括大量的动物纹。新疆哈巴河的东塔勒德墓地出土了各种草原风格的动物纹器物，另外还有欧亚草原典型的动物相斗的纹样，外来气息浓厚。兵器也是文化传入的重要因素，大量有兽首装饰的短剑或铜刀、三叉格青铜短剑在新疆出土。这套东西最早发现在伊朗苏萨地区，通过中国的甘肃，在春秋战国时期进入今天的云贵高原，证据是在滇文化中发现了大量这样的三叉格青铜短剑。还有一种典型的萨迦兵器——啄戈，非常有名的伊朗波斯波利斯宫殿遗址中，有一幅浮雕的萨迦使者像，手上就持有一对啄戈。啄戈在中国境内大量出土，尤其在北方地区非常多，文化影响显而易见。

艺术造型和风格上，最典型的还是刚才提到的动物纹，有剪纸风格的动物纹，最有草原特色的动物就是大角羊。对比南西伯利亚的巴泽雷克墓冢，以及甘肃马家塬遗址发现的大角羊，大家可以看到，对于这种草原特有的动物，东西方的造型表现手法基本上是一致的。还有一套非常有意思的东西，就是神兽格里芬（希腊神话中的狮鹫）的造型，在巴泽雷克墓冢和马家塬遗址中都能找到对应的器物。这个格里芬的造型，也是从西亚经过欧亚草原传到了今天的甘青地区，到汉代又继续往南方传播，直到今天，神兽格里芬的名号也非常响亮。

刚才讲的是动物相关的，其实在这一时期，还有种植物的纹样也通过欧亚草原进入中国，这就是双叶、三叶的忍冬纹。它很可能源自古代西亚和中亚盛行的“生命树”，古人把它视为对忍冬（金银花）这种本土植物的描绘，多少有些牵强。

在繁荣期有一种外来工艺不得不提一下，我们称为黄金的珠化工艺或者叫金珠工艺，就是铸造很多细小的金珠来组成图案。金珠工艺目前最早发现于两河流域南部的乌尔王陵。这些小珠的直径很小，不到一毫米。而且这些工艺的特点很奇怪，所有的金珠都被排列成三角形，类似台球，再用一个个三角组合图案。这东西究竟是怎么做出来的，目前还没有完全弄清楚。我们原来通常把这种工艺叫作炸珠，认为把黄金熔化，泼到油里或者水里，冷却以后就会形成大小不一的珠子，但是实验后成品率太低。古代遗物上这些珠子的尺寸是基本一致的，如果随便泼几下，究竟能形成多少大小一致的金珠？这种工艺的问题还不止于此，一毫米大小的珠子，即使能成型，焊接也是问题，如果焊接不好的话，温度太高黄金熔化，就不会呈现出饱满的圆形，器物的外观、性能都受到影响，还有待于实验考古来解决这些问题。事实上这个东西很有研究价值，因为一直到唐代甚至明代，中国大量的首饰上都在使用这个工艺，现代却完全失传了。

决定文化流向的因素

从刚才讲的内容来看，除了在公元前 2000 年左右，东西文化在甘肃西部到新疆东部的一次碰撞之外，剩下的都是西方不停地往东方输送，包括技术、审美、观念等。那么大家可能要问，东方文化对西方有没有影响呢?

其实我们对草原外还是有一定影响的，当然文化的传播肯定是有强势，有弱势，有过来多的，有过去少的，这是正常的情况。关键是文化传播这件事涉及文化的选择性问题，不是你随意传什么东西我都能接受。在这种非战争、非强制的文化传播中，一方只会选择性地接受自己愿意吸纳的因素，有些东西我的地方传统观念可能不接受，那么即使是传过来了，我也要把其中的文化含义完全改变，你说的是东，但是传到我这儿就是个西，内涵不一样。所以，文化的传播和交流是一个非常复杂的问题，不是简单的线性传播，有的时候可能还有一定的偶然性。

举一些我们对外影响的例子：我们看到，中国西北和北方的三足瓮这类器物，根据现有的研究成果，肯定已经传到了米努辛斯克盆地；作为生活实用品的铜镜，包括羽状地纹以及山字纹的铜镜，显然是从我们这里传到了欧亚草原；丝路名称的来源、最重要的商品——丝绸，其实在张骞通西域之前，丝织品已经到达了今天的欧亚草原地带。

总结

第一，在张骞通西域之前，东西文化交流的这一条主要通道，可以叫作早期丝绸之路。

第二，早期丝绸之路的路线，可能跟张骞后来开通的丝绸之路有所不同。早期丝绸之路以草原南边的这条通道为主，但是张骞的丝绸之路是翻越葱岭的，越过葱岭、帕米尔高原，然后往西边走。

第三，早期丝绸之路的一个重要节点，就是今天的萨彦—阿尔泰地区，以及米努辛斯克盆地。上述的西亚的很多产品，都是首先到了阿尔泰地区，然后通过阿尔泰地区进入中国，当然我们的铜镜、漆器包括丝织品也是先到这儿，然后再往西传，确立了阿尔泰地区的节点地位。

第四，早期丝绸之路上的文化交流，很可能与民族迁徙有非常大的关系，包括秦国霸西戎、斯基泰人的西迁，甚至包括大流士东征，以及后来的亚历山大东征等。民族的迁徙和军事行动肯定会将文化因素带到别的地方。

第五，早期丝绸之路产生以及文化交流的兴盛，和生业形态、经济形态的改变有密切的关系。从公元前 2000 年左右开始，欧亚草原这个地带就开始了游牧化的进程，畜牧业占的比重越来越大，最后到公元前 1000 年左右的时候，完成游牧化。游牧化进程的特征是什么？第一个是马的大规模饲养，第二个是车的发明。马的大规模饲养和车的发明，大大提高了人们移动的速度，也扩大了人们移动的范围。在这样的双重作用下，民族之间的交流和关系可能会变得更加密切，因此到了春秋战国时期，随着民族的迁徙、人群移动速度的加快，以及国家形态的进一步稳固，可能会有比较大规模的文化交流产生。

第六，东西文化的交流过程当中，羌和戎这个系统的民族起到了非常重要的媒介作用，商代开始是羌，西周到汉是戎。秦穆公霸西戎的时候，这些人有南迁的，有西迁的，与周边民族的接触会不断扩大，吸收的外来文化因素也多。通过西戎，东方与西方、北方与南方的很多文化因素实现了交流，所以西戎这个中介的作用是不可忽视的。

以上就是全部内容，谢谢大家！

2019

第5讲

蒙古高原重大考古发现与东西文化交流

陈永志

陈永志，1962年生，博士，二级教授，博士生导师，国务院特殊津贴专家，现任内蒙古博物院院长。曾获文化部优秀专家、全国文物系统先进工作者、内蒙古自治区劳动模范、内蒙古自治区“草原英才”、内蒙古自治区杰出人才、中宣部“四个一批”人才等荣誉称号。现为中国社会科学院古代文明研究中心专家委员会委员，中国考古学会理事、中国古陶瓷学会理事、内蒙古自治区考古学会理事长，同时任内蒙古大学、内蒙古师范大学、赤峰学院兼职教授。主要研究方向为边疆考古、国外考古史、中国北方少数民族史。曾主持全国哲学社会科学基金西部重点项目“元代集宁路故城遗址的考古发掘研究”、国家文物局文化遗产保护科学和技术研究课题“中国北部元代青花瓷器研究”、中蒙“蒙古国境内古代游牧民族文化遗存考古调查与发掘研究”、中日“和林格尔汉墓壁画孝子传研究”等科研项目30余项，撰写了《内蒙古出土瓦当》、《契丹史若干问题研究》、《内蒙古考古大发现》及《内蒙古文化遗产丛书》（12部）等25部学术专著，发表《蒙元时期的牌符》、《考古学形成的哲学根源》、《论草原考古学文化》、《试论元上都遗址的突出普遍价值》、《论草原丝绸之路》等学术论文60余篇，总字数200余万字。

本次演讲于2019年5月26日在南京博物院小剧场举行。此次演讲继续沿着地域文化的主线进行，围绕丝绸之路展开，继新疆—甘青地区的早期丝绸之路，将目光投向北方草原上的历史。主讲人按照时代的顺序，一一介绍北方草原上各个历史时期遗留下来的重要遗址。作为参与过一线考古的研究人员，陈永志先生的讲解生动翔实，充满激情，将大草原的魅力展现得淋漓尽致。

我来自内蒙古自治区，从茫茫的大草原来到美丽如画的南京，有些感触，正如史书上面的记载“多少楼台烟雨中”，这里的人文景观和自然景观都和内蒙古大草原不一样。内蒙古是什么样的呢？一首著名的诗篇《敕勒歌》告诉了我们，大家可能听过：“敕勒川，阴山下。天似穹庐，笼盖四野。天苍苍，野茫茫，风吹草低见牛羊。”这就是我们内蒙古大草原的自然景观。我们生活在草原上的人，还有一句谚语：“有水和草的地方就有牛羊，有牛羊的地方就有蒙古包，有蒙古包的地方就有歌声。”这是描写草原的人文景观。在这样的一种自然景观和人文景观中生活的人类群体，和周边活动的人类群体究竟存在怎样的互动关系，他们的政治形态、经济形态还有文明形态究竟如何？我想在这次讲座上跟大家共同探讨这些问题。

正所谓“文明因交流而多彩，文明因互鉴而丰富”，今天我想通过蒙古高原上一系列的重大发现，来揭示游牧文明和农耕文明的关系、亚洲文明和西方文明的关系。众所周知，游牧文明和草原丝绸之路有着密切的关系。虽然丝绸之路具体路线现在不是十分清晰，但我们都知道广义上的丝绸之路大致有这么四条：最著名的一条就是公元前 139 年张骞凿空的沙漠丝绸之路，更北方的草原上是我们今天要讲的草原丝绸之路，还有海上丝绸之路，以及西南的茶马古道（有学者称为西南丝绸之路）。这四条重要的文化交流大通道当中，我认为最重要的就是草原丝绸之路，下面就来和大家说一说我为什么这样认为。

草原上的政权

如果要了解草原丝绸之路的话，重点需要了解生活在北方草原地带的这些古代民族以及他们建立的政权。

中国古代对少数民族的称呼主要有蛮、夷、戎、狄，活动在北方草原地带的以“狄”这个大的族系为主，从史前时代的居民一直到近现代的少数民族，在不同的历史阶段究竟有哪些族属，这里简单地跟大家介绍一下。草原地带最早的人类活动遗址在旧石器时代就存在，进入历史时期以后，我国文献中记载的有荤粥、猃狁，他们是狄这一族系的古称，到了西汉这个阶段，匈奴建立了匈奴帝国，匈奴衰落之后兴起的鲜卑民族建立了北魏政权，同时期还有高车、柔然、突厥、回鹘等，接着是大家熟悉的契丹、女真、蒙古，这样一个历史发展序列。

北方草原地带最早的人类，在旧石器时代住在哪里？有哪些重要的文物遗存留了下来？我们在蒙古国的阿贵洞这个地方发现了答案。阿贵洞是距今 80 万年左右的原始人类群落的洞穴遗址，蒙古国曾经和美国、俄罗斯的考古工作者对这个遗址进行过考古发掘。此外，我国内蒙古自治区的大窑遗址也属于旧石器时代遗址，距今将近 50 万年，这就是草原地区最早的原始人类群体的活动遗存。

进入文明时代以后，在中国腹地，现在发现了很多大型的城市遗址，那么草原上的游牧民族是什么样的？我们知道游牧民族不是定居的，建筑遗存罕见。到了青铜时代，草原上保存最多的遗址叫作赫列克苏尔，这是一种特殊的遗迹，当中有一个石头堆，外面围一圈碎石，有些遗址规模是非常大的，有人认为这种东西可能是墓葬。后来蒙古国和其他国家的考古工作者曾经对它进行过考古发掘，发现里边既有祭祀用的牲畜骨骼，也有一些人体的骨殖。这种东西究竟是干什么用的，目前学术界还存在争议。草原上另一类遗迹是鹿石，其实就是草原上最早的石刻，其中鹿的形象很常见，故名“鹿石”，这是青铜时代北方草原地区非常重要的文化遗存。在立石上画着非常抽象的鹿在向上奔腾，从雕刻的技术上来讲，它是非常高超的，能够诞生这种手艺的文化也应当是非常发达的。还有就是岩画，青铜时代的许多文明都出现有在洞穴、岩壁上绘画的艺术形式，题材往往是大角鹿、北山羊等草原上特有的动物，还有一些人类活动的真实场景，比如说生殖、射猎这些内容。总体来说，草原地带没有那么多人类活动，大部分是非常空旷的，所以遗存的完整性都非常强，不像中原人口稠密，朝代更替频繁，大部分遗存都已经被破坏掉了。

再往后草原上也开始出现大型的聚落，下面我来列举一些重要的遗址和遗迹。根据目前的考古调查情况，最重要的草原城市遗址有漠北的哈拉和林、内蒙古自治区的元上都、辽代的辽上京，还有额济纳旗的哈拉浩特等，这些草原上的城市遗址构成了丝绸之路的重要载体。围绕着这些重要的遗址，我们也有相应的重大考古发现。首先是元上都，这是内蒙古自治区唯一一处世界文化遗产，城市保存非常完好，因为在草原上没有后续的人类扰动，历史上遗留下什么样的状态，现在就还是什么样。额济纳旗的哈拉浩特，也就是黑水城，俄罗斯早期的文化掠夺者科兹洛夫在这个地区盗掘了非常有名的黑水城文书，还有其他有关佛教的一些文物，目前都收藏在艾尔米塔什博物馆。这些遗址都非常珍稀，非常独特，大家有机会一定要去看一看。

草原上游牧民族的生活状况是什么样呢？《史记·匈奴列传》里边记载匈奴人“四季迁徙”。什么叫“四季迁徙”？游牧文化和农耕文化最明显的区别就是不定居，四个季节有不同的居住地，流动性非常强。农耕民族通过开发土地获取生产资料，要改造自然，征服自然，游牧民族最重要的却是顺应自然，通过利用大自然来获取生活资料，这样就会对自然产生不同的理念，一种是主动开发，一种是被动顺应，这就是农耕文明和游牧文明最本质上的区别。

总结一下草原丝绸之路上的人类活动群体，从青铜时代开始有狄、匈奴、鲜卑、突厥、回鹘、契丹等主要游牧民族，还有来自西亚、欧洲的卡拉苏克文化居民，以及崇尚暴力的斯基泰游牧民族等，这些人类群体的活动就是丝绸之路形成的人文基础。之所以形成丝绸之路这样一条大通道，首先要有两大前提条件：第一，必须要有商品交换的需求，这是肯定的，丝绸之路其实是商品交换需求的产物。第二，要有相对稳定的社会环境，如果说社会动荡，你打我我打你，部落之间经常发生战争，那就产生不了交换，只能产生掠夺。大家知道成吉思汗曾经进行了几次西征，他为什么要西征？最重要的就是中亚的花剌子模这个国家把他的商队劫掠了，破坏了草原上千百年来形成的商品交换这样一种规律，所以西征的主要原因其实还是贸易。整个欧亚大陆的文化交流都是以丝绸之路为主要载体，因此形成了非常庞大的交通体系。我们上面说的四大丝绸之路很早就已经成形。

匈奴

在秦汉时期的北方草原地区，匈奴各部得以统一，建立帝国。匈奴是我们最熟知的草原游牧民族之一，他们建立帝国，对草原丝绸之路的开通起到了非常重要的作用，因此我单独拿出来详细地讲。匈奴帝国和秦汉王朝发生了非常重要的关系。我们知道，汉初，匈奴将汉高祖刘邦围在白登，也就是今山西太原、大同一带，后来，汉王朝对匈奴采取和亲政策，直到汉武帝时期开始攻打匈奴。在匈奴的历史阶段，东西文化交流是被动进行的。在和亲与战争循环往复的情况下，丝绸之路得到了开通，匈奴和中原王朝的关系也得到了进一步加强。在汉长安城，我们发现了印有“四夷尽服”字样的瓦当，“四夷”是哪四夷？蛮夷戎狄。“四夷尽服”反映了汉王朝的文治武功。还有，我们在内蒙古地区发现了两种文字瓦当，一个叫“单于天降”，一个叫“单于和亲”，其实就是反映了汉匈之间的关系。

我们今天还能看到的匈奴遗存主要是墓葬。在草原深处分布着许多大大小小的匈奴墓，包括著名的诺彦乌拉，1912 年俄罗斯一个淘金者发现了墓葬，1925 年科兹洛夫对它进行了考古发掘。在出土遗物上我们可以看到不同文化的交汇，既有中原传来的漆耳杯，又有西亚风格的艺术品，还有用于抵御草原寒冬的蒙古袍，也就是所谓的“胡服”。另外，在墓葬当中还发现很多过去人留下的辫子和毛发。游牧民族认为，人死了之后灵魂是不死的，如何保存人的灵魂呢？把人身上的毛发剪下来放在埋葬的棺椁当中，灵魂就会保存下来，这是游牧民族的一种习惯。位于蒙古国境内的高勒毛都二号匈奴墓地，是世界上最大的一处匈奴墓葬，这个墓葬规格大到什么程度呢？其中最大的墓葬连墓道长达到 85 米，宽达到 55 米。值得一提的是，匈奴墓葬同样有盗洞。我们一开始和蒙古国合作进行考古发掘的时候，认为北方草原地区的人有灵魂崇拜的观念，不可能有盗墓这种现象，结果同样有盗墓现象发生。

除匈奴墓葬以外，还要说说中蒙联合考古队在三连城的考古发掘。三连城是匈奴时期最大的城市遗址，三座城聚集在一起，因此称为三连城，我们通过考古发现，这三座城基本上是同一时期建的，这样规模的城市在蒙古草原上非常少见。我们对城市的中心建筑台基进行了考古发掘，发现一个非常重要的现象：城里的建筑遗迹是非常少的，中心地区有一个大型的建筑台基，有数十个大型的柱础和柱洞，西南部有几个小型的建筑台基，其他什么也没有，里边空空如也，这是三连城建筑的特色。这个城市遗址的性质如何，究竟做什么用的？还未可知。

鲜卑

继匈奴之后，北方草原上的游牧民族对草原丝绸之路的开通又做了什么重要的贡献？我刚才讲到匈奴时期东西文化的交流是被动的，到了鲜卑之后，丝绸之路的开通、东西文化的交流就变为主动的了，特别是鲜卑人建立了由北向南、南下进入中原的政权，主动与汉民族交流，大大加速了南北民族的交融。在内蒙古自治区的嘎仙洞遗址，发现了北魏太平真君李敞的石刻祝文，证实大兴安岭就是鲜卑人口中的鲜卑山，是鲜卑族的起源地。鲜卑人的政权讲究融合，从装饰纹饰上我们可以看出，鲜卑时期的动物纹题材多为牛羊等比较温顺的动物，匈奴时期流行的虎豹减少了，侧面说明它的文明水平得到了进一步的提升。

这里要给大家介绍我们在 2014 年的一个重要考古发现：正镶白旗的伊和淖尔墓葬。在这座北魏墓葬中，我们发现了北亚和欧洲传来的一些金银器，风格和中原的金银器是截然不同的。特别重要的是我们发现了一个银碗，这个银碗上刻画了几个西方人的形象，一个男性，外边围绕着三个女性。银碗经过科学鉴定，认定其来自中亚，但工艺上属于欧洲金银器的制作风格。在这个墓葬中还发现了一具完整的木棺，开棺之后我们发现了非常重要的文物：一具完整的尸体，上面层层包裹着丝绸，带有非常多外来的随葬品，有些是北亚传入的，有些东西是西亚、欧洲传入的，足以证明北魏政权与西方各民族之间有着密切的往来。

突厥

鲜卑之后登上历史舞台的是突厥。突厥人刻写的《毗伽可汗碑》和《阙特勤碑》至今保存完好，具有重大的研究价值，也是我们了解当时政治局势与民族关系的重要线索。

回鹘

在隋唐这个历史阶段，北方草原有一个很重要的丝绸之路城市中心——哈拉巴勒嘎斯古城，也就是回鹘国的牙帐城，这是蒙古草原上最大的一个城，占地 10 平方公里左右，发现了很多大型的建筑基址。唐朝和回鹘的关系是非常密切的，唐代流行的胡旋舞等都很可能经由回鹘人传入，安史之乱时，唐人还借用回鹘兵进入中原帮助平定叛乱。

中蒙联合考古队曾在哈拉巴勒嘎斯古城墓葬区进行考古发掘，发现一个大型的丛葬墓，一座大的主墓周围有六七座陪葬墓，后来根据出土文物的等级，我们把它定位为回鹘的可汗陵寝。墓葬出土了非常珍贵的文物，同时也受到了严重的盗扰，其中一座墓主人的骸骨都被移动到了墓道口，而且尸骨上还有残余的肌肉组织，这就说明墓主人被埋进去还没有腐烂的时候，这个墓葬就被盗了，否则尸骨腐烂之后无法被完整地移动到距离棺木这么远的位置，也就反映了当时的社会环境是什么样的。另一座墓葬中，我们发现了鲁尼文的弓铭，经过翻译我们得知它上面写了“敦乌斯”这样几个字，是一个重要人物的名字。草原地区的墓葬基本位于地表以上，类似于坟丘。

契丹

到了契丹这个历史时期，中国北方草原地区的文化已经发展到一个非常成熟的状态。契丹和中原的关系非常密切，在很长一段历史时期内，中国北方草原的大部分地区都在契丹人控制之下，也留下了大量的契丹墓葬。

说到契丹自然要提到辽上京，辽朝的开国首都遗址。其中的西山坡佛寺遗址在 2012 年被评为全国十大考古新发现，大家应该都很熟悉了。再提一个非常重要的，陈国公主墓。从这个墓葬的保存状况看，里面出土的随葬品是非常丰富的，有金器、银器、琥珀、玛瑙、珍珠等，将近 4000 件。内蒙古当地不产琥珀，琥珀在欧洲是重要的商品，有专门的贸易通道，称为琥珀之路，陈国公主墓里的这些琥珀应当是由欧洲传入。还有一些玉器，用非常典型的羊脂玉制作的女士化妆用具，如粉盒、油盒、眉砚等，说明在辽代，贵族女性的生活质量是很高的，她们懂得化妆，懂得刷牙——我们还发现很多牙刷，这都是在辽代出土的文物当中能够看到的。

另一处墓葬是耶律羽之墓，墓主人耶律羽之是辽代辅佐东丹王耶律倍的一个丞相。墓葬中出土有大量的瓷器，中原腹地烧制的青瓷，但外形是以游牧民族惯用的器物为原型，例如喝水的皮囊等，很可能是“澶渊之盟”签订之后，辽向中原定制烧造的瓷器。还发现有丝绸，一堆一堆的丝绸。在中国的北方地区，保存丝绸是不容易的，因为气候非常干燥。发现这一堆丝绸之后，最大的难题就是保护。我们通过专业的保护机构做了一些复原，发现这些是宽衣大袖的丝绸服装。毫无疑问，这座墓的主人在审美和生活习惯上都完全汉化了。

还有一座墓葬是吐尔基山辽墓，被评为 2003 年的全国十大考古新发现。我们在这座墓葬中发现一具彩棺，开棺后里面保存有非常完整的一具尸骨，同样层层叠叠裹着丝绸，并出土了一些非常精美的金银器。我们可以看出，不管什么时代，草原游牧民族都是很爱用金银器的。我们发现一件女士化妆盒，上面镶嵌有非常多的珠宝，打开后里面放了一面铜镜，还发现了女士穿的百褶裙，和现代服饰几乎是一样的，非常漂亮。据考证，墓主人是契丹的一位公主，或者是与皇室有亲缘关系的贵族女性。

蒙元

最后我们来到蒙元时期。成吉思汗统一蒙古高原，在 1206 年建立了蒙古汗国。到了 1260 年，忽必烈建立元朝，以建设元上都为发端，建立了统一的多民族国家。我们国家现在的版图，基本上是在元朝版图的基础之上形成的。元朝建立的行省制度，是我们今天行政区划制度的直接来源，这也是元朝对中国版图形成的一个重大贡献。这里介绍一件元代文物：五体文夜巡牌。它的造型是一块圆形的铁牌，中间一个大大的“元”字。国号“元”是 1271 年忽必烈取的，源于《易经》，“大哉乾元”。以这个汉字“元”为中心，周围分布有很多其他文字，有八思巴文、波斯文、古藏文等。这件小小的牌饰是一件非常珍贵的文物，揭示了中华民族多元一体文化格局形成发展的真实状况，在元朝，多元一体的文化格局就已基本形成了。

那么草原丝绸之路究竟在元代东西文化的交流中起到什么作用？草原丝绸之路在元朝得到了极大的发展，最重要的原因就是元朝是游牧民族建立起来的，特别看重商品贸易。元朝建立了三条进行贸易的主干线，一条叫帖里干道，一条叫木怜道，一条叫纳怜道。纳怜道在蒙语中是“小路”的意思，木怜道是“马走的路”的意思，帖里干道是“车走的路”的意思。这三条路在现在蒙古草原的哈拉和林处交汇，由哈拉和林集中再向西走，所以在元朝这个历史阶段，东西文化交流非常繁荣，形成庞大的网格状体系。游牧民族的心态是开放的，对文化交流是非常欢迎的。

在元上都遗址的周边地区，我们发现了大规模的墓葬群，在其中一处墓地的丛葬墓中，发现了欧罗巴人种的尸骨个体。同一处墓地里既有蒙古人种，也有欧罗巴人种，说明那个时代人类的群体里，东西方已经达到了高度交融的状态。集宁路遗址是一处元代市肆遗址，也就是商品贸易的直接发生地。用于运输商品的道路非常宽阔，车辙整齐划一，路边有非常完善的下水设施，同时我们发现了很多窖藏，其中有中原输入漠北地区的很多瓷器，在一个小罐里面发现了六件青花高足杯，还有南方的龙泉窑瓷器，以及高丽瓷器，可见各类陶瓷在外贸中都相当热销。

在元代的遗址当中，我们经常会发现仿古的青铜器和陶器。元代复古主义思想非常盛行，为什么呢？这和统治者游牧民族的特殊身份有关系。元朝统治者进入中原之后，最怕的是什么呢？怕的是中原汉族的儒士瞧不起他们，说草莽之夫如何治国云云，所以元代统治者就把汉族地区的儒家文化全部吸收过来，主动地接受汉文化。比如在城市建设中，最重要的建筑一定是孔庙。在元武宗时期，孔老夫子被封为“大成至圣文宣王”。我已经把儒学的东西全部都吸纳了，所以说你汉族的文人也好，学者也好，不能小瞧我，这是元朝大肆兴起复古主义思潮的根本原因。

草原丝绸之路

话题回到草原丝绸之路，我们都知道沙漠丝绸之路早已成为世界文化遗产，当年一些学者听说中亚五国丝绸之路申遗成功之后，心里非常不平衡，因为在遗产概念中，丝绸之路这条线路虽然经过内蒙古自治区黑水城遗址和居延遗址，但不涵盖草原丝绸之路。后来我就写了一篇文章《论草原丝绸之路》，重点阐释草原丝绸之路的重要性，丝绸之路申遗离不开草原丝绸之路。

草原丝绸之路承担着东西政治、经济、文化交流的重要使命，是当今世界上保存最长、辐射最广、影响最为深远的文化线路。以国际通行的文化线路的概念来考察，它的遗产优势非常明显，理由如下：

第一，草原丝绸之路所处的自然环境较海上丝绸之路、沙漠丝绸之路要优越。环境是人类赖以生存的基本条件。草原丝绸之路经过的地区水草丰美。同时，游牧民族逐水草迁徙的生活方式，是草原丝绸之路上最为有力的资源供给与保障。总体来说，就是我们这四条丝绸之路中，只有草原丝绸之路上人类生存的条件最完善。沙漠中有着迷路、干旱、风沙等致命的危险，海上航行同理，随时面临着食物短缺、极端天气的状况，所以今天才会发现“南海Ⅰ号”“南澳Ⅰ号”这样的沉船。如果你是一个商人，当然会选择风险最低的路线。

第二，草原丝绸之路上的商品交换与流通更加快速、方便。草原丝绸之路上的商品运输工具一般是马匹和车辆，很简单的一个道理，沙漠丝绸之路依靠骆驼来运货，草原上则是用马。马的速度是很快的，灵活而又便捷，因此草原丝绸之路上的商品交换波及面广，速度快，效率也高。我们在考古调查过程中经常接触到一些牧民，马对于他们是非常重要的生活依托，他们对马的感情非常深厚。出蒙古国机场航站楼、火车站的时候，经常会有人来推销他的运输工具，他会问：“你要坐骑不？”我一开始还挺诧异，蒙古国这么落后啊，运输工具还在使用马，后来跟着他们出来才发现，他们所说的“坐骑”实际上指的是汽车，但是这个汽车是用马来指代，可见他们对交通工具的依赖和感情是什么样的。

第三，最为重要的优势，就是从文化传播的角度来看，草原丝绸之路传播的面是全方位的。草原丝绸之路所经过的地区是人类的生活区，文化的冲击力与普及面较大，游牧民族迁徙特点和骑马术的普及，又使得文化传播的速度非常快，而海上丝绸之路、沙漠丝绸之路的文化传播面受自然环境的限制，是单一的，只局限于点状和线状，文化传播的速度要慢些。我曾经做过一个调查，在我们的考古工地边上有一户人家住的蒙古包，第一年我们考古发掘的时候，他们一直住在这里，我们休息的时候，经常到他包里面喝马奶酒解渴。第一年在，第二年也在，第三年没了，原来这户牧民迁走了，后来调查他迁移的地点，居然远在 900 公里以外。我就计算这个传播的速度，以一个家庭为单位，迁徙范围是 900 公里，那么一个 900 公里加另一个 900 公里，两个基本的里程单位对接就能够达到 1800 公里这样的范围，那三个、四个、几十个呢？这个文化传播的速度难以想象。虽然古代没有机动车，速度可能要打些折扣，但也是非常惊人的。

游牧文明与农耕文明的对话

草原丝绸之路东端连接位于蒙古高原南部边缘的中原地区，强大的农耕文化势必对草原地带的游牧文化产生巨大的影响。丝绸之路从本意上是指连接东西贸易的交通要道，但是商品交换的附加效应势必加强文化之间的交流和碰撞，因而草原丝绸之路从文化的角度上，呈现出多样性与复杂性。游牧民族由于抵抗自然灾害的能力差，一遇到极端天气就失去生活来源，经常会南下掠夺农耕文明，所以说游牧文明和农耕文明之间的交流，其实是在对抗当中互动的。在蒙古国的南戈壁省发现了一处遗址，其中发现了大量人类遗骸，这些遗骸当中出土了五铢钱，还出土了汉字的印章，这说明死者是和汉文化有直接关系的人，很有可能是在汉朝的军队攻打漠北匈奴期间战死的，这就见证了当时的汉匈关系，经常发生战争。当然，除了对抗，也会产生老百姓之间的友好往来。

但是游牧民族特有的民族禀赋又给予古代草原丝绸之路强大无比的生命力，对东西文化的交流做出了巨大的贡献。游牧民族赖以生存的载体是草原，生产资料、生活资料均来自大自然，因此崇拜自然、崇尚武力、恪守信誉、文化包容开放，成为游牧民族最为重要的价值观念，所以说他们有较强的自然保护意识、环保意识。另外，草原上的居民需要忍受非常强烈的寂寞。在草原上最大的挑战就是你得忍受寂寞，因为草原上生活的人类群体是非常稀疏的，人和人之间、群体之间的聚会非常少，很难碰到一起。所以蒙古族有一首脍炙人口的情歌叫《敖包相会》，讲的是草原上的年轻人找对象机会非常少，只有祭敖包这一个机会。在祭祀中，不同部落群体会围在敖包前，举行这样那样的活动，这就给青年男女们提供了一个非常好的接触机会。

最后我们做个总结：现在蒙古高原一带保留着世界上最大的草原。我们内蒙古自治区有 2500 多万各族儿女，是草原丝绸之路重要的人文载体，而在草原上分布的一系列古代城市遗址，是草原丝绸之路上东西文化交流重要的实物载体，以此为中心，多民族文化在这里产生、发展、碰撞、交融、升华，从而形成了博大精深的传统文化，构成了中华民族多元一体的文化格局。草原丝绸之路不仅是中华文化向外传播的纽带和桥梁，也是草原文化的精华、中华文化的瑰宝。通过这个讲座，我们完完整整地将北方草原地带东西文化交流的真实状况给大家呈现出来，不对之处请大家多多批评指正，谢谢！

2019

第6讲

中原地区的生业状况与中华文明早期发展的关系

袁　靖

袁靖，1952年10月出生于上海，先后就读于西北大学、中国社会科学院研究生院和日本千叶大学研究生院，获日本千叶大学学术博士学位。现为中国社会科学院考古研究所研究员，中国社会科学院研究生院博士生导师，复旦大学科技考古研究院院长、复旦大学特聘教授、博士生导师。主要研究方向为动物考古、环境考古和科技考古。主持过多项国家级、省部级和中外合作课题，出版过多本专著、论文集，发表过200余篇论文、研究报告等，获得过多次国家级和省部级奖项。

本次演讲于2019年6月29日在南京博物院小剧场举行。此次演讲讨论的是一个广泛应用于所有地域文明的话题：生业，即古人赖以生存的生产方式。主讲人从研究方法、研究对象说起，展示了现代考古学如何从一些看似平淡无奇的现象，推测出一个地区的生业发展状况与社会发展阶段的相互关系。演讲由表及里，浅显易懂，令人豁然开朗。正如唯物史观告诉我们的：生产是历史上社会进步的基础，生产力的发展水平决定人类社会的进程。

谢谢南京博物院邀请我来做这次演讲，也感谢大家冒雨来听我的演讲。我今天的题目是《中原地区的生业状况与中华文明早期发展的关系》。

首先我想把一件东西介绍给大家——手铲，这是我们考古人员发掘古代遗迹以及遗物必备的工具，过去我们用它做发掘，现在也用它做发掘，将来必定还用它做发掘。通过手铲的发掘，我们发现了古代的陶器、墓葬、城门、宫殿的基址等，这些都是我们用手铲一铲一铲挖出来的。考古研究就是通过发掘出来的遗迹和遗物，探讨它们的特征、作用、意义及来龙去脉，认识当时的历史，所以说，我们是通过手铲来揭示古代的历史。

我们揭示了公元前3500—前2000年在中国大地上不同地区的考古学文化类型以人工遗迹和遗物为代表的、各具特色的文化特征。随着时间的变化，到了公元前1800—前1500年，巨变发生了，在当时的中国大地上，唯有中原地区出现了宫殿的基址，出现了绿松石制作的龙形器，还有最早的青铜礼器和陶礼器。我们看到文化面貌发生了明显的变化，由原来各个地区的满天星斗，发展到中原地区的一枝独秀，一个特别典型的，文化水平、政治结构明显要高于周边地区的都邑出现了。那么我们要问为什么，为什么到了这个时间段出现了这样的变化。我们通过人工遗迹、遗物特征的比较看到了这样一个变化，我们需要探讨出现这个变化的原因，需要给出合理的解释。

我今天演讲就是从生业的角度，也就是从经济的角度去解释这种变化。这里引用一段经典语录，恩格斯《在马克思墓前的讲话》中指出："马克思发现了人类历史的发展规律，即历来为繁芜丛杂的意识形态所掩盖着的一个简单事实：人们首先必须吃、喝、住、穿，然后才能从事政治、科学、艺术、宗教等等；所以，直接的物质的生活资料的生产，从而一个民族或一个时代的一定的经济发展阶段，便构成基础，人们的国家设施、法的观点、艺术以至宗教观念，就是从这个基础上发展起来的，因而，也必须由这个基础来解释，而不是像过去那样做得相反。"把这段话简化成一句话，就是经济基础决定上层建筑。我们从生业的角度做研究，就是要探讨经济基础的一个重要的方面——生业，搞清楚当时的经济基础的发展过程。下面我首先介绍研究的方法，然后阐述五个重要遗址的生业状况，最后进行讨论和总结。

我今天的演讲主要分为研究方法、提取信息、推演分析和总结四个方面。

研究方法

我们说工欲善其事，必先利其器，研究方法要科学、系统、全面，这样才能够揭示历史背后的真相。我们做生业研究，主要依靠的就是植物考古和动物考古。植物考古的主要研究方法就是浮选和在显微镜底下观察。浮选就是采集考古遗址中特定遗迹单位里的土，把土倒入浮选仪里，在水中搅拌。搅拌的过程中，夹杂在土里的碳化植物遗存因为密度较小，就会漂浮在水面上。把它们用纱网捞起来，这样就采集了古代人类留下的植物遗存；等采集的植物遗存晾干之后，在显微镜底下进行观察，确定是什么品种，统计数量。我今天的演讲中要着重介绍中原地区的五个重要遗址，在这五个重要遗址中发现的植物遗存绝大部分是农作物，农业是当时生业中最重要的一种生产方式。

除植物考古之外，生业研究还包括动物考古。动物考古包括在野外发掘中采集动物遗存，在室内进行形态学研究、年龄结构判断、数量比例统计、考古学现象观察，确认有没有新出现的物种，还包括碳氮稳定同位素分析、古 DNA 分析、锶同位素分析等，采用多种自然科学的方法进行动物考古学研究。

我们形容一个古代社会的繁荣，有一句话叫作“五谷丰登，六畜兴旺”，对应的就是农作物和家畜。在公元前 3500—前 1500 年这个时间段里，生业主要就是指种植农作物和饲养家畜，当时已经进入农业社会。我们通过显微镜观察，确认这个时期的农作物主要是小米和水稻。而对于家养动物，光靠肉眼不能做出准确的鉴定，还需要用一系列科学的方法进行判断，这里做一个详细阐述。

首先是形体测量。动物被驯化后，进食、活动等一系列行为都在人的掌控之下，不能像野生状态下可以自由活动，特别是如果某些动物专门作为肉食资源被饲养的话，人为干涉以及动物自身心理压力等因素往往都影响到动物的生长发育。对它们进行历时性的观察，会发现有些动物体形逐渐变小，有些动物体形逐渐变大。通过对动物的牙齿及骨骼的特定部位进行测量，再和同类野生动物做比较，可以从尺寸上把握其是否为家养动物。

其次是年龄结构。古人饲养动物的一个主要目的是获取肉食资源，一般家养的哺乳类动物长到特定的年龄阶段后，体形和肉量不会再有明显变化，如此继续饲养下去所能产生的肉量，不如重新养一头幼兽见效更快。因此，如果考古遗址中出现某种哺乳类动物的年龄集中在一个特定的、非自然状态死亡的年龄阶段时，就表明古人可能选择特定时间对这种被饲养的动物进行了屠宰。

其三是数量比例。关于这方面我多做一些解释。在以狩猎为主的状态下，古代遗址出土的动物种类和数量往往取决于各种动物的自然分布状况、被人捕获的难易程度以及当地居民捕获动物的技术水平。一旦考古遗址出土的某些动物骨骼在全部哺乳类动物的骨骼中占有相当的比例，与其野生状态下的自然分布不符，且随着时间的推移，这些动物骨骼呈现一个从少到多的过程，就往往和家养的背景相关。以家猪为例，因为饲养家猪的首要目的是获取肉食资源，饲养的数量必须达到一定的规模才能满足肉食供给的要求，随着饲养业的发展，家猪的数量会呈现出增多的趋势，所以家猪骨骼在出土动物骨骼中往往占有较大的比例。关于数量比例的认识大多要在一个历时性的过程中加以检验。

数量比例的统计主要有可鉴定标本数和最小个体数两种方法。可鉴定标本数的含义包括两点：一、必须是能够鉴定到种或属的动物骨骼；二、对分别属于各个种或属的全部动物骨骼进行统计。例如发现一个遗址中出土的猪骨里，有 2 块左下颌骨、1 块右肩胛骨、1 块左盆骨，由此确定这个遗址猪骨的数量为 4。这个方法的建立，对于量化统计具有重要的意义。但是可鉴定标本数这个方法还存在一些问题。比如上面提到的这 4 块猪骨互相之间是什么关系，下颌骨、肩胛骨和盆骨是不是属于一个个体，这就很难回答了。为弥补可鉴定标本数这种方法在统计上的不足，就出现了按照同类动物各个部位骨骼的多少统计的方法。这个方法称为最小个体数，其含义同样包括两点：一、必须是能够鉴定到种或属的动物骨骼；二、统计一个种或属各个部位的骨骼，有左右的必须分清左右，在确定部位和左右的前提下，哪种骨骼的数量最多，这个数字就是这个种或属的最小个体数。还是拿上面的一个遗址中出土的猪骨中有 2 块左下颌骨、1 块右肩胛骨、1 块左盆骨为例，我们可以确认它们的最小个体数是 2 头猪，即至少有 2 头猪，因为 1 头猪只有 1 块左下颌骨。右肩胛骨和左盆骨可能与这些左下颌骨是一个个体的，也有可能不是，因此，当时的实际个体数可能会超过 2 头，但是为保险起见，我们确定的个体数是以最小个体数为统一的基准。目前为止，这也是一个比较客观的统计方法。这两种统计方法是结合在一起使用的，互相参照。

其四是考古现象。考古现象包括埋葬、随葬动物。在中国新石器时代考古遗址中，往往在土坑或墓葬中埋葬、随葬完整的猪和狗或它们的一部分肢体，其中猪是出现数量最多的一种被埋葬或随葬的动物，在中国整个新石器时代各个地区的很多遗址里都具有普遍性和规律性。狗的出现范围主要集中在中国东部地区，在西北地区发现的实例比较少。除了这两种动物以外，在新石器时代晚期的遗址中也有出土单独埋葬的完整的牛和羊的现象，上述这些埋葬动物的现象与后来属于夏商周三代的遗址中出土的埋葬猪、狗、牛和羊的实例呈一脉相承的关系。经过动物考古学研究的多个古代遗址里发现的哺乳类动物都在 10 种以上，但是在墓葬或属于特殊遗迹的土坑里发现的经过特殊处理的动物往往仅限于狗、猪、牛、羊等。为什么不同地区的古代人类都会单单挑出这几种动物进行埋葬和随葬呢？这可能暗示他们与这些动物有特殊的感情。这种特殊的感情可能就是源自饲养。因此，如果在考古遗址里出现了埋葬或随葬某些动物的现象，且这类现象有一直持续下去的证据，就可以把这些现象的出现视为家养行为的存在。

其五是新的物种。如果一种动物，比如说马，这个地区在距今4000年之前的数千年里没有发现过，但是从距今4000年开始出现，而且以后的数千年里持续出现，这就是我们将其判定为家养动物的依据，马这类家养动物是通过人的文化交流传入的。

其六是食性分析。依据某些家养动物的食物往往包括农作物的茎叶、皮、壳及人吃剩的食物等现象，通过分析出自同一遗址的动物骨骼和人骨里的稳定同位素碳13和氮15，并进行比较，可以为确认家养动物提供科学的依据。我们通过对一万年以来的考古遗址出土的猪、牛、羊、狗、鹿等多种动物骨骼进行稳定同位素碳13和氮15分析，确认生活于不同时期、不同地区的多种动物的稳定同位素碳13和氮15指标。比如北方地区新石器时代晚期以来，人的碳13值属于C_4类，这与其植物性食物是小米密切相关。而如果猪的食谱中也是C_4类，则可能是因为食用了人的残羹剩饭及小米的秸秆，是人喂养的结果，那么可以作为判断这些猪是家猪的证据之一。

其七是古DNA研究。科学家们已经比较全面地认识了现生动物种群的基因多样性，这为探讨古代家养动物的基因特征提供了很好的启示。比如黄牛的谱系是T3型，绵羊的谱系是A型或B型，这都可以追溯到起源于西亚地区的家养黄牛和家养绵羊的谱系。

毫无疑问，在判断考古遗址出土的动物骨骼是否属于家养动物时，上述的各种方法都是十分重要的，也是互相关联的。我们采用系列方法进行判断，所得到的结果越是一致，则结论就越具有客观性。

提取信息

多年来，在中原地区发现大量的属于公元前3500—前1500年的考古遗址，其中，属于仰韶文化庙底沟类型和大河村类型的遗址、属于王湾三期文化的遗址、属于新砦文化的遗址、属于二里头文化的遗址的数量都相当多，有些文化类型的遗址数量有数百处。依据类型学的研究结果，属于同一文化类型的遗址在人工遗迹和遗物的特征上具有较强的一致性。但是，在这些遗址中真正开展过植物考古和动物考古的数量极少。这里按照时间早晚列举五个具有典型意义的遗址的研究结果，另外，还收集了其他遗址的相关研究结果，分别阐述如下。

河南省灵宝县西坡遗址

公元前3600年左右的西坡遗址是仰韶文化庙底沟类型的居住遗址，公元前3300—前2900年的西坡墓地也属于仰韶文化庙底沟类型，其与西坡遗址的关系当为一个连续发展过程中的不同阶段。由于西坡墓地没有发现与生业相关的遗物，这里以经过植物考古和动物考古研究的西坡遗址为例，尽管年代稍稍偏早，但因为同属于庙底沟类型，所以没有从根本上影响我们的科学认识。

从植物考古学的研究结果看，在西坡遗址出土的碳化农作物遗存中，粟的数量占所有出土农作物籽粒总数的90%以上，黍占9%左右，两种作物合计在农作物籽粒总数中所占比例高达99%以上。水稻的数量占所有出土农作物籽粒总数不到1%。根据统计结果，西坡遗址的农业生产是以种植粟和黍两种作物为主，当时的水稻数量极少，不能完全肯定是传入的还是在当地种植的。

从动物考古学的研究结果看，家养动物主要为猪和狗，野生动物以鹿科为主。家养动物约占全部哺乳动物总数的63%，野生动物约占 37%，以家养动物为主。在家养动物中猪的最小个体数约占总数的 98%，狗占 2%。

通过对西坡出土人、猪、狗骨的碳氮稳定同位素分析，发现人的碳 13 值较高，他们的食物基本属于 C_4 类，与遗址中出土的农作物遗存以小米为主完全吻合，小米是属于 C_4 类的。鉴于这个地区的自然植被以 C_3 类为主，我们认为人的碳 13 值反映出当时人的主食为小米；狗和家猪的碳 13 值与人的相似，它们可能食用了小米的壳、秸秆及人的粪便等。

河南省禹县瓦店遗址

瓦店遗址属于公元前 2200—前 1900 年的王湾三期文化。

从植物考古学的研究结果看，在瓦店遗址出土的农作物遗存中，粟的数量占所有出土农作物籽粒总数的 52%，黍占 9%，两种合计在农作物籽粒总数中所占比例为 61%。稻谷占 26%，小麦占 0.2%，大豆占 13%。瓦店遗址已经具备五种农作物。根据统计结果，瓦店遗址的农业生产同样以种植粟和黍两种粮食为主，但是水稻的数量明显增加，由于发现了水稻的小穗轴，可能是在当地脱粒，即在当地种植的。小麦的数量极少，还不能肯定是否属于这个时期，大豆的形态已经脱离了完全原始的状态，属于农作物。

从动物考古学的研究结果看，狗、猪、黄牛、绵羊是家养动物，野生动物以鹿科为主。第一期家养动物约占哺乳动物总数的 64%，野生动物约占 36%；在家养动物中，猪的最小个体数约占总数的 78%，狗和黄牛各占 11% 左右，没有发现绵羊。第二期家养动物约占 67%，野生动物约占 33%；在家养动物中，猪约占 69%，狗和绵羊各占 13%，黄牛占 6% 左右。* 第三期家养动物约占 73%，野生动物约占 27%；在家养动物中，狗约占 35%，猪和绵羊各占 24%，

---

* 统计数据均不保留小数点。因四舍五入，部分数据总和大于 100%，特此说明。——编者

黄牛占18%左右。各期都以家养动物为主。从各种家养动物的数量看，猪虽然占据多数或接近多数，但从早到晚有减少的趋势，绵羊在一期不见，二、三期逐渐增多，黄牛三期比一期多，狗的数量不稳定。

碳氮稳定同位素的测试结果显示：人的碳13值较高，食物主要来自C_4类；狗和猪的食物主要来自C_4类；黄牛的多数个体以C_4类食物为主食；绵羊的食物位于C_3类和C_4类之间。这个地区的自然植被同样以C_3类为主，鉴于遗址中出土的农作物遗存以小米为主，兼有水稻，由此可以推测，粟类是瓦店先民食物结构的主体，但稻类的贡献也是显而易见的，尤其在某些人的食物结构中的重要性甚至与粟类食物不相上下。狗和家猪的碳13值则表明，它们可能主要以小米的壳、秸秆及人的粪便等为食；黄牛的接近C_4类，主要由人工喂养小米的秸秆的可能性很大；绵羊主要食草，可能也食用人工喂养的小米的秸秆等。

河南省登封县王城岗遗址

王城岗遗址的文化堆积可以分为公元前2020—前1900年的王湾三期文化、公元前1800—前1500的二里头文化及比这个年代更晚的其他几个时期。这里主要阐述王湾三期文化和二里头文化时期的研究结果。

从植物考古学的研究结果看，王湾三期文化粟的数量约占所有出土农作物籽粒总数的93%，黍占6%，两种作物合计在农作物籽粒总数中所占比例为99%。稻谷占0.3%，大豆占0.03%。二里头文化粟约占80%，黍占8%，两种作物合计在农作物籽粒总数中所占比例约为88%。稻谷占2%，小麦占10%，大豆占1%。两相比较，二里头文化时期小米（粟和黍）的比例略有减少，其他几种谷物则不同程度地有所增加。

从动物考古学的研究结果看，狗、猪、黄牛、绵羊是家养动物，野生动物以鹿科为主。王湾三期文化家养动物约占哺乳动物总数的81%，野生动物约占19%，家养动物中猪的最小个体数约占60%，狗占20%，黄牛和绵羊各占10%左右。二里头文化家养动物约占76%，野生动物约占24%，家养动物中狗、猪、黄牛和绵羊各占25%左右。这两个时期都以家养动物为主。从各种家养动物的数量看，自王湾三期文化到二里头文化，家猪的数量在二里头文化比王湾三期文化少，相应地黄牛和绵羊的数量有一个明显增加的过程，狗则大致保持一定的比例。

碳氮稳定同位素的测试尚未完成。从现有的结果看，只有属于商代中期（公元前1400年左右）的黄牛和春秋时期（不会早于公元前700年）的猪各1个。黄牛和猪均表现以C_4类食物为主食，具体解释与瓦店遗址相同。

河南省郑州市新砦遗址

新砦遗址的文化堆积可以分为公元前2200—前1900年的王湾三期文化、公元前1850—前1750年的新砦文化和公元前1700—前1500年的二里头文化这样三个时期。

从植物考古学的研究结果看，由于工作还没有完成，现在仅仅知道在二里头文化粟的数量约占所有出土农作物籽粒总数的67%，黍占13%，两种作物合计在农作物籽粒总数中所占比例约为80%。稻谷占12%，小麦占4%，大豆占3%左右。所谓五谷丰登的五种农作物都具备了。

从动物考古学的研究结果看，狗、猪、黄牛、绵羊是家养动物，野生动物以鹿科为主。王湾三期文化家养动物约占哺乳动物总数的88%，野生动物占12%；家养动物中猪约占83%，狗占8%，黄牛占6%，绵羊占4%。新砦文化家养动物约占76%，野生动物占24%；家养动物中猪约占71%，绵羊占14%，黄牛占9%，狗占

6%。二里头文化家养动物约占 76%，野生动物占 24%；家养动物中猪约占 46%，绵羊占 30%，狗和黄牛各占 12% 左右。自王湾三期文化到二里头文化都是以家养动物为主，家养动物中家猪的数量虽然始终占据多数，但是从早到晚有减少的趋势，相应地黄牛和绵羊的数量有一个从少到多的过程，其中绵羊的变化特别明显，而狗的数量略有起伏。

另外，新砦遗址绵羊的年龄结构中，高于 3 岁的占据多数。与国外学者在西亚地区新石器时代遗址绵羊年龄结构的研究结果进行对比发现，这些绵羊也有可能是用于剪羊毛的。

碳氮稳定同位素的测试结果显示，狗、猪和黄牛的食物基本来自 C_4 类，绵羊的位于 C_3 类和 C_4 类之间。关于不同动物的碳 13 数据的解释，多与前面的相同，要强调的是新砦遗址的绵羊也较多地食用人工喂养的小米的秸秆等。

河南省洛阳市二里头遗址

二里头遗址包括二里头一至四期文化、二里岗上下层文化及汉代遗存，其中二里头文化年代约为公元前 1750—前 1500 年。这里主要阐述属于二里头文化一期至四期的研究结果。

从植物考古学的研究结果看，二里头文化粟的数量约占所有出土农作物籽粒总数的 58%，黍占 9%，粟、黍合计在农作物籽粒总数中所占比例为 67%。稻谷占 32%，小麦占 0.02%，大豆占 0.8%。尽管五种农作物都存在，但是稻谷的比例很高，这可能与出土地点主要位于贵族居住区有关。

从动物考古学的研究结果看，狗、猪、黄牛、绵羊是家养动物，野生动物以鹿科为主。二里头遗址一期家养动物约占全部哺乳动物总数的 91%，野生动物占 9%；家养动物中猪的最小个体数约占 50%，黄牛和绵羊各占 25% 左右，没有发现狗（这期动物骨骼标本的数量较少，这个结果只能作为参考）。二期的家养动物约占81%，野生动物占19%；家养动物中猪约占74%，绵羊占近20%，黄牛占5%，狗占4%。三期的家养动物约占77%，野生动物占23%；家养动物中猪约占58%，绵羊占近30%，黄牛占9%，狗占5%。四期的家养动物约占85%，野生动物占15%；家养动物中猪约占72%，绵羊占17%，黄牛占8%，狗占3%。一至四期的哺乳动物都以家养动物为主。家养动物中虽然都以家猪占据多数，但猪的比例有减少的迹象，三、四期绵羊和黄牛的数量都比二期要多，而狗的数量一直最少。四期绵羊的年龄结构中也发现高于3岁的占据多数，与新砦遗址的情况类似，这些绵羊也有可能是用于剪羊毛的。

碳氮稳定同位素的测试结果显示，狗、猪和黄牛的食物基本来自C_4类，绵羊的位于C_3类和C_4类之间。关于不同动物的碳13数据的解释，多与前面的相同。

DNA的研究结果证实，二里头遗址的绵羊属于谱系A，谱系A最早起源于西亚地区。二里头遗址的黄牛属于T3型，T3型也是西亚地区起源的。

其他相关遗址

尽管仅有上述五个遗址系统、科学地做过动植物考古研究，数量十分有限，但是从已经发表的资料看，还有一些遗址的研究成果可以作为参考。如有两个遗址包含有动植物考古的研究结果，公元前2900—前2400年的渑池县班村遗址庙底沟二期文化层里发现大量的粟。在全部哺乳动物中家养动物占69%，野生动物占31%。家养动物中家猪占95%，狗占5%。而年代大约为公元前1700年之前、属于二里头文化的洛阳市皂角树遗址的农作物有粟、黍、大豆、小麦和稻等，其中以粟的出土率最高。在全部哺乳动物中家养动物占62%，野生动物占38%。家养动物中猪约占53%，狗占26%，黄牛占 20%。这两个遗址的植物考古研究虽然没有做定量的分析，但都是以粟为主。另外，新密市古城寨遗址包括王湾三期文化、二里头时期及殷墟时期，自龙山文化至殷墟各个时期，粟在农作物中都占有绝对多数的地位，小麦出现于二里头文化时期。当时是以粟为主，其他三种农作物为辅，是典型的早期旱作农业。这里需要指出的是我们对古城寨遗址的动物考古研究结果与上述的瓦店、王城岗和二里头遗址相似，由于研究报告尚未发表，这里不做具体阐述。

此外，其他几个遗址仅有植物考古的研究结果或动物考古的研究结果。如植物考古的研究证实，登封市南洼遗址属于二里头文化时期，农作物组合为粟、黍、水稻、小麦、大豆等，其中以粟为主，其次为黍。动物考古学研究证实，公元前 3000 年左右的洛阳市妯娌遗址和渑池县笃忠遗址家养动物占哺乳动物的 60%，主要是家猪和狗，以家猪为主。公元前 3000—前 2800 年的郑州市西山遗址第三期家养动物占据哺乳动物的 77%，主要是家猪和狗，以家猪为主。

推演分析

我给大家阐述了中原地区五个典型遗址的动植物考古研究结果，即五个典型遗址的生业状况，另外也简单地介绍了其他一些遗址的动植物考古研究结果，这里围绕这些动植物考古的研究结果展开讨论，我主要讲三点。

中原地区生业的发展是中华文明形成和发展的重要因素

通过对以上五个遗址及其他相关遗址不同文化期的生业状况进行比较，可以明显地看到自仰韶文化庙底沟类型到王湾三期文化，生业状况产生了明显变化，从王湾三期文化到二里头文化则呈现持续发展的过程。揭示这个过程对于我们认识中华文明的形成和发展具有重要的启示作用。

属于仰韶文化庙底沟类型的公元前 3600 年左右的西坡遗址的农作物主要是粟和黍，水稻的数量极少，不能肯定是在当地种植还是传入的，家养动物主要为猪和狗，以猪为主，喂养猪的饲料可能为小米的壳和秸秆等。

班村遗址庙底沟二期文化层的年代为公元前 2900—前 2400 年，其出土的农作物和家养动物与西坡遗址相似，在一定程度上弥补了中原地区自仰韶文化到龙山文化过渡阶段生业状况的空白。

属于王湾三期文化的公元前 2200—前 1900 年的瓦店遗址、王城岗遗址和新砦遗址的王湾三期文化层中，农作物除粟、黍和水稻外，新增加了小麦和大豆，尽管小麦的数量极少，不能肯定是在当地种植还是传入的，但是瓦店遗址水稻的数量明显增多。家养动物中除狗、猪之外，新增加了黄牛和绵羊，并始终以猪为主，在瓦店遗址中，黄牛和绵羊这两种动物从早到晚都有增多的趋势。除王城岗遗址王湾三期文化的黄牛和绵羊没有开展碳氮稳定同位素分析以外，其他两个遗址的分析结果显示，喂养狗、猪的方式与西坡遗址的相似，但是黄牛的饲料主要来自人工喂养小米的壳和秸秆等，而绵羊则主要食草，同时也食用人工喂养的小米的壳和秸秆等。

属于新砦文化的公元前 1850—前 1750 年的新砦遗址中，粟、黍、稻谷、小麦和大豆等五种农作物及狗、猪、黄牛、绵羊等四种家养动物都与王湾三期文化相同，但是黄牛的饲料完全为小米的壳和秸秆等，绵羊也较多地食用人工喂养的小米的壳和秸秆等。饲养绵羊除食肉之外，还可能用于剪羊毛、进行次级产品的开发。

属于二里头文化的公元前 1750—前 1500 年的二里头遗址、王城岗遗址的二里头文化层和新砦遗址二里头文化层里，粟、黍、稻谷、小麦和大豆等五种农作物及狗、猪、黄牛、绵羊等四种家养动物都与新砦文化相同，但是水稻的比例较高，各种家养动物的饲料与新砦文化大体一致，王城岗遗址的二里头文化层和新砦遗址二里头文化层出土的黄牛和绵羊的数量都出现增多的趋势，二里头遗址四期也发现了剪羊毛、进行次级产品开发的证据，二里头遗址的家养动物的饲料与新砦遗址的基本相似，古 DNA 的分析结果显示其黄牛和绵羊的祖先出自西亚地区。

另外，属于仰韶文化庙底沟类型的西山遗址、妯娌遗址和笃忠遗址，属于王湾三期文化的古城寨遗址和属于二里头文化的南洼遗址的动植物考古研究结果，也在不同程度上印证了我们对不同文化阶段的生业状况的认识。

包括古 DNA 测试在内的研究表明，至少在公元前 2200 年之前，起源于西亚地区的小麦、绵羊、黄牛等均已经过中国西北或北部地区，进入中原地区。即中原地区从仰韶文化到王湾三期文化，生业状况存在一个明显的突变过程，出现了大豆、小麦、黄牛、绵羊等新的生产力要素。这些新的生产力要素进入中原地区是一个划时代的进步，在后来的新砦文化和二里头文化中又得到持续的发展。这里要强调的是，新的生产力要素不仅仅是指新的农作物和家养动物的种类，还包括新的农作物种植技术和新的家畜饲养技术，这些技术可以有效地使用可耕种土地及自然植被，提高有限区域内的农业生产总量，稳定地获取多种肉食来源。民以食为天，充足的食物资源为人口增长和社会发展奠定了坚实的物质基础。

需要提及的是，尽管对于生产工具的研究尚未全面展开，这里不能针对具体遗址和器物进行讨论，但是相关研究证实，与中原地区仰韶文化庙底沟类型相比，王湾三期文化中用于农业生产的工具在种类、形制和数量上均出现变化，反映出古人在农业生产的不同阶段投入劳动的变化，而这种变化标志着农业经济水平的显著提高。从王湾三期文化到二里头文化，生产工具的形制和数量没有明显的变化。

从整体上看，中原地区在生业方面一直呈现发展的趋势。依据中原地区整个生业形态的发展趋势及中华文明形成和发展于中原地区的事实，我们可以推测中原地区的生业形态对中华文明的形成及发展起到了明显的促进作用。当然，生业的发展并不是中华文明形成和发展的唯一因素，但绝对是不可或缺的重要原因。

中原地区的生业状况与上层建筑存在互动关系

中原地区多个遗址生业状况的相同性为特定聚落在一定地域范围内成为中心聚落乃至于更高规格的中心奠定了经济基础，而领导集团及领导者的执政能力在中心聚落乃至于更高规格的中心的形成过程中发挥了重要作用。

前面提到，分别属于仰韶文化庙底沟类型、王湾三期文化和二里头文化的遗址数量相当多。比如在中原地区经过科学发掘的王湾三期文化的遗址有30余处，其人工遗迹和遗物的文化面貌有明显的一致性，因为没有同时开展动植物考古研究，围绕探讨生业问题的证据有一定的局限。但是在这些有限的证据里，仍然可以发现一个值得认真关注的现象，即前面提到的西山、妯娌、笃忠、班村、古城寨和南洼等遗址的生业研究结果与西坡、瓦店、王城岗、新砦和二里头等遗址的生业研究结果存在较为明显的一致性，没有发现一例反证。由此我推测，与上述的人工遗迹和遗物的文化面貌具有明显的一致性相同，当时中原地区整体的生业状况也是比较一致的。在仰韶文化庙底沟类型和庙底沟二期文化时期，农作物以粟为主，家养动物以猪为主，自王湾三期文化开始，新的生产力要素进入中原地区，农作物和家养动物的种类增多，这种状况到二里头文化及以后的时期一直呈持续发展的趋势。另外，在王城岗遗址、古城寨遗址、新砦遗址等都存在几个文化时期的堆积，这几个遗址都表现出一个特点，就是尽管其生业状况在几个文化时期都保持一致性、呈持续发展的状态，但是这些遗址仅在某一特定时期成为中原地区一定区域内的主要代表，即尽管存在几个时期，尽管生业状况保持稳定且持续发展的态势，但是真正成为当时中心聚落的仅是其中的某一个时期。

自龙山文化至二里头文化，属于不同时期的多个遗址的生业状况是稳定且持续发展的。这是一个极为重要的前提，在此基础上，哪个遗址在一定时期内能够成为一定区域内的中心，肯定还涉及一系列其他方面的原因，比如战争及外部压力的原因，地势地貌水文等自然环境的原因等。我认为除这几点之外，还有一个不容忽视的原因，即很可能与特定时期某个遗址的领导集团或领导者的执政能力有密切的关系。在生业状况相同的前提下，聚落群中出现以哪个聚落为主的政治中心是因领导集团或领导者的执政能力强弱而异的。依据考古学和环境考古学的相关研究成果，我推测这个执政能力除保证生业稳定发展的能力之外，还包括管理社会、统领更多聚落、壮大军事实力、抵御水患等自然灾害、处理对外交往，甚至还包括建设精神文化等方面的能力。这些能力可能不需要在任何时候都全面展现出来，但是在经济、政治、军事、文化等方面的某些矛盾特别尖锐的时候，则需要充分发挥相对应的某些能力。一旦应对不力，最为严重的后果便是导致政治中心转移或聚落消亡。在这一认识的基础上，我们可以提出以下的观点，中原地区不同时期政治中心的转换，是在生业状况具有相同水准的地域范围内完成的。在肯定经济基础决定上层建筑的前提下，还必须高度重视上层建筑在稳定且持续发展的经济状况中的重要作用，即特定的领导集团或领导者高水平的执政能力不但可以保证生业的稳定发展，而且可以从整体上或特定的方面提升聚落及聚落群的综合实力，从而左右当时特定区域内的政治格局。而二里头这个“最早的中国”的诞生，与统治阶级的执政能力更是有着密不可分的关系，他们在控制远距离的资源调配、促进农业和手工业的发展、设计宫城布局、制定与礼制相关的内容、指挥战争等方面都发挥了重要的作用。

另外，瓦店遗址和王城岗遗址、古城寨遗址、新砦遗址等属于王湾三期的文化层里都发现了多种农作物及黄牛和绵羊遗存，以新的生产力要素出现为标志的这种突变出现在属于王湾三期文化的多个处于不同地域的遗址之中，似乎反映出这些新的生产力要素存在一个较快的推广过程。这个现象背后，是否意味着有某种人为的有意识的推动，而能够在这种较大区域范围内形成推动力，是否意味着当时在一个相当广泛的范围内存在统一的管理组织，虽然仅凭现有的几个遗址的这些资料，我们还不能做出科学的判断，但至少是值得我们认真思考的问题。

中原地区与其他地区特定时间框架内生业状况的比较研究

与中原地区相比，其他地区各个文化类型的生业状况在公元前2500—前1500年这个时间段里没有发现始终存在持续发展的过程。其他地区同一时间段里各个遗址的生业研究状况远不如中原地区那样全面，把植物考古和动物考古聚焦到同一遗址的研究实例不多，难以开展全方位的比较研究。但是从宏观上看，黄河上游地区齐家文化的农作物包括粟、黍和小麦，家养动物包括狗、猪、牛和羊。这个地区的生业状态自齐家文化晚期开始，逐步转为游牧型经济。齐家文化原本统治的地区也被辛店、寺洼等分布在不同地域范围内的几个文化占据。这里要强调的是即便在齐家文化时期，分布在不同地域的遗址中获取肉食资源的方式也明显不同，有的仍然以获取野生动物为主。虽然研究结果尚未正式发表，这里不宜展开讨论，但当时齐家文化在生业状况上的不一致性是可以认定的。黄河下游地区龙山文化的农作物包括粟、黍、稻谷、大豆和小麦，家养动物包括狗、猪、牛和羊。自山东龙山文化以后，后起的岳石文化与前者相比整体上呈现出文化衰落的景象。

长江流域只见稻谷，没有发现其他农作物。家养动物为狗和猪，但是家畜饲养长期没有发展起来，获取肉食资源基本上以渔猎为主。长江中游地区自石家河文化之后，出现一段时间的文化空白。长江下游地区自良渚文化之后，马桥文化在整体水平上不如良渚文化。

概括起来说，在公元前2000年以来这个时间段里，其他地区的生业形态有的出现转型，有些呈倒退的趋势，有的出现中断，都没有像中原地区那样呈现出一脉相承的持续发展的过程。中原地区与其他地区在生业状况上的明显差异及其他地区在文化发展上存在的分裂、中断和倒退等现象应该引起我们的高度重视，需要在今后的研究中对其关联性的主次关系进行深入探讨。

总结

通过以上的演讲，最后做一个总结，即中原地区的生业状况呈持续发展的过程及新的生产力要素至少在公元前2200年之前已经进入中原地区，这个过程及变化在中华文明早期发展过程中发挥了重要的作用。中原地区的生业状态在相当长的时间内具有一致性。在具有相同的生业状态的区域内，其政治中心的转换与领导集团或领导者的执政能力有密切的关系。尽管对其他地区的相关研究与中原地区相比尚不到位，但是依据现有的资料，生业状况缺乏连续性是其他地区发展过程中的共同特征，而这个共同的特征与其他地区在文化发展上的分裂、中断、倒退等现象是相互关联的。所以，我要强调的是中原地区的生业状况一直呈现出持续发展的过程，而这个过程与中华文明早期发展的过程是密切相关的，这就是我此次演讲的重要观点。

总结完毕，谢谢大家的聆听。

2019

第 7 讲

石头上的王国：石峁遗址考古新发现

孙周勇

孙周勇，陕西省考古研究院院长，博士，研究员。长期从事田野考古发掘与研究，主要研究方向为新石器时代考古及商周考古，主持国家社科基金重大项目“石峁遗址考古发现与研究”，完成国家社科基金项目多项。出版专著6部，发表学术论文90余篇。主持发掘的石峁遗址荣膺2019年度全国十大考古新发现，引起了国内外各界的高度关注，为中华文明探源做出了贡献。

本次演讲于2019年7月21日在南京博物院小剧场举行。这一期演讲我们将眼光投向黄土高原。这片人迹罕至的干旱土地上，有着近年来非常瞩目的世界级考古发现——陕西榆林的石峁古城。主讲人作为石峁发掘工作的主持者，对石峁的发掘研究史了如指掌，从民国时期的蛛丝马迹，到20世纪七八十年代的初步考察，再到2011年起至今长达9年的正式发掘，都娓娓道来，将一座立体的石峁展现在我们眼前。

非常荣幸来到南京博物院参加南博讲坛，我很乐意和大家在此分享本世纪的一项非常重要的考古发现，这项发现在过去短短的八九年时间里，以弯道超车的方式获得了诸多荣誉以及国家和政府的高度支持和关注，这就是神木石峁遗址。

我先介绍一下石峁遗址的位置。有人形容陕西地图像一尊跪射的兵马俑，石峁所在位置恰恰位于兵马俑的眼睛处。从地理区划上来说，它在黄土高原最北端，毛乌素沙漠东南缘，属于一个黄土梁峁和沙漠交接的地带。如果以长城作为农牧交错地带的分界线，那么它处在明代长城的内缘。这个区域自古以来是一个气候敏感区域，是牧业和农业交替发展的区域，也是自汉代以来的兵家必争之地。这个遗址处于中国新石器时代的最晚阶段和中国历史上第一个王朝夏朝形成的时间节点上，也就是说它跨越了中国新石器时代和早期王朝时期这样一个时间节点。它的绝对年代，根据目前的数据，在公元前 2300—前 1800 年。

发现石峁

石峁遗址最早被中国当代的文物工作者所知晓，是在 1976 年的隆冬。当时供职于陕西省文管会，也就是后来陕西省考古研究院的戴应新先生从朋友那里听说，陕西北部神木县的高家堡镇有一个地方出玉器，而且数量很多，他当时就向单位申请了一点资金，然后几经辗转，从西安到延安再到榆林，耗费了三天左右的时间，来到了神木的高家堡镇征集玉器。当时石峁遗址还没有被命名。但很遗憾，当年一方面交通不便，一方面因为经费有限，而且玉器不便携带，所以只拣选了 120 多件，带回陕西历史博物馆。如果各位有机会去参观的话，在陕西历史博物馆第一展厅特别突出的位置就展示了当年在石峁征集的这批玉器。

其中最为出名的就是被称为牙璋的器物，一共 28 件，在 20 世纪 80 年代三星堆遗址发现之前，这是中国发现数量最多、发现位置最靠北的一批牙璋。除此之外，征集的玉器多是一些片状器，以及玉鹰、三牙璧等，其中还有一件特别重要的一级文物——玉雕的人头像。牙璋这样的器物很奇怪，大家会想到历史上大臣上朝时手持的笏，似乎有相似之处。牙璋的长度大概二三十厘米，而且玉质是墨玉，比较透亮。牙璋这类东西在夏商周之前，就广泛分布在中国腹地的外缘，最北端就是石峁这个地方，当然山东半岛也有发现。这个东西被认为是早期国家或者早期政权的一个物质化象征，所以毫无疑问，它的发现非常重要。但是关于这批牙璋的年代一开始就存在争议，有的学者说是汉代的，有的西方学者说是西周的，还有学者说商代的，各个观点可以说是聚讼不休，没有一个统一的结论。

石峁遗址到 2011 年才开始正式全面开展考古工作，我们也开始梳理它发现的历史。我们要感谢陕西省开展的第一次全省文物普查。

早在 1958 年就有三位学者调查了这个遗址，最重要的是其中一位手写了一份稿子，我们在神木市的档案馆里翻到了，里面特别记录了他当年看到的遗址的情况。如果在没有准备的情况下来到 20 世纪 50 年代的石峁，大部分人根本观察不到什么，因为黄土高原的地貌全是纵横的沟壑，仿佛迷宫。但这几位同志当年就敏锐地捕捉到了关键信息，他们发现在十几个梁峁沟壑之上分布着一个环套结构的城址，并敏锐地判断年代可能是新石器时代晚期。他在手稿的最后部分建议，这个遗址应当进行保护，请求文化主管部门勘察。

1963 年，一批考古工作者再次走进遗址，然而这一次石峁遗址的规模被大大低估了。1976 年戴先生来征集玉器之后，1981 年开始又有一些文物单位来到这个遗址，但最后都没有进行大规模发掘。从 1981 年到 2011 年，为什么过了 30 年才正式启动这个考古工作？因为这个地方条件确实太艰苦了。2011 年，尽管整个神木县已经是全国百强县，但是石峁处在一个没有煤炭资源的区域，当时水、电、通信信号各个方面都存在问题，交通也非常不便。

我有时候开玩笑说，我们也得感谢那些发现但是没有真正走进遗址的人，这些人的存在，使得我们有机会在本世纪用现代的方法和手段，去重新揭示这样一个 4000 多年前的遗址。我们再往前梳理的时候，发现石峁其实早在 20 世纪 20 年代就已经走上世界文物舞台。法国的汉学家伯希和在 1925 年出版的法文书里提到，卢芹斋自己收藏的玉器里有一批即来自陕西榆林府。榆林府就是现在的榆林市，这可能是关于石峁玉器最早的记载。

真正在文字上切实记载石峁的，是当年供职于德国科隆远东美术馆的萨尔蒙尼。他是一个美国人，1920—1933 年供职于德国，1929—1931 年被派往当时的北平，后来他从德国转到纽约大学去教中国艺术史，1958 年去世。他早年在中国收集了一批资料，在他去世五年以后，他的同事帮他整理出版了，这就是《中国北魏以前的玉器》。在这本书里，他记述了一个很有意思的事情：1929年的隆冬，大概是12月末，北京郊外来了几个农民，他们有一批东西想“出手”。

国民政府那时候已经在防止文物流失，萨尔蒙尼当时也意识到了，所以犹豫了很久，但他当时作为博物馆的代表，也很想给博物馆收一些东西。最终，他还是下决心租了一辆车，花了几个小时来到北京郊外，“我见到了这几个农民，这几个农民说他们的家是榆林府”，这应该是第一次真正的记载。他得到的那批文物，一共42件，其中牙璋类居多，还有一些刀、铲之类的器物。书里也讲到了一些很有意思的细节，他问那么大一批牙璋从哪出来的，农民说有一个盒子，盒子一碰变成灰了。我们这几年也在找这样的发现，很可惜，现在没有碰到。牙璋这类东西，出土背景还不是太清楚。

放眼全球其他的博物馆，我们也看到大英博物馆、美国的明尼阿波利斯博物馆等机构，包括罗樾这样的大汉学家，都发表或者提到了中国石峁出土的一些文物。由此可见石峁的文物早年虽未被国人识得，但实际上已在世界各地出现。吴大澂所著的《古玉图考》里，也收录有石峁牙璋，它已经走到了世界文物前沿。

再讲这60年来的收获。为什么以60年为一个节点？因为之前都是农民在生产生活中发现器物，1958年应该是文物或者考古工作者第一次走进这个遗址，而且第一次就得到了非常准确的信息，1976年征集玉器，1981年划定范围，经过这样一个曲折的过程。到2006年的时候，石峁遗址被公布为第六批全国重点文物保护单位，人们已经意识到这个遗址很重要了。与石峁相关的文物，以及种种迹象都表明，这个遗址不一般，级别很高。

实际上，我本人从1995年开始就在这个地方做工作，也数次到过这个遗址。当时乘坐汽车上山的时候，如果对面来一头牛，或者一匹马，这个车就上不去了，退也退不了，因为下面就是悬崖沟壑，非常艰苦。后来在陕西省文物局和当地政府的联合支持下，我们下决心启动了这个工作。

解读石峁

我们启动考古工作是在 2011 年，到现在为止过去九个年头。这九个年头里，石峁受到国内外学术界和社会各界的高度重视，它的发现过程也是考古工作者通过考古特有的方法和手段，联合团队集体工作的成果，通过区域系统性考古调查选择重点遗迹，在发掘中解决问题。我觉得考古就像破案一样，要通过地表留下来的蛛丝马迹，去复原当时的历史，去追溯可能获得的古人有关生产生活的痕迹，最后我们选择了它的最核心区域——皇城台这个地点进行发掘。

正式发掘石峁遗址的过程是非常艰辛的，可以说当年就没有一个宏观的概念，只看到 1958 年的资料、20 世纪 80 年代初的资料，那时大家猜测这个遗址有 10 万平方米。启动勘探的时候，我作为领队下了决策：以 5—10 公里为半径，把周边全部跑一遍。我们当时定的目标是以 10 米为间距，3 米为直径，对地表的所有东西进行系统采集。采集过程中我们发现了一些两三米宽、类似墙体的结构。很多做长城研究的学者把这批遗存归到了明长城的体系，觉得这可能是明代与驻兵防守有关的遗存。但我们调查跑完以后，发现了很有意思的现象：以这种墙壁为界限，内侧的龙山时期陶片数量激增，墙壁连接起来划出的范围和龙山的陶片分布高度吻合。随后几年，经过连续不断的调查，这些墙壁基本上可以围合起来了。

这给我们很重要的启示。参照内蒙古的一些考古新成果，我们认识到石峁遗址的墙体很可能是一个令人惊愕的大发现，一旦确认，这将是中国最大的一处城址，而且是一个在地表上可以看得见的城址。中国的史前遗址，尤其是城址，很多都是地下遗址，而石峁是一个坐落在黄土梁塬之上的石头城。我们很快有一个初步的判断，在正式考古发掘并用科学手段对它的年代进行测定之前，我们已经初步确认，它就是龙山晚期一个超大型的城址。

城址的核心区叫皇城台，这是一个小地名，石峁村的小学就在这个地方，其实应该叫王城台，但陕北口音“皇”和“王”是不分的，从 2013 年开始陆续公布的资料都是用的皇帝的皇，这个有点遗憾。核心区域之外，三重环套结构把皇城台层层包裹起来，构成一个环环相套、私密性和防御性非常强的空间，下面我按顺序从外城，到内城，到皇城台，给大家介绍我们的发现。

外城

外城边缘好像锯齿状，不太平整，为什么呢？因为这个地方地势沟壑起伏，所以有时城墙会有越沟现象，造成形状不规则，不像我们南京，地势比较平，城墙可以修得规规整整。城墙的目的是把这个区域的空间和其他的广大区域隔离开来，形成一个封闭空间，这个区域大概 190 万平方米，有的城墙保存得很好。实际上，很多墙段稍微清理一下，墙基、墙体就会揭露出来，整个墙体长 4000 多米，平均宽度 2.5 米左右，高度不得而知，据现在发现推测，应该在 5 米以上，因为它的纵横比最少达到 2∶1，要不然这个墙的宽和高不成比例，而且现在发现的保存最好的一段高度已经超过了 5 米。总之，外城边缘就是这样的一段由石头堆砌目前还可以在地面上看见的城墙。

由于黄土高原特殊的地理和气候环境，石峁古城的保存状态在同时代遗址中鹤立鸡群，大量石块堆砌的城墙依然屹立于地表之上，整座城的结构也非常清晰，甚至让考古学者们都不敢相信其年代竟如此之早。事实上，石峁遗址遭到的破坏主要集中在近代。自 20 世纪 90 年代中期开始，特别是 2000 年前后，民间传说神木石峁石头里面有玉器，使得许多遗迹受到扰动。即使如此，石峁遗址中的许多遗迹仍然具有令人惊异的完整性。例如石峁的外城东门，整个东门址清理出来的时候，我们发现它是一个规模宏大的门址，总体量在 4000 平方米以上，而且有城墙，有门道，有墩台，有瓮城，结构非常复杂。

石峁城址有一个设计师的影子，这个设计师也是一个建筑师，他对城址有非常精巧的规划，每一段墙体的位置都很讲究。我们现在叫的“东门”，实际不是严格意义上的东门，因为地形的影响，城的正东方修不成，要因地制宜，考虑其他的因素，所以它每一步建造，显然背后有一个灵魂人物在指导。皇城台的门也是这样建造的，很有规划。从城外向城内走的时候，要经过一个曲尺形道路，而且从城外向城内的空间逐渐变小，隐蔽性越来越好，防御性越来越强。城外有一个瓮城，面积将近 200 平方米，南北两侧搭起两座高台，还有两个门塾，相当于门房。如果两两相对的两个门塾内都有人在防守的话，那么要进这个城门是非常难的，万夫莫开。

城门的墙角为标准的直角，长达 40 厘米的砖石如同机械打磨过一般，非常平整，棱角分明。作为龙山时代的城址，这样的墙面实在太整齐了，像现代的砖砌墙的一样，横平竖直。石峁的一些东西刚发掘出来的时候，连我们自己都不太相信是 4000 多年前的东西，所以我们特别谨慎，对出土的每一件遗物、每一片陶片、每一个能观察到的东西，进行详细登记、浮选，然后送检，结果从地层中发现的所有文物，确实都属于新石器时代晚期。紧接着我们发现大量的木头被塞在墙体里，有木头就可以采用科学的方法——碳 14 测年。这个测年的逻辑是什么？这些树被砍下来建造城墙的年代，也就是树木死亡的年代，大概可以代表城址兴建的年代。树木里含的碳 14，它有一个衰变速率，通过它的衰变速率，用科学手段，可以倒推树木死亡的年代。经过测量，第一批木头的死亡年代基本上可以确定是公元前 2200 年前后，就是距今 4200 年前，这下东门址墙体的年代就确定了。当然，我们断代的依据不是孤立的，还测了当时人吃的粟（小米）和动物骨头的年代，结果是一致的，这就打消了我们的顾虑。

城门里头有两处重要设施。首先是瓮城，瓮城实际上是城门的基础设施，平时用作进出城的通道，作战的时候是一个防御设施，防止敌军长驱直入。所谓“瓮中捉鳖”，进去容易出来难，瓮城就是这样一个可以困住敌军的空间。同时，瓮城也有保证城里私密性的作用。北方很多农村在自己家外头会有一个影壁，这个影壁的作用也是让外人不能一眼望穿，是一个心理上的防御措施。

插个题外话，今天我们看这个瓮城会发现石墙不见了，只剩中间曲尺形的路基，什么时候不见的呢？据周围的村民反映，十几年前还有五六米高的石墙，平整土地的时候被推掉了，所以说原来这个城墙是保存下来的。在一段城墙角落里，我们还发现了一件裸露在外面的玉铲，这是石峁的一大谜题。大家可以想一下，为什么现在仍然是奢侈品的玉器，会无缘无故地埋在墙里头？我们后面再讲。

接着讲瓮城，过去认为，瓮城这种设施最早是在春秋战国以后才出现的，成为后代城门建设的必备设施。但石峁遗址的瓮城，年代很早，把瓮城出现的历史一下提早了上千年。瓮城这样在建筑史上重要的制度性因素，为什么在中国的北方地区，在石峁这样一个如同天外来客般的遗址中出现？现在要回答这个问题很难。过去文献上记载的瓮城，以及我们看到的实物资料，最多到唐代到宋代，比如说扬州城。后来通过考古发掘，可以确认在汉代，也就是距今2000年前后，瓮城已经出现，而且最先出现在汉代边疆地区，在城墙上设置诸如此类的设施，增强防御能力。石峁的发现，毫无疑问，又将这类城防设施的年代向前推进了。这时一个新问题又产生了：从公元前2000年前后的石峁遗址，到公元元年前后的汉代，这2000多年中，这种后来影响中国建筑史、中国城防史的重要的制度去哪里了？这里有一个巨大的断裂期。

城门里另一个值得我们关注的重要设施，就是所谓的马面。学过建筑史的或学过考古的都知道，大型的城址上往往有马面。马面是什么样子呢？简单地说，就是在直线形的城墙上凸出墙体外的一个巨型高台。有人说因为它是长条形，有点像马脸，所以叫马面。造这个台子的目的是什么？如果在城墙上安排守备兵力的话，只能一面面对敌人，但有了这样在城墙上凸出的高台，上面的驻军就能够同时向三面开火，防御能力变成原先的三倍，而且当马面按一定距离连续分布的时候，就会构成一个半包围结构的火力网，极大加强城墙的防御能力。这种结构我们在现在的西安城墙上也能看到，修建有一组一组的箭楼和马面。

早期的城墙上每隔二三十米就有马面，到明清的时候，马面可能二三百米才有一个，为什么呢？因为随着技术的进步，兵器射程越来越长，两侧马面能够达到交叉火力的距离也越来越远，石峁的马面也是一样，目前最多发现了七座连续分布的马面，这也是一个制度史上的创举。20世纪80年代初，学界的统一认识是马面起源于东汉晚期的汉魏洛阳城，后来考古发现有其他时期的，不断地往前推。但石峁的马面，毫无疑问，在所有的实物证据里是最令人震惊的，因为它确实太规矩、太突出了，和石峁的其他建筑一样非常规整，甚至比曹魏的夯土马面还规整，超越了时代。

除了世俗功能的设施，石峁还有两类特别神秘的现象。一是刚才说到的在石墙里放置玉器，我称它为“藏玉于墙”。这种现象最初很不明显，因为古人砌墙的时候非常讲究，墙缝里都有填充物，一般看不到藏在里面的玉器。现在，我们把遗址揭露到了地表，经过几年的雨水冲刷，很多墙缝被冲开了，而且陕北降雨强度非常大，暴雨冲刷破坏力非常强，有一次下大雨就冲出来几件玉器，所以下了雨以后，我们考古队都要先沿着墙看，看有没有暴露什么东西，很可惜在此后几年间再没有见到。

我们根据文献来推测一下为什么埋玉器。古代的文献中经常有玉门瑶台、琼楼玉宇这样的字眼，《太平御览》引《竹书纪年》里提到了“桀倾宫，饰瑶台，作琼室，立玉门”。这里所说的瑶台、琼室，具体是什么东西？难道真的是字面意思，用玉来雕一扇门？石峁的发现或许在某种程度上暗示，所谓的玉门瑶台，可能是在核心建筑的某个部分或者建造过程中点缀、使用了玉器。那么为什么要这么做？我想它的主要作用是在构建实体防御屏障的同时，为它的使用者提供一种精神上的屏障。石峁可能是4000多年前，至少是中国北方地区的“圣城”。或许来自不同村落、不同等级的人群，为了乞求家族平安，乞求所在村落风调雨顺，在墙内埋入了玉器，当然这只是一种推测。不过这个推测还有另一项能够支持的证据，就是石峁墙体里的玉器，颜色一致的很少，五花八门的，明显不是同一批东西，而且很多是由残器经过改造制成，是一种废物利用，然后埋在墙里，感觉有一种仪式性的观念在里头。

石峁第二个特殊的现象是杀戮祭祀。在这个地方杀了很多人，城门奠基的时候在基址上挖个坑，里面填满了人头骨。他们是怎么死的？我们做了很多测试工作，发现这些人的头颅是被生生砍掉的，头骨上有砍斫的痕迹。结合文献和历史，我们发现早期殷商时期有杀人殉门的现象，秦代有磔狗邑门，把狗杀了给门奠基。东门址是一座当时非常先进的城址，可能杀戮祭祀也是体现信仰层面的东西。

大家肯定会问被杀掉的人究竟是城里人还是敌人。实际上做了体质人类学、锶同位素和骨 DNA 的分析以后，发现被杀掉的人可能不是生活在本地的，因为他们在食性上、体质特征上，都与石峁墓葬里的人有很大的区别，所以这批人很可能来自外族。

还有大体量的壁画被发现，这虽然不是中国最早的壁画，但是中国早期美术史上发现体量最大的一批壁画，图案是简单几何纹，和距今 5000 多年的红山文化壁画有异曲同工之妙。壁画的装饰位置很明确，从观者的角度来说，恰恰在从城外进入城门的时候能看到的位置，就像我们现在高速路口下来在城市入口处看到的宣传画。你可以想象 4000 年前，太阳从东方升起的时候，朝阳照进去洒在这面墙壁上，墙面上是大幅的彩绘。我想这个发现可算是中国美术史上重要的发现，所以除了图案，也做了很多颜料分析、工艺分析。其中特别有意思的发现是，石峁人已经懂得画起稿线，而且用的笔是软笔，简单地说，就相当于现在毛笔一类的东西。壁画用的一部分颜料，例如绿磷石，也是中国最早的应用实例。

内城

内城的结构稍微简单一点，在这里我们主要发现了一片高等级贵族墓葬区和居民居住区。石峁人的墓葬大小与生前财富和社会地位相关，权力大、威望高、财富多，墓葬修得就大，随葬品也多。

石峁遗址所处的区域，在 4000 年前是相当富庶的。大概两三个月左右的小孩夭折以后，埋在他家房子附近，而且穿着苎麻纤维做的衣服，这个相比同时代其他地方是很奢侈的，所以我认为它是一个比较富足的社会。小孩的葬具是他家里的炊具，原来盛水的、煮饭的，埋在屋子旁边。古人还是愿意把他们的年龄小的孩子葬在房前屋后。实际上很多现在被作为葬具的东西，原本是他们的炊具。

皇城台

最后我们来讲核心区域——皇城台，或者叫王城台。皇城台的门我们叫皇城台门址，外面有条道路叫皇城大道，是从王的住所去往内城的主要通道，规模都非常壮观。门前是很大的一个广场，面积达到 2000 多平方米。整个宫城区坐落于一处高台之上，周围呈阶梯状，有数十层之多，底层占地 24 万平方米，层层收束，鳞次栉比，到顶层占地八万平方米，从形状看仿佛一个玛雅的金字塔，与山城马丘比丘相比一点不逊色。皇城区的建筑也更加宏大，石墙中往往会排布木材，我倾向于认为它和我们新石器时代的木骨泥墙及更晚的春秋战国时期的纴木有关，就是在夯土里头加木棍，可以分散垂直的力量，使这个墙体更坚固。在世界范围内这种做法也并不是孤例，德国公元前后的曼兴城址，也是采用木骨夯土外面堆砌砖石的构造，这些木材实际相当于钢筋。宋代《营造法式》里记载，城“每筑高五尺，横用纴木一条”，这也是中国建筑史上技术层面的创举。

发掘是一项辛苦工作。我们知道在皇城台这样的区域，当时高等级的人物都住在这里，所以我们在这个区域工作特别小心，把每一块土都进行了浮选，有非常多的收获。我们发现大量的骨器，其中有两万多枚骨针，包括原料、毛坯、成品、废料等，涵盖了骨针生产中的每个阶段。据此我们推测，这里应该是目前为止唯一一处新石器时代制骨作坊，准确地说是制骨针的作坊。这里的产品做工非常好，有的针比现在的钢针还细，针眼也极小，技术含量极高。这给我们很重要的启示，因为这里是贵族的居住区，难道石峁贵族还要自己纺织吗？而且这么多骨针，远远超出了本地居民的需求，皇城台最多几千人，需要几万根针吗？周围还出土了其他文物，主要是麻布以及丝绸类纺织物残片，送到实验室测年，年代是在公元前 2100 年左右，符合石峁整体的大致年代。上述事实告诉我们，石峁遗址中的手工业者很可能地位比较高，另外纺织、骨器制作等手工业，可能也成为贵族维系社会稳定、获取其他生活资料的重要手段，而且当时骨针很可能被作为权力控制资源再分配的一般等价物。

皇城台顶的建筑基址是今年最新的发现，我们在皇城台的顶部发现了近两万平方米的夯土。这些夯土非常结实，呈规整的长方形，周围用石块、石片堆砌。在这些石墙上面发现了大量的石刻，雕刻的内容多为神怪形象，有类似饕餮的兽面纹、长条形的龙纹、人面纹等，其中一部分图案方向是颠倒或倾斜的，这给了我们很重要的启示：这些零碎的石刻，很可能是某种大幅石刻画面的一部分，是从别的建筑上搬过来的。如果这个猜想成立，那么毫无疑问，石峁应该有一个更辉煌的时期。考虑到这些图像显然不是世俗社会的描述，那么很可能存在过一些大型的神庙一类的宗教建筑，那么这个时代距今多少年？原本的建筑在什么位置？一个显而易见的事实就是，即使是再完整的遗址，它所展现出的样貌也只是最后被荒弃前的瞬间。石峁也同样如此，今天我们在遗址中看见的石峁已然震撼人心，却仍只是一座即将废弃的城市，它最辉煌的样貌我们已不得而知，只能从个别细节里管中窥豹。

当然石峁也不是一座孤城。在石峁所在的秃尾河流域，有一大群大大小小的城址，它们以石峁为中心聚落，组成了一个金字塔状的社会结构，也为石峁这样庞大的城址提供了经济基础。纵观整个中原地区，沿黄河而下，在每条支流上都有一个区域中心，那么在这几万平方公里的土地上，秃尾河的石峁一枝独大，是整个北方地区的核心。

今年另外一个大发现——芦山峁遗址，又带来新的疑问。芦山峁处在黄土高原北端到中原腹地的中间地带，介于北方和中原之间的位置，现在已经可以初步判断，它的规模不亚于石峁。总之在整个北方地区，距今4000年前后有三支比较重要的力量：以石峁为代表的北方集团、以芦山峁为代表的中部集团和以陶寺为代表的晋东南集团。可以看到这三支活跃在北方地区、晋陕高原、黄河两岸的古代群落，构成了一个满天星斗式的文明格局。这三支力量与我们传统观念里在中原地区占据主流地位的二里头文化，时间上还有所交集，但现在还看不出有太多直接的关联，可以预见未来会有很多谜题等待我们去解开。

保护石峁

最后简单介绍一下它的保护。考古发掘为陕西贡献了很多著名博物馆，比如在我们陕西省考古研究院的刷子底下，诞生了秦始皇帝陵博物院、汉景帝阳陵博物院、法门寺博物馆等，毫无疑问，石峁也会建成一个国家级的重要博物馆。但在目前发掘的过程当中，在保护领域一直有很大的压力，因为这样一个偌大的城址不同于以往的墓葬或单个建筑遗址，如何保护，我们还缺乏经验。2015年的时候，我们到南美洲去参观了马丘比丘和其他一些城址。作为文化与自然双重世界遗产，马丘比丘当地的理念是在修缮中保护，发掘中保护，边保护边展示，边展示边修复，我觉得这可能是在不破坏一个城址景观的情况下，对它最好的展示方式。

最后总结一下，石峁在近年来以弯道超车式的速度，在国家层面上获得了很多支持，包括保护规划、保护条例的颁布，博物馆的建设，还有立法机构的支持。石峁享有专门的《石峁遗址保护条例》，这也是陕西省除了秦始皇陵之外唯一一项针对特定遗址的保护条例。在今年四月，石峁遗址也进入了申报世界文化遗产预备名单。发掘过程中，我们得到了各行各业，特别是考古界很多知名专家和领导的关心和支持，考古工作不断地取得进步，当然也要感谢各位关注热爱和考古的公众，谢谢各位！

2019

第8讲

当考古走向公众：让五千年文明“活起来”

高蒙河

高蒙河，著名考古学家，复旦大学文物与博物馆学系教授、博士生导师。早年师从故宫博物院前院长张忠培和历史地理学家葛剑雄教授，曾任中国考古学会理事、上海文物博物馆学会副理事长，现为中国百越民族史研究会会长。近年倡导公众考古学，担任博物馆策展人和遗产片策划人。两次主持良渚博物院展陈，两度获得全国博物馆十大陈列展览精品奖。近期参与策划国内首档文化遗产综艺类大型户外真人秀节目《万里走单骑——遗产里的中国》。

本次演讲于2019年8月24日在南京博物院小剧场举行。主讲人从自身的发掘、策展经验出发，探讨如何保护与利用文化遗产，如何将考古研究成果转化为社会文化效益，如何让文化资源变得与每一个普通人息息相关，很好地诠释了“发现、研究、保护、利用、传承”的考古学发展之道。

今天非常高兴和大家分享“当考古走向公众：让五千年文明‘活起来’”的话题。考古成果实证的中华五千年文明“活起来”，不但和我们大家向往的美好生活息息相关，还会成为我们生活方式的一部分。

走向公众的良渚古城遗址

说到“考古走向公众”这个话题，不能不提到最近走进公众视野的一个考古成果，那就是著名的良渚古城遗址。良渚古城位于浙江省杭州市余杭区，是距今5300—4300年良渚文化所代表的良渚古国的都城，被中国考古学会前理事长、故宫博物院前院长张忠培先生誉为“中华第一城”。以此为中心，良渚文化遗址广泛分布在长三角地区环太湖流域的江、浙、沪等地。2019年7月，浙江良渚古城遗址被成功列入世界文化遗产名录。

良渚古城遗址为什么能够成为世界文化遗产？是因为它有多个符合世界遗产突出普遍价值的要素，而这些价值要素的核心就是良渚古城。作为史前时代都城性质的大型聚落，良渚古城在结构和布局上具有非常鲜明的特点：古城的中央是一个人工堆筑起来的又高又大的台地，台地上面当时建有雕梁画栋的大型宫殿，考古学家把它叫作宫殿区。宫殿区外围建有一圈城墙，叫作内城墙。内城墙再往外又建了一圈城墙，叫作外城墙。考古学者把这样的营城结构叫作“三重格局”。5000 年前良渚古国创建的这种大型都城的“三重格局”规划理念，在后世被承袭下来，成为中国很多都城沿用的规制，比如唐代的长安城、宋代的汴梁城、明清的北京城等。换句话说，中国古代的一些都城采用的这种“三重格局”做法，如果追溯源头的话，良渚古城是肇始之作，明清北京城则是收官之作。我们经常说中华五千年文明延绵不断，这在都城格局规划上传承有序，头尾相连，可以说表现得相当充分。

良渚古城“三重格局”中，宫殿区面积约 30 万平方米，有近半个故宫那么大，内城面积约 2.8 平方公里，有四个故宫那么大，再加上外城约 6.3 平方公里的面积，这样大的面积在距今 5000 年的史前时代堪称“中华第一城”了。作为史前时代中国最早都城的典型代表，谁能组织营建如此巨大规模的古城呢？可以肯定不是某个村调动一些村民所能干得了的，一定是有了达到国家这种级别和体量的社会构成，有了可以做城市规划的设计师，特别是有了足以组织大规模人力、物力、财力的统治者国王，才能建设如此巨大的工程，所以有考古学者称其为史前时代的“超级国家工程”，绝不是妄言。

良渚古城遗址 2006 年发现城墙遗迹并由此确认了古城的四至以后，为了保护和展示这么大的古城遗址，不但建成了良渚古城遗址公园，还新建了良渚博物院。我所在的复旦团队两次参与了良渚博物院的策展。第一次是 2008 年良渚博物院建成时，向世人展示了什么是良渚文化和良渚文明；第二次是 2017 年为了迎接申报世界遗产活动以及联合国教科文组织专家的考察，又对良渚博物院的基本陈列进行了改陈升级，全面介绍了良渚遗址、良渚古城、良渚文化、良渚文明、良渚古国，以及良渚文化遗产保护、利用和传承的历程。这两次策展不但扩大了良渚文化的社会影响，也得到了考古文博业界的肯定，先后两次获得了全国博物馆展览的年度“十大陈列展览精品奖”。良渚古城遗址成功申遗之际，我们又在故宫举办了一个良渚博物院和故宫博物院的联合大展“良渚与古代中国——玉器显示的五千年文明”，通过良渚文化最有代表性的玉器，展示玉文化在古今中国历史发展中的特殊价值和重要意义，以中华文明五千年一脉相承的策展理念，向新中国成立 70 周年献礼。

良渚文化的时空特点和历史文化意义

良渚文明是五千年中华文明的起点。首先，我们看良渚文化的年代。我们从近现代史往前追溯，现在能追溯到我们国家的一个原点，就是良渚古国，再往前，目前还没有找到更早的国家形态的物证。以前，国际承认的中国早期国家或早期文明，上限只到距今 3500 年左右的商代，因为商代发现了符合西方定义文明和国家的三大物质要素，即文字、青铜器和城市遗址。而距今 5000 年左右的良渚文化，在经过 80 多年的考古工作以后，也陆续发现了原始文字、和青铜器同样具有技术发明性质的玉礼器、良渚古城等，使中华早期国家和文明的历史得到了实证，中国人过去常说的“中华文明史，上下五千年”再也不是虚词妄言了。

其次，良渚文化在史前中国的巨大影响力也从地理分布上表现出来。良渚文化的核心区主要分布在以良渚古城为中心的环太湖流域，发现了 600 多处遗址，是非常密集的区域。核心区之外有一个文化扩展区，北到山东，南到江西、福建等地。再外围还有一个文化影响区，西北到甘青，南方到广东等地，可见几乎影响了小半个中国。良渚文化向外的扩展和影响主要是通过良渚文化发明的玉琮这种玉礼器来呈现的，这种器物上面有一个神人兽面的神徽，具有原始宗教信仰等精神方面的含义，因此，凡是出土玉琮的地方，基本上就可以说是受到了良渚文化的影响。

再次，如果说上述良渚文化的影响具有共时性特点的话，那么良渚对后世的影响还呈现出历时性特点。比如到了周代，在上层社会流行一种叫作“玉组佩”的佩饰，当时的人用玉珠串把一件件玉璜串联起来佩戴在身上，以显示身份和地位。一套玉组佩有好几斤重，身上佩戴了这么多又珍贵又重的玉器，就不能大步流星地走路，就约束了行走或者站立的姿态，这可能就是物态上生成礼仪的一种方式。玉璜这类礼器从良渚文化时期就有，当时戴一个或戴几个，叫作组璜，而且是女性佩戴为主。这种用玉璜的规制延续传承到了周代，变成了由多件玉璜组合在一起的玉组佩，可见不但被继承还被发扬光大了。再后来直至明清时代，在皇家贵族和上层社会中玉组佩的使用仍不乏其见，在明代十三陵的定陵中还有出土。另外，像玉璜演变成玉组佩并得以代代传承一样，良渚文化中最具礼玉意义的玉琮，也一直沿用到商、周、汉、唐，甚至到了清代、民国，还有人模仿做琮，在故宫博物院和南京博物院都有收藏和陈列，有兴趣大家可以去看看。

说到玉器的文化传承，我们通常把中国的玉器发展划分为三个阶段：第一个阶段是神圣化阶段，玉象征超自然的力量，在距今八九千年前东北和内蒙古的一些遗址中多有出土，这时的器形比较简单，佩戴为主；第二个阶段是礼制化阶段，玉器象征人们的身份和地位，不但有佩玉，还有执拿在手上的或者供奉之用的重玉，良渚文化便是这一阶段的高峰，也被称为中国史前玉器制作和使用的最高峰；第三个阶段进入世俗化阶段，就是汉唐以后及至我们现在的用玉习俗，逐步进入商品化、社会化、平民化阶段。

在人类制作、使用的各种材质的器物中，没有哪一种能像玉器那样深刻地影响中国人的精神世界，因此作为玉文化传承的重要一环，良渚文化玉器在其中扮演的角色和重要的地位是显而易见的。我们经常说到中华文明具有延绵不断、多元一体、兼收并蓄的标识性特征，其中，包括良渚玉器在内的中国玉文化的历史传承过程，就非常典型地再现和诠释了中华文明发展历程的这些特征。中国人从崇玉、礼玉到爱玉，玉文化传统得以古今传续。

公众考古将考古学术成果转换成考古利用成果

我们上面以良渚考古发现为例和大家交流的这些考古发现、考古知识、考古成果，如何能够进入我们今天日常的生活，甚至成为我们生活方式的一部分？如何将学界对良渚古城的研究、对良渚文化精神内涵的解读更加通识地传播给广大公众？这些年来我们也在不停地探索。

1921 年瑞典人安特生在河南发掘仰韶遗址，成为中国从西方引进考古学的里程碑事件，至今中国考古学已经走过了近 100 年的路程，如何把百年来考古的发现和研究成果像良渚考古那样更多地惠及社会和公众，为我们的经济社会发展助力，也是我们大家一直在考虑的问题。

我 1978 年进入大学学习考古专业。那个时候读书比较简单，就是学四个字，我把它归纳为“发现、研究”。第一，学会挖，就是能科学地从专业角度进行发掘；第二，学会写，就是能把发掘出来的这些材料，编写成考古报告式的科研成果。像现在很多学校教学的遗产保护、文物修复都不在我们当时学业的范畴里面。到了 20 世纪 80 年代以后，随着改革开放的进行，经济建设要动土，比如说修高速铁路、建各类工厂等，动土多了，文物、墓葬就时常暴露出来，考古人就得去抢救清理，清理完之后还得把它保护起来，这就催生了文物保护这样一个越来越重要的业态，于是国家制定了《中华人民共和国文物保护法》。最初的保护理念比较死板，只是单纯圈地建围墙，禁止人们靠近。到了 21 世纪，特别是 2010 年以来，“利用”开始成为一个热词，国家层面开始讨论文物、遗产利用的重要性，这和群众不断提高的生活水平和精神需求有关。所有的这些发现、研究、保护、利用，目的是什么呢？就是传承好我们祖上留下来的文化遗产，所以考古学工作内涵中又在保护、利用的基础上增加了“传承”这样的理念。中国的考古观念经历了近 100 年的变化，扩充到了十个字的考古学，那就是“发现、研究、保护、利用、传承”，比我们当年读大学时又多出来六个字，我称之为“全考古”。

当然现在的考古学界仍然在不停地扩大教学范围。现在考古学专业每年招生，来咨询的人很多，特别是有一些中学生非常想学考古，家长也越来越支持。但早年不少学生想学考古还是有些阻力的，比如我们在招生时，一些同学想来咨询却被家长拽走了，都说你不能考考古，你要考我不给你出学费，跟你断绝家庭关系。很多学生喜欢考古，喜欢古文化，但家里觉得这是一个冷门专业，太艰苦了，毕业不好找工作。考古是不是很苦？过去确实苦，特别是田野考古非常辛苦，但今天的野外考古条件已经越来越好了，而且不去野外工作，也有很多室内考古的工作可做，还有一些跨行业的和考古文博相关的工作可为。现在越来越多的同学走上了这条道路。比如说有的同学喜欢展览，就可以去做策展；有的同学喜欢形式设计，可以做展陈设计师；有的同学喜欢古迹遗产摄影，可以进编辑部；有的时候我们还要写考古多媒体脚本，做纪录片甚至做综艺节目；甚至现在还有游戏公司来找我们，做传统文化和考古元素的游戏等，这就是新时代的考古学。我们把考古的专业资源逐渐地做学术向文化的转换，再做文化向社会的转换，变小众为中众，变中众为大众，让以往普遍认为的深奥神秘的考古学成果成为大家都能分享和共享的通识考古学大餐，一个跨界融合的“全考古”时代即将到来。

“全考古”时代

过去考古是一门非常纯粹的象牙塔里的冷门学问，但现在考古学在发现和研究之外，又衍生出保护、利用和传承等工作，涉及社会发展和公众需求的方面越来越多，引起普遍关注的程度越来越大，由冷趋热的情况越来越明显，比如曹操墓、海昏侯墓考古等，都成为很有热度的社会话题。在自媒体到来的时代，很多公众在考古这样的学术领域也开始有了发声的渠道，他们自觉参与讨论，积极发表自己的观点和看法，获得了一定的发言权。以前学者说的话就是真理，科普也是单向输出，缺少互动和交流。但是2010年前后曹操墓发掘引发的社会热议甚至对考古学家的质疑，是一个具有考古学转型性质的现象级事件。当时，不少公众质疑到底是不是曹操墓？考古学家是不是在作假？这类问题推动了更多的考古人把发掘情况和成果跟公众交流沟通，来化解公众的疑问，促进了专家与大众的直接对话和交流。由此，情况有了非常大的转化，比如后来扬州发现隋炀帝墓，公众质疑的舆情就小多了。考古学者学会了怎么样去面对和尊重社会公众，尽可能做到及时、开放地公布发现和研究成果，我们的公众也逐渐成熟起来，能够更加全面地、更加理性地看待考古成果了。

当今越来越多的考古工作中，发现、研究、保护、利用、传承不再是前后线性的工作流程，而出现了很多同步进行的节奏，这是和以往相比很大的一个变化。在发掘的过程中，考古队、研究单位或者地方政府常常会做好可能有重要发现的保护、利用预案，比如是不是建设专题的博物馆、遗址公园，甚至特别重大的发现还要提出申报市级、省级、国家级乃至世界文化遗产。换句话说，当最初的发掘工作还在进行之时，后续的保护、利用设想就已经箭在弦上了。按过去的工作流程，一定是发掘结束，考古学家把它研究好，得出一个基本的结论，然后才能做展览。但是现在，有一个重大的考古发现，媒体马上就会闻风而至，记者立刻就来采访，然后把这个发现推向社会公众，某些时候会引起很大的社会反响。正是由于关注考古的人越来越多，所以我们现在要从传播学的角度来对待考古成果的公布，这使得不少考古学人去学传媒，反过来也有学传媒的学生来选修考古课，这种跨学科学习的情况已经不是个别现象，以后会越来越普遍。过去我们发布考古成果，反响寥寥，现在媒体非常踊跃，举办发布会，不少家媒体通知即来。一些重大的考古发现，媒体关注程度也非常高，有些记者朋友常年随访，成了比较了解专业的考古学人才，甚至可以称为准考古学者了。

国内对考古趋热的同时，国际上对中国考古也格外关注，我们自己也学会了传播推广。最近浙江良渚遗址的考古成果成书，为了把这些汉语的研究成果向国外推广，我们把书籍翻译成了多种语言版本，包括一些小语种。上个礼拜我去杭州开会，浙江大学外语学院的老师也参与进来，讨论怎么样把包括考古在内的汉语文献推送出去。很多外语专业的同学也投入考古这一行业中，出于对考古学的喜爱做专业转型，重塑专业人生。我们现在正需要专业语言翻译的大力支持，除了译书，像展览翻译的工作量也很大，例如总标题、单元标题、展览前言结语、文物展牌等。尤其是博物馆的讲解词，有些需要高度专门化，对业内人士做专业版讲解词，对一般公众则有普通版的讲解词，甚至还要做少儿版的讲解词，让大家能够各取所需，每一种讲解词都要对应多国语言的翻译。

所以，过去大家以为考古很辛苦，但那只是野外考古的一部分，而且情况已经随着各种政策保障和物质条件提高得以改善。发现、研究、保护、利用、传承带来的“全考古”工作内涵的扩增，使得考古的业态也丰富起来，每个人的旨趣和所能从事的工作也变得多样化起来，考古苦不苦也不再是家长和同学的首选专业咨询问题，很多人愿意参与进来，实现人生的旨趣，按照自己的喜好选择考古。考古专业虽然没有成为时尚，但得到了越来越多青少年的青睐也是事实。

让五千年文明“活起来”

考古专业成果的社会文化转化，在中国最早的实践地是 20 世纪 50 年代初期陕西西安的半坡史前遗址。现在，去西安的人可能都蜂拥而至地去参观秦始皇帝陵博物院、陕西历史博物馆、碑林博物馆这通常说的“三大馆”，但实际上半坡遗址博物馆才是考古成果利用的先行者。当年我的研究生导师张忠培先生在北京大学读书时，去半坡实习，就把他们的发掘成果在村头田间做了一个展览，成为半坡博物馆的先声。当时来看遗址发现和这个展览的群众有十几万人，我称之为中国公众考古最早的一个热潮，是中国公众考古学发展史上一个经典案例。

从这个案例不难看出，活化利用考古文物资源的方式，其实我们早就已经在践行了，不比国外落后多少。但是，作为不可再生的文化遗产，任何时候提“利用”都是一件需要谨慎的事，这就要说到《中华人民共和国文物保护法》中制定的十六字文物工作方针，即“保护为主、抢救第一、合理利用、加强管理”。可见考古成果怎么研究、怎么保护、怎么利用，完全是有法可依的。现在的考古以抢救文物作为第一要务，对于没有遇到破坏危机的遗址一般都不会主动去发掘，除非是那些在生产和生活中暴露出来的遗存，考古工作者要像救火队员一样去抢救、去清理。但即使发掘出来以后，首要的任务也是保护好和管理好，然后才是在严格把控利用程度的基础上，根据其文化价值做好活化展示和传播。

关于文化遗产价值的利用，张忠培先生也提出过几种方法：

首先要有学术利用，发掘的资料要优先给考古学家们做研究，研究它们的价值。除了专业的价值研究以外，还要评估研究对象的社会文化价值，为今后推向社会做学术支撑，为制定合适的保护利用方案提供依据。

学术利用的下一步才是转换为文化的利用，比如说重建中国早期历史方面，文字几无记载的史前时代只能靠考古去研究。举个例子：大多数人都以为上海是由一个近代的小渔村变过来的，最多也就一两百年的历史，地下怎么会有更古的东西呢？谁能想到，这里也会有考古。最初，上海博物馆考古部的人自己都觉得，我们到马路上去考古吗？但实际上，经过这么多年考古工作者的努力，发现6000年前上海就有远古人类生活了，彻底推翻了上海无古可考的历史，这就增强了一个地区的文化自信。比如上海本地的教材把这些对上海古代历史的研究成果写进去，而上海的学生从小就开始了解上海古代的文化源流和祖先的发明创造。这给孩子留下的印象将会是非常深的，能够培养他们对故乡的感情，增强荣誉感和归属感。

这种通过文化上的利用达成的文脉传承，就是考古文化的力量。

考古成果对一个国家来说也非常重要，是建立中华文明标志体系的重要实物支撑，现在考古发现的以良渚古城为代表的一系列实证成果已经把中国早期文明起源和国家形成的历史推到5000年前，和两河流域的苏美尔文明、印度河流域的哈拉帕文明、尼罗河流域的古埃及文明同处一个时代，我用“成了坐在一条板凳上的兄弟”来形容这种变化和现象。像这样一些已经被证实的考古新识，都很快被国家各级政府吸纳进了官方语言体系里，把延绵不绝、多元一体、兼收并蓄作为中华文明的标志性历史特征，我把这种现象叫作“国家表述”。哪个学科的成果能这么直接地成为国家表述呢？应该说考古学科做出了自己应有的贡献，我作为考古人的一分子，也觉得挺自豪的。

这几年，国家和各级政府对考古成果的社会利用越来越频繁地被提上推动文化发展和经济社会建设的议程。其中，博物馆作为展示考古、文物成果的窗口，早已改变了中国人的日常生活。我们以南京博物院为例，2019年每天观众的人流量差不多是2.2万人，博物馆标准的人流量应该是每天8000人，多了近两倍，每天都是超流量。我接触到的每个南博人都觉得挺自豪的，挺有获得感的。其他博物馆，像故宫博物院就不用说了，上海博物馆要排三个小时的队，博物馆门可罗雀的现象一去不复返了。现在博物馆已经热到这种程度了，它真的已经变成我们广大普通民众的一种生活方式。这种考古文博成果带来的是什么样的生活方式呢？

先以我们团队在上海博物馆参与的研学课程和体验活动为例：上博的博物馆教育活动在全国一直走在前列，现在又有大学老师、研究生也随着上博新办的上博学院来给参加研学活动的孩子们上课，每次活动网上预约的名额都非常紧俏。不但孩子们来参观学习，很多随行的家长也都越来越感觉这种学习方式对成年人也非常有意义。

再以考古旅游为例：相对于在博物馆里的研学体验而言，现在走出博物馆到野外遗址的考古旅游，也正在兴起。最近上海市文旅局联合江、浙、皖三省一市共同打造的“跟着考古去旅游”活动，把一些带有历史典故的名胜和考古遗址串联起来，打造成一个物质文化的考古为主、非物质文化为辅的考古旅游线路，非常有吸引力，首发团就有几百人报名参加，还叫我去做了一个发团前的主旨演讲。可见，进入文旅融合时代以后，考古成果活化利用又迈向了一个新台阶。

再以考古影视和游戏为例：考古成果的社会利用形式发展至今，方兴未艾，一方面已经引起影视圈的关注，不少投资人和制作方开始有意策划一些反映考古故事的电影、电视剧甚至综艺节目。他们跟我讲，过去像《古墓丽影》《夺宝奇兵》等电影中的考古，都有很多虚构的成分，如果我们创作一些带有真实事件和典型人物的考古剧作，以真正的考古学成果为我们提供一些支撑或者借鉴，应该能创新中国式的考古大片；另一方面有的游戏公司也来找我接触，他们希望能够在游戏中也加些考古的元素进去。虽然说，把考古成果呈现在影视、游戏中还有很多的路要走，但不能否认这已经成为一种很有挑战和前景的创新考古成果利用的新趋势。

我们今天通过实证中华五千年文明的一个个案例，与大家交流了让考古成果走向公众的话题，如果这些内容归结为一句话的话，那就是：让收藏在博物馆里的文物、陈列在广阔大地上的遗产、书写在古籍里的文字都活起来。

谢谢大家！

2019

第9讲

西辽河流域史前时期的两个文化高峰与中国龙探源

刘国祥

刘国祥，1968年10月生，著名考古学家。先后毕业于北京大学、中国社会科学院研究生院，获历史学博士学位，现为中国社会科学院考古研究所研究员、博士生导师，中国考古学会公共考古指导委员会常务副主任，中国玉文化研究会副会长，新世纪百千万人才工程国家级人选，国家级有突出贡献中青年专家。2006—2007年在美国哈佛大学做访问学者。发表考古简报、论文80余篇，100余万字。主要著作有《红山文化研究》、《玉器起源探索》（合著）、《东北文物考古论集》、《中国出土玉器全集》（合编）等，主编《名家论玉》（一、二、三）、《玉根国脉》、《东北新石器时代》、《东北与北方青铜时代》等论文集十余部。

本次演讲于2019年9月22日在南京博物院小剧场举行。演讲聚焦于以西辽河流域为中心的红山文化区。主讲人从自己的亲身经历出发，向观众介绍了兴隆洼文化与红山文化的各个方面，从早期的农业革命，到中华文明崇玉、用玉的传统，再到中国龙这一经典形象的起源与发展，强调了西辽河流域在中华文明多元一体格局的形成进程中非常重要和突出的地位。

各位听众大家好，非常高兴能收到南博的邀请，来分享我们在西辽河流域史前考古的成果，也感谢大家周末能够过来听考古学的讲座。考古学现在处于一个特别重要的发展时期，越来越受到国家、社会的重视和关注。这就对我们考古人提出一个要求：在做好考古学研究的同时，把我们发掘和研究的成果向社会传播。这是义务和责任，也是使命。

我今天要讲的，是以西辽河流域为中心的红山文化区，和我们现在所在的长江下游地区、环太湖流域的良渚文化区。两者的空间距离非常遥远，但在时间上有300年的重合，在中国史前时期，这无疑是两个具有代表性的、极其发达的地域文化。5000年前，中华大地上的文化就是如此优秀，这样的史实带给我们充足的文化自信。为什么要发掘这段历史？不仅仅是让大家做考古研究，也是为了和公众分享那一段悠久而辉煌的过去。

西辽河流域位于内蒙古东南部和辽宁西部地区，属于东北文化区，但是又离中原地区比较近，所以，它在中国史前文化发展进程中作用比较突出：一方面它的很多文化内涵、特征属于东北文化，以筒形罐为典型器，这跟我们南方的鼎文化区很不一样；另一方面它又最容易受到中原地区的影响，反过来它也影响中原。所以说这里的文化分布区不是封闭的。

西辽河流域有两个文化发展的高峰，其中一个高峰就是兴隆洼文化，距今 8200—7200 年，它是东北地区新石器时代早期的代表性文化，以内蒙古敖汉旗的兴隆洼遗址命名。我在 1992 年亲自参加了兴隆洼遗址的发掘，一行人用了六个月的时间，把一个近万年前的原始村落揭露了出来。现在回想起来，当时这六个月是一种特殊的经历，六个月没有出村，一头扎到地里进行发掘。去的日期是 5 月 21 日，敖汉旗是旱作农业区，干旱少雨，只有下了雨才能开始种地，那年有一点旱，所以去的时候刚刚播种。离开的日期是 11 月 21 日，正好六个月，那时农民已经去镇上卖玉米了。整个一季玉米的时间都在考古工地，出来到镇上的时候就感觉到很繁华，到县里的时候就觉得是大城市，回到北京之后，人都木讷了，不愿意说话。我后来跟研究生讲，做考古要有这种精神，没有就做不了这一行。假设一个北大的学生，刚从那么热闹的燕园里出来，就待在这个村子里头，每天你在干什么、想什么、做什么？要待得住可不容易。

我们付出很大，当然收获也很丰厚。兴隆洼获得了很多荣誉：1992 年全国十大考古新发现、中国“八五”期间十大考古新发现、20 世纪百项重大考古发现。最重要的是这个聚落的布局极其完整，成排的房子，外围有围壕，有大型的中心建筑，在中国史前时期的聚落里面，几乎是绝无仅有的。而且这个聚落表现出一种中心布局，以一点为中心，周围的区域按功能分成几块，这种分区指向了城市的起源，聚落里面有分区，有生产的专业化，有一个中心，这就是一个城市的雏形。这些因素在兴隆洼文化聚落里面全部存在，8200 年前的聚落竟然有这样规整的结构。

在那年秋天，兴隆洼遗址有了另一个重大发现，在编号176的房子里面有一座墓葬，我们给它编号117，这个117号墓里面出土了一对玉耳环，材质是透闪石河磨玉，即岫岩玉。中国有四大名玉，岫岩玉、蓝田玉、和田玉和独山玉（南阳玉）。从历史的角度看，岫岩玉是历史最为悠久的，现在普通民众所见到的岫岩玉多数是蛇纹石，内部有纤维状结构，而这对耳环使用的是岫岩玉里面最好的料。这是一种呈黄白色的莹润玉石，出产于河床或者周边的矿脉，经过流水多年冲刷而成。兴隆洼人、红山人雕琢的一些重要的器类，用的都是这种透闪石黄白河磨料。由此中国的用玉历史得以延展。如果没有这样的一个开端，后来的中国玉文化恐怕无从谈起，这是兴隆洼先人给我们中华文化做出的很重要的贡献。

玉器是中华文明传承的一个重要载体。中国的玉器从距今8000年的兴隆洼文化到距今5000年的良渚文化这个阶段，渐渐从单纯的装饰品发展出象征意义、标志意义，甚至在当时认为有实用功能、超现实的功能，比如沟通天地、沟通人神、沟通祖灵。玉是这种沟通体系的重要媒介，同时又是标识现实社会等级地位身份的一种物质载体。我们的先人在玉身上施加了足够的智慧和想象，以玉做六器，礼天地四方，发明了璧、琮、璋、璜这样一些很重要的器类，到现在为止都是宝贵的文化财富。有学者认为，中国哲学对世界哲学的贡献，就是天地人神关系的塑造。人和天地怎么沟通，和天神怎么沟通，和祖灵怎么沟通，和祖先神怎么沟通，天地人神之间的关系如何处理，这在中国的远古时期就已经产生了，是中国哲学对世界哲学的贡献。要发现和研究这些东西，考古学有不可替代的作用。现在的史学研究，如果仅仅靠文本的话，尤其是在追根溯源这个阶段，很多重要的问题无法解释。

2001—2003年我又主持发掘了兴隆沟遗址。东北很多地区多年以来一直是荒地，没有人类活动的堆积，所以遗址往往埋得很浅，仅仅是深耕这样的农业活动就会产生破坏，因此我在敖汉旗做了一件事情，挽救了一批遗址。

敖汉旗这个地方经常干旱，一干旱就要整修土地。所谓整修土地就是把斜坡地变成梯田，梯田存水的能力更强，可以增产，但是这对遗址的保护是致命的。当时我跟敖汉旗的旗委书记说，敖汉旗是文物大旗，有 4000 多处遗址，经不起这么挖。好在政府高度重视，在农田水利基本项目实施之前，让我们考古队做了一个普查，凡是我们认为有价值的遗址，就不再动土。所以说，我们今天挖到的每一处遗址都是来之不易的，一定要保护下来。

在挖掘兴隆沟遗址的时候，我们思考了一些事。第一，这种定居村落里面有很规整的布局，每个区域都有特殊的功能，那么有相应技能的人口一定是长期居住在这里。比如玉器制作的区域，里面一定有专业化的玉器工匠，而这些工匠要花时间学这样一门手艺，不可能同时再去种地，也就是脱离了生产。而且，制作玉器是一个方面，工匠还要寻到玉料。他们做了一件非常了不起的事情，就是发现了辽东半岛的细玉沟矿脉，这是之前提到的透闪石黄白河磨玉的唯一产地。遗址出土玉器以后，周围赤峰、朝阳的一些旗县都动用力量，在他们的范围之内寻玉，到目前为止没有找到。所以说古代人寻玉，那叫万水千山，从内蒙古东南部、辽西到辽东，跨越万水千山，可能一去就回不来了，是一条艰辛之路。是什么样的力量和动力驱使他们去做这样的事情？这也是我们要探究的。起码要有经济支撑，所以说玉器的起源，一定是发生在秩序化的社会。如果是没有秩序的社会，连温饱都解决不了，还能做玉吗？做不了的，跟现在社会发展是一个道理。

第二，我们想知道，当时的人有没有种植业。我们认为西辽河流域在兴隆洼文化这个阶段是狩猎为主，但是有没有原始的农业？兴隆沟遗址中一个倒扣在地上的陶罐给了我们线索。这件陶罐在8000年前由于某种原因被倒扣在地上，之后再也没有挪动，多么珍贵！我们取样了陶罐中的泥土，通过浮选法获取了粟、黍的籽粒。经植物考古学家鉴定，这是经过人工栽培的。这个材料发现之后，在国内当时并没有引起多大的反响，反倒是英国剑桥大学的马丁·琼斯教授和他的团队找到了我们，他们一直在研究亚欧大陆之间小米的起源和传播。马丁·琼斯教授看了赤峰敖汉旗的考古成果之后说，这里的地形地貌和旱作农业起源地非常吻合，而且你们又浮选出了这种明显经过人工栽培的粟、黍的籽粒，我们认为在欧亚草原地区最早的粟、黍种植业起源于这里。这是马丁·琼斯教授的观点，我觉得很有说服力，大麦、小麦、绵羊、马车，都是从西方传过来的，在东西方文化交流和传播的过程之中，我们东方有什么东西传过去了？南方的稻作农业在世界范围内很有影响。现在我们北方的旱作农业区，西辽河流域，很可能最早产生了粟、黍，传到欧洲。我们中华民族8000年的农耕文化，对人类社会的发展做出了重要的贡献，这种文化价值是独特的，是绝无仅有的，是需要发掘的。

最后我们简单回顾一下第一个文化发展的高峰，兴隆洼文化时期。这一时期有布局完整的聚落，有经过人工栽培的粟、黍等，这都是它原创的文化因素，后来直接被红山文化承继，对整个东北和更广泛的地区都产生重大影响，是一个很重要的开端。

第二个高峰就是广为人知的红山文化，距今6500—5000年，这是一个盛世，盛世红山。

谈到红山就要谈到龙，“中华第一龙”著名的红山文化玉龙，原件在中国国家博物馆陈列，在座各位如果有时间去参观，建议一定要看一下这件玉龙。玉龙故事很多，制作也非常精美，下面就跟大家进行细致的分享。

最早发现的红山文化玉龙见于牛河梁遗址，这是红山文化最重要的一处遗址，在它的第二地点一号冢四号墓出土了一对玉猪龙。什么叫玉猪龙呢？就是有龙一样长条形的身体，姿势像一个字母C，但是吻部却是一个猪鼻子，这种造型说明龙的面部形象或许一部分来自现实中的猪。它被放在墓主人的胸部，这样玉猪龙的来源就一锤定音了。什么叫一锤定音呢？其实此前，国外的一些博物馆一直收藏有红山文化的玉器，包括玉猪龙，比如大英博物馆、法国吉美博物馆，还有美国的几个博物馆里面，都收藏有红山文化的玉器，但当时不知道这种玉器是哪里来的，直到1983年这座墓葬发掘，玉猪龙才得以正名。所以说考古多么重要，今天在座的各位可能喜欢玉石，喜欢玉石鉴赏，但如果没有考古，没有这样一座墓的发现，你即使拿到手里也不知道它是什么。

红山文化的命名人是尹达先生，尹达先生在写《中国新石器时代》这本书时，采纳了梁思永先生的建议，提出了红山文化的命名。我在梳理西辽河流域考古史的时候发现，1930年的时候梁思永先生就调查过这里。他当时从美国哈佛大学硕士毕业回来，就参与了西辽河流域的调查。但非常可惜，他当时是1930年11月才去调查，天气太冷，土都冻住了，刨了几下把镢头都给刨断了，挖不了。

红山文化的一些基本特征，筒形罐、之字纹，是典型的东北文化元素，和刚才说的兴隆洼文化一样。但是红山文化有精美的彩陶，无疑是受中原仰韶文化影响的结果。如果没有彩陶的进入，红山文化的社会变革难以发生，这就是刚才我讲的西辽河流域的区域优势：接近中原文化区，文化不封闭。彩陶的出现，标志着大众审美的提高，是文明社会出现的先导，是社会进步的标志。我举一个例子：20世纪70年代，各家吃饭用的都是粗瓷大碗，我们所有的服装都是单调的颜色，改革开放以后，饮食种类增多了，食具增多了，衣服也花了，这不仅仅是中国人有钱了，也是中国人的审美意识提高了。

20 世纪 70 年代末到 80 年代初，关于红山文化是否进入文明社会这一问题，学界展开了讨论。苏秉琦先生认为，我国统一多民族国家形成的一连串问题，似乎就集中地反映在这里。这是对这个地区文明化进程的一个很重要的定位，那么我们来看一看，红山文化是否进入文明社会？

首先，红山文化的宗教信仰特别发达。1979 年辽宁喀左发现了东山嘴遗址，这是一处与宗教祭祀有关的遗址，有圆形的祭天祭坛，并且出土了女性孕妇雕像，典型的生殖崇拜产物，这些发现均为同时代罕见。1983 年的牛河梁遗址，也有大型的祭祀平台和女神庙。这座女神庙遗址对于我们探讨文明进程特别重要，因为女神庙出土了许多重要的文物，其中最重要的就是女神像，姿势非常优美，双腿盘坐，右脚搭放在左腿之上，双臂收拢，右手搭在左腕之上，这种姿势是礼仪之姿。她的左耳部有一个钻孔，应是佩戴耳环之用，如果是佩戴耳环的话，应该佩戴什么耳环呢？自然应该是玉耳环。兴隆洼文化墓葬里有很多玉耳环，但是在红山文化牛河梁这个阶段，85 座墓葬中只出土一件耳环，放在墓主人的胸部，而且是玉璧改制的。这就告诉我们，作为起源的兴隆洼文化先民佩戴玉耳环，但到了红山文化这个阶段，用玉制度发生重大变化，不戴耳环了。那么问题来了，为什么女神的头像耳部还要穿洞？这说明红山人塑造的是祖先的形象，不是当时人的形象，他们知道他们的祖先是戴耳环的，这也为红山文化时期的祖先崇拜提供了重要的证据。

牛河梁遗址的第二地点还发现了代表天圆地方观念的石质祭坛，三环石坛与三层方坛，都是三层的祭坛，一个圆的一个方的，圆的位于方的东面，其中蕴含了古人对于天文的很多理解，所以我计划未来要研究牛河梁遗址所蕴含的科学价值。虽然当时的人可能不能像我们今天一样把“科学”和“神学”区分开来，但我们都知道祈雨，你祈雨一祈就能下雨吗？不能。那如果你一直不准，谁还信你呢？所以掌管祈雨的这个人，他一定要懂天文，大体什么时候下雨，就像天气预报似的，不一定准，但准确率不会低。他不能仅仅是一个跳大神的，他要有这种天文学的知识，就是这样一种朴素的、混杂的科学知识。

其次就是社会阶层的划分，大型墓葬和中小型墓葬的随葬品组合截然不同。在红山文化里面最重要的一个墓葬，牛河梁第十六地点四号大型墓，开凿在基岩以下 4.68 米，棺垒砌得相当讲究，头枕着玉凤，还有随葬的玉人、斜口筒形器。这样的大型墓葬，墓穴大，随葬玉器的种类数量多，而且还有一定的组合关系。而中小型的墓葬又是一种感觉，墓穴很浅，简单垒砌的石棺，和大型墓形成鲜明对比。值得一提的是，小型墓葬也有玉猪龙出土，说明当时玉猪龙不是一种等级很高的玉器。综上所述，我们认为红山文化进入了文明社会。

最后再细说一下红山的龙，首先古人的雕刻技法高深莫测，C 形龙的边缘刻画有飘扬的勾角，表示的是飞翔的羽翼，还有一些玉猪龙从吻部的褶皱可以看到獠牙，诸如此类，有很多细节，如果用手触摸，可以进一步感觉到雕琢技法的高超，打磨特别光润。现在市场上做的仿制品，相对多的就是红山的玉猪龙，也提醒在座各位不要抱着侥幸心理去购买去收藏，花 100 块钱买一件值 1000 万的东西，这是不可能的。另外，鉴赏红山文化玉器，要从对红山文化的了解出发。器物本身会说话，蕴含的这种精气神，岂是一件仿制品能代替的。

那么龙的起源，刚才简单说了玉猪龙，跟猪是有关系的。兴隆洼有发现过作为崇拜对象的野猪头骨，距今7000—6000年前的赵宝沟文化小山遗址出土一件尊形器，上面刻画有野猪的图案，头明显是一只野猪，但身体呈S形蜷体，这种S形的蜷体不就是后世的龙细长的身体吗？一系列发现都把龙的起源和猪联系起来。后世中国的龙形象跟红山龙都是有关系的。良渚的玉龙也呈现类似的形态，应该是有直接的参考；商代玉龙还是大脑袋、蜷曲的身子，但是有脚了，红山系的风格很明显；曾侯乙墓出土的周代玉龙，仍然是S形的蜷体；安徽省天长市三角圩汉墓出土的C形龙，跟红山文化如出一辙。再往后唐代的龙，明代的龙，清代的龙，从红山以来，一脉相承，所以说我们叫龙的传人。从早期材料看中华龙的起源，红山龙无疑是中华龙重要的源头，也是中国龙文化重要的源头之一。

最后我们总结一下：一是红山文化、兴隆洼文化代表了西辽河流域上游地区两个文化高峰。二是从龙文化的角度看，根据辽西地区的考古资料，从8000年前的崇猪礼俗，到7000年前首次刻画出来的最早的这种猪首龙的形态，一直到红山文化的C形玉龙、蜷体玉龙，到后来，龙形象虽然经历各朝各代的发展，我们在里面却都可以明显见到红山文化因素的影子，证明了中国龙文化的一体性。那么它们的共同指向，是史前辽西，是红山文化。

今天的讲座大体就这些内容，谢谢大家！

2019

第10讲

一条大河波浪宽
——中国大运河的考古阐释与文化解读

林留根

林留根，历史学博士，南京博物院研究员，江苏省考古研究所所长，江苏省考古学会理事长，中国考古学会新石器时代考古专业委员会副主任，中国社会科学院古代文明研究中心客座研究员，中国大运河保护与申遗专家组成员。主持连云港藤花落遗址、宜兴骆驼墩遗址、邳州梁王城遗址、泗洪顺山集遗址、句容金坛周代土墩墓群、盱眙泗州城遗址、扬州隋炀帝墓等重大考古项目的调查与发掘，担任南水北调东线工程江苏段和京沪高铁文物考古总领队。发表《从东山村遗址看长江下游古代社会复杂化进程》《江南土墩墓相关建筑遗存的发现与研究》等论文50余篇，出版《连云港藤花落遗址》《大运河两岸的历史印记》《梁王城·史前卷》《穿越长三角》《穿越宜溧山地》《顺山集》《吴地聚落研究》等大型考古报告和专著多部。

本次演讲于2019年10月27日在南京博物院小剧场举行。本期讲坛话题是最近热议的京杭大运河，主讲人先后叙述了大运河的历史沿革与历史地位，列举运河沿线的重要考古发现与古代水利技术复原研究成果，将一个庞大而复杂的大运河展现给公众。

今天跟大家分享一下我们在大运河考古方面的工作内容、研究成果以及文化解读。题目“一条大河波浪宽”来自大家很熟悉的一首歌《我的祖国》。这条大河到底长宽几许？掀起过什么样的波浪？这条大河有怎样的前世今生？与中华民族跌宕起伏的历史命运以及当今中国的发展有着怎样的关联？今天就让我们一起来探究。

现在“大运河”这个词对我们文博、考古界的人来说，可能是最大的热门，但是大运河到底是什么？每个人都有不同的解读。有时候大运河就是我们身边寻常的一条水道，有的时候又是很陌生、很神秘的复杂概念，可以说是千姿百态，博大精深。它展现给我们的，除了河流本身，还有它对中国历史的影响，对中华文明的影响，对中华民族精神的影响，这都是我们需要去探究的。今天在江苏、在南京博物院谈这个话题真是再合适不过，因为大运河开凿最早的一部分就是江苏段。京杭大运河全长约 1794 公里，在江苏就有 790 多公里，占了接近一半的长度。江苏人为运河贡献了很多杰出的智慧和创造，对我们这个国家和民族做出了很独特的贡献。

千秋伟业——世界遗产大运河与中华文明标识

我们先来说说运河本身。大运河是中国古代劳动人民伟大的创造，它不光是连接中国南北的大动脉，它还是一条流动文化的河，凝聚了中国先人适应自然、改造自然的智慧。2014 年 6 月，大运河被列为世界文化遗产，这里说的大运河实际上包含了隋唐大运河、京杭大运河、浙东运河，总长约 3200 公里，贯穿了北京、天津等 8 个省、直辖市，35 个城市。“运河”这个词是后来才有的，古代的运输水道叫河、渠、漕、沟，最早的运河是邗沟，大运河是到宋代以后才开始有这么一个叫法。现在我们知道了大运河是什么，那提一些基本的问题：大运河何以成为世界文化遗产？大运河遗产的价值是什么？还有大运河跟我们五千年文明到底什么关系？

大运河现在成为世界文化遗产，中国人非常为之自豪，但实际上大运河申遗的历程，或者说对大运河价值认识的过程，是曲折的。1987 年长城申遗以后，著名古建筑学家罗哲文先生就提出要推动大运河申遗，但是得到的回应很冷淡。当时的观点是“大运河不是文物”，因为它从古到今一直没有失去实用功能，怎么能够叫它文物？如果是文物，我们在大运河边上修一个堤岸，开一个小坝，那就是对文物的破坏，跟我们文物保护的理念是有冲突的。所以对大运河是文物这点，很多人以前没有清楚的认识。南京博物院的老院长梁白泉先生是当时少数响应罗哲文先生建议的人之一，他在《东南文化》上发表了一篇文章，叫《初论运河文化》，文中提出大运河的价值可以跟长城媲美，是刻写在中华大地上的一件重要文物，但终究没有激起很大的水花。

直到 2006 年，京杭大运河才被认定为文物，被评定为全国重点文物保护单位，这样的事在以前的文物保护理念里是不可想象的。

因为京杭大运河是被现代人还在使用并经常被拓宽疏浚改造的长达1700公里的一条水道。2009年，大运河开始申遗。到了2013年，申遗的过程中发现问题了，我们的大运河不光是京杭大运河，还包括隋唐大运河，以及其他更古老的运河，所以才有了申遗文本中大运河的定义。京杭大运河、隋唐大运河与浙东运河，它们统称为大运河，带着这个概念，2014年的时候，大运河申遗成功。

大运河之所以能成为世界文化遗产，主要跟大运河的文化价值有关系。正好那几年，文化遗产保护的理念也发生了深刻的变化。当时，国际上在固有的文化遗产、自然遗产、景观遗产、农业遗产、工业遗产等概念之外，又提出了文化线路、文化景观这样一些新型的文化遗产形态。国际古迹遗址理事会和国际工业遗产保护委员会联合编制了《国际运河遗产名录》，正式提出运河遗产的概念，中国大运河申遗正好可以“对号入座”。

并不是每条运河都可以申遗。运河遗产要符合哪些标准呢？第一是技术价值，必须是人类天才创造的杰作，在技术发展方面有重大的影响力；第二是历史价值，要体现人类历史上重要的发展阶段；第三要具有普遍的经济和社会发展价值，跟社会经济发展直接相关。所以，世界文化遗产委员会对大运河价值的概括也对应这三点：第一，大运河是人类历史上最伟大的水利工程杰作，它的起源非常古老，规模非常巨大，而且大运河是动态的，千百年来随着社会的发展不断适应环境，每隔百年，十年，甚至几年，就会有大的变化，顽强地发挥着它的功能，反映了人类的智慧、决心和勇气。它是人类创造的杰出范例，展示了古代中国这个巨大的农业帝国对天文、水文、地理与工程等方面的技术掌握。第二，历史价值，体现在大运河最重要的功能——漕运。“在中国古代社会里，大运河发挥的主要功能是漕运，以它为代表的漕运系统是一个帝国垄断的运输和储存粮食联合体，随之产生了漕运系统管理的独特的文化。这种系统和文化适应了历代首都的迁移，最后却在 20 世纪消失了，这段起源、繁荣、消亡的历史就代表了古代中国的交通运输史。另外还包括税收制度、中央政府与民众之间的粮食供应关系，这是关系到国家稳定的最重要的因素之一，还要考虑到受大运河影响的沿线城市的发展，可以说大运河是一个伟大农业文明的运行核心。”以上是世界遗产委员会在授予大运河世界文化遗产时的颁奖词大意，我觉得概括得非常科学、凝练，“一个伟大农业文明的运行核心”。第三，普遍的社会发展价值，自 7 世纪以来，经历中国各个朝代直到现在，大运河一直是经济政治统一的强力因素，同时也是重要的文化交流场所，它维持了居住在运河沿线人民的生活方式和文化体系，这也是今天我们建设大运河文化带和大运河国家文化公园的依据。

从运河本身来说，大运河成为世界文化遗产，成为中华文明的标识，是世界给了大运河一次重生的机会。其实大运河在申遗之前，没有世界文化遗产的光环，没有保护的概念，很多地方都被湮没了，江南地区还保存得比较好，从浙江到济宁都还通航，北方很多河段都消失了。现在申遗成功赋予了大运河新的价值，我相信大运河也会在中华文明伟大复兴的征程当中，发挥巨大的作用，创造新的奇迹。

春秋霸业——诸侯争霸与运河肇始

下面我们按照时代来讲一讲大运河的历史。

按照目前的研究与认识，大运河始于公元前 486 年，也就是春秋时期，吴王夫差为北上争霸开凿了邗沟，这条原本用于运兵的河道后来就成了大运河的基础。但其实在那个时代，邗沟不是独一无二的，我们知道开凿运河是为了强国富民，为了维持国家统一，而在春秋这个分裂、整合、动荡的时期，每个诸侯国都在找自己的出路，所以各个地方都开凿运河。在苏北地区，徐偃王开凿了陈蔡运河；齐国开凿了淄济运河，把淄水跟济水相连，实现了它的强国梦；越国有山阴水道，是今天浙东运河的雏形；魏国的鸿沟，是沟通黄河流域和淮河流域的一条运河，后代的人们把象棋盘中间的分界线叫鸿沟，不可逾越的鸿沟，应该说是非常有名的一项工程；最后，还有楚国的江汉运河。

帝王鼎业——秦汉魏晋南北朝时的区域运河

运河系统真正发达起来是秦始皇统一中国之后。他认识到，对一个国家来说，漕运是命脉所在，所以当时他在中原地区开凿了很多河道，并建立了敖仓，是一个规模很大的粮仓，把粮食的运输和储存做了一个整合，后来刘邦、项羽都在争这个粮仓。运河粮仓的储量非常大，可以说占有了这个粮仓，基本上就能控制战争的走向。我们可以看到，像秦始皇这种雄才大略的人，即位后要开启重大的国家工程，修直道、修长城、修运河。秦始皇南巡的时候开凿了一条运河，接近于后来隋炀帝开凿的江南运河的路线。当时这条路线叫丹徒水道，从现在的丹徒、丹阳一带出发。当时丹阳还有另外一个名称叫曲阿，这个名字的意思就是形容当地的运河非常弯曲。为什么河道要弯曲呢？因为丹徒到丹阳那一带地势较高，从高处引水下山，必须让它的水流变缓，就像在山上开车一定要走盘山公路，不可能从山上直接冲下来。水也是这样，俗话说“三弯顶一坝”，意思就是河道上如果有三处弯曲的话，水流就变得很缓慢，就像经过了一堵大坝一样。李白有一首诗里说“吴牛喘月时，拖船一何苦”“万人凿盘石，无由达江浒”，这首诗实际是在说丹徒水道，它也是今天江南运河的雏形。

到了西汉，大家都知道了漕运的重要性。值得一提的是，这个时候吴王刘濞在江南地区开凿了运盐河，从扬州到今天的南通这一带。当时全国的盐大都来自海水，叫煮海为盐，所以东南沿海的吴国垄断了盐的生产，国力非常强盛，非常富有，因此有了野心，最后联合其他七个诸侯国叛乱，失败了。以后，产盐、运盐的权力就被收归中央了。这时候中国的运河体系还没有完全连通，但是基本上逐渐丰满起来。

到了东汉末年，曹操也做了运河方面的事。我们现在可以看到，凡是雄才大略的政治家，一掌握政权，首先要开凿运河。曹操在北方地区开凿了很多运河，而在江南地区主要是孙权开的。我们知道，后来的大运河主要是南方运粮到北方，那这个时候为什么南方要开凿运河？因为北方动乱，大量的移民南下，粮食需求量激增，而东汉、三国时期，南方的发展程度还不高，很多的土地要经过开发以后才能生产粮食。王粲有一首诗，提到“西京乱无象”“复弃中国去，委身适荆蛮”，西京就是长安。荆蛮是什么地方？就是我们长江以南地区，包括吴越地区。“委身适荆蛮”就是被迫跑到落后的南方来。当时他们是很不情愿的，但结果上来讲，北方的移民到了南方，带来了先进的生产技术，所以这一时期的运河主要是服务于扩大农业生产的。

孙权开凿的破岗渎很重要，因为它沟通了太湖水系和长江水系，直接从太湖里面启航就可以到建业（今南京），避开了长江的风浪，这对南京的发展，以至于成为虎踞龙蟠的六朝古都，具有重大作用。到了南北朝时期，梁武帝的时候，又开通了另外一条跟破岗渎并行的渎，叫上容渎，因为都城对粮食的需求量太大，靠破岗渎不行，后来通过上容渎来负担这个功能。

上述魏晋南北朝的积累，包括北方大量的移民，包括当时南京空前的繁荣，都为隋炀帝开凿大运河奠定了基础。

宏图大业——大运河的开凿与贯通

隋把陈平定，统一中国，结束了中国从东汉末年以来将近 400 年的动乱历史。这个时候，隋代的帝王他想的是什么？中国不能再分裂，必须统一，必须完整，所以说他这个时候考虑的是长治久安。刚才我们讲到，魏晋南北朝时，北方历年战争，民生凋敝，大量的移民南下，南方经济得到了开发，中国的经济中心发生了转移。隋炀帝顺应了历史发展的潮流，开凿了大运河，当然代价也是很大的，根据文献记载，“发河南诸郡男女百余万”，“役丁死者什四五”。大运河的开凿，对以后唐宋元明清的国家统一发挥了不可替代的作用。隋唐大运河分永济渠、通济渠、山阳渎和江南河这么几段，总共有 2700 多公里，这也是我们今天最熟悉的大运河。

隋炀帝开通运河以后，国家可以说是国富民强。隋炀帝时期，全国人口有 4600 万，这个人口到了近 150 年以后的唐玄宗天宝年间才被超越，所以说隋代一度达到了繁荣的顶峰。和秦始皇一样，隋炀帝建了很多的粮仓，比如洛口仓，这是一个据说可以容纳 2400 万石粮食的巨型粮仓，如果把它换算成洛阳 80 万人口的口粮，可以供十年之用，其他像黎阳仓、回洛仓、含嘉仓经过考古发掘，发现容量都非常大，它们都是大运河漕运系统的一部分。这些粮仓的管理制度也非常明晰，在回洛仓、含嘉仓考古出土了很多铭文砖，铭文上面清楚地记载了它所在仓室的基本情况。储藏了哪个郡县送来的粮食，送来了多少石，入仓之前谁经手的、谁过秤的、谁是见证人、谁是证明人，什么时候入仓的，入仓的时候减少了多少，经年累月有多少损耗，一目了然。最后，从技术上来说，建造一个粮仓其实是很不容易的，仓相当于地窖，周围的墙壁都是要夯实的，不能受潮，这是一个科技水平很高的建筑。

隋炀帝在位，在很短的时间内开通大运河，又三次东征，再西征吐谷浑，还修长城、修直道。在他统治的时间当中，他的老百姓做的事情太多了，最后引起了隋末农民起义。皮日休的诗中写“若无水殿龙舟事，共禹论功不较多”。如果不是他奢侈地乘龙舟南巡，导致“江都之变”，最后被绞杀，那他跟大禹论功，他的功绩要超过大禹。

2013 年我们发现了隋炀帝墓。以一个帝王的身份来说，他的墓很小，墓道里面什么东西都没有，墓室只有 25 平方米，用的砖头都是碎砖，墓中间有一方墓志，上面写着“随故炀帝墓志……大业十四年”这样的文字。隋炀帝的萧皇后是南兰陵人，来自今天的常州、丹阳一带，之前提到的梁武帝萧衍也是这个地方的，萧氏属于南方的大家族。她跟隋炀帝的感情非常好，杨广死后她先后到几个政权中生活，最后被李世民从突厥接回，一直活到 81 岁去世，与隋炀帝葬在一起。她的墓葬是唐代墓葬的形式，隋炀帝墓部分参考了唐代早期的形式，也有隋代的风格。两人的墓葬里出土了很多高规格的文物，像编钟、玉带等，隋炀帝墓里还发现了两颗牙齿，鉴定在 50 岁左右，跟隋炀帝死的年龄基本吻合。

再来谈隋炀帝其人，史书上对他的记载是“美姿仪，少敏慧”，就是年轻的时候非常漂亮，非常帅气，这是对他外貌的评价。他公元 604 年继位，继位以后修大运河、完善科举制度，在历史上是一个非常有作为的皇帝。隋炀帝非常重视文化，自己也是一个文人，收藏、编撰的图书堪称历代之最。他修建了当时最先进的“国家图书馆”，人到了图书馆的门口，门柱上会飞出木质的飞鸟，然后图书馆所有门窗就自动打开，文献上是这样记载的，很神奇。另外他对我们国家领土的稳定也做出了突出贡献。美国的汉学家费正清说，在隋文帝和隋炀帝的统治下，中国迎来了第二个辉煌的帝国时期，大一统的政权在中国重新建起来了，中华帝国终于得以重振雄风。这是对隋炀帝最好的评价。

王朝基业——唐宋元明清大运河国家管理

隋炀帝开通了大运河，还没来得及好好管理，就到了唐代人的手里，所以唐代人是大运河最大的受益者。唐代是很繁荣的时代，所谓“万国来朝”，这种繁荣跟大运河是有很大关系的。这两年我们考古发掘了一个叫国清寺的遗址。国清寺是佛教天台宗很重要的一个寺庙，对应了一个重要的历史故事，日本的遣唐使。因为大唐很辉煌，成了世界文明学习的范本，所以日本经常派遣唐使来，事实上在隋代就有遣隋使，但毕竟时间短暂，遣唐使的人数要更多。遣唐使中有一个僧人圆仁，在东海边搁浅了十几天，差点饿死，后来国清寺的僧人把他救起来，在寺庙里面住了不少天。圆仁顺着运河到扬州，到山东，进入中原地区，在中国待了十年。他写了一本《入唐求法巡礼行记》，里面有很多对运河的记载、沿河繁盛的情况等。

同样，我们国家的人也去日本，有一个大家都非常熟悉的故事，鉴真东渡。那时候渡海是一件很危险的事，鉴真六次东渡，死了 20 多个人，还有几十上百人失踪，最后第六次东渡成功。现在我们发现了一个遗址，古黄泗浦，鉴真最后一次东渡出发前就住在这里。黄泗浦是一处运河港口，边上就是河道，在里面发现了大量的铜钱，比如开元通宝。

运河就像人的血脉，它的主干道和次要的河流相通，通到哪块地方，哪块地方就繁荣，所以需要很多支流。特别是太湖流域，水乡地区适合产粮，开通运河就是要把生产的粮食运给朝廷。粮食产量怎么提高？黄泗浦发现的塘浦圩田遗址给出了答案。塘浦圩田就是让两岸的粮食长得更好的一种技术。黄泗浦靠近海边，海水会倒灌到长江里，直接用江水灌溉不行，就要支闸、蓄水来灌溉，增产的同时也避免盐碱化，让当地受益。所以说运河开通以后，全方位地促进了江南经济的发展。

宋代人在管理运河时借鉴了唐代经验，看到唐代安史之乱以后农民起义把运河堵塞、破坏了，所以对运河的管理就更加规范，上升到国家层面。宋代皇帝定都在汴梁，重视汴河的管理，因为所有的财富都是从东南地区来的，正所谓“东京养甲兵数十万，居人百万家，天下转漕，仰给在此一渠水”。天下的漕运都在汴河，作为一国之君，不得不管这个事情。汴京城内的水系规划叫作四渠通漕，就是金水河、惠民河、汴河、广济河，四水穿京。交通便利，才有北宋汴京的繁华，所以汴河被北宋人称为建国之本。元末的时候，张士诚控制了汴河，控制了大运河，加速了元朝的灭亡。

明代也同样很重视都城的水运系统。朱元璋下令在溧水开凿胭脂河，把太湖跟南京沟通起来，相当于把原来的破岗渎又疏通了。所以虽然南京不在大运河线上，好像跟大运河无关，实际上不是这么回事。作为一个都市圈，它是大运河运输体系里一个很重要的组成部分。古代的帝王南巡，在以前都看作是骄奢淫逸，但康熙南巡、乾隆南巡、隋炀帝南巡，实际上都有国家管理的成分在里面。运河历代都有管理的机构，如果要分的话可以分成河道管理、漕运管理和兵防管理，历代会有所变化，但是基本功能是这样的，管的事情很多，漕运的线路、货运定额、货运种类、漕船的税收等，这种管理是国家运行所必需的。

中华勋业——大运河遗产构成与科技成就

前面讲的是大运河的历史，我们现在讲大运河的遗产构成与科技成就。大运河遗产的构成很复杂，首先可以分运河工程遗产和派生出来的衍生遗产两种，再往下细分还有好几种，有河道、堤防、附属建筑，还有很多非物质文化遗产。申报世界文化遗产的时候，首先要把遗产体系理清楚。

我们这里主要讲物质文化遗产。大家都知道，中国的地势是西高东低、北高南低，因此京杭大运河的水就是从西、从北，向东、向南流，很多地方需要通过蓄水、水库来调节，这都属于水源工程。其中特别说一下丹阳的练湖，练湖实际上是江南运河当中最大的蓄水水库，雏形是西晋时候陈敏修建的一处水利工程，唐代的时候规模又扩展了，把周边丹徒、镇江这些地方山上的季节性冰雪融水引到湖里面，通过蓄水来济运河，保证运河畅通。另外，练湖本身还可以灌溉、防洪、集运，所以周边有十几万亩的农田，生产很发达，这种功能的水体我们就叫它水柜。洪泽湖实际上也是水柜，都是调节、控制运河水位的。历代一直很重视练湖，从西晋、唐代、宋代，一直到元，都有很好的管理体系，它开闸放多少水到运河里面都是有计划的，所谓“湖水放一寸，河水涨一尺”。历史上，练湖曾经位列五湖，与鄱阳湖、青草湖、太湖以及洞庭湖相提并论，清朝的时候，林则徐还有两江总督陶澍都对练湖进行过疏浚，调遣了十几万人，可以想象练湖的水面有多大。在中国历史上，它是江南运河当中重要的一个人工湖。

水道工程就更多了，最主要的是堤坝，比如洪泽湖大堤，始建于东汉晚期，一直到明代还在建，遗产价值很高。大运河没有申遗之前，洪泽湖大堤就准备申报。另外就是船闸，大家都知道，大运河是世界上最长的运河，长江是世界上第三长的自然河，这两条河交汇，肯定有奇迹发生，这个奇迹就是镇江的京口闸和仪征的复闸、拦潮闸，都是工程上的奇迹。漕船要经过大江大河的时候，特别是在运河跟长江沟通的扬州、镇江等地，就要通过漕闸来管理。

沿线一些因运河而产生的城市聚落，其实也属于运河的附属工程。在汴水跟淮水交汇的地方，有一座泗州古城，泗州城建立之前，洪泽湖一带已经得到了很好的开发，因为曹魏、东吴政权都是在淮河沿线这一带屯田，在历史上有很多记载。隋炀帝开凿大运河以后，唐人建了泗州城，实际上就是一个专职管理运河的城池。史料记载，唐朝的淮东节度使，庐、凤、淮、扬、滁州的兵备道、监察御史都驻扎在泗州城里，所以泗州城是很重要的运河管理机构。等到我们考古发现的时候，这里已经完全变成了老百姓的农田和水域，我们花了很长时间，慢慢地把它揭露出来。漕运的粮食通过这个地方中转，河道由南北向变成了东西向，因此泗州城被称为水陆都会。

斯民生业——运河与百姓生活

运河给我们的农业、盐业、手工业都带来很大帮助，可以说带来的是百业兴旺。要讲运河跟我们老百姓生活的关联，首先就是盐。食盐就和粮食一样，是每个活着的人的刚需，对国家来说，盐业是经济命脉。

江苏一直是产盐大省，有个城市就叫盐城，有很多相关的发现。比如我们在东台的丁溪做过一次发掘，丁溪古称丁溪场，是宋代较大的一个盐场，我们通过考古，在这个地方把范公堤挖出来了。范公堤是范仲淹在这个地方做太守兼任盐官的时候建造的一道捍海堤。

还有在南通发现的国家一级文物，《唐东海徐夫人墓志铭》，是南唐时候的文物。徐夫人是盐官姚氏家族的成员。墓志有1000多字，上面记载墓主是今天的连云港人，38岁就去世了，生前家里有300多口人，是一个大家族，还记录了很多盐场的情况。

运河沿线非常富裕，所以文化也很繁荣。北宋时期在东台盐城这一带当盐官的人里面出了三个宰相，称为北宋三相——吕夷简、晏殊、范仲淹，后面两个非常有名。后来王阳明的学生王艮建立了泰州学派，戊戌变法、洋务运动，都一定程度上受到泰州学派思想的影响。王艮早年就是在盐场烧盐的一个灶丁，盐民是最苦的，所以他知道老百姓的生活是多么不容易。

可以说，大运河不光给百姓带来美好生活，也塑造了沿河城市的性格，给每一个城市带来了不一样的个性和魅力。比方说：扬州，因运而生；镇江，江河交汇；淮安，运河之都；无锡，水弄堂；苏州，水城……

最后我想回到开篇的话题。大运河是什么？大运河是一部史诗，是政治经济文化技术的百科全书。如果说长城是中国的脊梁，她就是中华民族的血脉，我们需要血脉的滋养。刚才我们看到历史上与运河相关的有那么多帝王将相、诗人骚客，但实际上运河属于人民，是人民创造的，大运河文化带建设，就是要把大运河还给人民，还给它的创造者。

谢谢大家！

2019

第 11 讲

“临其穴，惴惴其慄”
——最早的帝陵及最初的帝陵制度

焦南峰

焦南峰，1982 年毕业于西北大学考古专业，30 多年来一直从事秦汉考古的发掘和研究工作，曾担任汉阳陵考古陈列馆馆长、陕西省考古研究所所长、陕西省考古研究院院长。2008 年 10 月被推选为中国考古学会常务理事，2014 年被推选为中国考古学会秦汉专业委员会副主任，2017 年 4 月被西北大学聘为特聘教授、博士生导师，2017—2018 年被聘为哈佛大学燕京学社客座研究员。先后主持过秦都雍城、汉阳陵及西汉帝陵等大遗址的考古工作。主持的西汉帝陵考古成果及工作先后被评为 2009 年全国十大考古新发现及 2009—2010 年度全国田野考古发掘一等奖。撰写、发表以秦汉考古、秦陵考古研究、西汉帝陵考古研究为主的系列考古报告、简报、论文、专著、图录等 100 余篇（部）。

本次演讲于2019年11月10日在南京博物院小剧场举行，演讲主题为秦汉帝陵相关制度研究。主讲人从《诗经·秦风·黄鸟》讲起，揭示了规模宏大、设置复杂、令人“惴惴其慄*”的中国古代帝陵产生、发展、演变的历史轨迹，指出中国最早的帝陵为秦始皇陵，而能够完整、系列地反映早期帝陵制度的则非西汉帝陵莫属。而后以西汉帝陵为例，将构成西汉帝陵的陵园、封土、墓穴、门阙、寝园、陵庙、外藏坑、陪葬墓等形制要素一一分解，以浅显易懂的方式进行讲述，尽可能契合公众的认知水平，科普效果极佳。

* “慄”现已简化为“栗”字，本讲座稿尊重嘉宾意见，保留繁体，以贴合讲座内容的表达。——编者

第一次在文化古都南京，和这么多历史爱好者见面，真是有点诚惶诚恐。今天向大家介绍的是最早的帝陵和最初的帝陵制度，这个题目需要考古资料和历史文献结合，对我来说也是一次挑战。

何谓帝陵

“临其穴，惴惴其慄”这句话出自《诗经·秦风·黄鸟》，揭示了中国古代残酷的殉葬制度，反映了古人站在规模宏大、深度接近24.5米的秦穆公陵墓前所产生的恐惧和震惊。从这首诗里可以看出两点：第一是陵墓的形制，“临其穴”的穴，是一个庞大的墓穴；第二是它的规模，规模之大、墓穴之深，令人震撼、恐惧、“惴惴其慄”。

这种震撼我自己也有体会。1982年元月，我从西北大学毕业，之后进入陕西省考古研究所，进去的第一件工作，就是参与发掘一座大型秦墓——秦都雍城的秦公一号大墓。这座大墓全长约300米，墓室宽约40米，长约60米，墓室面积2400平方米，深度24.5米，其规模之大令人震撼。

过了整整 38 年，它带给我的这种震撼都还时有感受。我们感到自豪，面对着秦陵这样的珍贵文化宝藏，感恩我们的先祖留下了这么丰富的文化遗产。同时，作为新一代的考古工作者，发掘、研究、保护陵墓是我们的责任。在这些年的工作中，虽然经常有发现的喜悦，但是每到冷静下来，都感到“惴惴其慄”。这种“惴惴其慄”，是认识到面前的研究课题非常重大，研究内容非常复杂，作为一名考古研究者任重道远。

在讲帝陵之前，我们要把相关的名词熟悉一下。第一个是“墓”，考古学里的概念是，用于放置尸体及其残余的固定设施。第二个是“坟”，《中国大百科全书·考古学》的解释是，从春秋晚期和战国时期开始，许多统治阶级的墓在地面上筑有封土，称之为坟。下一个就是“陵”，陵最早有山的意思，但是到了战国，特别是秦汉以后，就成为国君也就是王以上的高等级贵族墓葬的专用名称。

随着历史的发展变化，“陵”的内涵与外延也有演变，目前所知早期（先秦）的最高统治者墓葬叫王陵，比如说安阳殷墟发掘的商代诸王陵墓，我们把它称作王陵——安阳殷墟商王陵。西周的王陵我们还正在探索寻找。战国以后秦、楚、齐、赵、韩、燕等国先后称王，也就出现了我们所说的秦王陵、楚王陵、韩王陵等。大家知道中国古代最早的皇帝是秦始皇，最早的帝陵当然就是秦始皇陵。到了西汉以后，最高统治者皇帝的陵称为帝陵，其下属诸侯王国的王陵称之为诸侯王陵、王陵，如江苏大云山江都王陵、河北满城中山王陵等，也就是说“陵”也有了等级的差别。列侯及其以下级别的墓葬不能称陵，如“海昏侯墓”，虽说刘贺当过皇帝、昌邑王，但葬时是以列侯身份入葬的，所以只能叫“墓”。

根据目前的调查和研究，秦始皇陵是中国古代最大的陵墓，没有之一。它占地面积56平方公里，由陵园、封土、墓穴、门阙、寝园、陪葬坑、道路、陪葬墓、祔葬墓、陵邑等十多个部分组成。

秦始皇陵中最有名的当属三座兵马俑坑，无数的中外游客、学者纷至沓来。而实际上，秦始皇陵的内陵园和外陵园累计有约300个陪葬坑，兵马俑坑只是冰山一角，其他还有水禽坑、文官俑坑、铠甲坑、百戏俑坑等，其中铠甲坑就占地1.4万平方米，面积超过兵马俑一号坑。包含了这些陪葬坑的内陵园、外陵园就更加壮观了，内陵园、外陵园围墙都由夯土砌筑。内外陵园之间的道路上勘探到三出门阙，在内陵园北侧的东部还发掘出规模宏大的寝殿遗址。这个寝殿遗址从南到北有九进院落，其中发现了造型非常精美、刻有纹饰的石台阶，大家可以想象一下当年的盛况。

在内陵园北侧的西部有一片小型的墓地，墓地里面勘探出99座小型墓葬，布局很规整。根据其他一些秦汉墓葬的研究成果，专家认为这里面可能葬着秦始皇后宫的99位女性。外陵园的陪葬墓更多，到目前为止已经发现了五组大型墓葬，都是南北向，墓道朝着秦始皇陵，应是秦始皇陵的陪葬墓。更小的墓葬集中在秦始皇陵的东侧，墓主是修陵的工人，相对级别高的只是简陋的小型墓葬，级别低的就是乱葬坑。其中一座发现了一具人骨，经过DNA测定是雅利安人种。现在资料没有正式公布，但是这可能说明当年秦始皇陵修建的时候已经有了中外文化的交流。

因为我们现在没有发掘秦始皇陵的主陵，所以主陵里面的情况我们只能暂时付之阙如，留点遗憾等着未来去解开。

秦汉帝陵制度

我们下面讲今天的正题——制度。

制度这个词，在《辞海》里的解释很复杂。我们总结一下，所谓帝陵制度就是：在某个特定历史条件下形成的有关最高统治者丧事的法令、礼俗、规定、章程等，是一个大的体系。这个体系非常庞杂，有各种形而上的概念，比如说祭祀的时候怎么排位、怎么行进，几鞠躬、几磕头等；还有一些形而下的内容，就是陵墓修多大，陵园修方形还是长方形，面朝何方，这些能看见的东西。我们今天重点介绍后者。

刚才说了秦始皇陵是最早的帝陵，但讲最初的帝陵制度必须引入西汉帝陵，原因有二：第一，秦国的历史有 560 多年，经过了 30 多位公、王，到了秦始皇，称了帝，修了帝陵，结果没想到过了几年就灭亡了，秦二世以庶人礼葬宜春园。也就是说，秦有完整的陵墓体系，但只有一座帝陵，没有比较，没有延续，难以总结所谓帝陵制度与规律。第二，秦始皇陵初建的时候嬴政还是秦王，当时的陵墓是以王陵的标准来规划建设的，修了 20 多年，称帝了，又要把王陵变成帝陵，之后又有各种变故。比如最初计划堆 50 丈高的封土，实际上只堆了 20 多丈，原因就是秦二世而亡，皇陵正修着呢，起义军打过来了，秦二世赶紧派章邯带着秦陵的工人打仗去了。所以，秦始皇陵从规划上来说有些凌乱，是王陵和帝陵结合的产物，是一个不完整的帝陵。因此我们研究帝陵制度的时候必须要引入西汉帝陵。西汉帝陵一共有 11 座，它是一个完整的体系。

现在我们根据有关的历史文献和目前秦陵、汉陵的考古资料，试图梳理总结西汉的帝陵制度。和秦始皇陵相比，西汉帝陵的构成更加复杂，增加了陵庙、园省、夫人居址等。面对这样一个庞杂的制度，我们只讲目前能够梳理出来的几条线索。

第一，独一无二的陵园名称。在商代，商王的陵墓没有名称，而且陵墓之间没有明确的地理界限。安阳发现的商王陵，10 多个商王的陵排在一起，分不开；雍城秦公陵园区的12座秦公陵，在一个大的范围内，由一个围沟围起来，没法独立命名。到了战国晚期以后，帝王陵墓开始由集中公墓向独立陵园发展，为了突出国君至高无上的地位，陵墓开始独立。独立的第一个标志就是名字，陵墓开始拥有独一无二的名称，秦始皇陵就是这样，葬骊山，史称“骊山园”。到西汉的时候，11座帝陵都有自己专有的名称，虽然距离不是特别远，但是中间有明显的分隔线，一陵一名，彰显帝王的独立。

第二，陵墓在陵园的中心位置。早期的王陵多位于陵园的中部偏南，秦始皇陵仍然继承了这一特点。而西汉帝陵，比如汉阳陵、汉茂陵、汉平陵，帝陵一定在陵园的正中心，后陵都安置在侧面，或西北，或东南，无论如何有一点不变：帝陵居中。大家可能觉得这是件小事，实际上帝陵居中传达了一条很重要的信息，它告诉我们，统治者为天下之中的概念，到西汉已经被深入地贯彻。

第三，封闭独立的陵园。陵园，简单地说就是由陵墓外侧围墙或是围沟分隔出来的一整片区域，它是陵墓的主体。中国目前发现最早的陵园是陕西岐山周公庙，是整个周公家族的陵园，只有一重围墙。到了凤翔，也就是春秋战国时候的秦陵，开始有内中外三重围沟形成的陵园。到了战国晚期的秦陵，又加上了双重围墙，接近于秦始皇陵了。陵园在西汉文献里面记载得很多。西汉王朝刚建立的时候，陵园制度还不健全，所以陵墓修建比较仓促，长陵、霸陵都是一重陵园。到了阳陵以后，西汉帝陵的修建走上正轨，形成了一种固定的陵园制度。一般帝陵均有东西向的两重陵园，实际上在文献里面描述的是三重陵园，但是我们到目前为止，没有找到第三重，所以现在考古发现认可的是两重陵园。诸侯王以下的是一重陵园，比如江都王陵、海昏侯的墓园，而皇帝都是两重陵园，这是一种明确的等级制度。同理，汉简《葬律》里面写得很清楚，不同级别的人陵园大小有明确规定。汉初列侯的墓园将近 1 万平方米，当然这是汉初的规定，到西汉中晚期以后，制度有所变化，我们没有找到文献证据，但是实际上我们现在发现，帝陵的陵园面积一般是 200 多万平方米，王陵的陵园是 20 多万平方米，列侯的墓园是 4 万—6 万平方米。从现实中可以发现，西汉中晚期，随着经济的发展，诸侯王、列侯的墓园扩大了 4—5 倍。

第四，高大的封土。秦汉帝陵的封土一般呈覆斗形，像一个方形的斗倒扣在墓穴上面，所以西汉把覆斗形的封土叫作“方上”。现有的证据显示，覆斗形封土正式出现在秦汉之际，西汉帝陵的封土，基本上都能看出来是一个方形的土台。根据目前的研究，我们从封土的形态中可以得出两个认识：一是从形状上来讲，方形封土一般是皇帝、诸侯王和列侯这样的高等贵族使用，一般的贵族和平民则使用圆丘状的封土，还有一类封土是山形的，比如茂陵的卫青墓、霍去病墓，这是特例。二是从高度上来讲，根据文献和我们的调查大致可以得知，皇帝的坟一般高 12 丈，那时的 1 丈大约是 2.3 米，大家可以自己算算是多高。当然也有特例，武帝的坟有的文献记 20 丈，有的文献记 12 丈，实际可能 20 丈准确一些，另外诸侯王一般是 6 丈，列侯是 3 丈，可以看出当时对于封土高度有着明确的规定。

第五，墓穴。帝陵之中，墓穴在任何时候都是陵墓的中心。中国古代墓穴的形状经历了一个由简单到复杂的演变。新石器时代的墓都是长方形、长条形的，没有墓道，到了商代的时候开始出现一条墓道的“甲字形”、两条墓道的“中字形”和四条墓道的“亚字形”墓穴。秦和汉继承了这点。秦人从战国晚期的时候就开始用亚字形墓穴，像陕西临潼秦东陵发现的秦昭襄王和昭襄王后的陵墓都是。西汉帝陵的墓穴文献称为“方中”，对应封土的“方上”，长陵、霸陵、阳陵、南陵（汉文帝母亲的陵墓）的墓穴都是亚字形的，方向均为坐西面东。墓穴的形状同样存在等级关系，诸侯王最高可用中字形，也可以用甲字形，但绝对不能用亚字形；列侯可以用甲字形，不能用中字形，更不能用亚字形；一般的平民是长方形。规模上，亚字形的墓圹根据文献记载是 60 丈，也就是长 138.6 米，实际勘探汉长陵的墓穴 140 米出头，非常接近，列侯的墓穴是 13.8 米左右，也就是说它在墓圹的大小上也有一个明确的规定。

第六，关于皇后陵墓的一些规定。最早的参考材料是山西的晋侯墓地，在同一片墓地里挖了两个相邻的墓坑，分别埋葬一夫一妻，这种葬制称为"同茔异穴"。一般来说，根据血缘和婚姻关系埋在丈夫或者父亲、祖父等附近，在西周叫作"祔葬"。但为强调男权，妻子附于丈夫，所以"祔葬"多是指女性陪葬在男性附近。秦汉时候也沿用了这种制度，只不过文献上叫作"合葬"。长陵的高祖和吕后、安陵的惠帝和张皇后都是两个人埋在一个陵园里面。后陵与帝陵也有明显差异，比如汉阳陵的帝陵陵园边长折合成汉尺是 1800 尺，后陵的陵园边长是 1500 尺；阳陵的帝陵围绕着 81 条"外藏坑"，而后陵只有 30 多条；阳陵帝陵陵园的门是三出阙，而后陵陵园的门是两出阙，这就显示了皇帝和皇后之间不同的等级。

第七，再讲祔葬。我们刚才说了皇后祔葬于皇帝，但是祔葬于皇帝的人可不止皇后一个。河北平山县的战国中山王陵出土一件《兆域图》，就是一张刻画在铜板上的陵园布局图，图上陵园呈长方形，包含五块方形区域，中间一块上书"王堂"，就是王的陵墓，周围写王后堂、哀后堂和两个夫人堂，也就是说除了王以外，葬有四位女性，这应该是较早的夫人墓。我们刚提到秦始皇陵有许多座小型的夫人墓，到西汉的时候情况更加复杂，夫人墓之间也出现形制上的区别，大小不一。大小不一意味着什么？意味着等级不一，说明西汉的时候后宫有了比较严格的等级制度。到汉元帝的时候，西汉的后宫已经分为至少 15 等，首先有皇后，剩下的都叫夫人，其中昭仪和倢伃是最高级，可以在皇帝墓穴附近单独修一个墓园，墓穴可以是中字形或甲字形；往下由娙娥一直到少使，这几个等级均可以享有专门的墓地，有相对独立的墓园和甲字形的墓葬；其他从五官、顺常等一直到上家人子、中家人子，因地位较低，根据文献则“葬司马门外”，也就是没资格葬在陵园里面。这个制度一直延续到清代，清代有几座帝陵陵园内就有专门的墓园，里面埋葬没资格进主墓室的福晋。

第八，外藏坑。从商代开始，大型墓葬周围会有很多坑，坑里面有殉葬人、各类陪葬品、祭祀品等，考古学里多称为陪葬坑、祭祀坑等，到了西汉的时候开始有明确的文献记载。据《汉书·霍光传》记载，霍光死后，宣帝“赐金钱、缯絮，绣被百领，衣五十箧，璧、珠玑、玉衣，梓宫、便房、黄肠题凑各一具，枞木外藏椁十五具，东园温明，皆如乘舆制度”。所谓的外藏椁十五具，就是在主墓的周围，挖掘十五个大坑，坑内各有一具由枞木层叠垒砌的木椁，木椁内放置各类随葬器具。2000 多年过去了，木头全腐朽了，只剩大坑，所以现在把它叫作“外藏坑”，战国晚期的秦陵和西汉帝陵里面都有，其中以汉平陵数量最多。平陵陵园的 2.8 平方公里范围内勘探出 1288 个外藏坑，茂陵 400 个。在勘探茂陵霍光墓的时候，刚好在墓园里探出 15 个坑，和文献记载的“外藏椁十五具”吻合，所以就坐实了这个名称。

早期的陪葬坑内涵比较简单，比如商、西周是车马坑、动物坑居多；从战国晚期的秦王陵开始，坑内放置的物品数量急剧增加，种类应有尽有；到了秦始皇陵，出现了大量陶俑。汉阳陵外藏坑的陶俑，有的配有印章，表示俑的身份及其所代表的机构。也就是说，其内涵不仅仅是“婢妾藏也。或曰厨厩之属也”，而是所谓的“宫观及百官位次”，是不同的政府机构及设施，是西汉帝国各个政府机构、各种设施的真实再现。这些机构和设施加起来就组成了整个帝国的版图。

第九，西汉是最强调孝道的时代。西汉皇帝的谥号基本均有孝字，孝文帝、孝武帝、孝昭帝等。那个时候强调血缘关系，只有做到“孝”，才有理由、有资格坐在最高的位置上，所以这个时候祭祖是非常隆重的，祭祖的活动非常多，陵园里也有很多祭祀用的建筑。刚才我们提到秦始皇陵里面有一组建筑叫寝殿，在西汉的帝陵里面寝殿也是非常必要的设施，文献称寝园或园寝。文献记载汉陵的祭祀“日祭于寝，月祭于庙，时祭于便殿。寝，日四上食；庙，岁二十五祠；便殿，岁四祠”。日上四食，每天给先帝送四顿饭，一年 1000 多次，可见当年的祭祀活动数量之多，之隆重。根据最新考古资料证实，西汉高等级陵园、墓园内多有祭祀建筑，根据级别分别称寝园或寝。最新发掘的海昏侯墓就有“寝”。这种制度一直延续，东汉的每个帝陵仍然都有寝殿。早期的西汉帝陵皇帝和皇后可能合建一座寝园，汉昭帝、汉宣帝以后帝陵、后陵各自独建寝园。

在秦代寝殿的基础上，西汉又出现了陵庙，也叫庙园。目前发现并发掘过的有汉阳陵的“德阳庙”，德阳庙遗址平面形状为正方形，边长 230 米（汉代 100 丈）左右，主要由围墙、四面两出阙门、四门址旁的 16 口水井、四角的四座曲尺形配房、门址与中心建筑之间的 12 条通道及位于中部的方形中心建筑等部分组成。遗址呈回字形布局，四侧基本一致，相互对应；整个遗址结构严谨，布局规整，规模宏大，显示出非常浓厚的祭祀特质。

第十，说说道路。在中国古代陵墓的考古发现中，早期的学者往往只关注中心的墓穴，不太重视周围陵区，后来随着研究的深入，开始对陵园的整体布局及构架做进一步探索。和城市一样，陵园的骨架是道路。根据文献记载，帝陵里有正对着墓道、构成南北中轴线的四条神道，有环形的用于巡逻的数条徼道，有寝殿通往陵庙的“月游衣冠”的衣冠道，还有陵园司马门以外的延续南北中轴线的四条司马门道。这些道路有着明确严格的等级要求，是皇室专享，霍光墓筑三出阙、起神道都属于僭越。同时，这种专享的权力可以被赏赐和褒奖，比如汉哀帝给董贤修墓的时候，“又令将作为贤起冢茔义陵旁，内为便房，刚柏题凑，外为徼道，周垣数里，门阙罘罳甚盛”。把使用道路、门阙作为一种赏赐，赐给董贤。

最后提一下陵邑。陵邑最早见于秦始皇陵，文献记载始皇陵修了 38 年，用工人数达到 70 万，这 70 万人在将近 40 年间要吃、要住、要生活，怎么满足这些需求？于是陵邑应运而生，也就是建造帝陵的工作人员所居住的聚落。西汉继承了这个传统，先后建了 11 个陵邑。目前我们发现并确认了长陵邑、安陵邑、阳陵邑、茂陵邑、平陵邑等，其中平陵邑面积达 12.5 平方公里，可以想象里面的人口规模是很大的。考古资料证实，西汉陵邑呈现出平面矩形、夯土城墙、护城壕沟、城门、完备的道路系统等形制特点，具备了中国古代北方地区城市的形制要素，并具有完备的城市管理体系，是西汉中小城市的典型代表。

结束语

西汉帝陵的制度我们大概就说到这里。实际上，帝陵制度应该分四大部分：第一“殡”，就是下葬前的准备工作，皇帝去世了在宫室里怎么装殓，灵堂如何设置，怎么拜祭；第二“葬”，就是实际整个下葬的过程，可以再分为三个部分，一部分是埋葬的设施，一部分是埋葬的物品，一部分是埋葬时的礼节；第三部分是“祭”，就是上文中的日祭、月祭、时祭等；最后是“管”，陵墓修建完毕后不能就任其自生自灭，西汉王朝200多年间需要持续的管理，所以必然存在管理的制度。今天提到的都是与“葬”相关的部分规矩和制度，“殡”“祭”“管”与考古学的研究范畴有一定距离，我们暂时搁置不谈。

作为结束语，我想跟大家讨论一下帝陵研究的价值和重要性。众所周知，历史研究离不开考古资料，而考古资料最丰富的当然是古代城市，比如研究秦汉历史的时候，首要的是咸阳、长安、洛阳这些大的都城，大的聚落。但是朝代更迭，沧海桑田，适宜居住的大城市往往也是历代沿用、改造和破坏最集中的地区，而陵墓大多埋葬在郊区、农村，营建时干扰就少一些，破坏的可能性也低一些。因此，其营建时更能完整展现统治者的思想理念，其保存的可能性也更大一些。从这个角度讲，陵墓考古可能比都城考古收获更大、更有效。

今天这个主题内容庞杂，学力所限，只介绍了其中很小的一部分，由于文献记载较少，只能根据有限的考古资料去推断，所以必然有不周或错误之处，欢迎批评指正！

谢谢！

2019

第 12 讲

追寻最早的中国
——二里头考古六十年

许　宏

许宏，博士，中国社会科学院考古研究所研究员，中国社会科学院研究生院教授、博士生导师，长期主持河南偃师二里头遗址的考古工作，主要从事中国早期城市、早期国家和早期文明的考古学研究。著有《先秦城市考古学研究》《最早的中国》《何以中国》《大都无城》《先秦城邑考古》等，主编考古报告《二里头（1999—2006）》、专著《二里头考古六十年》。

本次演讲于2019年12月8日在南京博物院小剧场举行。本次演讲的主题是二里头遗址60年来的发掘和研究。主讲人梳理出学术研究史和大时代历史两条主线，侃侃而谈，在介绍二里头遗址重大研究成果的同时，展现了60年来中国考古学界乃至整个社会在学术、思想等诸多领域的进步。

很荣幸作为南博讲坛今年最后一期的讲者和大家做分享。2019 年是二里头遗址发现的 60 周年，值得纪念。60 年间二里头考古队的队长有三任，每位干了 20 年，也算是一个学术佳话：第一任，赵芝荃先生，1928 年出生，2016 年在 88 岁喜寿驾鹤西去，他的任期从 1959 年到 1979 年；第二任，我的前任郑光先生，任期 1979 年到 1999 年；然后第三任就是我，从 1999 年到今年，又是一个 20 年，本人已主动提出辞呈，田野考古生涯告一段落。那么今天就跟大家捋一捋，整个这 60 年我们做了什么，咱们一起到二里头，到早期中国走一走，鸟瞰一下早期中国形成与发展的宏阔历史进程。

做学问有两大主线，一是大历史，也就是历史本身，二是学术史，是我们认识历史的历史。我们先从学术史开始梳理。

二里头学术史

百年以来，我们的学术史也有两大主线：随着西方文明的进入，我们开始从科学理性的角度认知文明，我们要追求复原真实的历史，当时顾颉刚、傅斯年这些老前辈就开始做深入的反思了；同时，近代中国遇到了很大的民族危机，被西方列强打醒了或者说打蒙了，这就有了救亡图存的任务，民族主义开始升华，为此我们需要构建文化认同和国族认同。这是当时学术界的两个使命。但是，这两条主线并不完全是吻合的、互洽的，有的时候很纠结、很矛盾，我们要建构国族认同，但同时我们作为知识分子，是不是该把建构文化认同建立在追求史实复原、求真逐理的基础上？这是任何一个严肃的中国文化人都必须思考的问题。

带着这种矛盾来回顾学术史，我们会发现，中国考古学在建立之初就由本土学者来主持发掘研究工作，这是非常罕见的。两河流域、埃及、印度等，在大多数古文明发达的地区都是由西方学者主导考古研究，有些地区至今还是这样。不得不说李济先生他们第一代考古人有开创之功。而且我们的考古，目的之一是为古代中国的历史赋予真实性。像大禹治水、三皇五帝这样的古代传说，中国考古学界一直以来都追寻着线索。

1928 年，中国就已经在国家层面组织考古队，进行了殷墟发掘，不仅是出于学术上的考量，也是带着情感来寻根问祖。值得欣慰的是，由于我们文明在某种程度上的连续性，所以甲骨文这样天书般的文字能够进入民国时期大学问家的视野，结束了长期以来被国人当中药引子喝到肚子里去的历史。然后这些大学问家以《说文解字》这样的书籍为纽带和桥梁，很快就破译出很多甲骨文。这个速度比埃及罗塞塔石碑的破译要快得多，更不用说印度河流域古文明出现的文字，到现在还是死文字，没法破译。这种便利很让人自豪，因为这证明我们的文化传承在对古代的探索上具有优越性，但同时这种自豪也容易让我们有失客观和理性。考古学最基本的研究方法是由已知推未知，归纳大于演绎。最初，王国维先生通过对甲骨文的识读，证明了《史记·殷本纪》的内容大致是真实的。传世文献跟甲骨文互证，使得殷商王朝的存在成为史实。中国学界对这种方法非常认可，就顺着殷墟的线索，去找文献记载中更早的历史。但是这个向上追溯的脚步，在二里头遇到了问题。

中国考古学的时段划分方法，习惯把某一古代文化分成三期，就是早期、中期、晚期，或者分两期的话就是前期、后期，一般前期包括早期和中期。20 世纪 50 年代发现的郑州商城遗址，被确认为早于殷墟的都城遗址，殷墟对应《史记》里商朝后期的殷都，所以说郑州商城属于商王朝前期，是合适的，但究竟是早期还是中期，学术界有截然不同的认识，现在还有若干学者认为，郑州商城应该相当于商王朝中期。如果那样的话，二里头遗址就可能是商王朝早期的遗存了，所以二里头遗址就出现一个族属或王朝归属的问题，姓商还是姓夏？这个问题至今还有很大争议，根源在于由已知进入了未知的范畴。

中国古代文献是一个宝库，丰富的文献资源赋予我们浓厚的证史情结，在这种情况下，大家积极地向上追溯历史。但是狭义史学的研究方法依赖文字，而能够确证夏王朝的当时的文书材料至今没有发现，那么考古学能解决这一问题吗？

我们看考古人走过了怎样的探索历程：1959 年，也就是整 60 年前，著名古史学家、考古学家徐旭生先生率队考察“夏墟”的时候，发现了二里头遗址。这应该被认为是学界的佳话，因为重要的考古发现往往是在偶然间问世的，很少有考古人带着明确的学术目的去找一个东西，居然还真找到了。不过，二里头与夏建立起联系并非这么简单。徐旭生先生本来是踏查夏墟的，但找到二里头之后，他说：“如果乡人所说不虚，那在当时实为一大都会，为商汤都城的可能性很不小。”判定二里头为商代的第一个都城。也就是说，徐先生从一开始对二里头的认识就是商，没有想过它是夏代的，这是从古典文献中推导出来的。本来是为了找夏墟，但他认为找到了商代的第一个都城，这个观点后来成为主流观点，占据学界近20年。这是非常值得玩味的一件事，可以引发大家的思考。

中国有一句老话叫“生于苏杭，葬于北邙”。二里头所处的洛阳盆地并不太大，适合定居和农耕的平原中心地带也就1300多平方公里，但是在约2000年的时间里面，有1500年以上是首都，十几个王朝在这里建都，这在世界文明史上是非常罕见的。二里头就是最早的洛阳——洛阳盆地建都之始。

第一、二代二里头考古人在从1959年开始的40年间，通过考古地层学和类型学，根据陶器器形和工艺的变化，建立起了文化分期及谱系框架，并得到了学界的认可。他们还通过对二里头一号宫殿、二号宫殿、铸铜作坊，以及中国最早的青铜礼器群和随葬有铜器、玉器、绿松石器等贵重奢侈品的贵族墓葬的发掘，奠定了二里头在中国文明史上的地位，这就叫“王气”——王朝气象，这在当时的其他遗址是没有的。

1999年，二里头遗址发现40周年之际，我接手这个遗址。早年我师从著名考古学家徐苹芳先生，专攻城市考古学，研究道路网络系统、城市结构、宫殿建筑等，所以我经常说：“本人在考古学界是做不动产的。”在这种情况下我想，我站在前人肩膀上该做些什么？首先得搞清楚遗址的范围，我就带着探工去做勘探，结合以往的各种记录，首次在平面图上画出遗址的分布范围。这对于做聚落形态研究是非常重要的，以后做大遗址保护的总体规划、国家考古遗址公园必须得有这些资料，没有资料的话，哪个地方是重点保护区，哪个地方是一般保护区，哪个地方是建设控制地带，就搞不清楚。就这样，我们通过整体的勘探确认了宫殿区位于遗址东部，于是集中力量又回到宫殿区域进行发掘，在这里我们发现了很多“中国之最”。

首先是道路系统，中国最早的井字形大道，横向和纵向道路垂直相交非常规整。在这个大道上，我们还发现了当时所知中国最早的使用双轮车的车辙痕迹。大家知道，道路是城市的骨架，有了道路，我们就可以顺藤摸瓜去探索整个城市格局。

然后是宫室基址，我们在宫殿区陆续发现了七八处大中型夯土建筑，它们的位置很讲究。大家知道“中正”是中国古代文化的一个精髓所在，建筑一般都是坐北朝南、中轴对称、土木建筑、封闭式结构，二里头也是如此，而且在二里头发现的是目前为止年代最早的轴对称大型宫室建筑群。两组建筑群的外面还有宫城围墙，圈围起来，就像一座史前时期的紫禁城，大家有没有从中感受到一种文化的 DNA？二里头的许多发现是前无古人的，是首创的，它影响了后世的都邑制度、宫室制度、礼乐制度，甚至政治制度，开了这样的先河。好多人问，许老师你考古大半生，最得意的发现是什么？是那条绿松石龙吧？我说，绿松石龙按理说也是，但它是可遇而不可求的，顶多说明我们工作做得细致，二里头“紫禁城”的发现才是我自己特别得意的，因为它是我意识到会有，然后主动去找，也确实找到了的东西。总之，大胆假设小心求证，这是研究者应有的特质。

在二里头，我们还发现了中国最早的围垣作坊区，意思就是四面有围墙的手工业基地，可以把它定性为中国最古老的官营作坊区。从位置上来看，它跟宫城一路之隔，我称它是中国最早的国家高科技产业基地。这里掌握了高精尖的青铜器铸造技术，能够铸造青铜礼容器的，在二里头时代独此一家，在二里头时代和二里岗时代，只有二里头和郑州商城这两处都邑能够铸造这类器物，这是权力中心的象征，是王权的独占。这些高科技什么时候“泄密”了？大概在二里岗至殷墟时代的过渡期。四川三星堆遗址，以及江西新干大洋洲遗址等吴城文化遗址，还有出土四羊方尊的湘江流域，包括陕西关中等一系列地区的青铜器铸造技术，都是泄密的结果，从此中原青铜文明一家独大的状态被打破，东亚大陆的国际关系改变了，意义非常重大。

其他还有中国最早的瓷器，china，原始瓷，出土于二里头这个“最早的中国”的都邑。在二里头遗址，这类瓷器目前仅见长流平底盉。这种器物一般认为是浙南闽北一带的东西，怎么到北方去了？还有白陶，白陶是怎么来的？产于南海和印度洋等热带海域的海贝，又是怎么长途输入到二里头来的？这些问题都有待于进一步探究。

通过这些年的发掘，我们搞清楚了二里头遗址的生命史：二里头遗址的文化堆积，上至仰韶时代，下到二里岗文化晚期，再到汉代，这样一个使用了几百年的大型都邑，有它自己的生前身后，不可能一成不变，我们要打破总平面图式的解析概念。就像一个人，一开始是童年，童年的二里头还是一个普通聚落，对应的是仰韶时代和龙山时代；然后慢慢成长到少年，青年，壮年，达到巅峰，变成一个占地 300 万平方米以上的大型中心聚落——都邑；再到二里岗文化时期，所谓“旧时王谢堂前燕，飞入寻常百姓家”，又沦为一般聚落，就像人老了，最后去世，一个都邑的生命史，我们就可以这么体会出来。当然，这都是现有的认识。考古最大的魅力，就在于你知道的永远比不知道的要少得多，在于新的考古发现总是会完善、订正，甚至颠覆我们既往的认知。

发掘是费力费神的。二里头遗址现存面积 300 万平方米，现在总共发掘了多少面积？才发掘了 4 万多平方米，1% 多一点，大家想一想，几代考古人挖了 60 年，才挖了这个遗址的 1% 多一点，简直就是愚公移山，子子孙孙无穷匮也。当然，随着时代的进步，年轻的考古人开始用更高效的方法来做研究。本人接手二里头考古队的时候，老先生交到我手里几十本钻探记录，我很高兴，有钻探的资料就知道遗存的分布位置和面积，发掘工作开展起来就容易得多。大家知道钻探得有基点，用来当参照物，这样你才知道当时的探孔在现在的哪个位置。基点一般都要选择永久性的标志物。但是实际上以前条件有限，选的好多基点是“王某某家棉花地东南角”这样的位置，农村那个地换过来换过去的，棉花地也早就没有了，相当于没有给基点，钻探结果也相当于通通作废，没有用了。现在这样的情况不会再有了，我们用全站仪，误差小到几毫米，还可以跟大地坐标网相连，这样就使钻探成果有了永久性，以后能找到任何一个钻探过的点。通过这种细密的钻探，我们才能逐渐搞清楚刚才说过的一系列发现，而且我们在二里头遗址的普探还在进行中，陆续有新的值得期待的发现。可以说，科技使考古插上翅膀。

大家可以看到，中国考古学这个学科在悄然地发生着变化，从以文化史研究为主，转变为全方位的社会考古。就夏商周考古而言，是从证经补史的传统的考古学，转变为面向世界的考古学。以前我们主要是通过研究盆盆罐罐，搞清楚谁早谁晚的年代和谱系关系，现在要研究当时社会的全部，那么我们就必须跟各学科通力合作。

现在学界把大量的精力花在论证二里头究竟是夏还是商，至今还说不清楚。我想说的是，要看清考古学的长处和短处，无论是一个人、一个学者还是一个学科，都要充分地认识到自己的不足和局限性，认识到不足和局限性，才是这个人、这个学者和这个学科成熟的标志。考古学擅长什么？考古学擅长对历史文化发展进程进行长时段的观察。考古学不擅长什么？考古学不擅长对具体历史人物、具体历史事件和绝对年代的把握。要扬长避短，而非相反。回观学术史，问题不言自明。

从二里头看早期中国

中国的版图上有一道线,从黑龙江黑河画到云南腾冲,被称为“胡焕庸线”，这是 1935 年由中国著名地理学家胡焕庸先生提出的，实际上就是中国当代人口分布线，在这道线以东以南，生活着 94% 左右的人口，而在这条线以北只有 6% 左右的人口。其实几千年以前跟现在一样，一方水土养一方人，任何历史悲喜剧都是在地理这个大舞台上上演的。我们考古人可以赋予这条线很多其他意义，比如以这条线为界，东南板块和西北板块在气候环境上是低地的板块和高地的板块、季风的板块和寒流的板块、多雨和盼雨的板块，相应地，在人文上就是农耕的板块和畜牧游牧的板块、稻作的板块和旱作的板块，或者鼎的板块和鬲的板块。鼎、鬲最初都是吃饭的容器，东南用鼎较多，西北用鬲较多。我提出过一个概念叫“杂交出高度文明”，为什么在东南和西北板块都没有产生高度发展的王朝文明，即使产生了区域文明之后也昙花一现，都纷纷退出历史舞台，而中国最早的广域王权国家、王朝国家在中原出现？就是因为“杂交出高度文明”。生态学上有一个原理叫边际效应，也就是杂交的东西优质，袁隆平教授杂交水稻就是这样一个结果。在中原这个比较狭窄但处于两大板块交界的区域，鼎文化和鬲文化发生了杂交，于是，以二里头为先导的夏商周三代王朝得以崛起。

刚才是空间上的划分，我们再来看时间上的演进。一个国家，作为政治实体的、广域王权国家意义上的中国，它的内涵决定了必须有一个时间的界限，是不能够无限制上溯的。我今天说二里头是最早的中国，但二里头距今最多只有三千七八百年，这和中华文明史上下五千年的提法矛盾吗？不矛盾。这个问题我们要从更宏观的角度去看待。我一点都不贬低包括良渚、陶寺、石峁在内的那些早期史前文明的地位。如果把华夏文明比喻为一棵大树的话，上面是分枝，下面是主干，比喻为大河的话，上面是支流，后面形成干流，那么从分支到主干，从支流到干流的节点，我认为在二里头，从这个意义上讲，五千年文明史和三千七八百年的二里头广域王权国家的出现并不矛盾。打个比方，我们说“一个人生命是从呱呱坠地开始”，我想大部分人都同意吧？但也有人说精子卵子碰撞那一刹那，那个生命就出来了，甚至从浪漫主义的角度来看，父方母方恋爱，或者是父方母方任何一方出生，都是那个新生命诞生的前提，这都没有问题，都有道理。但把中国这个概念上溯到旧石器时代去有意义吗？我觉得未必。

我个人认为，整个中国古代文明史可以分成三大阶段，有两大节点。第一大阶段，无中心的多元，无中国可言，各地的文化形成了一个松散的中国文化圈，考古学泰斗苏秉琦先生称之为满天星斗，非常形象，满天星斗就是没有中心。第二大阶段，从二里头到周代，有中心的多元，广域王权国家形成，一开始这个中心的管辖范围还比较小，类似于盟主的地位，可称为“国上之国”，周边像三星堆这样的政治实体仍然是独立存在的，这一阶段可以叫月明星稀，从满天星斗到月明星稀。最后第三大阶段，皓月凌空——秦王朝，或者秦汉王朝，中央集权的大一统国家形成。从这个意义上讲，三大阶段中的两个节点，第一大节点是二里头，第二大节点是秦王朝。二里头为什么重要？二里头在中国古代文明史上既不是最大，又不是最早的都邑，它为什么重要？重要在它处于从多元到一体的第一大节点上。

回归主题，二里头作为广域王权国家的证据是什么？首先是聚落形态，二里头没有外郭城墙，但它周围那些次级的聚落有不少是围起来的，这些次级的聚落其实起到众星捧月的拱卫作用，所以才使得二里头可以“大都无城”，形成超大型的中心聚落。上述众多不动产上的“中国之最”，奠定了它在中国文明史上的崇高地位。其次，二里头都邑出现了中国最早的青铜礼器群，它铸造的青铜礼器，基本上是社会上层自己用的，青铜礼器、玉质和漆质礼器的生产和消费，代表了二里头都邑的绝对权威。在这一时期，只有在二里头发现大量青铜礼器，在外面几乎没有，到二里岗时期才开始往外赏赐青铜礼器，那就是一个新的时代开始了。最后，是带有二里头文化元素的器物及其仿制品向四围大范围地辐射，这里以牙璋为例，这些具有政治符号的象征意义的礼器向外辐射传播的距离，跟后来《禹贡》九州的范围很相近，这不就是秦汉帝国的基本版图吗？为什么是这一片？因为它是适合定居和农耕的。二里头文化因素向四围扩散的范围，恰好是适合定居农耕的秦汉帝国的基本版图。当然，二里头文化的辐射并不是强烈的军事扩张产物，当时没有这种远距离征服的能力，更合理的解释是软实力的扩散。各地选择性地接受二里头的文明要素，以其为高，为大，为上，才使得二里头的文化因素向外辐射，奠定了早期中国版图的基础。

这就是我今天想跟大家汇报的内容，谢谢大家！